LE

GUIDE FORAIN

ET DES

VOYAGEURS DE COMMERCE

CALENDRIER POUR 1893

1893 ♒ JANVIER			♓ FÉVRIER			♈ MARS			♉ AVRIL			♊ MAI			♋ JUIN 1893		
☼ 7 h. 56 à 4 h. 12			☼ 7 h. 33 à 4 h. 55			☼ 6 h. 45 à 5 h. 41			☼ 5 h. 41 à 6 h. 29			☼ 4 h. 42 à 7 h. 13			☼ 4 h. 3 à 7 h. 52		
1	D	CIRCONCIS.	1	M	○ S. Ignace	1	M	S. Aubin	1	S	○ S. Valéry	1	L	S.Ph. S.Jacq.	1	J	FÊTE-DIEU
2	L	○ S. Clair	2	J	*Purification*	2	J	○ S.Simplice	2	D	PAQUES	2	M	S. Athanase	2	V	S. Pothin
3	M	Ste Geneviév.	3	V	S. Blaise	3	V	Ste Cunégon.	3	L	Ste Irène	3	M	Inv. Ste Croix	3	S	Ste Clotilde
4	M	S. Rigobert	4	S	S. Gilbert	4	S	S. Casimir	4	M	S. Platon	4	J	Ste Monique	4	D	S. Quirin
5	J	S. Siméon	5	D	*Sexagesim.*	5	D	*Oculi*	5	M	S. Albert	5	V	Conv. S.Aug.	5	L	S. Claude
6	V	*Épiphanie*	6	L	S. Amand	6	L	Ste Colette	6	J	Ste Prudence	6	S	S. Jean P. L.	6	M	S. Norbert
7	S	Ste Mélanie	7	M	S. Romuald	7	M	S. Th. d'Aq.	7	V	S. Hégésippe	7	D	S. Stanislas	7	M	☾ S. Lié
8	D	S. Lucien	8	M	☾ S. Jean M.	8	M	S. Jean de D.	8	S	S. Gautier	8	L	*Rogations*	8	J	S. Médard
9	L	☾ S. Adrien	9	J	Ste Apolline	9	J	*Mi-Carême*	9	D	☾ Ste Marie é.	9	M	☾ S. Grégoir	9	V	Ste Pelagie
10	M	S. Agathon	10	V	Ste Scholastiq	10	V	☾ 40 Martyrs	10	L	S. Macaire	10	M	S. Antonin	10	S	S. Landry
11	M	S. Théodore	11	S	S. Séverin	11	S	S. Euloge	11	M	S. Léon p	11	J	ASCENSION	11	D	S. Barnabé
12	J	S. Arcadius	12	D	*Quinquagés.*	12	D	*Lætare*	12	M	S. Jules	12	V	Ste Boniface	12	L	Ste Stéphanie
13	V	Bapt. de J.-C.	13	L	S. Grégoire	13	L	Ste Euphrasie	13	J	S. Marcelin	13	S	S. Servais	13	M	S. Ant. de P
14	S	S. Hilaire	14	M	*Mardi-Gras*	14	M	Ste Mathilde	14	V	S. Tiburce	14	D	S. Pacôme	14	M	● S. Basile
15	D	S. Maur	15	M	*Cendres*	15	M	S. Zacharie	15	S	S. Elme	15	L	● S. Jean N.	15	J	S.J. Fr. Rég.
16	L	S. Guillaume	16	J	● Ste Julienn.	16	J	S. Cyriaque	16	D	● S. Paterne	16	M	S. Honoré	16	V	S. Cyr
17	M	S. Antoine	17	V	S. Flavien	17	V	S. Patrice	17	L	S. Anicet	17	M	S. Pascal	17	S	S. Avit
18	M	● Ch. de S.P.	18	S	S. Simon év.	18	S	● S.Alexand	18	M	S. Parfait	18	J	S. Éric	18	D	Ste Marine
19	J	S. Sulpice	19	D	*Quadragés.*	19	D	*La Pass.* Pr.	19	M	S. Timon	19	V	S. Yves	19	L	S. Gerv. S. P.
20	V	S. Sébastien	20	L	S. Sadoth	20	L	S. Appien	20	J	S. Théodore	20	S	S. Bernard	20	M	ÉTÉ
21	S	Ste Agnès	21	M	S. Théophan	21	M	S. Benoît	21	V	S. Anselme	21	D	PENTECOT.	21	M	☽ S. Louis G.
22	D	S. Vincent	22	M	Ste Isabelle	22	M	S. Émile	22	S	Ste Opportun.	22	L	☽ Ste Julia	22	J	S. Paulin
23	L	S. Raymond	23	J	☽ S. Mérand	23	J	S. Victorien	23	D	☽ S. Georges	23	M	S. Didier	23	V	Ste Basilide
24	M	S. Timothée	24	V	S. Mathias	24	V	☽ S. Sim. m.	24	L	S. Léger	24	M	S. Vinc. de L.	24	S	S. Jean-Bap.
25	M	☽ C. S. Paul	25	S	S. Taraise	25	S	*Annonciat.*	25	M	S. Marc	25	J	S. Urbain	25	D	S. Prosper
26	J	S. Polycarpe	26	D	*Reminiscere*	26	D	*Rameaux*	26	M	S. Clet	26	V	S.Phil. de N.	26	L	S. Maxence
27	V	S. J. Chrys.	27	L	Ste Honorine	27	L	S. Jean cr.	27	J	S. Anastase	27	S	Ste Caroline	27	M	Ste Adèle
28	S	S. Charlem.	28	M	Ste Aveline	28	M	Ste Dorothée	28	V	S. Vital	28	D	*Trinité*	28	M	S. Irénée
29	D	*Septuagésim*				29	M	S. Gontran	29	S	S. Robert	29	L	S. Maxime	29	J	○ S. P. S. P.
30	L	Ste Bathilde			l'année russe	30	J	S. J. Climaq.	30	D	○ S. Eutrope	30	M	○ S. Félix	30	V	Conv. de S. P.
31	M	Ste Marcelle			retarde de 12 jours	31	V	Ste Balbine				31	M	Ste Pétronille			*Deberny à Paris*

1893 ♌ JUILLET			♍ AOUT			♎ SEPTEMBRE			♏ OCTOBRE			♐ NOVEMBRE			♑ DÉCEMB. 1893		
☼ 4 h. 2 à 8 h. 5			☼ 4 h. 34 à 7 h. 37			☼ 5 h. 17 à 6 h. 42			☼ 6 h. 0 à 5 h. 38			☼ 6 h. 48 à 4 h. 39			☼ 7 h. 34 à 4 h. 4		
1	S	S. Thibaut	1	M	Ste Sophie	1	V	S. Gilles	1	D	S. Remi	1	M	TOUSSAINT	1	V	S. Éloi
2	D	Visit. N.-D.	2	M	S. Pier. a. L.	2	S	S. Alphonse	2	L	☾ SS. Ang. g.	2	J	*Trépassés*	2	S	Ste Bibianne
3	L	S. Anatole	3	J	S. Étienne p.	3	D	☾ S. Grégoir	3	M	S. Denys	3	V	S. Hubert	3	D	*Avent*
4	M	Ste Berthe	4	V	S. Dominique	4	L	Ste Rosalie	4	M	S. Fr. d'Ass.	4	S	S. Charles	4	L	Ste Barbe
5	M	Ste Zoé	5	S	☾ S. Lucain	5	M	S. Bertin	5	J	S. Placide	5	D	Ste Bertille	5	M	S. Nicet
6	J	☾ Ste Angèle	6	D	*Transfig.*	6	M	S. Eleuthère	6	V	S. Bruno	6	L	S. Léonard	6	M	S. Nicolas
7	V	Ste Aubierge	7	L	S. Gaëtan	7	J	S. Cloud	7	S	Ste Juliette	7	M	S. Ernest	7	J	S. Ambroise
8	S	Ste Céline	8	M	S. Émilien	8	V	*La Nativité*	8	D	Ste Brigitte	8	M	● *Reliques*	8	V	● S. Alfred
9	D	S. Cyrille	9	M	S. Camille	9	S	S. Omer	9	L	● S. Denys é.	9	J	S. Mathurin	9	S	Ste Léocadie
10	L	Ste Félicité	10	J	S. Laurent	10	D	● Ste Pulchér	10	M	S. Fr. Borgia	10	V	S. Juste	10	D	Ste Valère
11	M	Tr. S. Benoit	11	V	● Ste Suzanne	11	L	S. Hyacinthe	11	M	S. Probe	11	S	S. Martin	11	L	S. Damase
12	M	S. Gualbert	12	S	Ste Claire	12	M	S. Raphaël	12	J	S. Conrad	12	D	S. René	12	M	Ste Roseline
13	J	● S. Eugène	13	D	S. Hippolyte	13	M	S. Maurille	13	V	S. Édouard	13	L	S. Brice	13	M	Ste Luce
14	V	FÊTE NAT.	14	L	S. Eusèbe	14	J	Ex. Ste Cr	14	S	S. Calixte	14	M	S. Pantène	14	J	S. Nicaise
15	S	S. Henri	15	M	ASSOMPT.	15	V	S. Nicomède	15	D	Ste Thérèse	15	M	Ste Gertrude	15	V	S. Eusèbe
16	D	N-D. du M.C.	16	M	S. Roch	16	S	S. Corneille	16	L	S. Gal	16	J	☽ S. Eucher	16	S	☽ Ste Adelaïd
17	L	S. Alexis	17	J	S. Mammès	17	D	S. Lambert	17	M	☽ Ste Edvige	17	V	S. Agnan	17	D	Ste Olympe
18	M	S. Frédéric	18	V	Ste Hélène	18	L	☽ S. Ferréol	18	M	S. Luc	18	S	S. Romain	18	L	S. Gatien
19	M	S. Vinc. de P.	19	S	☽ S. Louis é.	19	M	S. Janvier	19	J	S. Savinien	19	D	Ste Élisabet	19	M	S. Cyprien
20	J	☽ Ste Marg.	20	D	S. Bernard	20	M	S. Eustache	20	V	S. Agricol	20	L	S. Edmond	20	M	S. Philadelph
21	V	S. Victor	21	L	S. Privat	21	J	S. Mathieu	21	S	Ste Ursule	21	M	Prés. de N.D.	21	J	HIVER
22	S	Ste Madeleine	22	M	S. Pie	22	V	AUTOMNE	22	D	S. Phil. Hér	22	M	Ste Cécile	22	V	S. Fabien
23	D	S. Apollinair.	23	M	Ste Jeanne	23	S	S. Lin	23	L	S. Léotade	23	J	○ S. Clément	23	S	○ Ste Victoire
24	L	Ste Christine	24	J	S. Barthélem	24	D	S. Gérard	24	M	S. Magloire	24	V	S. J. de la Cr.	24	D	Ste Émilienne
25	M	S. Jacq. m.	25	V	S. Louis r.	25	L	○ S. Firmin	25	M	○ S. Crépin	25	S	Ste Catherine	25	L	NOEL
26	M	Ste Anne	26	S	S. Zéphirin	26	M	Ste Justine	26	J	S. Évariste	26	D	S. Pierre d'A.	26	M	S. Étienne
27	J	S. Pantaléon	27	D	○ S. Césaire	27	M	S. Cosme	27	V	S. Frumence	27	L	S. Maxime	27	M	S. Jean ap.
28	V	○ S. Nazaire	28	L	S. Augustin	28	J	S. Venceslas	28	S	S. Sim. S. Jud.	28	M	Ste Blanche	28	J	SS. Innocents
29	S	Ste Marthe	29	M	S. Merry	29	V	S. Michel	29	D	S. Narcisse	29	M	S. Saturnin	29	V	☾ Ste Éléonor
30	D	S. Rufin	30	M	Ste Rose	30	S	S. Jérôme	30	L	S. Marcel	30	J	☾ S. André	30	S	S. Sabin
31	L	S. Ignace	31	J	S. Fiacre				31	M	☾ S. Quentin			*Fonderie Deberny*	31	D	S. Sylvestre

LE

GUIDE FORAIN

ET DES

VOYAGEURS DE COMMERCE

INDICATEUR GÉNÉRAL

DES

FOIRES, FÊTES ET MARCHÉS DE FRANCE

PAR

J. THOMAS

EX-RÉGISSEUR DE MARCHÉS

OUVRAGE HONORÉ DE LA HAUTE APPRÉCIATION DU MINISTÈRE DU COMMERCE

EN VENTE CHEZ TOUS LES LIBRAIRES

ET DANS LES BIBLIOTHÈQUES DES CHEMINS DE FER

Prix : 2 francs

PARIS
LIBRAIRIE PLON
E. PLON, NOURRIT & Cie, IMPRIMEURS-ÉDITEURS
RUE GARANCIÈRE, 10

1893

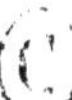

EXPLICATION DES SIGNES

Les noms des chefs-lieux de département et d'arrondissement sont imprimés en caractère gras : **BOURG, LYON, Joigny, Sancerre.**

Les noms des chefs-lieux de canton sont imprimés en caractère *italique.*

Les noms des autres localités sont imprimés en caractère ordinaire.

Le signe 🚂 indique une station de chemin de fer.

Les pointillés ..... signifient néant.

Les guillemets » remplacent une foire mensuelle (*voir la colonne de Janvier ou aux Observations*).

L'astérisque * accompagne une foire importante, une foire de plusieurs jours ou une foire qui suit une fête patronale.

Le signe *s* veut dire *sur* : *Châlon-s-Saône.*

Les jours de la semaine sont indiqués comme suit :

l. *lundi;* ma *mardi;* me *mercredi;* j. *jeudi;* v. *vendredi;*
s. *samedi;* d. *dimanche.*

a, signifie *avant;* p, signifie *après; cm,* signifie *chaque mois.*

F, indique la fête patronale.

Les lettres A, B, C, etc., renvoient à la colonne des observations à la lettre correspondante, qu'elle se trouve ou non en regard de la localité intéressée.

AIN : Bourg, Belley.

LOCALITÉS ET DIST. DE L'ARRONDISS.	k.	Popul.	GARES ET DISTANCES	k.	Marchés	Janvier.	Fév.	Mars.	Avril.	Mai.	Juin.	Juill.	Août.	Sept.	Oct.	Nov.	Déc.	FOIRES MOBILES et OBSERVATIONS.	HOTELS & CAFÉS RECOMMANDÉS.
BOURG		18m			merc.	1er et 3e merc.	»	»	»	»*	»	»	»	»*	»	»	»	* 2e d. de mai et sept.	
Buellas	7	723	Bourg	7			15		11		15		20		15				
Lent	10	1200	Servas	2	sam.	2e sam.	2e s.	1er	23*		6		1er l.	2e s.	18		l. p. S	A) 3e lundi p. Pent.	
Polliat	10	1400			lundi	10	10	l. Ram.		A			l.p.15*	25	dr j.		14	B) 1er mardi et 30.	
Viriat	6	2870		2	sam.	4e sam.		4e s.	4e s.	1er s.		4e s.		1er s.	4e s.		4e s.	C) mardi a. Noël.	
Bâgé-le-Châtel	30	710	Mâcon	6	mardi	13	Ma Gras	ma Mi-C		1er ma	1er ma	1er ma	16*	1er ma	1er ma	B	C	D) 1er lundi p. Pâq.	
Manziat	30	1640	—	10	jeudi	1er jeudi		3e j. Car							3e j.				
St-Laurent-l-Mâcon	33	1830	—	2	sam.	1er sam.	j. gras	1er s.	1er s.	20	1er s.	1er s.	10*	29*		3*	1er s.		
Cize	21	190	Cize-Bolozon	2				10	8				16*						
Hautecourt	18	880	Villereversure	5				1er s.	1er s.	dr s.	28*		11*			1er s.			
Simandre	15	835		8				15		8*			8			8			
Villereversure	17	718					11			23	16*			20					
Coligny	22	1685		1	mardi	3e mar. cot	3e ma	3e ma	3e ma	3e ma	3e ma	3e ma	3e ma	3e ma	3e ma	3e ma	18		
Beaupont	25	1015	Coligny	7	vend.														
Marboz	15	2015	Moulin des P.	4	lundi	9*			30*				7		25.		1er l.		
Salavre	20	601		5												10			
Verjon	20	415		8										15					
Montrevel	16	1515			vend.	17*	2e ma	2e ma	ma. Pâq	2e ma	2e ma	2e ma	2e ma	2e, 4e l.	2e ma	l.a.11*	2e ma		
Attignat	9	1323			sam.	sam. a. 17									3e s.				
Foissiat	22	2565	Jayat	4	sam.		2e s.	s. Ram.			2e s.		29*		9*	23*			
Pont-d'Ain	20	1345		2	sam.	dr sam.		21	24	dr s.	30*		dr s.	30*			1er		
Dompierre	17	1174	Pont d'Ain	17	mardi														
Druillat	20	1380		3															
Neuville-sur-Ain	25	1188		5			17		l.p.23*	12			31			21			
Priay	27	1020	Ambronay	3			18		18				10			18			
Tossiat	10	630	La Vavrette	2		17		12		ma. gras			l.p.16*			25			
Pont-de-Vaux	37	2855		5	merc.	2e et dr merc.	»	»	l. Pâq.	»	»	»	»	»	1	»	12*		
Pont-de-Veyle	31	1215			lundi	2e lundi	1er l.			2e l.	l.p.6*		1er l.	3e l.	2e l.	3e l.	l.a.25		
St-Trivier-de-Courtes	31	1435			jeudi		l.a.j.gr.	4e l.Car	D		l.p.Tri.	3e l.	l.p.15	22		l.p.7*	18-26		
St-Julien-s-Reyssouze	24	915			lundi	1er lundi cm	1er l.	1er l.	1er l.	1er l.	1er l.	1er l.	1er l.	1er l.	1er l.	l.p.11*	8-9		
St-Nizier-le-Bouchoux	35	1655	St-Trivier	6	lundi														
Treffort	15	1708	St-Etienne	6	dim.	22	1er l.	3e l.	1er l.	1er l.	1er l.	2e l.	1er l.	1er l.	1er l.	d.p.11	1er l.		
Chavannes-s-Suran	18	965	Simandre	5	mardi	2		25		4	l.p.29*			22					
Corveissiat	25	510	—	7					28*		12			12		s.p.11			
Cuisiat	19	580	St-Etienne d.B.	8								26							
St-Etienne du Bois	11	1605			mardi		22			31						5	28*		
Belley		6162			sam.	1er et 3e sam.	»	»	»	»	23*	»	28	»	»	9*	»		
Andert-Condon	7	376	Rossillon	8				19											
Colomieu	9	301	Belley	9					16										

LOCALITÉS ET DIST. DE L'ARRONDISS.	k.	Popul.	GARES ET DISTANCES	k.	Marchés	Janvier.	Fév.	Mars.	Avril.	Mai.	Juin.	Juill.	Août.	Sept.	Oct.	Nov.	Déc.	FOIRES MOBILES et OBSERVATIONS.	HOTELS & CAFÉS RECOMMANDÉS.
Arbignieu	5	791	Belley	5					27				17*					A) merc. a. 8*.	
Conzieu	11	304	—	11				8										B) ma. a. Ma.-Gras.	
Bregnier-Cordon	18	868								15				l.p.14*					
Massignieux	8	607	Belley	8					18	16									
Peyrieu	10	987						14			14			24*					
St-Germain-l-Paroisses	7	680	Rossillon	7			14					31		13					
Virignieu	7	435	Belley	7			12							12					
Ambérieu en Bugey	45	3818			merc.	17		ma a.25			1er me.			A	29		6		
Ambronay	50	1498			dim.		s. p. 2	s. p. 23					s.p.15*	s. p. 8	s. p. 8				
Château-Gaillard	50	573	Ambérieux	4					12					26					
L'Abergement	46	486	Pont d'Ain	10				1er				1er				4			
St-Denis-le-Chausson	49	788	Ambérieux	1	sam.		3e s.			2			1er		10*		22		
St-Maurice de R.	51	515	Leyment	2				6		28				1er ma		22			
Champagne-en-Valromey	26	555	Artemare	7	jeudi	jeudi p. 6		1er j.		1er j.			1er j.					* 22 septembre.	
Artemare	18	856			mardi				20							15			
Passin	21	432	Artemare	10							30*								
Songieu	33	636	—	18							3			22*					
Satrieu	25	222	—	10									11*						
Talissieu	20	503	—	4								20*			29				
Vieu	16	618	—	4			10							9*					
Hauteville	32	780	Tenay	13	merc.				15						5				
Arane	37	848	St-Rambert	13					1er						12				
Corlier	41	225	—	13					me Pâq.	me Pen.									
Cormaranche	35	670	Tenay	15						15									
Longecombe	32	486	—	11										14					
Thézillieu	23	711	Virieu-l-Grand	10					29					25					
Lagnieu	52	2638			lundi	22*		2e l.Car			l.a.24		l.a.29			12*			
Chazey-sur-Ain	54	670	Meximieu	5			4								l.p.2e J.		l. p. 6		
Loyettes	65	900	Pont-Chéruy	5															
Ste-Julie	53	430	Leyment	6			3				l.p.16*								
St-Sorlin	47	766												29*			10		
Villebois	40	1720			dim.		B			19				1er		21			
Vaux	51	858		1				25					25*						
Lhuys	25	1217	Villebois	15	merc.				me Pâq.			23	16*		4e me.				
Briord	25	612	Quirieux	3							21*						1er		
Groslée	22	617	Villebois	18			15												
Lompnas	23	352	—	14				16				16		16					
Marchamp	28	452	—	15			27				18					18			
Montagnieu	30	504	—	6						23	29*			25		2			
Ordonnaz	20	513	Rossillon	14				28				14		12					
St-Benoit	18	1036	Avesnières	8				21*		21									
Serrières de Briord	31	681	Villebois	4	jeudi					23	30*			25		2			

AIN : Belley, Gex, Nantua, Trévoux.

LOCALITÉS et dist. de l'arrondiss.	k.	Popul.	GARES et distances	k.	Marchés	Janvier	Fév.	Mars	Avril	Mai	Juin	Juill.	Août	Sept.	Oct.	Nov.	Déc.	FOIRES MOBILES et OBSERVATIONS	HOTELS & CAFÉS RECOMMANDÉS
St-Rambert	33	3409	🚂	..	jeudi	2	j. a. 2	...	j. Pâq	...	19*	...	...	22	...	j.a.30	...	A) veille de l'Asc. B) 3e lundi p. Pâq.	
Argis	26	1036	Tenay	2	sam.	...	...	1er s.	...	...	...	1r s.	...	...	...	1r s.	...		
Chaley	33	550	—	6	...	...	...	...	...	dr s.	...	...	14*	...	dr s.	...	...		
Cleyzieu	44	381	St-Rambert	8	...	...	...	...	...	...	...	...	...	...	...	8	...		
Tenay	26	3316	🚂	..	vend.	...	...	...	23*	...	...	...	v.a.25	...	14	...	...		
Torcieu	39	645	St-Rambert	6	...	...	2	...	...	...	...	...	...	...	...	7	...		
Seyssel	29	1148	🚂	..	lundi	2e lundi ca.	2e l.	25	2e l.	2e l.	2e l.	2e l.	16*	2e l.	2e l.	11*	2e l.		
Arglefort	25	1085	Seyssel	5	...	...	...	...	...	25	...	...	...	...	...	...	...		
Chanay	37	616	Pyrimont	3	...	...	1er	...	...	...	10	...	...	...	...	...	...		
Corbonod	31	1370	Seyssel	1	...	...	15	...	...	...	...	...	...	15	...	...	...		
Culoz	16	1508	🚂	..	merc.	...	...	16	...	...	6	...	21	...	...	...	...		
Virieu-le-Grand	13	1205	🚂	..	merc.	...	...	25	...	...	...	...	...	18*	...	...	...		
Belmont	17	628	Virieu-le-Gr.	5	...	...	...	...	...	...	15*	...	...	...	...	25	...		
Cheignieu-Labalme	14	416	Rossillon	2	...	...	...	...	...	10	...	...	...	...	...	...	...		
Ceyzérieux	10	1500	Culoz	6	...	...	22	...	...	...	28	...	...	29*	...	...	...		
Contrevoz	8	752	Rossillon	4	...	...	...	10	...	...	...	10	...	...	...	...	...		
Pugieu	9	250	—	3	...	...	16	...	...	...	...	...	...	16	...	...	...		
Rossillon	11	516	🚂	..	vend.	...	...	...	...	...	...	...	...	...	18	...	...		
Gex	..	2720	Meyrin	10	l. j.	...	...	1er	dr l.	...	1er*	...	...	9*	16	...	21		
Divonne-les-Bains	8	1463	Coppet	6	vend.	...	...	...	...	29	...	...	...	...	...	3e ma	1er		
Mijoux	1	....	Gex	1	...	...	...	...	...	15	...	...	...	20	...	...	...		
Collonges	26	1164	🚂	..	mardi	...	16	...	23*	31	...	...	31	...	...	2	...		
Challex	19	701	La Plaine	3	...	...	...	...	...	1er	...	...	...	...	20	...	...		
Chézery	31	990	Bellegarde	17	...	...	...	25	...	...	...	15*	...	14	...	...	...		
Farges	22	630	Pougny-Ch.	6	...	...	...	5	...	...	...	...	...	...	15	...	...		
Lancrans	39	514	Bellegarde	3	...	...	...	18	...	A	...	...	25*	...	...	...	...		
Léaz	31	785	—	6	...	...	...	...	...	...	28*	...	4	...	...	...	...		
Pougny	30	425	Chancy-P.	1	...	...	...	...	...	28	...	...	...	...	8	...	...		
St-Jean de Gonville	19	655	La Plaine	5	...	...	...	...	...	8*	F24	...	...	...	11	11	...		
Vanchy	36	760	Bellegarde	3	sam.	12	...	12	...	12	...	18	...	6*	12	18	...		
Ferney-Voltaire	9	1224	Meyrin	4	...	...	...	...	...	...	...	...	...	...	...	...	8		
Pouilly-St-Genis	10	823	Satigny	4	lundi	...	...	10	10	22	...	...	20*	...	...	22	...		
Thoiry	14	1320	Satigny (Suisse)	6	...	...	...	...	...	15	...	...	...	...	23	...	...		
Nantua	..	3190	🚂	..	sam.	...	...	...	s. Ram.	...	s.a.24*	...	29	F20	...	27	...		
Maillat	9	561	Cluse	6	...	...	...	...	...	...	22*	...	...	18	...	...	...		
Montréal	5	1085	—	2	...	...	...	...	...	B	...	...	...	...	l. p. 9	...	l. p. 8		
St-Martin du Fresne	6	835	—	4	...	...	...	15	...	...	1er	15	...	25	...	...	...		
Brenod	20	830	—	17	mardi	...	...	...	1r ma	...	...	...	...	dr ma	...	...	...		
Corcelles	25	516	La Cluse-Issy	22	merc.	...	...	...	25	...	8	...	16*	...	...	l.a.11	...		
Crozet	8	520	Meyrin	12	...	...	...	...	...	1er d.	...	...	...	...	23	...	...	A) 1er lundi-16*. B) 1er sam. Carême et sam. Mi-Car. C) veille des Ram. et de Quasim. D) 1r s. et s. p. 24. E) 1er s. et s. p. 21.	
Hotonnes	33	910	Artemare	17	...	...	...	...	5	...	11	...	...	...	22	...	19		
Châtillon de Michaille	20	1338	🚂	..	lundi	...	5	...	s.e. Pâq	2	24*	...	...	30*	...	5	...		
Bellegarde	25	1725	🚂	..	jeudi	12	...	12	...	12	...	18	...	6	12	16	...		
Billiat	28	615	Bellegarde	7	...	...	23	...	...	...	25	22*	23*	...	...	...	...		
Forens	29	385	St-Germain de Joux	17	...	...	...	...	...	25*	...	15	...	14	...	...	...		
Injoux	30	710	Pyrimont	7	...	...	12	...	...	...	...	...	...	...	20	...	...		
Montanges	21	550	Châtillon de M.	3	...	...	...	...	1er	15	9	...	...	9	...	...	...		
St-Germain de Joux	13	865	🚂	..	vend.	...	...	20	...	28	...	*31	1er l.	...	31	...	...		
Izernore	11	1130	Nurieux	5	jeudi	...	...	6	...	8	14	6	13	...	...	...	19		
Oyonnax	16	4248	🚂	..	lundi	...	1er l.	...	1er l.	...	1er l.	...	l.p.15	...	1er l.	...	1er l.		
Arbent	20	855	Oyonnax	5	...	...	...	...	...	3e l.	...	...	1er	...	29	...	...		
Belleydoux	23	690	St-Germain	10	...	...	...	...	...	...	15*	...	...	...	15	...	...		
Dortan	24	1282	Oyonnax	7	jeudi	...	...	10	26	...	25*	...	8	9*	...	11	...		
Echallon	18	1092	St-Germain-de-Joux	6	...	...	...	...	...	...	20*	...	...	20*	...	...	...		
Martignat	7	790	🚂	..	...	...	...	...	...	20	...	8	...	12	...	...	...		
Poncin	35	1917	Pont d'Ain	8	lundi	lundi p. 22	dr l.	l. Fra.	dr l.	l. Trin.	dr l.	l.p.25	dr l.	l.p.22	dr l.	l.p.11	dr l.		
Cerdon	20	1540	—	13	vend.	...	...	...	l. Saint	4	...	22*	26	...	...	2	...		
Jujurieux	33	2025	—	7	mardi	...	...	8	...	8	...	...	8*	...	...	8	...		
St-Jean-le-Vieux	32	1655	—	6	sam.	8	23	...	[illegible]	...	21*	...	24	...	...	...	...		
Trévoux	..	2080	🚂	..	sam.	2	...	...	dr s.	...	...	...	s.a.22	...	...	11*	...		
Beauregard	9	303	Villefranche	1	jeudi	...	...	...	...	...	...	...	...	...	...	...	...		
Genay	10	1135	🚂	1	...	15	...	...	...	...	...	...	...	...	...	...	...		
Misérieux	18	342	🚂	..	...	...	...	...	...	20	...	...	...	...	...	...	...		
St-André-de-Corcy	14	805	🚂	..	jeudi	...	...	...	30	...	...	...	16*	...	*30	...	1er		
Reyrieux	4	1137	🚂	..	jeudi	...	...	...	...	...	...	...	...	...	...	...	...		
St-Marcel	17	323	St-André	3	jeudi	*16	...	...	...	...	...	...	...	...	...	...	...		
Tramoyes	22	310	Les Echets	1	...	...	3	...	...	...	...	...	...	...	...	...	...		
Chalamont	35	1900	Meximieux	10	lundi	lundi a. 17	l. gras	...	l. Saint	v. Rog.	...	1er l.	A	l.a.29	...	l.a.11	1er l.		
Crans	40	260	—	8	...	...	...	...	...	l. Trin.	...	...	...	...	...	25	...		
Châtillon-sur-Chalaronne	26	2850	🚂	..	sam.	1er sam.	s.a. 2	B	C	j. Asc.	D	...	1er s.	E	dr s.	dr s.	2e s. p. 23		
Mézériat	35	1425	🚂	..	vend.	1er vend. ca.	1er v.	1er v.	1er v.	1er v.	1er v.	1er v.	1er v.	1er v.	1er v.	1er v.	1er v.		
Neuville-les-Dames	32	1656	Vonnas	7	vend.	4	...	1er j.	29	...	...	26*	...	...	22	...	1er j.		
Vonnas	44	1551	...	..	jeudi	2e jeudi ca.	2e j.	2e j.	2e j.	j.a.tri.	2e j.	2e j.	2e j.	2e j.	2e j.	2e j.	2e j.		
Meximieux	35	2275	🚂	..	merc.	2	...	m. Pâq.	...	1er me	21*	...	l.p.25	...	l.p.28	dr me	...		
Bourg-St-Christophe	37	702	Meximieux	2	...	...	24	...	...	26	...	20*	...	...	19	...	...		
Faramans	30	392	—	5	...	...	...	...	...	...	...	...	...	1er l.	...	...	...		
Loyes	39	985	—	4	...	...	...	...	...	...	...	...	...	7	...	...	...		
Pérouges	33	725	—	1	sam.	...	s. a. 2	...	23*	...	...	...	...	...	...	j.a.11*	...		
St-Jean-de-Niost	38	650	—	8	...	...	2	...	...	...	...	...	...	8*	...	...	...		
St-Maurice-de-Gourdans	40	1135	La Valbonne	7	...	...	...	...	...	l. Pent.	...	...	...	l.p.22*	...	...	...		
Montluel	28	2758	🚂	..	vend.	lundi p. 6	l. Mi-C.	l. Mi-C.	l. Quas.	dr v.	...	1er v.	...	11	...	...	l. p. 8		
Beynost	27	840	🚂	..	...	...	...	...	...	28	...	...	28	...	...	...	...		

AIN : Trévoux. — AISNE : Laon, Château-Thierry, St-Quentin.

LOCALITÉS et dist. de l'arrondiss.	K.	Popul.	GARES et distances	K.	Marchés	FOIRES Janvier	Fév.	Mars	Avril	Mai	Juin	Juill.	Août	Sept.	Oct.	Nov.	Déc.	FOIRES MOBILES et observations	HOTELS & CAFÉS recommandés
La Boisse	30	732	Montluel	2									l.p.15			28			
Dagneux	29	910	—	1											l. p. 9				
Miribel	24	3256	🚂		jeudi*	jeudi p. 22										l.p.11*			
Neyron	30	570	Miribel	2					ma. Pâq	l.p.23*									
St-Trivier-s-Moignans	18	1678	Villars	13	vend.	18	Macras			s.a.Pen.	1er		v.a.15		9	j.a.30	v.a.15		
Ambérieux en Dombes	15	882	St-André de Corcy	9	merc.	2e merc.	2e me	1e ma	1e me	6	1er *	d' me	24*	l.p.22	3e me	2	3e me		
Villeneuve	11	1074		10	sam.			s.a.Mi-c		d' s.		s.a.22				s.a.11			
Thoissey	30	1538	Romanèche	7	vend.	22	3e j.Car	5e j.Car	j. Saint	2e v.	2e v.	l.p.22	2e v.	2e v.	2e v.	ma.a.11	2e v.		
Montmerle	18	1790	St-Georges d Reneins	4	jeudi	1er jeudi	3	20*		j.p.As.			j.p.15	8*	d' j.		9		
Villars-les-Dombes	22	1075	🚂		mardi	mardi a. 2		1er ma	v. Saint		ma.a.24		1er ma	ma.a.9		ma.a.11	ma.a.25		
Marlieux	32	720	🚂		lundi			1er l.			1er l.					1er l.			
LAON		[illegible]	🚂		mer. s.	1er lundi				4e s.			10*					F 3e dim. Août.	
Athies	5	1004	Vaux-s-Laon	5				1er								6		A) 1. 3e semaine de Carême.	
Bruyères-Montbérault	6	905	Laon	6	vend.		3								21				
Crépy en Laonnois	11	1681	Crépy-Couvron	2	jeudi							4*				12*			
Festieux	12	618	Coucy-les-Eppes	5	jeudi			10						5*		18			
Veslud	11	388		5					l.Pâq.*	l.p.As.*									
Anizy-le-Château	16	1118	Anizy-Pinon	1	lundi	1er lundi	1er l.	19*	1er l.	1er l.	19	1er l.	1er l.	1er l.	1er l.	1er l.	1er l.		
Chevregny	15	715	Chailvet	7	mardi				l. Saint						27				
Mons en Laonnois	6	500	🚂		jeudi														
Urcel	10	675	🚂	2	vend.	d' vend.							v.a.d'd.						
Chauny	26	9052	🚂		ma.-v.	d' ma. co	d' ma	1er v.*	d' ma	d' ma	d' ma	d' ma	20*	d' ma	d' ma	d' ma	d' ma		
Coucy-le-Château	28	788	🚂		vend.				v. Saint										
Blérancourt	41	1006	Chauny	13	lundi	1er me. co	1er me	1er me	1er me	1er me	1er me	1er me	1er me	1er me	1er me	1er me	1er me		
Folembray	30	1730	🚂		sam.										3e s.	29			
Craonne	25	635	Guignicourt	11	sam.				me S.										
Beaurieux	28	792	Fismes	13	vend.				v.a.Ra.						25				
Bouconville	20	405	St-Erme	12										1er	1er				
Bourg-et-Comin	23	615	Fismes	12	mardi	12*	2e ma	2e ma	2e ma	2e ma	2e ma	2e ma	2e ma	2e ma	2e ma	2e ma	2e ma		
Corbeny	22	800	St-Erme	8	merc.					1er		1er		14			18		
Moulins	23	245	Fismes	17	jeudi					9							6		
Pancy	14	110	Laon	14							21*								
Crécy-sur-Serre	16	1934	🚂		lundi			A						3e d.	28				
La Fère	25	5010	🚂		merc.	3e merc. co	3e me	3e me	3e me	3e me	3e me	3e me	3e me	25*	3e me	3e me	3e me		
St-Gobain	25	2220	🚂		dim.												1er		
Tergnier	28	3716	🚂		jeudi	2e jeudi co	2e j.	2e j.	2e j.	j.a.Pen.	2e j.	2e j.	2e j.	2e j.	2e j.	2e j.	2e j.	F 30 août.	
Marle	24	2485	🚂		mardi	2e mardi co	2e ma	2e ma	2e ma	2e ma	2e ma	2e ma	2e ma	2e ma	2e ma	2e ma	2e ma	A) lend. Ascens.*	
Neufchâtel	37	732	Guignicourt	6	jeudi					9							6	B) v. p. Toussaint.	
Berry au Bac	36	726	—	7	vend.			1er v.						1er v.					
Juvincourt et Damary	26	646	—	6						21					10				
La Malmaison	28	618	Amifontaine	5				15								15			
Pontavert	28	392	Guignicourt	11						25*									
Roucy	30	585	Guignicourt	15	jeudi				20							11			
Rozoy-sur-Serre	11	1115	🚂		merc.		4e j.		l. Pâq					1	4e j.				
Brunehamel	51	889	Aubenton-A.	8	vend.	1er vend.	1	1er-27		11	d' v.		25*		4	8	7*		
Chaourse	35	1000	Montcornet	2											9				
Dizy-le-Gros	28	1420	St-Erme	18	jeudi				j. Saint					4*					
Montcornet	31	1722	Vervins-Marle	20	sam.	1er sam.	Cend.	1er s.	1er s.	j.a Pen.	1er s.*	1er s.	1er s.	3e s.	1er s.	11*	1er s.	F Trinité.	
Sissonne	20	1528	St-Erme	6	vend.			j.Pâs.								25			
Liesse	15	1415	Coucy-les-Eppes	7	vend.			l.Pas									22		
Marchais	16	572	—	4				l. Saint							18*				
Mauregny en Haye	16	558	—	4			25			l.a.Pen.			26*				1er		
Montaigu	17	820	St-Erme	2							25*				20				
St-Erme et Ramecourt	20	1525	🚂		lundi				10						15				
Château-Thierry		7315	🚂		vend.	d' vend.	1er v.	1er v.	1er v.	A	1er v.	d' v.	1er v.	1er v.	1er v.	B	1er v.		
Marigny en Orxois	16	592	Nanteuil-S.	7	merc.		22			1er		23*					27		
Charly-sur-Marne	16	1710	Nogent-l'Artaud	3	jeudi												28		
Chézy-l'Abbaye	8	1148	—	5	merc.											12*			
Nogent l'Artaud	13	1328	🚂		vend.											27			
Viels-Maisons	17	900	Nogent-l'Artaud	10	jeudi						11			29*					
Villiers-sur-Marne	18	465		6											18				
Condé en Brie	16	685	🚂		jeudi			3 j.Fér.		l. Pent.				1er j.	F 1er d.	25			
Fère en Tardenois	23	2508	Coincy	10	merc.			d' me			d' me			d' me			d' me		
Coincy	15	1089	🚂		sam.							4					6		
Coulonges en Tard.	28	572	Jaulgonne	13	vend.						14					20			
Villers-Agron-Aig.	10	200	Dormans	14			3												
Neuilly-St Front	21	1825	🚂		sam.				s. Ram.		s.p.24*				s.p.28				
La Ferté-Milon	32	1615	🚂		vend.											30			
Gandelu	22	508	Ferté s Jouarre	21	lundi					l. Pent.						1er l.			
Monthiers	13	330	Bezu	10	jeudi											1er j.			
St-Quentin		50??	🚂		sam.	9	9	9	9	9	28*	9	9	10	9	9	9		
Bohain	20	6684	🚂		ma. v.	15 co	15	15	15	15	15*	15	15*	15	15	15	15		
Fresnoy-le-Grand	16	3713	🚂		jeudi	4e jeudi co	4e j.	4e j.	4e j.	4e j.	4e j.*	4e j.	4e j.	4e j.	4e j.	4e j.	4e j.		
Séboncourt	19	2375	Fresnoy	3	sam.		s.p.25			s.p.25	F 8		s.p.25			s.p.25			
Le Catelet	20	515	🚂			1er lundi co	1er l.	1er l.	1er l.	1er l.	1er l.	1er l.	1er l.	1er l.	1er j.	1er l.	1er l.		
Beaurevoir	20	2018	Bohain	12							18*			F 8	18				
Moy	12	1100	Mézières-s-Oise	4	mardi			25			25*					25			

AISNE : Soissons, Vervins. — ALLIER : Moulins.

LOCALITÉS et dist. de l'arrondiss.	k.	Popul.	GARES et distances	k.	Marchés	Janvier.	Fév.	Mars.	Avril.	Mai.	Juin.	Juill.	Août.	Sept.	Oct.	Nov.	Déc.	FOIRES MOBILES et observations.	HOTELS & CAFÉS recommandés.
Ribemont	15	3135			sam.	3e jeudi cm	3e j. 2e v. 1er	3e j. 2e v. 1er	3e j. 2e v. 1er	3e j. 2e v. 1er	3e j. 2e v. 1er	3e j. 2e v. 1er*22	3e j.* 2e v. 1er	3e j. 2e v.* 1er	3e j. 2e v. 1er	3e j. 2e v. 1er	3e j. 2e v. 1er	F 1er d. mai et août.	
La Ferté-Chevresy	28	1324	Ribemont	11	vend.	2e vend. cm												A) ma. a. Ascens.	
Origny-Ste-Benoite	16	2487		1	jeudi	1er cm												B) me. a. Ascens.	
St-Simon	16	695	Flavy-le-Martel	3	....										20*				
Flavy-le-Martel	19	2175			merc.										*1er				
Vermand	12	1264			dim.														
Caulaincourt	16	390	Vermand	5	....	12 cm	12	12	12	12	12	12	12*	12	12	12	12		
Fluquières	12	808	—	6	dim.														
Soissons		[illegible]			s. me.							*dr d.				1.p.11			
Braisne-sur-Vesle	19	1522			vend.	3e vend.	3e v.	3e v.	3e v.	3*	3e v.	3e v.	3e v.	14*	3e v.	3e v.	11		
Jouaignes	20	[illegible]	Braisne	6	vend.	1er vend. cm	1er v.	1er v.	1er v.	1er v.	1er v.	1er v.	1er v.	1er v.	1er v.	1er v.	1er v.		
Longueval	28	395	Fismes	6	....											15			
Oulchy-le-Château	21	705		2	jeudi						19*					19			
Hartennes-et-Taux	13	345	Vierzy	6	vend.					11					18*				
Parcy-et-Tigny	17	293	—	4	....										9				
Vailly-sur-Aisne	17	1628	Ciry-Sermoise	7	sam.	1er sam.	22	1er s.	1er s.	1er s.	1er s.	2*	1er s.	1er s.	1er s.	9	1er s.		
Chavignon	19	1151	Chailvet	3	jeudi	1er jeudi		1er j.							1er j.				
Vic-sur-Aisne	17	950			merc.				Saint					21*					
Ambleny	11	1081		2	vend.						21*				25				
Cœuvres-et-Valsery	17	621	Ambleny	8	lundi					1er l.									
Villers-Cotterets	26	3011			jeudi				Saint	A	Pent.			23			7		
Dampleux	22	289	Villers-Cotterets	5	jeudi				Saint	B							7		
Longpont	17	317			....				Pâq.					3e l.					
Vervins		3212			merc.	1er merc. cm	1er me	1er me	1er me	1er me	1er me	1er me	1er me	1er me	1er me	1er me	1er me		
Plomion	10	1276	Vervins	10	mardi		Ma. gras				11*				28				
Aubenton	24	1482			sam.		4e s.	4e s.	4e s.		4e s.		F dr d.	4e s.	4e s.				
Landouzy-la-Ville	12	1881	Origny	4	vend.		14		14					14					
La Capelle	16	2005			vend.	1er mardi cm	1er ma	1er ma	1er ma	1er ma	1er ma	1er ma	1er ma	1er ma	1er ma	1er ma	1er ma	F 2e dim. d'août.	
Buironfosse	20	2258			mardi	3e mardi cm	3e ma	3e ma	3e ma	3e ma	3e ma	3e ma	3e ma	3e ma	3e ma	3e ma	3e ma		
Etréaupont	8	1751	Vervins	8	lundi	13 - dr l. cm	dr l.	dr l.	dr l.	dr l.	dr l.*	dr l.	dr l.	dr l.	dr l.	dr l.	dr l.		
Guise	23	7080			sam.	7 cm	7	7	7	7	7	7*	7	7	7	7	7		
Marly	14	890			mardi	3e mardi cm	3e ma	3e ma	3e ma	3e ma	3e ma	3e ma	3e ma	3e ma	3e ma	3e ma	3e ma		
Hirson	16	5745			lundi	15 cm	15	15	15	15	15	15	15*	15	15	25*	15	* Pentecôte.	
Origny-en-Thiérache	12	2683			sam.	1er	1er	26	26	1er	1er*	1er	1er	1er	1er	1er	1er	F 16 juin et 1er dim. d'octobre.	
St-Michel-en-Thiérache	22	4455			sam.	2		19			29			29*					
Nouvion-en-Th.	27	3335			merc.	4e dim. cm	dr d.	dr d.	me. Pâq	dr d.	dr d.*	dr d.	dr d.	dr d.*	dr d.	dr d.	dr d.		
Sains-Richaumont	16	2080			jeudi														
Etreux	35	1915			jeudi		12			12			12*			12			

LOCALITÉS et dist. de l'arrondiss.	k.	Popul.	GARES et distances	k.	Marchés	Janvier.	Fév.	Mars.	Avril.	Mai.	Juin.	Juill.	Août.	Sept.	Oct.	Nov.	Déc.	FOIRES MOBILES et observations.	HOTELS & CAFÉS recommandés.
MOULINS		23 m.			vend.	1er vend. cm	1er v.	1er v.	1er v.	1er v.	1er v.	1er v.	1er v.	1er v.	1er v.	1er, 3e v.	1er, 3e v.*	F 22 juill.-15 août.	
St-Ennemond	13	1111	Moulins	13	....				l. Pâq				9*						
Yzeure	2	1464		2	....				* Pâq.		20		F 1er					A) l. au mois a. j. gras.	
Trévol	6	1250	Villeneuve	6	....					*Fête-D.	d. a. 24							B) veille de la Pass.	
Villeneuve-sur-Allier		1036			jeudi					15		22	F15	25			9		
Bourbon-l'Archambault		1155			merc.	1er lundi cm	1er l.	1er l.	21*	1er l.	1er l.	1er l.	1er l.	1er l.	1er l.	1er l.	1er l.	F 8 mai.	
Buxières-les-Mines	30	2800			merc.		15			15				20*		15			
Franchesse	28	1365	Bourbon-l'Ar.	6	jeudi	A		v. a. Pas.			22		*3					(*) 1er et 3e me. — ma. p. Pen.	
St-Hilaire	30	1600	Noyant	2	mardi	9*, F14		B		19				4*		7		D) 15 jours a. j. gras	
St-Plaisir	31	1610	Bourbon-l'Ar.	9	....				14					l. p. 1er d.					
Vieure	40	1035	Cosne	3	....			l. Pas.					F15			l. p. 1er			
Ygrande	30	2115	St-Aubin	6	jeudi	17*		2e l. Car	8	25	11		F16	13		27			
Chevagnes	18	1228	Thiel	10	....	10		2	30	* Pent.			1er		6				
Beaulon	30	2553	Dompierre	11	mardi		6	17	8	*Asc.			*16		15				
Gannay-sur-Loire	29	1002	Decize	10	....				22		1er, *24				1er		10		
Lusigny	12	1683	Moulins	12	....		28	*25					20						
Paray-le-Frésil	25	1002	Bourbon-Lancy	8	....									21*					
Thiel	20	1798			....			8		*23	10			8*		22			
Dompierre-sur-Besbre	32	2075			merc.	24	22	26	21	C	30*		1er, 25	26	18	16	3	F 29 juin.	
Coulanges	18	840	Diou	10	....						*1er			l. p. 8					
Diou	38	1587			vend.		16		11		s. a. 16		12		1er	7	10	F 16 juin.	
Molinet	54	995	Digoin	2	....				2				*1er	2					
Pierrefitte-sur-Loire	41	1095	Diou	6	....			10			23*			6					
St-Pourçain-sur-Besbre	28	850	Dompierre	8	....									9					
Saligny	40	1835	—	8	....			1er	me. Pâq			*4	10						
Vaumas	28	1233	—	10	....				27			*25		16		9	31		
Lurcy-Lévy	40	3070			lundi	4e lundi	1er l.	1er l.		ch. l.	ch. l.	1er l.	1er l.	4e l.	1er l.	4 l.	4e l.	F juillet 10.	
Couleuvre	40	2222			sam.	3			l. Pâq		*24		28						
Limoise	27	300	Lurcy-Lévy	8	....			4e s.					F25	11*					
Le Veurdre	36	1216	St-Pierre-le-Moûtier	7	sam.	1er sam.	4e s.		3e s.		1er s.		1er s.		11, 18		1er s.	F 15 août.	
Montet-aux-Moines	30	740			jeudi		Cendres	Mi-car.		1er	20*		21	27		9	27		
Châtel-de-Neuvre	18	1075	Hauterive	4	jeudi			dr ma.			dr ma.		*10	dr ma.		m. a. p. 11			
Cressanges	22	1618	Noyant	5	mardi	15			10	8	4	8	F28	8		30			
Le Theil	34	1265	Tronget	10	....	26							*15						
Tronget	28	1275			....		2					*22							
Neuilly-le-Réal	14	2180	Bessay	6	jeudi		D	30		2e l.	23		18*		1er j.		1er j.	F 28 août.	
Bessay-sur-Allier	13	1585			merc.	11		9		24		4*	22			9			
La Ferté-Hauterive	20	500		2	....	26			19		F29								
Montbeugny	11	800			....			24				16*							
St-Gérand-de-Vaux	25	1305	Hauterive	5	....				l. Pâq		6		F16, 18			24			
St-Loup	25	520	Varennes-sur-Allier	1	....		21							1er*			13		
Souvigny	12	3320			jeudi	22		s. Enc.		11*	24		1er	20	22	25	31	* 11 mai.	
Besson	14	1019	Moulins	14	....		F3		20		E		*15			5		E) Louée 2e d. juin.	

ALLIER : Gannat, Montluçon.

LOCALITÉS ET DIST. DU CH.-L. D'ARRONDISSEMENT	K.	Popul.	GARES ET DISTANCES	K.	Marchés	Janvier.	Fév.	Mars.	Avril.	Mai.	Juin.	Juill.	Août.	Sept.	Oct.	Nov.	Déc.	FOIRES MOBILES et OBSERVATIONS.	HOTELS & CAFÉS RECOMMANDÉS.
Chemilly	9	680	Moulins	9							17*				F9			A) 3e l. a. j. gras.	
Noyant	20	866	🚂				15			F1*					15			B) 1er mardi Car.	
St-Menoux	14	1758	🚂		merc.		A		l. Pâq.	n. Pen.		13*	26			20	27	C) 3e lundi p. Pâq.	
Gannat		5715	🚂		sam.	2e sam.	2e s.	B	2e s.	4	3e s.	l.p.9*	2e s.	11	2e s.	18	22	D) Jeudi a. Ram.	
Biozat	7	1258	Gannat	7							15		22*						
Jenzat	7	1028	—	8							8	F4			28				
St-Bonnet-de-Rochefort	8	1289	🚂			18*						2	31			F3			
Chantelle-le-Château	17	1980	🚂		jeudi	22		j.a. Ram.		j.a. Pen.		22		1er j.	18	25			
Charroux	12	1898	🚂		lundi	7			C		9*			11		4			
Etroussat	16	1148	Fourilles	3	merc.				23*							6		F 1er novembre.	
Voussac	37	1800	Montmarault	10					l. Quas.					12	11	F11			
Ebreuil	10	2251	🚂		jeudi		13		8	25	j.a. 24		9		2		13	F 30 mai.	
Bellenaves	20	2450	🚂		merc.	28		l. Mi-C.	25		25		16			12		* Fête-Dieu.	
Echassières	26	1260	Lapeyrouse de B.	7	dim.	15				10				9*		8			
La Lizolle	20	956	[illegible]	10				11					F15		11				
Louroux de Bouble	30	792	🚂						F30	l.p.1er a.				18			28		
Escurolles	—	1100	🚂	3	mardi		6		17		30			8*		8			
Broût-Vernet	13	1700	Monteignet	10	jeudi			2		22	F24			24		30			
Cognat-Lyonne	9	905	—	1				6					F18						
St-Pont	13	752		7	merc.							F26							
St-Remy en Rollat	22	1125	🚂		merc.				me. St								1er me.	F 1er octobre.	
Vendat	16	1160	St-Remy-en-Rollat	4						20			F25		31				
Vesse	16	1505	Vichy	4					a.a. Pâq			l.p. 1							
St-Pourçain	25	5100	🚂		sam.	d' sam.	d' s.	d' s.	d' s.	d' s.	18*	d' s.	d' s.	d' s.	d' s.	d' s.	d' s.	F 28 août.	
Bransat	28	1285	Ste-Pourçain	6			10		F23							20			
Verneuil	31	810		7		1er = 20	j. gras.									7			
Montluçon		30000	🚂		sa.-ser.	3e sam. cu	3e s.	3e s.	D	3e s.	3e s.	3e s.	3e s.	3e s.	3e s.	3e s.	j.a. 25	F 9 septembre.	
Chamblet	10	1160	🚂	2				4		Pent.				l.p. 22*					
Néris-les-Bains	7	2588	Chamblet	1	jeudi		5		l. Pâq.		23		23		31		26	* Fête-Dieu.	
Domérat	6	3858	🚂		dim.		F17												
Cérilly	40	3050	Urçay	20	jeudi		j.a. l. St	j.a. Mi-C.	5	5		6, 25		18		l.p. 11	l.a. 25	F 4 juillet.	
Ainay-le-Château	46	2230	St-Amand (Cher)	18	sam.	25		26	26	l.p. Pent.	22	s.a. 22	16*	9	9, 29		9		
Meaulne	31	1197	Urçay	5	dim.	20			12	7	20		17			30		F 22 août.	
St-Bonnet-le-Désert	38	1518		11	dim.			20			16		F15			20			
Theneuille	40	1315	Vill. fr. d'Al.-Urçay	22				28			2*						3		
Urçay	35	688	🚂		vend.	2			l. Quas.									F 16 août.	
Valigny	46	1089	St-Pierre-le-M.	25			6				12			19					
Commentry	16	13...	🚂		vend.	d' vend. cu	d' v.	d' v.	d' v.	d' v.	d' v.	d' v.	d' v.	d' v.	d' v.	d' v.	d' v.	F 17 août.	
Hyds	20	900	🚂			14				l. Pent.		F8					18		
Teillet-St-Marien	14	990	🚂	1														2e d. oct., St-Marien.	

LOCALITÉS	K.	Popul.	GARES ET DISTANCES	K.	Marchés	Janvier.	Fév.	Mars.	Avril.	Mai.	Juin.	Juill.	Août.	Sept.	Oct.	Nov.	Déc.	FOIRES MOBILES et OBSERVATIONS.	HOTELS & CAFÉS RECOMMANDÉS.
Desertines	2	2320	Montluçon	3					23									A) j. a. d. suiv. le 5.	
Malicorne	18	938	Commentry	4		22	26		26	j.p. Pen.				7*		8		B) j. a. dim. p. 15.	
Hérisson	28	1870	Vallon	12	vend.	1er	11*		me. Pâq.		9			2*	11		6	C) mardi a. 1er dim.	
Bizeneuille	11	832	Villefranche	12		2	8		15			F4*	20						
Audes	11	900	Magnettes	3	dim.	25			10	14-28	11	22			9	F3*			
Le Brethon	31	1295	Vallon	10	dim.	5								5, F28*					
Cosne-sur-l'Œil	23	1050	🚂		mardi	10		j. Mi-C.	28*		m.t. 24		6	6*	18	22			
Estivareilles	10	825	Trillers	2				1er			5. F24					14			
Louroux-Hodement	21	900	Magnettes	10			24			l. Fêt.*						5			
Vallon en Sully	25	1485	🚂		mardi		3*	a. Pâs.		1er	5*		30		30		15	F 15 août.	
Huriel	12	3115	🚂		mardi	6	3	30	23	F Asc.	8			29	28	11			
La Chapelaude	12	1500	🚂		jeudi					10							A		
Courçais	20	1000	🚂	1	jeudi		14							F19	14				
Nocq-Chambérat	17	985	Huriel	5				10	30*				l.p. 15						
Saint-Sauvier	25	1330	Treignat	5	vend.			F10	2e l.					1er l.					
Treignat	31	1075	🚂	1	vend.						10	15	F28						
Viplaix	20	1282	Courçais	6	vend.				15				F16			15			
Marcillat	23	2078	🚂		jeudi	10 - 2e j. cu	2e j.	2e j.	24	2e j.	19	2e j.	2e j.	23*	2e j.	5	2e j.		
Arpheuilles-St-Priest	13	843	🚂					l.p. Pas.			F21								
Durdat	12	2195	🚂							13		F7		B			15		
La Petite-Marche	20	947	Marcillat	7					15							15	F21		
Ronnet	18	650	Arfeuilles	9						11*					10				
Montmarault	31	1965	🚂		merc.	1er merc. cu	1er me.	1er me.	1er me.	1er me.	1er me.	1er me.	1er m.*	1er me.	1er me.	1er me.	1er me.	F 3 août.	
Bézenet	22	3700	🚂		mardi	mardi a p. 10								C			me. 2. 4		Hôtel du Nord.
Chappes	28	790	Chavenon	3					l. Pâq.			F26	16	21					
Doyet-la-Presle	18	3330	🚂	1	jeudi		1er j.				j.a. 24			4e j.			j.a. 25*		
Villefranche d'Al.	23	1195	🚂	1	lundi		1er Car.	l. Mi-C.		l. Trin.			1er*	8			1er		
La Palisse		2050	🚂	2	jeudi	2e jeudi cu	2e j.	2e j.	2e j.	2e j.	2e j.	2e j.	2e j.	2e j.	2e j.	2e j.	28	F 24 juin.	
Arfeuilles	16	3500	Arfeuilles	6	merc.		1er v. Car.	j.a. Ram.		20	20		20		1*	29			
Le Breuil	9	1100	—	4			F8*	22						16		6			
Droiturier	7	1025	—	5				20		F3, 12*			21						
Isserpent	15	1800	Lapalisse	15		F15		3		18				23					
Périgny	6	890	St-Gérand	3			22				F20*								
St-Christophe	12	860	Lapalisse	12				23	18			26*				5			
St-Etienne de Vicq	13	775	St-Gérand	6									F3			7			
St-Pierre-Laval	16	972	St-Martin d'E.	2				15			F29*					15			
St-Prix	2	1050	Lapalisse	2										3					
Servilly	5	688	—	5		20		2	23*					F8*	19				
Cusset	22	6760	Vichy	2	sam.	1er sam. cu	1er s.	1er s.	1er s.	1er s.	20*	1er s.	1er s.	1er s.	1er s.	1er s.	1er s.	F Ascension.	
Busset	28	1785	St-Yorre	5	mardi			19		11*					20		21		
La Chapelle	21	1070	Vichy	16										F27	26				
Mariol	39	720	Ris-Châteldon	2		18				22			20	F8	30				
Molles	22	1089	Vichy	12						1er			F29						

ALLIER : Vichy-les-Bains. — ALPES (BASSES-) : Digne, Barcelonnette.

LOCALITÉS et dist. de l'arrondiss.	k.	Popul.	GARES et distances	k.	Marchés	Janvier	Fév.	Mars	Avril	Mai	Juin	Juill.	Août	Sept.	Oct.	Nov.	Déc.	FOIRES MOBILES et OBSERVATIONS	HOTELS & CAFÉS RECOMMANDÉS
Vichy-les-Bains	24	[illegible]	🚂		merc.	25	24	25	25	21	11	15	14*	15	18	9	9	A) lendem. Ascen.	
Le Donjon	19	2200	Lapalisse	21	lundi	2 et 13	1er l. Car.	l. p. Mi-C.	l. Ram.	2	24*	16	17	8		4	7	B) 1er et 3e me. p. Pâq.	
Le Bouchaud	22	663	Mareigny	14					20							20*		C) veille Pentec.	
Lenax	18	1150	St-Martin-Est	12			20		18						12	F11	20	D) ma. a. Ma. Gras.	
Luneau	30	825	Montceau	7				4			1er				20				
Montaiguet	15	1025	St-Martin-Est	8	merc.	17	24	24	25	dr s.	23*	l. p. 26		26		16	s. p. 8		
Neuilly en Donjon	28	1322	Mareigny	16			26		8		15	10			30				
Le Pin	33	696	Digoin	12					10			F25*					15		
Montcombroux	19	1330	La Palisse	10	jeudi						F21*	12							
St-Didier en Donjon	30	842	—	16					1er			1er		F24*					
Jaligny	16	1079	Varennes-Lapalisse	17	sam.		15		4		7		12*	29		3			
Bert	12	1050	Lapalisse	13					l. Pâq.				l. p. 10			2			
Chavroche	14	880	—	11				8						F29*		16			
Cindré	12	950	Trezelle	12					2e l.		F20*						2e l.		
Liernolles	26	850	Dompierre	10												25*			
St-Léon	26	1135	—	16				F11		A								F 27 septembre.	
Thionne	21	920	—	17											28*				
Trétan	18	1161	Varennes s/Allier	13										22*					
Trezelle	10	935	Lapalisse	12					l. Pâq				F24						
Mayet de Montagne	23	2211	—	23	lundi	5	2e l.	l. Pass.	B	9	23		26*		28	23			
Arronnes	37	1035	Vichy	17					l. Pâq.		F29				10				
La Chabanne	35	965	Lapalisse	35	merc.				4					l. p. 8*		14			
Châtel-Montagne	21	1795	—	21	merc.		1, 15	v. Pass.		C			F25	1er	13	21	20		
Ferrières	30	1435	Vichy	25	jeudi	17		l. Mi-C.	ma. Qua.	13	1er		3, F30			8			
Nizerolles	18	885	Lapalisse	17						30			F24		17				
Laprugne	35	1585	—	38	mardi			1er ma.	m. Saint		12-23	20		7	15		31		
St-Nicolas des Biefs	39	1050	—	3.				26		21*			21	30					
St-Clément	28	1141	—	28		F20	25				3		16		8				
Varennes-sur-Allier	20	2752	🚂		mardi	1er mardi c.	1 ma	1er ma	1er ma	1er ma	1er ma	1er ma	1er ma	1er ma	1er ma	1er ma	1er ma	F 3 mai et 24 juin.	
Billy	21	980	St-G. d. F. ou Créchy	3	mardi	14	20		1er	1er	22		11	25	25*	25			
Boucé	16	1020	Varennes	8			D	j. Ram.					F15						
Créchy	10	630	🚂										2*						
Magnet	11	655	🚂					F19*	14					16					
Montaigu-le-Blin	12	1016	St-Gérand	11				4e l.			2e l.	F20							
Montoldre	22	870	Varennes	5							26*								
Rongères	18	625	—	5								21						F Pentecôte.	
St-Gérand-le-Puy	10	1795	🚂	6	dim.	7		20		26		1er	26				1er		
St-Germain d. Fossés	18	2300	🚂		vend.	2e vend. c.	2e v.	2e v.	2e v.	17*	2e v.	2e v.	2e v.	2e v.	2e v.	2e v.	2e v.	F 2 juillet.	
Sanssat	13	520	Créchy	3					22*		F6*								
Seuillet	23	444	St-Germain	3									16*						

LOCALITÉS et dist. de l'arrondiss.	k.	Popul.	GARES et distances	k.	Marchés	Janvier	Fév.	Mars	Avril	Mai	Juin	Juill.	Août	Sept.	Oct.	Nov.	Déc.	FOIRES MOBILES et OBSERVATIONS	HOTELS & CAFÉS RECOMMANDÉS
DIGNE		7000	🚂		sam.	l. p. 6.	l. Cen.	2e s.	l. Quas.	2e s.	A	2e s.	l. p. 25*	2e s.	2e s.	B	21	A) 2e lundi p. F.-D.	
Barras	13	234	Grillons	7										l. p. 4				B) lundi p. 1er-30.	
Thoard	16	930	—	16	dr dim.	dr dim.			25					20*		2e l. p. P.		C) 1er dim. Carême.	
Le Chaffaut	10	338	Digne	10					l. Pâq							1er		D) veille du 2e sam.	
Barrême	30	975		30	dim.			15	l. a. 25		21*		l. p. 15*	dr l.		l. a. 30	19	E) 2e dim. p. F.-D.	
Tartonne	18	350		18						1er l.			F22	30*	20			F) dim. p. 1er et 30.	
La Javie	15	510	—	15	dim.				20	1er						20		G) 2e merc. Car.	
Le Brusquet	10	165		10															
Prads	27	300		27											10			F 1er dimanche.	
Les Mées	25	2035	Peyruis	3	jeudi		Cendres		12	l. 1-b.				l. p. 11*		1er	18		
Entrevennes	38	525	Brienne	12						8			20*			l. p. 15*		H) merc. p. 1er l.	
Le Castellet	16	270	Peyruis	21					18					1er*				I) 14 et ma. a. Tous.	
Malijai	18	890	🚂						Quas.				d. p. 8		1er*				
Mirabeau	16	415	Les Grillons	4				25*											
Oraison	30	1785	La Brillanne	2	vend.	20		19*		l. p. 12	18			11			1er		
Puimichel	30	465	Peyruis	14					25*				4	27					
Mezel	14	925	Digne	14	dim.	dim. p. 6	C	D	Quasim.	D	E	D	10*	D	D	F	29		
Bras d'Asse	26	172		26				4			d. p. 24*					H			
Espinouse	17	100	Malijai	7										21					
Estoublon	20	435	Digne	20					l. Qua.							10			
St-Jeannet	26	265	—	26								27*					28		
St-Julien d'Asse	30	230		30					15					18					
Moustiers-Ste-Marie	48	1170	Manosque	50	mardi		l. gras	23		1er	8			31*	12	11	6		
Palud	65	610	Digne	65				19		18				25					
Riez	42	2350	Manosque	30	sam.*	2	1er s.	1er s.	l. p. Qua.		1er s.	1er s.	1er s.	14	l. p. 18	27	21		
Allemagne	58	540	Mirabeau	25				12						26					
Montagnac	15	810	Manosque	37		17*								20					
Puimoisson	33	1005	Digne	33				22					14*			28			
Quinson	64	720	Manosque	38										4					
Ste-Croix de Verdon	51	415	—	11						F3				14*					
Seyne	41	2195	Digne	41	mardi		Ma. Gras			6-30		1er j.	15*	22	1		18		
Barles	25	310	—	25						l. p. 16					l. p. 9*				
Montclair	47	528	—	47									23*						
Le Vernet	30	270	—	30					14						2				
Valensole	44	3020	Manosque-Riez	18	dim.	31	dr v.	dr v.	20	25	25*	dr v.	dr v.	5	9	25	dr v.		
Brunet	38	370	Manosque	24												l. p. 11*			
Gréoux	60	1230		13		22									3				
Barcelonnette		2240	Digne	87	sam.						1er l.		26	30					
Enchastrayes	5	500	—	92	sam.						1er l.			30*					
Jausiers	8	1025	St-Michel	50						1er j.					1er j.				
Allos	27	1130	Digne	80	me. d.					20				21*	21	10			
Le Lauzet	21	805	St-Michel	15	jeudi				1er j.	2e l.					6*	j. p. 1er			

ALPES (BASSES-) : Barcelonnette, Castellane, Forcalquier, Sisteron.

LOCALITÉS et dist. de l'arrondiss.	k.	Popul.	GARES et distances.	k.	Marchés.	Janvier.	Fév.	Mars.	Avril.	Mai.	Juin.	Juill.	Août.	Sept.	Oct.	Nov.	Déc.	FOIRES MOBILES et OBSERVATIONS.	HOTELS & CAFÉS RECOMMANDÉS.
La Bréole	36	876	St-Michel	..	....	....	...	...	21	...	...	...	...	...	...	15	...	A) 2e et 4e lundi.	
Méolans	11	788	Gap	61	....	....	...	...	29	...	...	...	...	...	...	...	...	B) 2e lundi de Car.	
Revel	12	710	St-Michel	30	....	....	...	...	29	...	...	...	...	...	...	...	...	C) lund. Asc. et 12 mai.	
St-Vincent	20	703	—	16	....	22	...	...	10*	...	...	...	1er j.	...	...	...	...		
Ubaye	30	308	—	12	....	....	...	...	...	20	...	...	...	...	...	12	...		
St-Paul	21	1318	—	42	....	....	...	...	...	1er l.	...	...	...	...	A	...	...		
Castellane	..	1895	Draguignan	57	sam.	....	B	...	v. Saint	l.p.11*	l.p.24*	l.p.22*	2e l.	l.p. 8	l.a.?*	dr s.	21		
Soleilhas	19	415	Digne	73	....	....	...	...	...	...	12	...	...	...	...	...	...		
Annot	32	1085	—	90	mardi	....	...	1er l.	1er l.	24	26	...	28	...	18*	20	24		
Brans	30	545	—	..	....	....	...	...	...	...	...	...	...	...	...	l.p.11*	...		
Méailles	37	465	—	80	....	....	...	...	...	10	...	...	...	...	...	2	...		
Colmars	45	815	—	72	sam.	....	...	19	...	28	...	1er l.	...	22	22	11	...		
Thorame-Basse	32	615	—	31	....	....	...	...	...	s.p.10*	...	...	...	...	dr s.	...	...		
Thorame-Haute	35	560	—	65	....	....	...	...	23*	...	...	...	...	...	1er l.	...	...		
Entrevaux	42	1150	—	75	vend.	....	...	24	...	1er l.	...	...	1er l.	20*	28	l.a.30*	...		
St-Pierre	16	110	Var	65	....	....	...	...	...	...	*20	...	13	...	...	...	...		
St-André de Méouilles	16	700	Digne	42	vend.	....	...	...	...	...	...	...	l.a.10*	...	2e l.	*30	...		
Allons	24	280	—	40	....	....	...	...	...	...	...	...	...	l.p.1a*	...	...	...		
Senez	19	530	—	35	....	....	...	...	l.p.23*	...	...	...	...	...	...	...	...		
Blieux	22	530	—	15	....	....	...	...	...	...	...	...	l.p.22*	...	...	...	...		
Forcalquier	..	3050	🚂	..	lundi*	28	...	1er l.	l.1er ar.	C	dr l.	...	15*	1er l.	1,31	30	21		
Dauphin	7	380	Volx	7	....	....	10	...	27	...	21*	...	...	...	...	11*	...		
Limans	9	500	La Brillanne	20	....	....	...	...	l.p.??	...	...	...	...	...	...	...	...		
Mane	3	1433	Volx	12	....	4	m.a.p.13	...	l. Saint	...	s.a.p.1?	...	...	11*	...	...	4		
Pierrerue	6	587	La Brillanne	7	....	....	...	...	...	...	...	...	...	...	l.p.34	...	...		
St-Maime	9	400	Volx	9	....	....	...	...	...	...	...	...	...	3*	...	...	...		
St-Michel	10	880	—	11	....	24	...	...	m.a.p.15	...	...	...	...	29*	...	m.a.p.15	...		
Sigonce	10	510	Lurs	10	dim.	....	Xa Gras	...	...	...	s.p.1*	...	...	...	...	...	...		
Villeneuve	11	605	Volx	2	....	....	...	...	...	...	...	...	...	25	...	...	...		
Banon	21	1150	Apt	32	mardi	20	...	25	...	l. Rog.	20*	...	...	18	...	27	l.a.p.6		
Revest des Brousses	11	528	La Brillanne	24	....	....	...	1er	...	6	...	...	...	8*	...	25	...		
Revest du Bion	35	745	—	45	....	....	...	...	20	...	...	l.p.6*	...	...	24	...	...		
Saumane	25	275	Volx	35	....	....	...	...	...	...	...	...	...	1er	25	...	...		
Simiane	35	1050	Apt	22	....	....	9	...	l.p.24	...	...	...	...	1er	...	4	...		
Manosque	17	5180	🚂	..	s. me.	10	24	v. Ram.	...	12*	11	...	6, 21*	21	21	16	6		
Montfuron	20	810	Manosque	10	....	8	...	...	...	...	...	...	...	...	...	...	...		
Ste-Tulle	24	760	🚂	..	....	....	...	...	...	...	...	...	...	1er	...	...	...		
Volx	16	950	🚂	1	....	....	...	...	...	...	...	...	...	...	1er j.	...	dr me		
Peyruis	19	820	🚂	1	....	....	...	...	...	...	...	...	l.p.16*	...	...	24*	...	A) 1er lundi Pent.	
La Brillanne	10	135	🚂	..	....	....	...	...	...	...	...	...	...	19	...	...	...	B) Renv. au s. suiv. si elles ne tombent un samedi.	
Lurs	11	818	🚂	2	....	mardi p. 10	...	...	l.p.24*	...	...	...	...	...	...	...	l.p.12	C) Du 1er nov. à Noël.	
Reillanne	19	1378	🚂	..	merc.	25	...	...	...	A	...	...	...	...	9	30*	...	D) lundi a. Touss.	
Aubenas	15	150	Reillanne	8	....	22	...	...	...	...	...	...	...	...	...	...	...		
Céreste	23	1170	Apt	18	mardi	17*	1er ma	...	...	1er ma	...	...	...	1er ma	...	20	...		
Lincel	12	160	Manosque	12	....	....	...	...	...	...	...	...	...	...	...	...	27		
Ste-Croix à Lauze	24	157		24	....	....	...	...	...	l.p.3*	...	...	...	...	...	...	...		
Vachères	27	520	—	27	....	....	...	...	10	...	...	...	20*	...	...	...	...		
Villemus	16	207		12	....	....	4	...	...	...	...	...	...	...	...	...	15		
St-Etienne-les-Orgues	18	1000	La Brillanne	24	dim.	2	...	19* 13	...	...	...	...	3 B	6 11	...	...	...		
Fontienne	7	152		27	....	....	...	...	...	...	...	...	...	...	...	...	1er s.		
Lardiers	18	252	—	30	....	....	...	...	...	...	15*	...	...	...	13	...	...		
Ongles	12	489	—	23	....	....	...	...	26	27	...	...	s.p.21	...	...	...	15		
Revest en Fangat	10	200	—	18	....	....	...	...	...	...	...	...	...	...	25	...	...		
Sisteron	..	3880	🚂	..	sam.	lundi p. 17	3. Gras	l Pas.	...	l. p. 3	l.p.11*	l.p.10	l.p.24	...	l.p.9*	l.p.25	l. p. 8	Gros marchés sam. a. : Pen., 24 et 29 juin, 11 nov. et 21 déc.	
Authon	23	210	Sisteron	22	....	....	...	...	21	...	...	...	...	18*	3	...	...		
Mison	13	1014	🚂	2	....	....	...	...	30*	...	...	...	...	...	...	11	...		
St-Geniez-de-Dromon	11	350	Sisteron	11	....	....	...	...	...	l.p.10*	...	...	...	...	...	...	...		
La Motte du Caire	22	720	—	22	j. (C)	....	...	2e l.	l.a.25*	l.s.Trin	...	...	...	...	D	...	...		
Le Caire	26	173	—	26	....	....	...	...	...	...	...	...	...	29*	...	...	...		
Clamensane	21	300		21	....	....	...	...	...	...	...	...	...	8*	...	...	...		
Thèze	15	280	Mison	12	....	....	...	...	j.p.10	...	...	...	...	...	...	...	...		
Vaumeilh	13	500	Sisteron	13	....	....	...	...	d.l.26*	...	...	...	...	...	...	6	...		
Noyers-sur-Jabron	12	900	—	12	....	....	...	...	...	...	...	20*	...	...	...	...	...		
Les Omergues	30	518	—	30	....	....	...	...	15	...	...	...	...	...	20	...	...		
St-Vincent	20	626	—	20	....	22	...	...	20	...	...	28	...	20*	...	...	...		
Turriers	31	530	—	31	....	....	...	...	...	dr s.	...	...	6*	...	...	s.p.17*	...		
Bayons	32	680		32	....	....	...	...	l.a.18	...	...	...	...	...	D	...	...		
Bellaffaire	38	280		38	....	....	...	...	...	...	...	...	...	l.p.29*	...	...	...		
Faucon du Caire	30	100	—	30	....	....	...	...	...	...	...	...	s.a.30*	...	...	...	...		
Gigors	36	175	—	36	....	....	...	...	...	...	...	...	...	l.p.29*	s.a.dr l.	...	...		
Venterol	37	350		37	....	....	...	...	...	...	...	...	...	...	...	...	...		
Volonne	13	1080	Chât.-Arnoux	1	....	....	...	...	...	3	l.p.24*	...	15*	8	...	l.a.25	...		
Château-Arnoux	14	708	🚂	1	....	....	...	15	...	...	...	...	...	...	...	12*	...		
L'Escale	17	515	Chât.-Arnoux	3	....	....	...	...	1er	...	...	...	...	...	...	...	...		
Peipin	8	480	🚂	1	....	....	...	...	...	...	...	...	...	22	...	...	...		

ALPES (HAUTES) — Gap, Briançon, Embrun.

LOCALITÉS et dist. de l'arrondiss.	k.	Popul.	GARES et distances	k.	Marchés.	Janvier.	Fév.	Mars.	Avril.	Mai.	Juin.	Juill.	Août.	Sept.	Oct.	Nov.	Déc.	FOIRES MOBILES et OBSERVATIONS.	HOTELS & CAFÉS RECOMMANDÉS.
Gap		11 k.	🚂		me. s.	sam. p. 17	A		s.a.Ram	1er	s.a.24		1er l.	18		11*	18	A) lundi a. l. gras. B) sam. a. lundi Noël. C) lendemain du 1er dim.* D) lendem. Fête-D. E) l. du 2e dim. p. 9.*	
Manteyer	14	515	Freyssinouse	4									17*						
La Roche des Ar.	14	946	🚂											C					
Aspres-les-Veynes	33	1205	🚂							6	25*				16		13		
La Beaume	45	1002	Aspr.-l.-Veyn.	12						5*					7		11		
La Faurie	37	567	🚂											3					
Montbrand	45	370	La Faurie	5										5					
Barcillonnette	27	300	Gap	27					27										
La Bâtie-Neuve	10	950	🚂											11					
Laragne	40	1059	🚂		jeudi	7	1er j. car.		25	D			j.p.15	E	25				
Eyguians	30	175	🚂							14									
Ventavon	30	800	Laragne	12	lundi	1er lundi	1er l.	1er l.	1er l.*	1er l.	1er l.*	1er l.	1er l.	1er l.*	1er l.	2	1er l.		
Monetier-Allemond	25	231	—	15					22*										
Poet	35	468	—	7						3				14					
Upaix	34	547	—	5			3		s.a.Pâq		30*								
Orpierre	54	740	Eyguians	7					1er		1er		6		6	15			
Lagrand	56	200	—	1					11					9*					
Saléon	52	148	—	3							14*								
Trescléoux	52	505	—	6						l.p.Asc.				15		21			
Ribiers	50	1100	Sisteron	9			Cendres					l.p.11*		l. p. S		l.p.1er*			
Barret-le-Bas	58	348	Laragne	15												29			
Salérans	63	270	—	18					l.Pâq.*							2			
Rosans	65	790	Serres	25	merc.	25		25*	15	15	15				l.a.18	15			
Bruis	62	408	—	23									11*						
Montjay	56	435	Eyguians	15					20						1er*	l.a.11			
Ribeyret	56	120	Serres	15			21				8								
St André de Rosans	65	310	—	32		7			28										
Ste-Marie	61	137	—	25											21				
St-Bonnet	16	1765	Gap	16	lundi			1er l.	ap. Pâq.	a. Pen.	25*		1er l.	22*		*30	l.a.Noël		
Ancelle	15	1116	—	15											2	2			
St-Et. en Dévoluy	35	750	Montmaur. Veynes	27										9					
Aguières	47	455	Montmaur	18									29*	26					
St Disdier	42	330	Gap	42										11					
St-Firmin en V.	31	1120	—	31	merc.				25*						27				
Chauffayer	27	900	—	27	vend.				l.a.Rats										
Clémence d'Ambel	19	312	—	19											4				
Serres	42	1180	🚂	1	me. d.				1er s.	3	9		6	29*		2	21		
La Bâtie-Montsaléon	35	300	Pont-Chabes	2										25					
L'Epine	47	600	Serres	10										17					
Montmorin	61	570	Serres	20				22		as. Pen.	1er			26			18	A) a. der. j. carnav.	
Savournon	13	525	—	9										20				B) l. Pass. et l. Saint.	
Tallard	11	985	Gap	14	vend.			26						s.p.11*	21				
La Saulce les Alpes	17	840	—	17					1er j.										
Lardier-Valençay	21	380	—	21						1*				14					
Sigoyer	16	675	Freyssinousse	11	jeudi						11		11*						
Veynes	24	2018	🚂	1	jeudi	13	1er l. car.	4e l. car.	18	11		25		1er 8	28	25			
Châteauneuf d'Oze	35	125	Veynes	9	lundi	13		1er l. car.	l. Saint.	11	l.p.Pa.	25*			28	25			
Briançon		3780	🚂		jeudi					1er l.*	2e l.			2e l.	2e l.				
Cervières	12	705	Briançon	12										27					
Névache	20	696	🚂	20										1er l.*	1er l.				
Aiguilles	38	620	Mt-Dauphin	21							24*				8				
Abriès	48	910	—	37	merc.						1er			29*					
Ch.-Ville-Queyras	30	905	Briançon	30					Quasim.					21*					
Moline en Queyras	61	875	Mt-Dauphin	30						as. Pen.			F6		3e s.				
St-Véran	65	660	—	36											12				
La Grave-Oysan	36	1250	Briançon	36	merc.			l.p.Pâs.		2e l.				17*	25				
Largentière	18	1290	🚂	1	dim.														
Vallouise	26	1165	Largentière	10	mardi				23*						4				
Le Monetier	14	2190	Ste Catherine	15					25*					15	1er				
Embrun		1910	🚂		sam.	1er samedi*		4e l. car.	28*		1er*		21*		25*		5*		
Châteauroux	6	1670	🚂				A								21				
Les Crottes	4	1215	Embrun	4													6		
Chorges	23	1618	🚂		jeudi				1er	23				1er j.	9	18			
Réziers	36	410	Gap	25					30							23	3		
Espinasses	28	442	St-Michel	11				1er											
Remollon	33	679	🚂	19	dim.	22			4					17					
Guillestre	19	1155	🚂	3	lundi					2e l.		1er l.*		1er l.	3e l.				
St-Crépin	23	1080	Embrun	23					25					10	*25				
Orcières	51	1245	Gap	32	jeudi				28*						1,11				
St-Jean-St-Nicolas	30	923	—	30	vend.			s.a.Pâs.											
Savines	10	1810	🚂		jeudi				15*								7		
Réallon	11	790	Savines	10											1er				
St-Apollinaire	16	145	—	6						27									
Le Sauze	22	310	—	12						27									

ALPES-MARITIMES : Nice, Grasse.

LOCALITÉS et dist. de l'arrondiss.	k.	Popul.	GARES et distances.	k.	Marchés	Janvier.	Fév.	Mars.	Avril.	Mai.	Juin.	Juill.	Août.	Sept.	Oct.	Nov.	Déc.	FOIRES MOBILES et observations.	HOTELS & CAFÉS recommandés.
Nice		98m.			quoti.								24*			l.p.1er*		A) 3 jours avant la Trinité.	
Breil	62	2565	Vintimille	25	sam.								17*					B) Quoti. du 1er juin au 31 octobre.*	
Fontan	70	1186	—	40											1er l.				
Saorges	69	1530	Menton	50					19*						19*				
Coaraze	28	628	—	28						15*						9*			
L'Escarène	19	1500	—	17												29*			
Luceram	27	1640	Nice	27											5*				
Peille	20	1685	—	20											8*				
Levens	22	1550	—	22										12*		15			
St-Martin du Var	26	915	Nice-Var	20			10												
Tourrette-Nice	12	1248	—	12												20			
Menton	31	9020			quoti.					A				26					
St-Martin-Lant.	59	1960	Nice	59	B					24					8	11*			
Belvédère	54	1216	—	54										29*					
Roquebillière	50	1755	—	50											11	25*			
Sospel	41	3895	Menton	21	sam.					2*						25*			
Utelle	38	1880	Nice	38										30					
Lantosque	44	1895	—	14						16*						8			
Villefranche	5	3490			sam.														
Grasse		15m.			ma. v.		d'l.		l.p.25		3e l.			l.p.29			1er l.		
Pégomas	8	665	Grasse	8							l.p.22*								
Antibes	24	6160			quoti.	lundi p. 11									l.p.13				
Valauris	18	3950		2	dim.							26*				11*			
Le Bar	9	1365	Grasse	9					l. Pâq.							3			
Châteauneuf	6	530	—	6									15*			12*			
Roquefort	10	630	—	10										8*					
Valbonne	8	1155	Mouans	5			3*						14*						
Cagnes	24	3050			lundi	dim. p. 20	Pl.Car.		l. Pâq.		d.p.29*		16		d.p.16				
St-Paul du Var	21	750	Vence-Cagnes	7									12						
Villeneuve-Loubet	20	830	—	3											28*				
Cannes	16	20m.			quoti.									14*			16*		
Mandelieu	15	836	Cannes	7						13	12								
Mouans-Sartoux	7	1019											l.p.1er d.						
Mougins	10	1070	Mouans	3	dim.		2e l.						25						
Coursegoules	35	475	Vence-Cagnes	26										8*					
Bonyon	36	430		35							6		17						
Cipières	21	500	Grasse	24															
Roquesteron	49	150	Var-Nice	40										l.p.21					
St-Auban	65	550	Grasse	65	dim.					10									

LOCALITÉS et dist. de l'arrondiss.	k.	Popul.	GARES et distances.	k.	Marchés	Janvier.	Fév.	Mars.	Avril.	Mai.	Juin.	Juill.	Août.	Sept.	Oct.	Nov.	Déc.	FOIRES MOBILES et observations.	HOTELS & CAFÉS recommandés.
Briançonnet	50	510	Grasse	50									16*	24				A) av. dr lundi.	
Caille	40	190	—	40									3*					B) lundi p. 1er dim.	
Collongues	50	140	—	50						12				1er*		12			
Le Mas	47	344	—	47								10							
Val de Roure	45	335	—	45							l. 29*								
St-Vallier de Th.	12	510	—	12							l.a.24			1er l.					
Cabris	5	820	—	5									16*						
Vence	26	2760	Vence-Cagnes	9	jeudi		20			26*				10			13		
Le Broc	30	695		22		17*				11	24*								
Puget-Théniers		1230	Nice	65	sam.	2			26					s.p.10	16	30*			
Ascros	19	524	Var	60										7, 12					
La Croix	5	800	Nice	70										l.p.20*					
Auvare	10	199	—	73							l.p.29								
La Penne	10	305	—	40									20						
Rigaud	15	543	—	60							1er l.*		31			2e l.			
Guillaumes	30	1095	—	95				28		1er me			16*		9	11			
Beuil	40	623	—	90								l.p.26		9*	8				
Péone	38	644	—	90									26	14					
Entraunes	48	496	—							12*					15				
St-Martin d'Entr.	15	530		95			3				12*				23	16			
Roquesteron	25	450		55	1er,3e s.				20				11				8*		
Gilette	18	643	—	35											15				
Bonson	35	381	—	28											16				
Revest	12	158	—	37						1er									
Sigale	19	410	—	52			l. p. 3												
Toudon	28	505	—	42						20	25			8*	6				
St-Étienne	80	2112	—	97	lundi				2e l.		25	28	24*		1er l.*	2.18			
Isola	66	1095	—	78							1er l.*			15					
St-Sauveur	60	755	—	56	lundi					dr l.	1er l.*			1er l.					
Clans	12	702	—	42												l.p.1er			
Ilonse	28	378	—	44						12	l.a.20*				14				
Marie	40	255	—	45															
Roubion	60	450	Var	70										25					
Roure	40	530	Nice	80							11				7				
Valdeblore	60	870		60						5*					25				
Villars du Var	20	820	Var	43					2e l.					l.a.21		l.a.25			
Lieuche	20	120	—	59								2e l.							
Malaussène	21	321	—	35									1er l.		av. dr l.				
Pierlas	30	210	Nice	65											30				
La Tour	45	825	—	45															
Thiéry	25	260	—	60							l.a.24			l.a.24	l.p.1er d.				

ARDÈCHE : Privas, Largentière.

LOCALITÉS et dist. de l'arrondiss.	K.	Popul.	GARES et distances.	K.	Marchés	Janvier.	Fév.	Mars.	Avril.	Mai.	Juin.	Juill.	Août.	Sept.	Oct.	Nov.	Déc.	FOIRES MOBILES et observations.	HOTELS & CAFÉS recommandés.
Privas	—	7630			sam.	30		30		3		2	21*	20	20	23	20	A) 3e j. p. Pâques.	
Ajoux	17	524	Privas	17				22					21*					B) 2, 7 et 31.	
Alissas	4	1068	Chomérac	2			20										14	C) mardi a. Rogat.	
Freyssenet	12	225	Privas	12					18					25*	15			D) 15 jours p. Pâq.	
Flaviac	7	789	Jonzin, Privas	7				16							10				
Les Ollières	17	1470	Voulte-s-Rh	20	vend.			18									5		
Gourdon	20	676	Privas	20					6				28*		6				
Pranles	9	1732	—	9					5*						30				
St-Priest	5	1091	—	5				23							14				
Antraigues	40	1118	Vals	9	vend.	7 et 15		26	A	mi Pen.		1er l.	3	8*	1er		B		
Aizac	35	1..	Aubenas	14					6					12					
Bastide de Juvinas	33	1010	Labégude	12												29			
Genestelle	25	1205	—	13				7		7						17			
St-Joseph	22	648	Aubenas	20				18	12	5				5	12		28		
Lachamp Raphaël	39	600	Labégude	30					C		7*			22					
La Vielle	31	800	—	14										18					
Mézilhac	33	150.	—	27					D	1.a.Pen.	1 a.24	22*		1er,17	14				
St-André de Bourlène	27	1515	Vals l Bains	8				24	20	9				3*		19			
Aubenas	20	8230			sam.	17								14					
La Chap. s. Aubenas	37	75.	St-Sernin	3						7									
Labégude	32	1655		1					10					20*		29			
St Et. de Boulogne	17	830	Aubenas	10					14	6*							26		
Vals les Bains	31	3810			merc.	2e jeudi	1er l.	12	mi. Pâq					25	10				
Vesseaux	23	1309	Aubenas	9					16										
Bourg-St-Andéol	62	428.			1. sam.				5			10	28	23	13	4	17		
Gras	60	1176	St-Montant	18						15	11*						13		
St-Just	59	1095		1						8						10			
St-Marcel	66	1563		2		16				4				4*					
St-Montant	5.	1485		3		4				3					5				
St-Remèze	40	1630	St-Andéol	16						12					1er*	18			
Chomérac	8	2409			lundi			20				15				25	15		
Baix	18	1090															7		
Le Pouzin	14	2310			mardi	28		1er	25		20	20		1er	15	18			
Rochessauve	9	910	Chomérac	5					8							5			
St-Lager-Bressac	13	712															2		
St-Symphorien	11	535	St-Lager	2				15								15			
Rochemaure	26	1116							1er		28*		8			2	21		
Cruas	24	1515							22		2*						3		
Meysse	22	1273	Rochemaure	3									1.p.1er d.						

LOCALITÉS	K.	Popul.	GARES	K.	Marchés	Janvier.	Fév.	Mars.	Avril.	Mai.	Juin.	Juill.	Août.	Sept.	Oct.	Nov.	Déc.	FOIRES MOBILES et observations.	HOTELS & CAFÉS
St-Pierre	18		Rochemaure	10							26		1er					A) 2e lundi Carême	
St-Martin-Supér.	25	608	—				18	24			1er			9*		11	6	B) lun. a. lun. gras.	
St-Martin-l'Infér.	22	420	—	7												1.p.12		C) mardi Pâques.	
St-Pierre-Ville	10	2915	Lavoulte	12	mardi	13		1er	1er	10	10	15	11*	20	18	10	9.16	D) mardi p. 17*.	
Marcols	12	1290	Beauchastel	10			1er	20	20	20						20	20	E) mardi p. 2e dim.	
Gluiras	30	2750	Lavoulte	30			1. gras	27		2				14	25	25			
St-Etienne de Serre	28	8..	—	32				21							2		26		
St-Julien du Gua	22	570	Privas	22		27		15	28	15*	15			10			1.11		
St-Sauveur de M.	32	1170	Lavoulte	25				7			27			5		5	18		
Vernoux	27	2108		3	merc.	6	A	2e l.car	v.p.Pas	1er, 25	26	11	16*	21	28	20	13		
Berzème	13	450	St-Jean-le-Cent.	8			16		22	v.p.Asc.	10*	25	5	10	16	10			
Darbres	17	630	Villeneuve	4				13	5						5*				
Lanas	35	734	Vogüé	1												5			
Lavilledieu	25	1010	Villeneuve	2					13				26			1.p.11*			
Lussas	24	915	—	6		15			21					15					
Mirabel	22	835	St-Jean-le-Cent.	7						10				1.p.P.L.		18			
St-Andéol de Berg	32	320	Villeneuve	5									D						
St-Germain	37	132	—	9										17					
St-Jean-le-Centenier	21	710							20										
St-Gineis	15	385	St-Jean-le-Cent.	5					1.Pâq		25*		21						
St-Maurice d'Ibie	30	815	Villeneuve	10		12			11				1.p.25*						
St-Pons	26	685	St-Jean-le-Cent.	3					21					13					
Vogüé	36	732							25*						8	18			
Villeneuve-de-Berg	39	2849			mardi	1er*				12				20*					
Aps	30	1102		3		2			23*		5			5		9			
Aubignas	22	560		3	dim.	20			C				1er*	1er	1er				
St-Thomé	13	580	Viviers	7					16		18*				25				
Le Teil d'Ardèche	29	4800				12			25				20*			21			
Valvignères	48	825	Viviers	11					11				1.p.24*						
Viviers-s-Rhône	20	3258			vend.								2e d.				13		
Beauchastel	24	1000				17				6					4	30			
Rompon	12	1000	Pouzin	9					5							7			
St-Georges-les-Bains	13	500	—	9					12			12*			12				
St-Fortunat	32	1250	Beauchastel	12				28	20		23*				8		17		
St-Laurent	25	1205	—	1	merc.	1er		25			21*		10	8*					
St-Vincent de Durfort	22	980	—	21					14*			15*			29		8		
Largentière		2785			lundi	22		15	1.Pâq			18			1er l.	11*	17		
Thueyts	33	2840	Prades	16	merc.	23	7	22	E,30	19		28*	25,28		6,15	25	1,27		
Ste-Eulalie	50	785	—	20			12			10		10	10*	27					
Sagnes-Goudoulet	50	853	—	30						5				9					
St-Pierre de Colombier	28	900	—	12		16				6*					25				
Coucouron	66	1280	Langogne	23	merc.	8		22	10	10	14.23	10		1er*	10				
Issarlès	30	1005	—	28		13	B	2e l.car	1.Pâq					4					

ARDÈCHE : Largentière, Tournon.

LOCALITÉS et dist. de l'arrondiss.	k.	Popul.	GARES et distances	k.	Marchés	Janvier.	Fév.	Mars.	Avril.	Mai.	Juin.	Juill.	Août.	Sept.	Oct.	Nov.	Déc.	FOIRES MOBILES et OBSERVATIONS.	HOTELS & CAFÉS RECOMMANDÉS.
Lanarce	63	974	Langogne	21	....	...	...	...	4	6	...	...	...	4*	6	...	...	A) 12, 18 et 24.	
Joyeuse	30	2020	Ruoms	11	merc.	25	cendres	...	25	...	20*	...	1er me	...	18	25	...	B) lundi p. 1er d.*	
Lablachère	16	2029	Beaulieu	12	....	...	...	...	10	...	...	15*	...	16	...	...	...	C) merc. p. Pâq.	
St-Genest-Banzon	18	484	Largentière	18	....	...	...	...	...	...	...	...	24*	...	...	...	...	D) 1er, 15, 28.	
Sablières	10	1089	Ruoms	42	lundi	...	l. gras	...	l. Pâq	...	...	...	...	11*	...	...	1er l.	E) lundi p. 1er dim.*	
Montpezat	32	2310	Nieigles-Prades	33	jeudi	...	...	j. Mi-C.	26	...	...	...	...	j.a.29*	...	...	22	F) 3e v. a. Carnav.	
St-Cirgue en Montagne	49	1035	Langogne	25	mardi	...	...	12	12	A	12	12	16*	12	12, 24	12, 24	4, 12		
Usclades	55	580	Prades	33	....	15*	F	...	La Pas	...	...	...	...	...	...	...	...		
St-Étienne-de-Lugdarès	41	1595	Luc	7	....	20	20	20	18, 28	5, 20	8	...	...	10*	13	20	18		
St-Laurent-les-Bains	40	770	Labastide	8	vend.	...	...	...	28	...	...	...	*10	...	...	...	...		
Thueyts	36	2772	Nieigles-Prades	10	vend.	2, 25	...	10	...	1	24*	...	18	...	4	8	6		
Jaujac	18	2521	—	7	vend.	13, 21	...	j.a.Pas	...	4	...	...	...	15, 29*	...	...	9		
Lalevade	14	1644	—	12	merc.	...	...	10	10	...	...	...	...	B	...	...	2		
Mayres	37	1190	—	20	dim.	7	...	...	C	8, 26	...	...	...	27	15*	...	...		
Meyras	25	1520	—	7	mardi	...	3, 10	4*	1er*	...	...	...	...	10	10	...	...		
Nieigles	25	1780	(gare)	4	....	5	18	...	...	...	...	...	...	8*	20	...	...		
Prades	25	1156	(gare)		....	9	...	...	...	...	...	...	...	21*	...	...	...		
Valgorge	23	1235	Ruoms	39	mardi	7, 20	...	...	15	4*	...	...	...	...	16	...	...		
Beaumont	17	1054	—	23	jeudi	...	...	26	10, 20	10	...	...	...	12	1er l.*	...	...		
Loubaresse	25	320	Luc	25	....	...	...	...	...	D	25*	...	18	24	8, 22	7	...		
Vallon	22	2425	Ruoms	8	jeudi	...	11	...	...	8	...	...	12*	...	...	26	...		
La Bastide de Virac	31	595	—	15	....	...	...	...	...	7	...	...	...	...	7	...	...		
Lagorce	17	1455	—	7	....	20	...	...	27	...	...	...	...	27*	...	...	...		
Ruoms	14	1713	(gare)		mardi	10	...	...	...	...	...	...	8*	...	...	...	...		
Vagnas	25	710	Ruoms	16	....	...	...	...	...	3	...	...	...	17	...	...	...		
Les Vans	21	2080	St-Paul	18	sam.	...	...	...	1er	...	28*	16	21	...	9	...	21		
Banne	33	1520	—	4	....	...	...	...	...	...	...	...	...	...	...	21	...		
Berrias	23	738	Beaulieu	2	....	...	...	...	...	...	25*	...	...	12	...	...	...		
St-André-de-Cruzières	31	985	St-Ambroix	10	....	...	...	...	...	...	...	...	...	1er l.*	...	19	...	* 30 novembre.	
St-Paul-le-Jeune	37	1585	(gare)		lundi	1er..*	...	...	...	...	*29	...	...	...	...	...	...		
Tournon		5290	(gare)		sam.	22	...	C	...	29	...	...	20*	...	...	3	17		
Colombier-le-Jeune	20	970	Tournon	20	....	4	...	7	...	14	11	11	...	...	1er..	...	...		
Étables	15	915	—	15	....	...	...	...	...	15	24*	...	...	E	...	...	...		
Mauves-s-Rhône	3	910	(gare)		....	...	...	...	...	...	6*	...	...	...	...	18	...		
Plats	10	785	(gare)		....	7	...	26*	...	16	...	...	...	...	...	...	4		
S.-Barthélemy-le-Plain	11	1078	Tournon	11	....	...	...	...	...	20	...	...	*24	...	...	14	...		
St-Jean-de-Muzols	3	1020	(gare)		....	...	...	...	...	...	l.p.24*	...	...	...	...	...	26		
Sarras	11	1357	(gare)		....	...	...	2e l.	...	...	...	...	...	l.p.8*	...	...	...		
Annonay	34	17[illegible]	(gare)		sam.	1er s. ou	1er s.	1er s	1er s	1er s	1er s	1er s	1er s	1er s	1er s.	1er s.	1er s.		

LOCALITÉS et dist. de l'arrondiss.	k.	Popul.	GARES et distances	k.	Marchés	Janvier.	Fév.	Mars.	Avril.	Mai.	Juin.	Juill.	Août.	Sept.	Oct.	Nov.	Déc.	FOIRES MOBILES et OBSERVATIONS.	HOTELS & CAFÉS RECOMMANDÉS.
Boulieu	35	1390	Annonay	4	sam.	...	...	...	...	...	...	...	...	...	...	...	...	A) merc. p. Quas.	
Monestier	48	291	—	18	....	...	...	...	23*	...	...	...	...	...	...	...	...	B) 1er et jeudi a. 25.	
Villevocance	42	849	—	8	....	...	...	...	15	10*	...	...	...	...	...	5	26	C) l. p. Fête-Dieu.	
Le Cheylard	52	3060	Tournon	52	merc.	2e merc.	j. gras	j. Mi-C.	A	jeudi Asc	25*	...	1er me	7	20	1er me	B	D) merc. a. Touss.	
Dornas	62	1315	Bégude	35	....	3	...	j. Pas	...	...	15	...	...	15*	...	3	...	E) lundi p. 1er dim.*	
Nonières	41	700	Tournon	41	....	...	...	...	dr s.	...	...	...	...	s.a.29*	...	s. a. 30	...	F) lundi p. 2e dim.*	
St-Barthélemy-le-Meil	61	625	Beauchastel	10	....	3	...	...	...	...	...	23*	...	...	...	18	...		
Le Mastre	32	3350	(gare)		mer*	dr mardi	dr ma	...	...	6	...	*11	...	29*	dr ma	...	28		
Desaignes	39	3370	Le Mastre	6	....	...	...	26	...	...	...	...	...	...	...	...	...		
Empurany	20	1705	—	8	....	...	...	...	...	10	...	...	...	...	...	...	...		
Gilhoc	24	1330	—	12	....	...	...	...	...	...	...	...	...	...	...	...	11		
St-Barthélemy	31	1235	—	8	....	...	...	...	...	...	...	...	...	...	...	25*	...	* 24 août.	
St-Basile	36	1278	—	4	ven*	*2	...	...	...	...	...	...	...	...	...	...	...		
St-Prix	42	915	—	9	....	...	...	1er s.	j.a.Ras.	...	...	...	*16	2e s.	...	...	...		
St-Agrève	54	3335	Dunières	32	lundi	3e lundi ou	3e l.	3e l.	3e l.	3e l.	3e l.*	3e l.	3e l.	3e l.*	3e l.	3e l.	3e l.		
Devesset	58	1584	Annonay	40	....	...	...	...	...	p	22*	...	...	...	1er	...	...		
Rochepaule	51	1939	Dunières	18	....	...	...	23	20	15	...	...	10	8*	...	18	23		
St-Félicien	28	2172	Tournon	28	vend.	...	3	...	l.a Qua.	m.a. Pen.	*9	...	22*	...	8	22	31		
Arlebosc	32	1080	Tain	31	....	...	...	20	...	C	...	...	...	26	...	...	6		
Boucieu-le-Roi	20	605	Tournon	30	....	...	21	...	28	...	25*	...	...	...	27	...	13		
Pailharès	31	1585	—	34	....	...	...	...	25*	...	...	...	...	...	...	...	...		
St-Victor	21	2034	—	21	....	...	14	...	...	1er	21*	...	16	...	25	...	21	* 21 juillet.	
St-Martin-de-Valamas	60	2504	—	60	dim.	18	8	1er-26	s.a.Ram.	2	1er ma	1er ma	16	9	1er ma	12*	9-27		
Borée	75	1395	Beauchastel	60	....	...	...	...	Qua.	...	...	...	...	...	...	...	...		
Chanéac	68	955	Tournon	68	....	10	...	15	24	8	...	...	...	...	...	...	...		
St-Martial	70	1900	—	70	jeudi	merc. p. 6	Cend.	me.a.25	dr me	m.a.Asc	me.a.24	*1er	me.a.15	me.a.29	D	me.a.30	...		
St-Péray	14	2700	(gare)		mer*	1er merc.	...	20	...	...	21*	...	...	22	...	...	22		
Alboussière	30	1020	St-Péray	15	....	...	...	24	...	1er	...	...	...	28*	...	...	18		
Champis	25	1015	—	19	....	...	...	...	...	20	...	...	...	...	...	20	...		
Soyons	21	1010	(gare)		....	...	...	...	...	...	...	...	...	...	...	2*	...		
Toulaud	21	1638	St-Péray	6	....	...	...	...	26	...	...	...	...	...	...	...	...		
Satillieu	31	2421	Annonay	12	mardi	3	...	...	...	5*	...	...	...	...	3	13	...		
La Louvesc	38	1015	—	28	jeudi	...	...	...	...	8	21*	...	...	15	...	...	...		
Préaux	25	1384	—	15	....	...	...	...	27	...	...	...	...	...	...	...	...		
Quintenas	25	1170	—	7	....	2e lundi	...	...	1er l.	...	l. Tri.*	...	...	...	...	...	...		
St-Jeure-d'Ay	20	505	Sarras	11	....	...	...	...	22	...	...	...	...	...	...	...	18		
St-Romain-d'Ay	26	685	Annonay	10	....	...	...	...	1er l.	...	...	...	...	8*	...	...	...		
Serrières	31	1560	(gare)		vend.	27	3e ma	3e ma	27	3e ma	3e ma	3e ma	E	3e ma	3e ma	23	3e ma		
Andance	20	1212	(gare)		merc.	...	...	...	...	...	...	...	...	...	...	...	...		
Champagne	21	420	Peyraud	2	....	...	...	...	l. Pâq	...	l.p.29*	...	...	...	...	...	...		
Félines	31	801	Serrières	5	....	...	...	...	...	...	...	...	F	...	...	...	...		
Péaugres	25	1005	—	6	....	...	...	...	...	l. p. 3	...	...	...	...	...	l.p.11*	...		

ARDÈCHE : Tournon. — ARDENNES : Mézières, Rethel, Sedan, Vouziers. — ARIÈGE : Foix.

LOCALITÉS et dist. du l. d'arrondiss.	k.	Popul.	GARES et distances	k.	Marchés	Janvier	Fév.	Mars	Avril	Mai	Juin	Juill.	Août	Sept.	Oct.	Nov.	Déc.	FOIRES MOBILES et observations	HOTELS & CAFÉS recommandés
St-Désirat	25	876	Tournon	25					A									A) 8e l. p. Pâques.	
Vernoux	41	3058	St-Péray	21	jeudi		3e j.		23*				24*			1er j.			
Boffres	33	1520	—	25				16		1er*				14			7		
Chalançon	50	1135	—	33		25	21		me St	a. Pen.	30*		10	10	9	11	13		
S.-Félix-Châteauneuf	38	510	—	24		2											3	F 23 juin.	
St-Jean-Chambre	10	1108	—	38				2e sa.										F 24 juin.	
MÉZIÈRES		6680			vend.					2e ma*						2e sa*		A) mardi a. Pass.	
Mohon	2	3638			vend.													B) ma. du d. p. 29.	
Charleville	1	17…			lundi	1er lundi			F Qua.			l.p.22*			1er j.	4e l.*			
Gespunsart	12	1975	Nouzon	8			13			6		15			25			F 21 septembre.	
Nouzon	7	7000			mardi							F20							
Monthermé	17	3080			sam.				s.p.Pâq.						1er s.*			C) ma. du d. p. 8.	
Poix-Terron	16	765				20		3			18*				30			D) merc. a. Tonss.	
Vendresse	28	902	Poix-Terron	14	vend.		10		l.p.22*		11	20*			19		22	E) jeud. Ascens.*	
Renwez	14	1705		3	jeudi		1er j.	1er j.	1er j.					F 8	1er j.		1er j.		
Signy-l'Abbaye	31	2905	Launois	11	mardi	1er mardi		1er ma		1er ma		1er ma		1er ma*		1er ma		F dr dim. de sept.	
Launois	22	990			sam.			m.d.pas				22*	29				6		
Thin-le-Moutier	21	1174	Launois	9			20			2e ma		13*			20				
Rethel		7150			lundi		1er l. Ca			l.p.Asc.	l.a.24*	l.p.22*			l.p.1er*	l.p.25*			
Amagne	10	696				mardi p. 9				1er									
Asfeld	21	1008	Guignicourt	11	merc.				L. St		23*				17		28		
Balham	17	285	Chatelet	10						1er d.*									
St-Germainmont	21	657	Guignicourt	18						dr l.						1er l.			
Château-Porcien	10	1185	Rethel	10	sam.	dr samedi		A			7		24*		27				
Chaumont-Porcien	22	915	Draize	6	mardi				m.a.St		m.a.16			sa.d.d.			m.a.a.25		
Rocquigny	27	1030		27	jeudi	1er jeudi		1er j.		2		20*		1er j.		1er j.			
Juniville	14	1155	Chatelet	8				l. fas.		l. fa.			16*		31				
Neuville-la-Fuy	20	681	Pont-Faverger	7					25					9*					
Tagnon	10	1020					1er s.Ca.			B						C			
Novion-Porcien	11	985						1er me. a.A.Pâ.			1er me*			1er me		1er me			
Chesnois-Auboncourt	20	490	Saulces	4	merc.							m.a.25			D				
Wasigny	18	905		1	jeudi		dr j.			E		2e j.		dr j.			1er j.		
Rocroi		3180			mardi		dr ma	dr ma	dr ma		dr ma*		dr ma	dr ma	dr ma		dr ma		
Maubert Fontaine	10	1103			sam.		1er s.		1er s.		1er s.*		1er s.*		1er s.		1er s.		
Regniowez	7	716	Maubert-Fontaine	9		13		13		13*		13		13		13			
Rimogne	11	1014			merc.											3e s.			
Givet	39	7825			ma. v.						F24		11*			11*		A) merc. a. Pass.	
Rumigny	25	815			mardi		1er ma		1er ma		1er a.*		1er ma		1er ma		1er ma	B) 3e me. Carême.	
Aubigny-les-Pothées	22	105	Liart	8	merc.	14		A			11*			15				C) 3e et s. p. 13.	
Liart	25	830						10		30			10*		10			D) mardi Passion.	
Signy-le-Petit	22	2030			jeudi		14	14	14	14				14*	14	16		E) 3e l. p. Pâques.*	
Auvillers-les-Forges	14	689	Auvillers	2		1er lundi		1er l.		1er l.		1er l.		1er l.*		1er l.		F) mardi a. Pent.	
Sedan		20,…			me. s.		1er l. Car			1er l.			1er l.*			1er l.		G) mardi a. 26*.	
Pouru-St-Remy	13	1081									15		25*						
Donchery	6	1985						B			1er l.*					30*			
Francheval	10	1249	Douzy	4			3e l.			3e l.				3e l.					
Carignan	21	2130			vend.	30		l. Mi-C.		11			16*		10		7		
Margut	27	670									23*			1er ma.					
Mouzon	17	1850			vend.		2e j.			1er j.			F16	1er j.		2e j.			
Beaumont	25	1150	Létanne-Beaumont	2					L. Gra.		12			8*			16		
Douzy	8	1700					1er l.		L. Pâq.		2e l.			15					
Raucourt	15	1570			vend.						1er l.*			1er l.*					
Chémery	16	602	Raucourt	8								15*				15			
Vouziers		3735			sam.		s. gr.		s. Ram.	s. Pat.	2e s.		s. p. 25	C	1er s.	s. a. 11			
Attigny	14	1880			jeudi		j. gr.		j. Qua.		j. a. 25			11*			8		
Buzancy	21	758	Grandpré	13	mardi			D			15*			25			1er		
Barricourt	30	250	Stenay	11			3		E				24*			3			
Le Chesne	16	1300	Rilly	10	merc.	1er merc.				1er me		dr me*			1er me				
Brieulles-s-Bar	17	515	Vouziers	17				2		1er*		30				2			
Grandpré	17	1260			vend.		1er l. Car		28			26*			29				
Semide	17	550								1er d.*									
Machault	17	636	Bétheniville	11			22				1,30*		1er		15		6		
Autry	20	550		2					15					8*			3		
Tourteron	23	572	Attigny	8			M. Gras			F		G				11			
FOIX		7380			vend.	lundi p. 6	A		B	C		10*		9*		4	9	F 8 septembre.	
St-Paul de Jarrat	8	1310	Foix	8		10	10	12		17			13*			6			
Serres	6	1635	—	6						3				25*			1er	A) 1er me. Carême.	
Ax	42	1795			sam.	F22	1er	15		4				14*	20		21*	B) merc. Pâques.	
Prades	45	540	Tarascon	30						l. Pen.*					10			C) lundi Trinité*.	
La Bastide-Serrou	18	2582	Foix	18	jeudi	21	dr j.		D	j. a. Pen.	30*		16*	10	15	21	j. a. 25	D) l. Saint et 3e j. p. Pâq.	
Les Cabannes	25	498	Tarascon	10		15		l. Pas.			2e l.*		27			22		E) 1er jeudi et 11.	
Lavelanet	27	3245	St-Paul-St-Antoine	19	vend.	1er vend.	2	1er*	1er	2	2	1er*	2	1er	2	1er	2		
Belesta	34	2512	—	27			15		15				10	20			1er*	F 16 août.	
Carla-Roquefort	18	385	Foix	15									12			12			
Fougax-Barrineuf	10	1555	St-Paul-St-Antoine	35												9*	20		

ARIÈGE : Foix, Pamiers, St-Girons. — AUBE : Troyes.

LOCALITÉS et dist. de l'arrondiss.	k.	Popul.	GARES et distances	k.	Marchés	FOIRES Janvier.	Fév.	Mars.	Avril.	Mai.	Juin.	Juill.	Août.	Sept.	Oct.	Nov.	Déc.	FOIRES MOBILES et OBSERVATIONS.	HOTELS & CAFÉS RECOMMANDÉS.
Montferrier	27	1502	St-Paul-St-Antoine	20							1er*		20		22			A) l. a. lundi gras.	
Roquefixade	16	560	—	11							24*					11		B) 1er v. Car. et mer. suiv.	
Querigut	72	675	Quillan	40						17				8*	8	7		C) 3e lundi p. Pâq.	
Le Pla	86	283	—	32					5							27		D) lundi Trinité.	
Tarascon	15	1695	🚂		l. v.	4-3 me. *cm*	3,3e me	3,3e me	3,3e me	8*-3e me	3e me	15	3e me	30*	3e me	13	3e,3e me	E) ma. a. dim. gras.	
Saurat	23	3130	Tarascon	8	dim.				25			30*				7			
Vicdessos	31	815	—	15	1er j.	1er jeudi	1er j.	1er j.	1er j.	1er j.	1er j.	1er j.	16*	21*	1er j.	5	1er j.	⸢ 15 août.	
Pamiers		12m	🚂		sam.	1er s. *cm*	A	1er s.	1er s.	28	1er s.	1er s.	1er s.	3	1er s.	25	1er s.		
Bonnac	6	850	Vernet	3			2 me			2e me			2e me			2e me	23	F) veille Fête-D.*	
St-Martin d'Oydes	15	681	Saverdun	12						12				10		12*			
Le Fossat	22	1098	Auterive	24		16 *cm*	16	16	16	16	16	16	16*	16	16	16	16	⸢ 24 août.	
Artignat	20	1642	Pamiers	20			13			6			13*			13			
Carla-Bayle	28	1500	—	18	lundi	13	5	10	5	2	25*	25	28	24	18	18	31	G) mardi Trinité.	
Lezat	31	2575	Auterive	17	mardi	18*	2e ma	2e ma	2e ma	2e ma	10*	3e ma	2e ma	2e ma	3e ma	3e ma	2e ma	H) me. a. Fête-D.	
Pailhès	17	980	Pamiers	17			20		20		20		20*		20		20	I) j. a. Toussaint.	
St-Ybars	28	2026	Cintegabelle	19	jeudi	22 *cm*	22	22	22	22	22	22*	22	22	22	22	22	J) merc. Pâques.	
Le Mas d'Azil	30	2376	Carbonne	36	merc.	1er merc.	B	l. M.C.	1er me	13	1er me	1er me	1er me	12*		8	28		
La Bastide-Bespl	36	654	—	18		6			6			6			6				
Bordes-Arize	27	1145	Pamiers	27		25		1er, 26	25	25	20	12	1er*	17	29	22	19		
Campagne	27	700	Carbonne	25		12							10*						
Daumazan	28	1154	—	20		10	j. gras	j. a. Pas	l. Quas	12	2*	15	25	13, 28	25		1er		
Sabarat	24	630	Pamiers	24		8		8			5			5	24		7		
Mirepoix	23	3942	—	23	lundi	17. 1er l. *cm*	l. gras	1er l.	C	D	1er l.*	30	1er l.	26*	1er l.	21	1er l.		
Aigues-Vives	30	420	—	30				15							10*				
La Bastide-s.-l'Hers	38	1000	Foix	31		25			14				15*		14				
Dun	22	898	Pamiers	22			E			12				16*		15			
Larroque d'Olmes	32	1274	St-Antoine	24			3		s.a.Ram		F		22		29				
Leran	35	1010	Pamiers	35			j. gras				G			6		5			
Portes	26	483	—	26							⸢24*				8				
Rieucros	14	420	—	14							18								
Saverdun	15	3659	🚂		vend.	2e vend. *cm*	2e v.	2e v.	2e v.	2e v.	2e v.	2e v.	2e v.*	2e v.	2e v.	2e v.	2e v.	⸢ 8 septembre.	
La Bastide-Lordat	9	373	Pamiers	9															
Mazères	16	3386	Saverdun	10	jeudi	2e jeudi	j. gras	4e j.	25	H			1er*	12	I		13		
Montaut	9	1295	Vernet d'Ariège	3		15	15	15	15	15	15	15	15*	15	15	15	15		
Varilhes	8	1670	🚂			1er et 3e sa. *cm*	»	»	»	»	»	»	»	»	»	»	»		
Dalou	11	518	Varilhes	2									19	12*					
Verniolle	5	1253	🚂	1				1er		26			9*				15		
St-Girons		3460	🚂		sam.	2-29	1er l. far.	l. Mi-C.	J	16	5*		5	6*	9	2			
Castelnau-Durban	18	1595	St-Girons	18		12	2e l. far.			5	18	20*		23		20	14		
Rimont	13	1735	St-Girons	13			10	13	28	26	15		11*		11	30	22	A) mardi a. ma gr.	
Castillon	13	980	—	13	mardi		A	B	25		C		ma. a. 15	22	20		1er ma	B) ma. a. Passion.	
Orgibet	21	800	—	21					1er						1er*			C) 1er et ma. a. 21*.	
St-Lary	26	1235	—	26						3				30*					
Sentein	23	1380	—	23					19					19					
Massat	27	4009	—	27		20	8	3	l. Quas.	24	19	24	25*	17	12	22	17		
Aleu	17	1166	—	17		26									16				
Biert	24	2352	—	24						2						2			
Boussenac	33	2686	—	33						2*					1er*	20			
Oust	16	1515	—	16			15			20						10			
Aulus	33	895	—	33											6				
Couflens	28	905	—	28						14					1er*				
Ercé	24	3006	—	24	dim.	14				12						8			
Seix	18	3075	—	18	jeudi	12	3		l. Saint	4	11*			21	18	16	9		
Ustou	28	2525	—	28					25						5				
Ste-Croix	23	1466	Cazères	13			1er ma	1er ma	1er ma	1er ma*	1er ma		1er ma		1er ma		1er ma		
Fabas	20	812	—	13			2e j.		2e j.			2e j.		24*					
St-Lizier	2	1180	🚂				4						28*			25			
Betchat	19	1224	Mazères	4	jeudi														
Prat-Bonrepeau	13	1275	🚂		jeudi	15			15					27					
TROYES		47m	🚂		sam.	1er samedi	10	A	j. Saint	1er s.	1er s.	B	1er s.	1er*	22*	1er s.	1er s.	A) 2e l. Carême*.	
Payns	11	709	🚂					24						24*				B) 1er s. et 20*.	
Ste-Savine	1	3622	Troyes	1	vend.													C) l. p. Mi-Carême.	
Aix en Othe	32	3007	🚂	3	merc.	22					18*			5		4		D) v. a. 1er dim.	
Bérulles	36	740	Vulaines	7					l. Saint						19				
Maraye en Othe	26	920	Aix Villem.	16	dim.			10			15*				20				
Rigny-le-Ferron	40	1115	Vulaines	3	mardi		16	19				1er*		12		13			
St-Mards en Othe	48	1470	Villemaur	12	lundi		21	14	l. Pâq.	25		1er l.		21*		5	6, 20		
Bouilly	14	750	Troyes	14	dim.						25*					3			
Jeugny	23	404	🚂						20				12*						
St-Jean de Bonneval	16	434	Maison-Rasele	10	dim.			20			20*			20		20			
St-Thibault	14	385	—	4			23												
Sommeval	20	326	Troyes	20										12		12			
Ervy	37	1820	🚂		sam.	22		C		2	30*			14	4e s.		1er		
Auxon	28	1106	Flogny	20	dim.	6			6		22*			D					
Chamoy	22	648	Troyes	22							11			27*					
St-Phal	24	550	—	24	vend.			1er		17*		24	22		10		22		
Maraolles-s.-Lignières	18	340	Flogny	4			21												
Estissac	21	1805	🚂		jeudi		3		26		19			1er*		25			

AUBE : Arcis-sur-Aube, Bar-sur-Aube, Bar-sur-Seine, Nogent-sur-Seine. — AUDE : Carcassonne.

LOCALITÉS et dist. du ch.-l. d'arrondiss.	K.	Popul.	GARES et distances	K.	Marchés	Janvier	Fév.	Mars	Avril	Mai	Juin	Juill.	Août	Sept.	Oct.	Nov.	Déc.	FOIRES MOBILES et OBSERVATIONS	HOTELS & CAFÉS RECOMMANDÉS
Vauchassis	16	729	Messon	5					A						B			A) mardi p. Quas.	
Villemaur	27	906	(gare)	3	dim.			8									8	B) me. a. Toussaint.	
Lusigny	16	1129	(gare)	1					23*			F4		F20		2		C) merc. Pâques.	
Clérey	15	694	(gare)							6			6			25			
Piney	21	1364	(gare)		vend.	20	11	7		2		22			1er	2		F 25 mars.	
Arcis-s.-Aube		2834	(gare)		vend.		28		5	9	20		24*		3		1er		
Ormes	14	320	Arcis	4	vend.														
Charmont	36	130	(gare)		sam.				j. a. Ram.		s.s. 21*							D) veille Ascension.	
Méry-s.-Seine	19	1339	Mesgrigny	3	jeudi			15*			29			25*	4	s.a. 11		E) 1re me. Carême.	
Les Grandes-Chapelles	13	636	St-Mesmin	8						l. Ram.*				15		25		F) lundi Trinité*.	
Plancy-s.-Aube	23	1275	Mesgrigny	13	merc.				l. Saint		22								
Dampierre	21	508	Arcis	21				v. Pas.			7				24*	2	27		
Pougy-s.-Aube	20	535	(gare)				3	4e v. Car.	l. qua.		11			21*			22		
Bar-s.-Aube		4640	(gare)		sam.				v. Ram.		s.a. 24*		d's.						
Champignol	15	1065	Clairvaux	10				1er			1er*			15		15			
Brienne-le-Château	24	1918	(gare)		jeudi	11	10	14		9	j.a. 24*						1er		
Dienville	19	832	(gare)			25	1er ... ar		Saint	a. Pen.				10*	26				
Lesmont	34	585	Piney	9			21		25						30		2e l. Av.		
Rosnay-l'Hôpital	31	450	(gare)	8					C				25*		18	s. 11*			
Soulaines	18	689	Moutier	12		11				D					10*				
Vendeuvre	21	2008	(gare)		merc.	17	E		23					17		24			
Bligny	14	425	Bar-s.-Aube	14									1er lun*	8*	21				
Bar-s.-Seine		3185	(gare)		vend.					1er				19					
Chappes	13	229	Fouchères	2				5e s. Car.		5*	F			5			13		
Merrey	2	409	Bar-s.-Seine	3			1er l. Car.			18						5			
Rumilly-les-Vaudes	13	586	(gare)	3															
S.-Parres-les-Vaudes	16	454	(gare)											29*					
Villes-s.-Arce	7	715	Bar-s.-Seine	7												15			
Chaource	21	1590	S. Parres-les-Vaud.	14	lundi		1. gr.			3	28		25*		18				
Chesley	23	715	Tonnerre	19		3		17		14		18*	25*	10		10	20	F 21 juin.	
Vanlay	33	700	—	26	jeudi			2e j.			2e j.					3e j.			
Essoyes	16	1320	Bar-s.-Seine	16	sam.	24		21		21				21		21		* 1er octobre.	
Landreville	11	1385	Polisot	7	dim.									7*					
Loches-s.-Ource	13	1150		9															
Vitry-le-Croisé	71	800	Bar-s.-Seine	17									21*				21		
Mussy-sur-Seine	19	1594	(gare)		merc.	25			25					1er*		8			
Celles	5	862	Polisot	1												11			
Gyé-s.-Seine	10	1095	(gare)											17					
Neuville-s.-Seine	8	830	Gyé-s.-Seine	2						9			20*	13			6		
Les Riceys	15	2725	Polisot	10	jeudi	13	j. gr.		j. Salut		11	15	31		28				
Bagneux-la-Fosse	20	580	—	15						15				15					
Nogent-s.-Seine		3870	(gare)		sam.			25			11		3e s.		28	15			
Pont-s.-Seine	9	875	(gare)		merc.				l. Pâq.										
Traînel	13	1340	Nogent	13	jeudi						21*				1er		26		
Marcilly-le-Hayer	20	623	Aix en Othe	16			17			31				1er d.					
Marigny-le-Châtel	21	504	Romilly	14				1er d.							c.a.a. 7				
Palis	30	1370	Aix en Othe	4	lundi														
St-Lupien	27	220	Villemaur	12											d. p. 13				
Romilly-s.-Seine	18	6935	(gare)		lundi			1er l.							1er l.				
Origny-le-Sec	20	851	Romilly	7					24					8*					
Orvilliers	27	435	Mesgrigny	7						3e l.			16*						
Villenauxe	13	2360	(gare)				5		l. Pâq.			1er v.		29					
CARCASSONNE		2900	(gare)		mardi			6		ma. Pen.						25*			
Alzonne	16	1386	(gare)	1		2					20		15*	18					
Montolieu	17	1415	Alzonne	9	dim.				l. Pâq.		11		16*	29			9		
Pezens	9	1048	(gare)											12			26*		
Capendu	18	1305	(gare)			19							30*						
Moux	25	1361	(gare)		merc.	14							8						
Trèbes	8	2107	(gare)			10				13			26				F28		
Conques	8	1728	Carcassonne	8		14			17				11*						
Villalier	8	600	—	8											1er				
Villegly	12	730	—	12		3													
Villemoustaussou	5	910	—	5		8													
Lagrasse	36	1405	Lézignan	18	lundi								12*		25				
Rieux	28	284	Capendu	15								24							
Mas-Cabardès	24	750	Mazamet	19							22*				28				
Laprade	38	325	Latrayère	18									9						
Les Martys	33	630	Mazamet	16									8						
Pradelles-Cabardès	35	612	—	19						2			23*						
Salsigne	17	529	Carcassonne	17											29				
Villardonnel	18	615	—	18									8						
Montréal	18	2870	Bram	6	merc.	6, F22	6	6	6	6	25*	6	5	6	6	6	6		
Arzens	13	1172	Alzonne	6										22					
Preixan	10	348	Madame	4		21								6					
Mouthoumet	60	383	Couiza	28							20*			5					
Bouisse	45	561	Limoux	25										1er					
Saultge	72	310	Lézignan	30										7*					
Peyriac-Minervois	21	1360	Moux	16			8			l. Pent.				1er		2			

AUDE : Castelnaudary, Limoux.

LOCALITÉS et dist. du l'arrondiss.	k.	Popul.	GARES et distances	k.	Marchés.	Janvier.	Fév.	Mars.	Avril.	Mai.	Juin.	Juill.	Août.	Sept.	Oct.	Nov.	Déc.	FOIRES MOBILES et observations.	HOTELS & CAFÉS recommandés.
Azille	33	2140	🚂		merc.				25*				19			22*		A) 1. des Rogat. B) 8 jours a. ma. gras.	
Cabrespine	24	695	Carcassonne	24									1er l.*						
Castance	35	514	—	35									16*			16			
Caunes	20	2590	🚂			1er				4				8*					
Laure	18	1612	Capendu	12	dim.	12							23*						
Lespinassière	32	620	Caunes	16					23					f8		8			
Pépieux	32	1115	Azille	2			1er												
Puichéric	24	1190	Moux	5									14*						
La Redorte	28	1270	🚂			5							2			12			
Rieux-Minervois	26	2235	🚂														22		
Trausse	22	728	Peyriac	2						31*									
Villeneuve-Minervois	17	981	Caunes	6									1.p.17*				30		
Salsigne	25	1150	Bram	18				10		10			23*				21		
Cuxac-Cabardès	23	1632	Carcassonne	23							18*								
Fontiers-Cabardès	25	890	—	25		13						15							
St-Denis	23	565	Pezens	18									1er		*9				
Tuchan	70	1672	Rivesaltes	27	jeudi									18**			16*	f 8 septembre.	
Duilhac	70	288	—	40										22					
Paziols	70	1025	—	27		21							20*						
Castelnaudary		[illegible]	🚂		l. v.	7		1er l.	1.Qua.*	A	1.2.24*	22*		10		2			
Carlipa	15	550	Bram	8											16				
Les Cassés	15	330	Soupex	6						9*			17						
Cenne-Monestiés	18	850	Bram	12	dim.	1er								13					
Labécède-Lauragais	12	1060	Castelnaudary	12								2e j.	10*						
Montmaur	11	505	Soupex	6			20	19		19			21*						
St-Papoul	8	1020	Castelnaudary	8		27		18			16*			15	25	18			
Verdun	14	610	—	14									7						
Villemagne	16	530	—	16								d' ma.*							
Villespy	13	723	—	13											23				
Fendeille	5	520	—	5			6			25*				6					
Lasbordes	9	600	Pexiora	5											3e j.				
Laurabuc	10	500	—	6												13			
Pexiora	9	1050	🚂				12		d' j.						9				
St-Martin-la-Lande	6	708	Castelnaudary	6										2*					
Villepinte	12	1170	Bram	6			B				28*				29				
Belpech	30	2160	Saverdun	18	merc.	2		2		2			11*	24		9			
Molandier	29	760	Verner	10				12	12	12			16*		12	14			
Pech-Luna	29	350	Castelnaudary	20						10				29*					
Plaigne	24	465	—	24											7				

LOCALITÉS et dist. du l'arrondiss.	k.	Popul.	GARES et distances	k.	Marchés.	Janvier.	Fév.	Mars.	Avril.	Mai.	Juin.	Juill.	Août.	Sept.	Oct.	Nov.	Déc.	FOIRES MOBILES et observations.	HOTELS & CAFÉS recommandés.
Fanjeaux	15	1404	Bram	9	dim.		4			4	13			14*	20		13	A) ma. a. Touss. B) me. a. Cendres.	
Bram	22	1858	🚂			20			3		3		3*		3		3		
La Cassaigne	16	575	Pexiora	9									21						
Laurac	14	485	—	8									7			19			
Villasavary	12	1730	—	6						20				4*					
Villesiscle	20	286	Bram	3				14											
Salles-sur-l'Hers	18	1052	Villefranche	15	mardi		1er ma		m. Pâq.		1er ma			18	A		18		
St-Michel de Lanès	17	805	—	11	sam.	15		17		1er	15*			6	13	20			
Limoux		6920	🚂		vend.	25		1er v.	23		23			9*		12			
Alet	9	980	🚂						2				24*	23					
Castelreng	7	444	Limoux	7									18						
Pigne d'Amont	4	240	—	4		ma. p. 1er d.													
Villelongue	10	536	—	10										21*					
Alaigne	12	552	—	12									14*						
Belvèze	15	640	—	15		15													
Cailhau	15	480	—	15										16					
Lasserre	20	310	Bram	11											25*				
Axat	40	455	Quillan	12						6					3				
Le Bousquet	37	695	—	27											27				
Escouloubre	40	355	—	32						31					1				
Montfort	37	635	—	23						1er					14				
Puilaurens	18	491	—	17										12					
Roquefort de Sault	52	630	—	25					20					20					
Belcaire	58	854	—	27	1er j.					6	24*			28*		25			
Aunat	56	420	—	30							10				17				
Belvis	45	599	—	17											12				
Espezel	50	708	—	22				25	25					8*	22				
Galinagues	50	146	—	27					1. Pâq.										
Niort	56	425	—	30					20						9*				
Rodome	55	445	—	25				10				10			6				
Roquefeuil	50	912	—	24				1er		15			20*			15			
Chalabre	25	1999	Limoux	25	sam.		B		s. Saint	s.a.Asc.	30		1er	15	18		22		
Peyrefitte	20	218	—	20		22							23						
Rivel	30	891	Quillan	24												23			
Ste-Colombe-s-Hers	32	1351	Limoux	32		10				1. Pen.		f6		9*					
Couiza	16	905	🚂		jeudi	16					25*		29		30			f 24 juin.	
Arques	27	520	Couiza	12								26*			20				
Bugarach	35	600	—	18						1er			17	20*					
Camps	38	302	—	23									27						
Luc-s-Aude	17	205	—	2									1er*						
Missègre	19	313	Limoux	19									13						
Rennes-les-Bains	25	480	Couiza	9										12					

AUDE : Narbonne. — AVEYRON : Rodez.

LOCALITÉS et distances à l'arrondiss.	k.	Popul.	GARES et distances	k.	Marchés	Janvier.	Fév.	Mars.	Avril.	Mai.	Juin.	Juill.	Août.	Sept.	Oct.	Nov.	Déc.	FOIRES MOBILES et observations.	HÔTELS & CAFÉS recommandés.
Quillan	28	2165	🚂		merc.		3			4			16*		10		11		
Esperaza	19	1798	🚂			23				7				29*					
Marsa	50	138	Quillan	18											25				
Nébias	35	622	—	9										10					
St-Julia de Bec	28	373	—	8									26						
St-Hilaire	12	1060	Verzeille	5		⚑14							16*		21				
Ladern	17	450	—	5											13				
Verzeille	11	335	🚂			22								7*					
Villardebelle	18	330	Limoux	18									6						
Narbonne		30111	🚂		jeudi*			22		22*			7			7			
Canet	15	1385	Villedaigne	4									8						
Coursan	7	3755	🚂																
Cuxac	7	2837	Coursan	6										7*					
Durban	32	935	Narbonne	32		15							8*						
Cascatel	38	852	—	38											8				
St-Laurent de la Cabrerisse	30	1210	Lézignan	15									30*					⚑ 10 août.	
Ginestas	16	1200	Marcorignan	8		30							12*						
Bize	20	1530	🚂		jeudi		10			6			20*		15				
St-Nazaire	12	1210	Marcorignan	5										2					
Sallèles d'Aude	8	2165	🚂				⚑2						15*						
Lézignan	21	6580	🚂		merc.			1er						4			4		
Fabrezan	30	2150	Moux	9		23*								9*					
Ferrals	27	1640	Lézignan	7									28*						
Homps	21	968		11	merc.	2								2					
Tourouzelle	25	1010	—	9									16*						
Sigean	20	3835	La Nouvelle	6												6*			
Treilles	39	620	Leucate	6						30			25*			30*			
La Nouvelle	20	2186	🚂																
Rodez		16111	🚂		sam.	1er sam.	1er s.	L.p.ai-f	1er s.	1er s.	1er s.	1er l.*	1er s.	1er l.*	1er s.	1er s.	1er l.		
Moyrazès	17	2304	Rodez	17		20				2	⚑8			14					
Vors	17	800	—	11		15, 23			28	6	6, 16	24	11	26	16, 28		12		
Bozouls	22	2400	—	22			1er l. Car.		L. Pâq.	8				30*	26				
Cassagnes-Bégonhès	26	1370	—	26		29			L. [illegible]	11	11	11*	6	⚑6		5	29		
Arvieu	23	1583	—	23			L. Sexa.		V. a. Ra.		14*			30		25			
Calmont	18	1525	—	18		25				5					4		27		
Cons la Grand'Ville	18	964	—	18		23				1		25*			4			A) merc. a. Ram. et 30.	
Salmiech	24	1180	—	24		11	11		26	22	22		17*		17	15		B) lundi Trinité et 20.	
Conques	39	1289	Marcillac	20		2			22		16*		20		7			C) 24, lund*.	
Grand-Vabre	42	1333	—	23						1	27	23*		27					
Noailhac	35	817	Decazeville	10							1er*						4		
St-Cyprien	31	1810	Marcillac	11		12			Sa. Pâq.	1	9	10		14, 30		17	12	⚑ 16 septembre.	
St-Félix de Lunel	34	958	Rodez	34		28			L. Pâq.	20	3		11*	3				⚑ 23 juin.	
Sénergues	36	1612	Marcillac	26			5			10							20		
Marcillac	18	1900	🚂				J. gras			2				17	18	25	9, 29		
Balzac	14	648	Nuces	3							7				14				
Clairvaux	18	1858	—	3			4			31*			22	27		2	24		
Nauviale	25	1157	Marcillac	6		18	18		L. Quas.				28						
Pruines	34	1193		13						11									
Salles-la-Source	12	2805	🚂	3	jeudi						18								
Valady	19	1350	St-Christophe	3		25					15*					5			
Naucelle	32	1529	Rodez	34	merc.	18	J. gras		(A)		(B)		2	30*	17	12	3, 28		
Camjac	23	1140	—	29		9				L. Pent.*				1er					
Centrès	34	1056	—	36						8							15		
Le Vibal	18	770		18					24*					26	13		11		
St-Just-sur-Viaur	12	1898	—	12						16						29			
Pont de Salars	21	1320	—	21	lundi		1er			15	10		16*		25		15		
Prades	30	610	Laissac	17							(C)								
Canet	18	1810		17		18				13	26				18				
Trémouilles	26	719		26						9				20					
Réquista	17	3357	Albi	42	jeudi	8	8	8	8	8	16*	8	8	8	8	8	8		
Durenque	44	1004	Rodez	44			3	20	31		8		12	11	20		7		
Lédergues	54	1068	Carmaux	27		1er car.	19	10*	1er	19	19	19	19	19	19	10	19		
St-Jean-Delnous	50	733	Albi	43		5			21										
La Selve	35	1500	Rodez	35		17			2 Ram.		1er				6				
Rignac	28	2115	Aubin	20	merc.	7	7	7	7	11*	7	7	7	7	7	7	7	⚑ 1er dim. août.	
Anglars	34	1160	Auzits-Aussibals	18					1er							15			
Auzits	33	1011	🚂	1		2			30	10*						22			
Belcastel	28	1018	🚂							12						27			
Bournazel	33	913	Cransac	9		7*				7			17*	22					
Cassagnes-Comtaux	17	1515	St-Christophe	5		20		15			25*		25	12					

AVEYRON : Espalion, Millau, St-Affrique.

LOCALITÉS et dist. de l'arrondiss.	k.	Popul.	GARES et distances	k.	Marchés	Janvier	Fév.	Mars	Avril	Mai	Juin	Juill.	Août	Sept.	Oct.	Nov.	Déc.	FOIRES MOBILES et OBSERVATIONS	HOTELS & CAFÉS RECOMMANDÉS
St-Christophe	20	1180	🚂							27				2		15		A) mardi a. Mi-Car.	
Salvetat-Peyralès	50	3570	Villefranche	35	lundi	8 ou	8	8	8	8	8	8	8, 17*	8	8	8	8	B) merc. Passion.	
Crespin	51	1210	Rodez	51		1er			20		24*			15		3		C) merc. a. Pent.	
Tayrac	44	738	Villefranche	36			1er		15		5		20*		5		15	D) 3e l. p. Pâq. et 30.	
Sauveterre	33	1804	Rodez	33	sam.			A	s.a.Ra.	v.a.Pen	21*		25	28		27	26	E) 2e mardi Car.	
Carcenac-Peyralès	21	795	—	21						10	16*				26		12	F) 3 et dr sam.	
Colombiès	32	2885	St-Christ.	28		4			6	17								G) 2e mardi Car.	
Pradinas	43	1122	Rodez	13		20		G	18	v.p.Asc	18			26		18	20		
Espalion		3931	—	32	L.v.	22	l.gras.	B		C	F15		31*		4	11			
Castelnau	11	1920	—	45					12, 20	24	17				28*	29	15		
Gabriac	11	1216	Bertholène	08			l.gras.		10	21			16*			18			
Lassouts	13	1070	Rodez	26					21							15			
St-Côme	06	1972	Bertholène	18			2		1.Quas.	15				F27	15		22		
Entraygues	28	2089	Rodez	48	sam.	13	Cendres	1.Pas.	25	15	15		1er	15, 29*	18	15			
Golinhac	25	1198	—	38				20	27										
Estaing	10	1774	—	20	jeudi		2e j.Car.		5	2	23*			20	23		10		
Campuac	21	795	—	28		3			1.Quas.		2.Trin*			12		2			
Le Nayrac	20	1284	—	54					7	7	7			7		9			
Villecomtal	27	1050	St-Christophe	20			2		s.a.Ra.	4	20		25*		30		22	F 15 août.	
Laguiole	24	1930	Rodez	55	sam.	10	Ma.Gras	s.a.Pas	12				8	23	25	25	29		
Cassuéjouls	31	470	—	70					1.Pâq.										
Curières	20	1020	—	56			l.gras.	26	1.Paq.*						14		20		
Mur-de-Barrez	58	1571	Arpajon	38	lundi	20		2e j.Car.		1er*	l.j.Pen	10	17	30	l.a.Trin	18	l.a.25		
La Croix-Barrez	40	1805	—	36			24		1er		21*		11			22			
Thérondels	89	1343	Vic-s-Cère	30					20		20				29		20		
St-Amans-des-C.	31	1187	Rodez	65		11			1er	1er	1er				28*				
Huparlac	36	580	—	70				1er	11						16		27		
Montézic	40	975	—	68					17	17	17*					4			
St-Chély-d'Aubrac	20	1876	—	45	merc.	10		2e l.Car.		l.p.Pen				22*		14	F1er*		
Ste-Geneviève	19	1615	Aurillac	55		10*		E	22	8	2*			14		19			
Alpuech	37	350	Rodez	60							11				6*				
Cantoin	46	1172	Murat	48									11*			23			
Lacalm	36	712	Rodez	65			1er		3	3			20		7	3			
St-Geniez-d'Olt	25	3820	Campagnac	12	sam.	20	1er s.Car		27	18	11*		26			F			
Prades-d'Aubrac	21	1804	—	21					18	4					20				
Ste-Eulalie	25	1153	Laissac	20			F12			10	20			19*			6		
Millau		17m	🚂		mar. v.		Cendres			6			6		28	15			
Aguessac	7	788	🚂					Mi-Car.	j. Pâq.							5			
Compeyre	8	620	Aguessac	2		20							16*						
St-Georges-Luzençon	10	1627	🚂						F23	1er*						22			
Campagnac	48	1354	Sévérac	16	lundi				1.Pâq			1er l.			6	15			
St-Laurent-d'Olt	51	2045	Recoules	18					12*				F10			23*	28		
St-Saturnin	17	1085	—	12						27						10		F 29 novembre.	
Laissac	56	1453	🚂		mardi		15		23		8*			25		15	13		
Bertholène	50	1124	🚂							22				18*		4		A) 1. Saint et 25*.	
Coussergues	58	510	Laissac	7											1er*			B) mardi Passion.	
Cruéjouls	62	925	—	10											10			C) 1er ma. de Car.	
Gaillac-d'Aveyron	46	1020	🚂								25*						20	D) mer. Quas.	
Vimenet	55	800	Laissac	10						22				1er*				E) 8, à Mauriac.	
Nant	31	2500	Millau	31	jeudi				A		11*					2		F) 2 et lend. Asc.	
La Cavalerie	20	1346	—	20									23*	21					
L'Hospitalet	25	510	—	25										4	10				
St-Jean-du-Bruel	40	2583	Le Vigan	35	lundi	7	l.gras				l.p.24*			6	6	4	6		
Sauclières	48	702	—	29						16			16*		3	26			
Peyreleau	21	1340	Aguessac	13						11*				25					
Rivière	2	200	—	15				B											
Veyreau	37	565	Millau	37							7*								
Montjaux	34	1320	St-Rome	8					15		16*			22		18			
Verrières	3	850	Millau	13						20	25		25*						
Viala-du-Tarn	32	1814	St-Rome	11		15				20*						20			
Salles-Curan	35	2687	Rodez	36	mardi	13	C		D	25	21	22*		2	13	7			
Villefranche-de-Panat	40	911	St-Rome	30		20	10		23	29	25		25*	21		11*	22		
Sévérac-le-Château	32	2120	🚂		merc.	15		6	25		18	27	12*	18	18	23		F Ascension.	
Lapanouse	32	1120	Sévérac	4			3						20*						
Laverne	28	1050	—	8							6*								
Recoules-Prévinquières	42	1070	🚂			25				8*		l.p.28		14	25				
Vezins	28	800	Recoules	11							11			28*					
St-Laurent-Lévézou	20	450	Millau	20						E			F10		22				
St-Léons	18	708	—	18		10					2		1er*	12	6				
Ségur	40	1718	Laissac	12	jeudi	17				F					4				
Saint-Affrique		7200	🚂		sam.		6	24		4*	16	F11	1er	14	l.18*	3*	9		
Roquefort	13	1295	Tournemire	3												2			
St-Izaire	20	1294	St-Affrique	20			22		28				3*						
St-Jean-d'Alcapiès	10	320	Massergues	2				1er			F24		30*						
St-Rome-de-Cernon	10	1200	🚂						29					1er*					
Tournemire	15	685	🚂					28					28						
Vabres	4	1100	St-Affrique	4		7			20	16*				20		16			
Belmont	25	1522	—	25		13 ou	13	13	13	13	13	13	13*	13	13	13	13		
Montlaur	15	1075	—	15						8									
Murasson	35	1315	—	35		7				25		7			1er*				
Rebourguil	17	780	—	17						20									

AVEYRON : St-Affrique, Villefranche. — BOUCHES-DU-RHONE : Marseille.

LOCALITÉS ET DIST. DE L'ARRONDISS.	k.	Popul.	GARES ET DISTANCES.	k.	Marchés.	FOIRES Janvier.	Fév.	Mars.	Avril.	Mai.	Juin.	Juill.	Août.	Sept.	Oct.	Nov.	Déc.	FOIRES MOBILES et OBSERVATIONS.	HOTELS & CAFÉS RECOMMANDÉS.
St-Sever	35	1065	St-Affrique	35	....	16	...	...	30	...	25*	...	...	...	...	4	...	A) 9, 20 à Laroque.	
Camarès	32	2302	—	32	....	18 cm	18	18	18	18	18	18	18	18	18*	18	18		
Brusque	32	1287	—	32	....	12	...	...	...	1.Pen	...	...	...	...	4	14	...		
Fayet	33	1025	—	33	....	...	...	...	...	2	...	...	...	...	A	...	...		
Mélagues	44	330	Estréchoux	17	....	...	...	...	15	...	...	16*	...	...	...	...	...		
Montagnol	40	760	St-Affrique	40	....	...	...	...	...	...	25*	...	...	...	...	3	...		
St-Félix de Sorgues	15	800	—	15	....	...	...	...	1er*	17	⸢23	...	...	6	...	...	1er*		
Cornus	31	1612	Montpaon	8	....	...	...	...	...	11*	...	...	...	19	...	21	...		
Montpaon	27	283	🚂		....	...	...	...	23	...	...	...	...	29*	...	...	...		
Viala Pas de Jaux	22	504	Tournemire	3	....	...	...	...	27	...	...	...	...	2	...	...	...		
St-Rome de Tarn	17	1550	St Rome-Lestor	7	merc.	...	...	1er*	l. Qu.	13	...	1er*	11	27	...	25	17		
Broquiès	30	2035	St-Affrique	30	lundi	17	4	1er l.	1er l.	6	18	1er l.	1er l.	l.p.14*	18	1er l.	13		
St-Victor-Melvieu	15	857	—	15	....	...	...	...	...	18	...	...	...	...	...	...	4		
Thouels	10	1230	—	10	....	...	10	...	...	13	...	...	...	1er*	...	...	...		
Le Truel	25	1110	—	25	....	2	4	...	...	16*	...	...	...	15	20	...	15		
St-Serain	32	1210	—	32	....	11 cm	11	11	11	11	11	11	11	11	11	11*	11	⸢ 29 nov.	
Brase	41	1058	—	41	....	...	20	...	26	...	24*	...	...	...	20	...	20		
Combret	28	1147	—	28	....	...	...	1er*	...	...	1er	...	...	1er*	...	...	1er, 27		
Coupiac	30	1110	—	30	....	...	...	6	6	...	6*	...	...	...	6	...	6		
Laval-Roquecezière	40	1418	—	40	....	...	...	...	...	...	18	...	...	28*	...	...	...		
Martrin	36	1005	—	36	....	...	...	...	18	...	...	...	18*	...	...	18	...		
Montclar	28	754	—	28	....	...	...	15	...	1er*	...	...	...	6	...	25	...		
Montfranc	48	295	—	38	....	15	...	...	1er*	2	9	...	...	22	...	...	...		
Plaisance	40	1043	—	40	....	...	...	...	26	...	...	...	1er*	...	26	...	...		
Pousthomy	36	893	—	36	....	25	...	7	...	...	...	...	...	...	...	...	20		
Villefranche	..	10m	🚂			22	10	19	18	22	16*	17	21	21	23	25	22	⸢ 24 juin.	
Martiel	10	1224	Villefranche	10	jeudi	...	...	...	...	16	7*	...	...	...	26	...	16		
Morlhon	6	1297	—	6	....	...	...	...	...	1er*	...	...	...	...	...	...	...		
Vailhourles	14	1445	—	14	....	12	...	12	...	12	...	12	...	12*	...	12	...		
Asprières	28	1195	St-Martin-de-B	4	....	23 cm	23	23	23*	23	23	23	23	23	23	23	23	⸢ 30 juin.	
Albres	4	670	Viviers	8	....	...	...	...	...	...	...	...	...	...	10*	...	...		
Capdenac	32	2000	🚂		l. v.*	6 cm	6	6	6	6	6	6	6	6	6	6	6		
Loupiac	25	1132	Capdenac		....	...	9	...	14	...	...	2*	...	...	...	28	...		
Naussac	22	1040	🚂		....	18	...	...	...	18	6	...	...	18	...	...	...	Foires dites de Bez.	
St-Julien d'Empare	33	3100	Capdenac	3	....	...	1er	...	...	...	...	...	...	2*	...	...	...		
Salles-Courbatiers	6	1100	🚂		....	12	...	...	...	12	13*	...	12	...	...	...	4		
Salvagnac-s-Loup	21	824	Capdenac	10	....	...	...	...	...	...	4*	...	...	...	...	...	...		
Aubin-le-Gua	35	9820	🚂		l. v.	17	4	...	...	5	...	...	...	...	15	5	...		
Cransac	30	1506	🚂		jeudi	11	...	...	...	11	...	1er s.	27	...	...	28	...		
Firmy	35	2807	Decazeville	6	ma., s.	...	...	...	me. Pâq	A	...	...	8*	...	...	...	6-27	A) j. p. Pent. et 22.	
Viviers	39	1360	🚂		....	20	20	3e l. Car.	...	...	...	...	...	...	...	20	20		
Decazeville	39	9625	🚂		l. v.	l. p. 1er d.	l.p.1er d.	l.p.1er d.	l.p.1er d.	l.p.1er d.	l.p.1er d.	l.p.1er d.	l.p.1er d.	l.p.1er d.	l.p.1er d.	l.p.1er d.	l.p.1er d.	⸢ 3 septembre.	
Almon	58	837	Decazeville	12	....	...	...	...	...	18	...	...	...	...	...	...	...		
Flagnac	48	1200	Penchot	5	....	20	...	...	...	6	20*	...	22	...	...	21	...	B) 4 et l. Passion.	
St-Parthem	50	1216	Decazeville	14	....	...	...	...	...	16	...	...	...	...	...	...	...	C) l. Ram. et Quasi.	
Montbazens	26	1640	Aubin	8	....	4	2	28	21	27	18	21	31*	21	16	16	16	D) 7 et lundi Pent.	
Compolibat	19	1022	Villefranche	19	....	...	...	...	...	...	10*	...	...	27	...	...	17	E) merc. a. carnav.	
Druhe	17	1145	Salles-Courb.	5	....	30	...	...	1er*	...	...	...	...	...	...	...	...	F) mardi Trinité.	
Galgan	29	850	Aubin	8	....	...	...	...	...	...	27	...	...	...	...	...	...	(G) mardi Passion.	
Maleville	11	2056	Villefranche	11	....	19	...	...	...	6	6	...	...	6*	...	2	18	H) veille F. Dieu.	
Peyrusse	22	930	Naussac	4	....	...	1er l. Car.	...	l. Pâq.	2	...	...	...	7	...	11*	19		
Privezac et Lanuéjouls	20	1802	Villeneuve	11	merc.	1er*	18	...	12	...	...	6*	...	11	26	...	...		
Rousennac	28	818	Aubin	12	....	24	...	...	...	1	...	...	...	16	...	14	...		
Vaureilles	23	1150	Salles-Courb.	6	....	...	...	2e j. Car.	27	...	22	...	4*	...	27	...	10		
Najac	20	2040	🚂		sam.	4	4	B	C	D	7	4	4	4, 25	4	4	4-6		
Bor-et-Bar	25	1073	Najac	12	....	8	...	2e Ram	27	25*	...	...	...	...	...	...	1er*		
La Fouillade	16	2180	—	6	....	28	20	...	22	...	23*	...	...	...	...	16	...		
Lunac	20	2330	—	13	....	14	13	13	13	6	25*	13	13	30	13	13	28		
Monteils	17	975	—	11	....	2	22	...	...	7	30*	...	...	7	...	2	...		
St-André	21	1615	—	10	....	6	...	s. Pas.	29	...	4	...	...	...	...	18*	...		
Sanvensa	20	1652	Villefranche	9	....	19	...	...	l. Pâq.*	9	...	...	...	...	17	...	...		
Rieupeyroux	25	3125	—	25	lundi	19	l. gr.	E	25	29	20	4	23*	...	2	5, 21	30		
La Bastide-l'Evêque	12	2500	—	12	....	...	...	...	s. Ram.	15	...	...	...	14*	...	...	15*		
Prévinquières	20	1015	—	20	....	2	...	...	21	...	2*	...	...	...	25	...	...		
St-Salvadou	14	1213	—	14	....	16	...	...	...	F	...	...	...	...	20	...	...		
Vabre	15	1520	—	18	....	...	16	...	G	3	11*	...	...	5	...	...	3		
Villeneuve	10	3075	🚂		sam.	1er cm	1er	1er	1er	1er	1er	1er	1er	1er	1er	1er	1er		
Capelle-Balaguier	13	535	Villefranche	13	....	...	...	...	...	8	...	...	...	27	...	...	...		
Montsalès	20	1178	Villeneuve	20	....	7	...	...	3e j. Pas.	...	19	...	18	...	...	7	7		
Sainte-Croix	10	1360	—	10	....	1er	...	...	...	4*	11*	...	...	14	...	...	...		
St-Igest	11	625	—	2	....	...	...	...	...	10	...	...	...	...	...	14	...		
Salvagnac-Cajarc	25	1012	—	18	....	...	...	...	...	26	...	...	...	...	...	17, 28	...		
MARSEILLE		400m	🚂		quot.	...	...	...	...	...	...	...	31*	...	...	...	...		
Allauch	11	2785	St-Marcel	8	....	2	...	...	...	l.p.1er d.	...	...	...	...	...	...	...		
Aubagne	17	8200	🚂		quot.	...	2	23	...	l. Pent.	...	...	...	21*	...	...	8		
Cuges	30	1268	Aubagne	12	....	...	...	...	...	...	13	...	...	...	...	...	...		
Gémenos	22	1565	🚂	5	....	...	...	...	...	...	24*	...	...	...	...	11	...		
La Ciotat	32	10m	—		quot.	...	...	...	...	...	...	...	15*	...	...	...	...		

BOUCHES-DU-RHONE : Aix, Arles. — CALVADOS : Caen, Bayeux.

LOCALITÉS et dist. de l'arrondiss.	k.	Popul.	GARES et distances	k.	Marchés.	Janvier.	Fév.	Mars.	Avril.	Mai.	Juin.	Juill.	Août.	Sept.	Oct.	Nov.	Déc.	FOIRES MOBILES et OBSERVATIONS.	HOTELS & CAFÉS RECOMMANDÉS.
Roquevaire	21	3450	🚂			22					25		16*			3		A) 3e l. p. Pâques.	
Auriol	28	2760	🚂	2				19			29*		1er	14	28			B) 4e s. p. Pâques.	
Aix		[illegible]	🚂		quot.		9			F.Dieu*				17			4	(C) dim. a. 27.	
Berre	26	1812	🚂						22										
Eguilles	10	1043	Calade	4									28*			1er			
Meyreuil	7	670	Gardanne	5					25										
La Fare	21	1190	Rognac	7						10				d.p.28*					
Rognac	23	681	🚂							1er*									
Velaux	18	780	🚂						A				26*						
Vitrolles	24	1010	Rognac	5									15*						
Gardanne	12	2680	🚂				11						l.p.2e d.						
Mimet	16	334	Gardanne	7										8*					
Istres	19	3720	🚂		vend.					10			1er d.*			15			
Fos	48	1140	🚂							11*						16			
St-Chamas	36	2342	🚂							13			*3	1er d.*		17			
Lambesc	21	2765	Salon	16		6	21			Pent.				19*					
Charleval	35	1022	Lamanon	13	mardi										15				
Rognes	19	1215	Calade	13						2e me.				14*	9	25			
Roque d'Anthéron	29	1520	Cadenet	8												2e ma.	15		
St-Cannat	18	1403	Calade	10						Asc.*				8*	16				
Martigues	39	4185	🚂		jeudi					15					28				
Châteauneuf-les-Martigues	31	1085	🚂							20					20				
Gignac	29	923	Pas des Lanciers	4						12					23				
Marignane	26	1784	—	4					25*						25				
Jouques	27	1501	🚂												l.p.7*				
Puy-Ste-Réparade	21	1290	Meyrargue	9										27					
Salon	38	8595	🚂				me. gr.			6			10	20*		11*			
Lançon	29	1508	Salon	6						8									
Miramas	35	1319	🚂						20							20			
Pélissane	28	1630	Salon	6										1er			1er		
Trets	23	2835	🚂		sam.			15					24*						
Fuveau	12	2589	Barque	3										2e l.					
Rousset	17	678	Peynier	2							8								
Arles		[illegible]	🚂		mer. s.		14			3-20			31*						
Fontvieille	8	2850	🚂		lundi				28				F1er			3			
Châteaurenard	33	5950	🚂		quot.				28				1er ma.			1er*			
Barbentane	30	2180	🚂		quot.						21		F20		18				
Eyragues	26	2091	Graveson	8										26		C			
Noves	23	2065	🚂		quot.									1er d.*					
Eyguières	39	2680	🚂		jeudi					25*				2e d.*		25			
Alleins	48	1073	Lamanon	6			5							21*					
Aureille	31	383	🚂										15*			8			
Mallemort	53	2150	Lamanon	3	sam.		7				d'1.*				1er l.*	15			
Cabannes	40	1545	🚂									22*							
Eygalières	32	1270	🚂	3											15				
St-Andiol	37	1265	🚂		dim.					2e s.		2e d.*				s.p.1er			
Sénas	12	1845	🚂								1er-4*								
Saintes-Marie	37	1160	Arles	37						24*									
St-Rémy	25	5815	🚂		mer. s.	25			25				25*		27				
Maussane	18	1391	🚂						28						30*				
Mouriès	21	1906	🚂						30*							6	2e ma		
Tarascon	11	9336	🚂		mardi					Asc.*				8*	13				
CAEN		43m	🚂		t. v.		1er l.Car.	Mi-Car.	A		Trinité.			20*	28		28	A) 2e dim. Quas.*	
La Maladrerie	2	2000	Caen	2											28			B) quot. du 15 juin au 15 octobre.	
Creully	18	778	Courseulles	8	merc.	1er merc. ch.	1er me	1er me	1er me	1er me	1er me	1er me	1er me	1er me	1er me	1er me	1er me	C) veille Quasim.	
Courseulles-sur-Mer	18	1333	🚂		mardi				maPâq*									D) 8 et me. p. 15.	
La Délivrande	13	1000	🚂		sam.									7*				E) me. a. ma. gras.	
Ouistreham	8	1221	Douvres	8								28*						F) 1er merc. et 27.	
St-Aubin-s.-Mer	16	871	🚂		B													G) mardi p. 11*.	
Évrecy	11	793	Mutrecy	6	jeudi				j. Saint										
Ste-Honorine du Fay	17	678	—	6	dim.							1er d.							
Tilly-sur-Seulles	20	1034	Audrieu	5	lundi	1er l. ch.	1er l.	1er l.	1er l.	1er l.	1er l.	d.a.22*	1er l.	1er l.	1er l.	1er l.	1er l.		
Bretteville-l'Orgueilleux	12	725	🚂		jeudi				1er j.			2e j.							
Cheux	13	832	Colleville	2	mardi											G			
Ste-Croix Gr.-Tonne	17	415	Audrieu	3										14*					
Troarn	14	708	🚂		sam.				C							s.p.11			
Argences	17	1442	🚂	2	jeudi			3e j.							18				
Villers-Bocage	26	1155	🚂		merc.	D	E	26			30*	18	F		me.p.15				
Bayeux		8360	🚂		sam.*		12				25*			14	11	2e*	6		
Balleroy	15	1125	Molay-Bocage	9	mardi	1er ma. ch.	1er ma	1er ma	1er ma	1er ma	1er ma	1er ma	1er ma	1er ma	1er ma*	1er ma	1er ma		
Juaye-Mondaye	9	905	Bayeux	9	dim.							d.p.12							
Littry	11	2060	🚂	1	jeudi					3e j.		2e j.							
Caumont	26	1070	Molay-Littry	12	jeudi				j.p.Qua			18				j.p.11*	j.p.28		
Cormolain	21	810	—	14												30			
Sept-Vents	24	702	Villers-Bocage	12									1er ma.						
Isigny	31	2925	🚂		merc.					2e me.		20				11*		F 14 juillet.	
La Cambe	25	930	Isigny	8									1er*						
Trévières	16	1122	Molay-Littry	9	vend.			ma.Pâs.			3e ma		4e ma			3e ma*			

CALVADOS : Falaise, Lisieux, Pont-l'Évêque, Vire. — CANTAL : Aurillac.

LOCALITÉS et distance du ch.-l. d'arrondiss.	k.	Popul.	GARES et distances	k.	Marchés	Janvier	Fév.	Mars	Avril	Mai	Juin	Juill.	Août	Sept.	Oct.	Nov.	Déc.	FOIRES MOBILES et OBSERVATIONS	HOTELS & CAFÉS RECOMMANDÉS
Falaise		8493			sam.		s. gr.		s. Scht	s. p. 22			18	15	1er*	s. p. 22		A) 2e ma. Carême.	
Pont d'Ouilly	18	260	Mesnil-Hubert	4	lundi	1er lundi		1er d. Fl.		1er l.	1er l.	2e l.	dr l.*			1er l.		B) lundi p. Mi-Car.	
Ussy	10	789	Falaise	10								1						C) mardi p. 22.	
Bretteville-s.-Laize	20	1065	Moult-Argences	16	merc.											2		D) me. a. Cendres.	
St-Silvain	19	811	—	6	dim.										6			E) 3e me. Carême.	
Thury-Harcourt	23	1140			mardi			A						22*				F) j. p. Quasimodo.	
Cesny-Bois-Halbout	18	630	Thury-Harcourt	10					v. Scht			20*						G) jeudi a. Noël.	
Clécy	25	1680			dim.									9*				H) mardi a. 20.	
Lisieux		1621			ma. s.		Cendres		j. Saint		11*		1er		14			I) l. p. 1er et l. Pent.	
Marolles	11	625	Lisieux	11											1er j.			J) merc. p. 15*.	
Moyaux	12	980	—	12	dim.										l. p. 18				
Livarot	18	1812			jeudi					2e j.							1er		
Fervaques	33	675	Livarot	11	dim.			B							1er l.*				
Mézidon	21	1125			sam.				s. p. [illegible]			18				12*			
Coupesarte	18	118	St-Julien	2	mardi														
Crèvecœur en Auge	18	108	Mesnil-Mauger	3	merc.						9*								
Méry-Corbon	21	689			dim.	20													
St-Julien-le Faucon	13	170			mardi				23					C					
Orbec	20	3250			merc.		D	E				1er me				6*			
Courtonne la-Ville	13	510	St-Mards	5	dim.				F								G		
Meulles	25	725	Orbec	8											H				
St-Julien de Mailloc	9	405	St-Pierre	2										6					
St-Pierre de Mailloc	12	397			dim.												3e dim		
St-Pierre-s.-Dives	23	2185			lundi			l. p. 26	l. Pâq.	I	23	l. p. 22*		l. p. p.	[illegible] 29*				
Montpinçon	27	279	St-Pierre	3	sam.			12						25					
N.-D. de Fresnay	36	235	—	12	sam.			12						25					
Pont l'Évêque		3048			lundi				l. p. Qua	1er l.	3*			30*		12			
Beaumont en Auge	6	721	Pont-l'Évêque	6	jeudi			l. Fas.	j. Saint	ma. Rog.									
Blangy-le-Château	9	705	Breuil-Lass.	5	merc.					J				14					
Cambremer	19	947	Mesnil	10				28								9			
Beuvron en Auge	23	440			lundi					3e me									
Bonnebosq	11	912	Pont-l'Évêque	11	merc.							25*					26		
Dozulé	19	925		2	mardi				ma. Pâq.		21*	d' ma							
Beuzeval	29	1016																	
Dives	31	1070			sam.									9*					
Bourgeauville	12	261	St-Vaast	6								18*							
Honfleur	16	9725			sam.											25*			
Rivière-St-Sauveur	19	1225	Honfleur	3								17*							
Trouville-s.-Mer	12	6303			quot.														
Deauville	12	2230			mardi													A) s. a. 18. dr sam.	
Touques	9	1320			sam.				dr s.									B) 2e j. a. carnaval.	
Vire		6710			vend.			s. Pas.		s. Asc.*				29*		15*	7	C) mardi Pentec.*	
Aunay-sur-Odon	32	1950		2	sam.		1er s.		s. Pâq.	1er s.									
Plessis-Grimoult	30	620	Crosilles	16						A		B		14		23			
Le Beny-Bocage	12	870	Vire	12	jeudi		2e j.			1er j.		17*		2e j.		3e j.			
St-Mart. des Besaces	21	1335	—	21	mardi			sa Pas.											
St-[illegible]	20	230	—	20								d. s. 18*			16*				
Condé-s.-Noireau	25	7280		1	jeudi		C	Mi-Car.	l. a. Ra.	me. As.	Fête-D.			1er s.	1er l.	12			
St-Germ. de Crioult	21	1204	Condé	4		15			26										
St-Sever	13	1515			sam.		3	1-22	23*	25	19	14	24*	25	21	18	31		
[illegible]	12	1572	Chachant	4	lundi		l. gras		l. Pâq.					3e l.					
Vassy	17	2535	Montsecret	7	mardi		21		15. Pâq.	s. Pen.		26*		5	24		10		
Bernières	13	1130	—	4	dim.					sa Pen.			20*						
AURILLAC		[illegible]			sam.	13	l. Septu.	2e l. Car.	j. Pâq.	25*	13	6	7	11	14*	14	13		
Mandailles	25	580	Aurillac	25						4					28				
Marmanhac	15	1406		15					1er					1er					
La Roquevieille	18	313		18					8										
St-Simon	6	1173	—	6					29	1er			30*						
Arpajon	4	2270						l. Pas.					24*				20		
Jussac	11	1490	Aurillac	11				16							8				
Labrousse	15	676	Arpajon	10							8*								
St-Paul des Landes	12	630	Ytrac	6										3					
La Roquebrou	25	1900	La Capelle	11	vend.	7	14	19		8	25*		17		28	18	6, 28		
Ayrens	15	980	Aurillac	15					27										
Cros de Montvert	36	857	La Capelle	21						11									
Glénat	31	670	Rouget	8					26										
Montvert	28	840	La Capelle	17			1er		11					14*		3			
Rouffiac	32	830		22					10*					4					
St-Santin-Cantalès	25	980	Aurillac	25					25										
Siran	32	1039	La Capelle	18					30*				28						
Maurs	1	2985			jeudi	27	27	21*	28	29	18	27*	27	27	20	27	27	2e j. ca. Marché franc.	
Boisset	32	2000				18				12							7		
Leynhac	45	1140	Boisset	8				12								20*			
Mourjou	10	1016	Maurs	16			12							24*					
St-Antoine	28	268	Boisset	12		17*					6*								
St-Constant	18	1010	Maurs	4				5			5*			12	*5		9*		
St-Étienne de Maurs	15	728	—	2	jeudi	27 ca	27	27	27	27	27	27	27	27	27	27	27*	* 26 décembre.	

CANTAL : Aurillac, Mauriac, Murat, St-Flour.

LOCALITÉS ET DIST. DU L'ARRONDISS.	K.	Popul.	GARES ET DISTANCES	K.	Marchés.	Janvier.	Fév.	Mars.	Avril.	Mai.	Juin.	Juill.	Août.	Sept.	Oct.	Nov.	Déc.	FOIRES MOBILES et OBSERVATIONS.	HOTELS & CAFÉS RECOMMANDÉS.
St-Santin de Maurs	53	720	Maurs	8				9	10									A) mardi p. Mi-Car.	
Montsalvy	31	1069	Arpajon	30	merc.	15		A	14*	5	25*	22*		7	10	12			
Calvinet	37	672	Maurs	17		10	18	20	23	22			25*			8	17		
La Capelle-Fraisse	23	405	Arpajon	18						14	30*								
La Capelle-Vezie	20	280	—	16							3								
Cassaniouze	38	1448	Maurs	20			28					9		14*		24	8		
Junhac	32	917	Aurillac	32						11*				23					
Labesserette	27	480	—	27						1*									
Ladinhac	30	946	Arpajon	26				28											
Senezergues	32	822	Maurs	20					8										
Teissières-Boulies	21	636	Arpajon	19										1.p.27*					
Vieillevie	48	546	Aurillac	48					5										
St-Cernin	22	2315	🚂		mardi	20		10	13				26*		2			* 25 août.	
Ste-Eulalie de Salers	31	1055	St-Cernin	4							18*				9				
St-Illide	28	1865	—	6	jeudi	17				1*	6*				25				
Tournemire	21	588	—	6					22					20					
St-Mamet	18	1915	Rouget	7	vend.	5		18		18*									
Cayrols	27	500		4		13			13	13									
Marcolès	26	1300		22					3	13	23*					10			
Parlan	32	900	—	8		20	12		20	16*	7				25		5		
Roumégoux	20	405	—	3					7					28*					
Vitrac	24	800		12						1*		26*							
Roannes-St-Mary	9	1030	Aurillac	9						2									
Vic-sur-Cère	20	1685	🚂		mardi	7		20	24*						6				
Carlat	16	910	Arpajon	11					10										
Jou	31	130	Vic	11												9			
Pailherols	31	500		11							1*	22*		21					
Polminhac	15	1385	🚂							5		*21				3			
Raulhac	37	996	Vic	17	jeudi	22		22		30*						12			
St-Jacq. des Blats	33	1025	🚂						16			*26			16				
Thiézac	26	1705	🚂		jeudi				m. Pâq	9				14*	21				
Mauriac		3780	🚂		L. V.	22	12	5	3, 25	17	8*	3	16	2, 27	18	21	4	* 2e dim. de mai.	
Arches	12	790	Mauriac	12										25					
Drugeac	18	1245		13	jeudi				5						1*				
Champs de Bort	39	1780	🚂						28						14*				
Lanobre	38	1637	Bort	6									27*			7			
Marchal	50	512	—	16					19*	13					13	13			
Pleaux	20	2620	🚂	5	sam.	14	10	s. Fas.		13	26*		29	20*		9	4, 24	* Pentecôte.	
Ally	11	1206	Mauriac	11					18						14				
Chaussenac	46	780	Mauriac	16						2								A) 8 jours a. mardi-gras.	
St-Christophe	37	1162	🚂	20	jeudi												30	B) v. Ram. et 28.	
Riom-ès-Montagnes	41	2880	Saignes	24	sam.	17	1er j. Car.	20	20	7		4	10*	27			9	C) 2, et sam. a. 24*.	
Apchon	42	958		29	merc.	10		28		1*		25		9*	8			D) 16, sam. a. 29.	
Collandres	31	840	—	14						27				6*					
Menet	40	1845	—	32					19	21	*29				16	11			
St-Hippolyte	28	600	Murat	12						9			*13	20					
Trizac	30	588	Saignes		jeudi			25		19	20	20	24*	18		2	7		
Saignes	36	981	🚂	5	merc.	5	3	4, 26	21	4					27		1		
Antignac	25	1000	Saignes						6						20				
[illegible]	26	730	🚂	4	dim.				23	20*						10			
Sauvat	23	1450	Saignes						5							15			
Ydes	18	1150	🚂						23										
Salers	19	1050	St-Martin	16	jeudi	12			23			22*		22		7	6		
Anglards	9	2235	🚂			25			4	6	25			1er*	21				
Le Fau	11	403	🚂										1. p. 16						
Fontanges	25	900	St-Martin	11				17		15*				5	29		26		
St-Chamant	30	830	St-Cernin	6		18		mi-Car.		21						4			
St-Mart.-Valmeroux	21	1234	🚂	3	merc.	2	6	27		10			3		21	12			
St-Projet	32	790	St-Cernin	10							13*			16					
St-Vincent	13	570	Mauriac	13				19*				*19					20		
Le Vaulmier	23	501	—	18						16				*18					
Murat		3152	🚂		vend.	vend. p. 6				10		4*			18	12*	v. a. 25		
Chalinargues	9	1317	Neussargues	6						23				25					
Cheylade	31	1503	Murat	31	dim.				27*	17			*15	8	2				
Le Claux	24	910		24						14*									
Dienne	10	1238	—	10						7				28					
Neussargues	10	900	🚂							2									
Allanche	19	1987	Neussargues	14	mardi		A	3e j Car.	1. Quas.	15	18	16	16*	7	10, *25	29	1. a. 25		
Charmensac	30	500	Molompise	4											3*				
Pradiers	22	483	Neussargues	18										20					
St-Saturnin	23	1220	Murat	23											8*	*29			
Ségur-les-Villas	18	1243	—	18					17	12				27					
Marcenat	37	2560	Neussargues	27	jeudi			14	25	11		2*	2*	3	4				
Condat en Feniers	34	2618	—	36	sam.	22	20	15	12, 29	29	13	5	5	4, 27	15	15	23		
Marchastel	32	1074	Murat	32							21*			24					
Montboudif	47	730	Neussargues	37															
St-Flour		5543	🚂		sam.		3	4e j. Ca.	B	12	C	14	14	D	6	7	18		
Talizat	12	1445	Neussargues	7															
Neuvéglise	21	1880	St-Flour	21				15		20*					25	26			
Paulhac	16	1532	—	16															
Valuéjols	14	1390	Murat	12	jeudi				23*					27					

CANTAL : Saint-Flour. — CHARENTE : Angoulême, Barbezieux.

LOCALITÉS et dist. de l'arrondiss.	k.	Popul.	GARES et distances.	k.	Marchés.	Janvier.	Fév.	Mars.	Avril.	Mai.	Juin.	Juil.	Août.	Sept.	Oct.	Nov.	Déc.	FOIRES MOBILES et OBSERVATIONS.	HOTELS & CAFÉS RECOMMANDÉS.
Chaudesaigues	31	1824	St-Flour	31	lundi	13	l. gras Et Sept.	l.a.Mi-C.	l. Quas.	6	...	22*	...	l. a. 29	29	...	l.a.Noël	Eaux thermales.	
St-Urcize	51	1204	—	51	...	...	...	...	25	...	20*	...	...	11	13	...	...		
Massiac	32	1210	🚂	1	lundi	15	22	15	23*	...	9	8	30*	30	...	13	11		
La Chap.-Laurent	24	653	Massiac	11	...	...	...	...	13	...	...	...	...	...	19	...	...		
Molompize	25	863	🚂		dim.	...	...	...	...	18	...	...	...	...	7	...	...		
Pierrefort	32	1002	Murat	30	merc.	5	1er s. Car.	...	me Páq.	29	16*	16	24*	20	...	2	1er		
La Capelle-Barrez	30	230	St-Flour	30	...	...	...	...	...	7	F 22	...	29	...	22	...	...		
Cezens	25	780	—	25	...	...	...	Mi Car.	...	18	...	12	...	...	9	...	...		
Oradour	26	953	—	26	...	...	...	...	l. Ram.	...	8	...	1er*	22	...	15	...		
Ste-Marie du Cantal	30	410	—	30	...	...	...	...	...	15*	...	...	13	...	...	...	...		
St-Martin-sous-Vigouroux	38	724	—	38	...	...	...	...	...	...	...	...	...	...	...	5*	...		
Ruines	14	965	🚂	3	merc.	...	21	16	26	...	18*	...	18	...	6	...	1er		
Clavières	22	705	Ruines	7	...	...	...	...	...	7	12	...	...	...	15*	...	...		
Faverolles	18	858	St-Flour	18	...	...	...	...	...	1er	...	...	...	...	...	...	...		
Vedrines-St-Loup	20	560	—	20	...	...	...	...	...	4	...	...	...	4*	...	...	d.a.Noël		
ANGOULÊME		35 m	🚂		mar., s.	15	15	15	15	24*	15	15	24*	15	15	1er-15	15	F 24 juin.	
La Couronne	7	3300	🚂		jeudi	31	28	31	30	31	25*	31	31	30	31	30	31		
Nersac	10	1575	🚂		dim.	9 cm	9	9	9	9	9	9	9	9*	9	9	9	A) dim. plus près du 25*.	
Roullet	12	1273	Sireuil	4	dim.	1er j. 23	1er j. 23	1er j. 23	1er j. 23	23	23*	23	23	23	23	23	23		
Vœuil et Giget	8	520	Mouthiers	8	...	...	...	11	11	...	...	...	...	...	...	...	...		
Bouex	13	781	Chazelles	6	...	...	19	...	10	...	19	...	10	...	19	...	19		
Champniers	10	2935	Angoulême	10	...	20	26*	20	29	29	29	29	24	29*	29	29	11, 29		
Ruelle	6	2798	🚂		jeudi	4.20	4.20	4	4	4	4	4	4	4	4	4	4.20		
Blanzac	25	875	Mouthiers	13	sam.	1er sam. cm	1er s.	1er s.	1er s.	1er s.	1er s.	1er s.	1er s.	1er s.	1er s.	1er s.	1er s.		
Aigres	26	532	Montmoreau	6	...	...	28	...	...	...	...	...	...	...	...	...	...		
Chadurie	26	632	Charmant	2	...	17 cm	17	17	17	17	17	17	17	17	17	17	17		
Champagne	23	292	Mouthiers	12	...	20	20	20	20	20	...	...	...	...	...	...	...		
Juignac	20	745	Châteauneuf	6	...	26 cm	26	26	26	26	26	26*	26	26	26	26	26		
Mouthiers	14	1580	🚂		...	8 cm	8	8	8	8	8	8	8	8*	8	8	8		
Péreuil	27	847	Mouthiers	18	...	2e dim.	2e d.	2e d.	2e d.	...	...	...	...	...	...	...	...		
Plassac	20	509	—	6	...	...	...	...	...	...	...	...	...	...	...	...	...		
Hiersac	14	680	Nersac	8	dim.	12	Cend.*	12	12	12	12	12	12	12	12	12	12		
Asnières	15	833	Angoulême	15	...	22 cm	22	22	22	22	22	22*	22	22	22	22	22		
St-Genis d'Hiersac	16	1210	🚂		17	3 cm	3*	3	3	3	3	3	8	3	3	3	3		
Echallat	18	679	St-Même	10	...	8	8	8	8	8	8	8	8	8*	8	8	8		
Vindelle	10	789	Vars	6	...	26	26	26	26	...	...	A	...	...	...	...	26	F 25 juillet.	
Montbron	29	3125	Marthon	7	mardi	1er, 13	1er, 14	1er, 14	1er, 14	1er, 14	1er	1er*	1er	1er	1er	1er	1er, 14	F 22 septembre.	
Ecuras	32	1695	—	14	...	9 cm	9	9	9	9	9	9	9	9*	9	9	9	A) Pâques et L.*	
Marthon	21	778	🚂		...	3.21	3.21	3.21	3.21	21	21*	21	21	21	21	21	3.21	B) Veille Rameaux	
Rouzède	40	750	Marthon	15	vend.	23 cm	23	23	23*	23	23	23	23	23	23	23	23	C) mardi p. 27 nov.*	
St-Sornin	25	900	La Rochef.	8	...	25 cm	25	25	25	25	25	25	25*	25	25	25	25		
La Rochefoucauld	21	3000	🚂		sam.	10.24	10.24	10.24	10	10	10	10	10	10.26	10	10	10.21		
Agris	22	1210	La Rochef.	6	...	17 cm	17	17	17	17	17	17	17	17	17	17	17		
Chazelles	18	1110	🚂		...	7 cm	7	7	7	7	7	7	7	7	7	7	7		
Coulgens	21	660	La Rochef.	12	...	20 cm	20	20	20	20	20	20	20	20	20	20	20		
Jauldes	19	1063	🚂	13	...	8 cm	8	8	8	8	8	8	8	8*	8	8	8		
Pranzac	17	736	Quéroy	3	...	12 cm	12	12	12	12	12	12	12	12	12	12	12		
La Rochette	24	611	La Rochef.	9	sam.	10.24	10	10	10	10	10	10	10	10, 26*	10	10	10, 24		
Rouillac	24	2119	Vars	15	sam.	27	27	27	A	27	27	27	27	27	27	27	27		
Anville	28	406	Jarnac	17	...	3	...	3	...	3	...	3	...	3	...	3	...		
Gourville	27	895	Vars	17	...	21 cm	21	21	21	21	21	21	21	21*	21	21	21		
Marcillac-Lanville	30	1200	—	14	...	11 cm	11	11	11	11	11	11	11*	11	11	11	11		
St-Amant de Boixe	18	1582	🚂	1	vend.	1er cm	1er	1er	1er	1er	1er	1er.14	1er	1er	1er	1er	1er		
Anais	11	655	Vars	6	...	2 cm	2*	2	2	2	2	2	2	2	2	2	2		
Montignac	15	785	—	2	...	6 cm	6	6	6	6	6	6	6	6	6	6	6		
Nanclars	23	459	St-Amand	7	...	23 cm	23	23	23*	23	23	23	23	23	23	23	23		
Tourriers	17	700	—	3	...	21 cm	21	21	21	21	21	21	21	21*	21	21	21		
Vars	11	1804	🚂	2	merc.	19 cm	19	19*	19	19	19	19	19	19	19	19	19		
Villebois-la-Valette	28	880	Charmant	9	sam.	2e sam.	2e s.	2e s.	B	2e s.	2e s.	2e s.	s.p.-26*	2e s.	2e s.	2e s.	2e s.		
Charmant	20	540	🚂		...	...	1er v.	...	1er v.	...	1er v.	...	...	...	...	...	1er v.		
Dignac	15	1244	Angoulême	15	...	18 cm	18	19	18	18	18	18	18	18	18*	18	18		
Ronsenac	22	971	Charmant	9	...	...	22	...	22	...	...	...	22*	...	...	22	...		
Edon	27	612	🚂		...	...	...	...	...	...	...	...	...	l.p.8*	...	...	...		
Rougnac	24	823	Villebois	9	...	29	...	20	...	...	29	...	...	20*	...	...	...		
Gurat	32	511	Charmant	14	...	...	2e l.	...	...	...	...	...	l.p.1er d*	...	...	...	...		
Sers	15	578	Chazelles	8	...	26	26	26	26	28*	26	26	26	26	26	26	26		
Torsac	12	610	Angoulême	12	...	25	25	25	25	25	25	25	29*	25	25	25	25		
Barbezieux		4105	🚂		mardi	1er mardi	1er ma	1er ma	Páq.*	1er ma	1er ma	1er ma	1er ma	1er ma	1er ma	1er ma	1er ma		
Berneuil	14	788	Barbezieux	14	...	4e jeudi cm	4e j.	4e j.	4e j.	4e j.	4e j.	4e j.	4e j.	4e j.*	4e j.	4e j.	4e j.		
Brie de Barbezieux	11	249	—	11	...	...	...	...	...	l.p.1er d*	...	...	...	...	...	...	...		
Challignac	11	522	—	11	...	...	...	...	...	l. Pen.	...	...	...	...	...	...	...		
Montchaude	6	680		6	...	19 cm	19*	19	19	19	19	19	19	19	19	19	19		
Vignolles	8	364	Viville	2	...	13 cm	13	13	13	13	13	13	13*	13	13	13	13		
Aubeterre	10	870	Chalais	10	sam.	dr sam.	dr s.	dr s.	dr s.	dr s.	24*	24*	dr s.	dr s.	dr s.	dr s.	dr s.		
Bonnes	10	810	—	12	...	...	3e me	...	3e me	3e me	...	...	l.p 13*	3e me	...	...	3e me		
Montignac-le-Coq	18	513	Montmoreau	11	...	...	...	...	...	...	...	...	...	2e l.	...	...	2e l.		
Pillac	36	783	—	12	...	...	...	...	2e l.	...	...	...	...	...	...	...	2e l.		
St Séverin	18	1305	🚂		...	2e mardi	2e ma	2e ma	2e ma	2e ma	2e ma	2e ma	2e ma	2e ma	2e ma	C	2e ma	* 27 novembre.	

CHARENTE : Barbezieux, Cognac, Confolens, Ruffec.

LOCALITÉS et dist. de l'arrondiss.	k.	Popul.	GARES et distances	k.	Marchés	Janvier.	Fév.	Mars.	Avril.	Mai.	Juin.	Juil.	Août.	Sept.	Oct.	Nov.	Déc.	FOIRES MOBILES et observations.	HOTELS & CAFÉS recommandés.
Baignes-Ste-Radeg.	13	2125	Barbezieux	13	merc.	2e merc. cm	2e me	2e me	2e me	2e me	2e me	2e me	l.p.13*	2e me	3e me	2e me	2e me	A) Veille Ascens.*	
Condéon	8	1009	—	8	....	29	...	29	29	29	...	...	...	...	...	...	...	B) lundi du diman. plus près du 11*.	
Reignac	8	1010	—	8	....	...	...	1er l.	1er l.	1er l.	1er l.	1er l.	l.p.1er d*	...	...	...	...		
Brossac	20	1171	Chalais	10	sam.	2e sam. cm	2e s.	2e s.	2e s.	2e s.	2e s.	2e s.	2e s.	2e s.	2e s.	2e s.	2e s.		
Chalais	28	910			lundi	1er lundi	Cend.	1er l.	me.Pâq.	ma.Pen.	1er l.	22	24	21*	28	1er l.	1er l.		
Montboyer	24	1215	Chalais	7	dim.	1er merc.	1er me	1er me	l. Pâq.*	l. Pent.	1er me	1er me	1er me	1er me	1er me	1er me	1er me		
Montmoreau	28	790			merc.	4e vend.	4e v.	4e v.	4e v.	A	4e v.	4e v.	4e v.	4e v.	18*	18	18		
Bors de Montmoreau	35	554	Montmoreau	8	....	2e jeudi	2e j.	2e j.	2e j.	2e j.	...	...	...	...	2e j.	2e j.	2e j.		
Courgeac	21	508	—	6	....	...	1er v.	1er v.	1er v.	1er v.	...	...	...	1er v.	1er v.	...	...		
Deviat	16	375	—	18	....	3e vend. cm	3e v.	3e v.	3e v.	3e v.	3e v.*	3e v.	3e v.	3e v.	3e v.	3e v.	3e v.		
Nonac	28	815	—	7	....	...	2e l.	2e l.	2e l.	2e l.	...	...	...	...	...	...	...		
Palluaud	35	550	—	12	....	...	3e j.	...	3e l.	...	...	...	...	...	...	23	...		
Salles-Lavalette	37	1010	—	12	....	3e mardi	3e ma	3e ma	3e ma	3e ma	3e ma	3e ma	3e ma	3e ma	3e ma	B	3e me		
Cognac		1511[illegible]			me., s.	2e sam. cm	2e s.	2e s.	2e s.	2e s.	2e s.	2e s.	2e s.*	2e s.	2e s.	2e s.	2e s.		
Cherves de Cognac	7	1810	Cognac	7	....	28 cm	28	28	28	28	28	28	23	28*	28	29	28		
Châteauneuf-s.-Ch.	28	3205			jeudi	16 cm	16	16	16	16	16	16	16*	16	16	16	16		
Bouteville	20	625	Châteauneuf	7	....	7	7	7	l. Pâq.*	l. Pent.	7	7	7	7	7	7	7		
Vibrac	26	354	—	6	....	25 cm	25	25	25	25	25	25*	25	25	25	25	25		
Jarnac	14	4160			vend.	5 cm	5*	5	5	5	5	5	5	5	5	5	5		
Sigogne	15	1150	Jarnac	6	....	18 cm	18	18	18	18	18	18	18	18	18*	18	18		
Segonzac	16	2379	—	8	dim.	1er	1er d.	1er d.	1er d.	1er d.	1er d.	1er d.*	1er d.	1er d.	1er d.	1er	1er d.	Nota. — Si le 1er dim. tombe le 5, la foire est renvoyée au 12.	
Ambleville	14	378	—	14	....	d. merc. cm	d. me	d. me	d. me	d. me	d. me	d. me	d. me	d. me	d. me	d. me	d. me		
Bourg-Charente	10	862	—	5	....	24	24	24	24	...	...	...	...	...	...	24	24		
Lignières	21	830	Châteauneuf	12	dim.	2e jeudi cm	2e j.	2e j.	2e j.	2e j.	2e j.	2e j.	2e j.	2e j.	2e j.	2e j.	2e j.		
St-Fort-s.-le-Né	11	503	Cognac	14	....	2e mardi cm	2e ma	2e ma	2e ma	2e ma	2e ma	2e ma	2e ma	2e ma	2e ma	2e ma	2e ma		
St-Même	15	1567			dim.	29 cm	29	29	29	29	29	29	29	29*	29	29	29		
Salles d'Angles	8	1030	Cognac	8	lundi	1er lundi	1er l.	1er l.	1er l.	l. Pent.	1er l.	1er l.	1er l.	1er l.	1er l.	1er l.	1er l.		
Confolens		3050	Chabanais	18	sam.	12	12	12	12	12	12	12	13	12, 23*	12	12	12		
Manot	9	1303	Roumazières	8	....	25 cm	25	25	25	25	25	25*	25	25	25	25	25		
Pleuville	18	1175	Charroux	9	....	...	...	28	...	l.p.1er d.	...	...	...	18*	...	...	...		
Brigueil	19	1993	St-Junien	10	....	7, 25	7	7	7, 25	7	7	7	7	7	7, 18	7, 23	7		
Brillac	12	1588	Chabanais	23	....	27	27	27	27	27	27	27	27	27	27	27	27		
Lesterps	9	1155	—	20	....	24	24	24	24	24	24	22* F 26	29*	24	24	24	24		
St-Christophe	16	1102	St-Junien	16	....	2 cm	2*	2	2	2	2	2	2	2	2	2	2		
St-Germ.-Confolens	5	365	Chabanais	22	....	8 cm	8	8	8	8	8	8*	8	8*	8	8	8		
St-Maurice	6	1896	—	12	....	19 cm	19	19*	19	19	19	19	19	19*	19	19	19		
Chabanais	18	1940			mardi	5, 17*	5	5	5	5	5	5	5	5* F 22	5	5	5		
La Péruse	18	626	Roumazières	4	....	13 cm	13	13	13	13	13	13	13	13	13	13	13		
Pressignac	24	1460	Chabanais	7	....	18 cm	18	18	18	18	18	18	18	18	18	18	18		

LOCALITÉS et dist. de l'arrondiss.	k.	Popul.	GARES et distances	k.	Marchés	Janvier.	Fév.	Mars.	Avril.	Mai.	Juin.	Juil.	Août.	Sept.	Oct.	Nov.	Déc.	FOIRES MOBILES et observations.	HOTELS & CAFÉS recommandés.
Roumazières	20	775			....	11	11	11	11	11	11	11	11	A	B	B*	12	A) 19* Pontsigoulant.	
Saulgond	11	1255	Chabanais	10	....	14 cm	14	14	14	14	14	14	14	14*	14	14	14	B) 25* Pontsigoulant.	
Suris	21	620	Exideuil	4	....	16 cm	16	16	16	16	16	16	16*	16	16	16	16	C) 2e dim. et 29.	
Champag.-Mouton	25	1287	Ruffec	20	vend.	7	7	7, 20	7, 20	7	7	7	7	7, 20*	7	7	7		
Alloue	13	1618	Roumazières	18	....	23	6, 23	23	23	23	23	23	22*	23	23	23	23		
Benest	20	1528	Ruffec	12	....	19	19	19	19	19	21*	19	19	19	19	19	19		
Turgon	28	270	Chasseneuil	10	....	...	...	...	...	...	...	...	...	20*	27	27	...		
Montembœuf	32	1330	—	11	....	27 cm	27	27	27	27	27	27	27	27	27	27	27		
Massignac	29	1378	Chabanais	13	....	19 cm	19	19*	19	19	19*	19	19	19	19	19	19		
Roussines	39	1107	La Rochef.	14	dim.	24 cm	24	24	24	24	24*	24	24	24	24	24	24		
St-Adjutory	30	728	—	8	....	18 cm	18	18	18	18	18	18	18	18	18*	18	18		
Taponnat-Fleurign.	30	895			....	9 cm	9	9	9	9	9	9	9	9	9*	9	9		
Vitrac	30	1150	Fontafie	3	....	3 cm	3*	3	3	3	3	3	3	3	3	3	3		
St-Claud-s.-Son	22	1915	Chasseneuil	8	....	28 cm	28	28	28	28	28	28	28	28*	28	28	28	F 6 juin.	
Beaulieu	27	775	—	11	....	18 cm	18	18	18	18	18	18	18	18	18*	18	18		
Chasseneuil	30	2535			le d. cm	22 cm	22	22	22	22	22*	22	22	22	22	22	22		
Les Pins	33	916	Chasseneuil	5	....	2 cm	2*	2	2	2	2	2*	2	2	2	2	2		
Loubert	17	799		3	....	2 cm	2	2	2	2	2	2	2	2	2	2	2	F 14 septembre.	
St-Laur. de Céris	26	1145	Roumazières	10	....	14 cm	14	14	14	14	14	14	14*	14	14	14	14		
Suaux	26	804	Fontafie	3	....	9 cm	9	9	9	9	9	9	9	9*	9	9	9		
Ruffec		3565			sam.	28	13, 28	13, 28	13, 28	13, 28	11*, 28	28	28	28	28*	28	28		
Nanteuil	10	1180	Ruffec	10	....	27	27	29	29	C	29	11	11*	11	11	11	11		
Verteuil-s.-Charente	6	1070		6	merc.	30	28	30	30	30	30	30	30	21*	30	30	30		
Aigre	22	1580	Luxé	9	jeudi	1er jeudi	1er j.	1er j.	j.-St.	Asc.*	21*	1er j.	1er j.	1er j.	1er j.	1er j.	1er j.		
St-Fraigne	21	844		15	....	14 cm	14	14	14	14	14	14	14	14	14*	14	14		
Tusson	16	778		7	dim.	9 cm	9	9	9	9	9	9	9	9*	9	9	9		
Verdille	32	686	—	12	....	23 cm	23	23	23	23	23*	23	23	23	23	23	23		
Villejésus	23	875		8	....	4 cm	4	4	4	4	4	4	4	4*	4	4	4		
Mansle	17	1725		6	lundi	25	25	25	23	25	25	25	25*	25	25	25	24		
Aunac	12	507	Moussac	9	mardi	16 cm	16	16	16	16	16*	16	16*	16	16	16	16		
Cellefrouin	26	1728	Chasseneuil	10	....	15 cm	15	15	15	15	15	15	15*	15	15	15	15		
Juillé	12	520	Moussac	2	....	3 cm	3*	3	3	3	3	3	3	3	3	3	3		
Mouton	18	472	Luxé	12	vend.	1er cm	1er	1er	1er	1er	1er	1er	1er	1er*	1er	1er	1er		
St-Angeau	25	805		16	....	5 cm	5	5	5	5	5	5	5	5*	5	5	5		
St-Front	19	782		16	....	20 cm	29	1*, 20	29	29	20	29	29	29*	29	29	29		
Valence	20	475	Chasseneuil	14	....	12 cm	12	12	12	12	12	12	12*	12	12	12	12		
Villefagnan	9	1590			vend.	11, 24	24	2e l. Car.	l. Pâq.	24	24*	24	6*	24	24	24	24		
Paizay-Naudouin	18	794			....	1er cm	1er	1er	1er	1er	1er	1er	1er	1er*	1er	1er	1er		
Raix	9	390	Villefagnan	3	....	17* cm	17	17	17	17	17	17	17	17	17*	17	17		
Salles de Villefagnan	10	704	Moussac	1	....	...	8	8	8	8	...	...	8	8*	...	...	...		

CHARENTE-INFÉRIEURE : La Rochelle, Jonzac, Marennes.

LOCALITÉS et dist. de l'arrondiss.	k.	Popul.	GARES et distances.	k.	Marchés.	Janvier.	Fév.	Mars.	Avril.	Mai.	Juin.	Juill.	Août.	Sept.	Oct.	Nov.	Déc.	FOIRES MOBILES et OBSERVATIONS.	HOTELS & CAFÉS RECOMMANDÉS.
LA ROCHELLE		29m	🚂		quot.							1er*						A) 2e dim. p. Pâq.	
Angoulins	8	1125	🚂							4e d.*									
Aytré	5	824	La Rochelle	4									2e d.*						
Châtelaillon	11	924	🚂									4e d.*							
Dompierre	7	1392	🚂		dim.					l. Pen.*									
La Gord	3	880	La Rochelle	3									15*						
Périgny	4	913	—	4							20*			1er d.*					
Puilboreau	5	1005	—	5					Cas.*				3e d.						
Lhoumeau	5	470	—	5						3e s.*									
Laleu	4	1150	—	1							1er d.		1er d.*						
Marsilly	10	982	—	10							d.a 24*								
Nieul-sur-Mer	5	1452	—	5									d' l.*						
St-Xandre	6	1340	—	6	merc.	2e merc. en	2e me	2e me	2e me	2e me	2e me	2e me	2e me	2e me	2e me	2e me	2e me		
Ars-en-Ré	25	2034	—	25	sam.								1er d.*						
La Couarde	39	1307	—	39	dim.								d' d.*						
Loix	29	1030	—	29								22*							
Les Portes	13	851	—	43								2e d.*							
St-Clém. des Baleines	35	1030	—	35								d. d.*				*23			
Courçon	30	1255	—		sam.	4e jeudi en	4e j.	4e j.	4e j.	4e j.	4e j.	4e j.	4e j.	4e j.	4e j.	4e j.	1er j.		
Benon	28	880	Mauzé	12		2e mardi							15*		4e ma				
Laliagne-Gérard	32	475	—	7									d' s.*				d' s.		
Nuaillé	19	770	Andilly	10	jeudi	3e jeudi en	3e j.	3e j.	3e j.	3e j.	3e j.	3e j.	3e j.	3e j.	3e j.	3e j.	3e j.		
La Ronde	40	1514	Marans	20	jeudi	1er jeudi en	1er j.	1er j.	1er j.	1er j.	1er j.	1er j.	1er j.	1er j.	1er j.	1er j.	1er j.		
St-Jean de Liversay	26	2082	—	11	dim.		2e j.	2e j.	2e j.		d.a 18*			3e d.*		2e j.			
St-Sauv. de Nuaillé	24	1286	Surgères	15	dim.	6		25		l. Pen.*				8*				F 23 août.	
Taugon	30	1228	Marans	16	dim.					1er d.		d' d.*							
La Jarrie	12	1115	🚂		dim.	1er jeudi en	1er j.	1er j.	1er j.	1er j.	1er j.	1er j.	1er j.	1er j.	1er j.	1er j.	1er j.		
Bourgneuf	10	412	Dampierre	4					ma Pâ*							4e s.			
La Croix-Chapeau	13	551	La Jarrie	2				25			2e d.*								
La Jarne	7	525	La Rochelle	7										8*					
Montroy	11	312	La Jarrie	3								20*	26						
St-Médard	20	1153		5					d. Qua.		*8								
St-Rogatien	6	389	Dampierre	3						d' d.*									
Ste-Soulle	11	1808	—	5	dim.								d. p. R.						
St-Vivien	12	371	Châtelaillon	3						3e d.*									
Salles	11	968	La Jarrie	4							24*								
Vérines	16	1120	—	10					A				15*						
Marans	24	4940	🚂		mardi	1er mardi	1er ma	1er ma	1er ma	1er ma	1er d.*	1er ma	1er ma	1er d.*	1er ma	1er ma	1er ma		
Andilly	16	1220	🚂	1	jeudi						22			29*					
St-Ouen	12	351	🚂	3									4e s.					A) mardi Pâques*.	
Villedoux	11	358	Andilly	2							d' d.*								
St-Martin de Ré	26	2172	La Rochelle	26	quot.								d.p.15*						
Le Bois	22			22										3					
La Flotte	20	2390		20	quot.								s.p.16*						
Ste-Marie	23	2540		25									d. 15	8*					
JONZAC		3210	🚂		vend.	2e vend.	2e v.	2e v.	2e v.	2e v.	2e v.	d.p.16*	2e v.	2e v.	2e v.	2e v.	2e v.		
Fontaine d'Ozillac	9	736	🚂						1er l.	1er l.	1er l.	1er l.	1er l.	1er l.				....	Hl de France.
Léoville	11	577	Ozillac	4		3e mardi en	3e ma	3e ma	3e ma	3e ma	3e ma*	3e ma	3e ma	3e ma	3e ma	3e ma	3e ma		
Ozillac	7	820	🚂	1		4e jeudi	4e j.	4e j.	4e j.	4e j.	4e j.	4e j.	24*	4e j.	4e j.	4e j.	4e j.		
Archiac	14	1110	Jonzac	11	jeudi	1er jeudi en	1er j.	1er j.	1er j.	1er j.	1er j.	1er j.*	1er j.	1er j.	1er j.	1er j.	1er j.		
Jarnac-Champagne	16	973	—	16		d' jeudi en	d' j.	d' j.	d' j.	d' j.	d' j.	d' j.	d' j.	d' j.*	d' j.	d' j.	d' j.		
Lonzac	20	350	Cognac	13		3e merc. en	3e me	3e me	3e me	3e me	3e me*	3e me	3e me	3e me	3e me	3e me	3e me		
[illegible]	11	700	Jonzac	11		4e vend. en	4e v.	4e v.	4e v.	4e v.	4e v.	4e v.	4e v.	4e v.*	4e v.	4e v.	4e v.		
St-Maigrin	15	1005	Fontaine	11		3e dim. en	3e d.	3e d.	3e d.	3e d.	3e d.*	3e d.	3e d.	3e d.	3e d.	3e d.	3e d.		
Mirambeau	14	2190	Jonzac	14	sam.	d' sam.	d' s.	d' s.	d' s.	d' s.	d' s.	d' s.	16*	d' s.	d' s.	d' s.	d' s.		
Boisredon	18	1260	—	18												23			
Nieul-le-Virouilh	9	960	—	9	dim.	1er merc. en	1er me	1er me	1er me	1er me	1er me	1er me	1er me	1er me	1er me	1er me	1er me		
St-Bonnet	22	1510	—	22	dim.	d' lundi en	d' l.	d' l.	d' l.	d' l.	d' l.	d' l.	d' l.	d' l.*	d' l.	d' l.	d' l.		
St-Ciers du Taillon	21	1188	Mosnac	13	dim.	3e mardi en	3e ma	3e ma	3e ma	3e ma	3e ma*	3e ma	3e ma	3e ma	3e ma	3e ma	3e ma		
St-Thomas	21	1305	—	23		1er lundi en	1er l.	1er l.	1er l.	1er l.	1er l.	1er l.	1er l.	1er l.	1er l.	1er l.	1er l.		
Montendre	20	1585	🚂		jeudi	3e jeudi	3e j.	3e j.	3e j.	3e j.	11*	3e j.	3e j.	3e j.	3e j.	11*	3e j.		
Rouffignac	11	794	Tugeras	5				4e me	4e me	4e me	4e me	4e me	4e me						
Montguyon	40	3630	La Roche-Chalais	16	merc.	1er merc. en	1er me	1er me	1er me	1er me	1er me	1er me	1er me	1er me	1er me	1er me	1er me		
Berrez	31	372	St-Aigulin	17		4e mardi	4e ma	4e ma	4e ma	4e ma	4e ma	4e ma	14*	4e ma	4e ma	4e ma	4e ma		
Cercoux	45	1380	Guîtres	13				4e j.		4e j.		1er j.*		4e j.					
Clérac	42	1522	Bussac	12		3e mardi	3e ma	3e ma	3e me	3e me	3e me	3e me	3e me	3e me	3e ma	3e ma	3e ma		
Le Fouilloux	44	1115	St-Aigulin	12		1er vend.	1er v.	1er v.	1er v.	1er v.	1er v.	1er v.	11*	1er v.	1er v.	1er v.	1er v.		
Montlieu	29	1020	Montendre	11	mardi	3e sam. en	3e s.	3e s.	3e s.	3e s.	3e s.*	3e s.	3e s.	3e s.	3e s.	3e s.	3e s.		
Bédenac	37	614	Bussac	8		4e merc.	4e me	4e me	4e me	4e me	4e me	4e me	4e me	9*	4e me	4e me	4e me		
Bussac	31	620	🚂					1er ma	1er ma	1er ma	1er ma	1er ma	1er ma	1er ma					
Chepniers	28	986	Montendre	8		2e lundi en	2e l.	2e l.	2e l.	2e l.	2e l.	2e l.	2e l.*	2e l.	2e l.	2e l.	2e l.		
Chevanceaux	24	1348	—	20	lundi	2e lundi	2e l.	2e l.	2e l.	2e l.	l.p.29*	2e l.	2e l.	2e l.	2e l.	2e l.	l.p.25*		
Mérignac	20	384	—	12		1er sam. en	1er s.	1er s.	1er s.	1er s.	1er s.	1er s.	1er s.	1er s.	1er s.*	1er s.	1er s.		
St-Genis	12	1310	Mosnac	4	jeudi	2e jeudi en	2e j.	2e j.	2e j.	2e j.	2e j.	2e j.	2e j.*	2e j.	2e j.	2e j.	2e j.		
Champagnolles	19	1008	Gémozac	7		4e mardi en	4e ma	4e ma	4e ma	4e ma	4e ma	4e ma	4e ma	4e ma*	4e ma	4e ma	4e ma		
Clion	8	936	🚂			3e lundi en	3e l.	3e l.	3e l.	3e l.	3e l.*	3e l.	3e l.	3e l.	3e l.	3e l.	3e l.		
Lorignac	23	1060	Gémozac	14		2e lundi en	2e l.	2e l.	2e l.	2e l.	2e l.	2e l.	2e l.*	2e l.	2e l.	2e l.	2e l.		
Mosnac	10	670	🚂			1er mardi en	1er ma	1er ma	A	1er ma	1er ma	1er ma	1er ma	1er ma	1er ma	1er ma	1er ma		
St-Fort	24	1930	Mosnac	12	dim.	4e merc. en	4e me	4e me	4e me	4e me	4e me	4e me	4e me	4e me*	4e me	4e me	4e me		
Marennes		4730	La Tremblade	6	quot.	3e jeudi en	3e j.	3e j.	3e j.	3e j.	3e j.*	3e j.	3e j.	3e j.	3e j.	3e j.	3e j.	....	Hl du Commerce.
Le Gua	17	1876	Saujon	7	merc.	3e merc.	1er j.	3e me	1er j.	3e me	1er j.	3e me	1er j.	3e me	1er j.	3e me	1er j.		

CHARENTE-INFÉRIEURE : Marennes, Rochefort, Saintes, St-Jean d'Angely.

LOCALITÉS (chefs-lieux d'arrondiss.)	k.	Popul.	GARES et distances	k.	Marchés	Janvier	Fév.	Mars	Avril	Mai	Juin	Juill.	Août	Sept.	Oct.	Nov.	Déc.	FOIRES MOBILES et OBSERVATIONS	HOTELS & CAFÉS RECOMMANDÉS
St-Just	6	1772	(gare)	3	....	4e mardi	...	4e ma	Asc.*	1re ma	...	4e ma	16*	4e ma	...	4e ma	...	A) sam. a. 3e lundi.	
Château d'Oléron	10	3010	Le Chapus	4	quot.	....	...	...	...	...	3e d.*	...	...	...	...	...	...	B) sam. a. 3e lundi.	
Dolus	17	2215	—	11	....	....	...	...	...	...	...	3e ma	...	...	...	30	...	C) dim. a. 24*.	
St-Trojan	18	990	—	11	....	....	...	...	...	...	...	1re*	...	...	...	...	...	D) 1re mar. et 29*.	
Royan	36	6705	(gare)	..	jeudi	4e jeudi ca	4e j.	4e j.	4e j.	4e j.	4e j.	4e j.	4e j.	4e j.*	4e j.	1e j.	4e j.		
Breuillet	19	1216	...-Breuillet	3	....	3e merc. ca	3e me	3e me	3e me	3e me	3e me	3e me	3e me 3e l.*	3e me	3e me	3e me	3e me		
Mornac	14	880	(gare)	..	....	....	...	...	...	...	...	...	...	...	...	...	...		
Vaux	25	475	Royan	4	....	....	...	...	...	...	3e d.*	...	...	...	2e d.	...	...		
St-Agnant	13	1330	Rochefort	7	vend.	2e vend. ca	2e v.	2e v.	2e v.	2e v.	2e v.	2e v.	2e v.	2e v.	2e v.	2e d.*	2e v.	F 17 novembre.	
St-Pierre d'Oléron	22	4855	Chapus	18	vend.	....	...	...	28	...	29*	...	28	...	...	21	...		
St-Denis	33	1670	La Rochelle	50	....	....	...	...	Quasim.	...	...	...	...	...	9*	...	...		
St-Georges d'Oléron	27	[illegible]	—	28	jeudi	....	...	...	23	...	24*	...	...	...	...	...	27		
La Tremblade	8	3212	(gare)	..	quot.	....	...	...	...	...	...	...	A	...	...	...	...		
Arvert	10	2484	(gare)	..	jeudi	1r jeudi	1re j.	1re j.	1re j.	1re j.	1re j.	1re j.	B	1re j.	1re j.	1re j.	1re j.		
Etaules	12	1136	(gare)	..	sam.	1r mardi ca	1r ma	1r ma	1r ma	1r ma	1r ma	1r ma	1r ma	1r ma	1r ma	1r ma	1r ma		
Rochefort	..	31[illegible]	(gare)	..	jeudi	2e jeudi	2e j.	4*	2e j.	2e j.	11	2e j.	2e j.	2e j.	2e j.	11*	2e j.		
Fouras	11	[illegible]	(gare)	..	quot.	....	...	...	...	1re l.	...	...	...	1re l.*	...	...	...		
St-Laur. de la Prée	10	[illegible]	(gare)	2	vend.	1r jeudi	1re j.	1re j.	1re j.	1re j.	2e d.*	1re j.	a.p.15*	3e d.	1re j.	1re j.	1re j.		
Aigrefeuille	25	[illegible]	(gare)	..	d. j.	2e mardi	2e ma	2e ma	2e ma	Pent.*	2e ma	2e ma	2e ma	2e ma	2e ma	2e ma	2e ma		
Ardillières	17	820	Ciré d'Aunis	4	....	....	...	...	...	...	C	...	...	3e d.	...	...	...		
Ciré d'Aunis	11	829	(gare)	..	....	1r lundi	1re l.	1re l.	1re l.	1re l.	1re l.	1re l.	1re l.	1re l.	1re l.*	1re l.	1re l.		
Thairé	18	1200	Aigrefeuille	5	vend.	....	...	...	2e me	...	...	...	15*	20	...	...	...		
Forges	21	918	—	5	....	31	...	31	...	31	...	31*	31	...	31	...	31		
Surgères	27	3516	(gare)	..	sam.	3e mardi	3e ma	3e ma	3e ma	3e ma	26*	3e ma	3e ma	D	3e ma	3e ma	3e ma		
Le Thou	17	[illegible]	Aigrefeuille	..	....	....	...	...	...	Asc.	28*	...	...	1re d.	...	...	...		
St-Pierre d'Amilly	35	590	Mauzé	4	....	....	...	...	Quas.	...	...	...	1re d.*	...	...	...	...		
Marsais	37	1251	Surgères	12	vend.	....	3e l.	...	...	...	...	...	3e l.	...	...	2e l.	...		
Péré	25	388	Chambon	3	....	....	...	...	...	...	...	...	d.p.25*	...	...	...	...		
Tonnay-Charente	6	4310	(gare)	..	me. s.	4e lundi ca	4e l.	4e l.	4e l.	4e l.	4e l.	4e l.	4e l.	4e l.*	4e l.	4e l.	4e l.		
Genouillé	19	1095	Surgères	11	....	1r jeudi	1re j.	1re j.	1re j.	1re j.	...	...	...	...	...	...	...		
Moragne	13	591	Tonnay	8	....	....	...	...	...	...	11	...	15*	...	...	...	...		
Muron	15	1018	Ciré	10	dim.	4e mardi ca	4e ma	4e ma	4e ma	4e ma	4e ma*	4e ma	4e ma	4e ma	4e ma	4e ma	4e ma		
St-Clément	9	873	Tonnay	3	....	....	...	...	...	1re d.	...	...	...	1re d.*	...	F 23	...		
Saintes	..	[illegible]	(gare)	..	me. s.	1r lundi	1re l.	1re l.	23*	1re l.	1re l.	27*	1re l.	1re l.	1re l.	1re l.	1re l.		
La Jard	10	380	Montils	6	....	3e mardi ca	3e ma	3e ma	3e ma	3e ma	3e ma*	3e ma	3e ma	3e ma	3e ma	3e ma	3e ma		
Chaniers	7	[illegible]	(gare)	..	quot.	3e dim. ca	3e d.	3e d.	3e d. *23	3e d.	3e d.	3e d.	3e d.* 24*	3e d.	3e d.	3e d.	3e d.		
St-George des Coteaux	8	1110	Saintes	8	jeudi	....	...	...	...	...	...	...	...	...	...	...	...		
Varzay	9	611	—	9	....	3e merc. ca	3e me	3e me	3e me*	3e me	24*	3e me	3e me	3e me	3e me	3e me	3e me		
Nieul	8	872	—	8	....	2e dim. ca	2e d.	2e d.	2e d.	2e d.	2e d.	2e d.	2e d.	2e d.	2e d.	2e d.	2e d.		
Burie	18	1580	Cognac	12	jeudi	3e jeudi	3e j.	3e j.	3e j.	3e j.	3e j.*	3e j.	3e j.	3e j.	3e j.	3e j.	26	A) Veille 1re mardi.	
Chérac	18	1322	(gare)	4	jeudi	4e jeudi ca	1e j.	4e j.	4e j.	4e j.	4e j.	4e j.	4e j.	4e j.*	4e j.	4e j.	4e j.	B) dim. p. 22*.	
Dompierre-s.-Charente	12	595	Ballant	4	....	1r jeudi ca	1re j.	1re j.	1re j.	1re j.	1re j.	1re j.	1re j.	1re j.	1re j.*	1re j.	1re j.		
Ecoyeux	16	1043	Taillebourg	12	....	2e jeudi ca	2e j.	2e j.	2e j.	2e j.	2e j.	2e j.	2e j.*	2e j.	2e j.	3e j.	2e j.		
Migron	22	1213	Cognac	16	mardi	....	2e ma	...	2e ma	...	2e ma	...	2e ma	...	2e ma	...	2e ma		
St-Sauvant	12	620	Ballant	4	vend.	1r vend. ca	1re v.	1re v.	1re v.	1re v.	1re v.	1re v.*	1re v.	1re v.	1re v.	1re v.	1re v.		
Cozes	23	1740	(gare)	..	merc.	1r merc. ca	1r me	1r me	1r me	1r me	1r me	1r me	1r me	1r me	1r me	1r me	1r me		
Brie-s.-Mortagne	31	382	Gémozac	12	....	2e mardi ca	2e ma	2e ma	2e ma	2e ma	2e ma	2e ma	2e ma	2e ma	2e ma	2e ma	2e ma		
Epargnes	26	1282	Cozes	6	....	3e sam. ca	3e s.	3e s.	3e s.	3e s.	3e s.*	3e s.	3e s. 30*	3e s.	3e s.	3e s.	3e s.		
Mortagne-s.-Gironde	35	1705	Gémozac	13	jeudi	....	...	...	...	...	...	...	...	...	...	...	...		
Gémozac	20	2591	(gare)	..	vend.	3e vend. ca	3e v.	3e v.	3e v.	3e v.	3e v.*	3e v.	3e v.	3e v.	3e v.	3e v.	3e v.		
Berneuil	11	873	Montils	6	....	2e dim. ca	2e d.	2e d.	2e d.	2e d.	2e d.	2e d.	2e d.*	2e d.	2e d.	2e d.	2e d.		
Meursac	18	1516	Traversie	9	....	4e vend. ca	4e v.	4e v.	4e v.	4e v.	4e v.	4e v.	4e v.	4e v.*	4e v.	4e v.	4e v.		
Cravans	18	682	Gémozac	4	....	1r mardi ca	1r ma	1r ma	1r ma	1r ma	1r ma	1r ma	1r ma	1r ma	1r ma	1r ma	1r ma		
Rétaud	11	1051	Saintes	11	1re v.*	....	...	...	...	2e ma	...	2e ma	...	2e ma.*	...	2e ma	...		
Rioux	14	850	—	11	....	4e jeudi ca	4e j.	4e j.	4e j.	4e j.	4e j.*	4e j.	4e j.	4e j.	4e j.	4e j.	4e j.		
St-André de Lidon	19	1170	(gare)	..	....	2e vend. ca	2e v.	2e v.	2e v.	2e v.	2e v.	2e v.	2e v.	2e v.	2e v.	2e v.*	2e v.	F 30 novembre.	
Tesson	13	720	Gémozac	6	....	4e lundi ca	4e l.	4e l.	4e l.	4e l.	4e l.	4e l.*	4e l.	4e l.	4e l.	4e l.	4e l.	F 22 juillet	
Pons	22	4793	(gare)	..	sam.	1r sam. ca	1re s.	1re s.	1re s.	1re s.	1re s.	1re s.	1re s.	1re s.	1re s.*	1re s.	1re s.		
Montils	20	[illegible]	(gare)	2	....	2e mardi ca	2e ma	2e ma	2e ma	2e ma	2e ma	2e ma	2e ma	2e ma	2e ma	2e ma	2e ma		
Pérignac	25	1448	Le Petit...	6	dim.	4e vend. ca	4e v.	4e v.	4e v.	4e v.	4e v.*	4e v.	4e v.	4e v.	4e v.	4e v.	4e v.		
St-Sever	15	596	Ballant	2	....	dr mardi ca	dr ma	dr ma	dr ma	dr ma	dr ma	dr ma	dr ma	dr ma.*	dr ma	dr ma	dr ma		
St-Porchaire	11	1202	St-Savinien	12	merc.	2e merc. ca	2e me	2e me	2e me	2e me	2e me	2e me	2e me	2e me	2e me	2e me	2e me		
Geay	19	810	—	7	jeudi	4e jeudi ca	4e j.	4e j.	4e j.	4e j.	4e j.*	4e j.	4e j.	4e j.	4e j.	4e j.	4e j.		
Pont-l'Abbé	22	1382	Bords	9	vend.	3e lundi ca	3e l.	3e l.	3e l.	3e l.	3e l.	3e l.	3e l.*	3e l.	3e l.	3e l.	3e l.		
Port d'Envaux	11	1320	Taillebourg	3	vend.	1r vend. ca	1re v.	1re v.	1re v.	1re v. 2e d.	1re v.	1re v.*	1re v. 15*	1re v.	1re v.	1re v.	1re v.		
Trisay	30	814	Tonnay-Charente	8	....	....	...	...	...	...	...	...	...	...	...	...	...		
Saujon	25	[illegible]	(gare)	1	lundi	2e lundi ca	2e l.	2e l.	2e l.	2e l.	2e l.*	2e l.	2e l.	2e l.	2e l.	2e l.	2e l.	....	Hl CHEVAL MARIN
Corme-Royal	12	1278	Saintes	14	vend.	4e mardi ca	4e ma	4e ma	4e ma	4e ma	4e ma	4e ma	4e ma 2e d.*	4e ma	4e ma	4e ma	4e ma		
La Clisse	10	292	—	10	....	....	...	...	...	...	...	...	...	...	...	...	...		
Pisany	13	477	Saujon	12	....	29 ca	29	29	29	29	29	29	29	29*	29	29	29		
Nancras	20	440	—	9	....	1r jeudi	1re d.	1re j.	1re d.	1re j.	1re d.*	1re j.	1re d.	1re j.	1re d.	1re j.	1re d.		
St-George de Didonne	37	1230	Royan	4	merc.	....	...	...	B	...	...	...	...	...	3e d.	...	...		
St-Romain de Benet	16	1434	Saujon	7	....	3e dim. ca	3e d.	3e d.	3e d.	3e d.	3e d.*	3e d.	3e d.	3e d.	3e d.	3e d.	3e d.		
St-Jean d'Angely	..	7280	(gare)	..	sam.	3e sam.	3e s.	3e s.	3e s.	3e s.	22*	3e s.	3e s.	3e s.	3e s.	3e s.	3e s.		
Eglises d'Arg.	9	758	S.-Jean d'Angely	9	....	....	3e me	...	...	...	...	...	...	3e me	...	...	...		
Mazeray	4	700	(gare)	..	....	....	...	...	...	2e l.	11*	...	...	2e l.*	...	...	...		
St-Pardoult	9	333	St-Jean	9	jeudi	....	...	...	...	...	...	...	...	...	...	...	...		
St-Denis du Pin	4	900	—	4	sam.	3e sam.	3e s.	3e s.	3e s.	3e s.	25*	3e s.	3e s.	3e s.	3e s.*	3e s.	3e s.	F 9 octobre.	
Varaize	9	860	—	8	....	6	...	6	...	6	...	6	...	6*	...	6	...		
Aulnay	17	1950	—	17	vend.	4e lundi ca	4e l.	4e l.	4e l.	4e l.	4e l.*	4e l.	4e l.	4e l.*	4e l.	4e l.	4e l.		
Dampierre-Boutonne	18	680	Villeneuve	8	sam.	....	...	...	...	...	11*	...	...	A	...	...	...		

CHARENTE-INFÉRIEURE : Saint-Jean d'Angely. — CHER : Bourges, Saint-Amand.

LOCALITÉS ET DIST. DE L'ARRONDISS.	k.	Popul.	GARES ET DISTANCES	k.	Marchés	Janvier.	Fév.	Mars.	Avril.	Mai.	Juin.	Juill.	Août.	Sept.	Oct.	Nov.	Déc.	FOIRES MOBILES et OBSERVATIONS.	HOTELS & CAFÉS RECOMMANDÉS.
Fontaine-Chalendray	26	810	St-Jean	26	...	3e mardi et	3e ma	3e ma	3e ma	3e ma	3e ma	3e ma	3e ma	3e ma	3e ma	3e ma	3e ma	A) lundi p. 22.*	
Néré	25	1192	—	23	dim.	4 cd	4	4	4	4	4*	4	4	4	4	4	4	B) dim. a. 29.*	
La Ville-Dieu	24	385	Brioux	12		...	...	...	...	...	...	...	...	15*	...	...	...		
Loulay	12	620			vend.	2e merc. en	2e me	2e me	2e me	2e me	2e me*	2e me	2e me	2e me	2e me	2e me	2e me		
Vergné	16	210	St-Jean	16	...	...	...	...	...	...	...	4e j.	...	...	...	...	...		
Villeneuve-la-Comtesse	18	805			vend.	...	4e v.	...	...	...	...	3e v.	...	...	...	4e v.	...		
Matha	18	2215			sam.	2 en	2*	2	2	2	2	2	2	2	2	2	2		
Ballans	29	516	Jarnac	17	...	1er	...	...	...	...	24*	...	...	...	...	...	...		
Beauvais-s.-Matha	30	1000	Lusé	26	...	2e jeudi en	2e j.	2e j.*	2e j.	2e j.	2e j.	2e j.	2e j.	2e j.	2e j.	2e j.	2e j.		
Blanzac	16	493	St-Jean	16		...	...	...	...	22*	...	...	...	...	...	...	...		
Nerviq	34	815	Jarnac	11	vend.	19 en	19	19*	19	19	19	19	19	19	16	19	19		
Thors	38	438	Cognac	18		...	...	...	15	...	12	...	12*	...	...	...	...		
Touches de Périgny	23	1000	St-Jean	23	...	...	15	...	25	...	15	...	15*	...	16	...	15		
St-Hilaire-Villef.	10	1145	St-Jean	7	vend.	3e mardi en	2e ma	2e ma	2e ma	2e ma	2e ma	2e ma	2e ma	2e ma	2e ma	3e ma	2e ma		
Aumagne	11	1207	—	11		...	...	...	...	...	30*	...	26	...	...	...	...		
Authon	16	677	—	16	lundi	3e lundi en	3e l.	3e l.	3e l.	3e l.	3e l.*	3e l.	3e l.	3e l.	3e l.	3e l.	3e l.		
Brizambourg	14	1546	—	14	merc.	4e merc. en	4e me	4e me	1er me	4e me	4e me	4e me	4e me	[illegible]	4e me	4e me	4e me		
Nantillé	12	491	—	12	...	...	...	...	...	...	...	A	...	...	...	...	...		
Ebéon	13	400	—	13	...	...	...	...	...	...	...	...	...	...	8*	...	...		
Ste-Même	10	371	—	10	jeudi	...	...	...	2e ma.*	...	...	...	...	...	3e me	...	...		
St-Savinien	16	3192			sam.	1er sam. en	4e s.	4e s.	1er s.	4e s.	3e s.*	4e s.	4e s.	4e s.	4e s.	4e s.	4e s.		
Bords	28	1068			vend.	1er vend. en	1er v.	1er v.	1er v.	1er v.	1er v.	1er v.	1er v.	1er v.	1er v.*	1er v.	1er v.		
Taillebourg	16	1030			vend.	2e vend. en	2e v.	2e v.	2e v.	2e v.	2e v.	2e v.	2e v.	2e v.	2e v.	2e v.	2e v.		
Les Nouillers	12	990	St-Savinien-s.-Ch.	7	merc.	1er dim.	...	1er d.	...	1er d.	...	1er d.	...	1er d.*	...	1er d.	...		
Tonnay-Boutonne	18	1275	—	11	j., d.	2e lundi	2e l.	2e l.	2e l.	2e l.	d.a.21*	2e l.	2e l.	B	2e l.	2e l.	2e l.		
Annezay	21	343	Surgères	13	...	...	3e v.	3e v.	3e v.	3e v.	3e v.*	...	...	3e v.	...	...	...		
Puy-Rolland	14	315	St-Jean	14	...	...	1er ma	1er ma	1er ma	1er ma	1er ma	...	...	1er l.*	...	...	...		
Torxé	10	456	—	10	...	...	...	...	...	...	...	dr d.*	...	...	...	...	...		
BOURGES		43111			sam.	...	Cendres	...	...	3-20	20*	...	13-24*	...	17	11	21	Petit marché tous les jours.	
Aix d'Angillon	19	1764			mardi	...	12	18	...	1er	...	...	23	...	...	...	...		
Morogues	25	1370	Menetou-Salon	9	dim.	...	2	...	l. Pâq.	...	15	...	A	...	...	...	1er		
Rians	21	780	Aix d'Angillon	4	...	...	...	...	l. Pent.	...	...	26*	...	10	...	1er l.	...		
Ste-Solange	16	950	Moulins-s.-Yèvre	6	...	...	...	...	3	...	...	...	...	11	...	...	...		
Baugy	27	1600	Avor	9	lundi	10	22	4e l.	25*	15	11,23*	...	...	21	9	28	3e l.		
Bengy-s.-Craon	30	1475			vend.	20	...	...	l. Pâq.	...	...	...	...	...	...	...	...		
Laverdines	32	254	Nérondes	5	...	...	...	...	...	18	...	...	...	21*	...	...	...		
Villequiers	34	1263	Bengy	11	merc.	...	8	20	...	30*	...	...	...	5	...	...	3	A) lundi p. 1er dim.*	
Charost	25	1620	St-Florent	10	lundi	...	1er l.	...	l. Pâq.	l. Pent.*	...	...	...	17	...	2	...	B) lundi p. 3e dim.*	
Lunery	22	1100			jeudi	...	...	...	...	21*	...	...	...	10	...	...	...	C) merc. p. Cend.	
Mareuil-s.-Arnon	32	1718	Lunery	10	merc.	...	...	...	...	...	l. Trin.*	...	...	...	29	...	...	D) l. a. 2, 1er l. Carê.	
St-Florent-s.-Cher	15	2950			vend.	...	3e v.	...	...	2e v.	F29	...	...	1er v.	...	3e v.	...	E) 3e lundi p. Pâq.	
Graçay	42	3040	Vierzon	24	jeudi	1er jeudi	1er, 4e j.	4e j.	2e j.	1er j.	2e j.	2e j.	1er j.	1er j.	4e j.	4e j.	3e j.	F) sam. a. Ascen.*	
Genouilly	30	1408	Thénioux	8	...	...	...	...	...	A	...	...	...	B	...	...	...	G) jeudi p. Pentec.	
Levet	18	1020	Châteauneuf	10	jeudi	...	...	...	l. Pâq.*	...	...	...	...	s.a.29	...	...	...	H) 1er mardi Carême et vend. a. Pass.	
Plaimpied-Givaudins	12	940	Bourges	12	...	...	...	...	...	7	...	...	...	...	8*	...	...	I) 2e et lundi Pent.	
Lury-s.-Arnon	28	905	Chéry	1	jeudi	...	...	...	...	...	28*	...	...	13	...	...	...	J) 1er vend. et 30.	
Quincy	20	1038	Mehun	4	...	...	...	...	...	1er*	5	...	...	...	21	...	...	K) sam. p. Sexagés.	
Mehun-s.-Yèvre	17	6389			merc.	1er merc.	C	...	dr me	...	...	1er me	3e me	1er	1er me	30*	...	L) 10 et l. p. 30.*	
Berry-Bouy	7	730	Marmagne	1	...	...	...	...	...	...	...	...	9	...	...	...	...	M) sam. a. 3 et 25.	
St-Martin d'Auxigny	18	2013			dim.	...	...	...	22	...	17	...	...	19	...	2*	...		
Allogny	17	1600	St-Martin	8	...	...	...	...	12	...	...	...	...	7	...	...	...		
Menetou Salon	17	2527			dim.	...	...	...	10	...	...	...	...	13	...	...	...		
Quantilly	17	712	Bourges	17	...	...	1er*	...	...	...	29*	...	...	...	...	...	...		
Vierzon	32	11m			sam.	2e sam.	2e s.*	2e s.	2e s.	2e s.	4e s.	...	3e s.*	...	1er s.	2e s.	2e s.		
Massay	32	2482	Vierzon	11	mardi	11	...	...	...	26*	...	5	...	8	...	15	21		
Nançay	35	1200	Salbris	14	dim.	...	...	...	1er l.	...	...	...	...	...	15	...	...		
Neuvy-s.-Barangeon	28	1365	Vierzon	16	lundi	...	18	...	...	6	...	1er l.	15*	s.a.22*	...	25	...		
Vignoux-s.-Barangeon	21	1136	Foëcy	7	...	...	...	...	...	...	15*	...	...	...	20	...	...		
Vouzeron	27	808	Vierzon	11	...	...	...	...	15	...	...	...	...	...	...	...	...		
St-Amand		8475			merc.	...	D	l. Pâs.	12	l. p. As.	17	2e l.	3	sa. a. 8	l.p.18*	l. a. 30	31	* 18 octobre.	
Meillant	8	1181	La Celle-Bruère	8	mardi	...	...	l. Pâs.	...	...	...	...	...	...	...	...	...		
Charenton-du-Cher	21	1965			lundi	...	...	...	l. Pâq.	F*	...	dr l.	19	29*	...	...	5		
Bessais-le-Fromental	20	969	Vernais	1	vend.	...	10	...	...	...	15*	...	...	...	...	10	...		
Bannegon	24	686			lundi	...	...	3e l. Car.	...	...	...	...	...	2e l.*	...	...	5		
Thaumiers	24	1800	Vernais	5	vend.	...	...	j. Mi-C.	...	G	...	...	9	...	...	29	...		
Châteaumeillant	44	3815			vend.	2	2	11	s.p. 17	1er v.	I	1er	16*	J	16	12	6		
Culan	28	1700			sam.	17	K	...	s.a. 25	10, 25	7, 22	15	11, 20	...	2e s.	s. p. 11	20		
Préveranges	47	2120	St-Marien	4	lundi	...	...	...	...	1er ma	...	...	...	...	...	1er l.	...		
St-Christophe-le-Chaudry	20	410	Culant	5	...	...	...	...	...	...	...	*25	...	15	...	...	...		
Châteauneuf-s.-Cher	20	2796			sam.	8	3	2e ma	2e ma	2e ma	L	...	22*	19	13	l.p.11	17		
Vallenay	15	1350	Bigny	2	vend.	...	...	...	...	...	...	...	...	7*	...	...	...		
Le Châtelet	18	2235			jeudi	7	4	29	26	31	*10	19	30	18	l. s. 28	l. p. 2	1er		
Morlac	20	1006	Châtelet	8	sam.	...	...	s.a.29	...	...	...	...	...	...	...	...	...		
Dun-s.-Auron	19	4355			sam.	23	dr s.	dr s.	...	M	...	1er s.	2e s.	s.a.29	dr s.	3e s.	21	Loue, dimanche a. 19 juin.	
Chalivoy-Milon	30	930	Dun-s.-Auron	8	jeudi	...	3e l.	...	...	...	...	...	...	...	...	...	...		
Raymond	33	300	Bengy	6	...	...	1er l.	...	l. Quas.	22	...	22*	...	1er	...	l. p. 2	...		
La Guerche	39	3150			mardi	...	Ma. Gr.	...	j. Saint	...	5	1er*	10	10	28	...	23		
Apremont	32	400	Le Guétin	6	vend.	...	...	25	...	...	...	...	16*	...	...	25	...		

CHER : Saint-Amand, Sancerre. — CORRÈZE : Tulle.

LOCALITÉS et dist. de l'arrondiss.	K.	Popul.	GARES et distances	K.	Marchés	Janvier	Fév.	Mars.	Avril.	Mai.	Juin.	Juill.	Août.	Sept.	Oct.	Nov.	Déc.	FOIRES MOBILES et observations	HOTELS & CAFÉS recommandés
Germigny-l'Exempt	47	1175	Guerche	6	lundi					27		16*			16			A) mardi a. Quinq.	
Torteron	31	1182	—	10	jeudi				dr j.							2e j.		B) 1er jeudi et jeudi av. Pentecôte.	
Lignières	26	3152	Châteauneuf	16	lundi	13	A	L. Gras		B	25*		6	j.a.29		j.a.11	11	C) 4e s. p. Pâques.	
St-Baudel	32	936	—	9	jeudi									3					
Nérondes	48	2700	🚂		sam.			15		10	*21			15*		9			
Blet	36	1516	Nérondes	13	mardi			2e ma			16*		2		1r ma				
Charly	35	874	—	12										7*					
Ourouer-Bourdelins	40	1620	—	8	jeudi		de j.								2e j.				
Sancoins	39	4706	🚂		merc.	1r merc.	1r me	1r me	1r me	1r me	1r me	1r me	1r me	1r me	1r me	30*			
Augy-s.-Aubois	28	1083	—	25										l.p.19*					
Givardon	33	1230	—	10				15*											
Mornay-s.-Allier	45	1020	St-Pierre-le-Moût.	8						16						4			
Neuvy-le-Barrois	17	568	Guétin	10							d.3.24*								
Sagonne	36	705	Guerche	18			27		3e s.										
Sidiailles	16	1055	Urçay	9	jeudi			6	29	6*						4			
Epineuil-le-Fleuriel	26	1110	Vallon-Sully	4	sam.	12					29*		1er					* 8 septembre.	Hl de l'Union.
Loye	11	956	St-Amand	14	dim.					5				8*					
St-Vitte	21	553	Vallon-Sully	9						3, 22				24*		25			
Vesdun	26	1532	—	15		22				17	17*		25						
Sancerre		3800	🚂	3	sam.	5	1er s.	1er	j. Pas.	C	2e s.			1er		1er s.			
Crézancy	8	1750	Sancerre	8		1er			L. Pâq.*			2e l.		8*					
Jalognes	13	840	La Roche	13				L. Pas.			1er		24*		18				
Menetou-Ratel	11	1328		14			15			7*						3			
St-Bouize	8	850		8						26	22*			12					
St-Satur	4	1972	Sancerre	2	jeudi		1er j.					1er*				3e j.			
Sens-Beaujeu	12	1288		12		12	21			25				11*	2				
Sury en Vaux	7	1804		7	dim.			10					26*						
Veaugues	11	1122	La Roche	15	vend.			6		12		15		*8	20				
Argent	54	1994	🚂		jeudi				L. Pâq.*		2e j.			8*	15		1er		
Blancafort	36	1750	Argent	7											22				
Brinon-s.-Sauldre	59	1708	Cerdon	13					26				22*			15			
Clémont	56	1250	—	9						4					14*				
Aubigny-Ville	45	2500	🚂		sam.	13	1r s. Car.	Mi-C.	s. a. 21	27*		3	1er s.	20*		10	9		
La Chapelle d'Angillon	33	970	🚂		jeudi		15			15				14		*19			
Ennordres	41	805	🚂							1er				1er*					
Ivoy-le-Pré	32	2420	Chapelle Ang.	1	dim.	12		1er	m.a.Pâq.*		28*			7	25				
Henrichemont	28	3700	🚂		merc.	22	Cendres		me Saint	8		2	30*		1r me	me. p. 2	me. a. 25		
La Chapelotte	23	632	Henrichemont	8					15						11				
Montigny	16	1121	La Roche	20					5*						30				
Léré	18	1670	Cosne	9	vend.		A			13	9*			25		12	20	A) j. a. jeudi gras.	
Belleville	24	620	Neuvy-s.-Loire	2									8*					B) lundi Trinité.*	
Boulleret	15	1704	Cosne	6			j. M. C.		30		4	20*		15	15				
Ste-Gemme	10	919	—	8			28					5*							
Santranges	25	1275	🚂					v. a. Pas.							25*				
Savigny en Sancerre	11	1972	Cosne	12	jeudi		2	25						8*			5		
Sancergues	24	1171	La Charité	8	merc.			1er		5		1er	25*			3	21		
Argenvières	29	518	—	5				12								11*			
Charentonnay	28	880	—	10			15		15*										
Etréchy	25	1006	Avor	16	jeudi				24					4*					
Groises	18	454	La Charité	7						22				10					
Garigny	32	744	Nérondes	12				15					16*	*1er					
Herry	18	2690	La Charité	8	vend.		12		L. Pâq.*		2								
Lugny-Champagne	20	520	—	20						12				16*					
Précy	32	778	—	16					8			16*				16			
Vailly-s.-Sauldre	24	1092	Châtillon	20	vend.*	1er v. et le 19	1er v.	1er v.	19	1er v.	1er v.	1er v.	19*	1er v.	1er v.	19	1er v.		
Assigny	16	710	Roche	18		1er			L. Pâq.*		5								
Concressault	32	627	Châtillon	17							B				29				
Barlieu	31	1175	Aubigny	16						16									
Dampierre en Crot	28	670	—	12							30*								
Jars	18	1700	Sancerre	18		7		1er l.		21		22*			4				
Le Noyer	17	1024	—	17	jeudi					1er j.*						2e j.			
Subligny	13	900	—	14					23*							15	26		
Villegenon	24	832	—	28			j. Gras.												
Vinon	7	730	La Roche-S.	11					6					3*					
TULLE		16m	🚂		sam.	17, 30	14, 28	14, 30	14, 30	14, 30	14, 30	14, 30	14, 30	14, 30	14, 30	14, 30	14, 30	A) mardi Quasim.	
Chameyrat	10	1881	Cornil	4					21				4				28	B) mardi Passion.	
Naves	6	2393	🚂			14				21		*31				5	9		
St-Germain-Vergnes	14	1244	Tulle	12		11*		A	5	5									
St-Hilaire-Peyroux	14	1330	Aubazine	6		27		B		9, 26	22		24*		1er		11		
St-Mexant	12	1020	Tulle	10		17, 30													
Corrèze	11	1435	🚂		dim.	15 c. m.	18	15	15	15	15	15	15*	15	15	15	15		
La Garde	14	1103	Tulle	11		2*	25	26	25	13		11	5	5	3				
Laguenne	3	1040	—	3			13		13		13*		18		13		13		
Ste-Fortunade	8	190	—	8											22		22		
St-Martial de Gimel	10	1265	Gimel	6					j.p.Pâq.		10	1er		16*			6		
Argentat	28	3804	🚂		jeudi	10	j. Gras.	6	6	15*	6	6	6	6	6	6	1er		
Forgès	19	915	—	19		6*		10		22*				11	10	11			
Albussac	25	1332	—	25				18						18*					
Menoire	25	210	—	25			8		27						9*				

CORRÈZE : Brive-la-Gaillarde.

LOCALITÉS et dist. de l'arrondiss.	k.	Popul.	GARES et distances	k.	Marchés	Janvier	Fév.	Mars	Avril	Mai	Juin	Juill.	Août	Sept.	Oct.	Nov.	Déc.	FOIRES MOBILES et observations	HOTELS & CAFÉS recommandés
Neuville	23	512	Egletons	23	....	...	10	...	10	10	...	...	10*	10	...	...	10	A) 2e l. Carême et 20.	
St-Chamant	23	1466	Tulle	23	....	...	12	...	1. Pâq.*	...	...	...	...	...	...	12	...	B) l. Passion et 20.	
Monceaux	33	1870	—	33	....	24	...	24	...	24	...	24	...	24	...	24	26*	C) l. p. mi-Carême et jeudi a. Ram.	
Corrèze	19	1820	(gare)	..	jeudi	9*, 20	20	A	B	20	9, 20	18	20*	20	10, 20	20	22	D) l. Quasim. et 18.	
St-Augustin	25	1274	Corrèze	9	....	5	...	...	...	5	5*	...	F 28	30	...	...	...	E) 2e lundi et 29*.	
Egletons	32	1892	(gare)	..	lundi	18	22	C	D	E	...	1er	22	13, 30	13	6	1er l.	F) merc. Pâques et 30.	
St-Hippolyte	27	542	(gare)	3	....	4	4	...	4	...	4	...	4*	...	4	...	...	G) lundi p. Mi-Car.	
St-Yrieix-le-Déjalat	33	1274	Egletons	16	....	...	...	...	2e Pâq.	18	...	...	31*	...	25	...	...		
Lapleau	44	990	Tulle	44	jeudi	10	...	10	...	19	6	...	...	...	19	...	10		
La Fage	32	646	Egletons	11	....	20	...	...	20	7	25*	...	13	20	...	...	10		
St-Hilaire-Foissac	42	1019	—	12	....	F 14	...	...	16	...	...	...	...	...	16	...	...		
St-Merd-Lapleau	35	880	Montaignac	22	....	5	5	25	...	2	9	26*	...	...	...	10	...		
Soursac	51	2196	Tulle	51	dim.	...	16	23	23	16	...	...	...	...	...	...	16		
Merceur	40	875	Sexcles	8	....	8	...	10	10	21	...	10*	...	...	...	...	...		
La Chapelle-St-Géraud	39	520	—	5	....	...	...	...	s.a. Pâq.	15	10	...	24*	9	20	...	16		
Bassignac	46	590	St-Denis	32	....	...	...	...	...	...	...	...	...	23*	...	...	...		
Goulles	45	1070	La Capelle	30	....	...	28	...	26	...	22	...	31*	...	26	...	31		
Sexcles	42	878	(gare)	42	....	20	...	13	...	30*	...	...	...	21	...	13	...		
La Roche-Canillac	28	528		26	lundi	13	13	13	Rm. S.	13	13	22*	13	10	13	25	13		
Clergoux	24	620		24	....	11	11	11	23	11	16*	11	11	11	11	11	11		
Marcillac-la-Croisille	27	1765	Montaignac	15	dim.	14 c.s	14	14	14	14	14	14	14*	14	14	14	14		
St-Martin-la-Méanne	29	1820	Tulle	29	....	20 c.s	20	29	20	20	20	20	20	29	20	20*	20		
St-Paul-Corrèze	15	532	—	15	....	...	...	8	...	...	8*	...	...	8	...	...	26		
St-Privat	58	1225	—	58	mardi	15 c.s	15	15	15	15	15	15	15*	13	15	13	15		
Auriac	37	1151	—	57	....	...	1er	8	...	...	...	...	...	...	...	...	2		
Rilhac-Xaintrie	59	1000	—	59	....	30	...	1er	20	23	7*	...	...	...	...	4	17		
Hautefage	35	895	—	35	....	...	...	2	...	10	...	...	...	9*	...	...	8		
St-Julien-aux-Bois	52	1217	—	52	....	25*	25	25	...	...	...	...	...	20	...	...	25*		
Servières	42	1170		42	....	...	...	...	...	...	...	...	...	...	20	...	9		
Seilhac	14	1936	(gare)	4	lundi	25	25	25	F	25	25	25	14	9*	25	25	25		
Chamboulive	22	2450	Tulle	22	....	8	1er*	3	8	8	8	8	8	8*	8	8	8		
La Graulière	18	2010		18	....	13	5	G	9	3	9	2	16*	1er, 15	...	11	21		
St-Clément	13	1618	—	13	....	20	...	6	6	6	6	...	26*	...	...	*23	6		
St-Jal	23	1630	—	23	....	19	...	...	...	...	19*	...	...	...	...	...	...		
St-Salvadour	22	1184	—	22	....	13	...	...	...	...	13	...	...	...	...	...	...		
Treignac	40	3010	(gare)	17	mardi	vend. a. 6*	1er ma	1er ma	v. a. Ram.	22	v. a. 24*	1er ma	1er ma	1er ma	1er ma	1er ma	1er ma		
Chamberet	48	3186	Treignac	10	....	9	9	9	9	2*	11	9	9	9*	9	9	9		
La Celle-Corrèze	30	570	(gare)		....	27 c.m	27	27	27	27	27	27	27	27	27	27	27		
Le Lonzac	29	2693	Tulle	20	jeudi	15	15	15	15	15	15	15	17*	17	15	15	15	....	H. Voy. Chambras

LOCALITÉS	k.	Popul.	GARES	k.	Marchés	Janvier	Fév.	Mars	Avril	Mai	Juin	Juill.	Août	Sept.	Oct.	Nov.	Déc.	FOIRES MOBILES et observations	HOTELS & CAFÉS
Uzerche	24	3228	(gare)		sam.	23	20	20	20	20	21*	20	20	20	3*-20	20	20	A) ma. a. ma. gras.	
Eyburie	36	1576	(gare)		....	26	...	5	...	5	...	...	...	5	...	...	...	B) 1er s. et 1er s. Car.	
Masseret	43	975	(gare)		mardi	12 c.m.	12	12	12	12	12	12	29*	12	12	26	12	C) 1er sam. et 15.	
Meilhards	45	1599	Lubersac	32	....	1er lundi c.m.	1er l.	1er l.	1er l.	1er l.	1er l.	1er l.	1er l.	1er l.	1er l.	1er l.	1er l.	D) 1er et lundi p. 27.	
Salon-la-Tour	48	1900		10	....	28	28	28	28	...	...	...	...	...	...	28	28		
Brive-la-Gaillarde		[illegible]	(gare)		vend.	7*, 18	3, 18	3, 18	l. a. S.	3, 18	12*	3, 18	3, 18	3, 18	3, 18	3, 18	3, 18	F 24 août.	
Dampniat	9	879	Aubazine	2	....	...	...	...	27	...	...	...	16*	...	27	...	27		
Noailles	8	763	(gare)		....	1er samedi	...	1er s.	...	1er s.	1er s.	...	1er s.	1er s.	...	...	...	E) 14, 21, 29.	
Nespouls	1	878	Turenne	9	....	...	...	...	2e Pâq.	10*	...	...	...	...	...	...	...	F) jeudi a. jeudi gr.	
Ayen	24	1290	(gare)		sam.	1er sam.	13*	1er s.	1er s.	1er s.	1er s.	1er s.	1er s.	1er s.	1er s.	1er s.	1er s.	G) 1er jeudi Carême et jeudi Mi-Carême.	
Brignac	23	1085	Larche	12	....	1er lundi c.m.	1er l.	1er l.	1er l.	1er l.	1er l.	1er l.	1er l.	1er l.	1er l.	1er l.	1er l.		
Objat	18	1785	(gare)		sam.	21	A	21	21	21	21	21	21	21	21	10*	21	H) 1er et 3e jeudi p. Pâq.	
St-Robert	24	580	Objat	12	....	4e lundi	4e l.	4e l.	1er l.*	4e l.	...	...	...	...	4e l.	4e l.	...		
Beaulieu	39	2535	Bretenoux	8	sam.	me. p. 6, 19	B	1er s. 26	1er s. 30	18	C	1er s.	1er s.	1er s.*	1er s.	1er s., 18	1er s.		
Brivezac	33	740		9	....	...	16	16	16*	...	...	...	...	...	...	16	...		
Puy-d'Arnac	29	1074		10	....	...	...	...	14	...	...	...	...	...	...	14	...		
Beynat	20	1970	Brive	20	jeudi	20	22	11	11	3	...	2	2	22	16	11*	9		
Albignac	15	548	—	15	....	...	...	...	...	22	...	...	...	...	...	...	...		
Aubazine	14	910	(gare)		....	5	9	8	23	14	8	8	8	4*	8	8	1er l.		
Lanteuil	12	1114	Aubazine	7	....	1er	1	1	1	12	6	6	6	D	...	6	1er		
Sérilhac	21	1739	Brive	21	....	...	5	20	28	7	20*	12	17	12	13	16	28		
Donzenac	10	3185	(gare)		jeudi	10	10	10	10	10	10	10	10*	E	10	30	24		
Allassac	15	4168	Donzenac	8	lundi	2, 16	2, 16	2, 16	2, 16	2, 16	16	16	16*	16	16	16, 25	16	F 29 août.	
Ste-Féréole	11	2652	Brive	11	....	21*	23	14	14	8	...	...	9	11	...	16	...		
St-Viance	12	1201	Varetz	3	....	27 c.m.	27	27	27	27	27	27	27	27	27	27	27		
Venarsal	10	340	Aubazine	2	....	6	...	...	...	4	...	...	...	...	...	6	...		
Juillac	30	2535	Objat	11	vend.	1er v., 22	1er v., 20	1er v., 26	1er v., 22	1er v., 2[illegible]	1er v., 22	1er v., 27	1er v., 22	1er v.	1er v., 25	1er v., 23	s. a. 25		
St-Cyr-la-Roche	24	701	—	4	dim.	11 c.m.	11	11	11	11	11	11	11*	11	11	11	11		
St-Bonnet-la-Rivière	25	988	—	6	....	25	...	9	...	...	8*	...	...	...	...	...	...		
Vignols	25	1165	(gare)		....	1er lundi c.m.	1er l.	1er l.	1er l.	1er l.	1er l.	1er l.	1er l.	1er l.	1er l.	1er l.	1er l.		
Voutezac	23	2530	Objat	5	....	28	28	28	28	28	28	s.a. 23*	28	28	28	28	28		
Larche	10	860	(gare)		merc.	13	5	20	26	23	5	1	1	1*	9	6	6		
Lissac	10	674	Larche	4	....	17*	17*	...	...	...	...	...	...	...	...	2	...		
Lubersac	48	3820	(gare)		merc.	1er merc.	1er me	1er me	1er me	1er me	20*	1er me	1er me	1er me	1er me	1er me	1er me		
Arnac-Pompadour	38	1426	(gare)		sam.	14	14	14	l. Ram.	14	14	14	14	5*, 14	14	14	14		
St-Julien-le-Vendômois	49	737	(gare)		....	1er mardi	1er ma	1er ma	1er ma	...	...	...	...	...	...	1er ma.	1er ma		
Ségur	45	963	St-Julien	6	....	23	F	G	H	19	11	25	30*	30	29	...	1, 28		
Meyssac	22	1948	Quatre-Routes	8	mardi	14, 29 c.m.	14, 29	14, 29	14, 29	14, 29	14, 20	14, 29	14, 29	14, 29*	14, 29	14, 29	14, 29		
Collonges	17	1153		8	....	6	...	...	...	...	...	...	...	...	...	6	...		
Curemonte	30	1008	Turenne	16	lundi	15	...	...	20	25*	...	...	...	...	...	26	...		
Turenne	15	1751	(gare)	8	....	23	j. gras	12	j. a. Ram.	6, 28	15, 27	28	22*	30	25	25	28		
Vigeois	32	1050	(gare)		vend.	20	23	23	23	23	23*	23	23	23	23	12	13		

CORRÈZE : Brive, Ussel. — COTE-D'OR : Dijon, Beaune.

LOCALITÉS et dist. de l'arrondiss.	K.	Popul.	GARES et distances	K.	Marchés	Janvier	Fév.	Mars	Avril	Mai	Juin	Juill.	Août	Sept.	Oct.	Nov.	Déc.	FOIRES MOBILES et OBSERVATIONS	HOTELS & CAFÉS RECOMMANDÉS
Perpezac-le-Noir	23	1485		1		19 cm	19	19*	19	19	19	19	19	19	19	19	19	A) lundi a. lundi gras. B) merc. Mi-Car. C) veille des Rameaux et merc. p. Quasimodo. D) veille Pentecôte. E) 1er sam. et 24. F) mardi a. Mardi gras. G) mardi saint et 27. H) 1er, 3e, 5e jeudi Car. I) mardi saint et veille Quasimodo. J) 1er merc. Carême. K) 3e et 5e merc. Carême. L) merc. Pâques. M) 1er, 17, 21, 30.	
St-Bonnet-l'Enfantier	22	615	Burg	18		31		31		31			31*		31		31		
Troche	38	188	Pompadour	5		9	9	9	9	9					9	9	9		
Ussel		5104			merc.	10	A	B	C	4	D	5	10, 29	21*	19	12	1er l.		
St-Angel	8	1880	Ussel	8		mardi a. 6	l. gr.	1er ma	11	15	4		18	E	29	17	3e ma		
S.-Etienne-aux-Clos	16	930	Gioux	4				11	11		11*			11	11		11		
St-Exupéry	7	1292	Ussel	7		15		17	23	17	23		14*		4, 20				
Bort	29	3672			vend.	7	1er v. Ca.	j. Mi-C.	l. Saint	l. p. 3*	6	7	12	8*	25		4		
Margerides	18	723	Bort	13		2			10		1er			21*					
St-Bonnet près Bort	13	574	Ussel	13			1er	1er	l. Pâq.		1er			1er*			20		
Bugeat	39	1175		2	dim.	8, 24	8	8	8	8	8	8	8	8*	8, 24	8	8		
Bonnefont	48	851	Barsanges	6					20	20	20*			20	20	20			
Lestards	45	392	Bugeat	10		8 cm	8	8	8	8	8	8	8	8	8	8	8		
Pérols	40	1185		6		3e merc.		3e me		3e me				3e me	3e me	3e me			
Tarnac	40	2190		7		23 cm	23	23	23	23	23	23	23	1er, 23	23	23	23		
Eygurande	20	1125			lundi	16	12, F	10	14	18	2, 25*	10	8	7, 24	24	24	16		
Meymac	16	3916			jeudi	20	H		I	6, 25	11	4	7, 23	12	1er, 15	3, 13	1er j.		
Combressol	17	1261	Maussac	5		6	8	21	25	22	22		17*	5	6	8			
Davignac	21	1047	Meymac	3				3	3		24*				7		16		
Maussac	18	615									19			16					
Neuvic	21	3320	Ussel	21	merc.		J	K	22, L	M	15	1er*	4, 31	27		19	1er me		
La Mazière-Basse	33	1063	Egletons	13					l. Pâq.	27			l. a. 21*				15		
Liginiac	18	1564	Ussel	18		1, 18	s. gr.	18	18	18	18		j. a. 21	18	17	28	18		
Sérandon	26	1405	Largnac	14		19				24			j. a. 13		22	17	19		
Sornac	22	1830	Ussel	22		12	12, 18	18	18	18	18	18	l. a. 16*	1, 18	18	10, 18	18		
Peyrelevade	41	2065	Viam	20	dim.	5 cm	5	5	5	5	5*	5	5	5	5	5	5		
DIJON		65 m			quot.	15		1er	25		21*		A	B	B	10*		A) 25 et dernier lundi [illegible] B) 20 pour le [illegible]	
Arc-s.-Tille	13	950	Dijon	13		1er mercredi		1er me		1er me		1er me		1er me*		1er me			
Messigny	10	570	—	10						3	11		20		18*				
Fleurey-s.-Ouche	17	880	Velars	5					20					13*					
Auxonne	31	5130			vend.	1er vendredi	1er v.	1er v.	1er v.	1er v.	1er v.	1er v.	1er v.	1er v.	1er v.	1er v.*	1er v.		
Fontaine-Française	40	1005	Gray	20		23		24		23		12		25	10	10, 24			
Montigny-s.-Vingeanne	47	588	Champlitte	9						1er				1er*					
St-Seine	42	738	—	13					20				20*						
Genlis	17	1130						8			7			8*		9			
Aiserey	19	785								1er*				17					
Longchamps	23	642	Genlis	6						12*				26				A) lundi p. 1er dim.*	
Longeault	20	255	Collonges	1					21					12*					
Longecourt	16	620	Aiserey	3						1. p. 23*				25					
Rouvres en Plaine	13	480	Magny	1											13				
Gevrey-Chambertin	11	1870			vend.	15					5*					9			
L'Etang-Vergy	20	290	Gevrey	10			22							1er l.*		15			
Saulon-la-Chapelle	13	485											l. p. 27*						
Saulon-la-Rue	11	250	Gevrey	5					ma. Pâq.*						14				
Grancey-le-Château	43	503	Pavillon-lez-Gran.	1		31				11	20*			3			6		
Is-s.-Tille	24	1900		1	j. d.		27		12		12		27	28*	19, 25		2		
Gemeaux	20	848												20	26	28*			
Lux	24	650	Is-s.-Tille	8											15	15			
Moloy-s.-Ignon	33	350	—	15					20*										
Saulx-le-Duc	29	300	—	9									13*						
Til-Châtel	25	908	—	5			3									2*			
Mirebeau-s.-Bèze	23	1221		4	jeudi	22		14			1er*	20		14		18			
Beire-le-Châtel	17	770	St-Julien	7										30*	30	30			
Bèze	27	1023	Is-s.-Tille	13				4			23*			2			20		
Renève-Vingeanne	32	795	Oisilly	2				2		1er*				1*			2		
Pontailler	32	1290			sam.	1er mardi	4e ma	4e ma	4e ma	4e ma	4e ma*	4e ma	4e ma	4e ma	4e ma	4e ma	4e ma		
Binges	19	515	Pontailler	13			14			13*			30*						
Lamarche-s.-Saône	33	1330						20					24						
St-Seine-l'Abbaye	26	612	Blaisy-Bas	12		31			15		9	14*		5		7	30		
Talmay	38	958					15			21				6*					
Lamargelle	39	410	Is-s.-Tille	21				15						20					
Perrigny-s.-Ouche	35	627							1er							12			
Selongey	35	1356			dim.		s. a. 2	18		5*		3		28*		11	21		
Sacquenay	39	680	Occey	5			5						20*		1er				
Sombernon	29	856	Blaisy	8			3	2	1er	23	19	22*	30		4	15	24		
Blaisy-Bas	27	605						12						12*					
Malain	20	636					27							1er*			1		
Beaune		12 m			sam.*		25*									12*			
Meursault	7	2638			vend.	17	17							2*			16		
Ladoix-Serrigny	6	750	Corgoloin	3	jeudi				l. Pâq.*					A					
Merceuil	9	825	Demigny	3					30										
Meursanges	11	500	Beaune	11											7*				
Ruffey-lez-Beaune	6	500	—	6							3e l.*								
Ste-Marie-la-Blanche	7	534	—	7									l. p. 15*						
Arnay-le-Duc	33	2628			jeudi	6	6	7	6	6	7*	6	6	6	6	6	5		Hᵗ de la Poste.
Lacanche	28	650	Epinac	16			26		15		15			10*			21		
Vièvy	38	1430	St-Léger-Sully	5				15		15*									
Bligny-s.-Ouche	16	1272			vend.	15		4		1	4	14	30	23*	23		1er		
Meloisey	10	720	—	20		11	11												

COTE-D'OR : Beaune, Châtillon.

LOCALITÉS et dist. de l'arrondiss.	K.	Popul.	GARES et distances	K.	Marchés	Janvier.	Fév.	Mars.	Avril.	Mai.	Juin.	Juill.	Août.	Sept.	Oct.	Nov.	Déc.	FOIRES MOBILES et observations.	HOTELS & CAFÉS recommandés.
Thorey-s.-Ouche	22	425	Bligny	6									1er*						
Liernais	40	1296	(gare)		merc.			12		11	10	10		8*			12		
Manlay	30	728	(gare)			18		18		19			l.p.16*	18		30			
Ménessaire	66	620	Liernais	15		3			15								8		
Nolay	20	2530	(gare)		lundi	7	22	2e l.	3	10	2e l.	2e l.	2e l.	14*	2e l.	18	2e l.		
Ivry	20	450	Bligny	9			14	25		21			19*		27		26	F 8 septembre.	
Molinot	24	500	Nolay	5		20				30*							6		
Poligny	11	1115	Chagny	4												4			
Santenay	15	1456	(gare)														22		
Thury	30	772	Épinac	6				28		25				8*			9		
Nuits	15	3730	(gare)	6	lundi	2e lundi		1er l.		1er l.			2e l.		l.p.9*		1er l.		
Villebichot	23	348	Nuits	8						15				3*					
Pouilly	30	1190	(gare)	3	sam.	10	17	30	2	16	15	18	16*	15	16	21	13		
Agilly	15	670	Nuits	10			12								20				
Chailly	16	535	Pouilly	8			21		22		2				10				
La Bussière	33	384	Malain	17								1er*							
Châteauneuf	24	302	Beaune	24		2	20		9		8*		23			8			
Commarin	10	280	Blaizy	17							16*				12				
Meilly-Rouvres	30	415		23				1er		30				1er*		2			
Mont St-Jean	55	960	Semur	28		18		14		20		4*		30		17			
Ste-Sabine	30	438	Blaizy	24			10	26		12	21*				8		26		
St-Jean-de-Losne	41	1507	(gare)		quot.	10	10	10	10	10	10	10	16*	19	10	10	10		
Brazey	38	1750	(gare)						12					7*					
Seurre	25	2450	(gare)		mardi	20	20	20		21		1er,31	29		23	25	20		
Jallanges	25	180	Seurre	1		4			28*					24					
Labergement	21	1330	—	6	merc.						10		10*						
Pagny-la-Ville	34	615	Pagny-le-Château	2						15					7				
Pouilly-s.-Saône	23	821	Seurre	3							5			15*					
Châtillon		5870	(gare)		sam.	dr sam. ca	dr s.	dr s.	dr s.	dr s.	s.p.11*	dr s.	dr s.	dr s.	dr s.	dr s.	dr s.		
Coulmier-le-Sec	11	520	Châtillon	14			15					1er*		3	10				
Vanvey	13	550	(gare)					16		15	6*								
Villiers-le-Duc	13	272	[illegible]	2									21*						
Aignay-le-Duc	33	801	Châtillon	33		24		27		13		10*	18	20	30	21	18		
Minot	12	525	Poinson	9		12		2		1er	21*			12		6			
Baigneux	36	110	Laumes	17			29	30			8*	12			14	22			
Villaine en Duesmois	22	536	Montbart	17			12		10		4			11*		10			
Laignes	17	1340	(gare)		merc.		23			7		3*		24		11			
Savoisy	20	435	Montbart	16			4		27		16*			27		6	8		
Montigny	23	765	Vauxhaulles	8													16		
Autricourt	19	675	Brion	10		31					10*			10					
Belan-sur-Ource	13	700	—	4				10								3			
La Chaume	28	390	Vauxhaulles	8				5		25				4*					
Courban	16	402	(gare)						1. Rig.*							l. p. 1er			
Gevrolles	27	425	Vauxhaulles	6				14											
Grancey	23	816	Mussy	9				25							25*				
Recey-s.-Ource	28	1000	(gare)		sam.		23		21			5*		30		16	22		
Buré-les-Templ.	34	110	Recey	7			10				10		20*						
Montmoyen	25	330	—	9				10							15*				
St-Broing	35	372	—	11						10*					10				
Voulaines	20	610	Leuglay	1					1er					8*					
Semur		4010	(gare)		ma. j. s.	22	21	26	16	31*	25	16	12	9*	20	20	18		
Époisses	13	930	(gare)		lundi	10	7		19		9*		31			2	10		
Forléans	12	206	Époisses	4										7*					
Genay	6	472	Semur	6										5			16		
Montberthault	18	168	Époisses	5				8						3					
Torcy	17	740	Guillon	2	merc.														
Flavigny	16	1080	Darcey	7	vend.				v. St						28*		31		
Alise-Ste-Reine	14	734	Laumes	3	sam.	17		21			21*			23		4			
Bussy-le-Grand	19	630	Darcey	5			26			6, 29		8*			3*		22		
Chanceaux	35	430	—	10		25		3								15	7		
Darcey	22	514	—	3					28							17			
Frolois	29	700	—	10			17							3*					
Marigny	10	713	(gare)				1er		25*					2		5			
Pouillenay	11	895	(gare)					2		15				16					
Salmaise	28	330	Verrey	2			5			1er		10*	28		9	30			
Venarey	11	1295	Laumes	2				16						16		7			
Verrey	30	416	(gare)						3*					15		17			
Montbard	18	2610	(gare)		j. dim.		24		4	11	10	14		14		11*	28		
Moutiers-St-Jean	17	412	Époisses	8				11		15	24*		29	22					
Précy-sous-Thil	11	825	Tramway		merc.	31		19	13	7	17	20		11	31	23	23		
Nan-sous-Thil	18	115	—	15					23			12				14			
Rouvray	24	944	(gare)	1	jeudi	5	8	6	14	14	14	15	28*	17	7	5	2		
Thostes	12	318	Époisses	10					18										
Saulieu	28	3805	(gare)		sam.	12, 29	23	24	20	17	4, 26*	27	26	25	23	25	21		
La Roche en Breuil	20	2206	(gare)		dim.	15	12		4	4	20		18*		13		6		
Thoisy-la-Berchère	32	883	Saulieu	11				3			6*		5		18				
Vitteaux	23	1650	(gare)	10	j. dim.	13	15	23	17	9	23*	29	25	27	26	13	15		
St-Thibault	19	395	Vitteaux	6						26				19*					
Villy en Auxois	34	552	Verrey	1				1er	24			13*				4			

COTES-DU-NORD : Saint-Brieuc, Dinan.

LOCALITÉS et dist. de l'arrondiss.	k.	Popul.	GARES et distances.	k.	Marchés.	Janvier.	Fév.	Mars.	Avril.	Mai.	Juin.	Juill.	Août.	Sept.	Oct.	Nov.	Déc.	HOTELS & CAFÉS recommandés.
SAINT-BRIEUC	..	19 m	🚂	..	me.. s.		Ceud.	A		B				7*, 30				Gd Hl d. l'Univers.
Pordic	8	1510	St-Brieuc	8							29*							
Plédran	6	3390	—	6										8e s.	15			
St-Donan	15	1740	—	15											2e l.			
Yffiniac	7	2085	🚂	2				1er 2e d. Ca				1er l.				4e l.		
Châtelaudren	17	1476	🚂	1	lundi		1er l.		ma. Pâq.		1er l.	d. l.	1er 4e d.*		C		3e l.	
Boqueho	21	1513	Châtelaudren	6										4e j.				
Cohiniac	20	708	—	10										2e l.				
Plelo	16	3900	—	8	dim.						l.p.29*							
Plerneuf	12	775	🚂													4		
Trégomeur	10	1120	Châtelaudren	10					4e l.p.Pâ									
Etables	15	2220	St-Brieuc	15	mardi			2e ma								ma.p. 1er		
Binic	12	2280	—	12	jeudi		2e j.		3e j.		d. j.				3e j.			
Lantic	17	1240	Châtelaudren	9				26					16*					
Plourhan	20	2076	St-Brieuc	20						14		15*						
St-Quay	19	2580	—	19		2e lundi				1er				4*				
Tréveneuc	22	726	🚂	2					ma. Pâq.									
Lamballe	20	4515	🚂	..	jeud.*	d. jeudi	1er ma. Ca		j.a.25	j. As.	25	d. j.	24*		9, 28	d. j.	j.a.25	
Lanvollon	23	1486	Châtelaudren	12	vend.	d. vend.	D	E	v. St		v.a.24*				d. v.		v.a.25	
Gommenech	39	1885	—	6										j.a.2e d.				
Lannebert	30	834	—	15						2a p. 3								
Pommerit	32	2890	Guingamp	10							4e ma		1er 3e d.*		1er me			
Tréguidel	19	907	Châtelaudren	9										s.a.d.d.				
Tréméven	29	780	—	12		15			16		24*				15			
Moncontour	22	1378	Yffiniac	12	lund.*	3e lundi	2e l.			1er l.	2e l.	3e l.	3e l.	3e l.	2e l.	1er l.	1er l.	
Hénon	18	2900	—	14							27*							
Quessoy	15	2870	—	8							3e ma							
St-Carreuc	14	1200	Plaintel	10					2e l.					1er l.*				
St-Glen	28	820	Lamballe	14									s.a 1er d.					
Paimpol	42	2364	🚂	..			1er s. Ca				s. Trin.							
Kerfot	40	758	Paimpol	5						10			10*					
Plouézec	38	4436	—	3						1er				2e me				
Plourivo	40	2565	—	5						1er j.					1er j.			
Pléneuf	24	2250	Lamballe	14	mardi													
St-Alban	21	1685	—	11							1er 22			1er l.*				
Plœuc	24	4800	🚂	6	jeudi	1er jeudi Car.	1er j.	1er j.	1er j.	1er j.	1er j.	1er j.	1er j.	1er j.	1er j.	1er j.	1er j.	
Lanfains	26	1770	Quintin	6					l. Quas.						1er 1er d.*			
Plaintel	12	2772	🚂	..	lundi		1er l. Ca ma Gr.				d. l.			l.p.29*				
Plouha	25	4965	St-Brieuc	25							1er ma	1er ma			1er ma.			

FOIRES MOBILES et observations.

A) merc. mi-Car.
B) tous les merc.
C) ma. p. 3e lundi.
D) v. a. ma. Gras.
E) v. p. mi-Car.

LOCALITÉS et dist. de l'arrondiss.	k.	Popul.	GARES et distances.	k.	Marchés.	Janvier.	Fév.	Mars.	Avril.	Mai.	Juin.	Juill.	Août.	Sept.	Oct.	Nov.	Déc.
Pléhedel	32	1694	St-Brieuc	32				1er j.					d. j.				
Quintin	19	3280	🚂		mardi	1er mardi	1er ma	ma Pâs.	1er ma	1er ma	1er ma	18*	A	22		11	1er ma
Le Foeil	20	1740	Quintin	5												d. l.	
Plaine-Haute	12	1565	—	7								l.p.28*					
St-Brandan	18	2600	—	4					l.Qua.*		3e l.				d. l.		
Le Vieux-Bourg	28	1330	Louette	8									9*				
Dinan	..	10m	🚂	..	jeudi	1er jeudi Car.	d. j.	ch. j.	d. j.	d. j.	d. j.	d. j.	d. j.	d. j.	d. j.	d. j.	d. j.
Pleudihen	10	3725	🚂		dim.				ma Pâq*						3e l.		
Plouer	10	3630	🚂	7			7			6*			6				3
Quévert	4	1373	Dinan	4										B			
Broons	25	2758	🚂	..	merc.		1er me		2e ma		1er me		10*		1er me	ma p. 1er	2e me
Lanrelas	24	1890	Broons	11									l.p.d.d.				
Eréac	35	1502	—	13			l. gr.		r.a Pâq*					3e j.			
Sévignac	33	3030	—	7					21		15*						
Trédias	22	820	—	6							1er l.*						
Yvignac	17	2130	—	8			2e ma							d. l.			
Trémeur	24	1154		4							24*						
Caulnes	22	2378	🚂	..	lundi		15			1er			1er*		14		
Guenroc	18	515	Caulnes	7	merc.				d. me		3e me	d. me					1er me
Guitté	22	1003	—	5						l. Pen.*							
Plumaugat	30	2610	—	8						3e l.							
Plumaudan	13	1300	—	9										14*		3	
St-Jouan	23	770	—	8	vend.						26*						28
Evran	11	4080	🚂	11	sam.				C			22*					27
Plouasne	19	2624	Caulnes	14						3e ma							
Jugon	22	550	🚂	4	mardi	2e mardi			25*					d. ma			
Plédéliac	31	2210	Jugon	12					2e l.	D							
Plénée-Jugon	28	4089	🚂	4	sam.		s. gras	26		9		1er l.		9*	26		1er
Plestan	32	2024	Lamballe	8								2e l.					
Tramain	28	715	Jugon	5									16*				
Matignon	30	1545	Plancoët	13	merc.					2e me			1er*		1er		
N.-D. du Guildo	28	986		10											15		
La Bouillie	36	887	Lamballe	15													ch. v.
Pléboulle	32	1170	Landébia	12										14*			
Hénanbihen	40	1924	—	8	lundi					2e l.							
Plancoët	18	2226	🚂	..	sam.		1er s. Ca.			4			4, 29			25*	
Bourseul	18	1360	Plancoët	5							E						
St-Dénoual	31	607	Landébia	6						F							
Corseul	11	3295	🚂	..		24			20								
Pléven	26	774	Landébia	4							20*						
Créhen	18	1770	Plancoët	3			G									2*	
Pluduno	21	1936	—	2						d. l.*							

FOIRES MOBILES et observations.

A) 1er et d. mardi.
B) 18. Le 17, si elle tombe le jeudi.
C) veille Quasim.
D) veille Pentec.*
E) lundi p. 1er d.*
F) lundi p. Fête-D.*
G) ma. a. ma. gras.

Nota. — Les foires des 9 mai, 26 nov., 1er déc., se tiennent à Langouhèdre.

COTES-DU-NORD : Dinan, Guingamp, Lannion, Loudéac.

LOCALITÉS et dist. au ch.-l. d'arrondiss.	k.	Popul.	GARES et distances	k.	Marchés	Janvier.	Fév.	Mars.	Avril.	Mai.	Juin.	Juill.	Août.	Sept.	Oct.	Nov.	Déc.
St-Lormel	22	912	Plancoët	1								1er l.*					
Plélan-le-Petit	15	1310	Plénée-Jugon	12										1er l.*			
Plorec	25	963	Landébia	6							l.p.13*						
Trébédan	12	494	Dinan	12											1er l.		
Ploubalay	17	2480	—	17	lundi	26				25				21*			
Pleslin	12	1450									3e l.						
Tréméreuc	15	578	Pleslin	2									l.p.10*				
Trigavou	16	1130	—	3						l. Pen.*							
Guingamp		7730			sam.	tous les s.	A	s. Mi-C.	B	1er s.	23*	s.a.1er d.	s.p.15*	2e s.	2e s.	4e s.	21*
Bégard	15	4715	Belle-Isle	6	vend.	1er vend. ch.	1er v.	1er v.	1er v.	1er v.	1er v.	1er v.	1er v.	1er v.	1er v.	1er v.	1er v.
Pédernec	10	3147	—	4							17		2e*	22			
Belle-Isle	19	2000	—	9	jeudi	1er et 2e j.	1er j.	1er, 3e j.	1er j.	1er, 2e j.	1er j.	1er, 2e j	1er j.	1er, 2e j.	1er j.	1er, 2e j.	1er j.
Louargat	14	4312	—	3							2e ma	1er l.		3e ma			
Plougonver	22	2650	—	17					d. ma	d. ma		d. ma		s.a.d. d.			
Bourbriac	11	4340		6	mardi	1er mardi ch.	1er ma	1er ma	1er ma	1er ma	1er ma	1er ma	1er ma	1er ma	1er ma	1er ma	1er ma
Kérien	22	950	Guingamp	22								16*			24		
Pesdy	14	1588	—	14							28*					2	
Pont-Melvez	16	1730	—	16						lend. Asc.	l.p.24*						
Senven-Léhart	20	842	Quintin	11				d. l.					24*				
Callac	31	3147			merc.		C		l.p.Qua		D	d. me*		E	3e me	3e, 4e me	F
Bulat-Pestivien	23	1920	Callac	9			3	26					16*	l.p.8*			9
Lohuec	35	1081	—	12								d. s.					
Maël-Pestivien	24	1574	—	14									2e l.				
Maël-Carhaix	44	2186	Guingamp	44		2e jeudi ch.	2e j.	2e j.	2e j.	2e j.	2e j.	2e j.	2e j.	2e j.	2e j.	2e j.	2e j.
Plévin	62	1317	—	62							23*						
Locarn	39	1613	—	39						1er l.							
St-Fiacre	14	615	—	14					d. me				G				
St Péver	11	724	—	11						ma.a.Asc.				2e ma			
Pontrieux	19	2243			lundi				l. Pâq.*			H		2e l.	2e l.	d. l.	
Ploëzal	20	2850	Pontrieux	5					8			I				8	
Runan	18	703	—	4				26			17*	d. s.		9*	18		27
Rostrenen	45	1950	Guingamp	45	mardi	1er ma., ma. a. p. 15	J	K	L	M	2e, 4e l.a.	N	O	P	Q	m.s.p.1er	R
Glomel	53	3470	Quintin	48						28			1er*				
Plouguernével	44	3176	Pontivy	32					3e l.						8		
Plounévez	32	2312	Guingamp	32					27*							25	
St-Nicolas-du-Pélem	38	2800	Quintin	24	lundi	1er lundi				2e, 4e l.				3e l.			6
Canihuel	30	1503	—	22	lundi					2e l.				4e l.			
Kerpert	26	1150	—	22								d. l.		30*			
Lanrivain	30	1330	Guingamp	30							12*	1er l.*		1er l.	9		

FOIRES MOBILES et OBSERVATIONS.

A) tous les samedis.
B) veille des Ram.
C) merc. 15 jours avant Cendres.
D) merc. Trinité.
E) mercredi p. 29.*
F) me. a. et p. 25.
G) lundi p. d. dim.*
H) lundi p. 3e dim.*
I) mardi p. 1er dim.
J) 1er ma., ma. p. Sex.
K) 2e ma. Car., ma. Mi-Carême.
L) ma. Pass., ma. St, mardi Pâques.
M) mardi p. Asc., ma. Pentecôte.
N) 1er, 3e et 4e ma.
O) 16* et d. mardi.
P) mardi p. 14 et 29.
Q) ma. p. 15 et d. ma.
R) 1er ma. et ma. p. 25.
S) lundi p. 1er dim.*

HOTELS & CAFÉS RECOMMANDÉS.

LOCALITÉS	k.	Popul.	GARES	k.	Marchés	Janvier.	Fév.	Mars.	Avril.	Mai.	Juin.	Juill.	Août.	Sept.	Oct.	Nov.	Déc.
St-Connan	21	872	Quintin	14							23*						12
St-Gilles-Pligeaux	20	1220	—	18						3*				1er			6
Lannion		6300			jeudi		A	j. M.C.	j. Saint	B	23*		1er*	29*	31		24
Lézardrieux	32	2058	Lannion	32	jeudi			3e j.			4e j.			d. j.*		2e j.	
Pleubian	32	3140	—	32	sam.				20*								
Pleumeur	24	2392	Guingamp	30						l.p.As.*							
Trédarzec	22	1425	Lannion	22										C			
Perros-Guirec	10	2920	—	10		11						11*					
Plestin	18	1220	Plounérin	10	merc.		1er me			3e me		D				2e me	28
Lanvellec	10	1742	—	6						1er ma				3e ma			
Ploumilliau	8	3528	Kerauzern	5						E				1er ma			
Plouzélambre	13	724	Plounérin	10									1er l.*				
Plufur	20	1623	—	6	vend.					d. v.		23*					
St-Michel-en-Grève	11	573	Lannion	11										14*		17	
Plouaret	1	3420										3e me		10*			
Loguivy-Plougras	28	3212	Plouaret	12	vend.	3e vendredi	3e v.	3e v.	v. Saint	3e v.	3e v.	3e v.	F	3e v.	3e v.	3e v.	3e v.
Plougras	32	1322	—	16						G							
Plounérin	22	1770				3e mardi					1er ma			7*			
Plounévez-Moëdec	23	3340	Plouaret	7			Ma Gras										
Pluzunet	13	2341	—	12						2e ma					10*		
Le Vieux-Marché	14	2522	—	2	merc.	3e merc. ch.	3e me	3e me	3e me	3e me	3e me	3e me	3e me	3e me	3e me	3e me	3e me
La Roche-Derrien	10	1426	Guingamp	21	vend.					v.p. 15				7*		25*	
Tréguier	12	3125	Lannion	18	merc.					s. F.-D.							
Langoat	18	2065	—	13						H							
Penvénan	19	3210	—	19					I								
Plougrescant	20	2135	—	20								2		14*			
Loudéac		5100			sam.	1er sam. ch.	1er s.	1er s.	1er s.	1er s.	1er s.	1er s.	1er s.	1er s.	1er s.	1er s.	1er s.
La Motte	7	3200		2	dim.					3e l.		2e l.					
St-Caradec	8	1461	Loudéac	8				d. ma	d. ma	d. ma					d. ma		
Trévé	6	2110	—	6										l.p.13*			
La Chèze	9	436	—	9	jeudi					J		3e j.			1er, 3e j.	3e j.	
Caurel	21	2410	—	21								l.p.26*					
Plémet	13	3472	—	14	lundi	d. lundi	d. l.	14*	d. l.	d. l.	d. l.	1er l.	30*	d. l.	d. l.	d. l.	d. l.
Plumieux	18	1765	—	18					2e l.	2e l.	s.a.29*				2e l.		
La Prénessaye	6	1455	—	6						12	23*			9*			
St-Etienne-du-Gué	14	795	—	14						1er j.							*26
Collinée	28	800	Lamballe	18	vend.			1er v.		2	2e v.	30*		1er v.	3e v.		
Le Gouray	35	1095	Plénée-Jugon	12							1er l.			K			
Langourla	37	1510	—	16		2e lundi		19		L				M			
St-Gilles-du-Méné	20	719	Loudéac	20								2e l.		1er l.*			
St-Gouéno	20	2500	Plénée-Jugon	20							3e l.			4e l.			
St-Jacut-du-Méné	30	1336	—	16							s.a.3e l.						

FOIRES MOBILES et OBSERVATIONS.

A) jeudi a. dim. gr.
B) j. a. Rag. et Fête-D.
C) sam. a. 3e dim.*
D) 1er merc. et 20* à Pontmenou.
E) sam. Ascens. à Kérondy.
F) sam. a. le d. dim.*
G) veille Pentecôte.
H) lundi Rogations.
I) veille Quasim.
J) vend. Ascension*
K) veille dim. p. 14*.
L) mardi Pent.
M) lundi p. 1er dim.*

HOTELS & CAFÉS RECOMMANDÉS.

COTES-DU-NORD : Loudéac. — CREUSE : Guéret, Aubusson.

LOCALITÉS ET DIST. DE L'ARRONDISS.	k.	Popul.	GARES ET DISTANCES	k.	Marchés.	FOIRES Janvier.	Fév.	Mars.	Avril.	Mai.	Juin.	Juill.	Août.	Sept.	Oct.	Nov.	Déc.	FOIRES MOBILES ET OBSERVATIONS.	HOTELS & CAFÉS RECOMMANDÉS.
Corlay	26	1504	Quintin	17	jeudi	3e jeudi	1er j.	j. a. Pas	A	v. p. Asc.	2e j.	B		C	3e j.	l. p. 27		A) j. p. Quasimodo.	
St-Martin des Prés	28	1220	—	13							29*			30		*11		B) 1er jeudi et 22*.	
St-Mayeux	23	1695	—	16									14*			5		C) 3e j. et j. p. 29.	
Gouarec	37	812	—	32	sam.	2e samedi	2e s.	2e s.	2e s.	15*	2e s.	2e s.	2e s.	22*	2e s.	2e s.	2e s.	D) 1er et 4e mardi.	
Mellionnec	51	1200	—	36		20	d'v.	d'v.	d'v.	d'v.	24*	27	d'v.	d'v.	d'v.	d'v.	d'v.	E) lundi p. 3e dim.*	
Merdrignac	30	3293	St-Méen	18	merc.	1er merc.		1e me	1e me	2e me	d'l.*	4e me	1e me	1e me	2e me	2	me a. 2		
Illifaut	40	1380	Gaël	8								d'l.*							
Laurenan	20	1560	Loudéac	20			3		15				1er l.*						
St-Vran	27	1510	Broons	17										l. p. 23*					
Mur de Bretagne	25	2530	—	20	vend.	3e vend. en	3e v.	3e v.	3e v.	3e v.	3e v.	3e v.	3e v.	3e v.	3e v.	3e v.	3e v.		
Plouguenast	14	3230	Uzel	10					2e ma		1e ma			1e ma		2e ma			
Langast	15	1362	—	14	mardi					D	4e ma								
Plémy	25	2943	Uffignac	20					2e ma					10*					
Plessala	20	3370	Uzel	16					2e ma		2e ma	1e ma	E		2e ma	1e ma	1e ma		
Uzel	15	1472	🚂		merc.	3e merc. en	3e me	3e me	3e me	3e me	3e me	3e me	3e me	3e me	3e me	3e me	3e me		
Grâce	8	1141	Uzel	5	dim.				l. Paq.	l. Pen				l. p. 8*			26		
GUÉRET	..	7070	🚂		sam.	1er, 3e s. en	1er, 3e s.	1er, 3e s.	1er, 3e s.	1er, 3e s.	1er, 3e s.*	1er, 3e s.	1er, 3e s.	1er, 3e s.	1er, 3e s.	15*	17*	A) 2e me. et Cendres.	
Ajain	11	1880	Guéret	11	dim.	15*			23					18		23		B) merc. p. Mi-Car.	
La Chapelle-Taillefer	9	755	—	9	dim.			4	20									C) merc. Pâques.	
Jouillat	11	1835	—	14			10			5				7*				D) 2e et 4e merc.	
Ladapeyre	18	1520	Parsac	10						12				12		12		E) 1er et 4e merc.	
Ste-Feyre	6	1700	🚂						26	12			23*		28		25		
St-Fiel	6	840	Guéret	6				4		1er*			18				15		
St-Laurent	7	645	Ste-Feyre	4		18			22				*10						
Ahun	19	2475	Lavaveix	4	merc.		A	B	C	1er me	4e me	*16	18	D	2e me	2e me	E		
Cressat	23	1000	🚂	2					16				7			9	26		
Maisonnisses	11	650	Ste-Feyre	12		1er		6		1er	6*		20		15				
Peyrabout	10	406	St-Sulpice L.	5					13				25*						
Pionnat	14	2216	Basseau	8	mardi				27					27		27			
St-Hilaire-la-Plaine	12	495	🚂			*14				7*						22			
St-Yrieix-les-Bois	12	870	Guéret	12					1er				26*			10			
Bonnat	21	2787	—	21	merc.	15	15	15	13	15	16	15	14*	1, 29	15	3	8		
Chambon-Ste-Croix	28	298	Dun	12			10		20				25						
Chéniers	26	1836	St-Sulpice	14			1er Car.		20		8		10*						
Linard	28	695	Guéret	28					27				20						
Lourdoueix	38	2190	Dun	2					28*										
Malval	26	150	Guéret	26				Rameaux								11*-30	21		
Méasnes	39	1550	Éguzon	21		2e merc.									12				
Mortroux	33	656	Guéret	32						sa. p. 5*				27					
Moutier-Malcard	34	1810	—	34						4						26			
Dun-le-Palleteau	27	1795	Forgevieille	13	jeudi	2e et 4e j. en	2e, 4e j.	2e, 4e j.	2e, 4e j.	2e, 4e j.	2e, 4e j.*	2e, 4e j.	2e, 4e j.	2e, 4e j.	2e, 4e j.	2e, 4e j.	2e, 4e j.		
La Celle-Dunoise	21	1880	St-Sulpice	5						1er*			18*						
Crozant	40	1550	St-Sébastien	6		5								15*					
Fresselines	36	1983	Lafat	7		11				11*				11					
Naillat	22	2035	Dun	6				1er l.		3e l.				1er l.*			1er l.	F 6 janvier.	
St-Sébastien	45	1638	🚂					10		20	10		10*	20		20		F 20 janvier.	
St-Sulpice-le-Dunois	24	1657	La Souterraine	25						8				8*				F 19 janvier.	
G.-Bourg-Salag.	19	3900	Vieilleville	9	dim.	2, 25	17	2, 17	17	17	17	2, 26*	17	11, 26	8, 26	17	8		
Fleurat	19	695	Bussière	8		15				15*				22					
St-Étienne de Fursac	31	2365	La Souterraine	11		5 et 19 en	5 et 19	5 et 19	5 et 19	5 et 19	5 et 15	5 et 19	5 et 19	5 et 19	5 et 19	5 et 19	5 et 19*	F 26 décembre.	
St-Pierre	28	1641	Fromental	9		5 en	5	5	5	5	5	5*	5	5	5	5	5	F 29 juin.	
St-Priest-la-Plaine	24	874	Vieilleville S.	13		19											10		
St-Vaury	12	2780	Labrionne	5	merc.	8, 21	4, 21	21	21	22	21	31	21	8*, 28	21	21	21		
Anzême	12	1315	🚂	5	dim.		28			19			28*	21			28		
La Brionne	8	300	🚂				1er*									22			
Bussière-Dunoise	15	2986	🚂		mardi	16 en	16	16	16	16	16*	16	16*	16	16	16	16		
Gartempe	15	370	Montaigut	2			8							1er*					
Montaigut-le-Blanc	16	788	🚂	2		18	10		7					7	18*		15		
St-Léger	6	600	La Brionne	3					l. Paq.*								23		
St-Sulpice-le-Guérétois	5	1935	Guéret	5			15						16*						
La Souterraine	34	4950	🚂	5	[illegible]	12 et 27 en	12, 27	12, 27	12, 27	12, 27	12, 27	12, 27	12, 27	12, 27	12, 27	12, 27	12, 27	F 10 janvier.	
Azerables	37	2195	Forgevieille	6		15 en	15	15	15	15	15	15	15*	15	15	15	15		
Noth	35	904	La Souterraine	8		4 en	4	4	4	4	4*	4	4	4	4	4	4		
St-Agnant de Versillat	30	2090	—	5		18 en	18	18	18	18	18	18	18	18	18*	18	18		
St-Germain-Beaupré	35	858	Forgevieille	2		22			23			*31		30					
St-Maurice	41	1930	La Souterraine	5		14 en	14	14	14	14	14	14	14	14*	14	14	14	F 22 septembre.	
Aubusson	..	6780	🚂		sam.	2e s. en	2e s.	2e s.	2e s.	2e s.	2e s.	2e s.	2e s.*	2e s.	2e s.	2e s.	2e s.		
Blessac	5	610	Aubusson	4				3	j. p. Paq.	1, 23	3				3*				
Néoux	11	1060	—	11				25					29			*11			
Auzances	31	1480	🚂		mardi		2e l. Car.	me Mi-C.	me Qua.	1er*	7	4	11	10	13	14	1er ma		
Bussière-Nouvelle	26	370	Auzances	7					j. p. Paq.	10		*22*		8*					
Dontreix	42	2073	—	8		l. p. 17*					13		l. p. 28*		1er*				
Bellegarde	11	710	Aubusson	11	jeudi	2e jeudi	3, 18	2e j.	3	3	2e j.	2e j.	2e j.	4e, 18	2e j.	2e j.	2e j.		
Champagnat	13	1570	—	13		15				15*									
Lupersat	20	1622	Auzances	15		6		24					27*			17			
Mainsat	26	2218	—	7	merc.	23	21	22		12*						7	21		
Mautes	23	1058	Mérinchal	7		25			21		10			1er*		11	18		

CREUSE : Aubusson, Bourganeuf, Boussac. — DORDOGNE : Périgueux.

Localités et dist. de l'arrondiss.	K.	Popul.	Gares et distances	K.	Marchés	Janvier	Fév.	Mars	Avril	Mai	Juin	Juill.	Août	Sept.	Oct.	Nov.	Déc.	Foires mobiles et observations	Hotels & cafés recommandés
St-Domet	17	905	Aubusson	17		18								8*			18		
Chénérailles	18	1565	Cressat	5	vend.	5 et 20	5, 20	5, 20	5, 20	5, 20	3e l.	5, 20	5, 25*	5, 30	5, 20	5, 22	A	A) 5, 20, 26.	
Lavaveix-les-Mines	17	3130			jeudi	lundi p. 17		l. p. 17		l. p. 17		22*				29		B) 1er sam. Carême et sam. Mi-Car.	
Peyrat-Nonière	21	1600	Lavaveix	7		29								1er*	1er		26	C) l. Saint, j. Qua.	
La Courtine	36	1080	Eygurande	12	mardi	12, 22	1er ma	B	C	8. 6	4. 27	20	12, 27	14	9, 23	D	1er l., 22	D) mardi p. 11*.	
Magnat-l'Étrange	27	1086	Aubusson	27		19	7	19	23	22	20	15	8	22	18	25	12	E) 8 et lundi Pass.	
St-Merd	40	1035				1er		1er		1er	28*	1er	1er			8	1er	F) lundi p. 1er et 16.	
Crocq	25	1050	Mérinchal	10	lundi	13	4e l. Car	E	26	7. 16	10. 26	16*	18	11, 26	12	F	1er l.	G) 2e 4e et 6e v. Car.	
Flayat	39	1025	St-Merd	6		23	6	22	22	22	22	22	16*	22	23	22	22	H) dr j. de Carnav.	
Mérinchal	36	2035			jeudi		5	25	23		1er		13	14*		30	23		
Villeneuve	26	315	Mérinchal	5		1er		29		6	15*			28		8			
Évaux	12	3190			lundi	1er lundi	22	1er l.	22	1er l.	1er l.	2*	1er l.	1er l.	1er l.	18	1er l.		
Fontanières	36	770	Parsac, Évaux	7		30	1er j.			15	1er j.		25*				19		
Saunat	35	1510	Évaux	8			1er			14*					21		18		
Felletin	10	3373			vend.	1er vend.	1er v.	G		1er v.	1er v.	1er v.	1er v.	1er v.	1er v.	1er v.	19		
St-Yrieix-la-Montagne	19	1125	Aubusson	19									7*						
Vallières	15	2430		15	jeudi	10	H	18	17	18	18		13	28*	15	12	18		
Gentioux	32	1440	Felletin	21		1er ma. cm	1er ma	1er ma	1er ma	1er ma	1er ma	1er ma	1er ma	1er ma	1er ma	1er ma	1er ma		
Faux-la-Montagne	38	2000	Eymoutiers	32	merc.	21	21	21	21	21	21*	21	21		9. 17.*	18	21		
Féniers	29	510	Felletin	18		30	28	2, 30	30	30	30	30	30*	30	28*	30	30		
La Nouaille	23	1360	—	12				6			1er l.			1er l.*			2		
Pigerolles	30	385	—	18										15*					
St-Marc-à-Loubaud	22	518	—	12									25*		1er				
St-Sulpice-les-Champs	14	1183	Aubusson	14	dim.	7		7	7	7	9*		28		9	26			
Banize	16	620	—	16									2*	7					
Chavanat	19	640	Busseau	24			1er			1er				5*		5		F 24 juin.	
St-Michel de Veisse	10	540	—	10					10					10*					
St-Sulpice-le-Donzeil	21	840	—	14					29				14*				27		
Bourganeuf		3,010			merc.	1er me. et 20	1er 3e me	1er 3e me	1er 3e me	1er 3e me	1er et 26	1er 3e me	1er 3e me	1er 3e me	1er 3e me	1er 3e me	1er 3e me		
Bosmoreau	6	569					1er l.			1er l.			l. p. 23*				1er l.		
St-Dizier	11	2130				1er vend.	1er v.	16	1er v.	1er v.			1er v.	9*	1er v.	1er v.	1er v.		
St-Martin-Ste-Catherine	20	1345	Jouchère	14				28		28				28*		28			
Bénévent-l'Abbaye	21	1702		5	dim.	10 et 25 cm	10, 25	10, 25	10, 25	10, 25	10, 25	19, 25	15, 25*	10, 25	19, 25	10, 25	10, 25		
Arrènes	23	1100	Marsac	3			15			15*				15			15		
Aulon	17	620	Vieilleville	2				2		2				2*			2		
Azat-Châtenet	17	500	—	2					15*						15				
Ceyroux	18	620	—	1			4										20		
Chatelus-le-Marcheix	18	1850	—	15		3	3*	3	3	3	3	3	3	3	3	8	3		
Mourioux	19	1373	—	3		19	19	19*		19				19		19			
St-Goussaud	28	1069	Marsac	7						6	6*			6				A) merc. Saint.	
Pontarion	10	520	Bourganeuf	10	lundi	12	3e j.	3e j.		12	3e j.	4e j.		7*				B) 6 et dr jeudi.	
La Chapelle-St-Martial	18	890	Ste-Feyre	16			24		1. Paq.*				11						
Janaillat	13	1680	Montaigut-le-Bl.	8		14		2		3e ma			14*			2			
St-Georges-la-Pouge	23	1195	Aubusson	12	mardi	17		1er	22	23	15*		10	13	31		6		
St-Hilaire-le-Château	10	950	Bourganeuf	10		10*		14		5	5		3		14				
Sardent	16	2415	Guéret	16	dim.		4	7	18		2		24*	23		8	8		
Thauron	10	740	Bourganeuf	19									4*						
Vidaillat	16	870	—	16	vend.			3e ma		3e ma				1er ma		3e ma			
Royère	21	2354	—	21	mardi	2e ma. cm	2e ma	2e ma	2e ma	2e ma	2e ma	2e ma	2e ma	2e ma	2e ma	2e ma	2e ma		
Le Monteil	20	375	—	20		28	26	28	28	28	28*			3e ma	26	29	28		
Mortérolles	8	410	—	8		3				3				8*					
St-Martin-le-Château	16	1280	—	16				2e j.	1er ma	1er ma				1er ma	1er ma	1er ma			
St-Moreil	16	1200	—	16		2e jeudi cm	2e j.*	2e j.	2e j.	2e j.	2e j.	2e j.	2e j.	2e j.	2e j.	2e j.	2e j.	F 11 novembre.	
St-Pierre-le-Bost	12	1110	—	12										4*					
Boussac		1330			jeudi	1er et 3e j. cm	1er, 3e j.	1er, 3e j.	1er, 3e j.	1er, 3e j.	1er, 3e j.	1er, 3e j.	1er, 3e j.	1er, 3e j.	1er, 3e j.	1er, 21	1er, 3e j.	F 29 juin.	
Bord-St-Georges	14	1195	Chambon	4					13				13*		13			F 28 avril.	
Leyrat	7	490	Treignat	1						1. p. 8*									
Nouzerines	14	910	Boussac	14					13								11		
Chambon	27	2518		4	merc.	3e merc.	14	3e me	A	18*	3e me	3e me	3e me	12	27	3e me	9		
Lépaud	20	815	Budelière	7	vend.	19			1. Paq.		11*		17			25			
Lussat	25	1190	—	12						6				6*					
Nouhant	26	728	Lavaufranche	9		1er			18										
Châtelus-Malvaleix	20	1415	Parsac	21	vend.	13, 28	3e v.	7, 23	29*	3e v.	9	1er v.	1er*	14	2e v.	7	13, 29		
Clugnat	11	2200	Boussac	11	merc.				14					1er l.			10		
Genouillat	21	1720	Guéret	20	dim.				25				F 16*	7					
Nouziers	28	840	Lavaufranche	15					23							2			
Tercillat	17	550	St-Marien	11							28*								
Jarnages	27	862	Cressat	6	jeudi	22	dr j.	dr j.	dr j.	2			12*	30	dr j.		B		
Domeyrot	14	1020	Parsac	8			14		21							30			
Gouzon	20	1480	—	5	lundi	8	3*	4e l.	4e l.	4e l.	4e l.	4e l.	4e l.	4e l.	4e l.	11	4e l.		
PÉRIGUEUX		32 m			me. s.	merc. p. 6		Mi-C.		26*				1er me		A		A) mercredi a. 11*.	
Château-l'Évêque	10	1600				3e sam.				3e s.						3e s.		B) jeudi p. F.-Dieu.	
Coulounieix	5	1300	Périgueux	5						l. p. 8*								C) 1er ma. et ma. Pentecôte.	
Brantôme	26	2400	Château-l'Évêque	16	vend.	22		1er v.	V. Saint	2	2*		11	2	2	23		D) mardi p. 1er.	
Agonac	14	1652			dim.	17				l. Asc.	B				10*	12			
Biras	16	748		7						2e l.			15						
Bourdeilles	26	1270	Liste	10	4e l.		32		28*						25		18		
Lisle	20	1265			mardi	1er mardi		1er ma	ma. Paq.	C		1er ma		1er ma		D			

DORDOGNE : Périgueux, Bergerac.

LOCALITÉS ET DIST. DE L'ARRONDISS.	K.	Popul.	GARES ET DISTANCES	K.	Marchés	Janvier	Fév.	Mars	Avril	Mai	Juin	Juill.	Août	Sept.	Oct.	Nov.	Déc.
St-Front	29	660	Agonac	5	....	26	...	...	...	...	2e ma	...	...	...	...	...	...
St-Julien-de-Bourdeilles	31	230	Lisle	17	....	...	...	8	...	...	...	...	30*	...	...	...	...
Valeuil	23	712	Brantôme	6	....	...	...	...	...	...	...	...	...	...	...	j.p.1er*	...
Brantôme	34	2385	🚂	1	jeudi	17	...	1er j.	j. Saint	8	30*	2e j.	1er j.	1er j.	A	1er j.	...
Gênis	44	1175	Thiviers	30	....	2e lundi c.m.	2e l.	2e l.	2e l. 29	2e l. 25*	2e l.	3e l.	2e l.	2e l.	2e l.	2e l.	2e l.
St-Médard	48	1170	Pompadour	20	....	...	v. gr.	...	...	1er s.*	...	...	...	...	d' s.	...	...
Hautefort	41	1707	🚂		merc. dim.	1er lundi c.m.	1re l.	1re l.	1re l.	1re l.	1re l.*	1re l.	1re l.	1re l.	1re l.	1re l.	1re l.
Badefol-d'Ans	48	1290	Hautefort	1		3e lundi	3e l.	3e l.	3e l.	3e l.	3e l.	3e l.	3e l.	d. p. 8*	3e l.	3e l.	3e l.
Cherveix	40	1255	—	1	....	...	...	d' s.	...	...	d' s.	...	...	d' s.	...	...	d' s.
Nailhac	40	1000	—	6	....	...	s. gr.	...	...	...	...	...	s. a. 2*	...	...	...	...
Ste-Eulalie	28	[illegible]	—	10	B	...	* 12	...	s. Saint	...	s.a.24*	...	...	...	...	...	s. a. 10
Tourtoirac	38	1330	—	7	....	30	...	...	30	...	1er me	1er me	1er me	...	...	30*	30
St-Léon	12	3580	🚂		jeudi	...	C	...	1er j.	...	D	...	10*	...	j. p. 23	...	...
Coursac	16	1025	Razac	6	....	1er mardi	...	...	...	...	...	...	1er ma	...	...	...	...
Grignols	22	980	Neuvic	9	mardi	...	...	...	...	E	...	7*	...	7	...	30	...
Manzac	20	976	St-Astier	10	....	d' samedi	...	...	d' s.	...	...	...	F	...	...	...	...
Mensignac	16	1088	🚂	3	....	lundi p.23*	...	...	l. Pâq.*	...	F 29	...	...	...	...	1re l.	...
Montren	14	1010	Razac	3	....	...	...	...	3e ma	...	...	...	...	...	...	4e ma	...
Razac	12	995	🚂		....	...	G	...	...	1er ma	...	...	2e ma	...	...	...	1er ma
St-Pierre-de-Chignac	14	1050	🚂		sam.	samedi p.6	H	...	s.p.Pâq.	...	26*	...	...	20	...	23	...
Bassillac	9	710	Niversac	7	....	...	...	...	...	3e ma	...	...	...	...	...	...	...
Boulazac	5	805	Périgueux	5		...	...	...	...	3e l.	...	...	...	...	...	...	3e ma
La Douze	20	915	Versannes	3	jeudi	3e jeudi	2e j.	2e j.	1	Asc.*	2e j.	2e j.	2e j.*	2e j.	2e j.	30*	26, 2e j.
Milhac-d'Auberoche	20	835	🚂	2	....	2e lundi c.m.	2e l.	2e l.	2e l.	2e l.	2e l.	2e l.	2e l.*	2e l.	2e l.	2e l.	2e l.
Savignac	20	995	Négrondes	18	lundi	d' lundi c.m.	d' l.	d' l.	d' l.	d' l.	d' l.*	d' l.	d' l.	d' l.	d' l.	d' l.	d' l.
Antonne	10	875	🚂		....	...	...	...	...	2e ma	...	...	...	...	...	...	2e ma
Le Change	15	726	Périgueux	15	....	...	...	...	...	1er s.*	...	...	...	...	...	...	1er s.
Coulounieix	27	1390	Négrondes	10	....	...	1er ma	...	1er ma	...	...	...	11*	...	...	...	...
Cubjac	20	1175	—	15	vend.	1er vend.	24	...	...	...	...	...	16*	27	...	25	...
Ligueux	18	520	—	5	jeudi	...	3	...	...	l. Pâ.	...	...	23*	...	...	...	28
Négrondes	23	1000	🚂		dim.	...	...	J	...	...	...	...	l. p. 3*	...	...	...	l. p. 17*
Sorges	20	1790	Négrondes	5	....	20	...	1er ma	...	...	21*	...	1re l.	1er ma	...	8	...
Thiviers	32	1930	🚂		mardi	...	K	...	L	M	...	...	...	...	...	...	...
Azerat	38	1205	Thenon	3	....	...	1er	...	N	d' l.	O	...	11*	...	d' l.	...	d' l.
Fossemagne	25	776	Milhac	5	....	...	...	...	...	...	l. a. 24*	...	l. a. 16*	...	...	...	...
St-Orse	31	1195	Thenon	5	sam.	sam. a. 25;	...	...	...	...	...	...	...	...	...	...	...
Vergt	21	1850	La Gélie	16	vend.	1er vend.	...	...	v. Saint	...	c.p.24*	...	v. p. 15	...	...	...	v. p. 4
Cendrieux	27	1010	—	12	....	2e sam. c.m.	2e s.	2e s.	2e s.	2e s.	2e s.	2e s.	2e s.	2e s.	2e s.	2e s.	2e s.

FOIRES MOBILES et OBSERVATIONS.

A) 1er j. et 18.
B) sam. oct., nov. et déc.
C) 8 jours a. j. gr.
D) j. p. Fête-Dieu.
E) mardi Pent.
F) sam. a. 1er dim.
G) 15 jours a. Carn.
H) 1er sam. Carême.
I) jeudi Saint et 30.
J) lundi p. 12*.
K) 15 jours a. Carn.
L) merc. Pâques.
M) merc. Pent.
N) merc. Passion.
O) merc. a. 24*.

HOTELS & CAFÉS RECOMMANDÉS.

LOCALITÉS	K.	Popul.	GARES	K.	Marchés	Janvier	Fév.	Mars	Avril	Mai	Juin	Juill.	Août	Sept.	Oct.	Nov.	Déc.
Bergerac		[illegible]	🚂		sam.	...	...	...	A	...	...	...	...	...	...	s.p.11*	...
Creysse	7	974	🚂	1	....	...	...	...	...	...	...	...	...	8*	...	...	...
Lamonzie	11	800	Mouleydier	5	....	...	2e j.	...	...	2e j.	...	2e j.	16*	...	2e j.	...	...
Mouleydier	6	1108	🚂	1	....	1er merc. c.m.	1er me	4e me	1er me	4e me	1er me	1er me	1er me	1er me	4e me	4e me	4e me
St-Sauveur	9	498	Mouleydier	2	....	...	...	...	...	...	...	...	6*	...	...	...	...
Beaumont	28	1735	Couze	15	mardi	1er mardi	3	2e ma	1er ma	2	1er ma	22*	11	14	26	19	10
St-Avit	32	1135	—	13	....	...	...	28	28	...	* 17	...	28*	...	...	29	...
Ste-Sabine	31	800	—	19	....	...	...	...	...	...	20*	20	...	10	...	...	...
Cadouin	37	716	Cabans	6	lundi	17	...	B	C	10	...	11	8	9*	1er v.	2	6
Alles	36	618	🚂		....	...	...	...	...	15*	...	...	...	...	...	...	...
Badefols	27	325	Mauzac	7	....	16	...	...	...	...	...	...	...	...	20*	3e l.	...
Cabans	37	1280	🚂		2e v.	...	2e v.	2e v.	2e v.	2e v.	2e v.	...	21*	...	2e v.	2e v.	...
Molières	31	812	Lalinde	10	....	1er merc.	1er me	1er me	1er me	1er me	23*	1er me	16*	1er me	1er me	1er me	1er me
Eymet	21	1845	🚂		jeudi	13	Cendres	j. Saint	29	20	...	26	21*	17	...	25	...
Fonroque	19	440	Eymet	5	....	...	...	12	...	12	...	...	...	25*	...	...	...
Issigeac	18	1050	🚂		merc.	15	22	4e me	E	10	2e me	4*	3	2	4	6	13
Boisse	23	590	Issigeac	7	....	7	...	...	...	...	...	...	...	...	...	...	...
Bouniagues	12	538	St-Cernin	2	....	25	...	1er	3	1er	8*	1er l.	8	30	...	22	...
Faux	16	890	Couze	8	....	16	16	16	16	16	16	16	16	28*	16	16	16
St-Aubin-S	12	519	St-Nexans	12	....	...	6	...	6	...	6	...	...	6*	...	...	...
St-Léon	25	313	Issigeac	7	....	...	2e l.	...	* 11	...	...	...	...	2e l.	...	...	...
La Force	9	1240	Prigonrieux	4	3e j.	1er jeudi c.m.	1er j.	1er j.	1er j.	1er j.	1er j.	1er j.	1er j.	1er j.	1er j.	1er j.	1er j.
Bosset	17	410	Mussidan	11	....	...	2e ma	2e ma	2e ma	2e ma	...	...	...	2e ma	...	...	...
Le Fleix	20	1325	Ste-Foy	5	....	2e jeudi c.m.	2e j.	2e j.	2e j.	2e j.	2e j.	2e j.	2e j.	2e j.	2e j.	2e j.	2e j.
Lunas	11	490	Prigonrieux	10	mardi	...	...	3e ma	3e ma	3e me	...	...	...	...	...	...	...
Montazeau	26	533	Ste-Foy	15	....	...	...	...	...	...	fêt.-D.*	...	...	...	...	...	...
Lalinde	20	2282	🚂		jeudi	4e vend.	j. gr.	4e v.	s. a. Ram.	4e v.	4e v.	1er v.	4e v.	4e v.	4e v.	4e v.	1er*
Causse-de-Clérans	18	800	St-Capraise	8	....	2e merc.	2e me	2e me	2e me	2e me	2e me	2e me	24*	2e me	2e me*	3	22
Lanquais	17	780	Couze	4	....	...	l. gr.	...	l. Pâq.	l. Pen.	...	...	30*	...	...	3	26
Liorac	11	650	Mouleydier	7	....	...	...	29	...	...	29*	...	...	29	...	...	29
Pressignac	22	475	Lalinde	8	....	19	...	...	19	...	...	19*	...	19	...	...	...
St-Capraise	14	385	🚂		....	...	...	...	...	...	24*	...	...	...	...	...	...
Montpazier	43	880	Gor	11	jeudi	7	F	20	1er j.	G	H	8*	6	22	1er j.	18	2e j.
Biron	40	405	—	15	....	...	21	...	2e ma	...	...	...	...	...	3e me	...	28
Ste-Alvère	29	1578	Trémolat	10	lundi	1er l. et 17*	1er l.	1er l.	1er l.	1er l.	1er l.	1er l.	1er l.	1er l.	1er l.	I	J
Limeuil	40	793	Alles	3	....	...	...	10	...	19	...	...	1er*	...	...	23	...
Trémolat	29	910	🚂		....	...	...	14	...	...	...	14*	...	...	14	...	14
Sigoulès	14	705	Gardonne	12	merc.	6	2. 25	20	13	5	3. 29	25	10*	8	8	2	8. 26
Gardonne	12	700	🚂		....	2e merc. c.m.	2e me	2e me	K	K	2e me*	2e me	2e me	2e me	2e me	2e me	2e me
Lamonzie-St-Martin	8	1240	🚂		....	d' lundi c.m.	d' j.	d' j.	d' j.	d' j.	d' j.	d' j.	d' j.	d' j.	d' j.	d' j.	d' j.
Puyguilhem	20	230	Gardonne	10	....	1er	...	19	L	l. Pen.	21	...	10	21*	...	...	...
Saussignac	15	427	🚂	4	....	3e merc. c.m.	3e me	3e me	3e me	3e me	3e me	3e me	3e me	3e me	3e me	3e me	3e me
Vélines	30	860	🚂	1	merc.	2e mardi c.m.	2e ma	2e ma	2e ma	2e ma	2e ma	29*	2e ma	2e ma	2e ma	2e ma	2e ma

FOIRES MOBILES et OBSERVATIONS.

A) veille Quasim.
B) 1er vend. Carême.
C) 4e L. p. Pâques.
D) merc. Pent.
E) merc. Pâques.
F) 1er jeudi Carême.
G) 6 et merc. Rogat.
H) veille Fête-Dieu.
I) 1er lundi et 12.
J) 1er lundi et 28.
K) 2e et 4e merc.*
L) L. Pâques et 25.

F 29 juin.
foire j. St-André*.

DORDOGNE : Bergerac, Nontron, Ribérac.

LOCALITÉS et dist. de l'arrondiss.	k.	Popul.	GARES et distances	k.	Marchés	Janvier.	Fév.	Mars	Avril.	Mai.	Juin.	Juill.	Août.	Sept.	Oct.	Nov.	Déc.
La Mothe-Montravel	36	980	🚂				1er j.		1er j.		1er j.		1er j.		1er j.		1er j.
St-Antoine	25	1290	🚂			1er jeudi ou	1er j.	1er j.	1er j.	1er j.	1er j.	A	1er j.	1er j.	1er j.	1er j.	1er j.
St-Seurin	30	565	Vélines	3		2e mardi ou	2e ma	2e ma	2e ma	2e ma	2e ma	2e ma	2e ma	2e ma	2e ma	2e ma	2e ma
St-Vivien	35	330	Vélines	6				4e j.			B			F j.			
Villamblard	23	1300	🚂	1	lundi	dr lundi						dr l.*		dr l.			dr l.
Beauregard-et-Bassac	23	190	Bergerac	23	jeudi	17		3e j.		3e j.			17	9*		3e j.	
Camp-Segret	13	617	—	13		2e mardi	2e s.	2e s.	2e s.				2e ma	2e ma			
Maurens	12	1630		12		4e mardi ou	4e ma	4e ma	1er ma	5e ma	4e ma	1er ma	1er ma	4e ma	1er ma	1er ma	4e ma
St Georges de Blancaneix	15	690	Creysse	11	2e ma	2	1er ma	1er ma	1er ma	1er ma	11*	1er ma	1er ma	1er ma	1er ma	25	1er ma
Villefranche	38	930	Soubie	7	3e ma	1er mardi ou	1er ma	1er ma	1er ma	1er ma	1er ma	1er ma	16*	1er ma	1er ma	1er ma	1er ma
Minzac	41	950	—	4								l.p.22*		1er j.			
Montpeyroux	38	631	Montcaret	4									1er d.*				
St-Martin de Gurçon	35	805	Monpont	9				2e l.		1er l.				l. p. 8*			
St-Géraud	28	401	—	12					l. Pâq.	l. Pent.			16*				
St-Méard	26	1328	—	12		3e jeudi	3e j.	1er l.	3e j.	3e j.	3e j.	3e j.	3e j.	C	3e j.	3e j.	3e j.
Nontron		1180	🚂		sam.	2e samedi	18	2e s.	2e s.	2e s.	2e s.	2e s.	13*	2e s.	18	2e s.	29
Abjat	11	1713	Nontron	11			dr ma				dr ma						1er ma
Augignac	8	1100	—	7		12		12		12		D		12		12	
Hautefaye	18	405	Javerlhac	7					17				11*		6		22
Javerlhac	11	1558	🚂			2e jeudi	2e	2e j.	2e j.	2e j.	2e j.	2e j.	l. p. 3*	2e j.	2e j.	2e j.	2e j.
Bussière-Badil	18	1364	Varaignes	11		11	11	11	11	11*	11	11	11	11	11	11	11
Busserolles	20	1950	—	14		2											
Champniers-et-Reilhac	20	1130	Javerlhac	18		17			l. Ram.	22			10*				
Piégut-Pluviers	13	1789	Nontron	13	mer.*												
Varaignes	16	900	🚂			1er vend. ou	1er v.	1er v.	1er v.	1er v.	1er v.	1er v.	E	1er v.	1er v.	11*	1er v.
Champagnac-B.	16	1076	Nontron	16		1er lundi ou	1er l.	1er l.	1er l.	1er l.	1er l.	1er l.	1er l.	1er l.*	1er l.	1er l.	1er l.
Boulouneix	21	570	—	21				15			15*			15			
Condat	20	631	Agonac	14					28			28*					
La Chapelle-Faucher	21	840	—	12			2e j.	25			19*			2*		1er	
La Chapelle-Montmoreau	11	330	Nontron	11							17						
Quinsac	14	831	🚂					dr j.						2e j.			
St-Pancrace	13	585	—	13						2 p. 12*							
Villars	17	1624	[illegible]	11	merc.	25	Cendres	19	2e me	11	11*	1er	12	10	28	30	31
Jumilhac	45	2835	La Coquille	12	merc.		F	G		7*	1er me		1er me		1er me		1er me
La Coquille	32	1350	🚂			1er jeudi	1er j.	1er j.	1er j.	1er j.	1er j.	1er j.	9*	13	1er j.	1er j.	1er j.
St-Paul-la-Roche	32	1706	La Coquille	8		31	16				*29					16	
St-Jory	32	1468	Thiviers	13					H					1			
Lanouaille	51	1700	St-Yrieix	16	mardi	1er mardi ou	1er*	1er ma	1er ma	1er ma	1er ma	1er ma	1er ma	1er ma	1er ma	1er ma	1er ma
Angoisse	40	1280	—	11			J						18*				

FOIRES MOBILES et observations.

A) 1er et jeudi p. 20*.
B) lundi Trinité.
C) lundi p. 1er dim.*
D) lundi p. 5*.
E) 1er vend. et 29*.
F) 1er et 3e mercredi.
G) mercredi a. Ram.
H) mardi p. 23*.
I) mardi p. 29*.
J) dern. merc. Carn.

HOTELS & CAFÉS RECOMMANDÉS.

LOCALITÉS	k.	Popul.	GARES	k.	Marchés	Janvier.	Fév.	Mars	Avril.	Mai.	Juin.	Juill.	Août.	Sept.	Oct.	Nov.	Déc.
Payzac	37	2532	St-Yrieix	16		2	3	1, 21	25	21	1, 25	22*	16	21	19	2, 25	17
St-Cyr-lès-Champagne	75	830	Pompadour	9		28			28		*16			28*		28	
St-Sulpice-d'Excideuil	10	1172	Thiviers	9		*19		1er v.					dr v.				
Sarrazac	42	1130	—	10				4e ma									1er ma
Savignac-Lédrier	51	1480	St-Yrieix	21		dr sam.								26*			
Mareuil	21	1605	Nontron	21	mardi			26	A	B			28*			12	26
Beaussac	15	540	Javerlhac	11					l. Pâq.*							28	
Les Graulges	20	230	Marthon	18				22				22*				22	
Ladosse	12	420	Nontron	12								C					14
Léguillac	19	950	Lisle	15		2	3	30			1, 24*			22		20	
Monsec	19	500	—	20			3e j.		2e j.			dr j.		l. p. 8*			
La Roche-Beaucourt	26	870	Charmant	19		1er jeudi ou	1er j.	1er j.	1er j.	1er j.	1er j.	1er j.	1er j.	1er j.	1er j	1er j.	1er j.
St-Crépin de Richemont	11	800	🚂					16					2*		*25	18	
Vieux-Mareuil	25	907	Javerlhac	16			2e l.		8*				2e l.				
St-Pardoux	11	2189	🚂		ma. d.	1er mardi ou	1er ma	1er ma	1er ma	1er ma	1er ma	1er ma	1er ma	1er ma	1er ma	1er ma	1er ma
Miallet	26	1972	St-Pardoux	4	lundi		1er l.	La Mi-C.	l. Pâq.	l. Pent.	l. a. 24*		l.p.16*	l.p.25*		l.p.25*	l.p.25*
Milhac de Nontron	15	1776	Nontron	16					1er j.				1er j.			11*	
St-Front-la-Rivière	9	980	St-Pardoux	3				2e me						3e j.			
St-Saud	18	2577	La Coquille	14	jeudi	dr jeudi	dr j.	dr j.		l. a. 25*			dr j.		dr j.		ma. Rog.
Thiviers	32	3624	🚂		sam.	1er sam.	1er s.	1er s.	1er s.	1er s.	1er s.	1er s.	10*	14	1er s.	1er s.	1er s.
Corgnac	38	1263	Thiviers	6					ma. Pâq.					E			
St-Jean de Cole	19	1805	—	7			D			F	25*		29		3e j.		25
St-Martin de Fressengeas	24	1105	—	11									l.p.3e*				26
St-Pierre de Cole	33	1200	Négrondes	7		2e mardi		dr j.					20*				
Ribérac		4050	🚂		vend.	2e vend.	1er Car.	v. S.-C.	v. a. Ram.		l. Trin.*	1er v.	1er v.	1er v.	1er v.		
Bourg du Bost	8	390	Ribérac	8						2e j.			11*				
Allemans	6	1091	—	6				1er l.		1er l.			G				1er l.
St-Martin de Ribérac	3	938	—	3									me. p. 16			l.p.11*	
St-Méard de Drône	8	601	🚂			lundi p. 1er					l. p. 8*						
St-Sulpice de Roumagnac	8	600	Siorac	3		lundi a. 22*							l.p.27*				
Siorac de Ribérac	7	840	—	7					3e l.				l.p.1er d.*				
Vanxains	6	1628	—	8			1er l.				2e l.*			2e l.			3e l.
Montpon	33	2385	🚂		merc.		Cendres	1er me	1er me	1er me			*l.p.16		1er me	1er me	
Eygurande-Gardedeuil	30	888	Montpon	7				dr l.					l.p.3*				
Menesplet	37	1020	—	5	merc.	1er merc. ou	1er me	1er me	1er me	1er me	1er me	1er me	1er me	1er me	1er me	1er me	1er me
Le Pizou	40	1000	Soubie	1	dim.	17*	3e v.	3e v.	3e v.	3e v.	3e v.	3e v.	16*	3e v.	3e v.	3e v.	
St-Barthélemy de Bellegarde	25	951	Montpon	8				2e v.	2e v.		2e v.		l.p.21*				
Montagrier	13	810	Tocane	2						2				l.p.27*			
Grand-Brassac	18	1100	—	8	3e l.				3e l.				3e l.		dr l.		3e l.
Celles	10	1440	Chalais-Ribérac	10			s. Gras		2e l. Pâq				s. a. 1er d.				j. a. 25
Chapdeuil	18	325	Lisle	11			l. Gras				11	l.p.24*	20		1		6
St-Just	25	393	Lisle	10			15					*21			l.p.14*	*10	

FOIRES MOBILES et observations.

A) merc. Pâques.
B) merc. Pent.
C) dr l. à Radeau*.
D) jeudi a. ma. gras.
E) mardi p. 14*.
F) 6 et ma. Pent.
G) lundi p. 1er dim.*

* 9 octobre.

DORDOGNE : Ribérac, Sarlat.

LOCALITÉS (et distance au chef-lieu d'arrondiss.)	k.	Pop.	GARES et distances	k.	Marchés	Janvier	Fév.	Mars	Avril	Mai	Juin	Juill.	Août	Sept.	Oct.	Nov.	Déc.	FOIRES MOBILES et OBSERVATIONS	HOTELS & CAFÉS RECOMMANDÉS
Paussac	25	920	Lisle	5						30*						28			
Tocane	13	2045					A				s.a.11*			F 1	2e s.		d' l.	A) sam. a. j. gras.	
Mussidan	26	2025			sam.		s. gr.		B						C		s.a.25*	B) veille Rameaux.	
St-Laurent-des-Hommes	28	1310	Beaupouyet	4				l.p.Mi-C										C) sam. a. Touss.	
St-Michel de Double	22	710	Massilan	11						1er l.						1er l.		⁎10 Août.	
Neuvic	22	2350							1er l.	l. Pen				l.p.25*				D) lundi a. l. gras.	
Chantérac	14	901	Neuvic	8	3e ma	3e mardi c.	3e ma	3e ma	3e ma*	3e ma	3e ma	3e ma	3e ma	3e ma	3e ma	3e ma*	3e ma	E) lundi p. 1er dim.	
Douzillac	23	1065	—	6		2e mardi												F) 25, j. p. Fête-D.	
St-André de Double	12	520	Ribérac	2		lundi p. 24							l.p.24*					G) lundi p. dr dim.*	
St-Aquilin	18	950	St-Astier	7				l.p.23*				1er l.						H) me. a. ma. gras.	
St-Germain-du-Salembre	18	708	Neuvic	1			l.p.3*		l.a.30*								1er l.*		
St-Jean d'Ataux	17	270		3		1er mardi			l. Pâq*			*31							
St-Vincent-de-Connezac	16	810	Neuvic	10	lundi	lundi p. 22					24*		30						
St-Aulaye	19	1520	Chalais	14	3e ma	1er mardi c.	1er ma	1er ma	l. Pâq* 1er ma	l. Pen 1er me*	1er ma	1er ma	l.p.16* 1er ma	1er ma	1er ma	l.p.2* 1er ma	1er ma		
Lajemaye	19	880	Ribérac	13		7												F 1er dimanche mai.	
La Roche-Chalais	32	2434			jeudi*	1er jeudi	22*	1er j.	1er j.	3e l. 1er j	⁎21 1er j.	20* 1er j.	1er*	⁎1er d.	25*	1er j.	1er j.		
St-Michel-l'Écluse	28	1354	La Roche-Chalais	8					l. Pâq	l. Pen			11*	l.p.25*					
St-Privat des Prés	12	980	Ribérac	12	dim.	2e merc. c.	2e me	2e me	l. Pâq	2e me	2e me	2e me	l.p.25*	2e me	2e me	2e me	2e me		
Vertillac	12	1120	—	12	jeudi	17	l.a.l.g.	19	3e j.	10	13	3e j.	10*	3e j.	9	25	3e j.		
Bertric	7	675	—	7						11									
Cercles	20	504	Lisle	15		25*													
Champagne-Font.	23	1135	Charmant	36	lundi	7	Cendres	2e Car.	25	6	12		20*	27	dr s.	2			
Cherval	17	885	Ribérac	17	1er d.				F					2*			2		
Lusignac	12	457	—	12															
Nanteuil-de-Bour.	21	630	Montmoreau	15			s.a. 8												
St-Martial-Viveyrol	15	570	Ribérac	15				9*				l.p.26*							
La Tour-Blanche	19	750	Lisle	17		20	G		30			⁎1er					10		
Vendoire	22	390	Charmant	20	sam.							25*				8	21		
Sarlat		6000						20											
Beynac	11	480	Vézac	1	dim.			1er Mi-C.		1er me		1er me			1er v.		8		
Marquay	11	932	Sarlat	11		28 c. 3e jeudi	28	28	27	28	28*	28	28	28	28	28	28		
Belvès	32	2280				13			3e j.			3e j.*			3e j.				
Carves	26	180	Belvès	3			1er	26	2e s.	1er s.	1er	1er s.	14*	7	1er s.	25	9		
Doissac	31	563	—	7						1er me					2e j.				
Grives	24	180	—	6								11*							
St-Germain-de-Belvès	26	115	Siorac	5									2	10*	25				
Siorac de Belvès	28	1255								23		31*							
Le Bugue	30	2900		2	mardi	3e mardi	28	18 3e ma	18 25	18 3e ma	18 3e ma	18 3e ma	25*	27	3e ma	11* 3e ma	22 3e ma		
Fleurac	27	730	Miremont	8		2e merc. c.	2e me	2e me	2e me	2e me	2e me	2e me	2e me	2e me*	2e me	2e me	2e me		

LOCALITÉS	k.	Pop.	GARES	k.	Marchés	Janvier	Fév.	Mars	Avril	Mai	Juin	Juill.	Août	Sept.	Oct.	Nov.	Déc.	FOIRES MOBILES et OBSERVATIONS	HOTELS & CAFÉS
Mauzens et Miremont	32	1050	—	4		1er et 3e merc. c.	1er, 3e me	1er, 3e me	1er, 3e me	1er, 3e me	1er, 3e me	1er, 3e me	1er, 3e me	1er, 3e me	1er, 3e me	1er, 3e me	1er, 3e me	A) mardi a. Mi-Car.	
Cadouin	18	1069			mardi			2e ma			4e ma	3		1er				B) 15 j. a. Cendres.	
Alles	12	325	Cussac	3		1er			1er ma 22*				1er ma			1er ma		C) 2e v. a. ma. gras.	
Peyrillac	21	516	Cazoulès	3		5												D) mardi p. Mi-Car.	
Calviac	13	740																	
St-Julien-de-Lampon	17	960	Carlux	4				A			dr			14*					
Domme	12	1704	Vézac	7	dim.	1er lundi c.	B 1er l.	l.p.Mi-C 1er l.	1er l.	1er l.	1er l.	1er l.*	1er l.	11 1er l.	1er l.	3 1er l.	21 1er l.	F 1er juin.	
Castelnaud	11	683	Sarlat	11		5			2*										
Cénac-St-Julien	11	1375	Vézac	7	lundi	1er merc.		1er ma			1er ma			1er ma					
La Chapelle-Péchaud	23	320	Castelnaud	10		2e lundi c.	2e l.	2e l.	2e l.	2e l.	2e l.	2e l.	2e l.	2e l.	2e l.	2e l.	2e l.		
Daglan	21	1535	Belvès	18	dim.		l. gras		1er v.	1er v.	1er v.				1er v.	12	22		
Grolejac	12	765	Carsac	2	dim.		2e l.	2e l.	2e l.	2e l.	2e l.	2e l.	2e l.	2e l.	2e l.	2e l.	2e l.		
Nabirat	23	650	—	12			3	3	23*		3								
St-Laurent-de-Castelnaud	24	850	Belvès	9			2e ma	2e ma	2e ma	2e ma	23*				2e ma				
St-Martial de Nabirat	20	2078	Vézac	15		2, 15	2	2	2	2	2	2*	2	2	2	2			
St-Pompon	27	1330	Belvès	15		30	dr j.	29	29	29	28*	29	28	29	29		1er, 15 / 13	F 1er juillet.	
Montignac	25	3515	Condat	10	merc.	17*	Cendres		r. Saint	dr me	dr me	dr me	dr me	dr me	dr me	25*	dr me	F 11 juillet.	
Auriac	30	1000	—	15					.. Saint	l.a.Pen	23*		23						
La Chapelle-Aubareil	15	800	Sarlat	15			C	dr me	4e v.			dr v.		2e v.					
Plazac	31	1115	Lagelie	15	sam.	1er sam. c.	2e s.	1er s.	1er s.	1er s.	1er s.	1er s.	1er s.	1er s.	1er s.	1er s.	1er s.		
Rouffignac	34	2584	Gelie	8	lundi	25	dr l.	dr l.	dr l.	dr l.	dr l.	dr l.	dr l.	16*	dr l.	dr l.	dr l.		
St-Léon-sur-Vézère	22	930	Eyziers	10		1er lundi c.	1er l.	1er l.	1er l.	1er l.	1er l.	1er l.	1er l.	1er l.	1er l.	1er l.	1er l.	F 11 avril.	
St-Cyprien	16	2505			lundi	2*	2e l.	2e l.	2e l.	2e l.	2e l.	2e l.	2e l.	2e l.	2e l.	2*	2e l.		
Coux	30	1700	Siorac	3				4e ma		4e ma		4e ma			4e l.				
Les Eyzies-Tayac	21	1640					2e j.		2e j.			2e j.		2e j.		2e j.			
Meyrals	16	731	St-Cyprien	4		1er jeudi c.	1er j.	1er j.	1er j.	1er j.	1er j.	1er j.*	1er j.	1er j.	1er j.	1er j.	1er j.		
St-Chamassy	28	810	Bugue	5				16			16*					16			
Tursac	25	775	Eyziers	6		3e lundi c.	3e l.	3e l.	3e l.	3e l.	3e l.*	3e l.	3e l.	3e l.	3e l.	3e l.	3e l.		
Salignac	16	1300			jeudi	20	22*	2e j.	2e j.	2e j.	dr j.	dr j.	dr j.	dr j.	dr j.	dr j.	9		
Borrèze	24	1058	Salignac	5				D 22	22	18 23		6*	10*	16					
Nadaillac	29	938	—	7	dim.														
St-Geniès	13	1400	Sarlat	13		dr lundi	l. gras		l. Pâq	l. Pen			l.p.15*		dr l.		26		
Terrasson	31	4000			jeudi	1er jeudi	7*	1er j.	1er j.	1er j.	1er j.	1er j.	27*	1er j.	1er j.	11*	1er j.		
La Bachellerie	38	1538		1	jeudi dr l.			dr l.				22*		dr l.					
Châtres	41	510	La Bachellerie	6			s. gr			1er s.			1er s.						
Besse	16	590	Vill.-fr. de Belvès	8									23*	24					
Loubejac	11	711	—	7															
Campagnac-Q.	25	1050	—	15				13			13	31*	17*	13					
Orliac	30	253	—	10		5								20*					
St-Cernin	49	600	—	2				12		12			30*				30		
St-Étienne-des-Landes	53	65	—	17									1*				⁎21		
Pazayac	40	510	Larivière	3				2e l.	2e l.	2e l.			2e l.						

DOUBS : Besançon, Baume-les-Dames, Montbéliard, Pontarlier.

LOCALITÉS et dist. de l'arrondiss.	k.	Popul.	GARES et distances	k.	Marchés	Janvier	Fév.	Mars	Avril	Mai	Juin	Juill.	Août	Sept.	Oct.	Nov.	Déc.	FOIRES MOBILES et observations	HOTELS & CAFÉS recommandés
St-Rabier	12	1188	Bachellerie	2		29			s.a.30		29*								
Villefranche-de-B	16	1585	🚂	2	sam.	2, 25	s. gr.	A	1.Qua	8	10	24	16*	28		11	4	A) merc. Mi-Car.	
La Trappe	47	69	Villef.-Belvès	1								26*							
BESANÇON		57.0	🚂	5	s.a, j., s.	2e lundi	2e l.	2e l.	2e l., l. Pâq	2e l.	2e l.*	2e l.	3e l.*	2e l., l. p. 29*	2e l.	2e l.	2e l.	A) 1er, 3e mardi*.	
Beure	5	930	Besançon																
Mamirolles	14	540	🚂	14			2e j.	2e j.	2e j.	d' j.	3e j.*			1er j.					
Amancey	30	680	Ornans	16		1er jeudi		1er j.		1er j.	1er j.	1er j.*		1er j.	1er j.	1er j.			
Eternoz	30	460	Salins	12									12*						
Adeur	12	150	Besançon	3			8			8		8							
Berthelange	21	140	St-Wit				15			21*				10*					
Chaucennes	12	180	🚂	7				3		3		3		7*		22			
Le Monthérot	26	70	Chenecey	5					1		13*		29						
Récologne	16	445	Emagny	2				6		6*						10			
Serre	8	270	Franois	2					12		9*			16			15		
Byans	21	580	🚂	2			10		10		15		14*	20					
Grandfontaine	12	350	Montferrand					1er ma			1er ma			1er ma					
Montferrand	13	1174	🚂								6*			4					
St-Wit	16	1060	🚂		sam.	3e merc. cm	3e me	3e me	3e me	3e me	3e me	3e me	3e me	3e me	3e me	3e me	3e me		
Marchaux	11	405	Besançon	14					7			7		7*					
Châtillon-le-Duc	8	135	Devecey	5				1er		1er*		1er		1					
Cussey-s.-l'Oignon	11	230	Auxon	5				5		5		5*		5					
Rigney	21	180	🚂		jeudi		1er ma	1er ma	1er ma	1er ma	1er ma	1er ma	1er ma	1er ma	1er ma	1er ma			
Ornans	25	3350	🚂		mardi	1er, 3e ma. cm	1er, 3e ma	1er, 3e ma	1er, 3e ma	1er, 3e ma	A	1er, 3e ma	1er, 3e ma	1er, 3e ma	1er, 3e ma	1er, 3e ma	1er, 3e ma		
Lods	36	1155	🚂		me. v.									1er l.*					
Mouthier-Hautep.	38	830	Lods	3											29*				
Vuillafans	32	1394	🚂		sam.			1er me	1er me	1er me	1er me			1er me		1er me			
Quingey	22	960	Byans	4	vend.	1er lundi cm	1er l.	1er l.	1er l.	1er l.	1er l.	1er l.*	1er l.	1er l.	1er l.	1er l.	1er l.		
Arc-et-Senans	31	1290	🚂		vend.		23		8		23*								
Chouzelot	21	250	Byans	4		1er lundi cm	1er l.	1er l.	1er l.	1er l.	1er l.	1er j.	1er l.	1er l.	1er l.	1er l.	1er l.		
Fourg	26	130	—	4				24			9*		21	12					
Epeugney	18	300	Malzières	11				d' me		d' me		d' me		d' me					
Liesle	30	833	🚂					1er j.		1er j.		1er j.		1er j.*					
Myon	36	326	Salins	11				3e j.				3e j.							
Baume-les-Dames		2823	🚂		jeudi	1er jeudi cm	1er, 3e j.	1er, 3e j.	1er, 3e j.	1er, 3e j.	1er, 3 j.*	1er j.	1er j.	1er j.	1er j.	1er j.	1er j.		
Adam	13	205	Baume-les-Dames	15	jeudi	31													
St-Juan	12	365	—	12		3e merc.	3e me	3e me	3e me	3e me	3e me.*	3e me	3e me	3e me	3e me	3e me	3e me		
Servin	17	276	—	17				1er ma		1er ma	1er ma			1er ma					
Clerval	15	1245	🚂		mardi*	2e mardi cm	2e ma	2e ma	2e ma	2e ma	2e ma	2e ma	2e ma*	2e ma	2e ma	2e ma	2e ma	A) 1er vend. carême et ch. sam. jusq. Ascension.	
Branne	10	311	Clerval	5	mardi	2e mardi cm	2e ma	2e ma	2e ma	2e ma	2e ma	2e ma	2e ma	2e ma	2e ma	2e ma	2e ma	B) 1er me. et 3e ma.	
Hôpital-St-Lieffroy	12	90	—	4	mardi	2e mardi cm	2e ma	2e ma	2e ma	2e ma	2e ma	2e ma	2e ma	2e ma	2e ma	2e ma	2e ma	f 8 septembre.	
Sancey-le-Grand	30	810	—	20	merc.	25 cm	25	25	25	25	25	25	25*	25	25	25	25	C) f 4e dimanche*.	
Isle-sur-Doubs	26	2325	🚂		lundi	1er et 3e l. cm	1er, 3e l.	1er, 3e l.	1er, 3e l.	1er, 3e l.	1er, 3e l.*	1er, 3e l.	1er, 3e l.	1er, 3e l.	1er, 3e l.	1er, 3e l.	1er, 3e l.		
Arcey	35	695	Isle-s.-Doubs	11		1er jeudi cm	1er j.	1er j.	1er j.	1er j.	1er j.	1er j.	1er j.	1er j.	1er j.	1er j.	1er j.		
Pierrefontaine	32	1090	🚂	3		3e merc. cm	3e me	3e me	3e me	3e me	3e me*	3e me	3e me	3e me	3e me	3e me	3e me		
Flangebouche	35	704	Avoudrey	4			1er l.		1er l.		1er l.		3e ma*			1er l.			
Guyans	44	680	—	11			2e me	2e me		2e me	2e me			2e me	2e me				
Orchamps	38	1000	—	10			22	19			30*		1er						
Landresse	26	375	Pierrefontaine	10				2e j.		2e j.		2e j.							
Rougemont	17	1160	Montbozon	11	vend.	1er vend. cm	1er v.	1er v.	1er v.	1er v.	1er v.	1er v.	1er v.	1er v.	1er v.	1er v.	1er v.		
Uzelle	16	501	Clerval	11			4e l.	4e l.	4e l.	4e l.	4e l.	4e l.							
Roulans	11	460	Laissey	3	lundi			2e j.	15	2e j.	22	2e j.		29*					
Bouclans	19	550	—	8				3e v. (a)	4	4	14	4	16*		4		27		
Vercel	24	1205	🚂	2	sam.		A	ch. s.	ch. s.	l. p. Pe*	1er, 3e l.	1er, 3e l.	1er, 3e l.	1er, 3e l.	1er, 3e l.	1er, 3e l.	21*		
Etalans	29	730	🚂			4e mardi cm	4e ma	4e ma	4e ma	4e ma	4e ma	4e ma	4e ma	4e ma*	4e ma	4e ma	4e ma		
Nods	35	600	🚂				4e me		2e me		4e j.*			4e me	4e me				
Valdahon	29	950	🚂											1er*	1er				
Montbéliard		9540	🚂		lundi	d' lundi cm	d' l.	d' l.	d' l.	d' l.	d' l.*	d' l.	d' l.	d' l.*	d' l.	d' l.	d' l.		
Audincourt	5	1800	🚂		merc.	3e merc. cm	3e me ss Gr.	3e me B	3e me	3e me, 3e ma	3e me*	3e me	3e me	3e me	3e me	3e me	3e me		
Abévillers	15	512	Audincourt	10															
Valentigney	9	2555	—	3	jeudi														
Blamont	17	610	Pont de Roide	7		3e merc. cm	3e me	3e me	3e me	3e me	3e me*	3e me	3e me C	3e me	3e me	3e me	3e me		
Hérimoncourt	11	3032	Audincourt	7	mardi														
Seloncourt	10	2335	—	5	vend.														
Maîche	40	1621	St-Hippolyte	12	jeudi	3e jeudi cm	3e j.	3e j.	3e j.	3e j.	3e j.*	3e j.	3e j.	3e j.	3e j.	3e j.	3e j.		
Belleherbe	36	640	Clerval	23		2e jeudi cm	2e j.	2e j.	2e j.	2e j.	2e j.	2e j.	2e j.*	2e j.	2e j.	2e j.	2e j.		
Charquemont	19	1489	St-Hippolyte	15					1er me				1er me			1er me			
Damprichard	47	1170	Clerval	45					2e j.		2e j.		2e j.		2e j.	2e j.			
Trévillers	55	540	St-Hippolyte	12				2e me	2e me	3e me				2e me	2e me				
Pont de Roide	16	2925	🚂	2	jeudi	1er mardi cm	1er ma	ma p. 15	1er ma	1er ma	1er ma	1er ma	1er ma	1er ma	1er ma	1er ma	1er ma		
Colombier-Fontaine	14	470	🚂			2e merc. cm	2e me	2e me	2e me	2e me	2e me	2e me	2e me*	2e me	2e me	2e me	2e me		
Russey	55	1512	Morteau	17	sam.	1er jeudi cm	1er j.	1er j.	1er j.	1er j.	1er j.	1er j.*	1er j.	1er j.	1er j.	1er j.	1er j.		
St-Hippolyte	28	1180	🚂		lundi	4e jeudi cm	4e j.	4e j.	4e j.	4e j.	4e j.	4e j.	4e j.*	4e j.	4e j.	4e j.	4e j.	f 15 août.	
Indevillers	60	698	Vougeaucourt	50					4e l.					4e l.					
Vaufrey	46	344	St-Hippolyte	11						2e j.				2e j.*					
Pontarlier		8160	🚂		jeudi	4e jeudi cm	4e j.	4e j.	4e j.	4e j.	4e j.*	4e j.	4e j.	4e j.	4e j.	4e j.	4e j.		
Les Fourgs	10	1185	Frambourg	6											3e me				
La Rivière	12	664	🚂								26*				5				
Les Hôpitaux-Neufs	16	280	🚂							3e l.				3e l.					
Levier	21	1335	Boujailles	13	merc.		2e ma	2e ma	2e ma	2e ma	2e ma*	2e ma	2e ma	2e ma	2e ma	2e ma			

DOUBS : Pontarlier. — DROME : Valence.

LOCALITÉS et dist. de l'arrondiss.	K.	Popul.	GARES et distances	K.	Marchés	FOIRES Janvier	Fév.	Mars	Avril	Mai	Juin	Juill.	Août	Sept.	Oct.	Nov.	Déc.	FOIRES MOBILES et observations	HÔTELS & CAFÉS recommandés
Boujailles	23	715		5				4e ma						4e ma*					
Fraste	17	1090							10						9*				
Sombacour	11	566	Pontarlier	11						15*						30			
Villiers-s.-Châtillon	25	554	Boujailles	8					2e j.							2e j.			
Arc-sous-Cicon	20	965	Longemaison	8						1er*					1er s.				
Gilley	22	847						1er l.		1er l.		l.p.28*				1er l.			
Ville du Pont	15	625	Gilley	5						17		2*	13		13				
St-Gorgon	14	330	Pontarlier	14				14	14					14*					
Mortau	31	2400			mardi	1er mardi du m.	1er ma	1er ma	1er ma	1er ma	1er ma	1er ma	1er ma	1er ma	1er ma	1er ma	1er ma	☞ 15 août.	
Les Gras	19	1020	Grand-Combe	6							16*			21*					
Mouthe	30	930	Hôpitaux	17				29			23*		29			10			
Châtelblanc	28	425	—	25							10			15*					
Chaux-Neuve	35	524	—	22						21*					25				
Jougne	18	1916								25			25*		25				
Rochejeau	25	463	Jougne	7						19					11*				
St-Antoine	15	355	Hôpitaux	8										29*				☞ 17 janvier.	
VALENCE		21 m			l. j.	3	3e l.	3	3e l.	3e	3e l.	3	26*	3e l.	3e l.	6*	3e l.	Bestiaux tous les jeudis.	
Beaumont-lez-Valence	10	1230	Valence	10			8			8*			8	*3e d.		8			
Le Bourg	7	3874	—	4			2e s.		2e s.		2e s.			2e s.*		2e s.			
Etoile	11	3000		2	4e me.		3	A	28*			30	*15	29	29	22		A) mercredi p. 20.	
Fiancey	6	518	Portes	1								2e l.*							
La Vache	9	296	—	3						26*			1er l.						
Montéléger	11	595	Etoile	4					1er		15*								
St-Marcel	6	1070				16*													
Bourg de Péage	18	4810	Romans	3	ma. v.						21-23*					dr s.			
Alixan	12	1620		4						1er me				1er me					
Barbière	24	510	Romans	11					25*						18*	11*			
Beauregard	35	1331	—	18											1er l.				
Charpey	17	1150	—	13						1er				8*		2			
Châteauneuf d'Isère	11	2035	Alixan	4						10			l.p.15*			6			
Hostun	32	830	St-Hilaire	5						6*						l.p.11*			
Rochefort-Samson	25	1020	Romans	14										25*					
St-Nazaire en Royans	37	868	St-Hilaire	1	merc.				23*										
Chabeuil	10	3350	Valence	10	mardi		24		23		24*		11		23	1er l.	1er l.		
Baume-Cornillane	20	150	Crest	13						9*					24		22		
Châteaudouble	18	580	Valence	18						j.F.Dieu			16*	26					
Combovin	18	588	Valence	18									19*		7			A) 3e l. p. Pâques.	
Malissard	6	700	—	6					5					l.p.22*				B) 1er lundi p. 8*.	
Montélier	12	1228	St-Marcel	7										21*		25		C) lundi p. 1er dim.*	
Montmeyran	14	1850	Valence	14	2e ma.					11*				3		12	4	D) veille du 2e dim.*	
Montvendre	14	825	—	14					29*							20			
Peyrus	18	560	—	18							20*					3			
Upie	18	1205	Crest	10		21		14				12		4*					
Grand-Serre	50	1363	Beaurepaire	17	mardi	2	1er l.	1er ma	l. Ram.	3	1er l.	2e l.	22*	22		2	13		
Hauterives	43	1830	—	10		lundi p. 6	2e, 3e l.		A					B		l.p.1er			
Epinouze	51	968							ma. St.	dr l.	3e l.*								
Lapeyrouse-Mornay	55	825	Epinouze	5								s.p.15*		2e l.					
Lens-Lestang	50	1895	Beaurepaire	5					27		21*		16*	11		27			
Manthes	56	478	—	6					24					18*					
Montrigaud	42	1076	Romans	21			2e l.		l. Qua.	l. Roga.	20		24*			17	17		
Moras	51	1030	Epinouze	4					ma. St.	me. Rog.	l.p.23*	22		5. 18		25			
St-Bonnet de Valclérieux	43	570	Romans	23		15		12							1er l.				
Tersanne	44	430	Beaurepaire	16				1er s.						3e s.					
St-Christophe-L.	37	620	—	19				2e l.				l.p.25*			l.p.18		23		
St-Sorlin	47	1770	Epinouze	3	lundi						2*			5		4			
Loriol	21	3515			vend.	26		5		10		C	22			8	22		
Ambonil	17	96	Livron	8			12												
Cliousclat	26	672	Loriol	5			18												
Livron	18	1280			mardi	11	2e ma.		me. Pâq.	ma. Pen.		19	16*		27				
Mirmande	30	1055	Saulce	3								2e l.			7*		12		
Saulce	28	1168											3*			8			
Romans	18	14 m			vend.				l. 4. Pâq.	2a. Pen.	21-23*			1					
Châtillon-St-Jean	27	860	St-Paul	2					l. Pâq.*										
Crépol	32	720	Romans	17					30		21			21*			7		
Miribel	35	415	—	23				20						D			9		
Montmiral	34	1016	—	16			1er l.	1er l.									6		
Onay	38	262	—	25				dr s.								12*			
Peyrins	21	1510	—	5			dr j.												
St-Michel	32	811	—	13			1er j.												
St-Donat	26	2615	—	11	lundi				l. Qua.	me. Rog.				1er l.*			7. 28	☞ 29 septembre.	
Arthemonay	32	300	—	11										2e l.	2e l.				
Charmes	30	500	—	13				23*					16*			l.p.1er*	10		
Margès	30	564	—	12					3e j.							3e s.			
Montchenu	37	833	—	18						3e s.							26		
St-Jean en Royans	41	2790	St-Hilaire	11	sam.				l. Saint		21*		8	26	6			☞ 29 septembre.	
Bouvante	60	690	—	23					20		20*		30*						
Léoncel	32	350	—	33						l. Pent.					26				
Oriol en Royans	47	330	—	12						1er									

DROME : Valence, Die.

LOCALITÉS et dist. de l'arrondiss.	k.	Popul.	GARES et distances.		Marchés.	Janvier.	Fév.	Mars.	Avril.	Mai.	Juin.	Juill.	Août.	Sept.	Oct.	Nov.	Déc.	FOIRES MOBILES et observations.	HOTELS & CAFÉS RECOMMANDÉS.
Ste-Eulalie	43	211	St-Hilaire	12						10									
St-Laurent en Royans	44	1032	—	8						3	6		F 10		30	d' I.		F 12 février.	
St-Vallier	31	3705			jeudi	1er et 3e j. cua	»	»	»	2	»	»	27*	»	»	»	6	F d' dim. de juillet.	
Albon	41	1536	Andancette	2				10							10*				
Andancette	40	689											16*				22		
Anneyron	46	2870	St-Rambert	8	mardi				28*				20				10		
Beausemblant	36	870	St-Vallier	4		1				3e I.			1er I.*						
Châteauneuf-d-Galaure	46	1318	Epinouze	10			2e I.			5*			l.p.16*		28	18			
Claveyson	34	1004	St-Vallier	11					j.p.Pâq.							14*			
La Motte de Galaure	40	564	—	9		17					F 1er 4*				18				
Murels	42	420	—	12							24*								
Ponsas	29	468	—	3							l.p.29*								
St-Avit	38	474	—	18								1er s.							
St-Barthélemy de Vals	35	1487	—	6					25				24*	29					
St-Martin d'Août	49	450	Epinouze	13									1er*			11			
St-Rambert d'Albon	44	1340			vend.		3							12*					
St-Uzo	33	1610	St-Vallier	5						2e l.				l.p.15*					
Tain	18	3030			sam.			1er s.					29*			15			
Chanos-Curson	17	332	Tain	6			ma Gras									11*			
Chantemerle	25	920	—	7									l.p.6*						
Croze	22	352	—	4					l. Quas.										
Erome-Gervans	24	1140	Serve	1						9			l.p.16*						
Larnage	22	672	Tain	3										l.p.8*					
Mercurol	18	1146	—	4								l.p.26*							
Pont de l'Isère	8	370	La Roche	2				15*											
Roche de Glun	10	1043								19			6*						
Die	..	3825			sam.	1er sam.	1er s.	1er s.	8	1er s.	1er s.	1er d.*	10	1er s.	11	2,3,25	9,21		
Aix-Die	6	635	Die	6						3									
Chamaloc	6	290	—	6					23*										
Laval-d'Aix	8	170	—	8											d.a.Tou				
Marignac	8	244	—	8					26										
Poney-et-St-Auban	7	220	—	7					16*										
Pontaix	11	322	—	11					10										
St-Julien en Quint	18	431	—	18						6					1er*				
Bourdeaux	37	1270	Crest	24	jeudi	25		26		5		5	24*	26	23	25			
Bouvière	40	558	—	38				20		9	1er*			1er		6	18		
Crupies	46	302	—	33						13					29				
Poet-Celard	67	330	—	29					18	28									
Touils	40	158	—	22										12*					
Chapelle en Vercors	38	1269	St-Hilaire	29	1er l.*				25		13	2*		16	4, 15			A) lundi p. d' dim.*	Hl et Café Bellier
St-Agnan en Vercors	33	950	—	20						14					9*	F 27		B) merc. Pent.*	
St-Julien en Vercors	49	510	—	30							21*		6			6		C) l. a. Toussaint.	
S.-Martin en Vercors	46	900	—	48							1	11	A		5			D) merc. Pâques.	
Vassieux	30	750	Die	26						B		28*		9, 26				E) dim. p. Fête-D.	
Châtillon en Diois	14	1094	—	14	dim.		j. Gras	26	15	1er j.			29*	17	C	27	27	F) 6 et lundi p. 29*.	
Bonneval	31	152	Lus-la-Croix	15										9*				G) merc. Pâques.	
Glandage	29	662	—	14					25										
Lus-la-Croix-Haute	47	1550				6			D	E				F		2			
Menglon	17	810	Die	17					10							14			
Treschenu	20	675	—	20											7				
Crest	37	5875			sam.	17	23	d' s.	3	d' s.	24-29*	d' s.	3	18	d' s.	d' s.	21	F dim. a. 25 août.	
Allex	42	1438						30			20		25*			24			
Aouste	34	1200							20				18		2*		1		
Beaufort-s.-Gervanne	42	520	Aouste	13			15		15				24*		21	16			
Eurre	42	1010	Crest	5					12					17*					
Mirabel-et-Blacons	33	575	—	8		22								1er I.	28*				
Montoison	48	1070	Allex	6		27		9		7*		6		24					
Omblèze	57	346	Aouste	28											2*				
Plan de Baix	48	434	—	20					6*						11				
Vaunaveys	41	470	Crest	6											9				
Aurioles	47	224	—	15						19				2					
Francillon	58	330	—	21						8				4					
Grane	45	1735	Allex	2				j.a.Ram.					8*	12		4			
Piegros	31	824	Aouste	4					26										
Puy-St-Martin	53	785	Crest	16			12		12			22*		16	24		9*		
Roche-s.-Grane	52	243	Allex	8									6	7					
Roynac	54	620	Crest	16					22					25*		27			
Saou	53	870	—	16				1	30				16*			2	22		
Soyans	53	645	—	16						15*				19		5			
Luc en Diois	18	1143	Die	18	vend.	20	l. Gras.	22	28		23*		1er d.	19	10	7, 21	10		
Barnave	14	340	—	14					4										
Beaumont en Diois	26	256	—	25					10										
Beaurières	33	494	Aspres	25						4				1*					
Charens	32	160	Die	32											1*				
Jonchères	26	219	—	26										12					
Lesches	27	350	—	27					6					17					
Poyols	29	300	—	29					F*						21				
Recoubeau	13	330	—	13					12					12					
La Motte-Chalancon	47	978	—	47		ma. a. 1er j.	15		G	8	11		1*	10	28		1		
Bellegarde	30	414	—	30											2				
Establet	35	180	—	35												25			

DROME : Die, Montélimar, Nyons.

LOCALITÉS et dist. de l'arrondiss.	k.	Popul.	GARES et distances.	k.	Marchés.	Janvier.	Fév.	Mars.	Avril.	Mai.	Juin.	Juill.	Août.	Sept.	Oct.	Nov.	Déc.	FOIRES MOBILES et OBSERVATIONS.	HOTELS & CAFÉS RECOMMANDÉS.
St-Dizier	37	212	Die	37					13					25*				A) sam. a. 3e dim.	
St-Nazaire-le-Désert	32	775	—	32				l. Ram.			2*			22	16		4	B) samedi p. 20.	
Valdrôme	39	625	—	39				1er j.		2					9	l.p.11*		C) mardi Pâques.	
Volvent	38	283	—	38					20					20*				D) mardi Pent.	
Saillans	22	1650			jeudi		2	19	l. Pâq.	2		5	12		13*	20			
Aurel	18	546	Die	18															
La Chaudière	32	120	Crest	30									20*						
Rimon-et-Savel	21	200	Die	21										A					
St-Benoit	26	175	Saillans	11										3e d.					
Montélimar		[illegible]			dim. me. s.	9-B	5-B	7-B	10-B	8-B	10-B	16-B	11*-B	4-B	10-B	13-B	s.p.20		
Allan	8	980	Montélimar	8					3				13*			23			
Ancone	3	416		6					25*					17					
Châteauneuf du Rhône	7	1240										6	21*			7			
Espeluche	7	612	Montélimar	8			10							15*		4			
Montboucher	6	920		6				31*											
Portes	16	483		18					28					20*					
La Touche	15	287	—	13										1er					
Rac	10	573	Châteauneuf	1					18										
Dieulefit	28	1167	Montélimar	28	vend.	1er lundi	8	3	23	18	6	12	13*	3	14	20	13	F 20 août.	
Châteauneuf-de-Mazenc	13	1322		15	mardi	1		12	3	3		10		14	28		1er	F 1er d. d'août.	
Montjoux	36	525	—	36					29							3			
Poet-Laval	24	908	—	24						1er			1*		14				
Pont de Barret	23	710	Crest	17					26			4	24	30*		10	17		
Rochebaudin	27	835	Montélimar	27					5							17			
Roche-St-Secret	39	506	—	39						15*				18					
Grignan	21	1750	Pierrelatte	21	mardi	20	18		C	D		6	6	16	27	18	27		
Chamaret	30	360	—	20				17					21*		12				
Chantemerle-lès-Grignan	28	165	Donzère	12				5											
Colonzelle	30	370	Pierrelatte	26			20						1er*						
Montbrison-lès-Grignan	31	130	Montélimar	31										1er					
Montjoyer	15	555	—	15							16*					5			
Pègue (Le)	34	312	—	34										21					
Réauville	17	301		19					8			5*	F 16		8	8			
Roussas	24	342	—	10				1											
Rousset	35	634	Pierrelatte	31									10*	22		28			
St-Pantaléon	39	328	Montélimar	39		30								26					
Salles-de-Grignan	22	380	—	22						7				8	20				
Taulignan	26	2280	—	26		15		19		13			17*	11	15		6		
Valaurie	10	515		10			28		1er							28			

LOCALITÉS et dist. de l'arrondiss.	k.	Popul.	GARES et distances.	k.	Marchés.	Janvier.	Fév.	Mars.	Avril.	Mai.	Juin.	Juill.	Août.	Sept.	Oct.	Nov.	Déc.	FOIRES MOBILES et OBSERVATIONS.	HOTELS & CAFÉS RECOMMANDÉS.
Marsanne	15	1520	Lachamps	9		22	20	27	27		18		10	21*	26	11	6	A) veille 1er d.*	
La Bâtie-Rolland	9	631	Montélimar	9					20		20			25*			31	B) 1er s. de Carême.	
Bonlieu	12	272	—	12				15							15*			C) merc. a. Pent.	
Charols	20	118	—	19				16		12			20		1er*			D) vend. Ascension.	
Cléon-d'Andran	17	834	—	17		1er	16		17		15		5*			15	11		
Lachamps	11	115							30*							4			
La Laupie	11	174	Coucourde	7									24*			18			
Manas	22	218	Montélimar	22					1er*						30				
St-Gervais	12	810	—	12				11		6	F 17		1*			6	28		
St-Marcel-lès-Sauzet	6	342	—	6		F 16	20		1								15		
Sauzet	7	341	—	7		14				1er		26*			19				
Savasse	7	1320	—	7										30*					
Les Tourrettes	15	250	Lachamps	8				20											
Pierrelatte	21	3292			vend.			9		16	14	13	25			25	4, 28		
Garde-Adhémar	21	970	Pierrelatte	6					4			13*			3				
Donzère	11	1333				17			23				21			2			
Granges-Gontardes	18	591	Pierrelatte	7				15		5*					23				
St-Paul-Trois-Châteaux	26	2500	—	6	mardi	10	10	12	17	1er	20*		1er	14	18	12	6		
Baume-de-Transit	47	733	—	17		6			6				10*						
Bouchet	42	920	Croisière	11				10				20*		16		21			
Montségur	37	890	Pierrelatte	17						7			20		28				
Rochegude	40	1045	Croisière	13								20*			1er				
St-Restitut	33	974	Pierrelatte	10					15						5				
Solérieux	35	245	—	13					7										
Suze-la-Rousse	38	1590	Croisière	12				3	28		15	15*		26		30			
Tulette	40	1800	—	20	lundi	2					11			A					
Nyons		3535	Bollène	36	jeudi	1er jeudi	1er j.		l. Sai.	11	22	3e j.	29*		18	5	9		
Condorcet	9	572	—	49		18							16*			12			
Curnier	11	238	—	50												24			
Mirabel-aux-Baronnies	7	1458	—	38													l.a.25*		
Les Pilles	6	540	—	40												11			
St-Maurice	13	582	—	27										l.p.22*					
Venterol	5	810	Montélimar	14				l. Ram.									3e l.		
Vinsobres	9	1425	Bollène	34				15						9*			15		
Le Buis-les-Baronnies	33	2160	Carpentras	38	merc.	21	B		l. Saint	C		1er lne	10*	9	8	2	18		
Mollans	21	1020	—	28		lundi a. 9			l. p. 25			26*			3				
Plaisians	35	680	—	40			l. p. 3		20						6				
La Roche-sur-Buis	31	522	—	50		5								1er					
St-Auban	37	520	—	37	1er l.	17				D						l.p.11*			
Ste-Euphémie	36	316	Bollène	52											l.p.18*				
Ste-Jalle	18	612	—	59			l. Gras				17		24						
St-Sauveur	21	392	Serres	56			8								14				

DROME : Nyons. — EURE : Évreux, les Andelys, Bernay.

LOCALITÉS et dist. de l'arrondiss.	k.	Popul.	GARES et distances.	k.	Marchés.	Janvier.	Fév.	Mars.	Avril.	Mai.	Juin.	Juill.	Août.	Sept.	Oct.	Nov.	Déc.	FOIRES MOBILES et OBSERVATIONS.	HOTELS & CAFÉS RECOMMANDÉS.
Rémuzat	27	620	Serres	37			21		26		30*				4	4	22		
Cornillon	33	250	—	40												20			
Lemps	40	286	—	35							1er*								
Sahune	16	670	Bollène	58					l. Pâq.*					14					
Verclause	36	345	Serres	20						25*									
Séderon	55	670	Sisteron	38					3	3				21*					
Barret de Liouche	61	380	Carpentras	53												6			
Ferrassières	69	355	—	50									l.p.28*		7				
Eygalayes	59	365	Sisteron	48							1er*								
Mévouillon	46	788	—	40											15*				
Montfroc	66	405	—	28							10		14*						
Montauban	43	416	Carpentras	75										28*					
Lachau	49	625	Laragne	24							11*								
Montbrun-les-Bains	50	1270	Apt	45				19		23		1er ma	1er ma	l. p. 7*			1, 21		
Reilhanette	50	871	La Croisière	66					27					l.p.22*		10	13		Gd Hôt d. l'ÉTABt THal
Villefranche	50	89	Sisteron	42								21							
EVREUX		[illegible]	🚂		sam.	31			20	A		20	11*	13			6	A) mardi Pent. B) vend. Ascension. C) ma. Saint, ma. Pâques. D) me. a. Cendres. E) 2e v. a. Ma. gras. F) 1er l. de Carême.	
Les Ventes	11	470	Bonneville	6											1er				
Breteuil	29	2100	🚂		merc.		Cendres		sa.a.25					*1er d.*	d' me				
Conches	18	2255	🚂		jeudi			Mi-C.		B	29*			16		7	d' j.		
Ferrière-s.-Risle	30	408	Fidelaire	4	sam.	20			23*				d' s.			2			
Fidelaire	30	1173	🚂		dim.	2e mardi								8*					
Damville	19	1175	🚂		merc.				C		1er ma					25			
Avrilly	11	158	Evreux	10										21*					
Nonancourt	27	2075	🚂		mer.*			D		d' me		*1er d.	20		18	11			
La Madeleine	28	850	Nonancourt	1								22*		12					
Pacy-s.-Eure	18	1940	🚂		jeudi			1er				1er j.				2*			
Caillouet-Orgeville	12	335	Boisset	3										l.p.25*					
Villiers en Désœuvre	30	588	Bueil	1	merc.					s.a.Pe*				s.a.p.12					
Rugles	16	1780	🚂		vend.		E			29						25			
Neuve-Lyre	10	690	🚂		lundi			16			1er l.*			7		30			
St-André	17	1530	Boisset	9	vend.	20				1er				6*					
Garennes	26	624	Bueil	2	mer.*											*30			
Grossœuvre	11	444	Prey	3													21		
Ivry-la-Bataille	31	1128	🚂		sam.					1er d.	24*		10	29					
Verneuil	55	4195	🚂		lundi		F		l.p.Qua	*16		1er l.			1er s.	l.a.22*			
Bourth	10	1528	🚂		sam.					d' s.								A) veille Rameaux. B) mercr. p. 29*. C) j. Octave Fête-Dieu.	
Chennebrun	56	265	Verneuil	12	jeudi		j. Gr.			j. F.-Dieu			d' j.			1er j.			
Tillières	32	1240	🚂		jeudi						1er j.*								
Vernon	30	8180	🚂		sa.ma.				A										
Les Andelys		5473	Gaillon	8	lundi				l. Pâq.		2*	25		8*		1er l.	s.a.25		
Boisemont	7	304	Saussay	2										14					
Vezillon	3	116	Gaillon	9	lundi						24*								
Ecos	18	395	🚂	4	jeudi						4			14*					
Haricourt	20	85	Vernon	8							21*						1er		
Tourny	13	783	—	13	dim.									1er					
Etrepagny	18	2324	🚂		merc.							4*		21					
Gamaches	17	410	Etrépagny	4	merc.						19*			B					
Fleury-s.-Andelle	18	1360	🚂		mardi						21*			30					
Charleval	18	1089	🚂		dim.				ma Pâq.				ma p.25						
Port-St-Pierre	18	884	🚂		sam.											4.p.11*			
Romilly	18	1398	🚂						4. S1		s.p.29*			4e s.			6		
Gisors	30	1380	🚂		lundi				23* l. Pâq.					8*					
Dangu	25	518	🚂										p.24*		18				
Mainneville	24	395	Sérifontaine	8	sam.						24*								
Lyons-la-Forêt	22	1270	Ménesqueville	6	jeudi											s. p. 2			
Bernay		8296	🚂		sa.ma.			l. Pass.	j. St	C ma Pent.	*Pen.				j. p. 9*				
Carsix	8	350	La Rivière	4								8		9*	25		d' s.		
Beaumesnil	13	550	Beaumont	11	lundi				l. Qua				25*						
La Barre	17	793	Neuve-Lyre	8	merc.		1er me Cen.		F. me		11	3e me			d' l.				
Landepereuse	10	380	Bernay	10								l.p.9*			9		6		
Beaumont-le-Roger	16	1950	🚂		mardi		2		ma Pâq.			11*					8		
Brionne	16	3660	🚂		jeudi		2e j.fa.			j. F. D.			d' ma						
Bec-Hellouin	18	586	🚂		vend.	3e vend.			v. St	10*					9		3e j.		
Harcourt	18	904	🚂													30			
Broglie	10	1025	🚂		vend.										18*				
Montreuil-l'Argillé	21	800	🚂	8	lundi					2e v.				v.a.21	v.a.18		v.a.25		
N.-D. du Hamel	28	523	🚂		dim.					l. Pent.				1er l.*		25			
Thiberville	12	1380	St-Mards	8	lundi				4e s. l. Pâq.	l. Roga.					l.p.18*				
Boissy-Lamberville	10	480	Bernay	10															
Folleville	8	322	—	8										4					
Giverville	12	524	—	12	dim.											23			
Louviers		11000	🚂		sam.		24		23					3e ma					
Amfreville-la-Campagne	18	615	Elbeuf	12					s.a.Pâq.	j.F.D.*		4		29*		11		F Fête-Dieu.	
Gros-Theil	30	780	Neubourg	10	mardi		2e ma												
Gaillon	13	3400	🚂		mardi				v. St			2e ma			25				
Authenil	17	335	🚂												1er ma 31*				
La-Croix-St-Leufroy	11	700	🚂		merc.					2e me					2e me				

EURE : Pont-Audemer. — EURE-ET-LOIR : Chartres, Chateaudun, Dreux, Nogent-le-Rotrou.

LOCALITÉS et dist. de l'arrondiss.	K.	Popul.	GARES et distances	K.	Marchés	FOIRES Janvier	Fév.	Mars	Avril	Mai	Juin	Juil.	Août	Sept.	Oct.	Nov.	Déc.	FOIRES MOBILES et OBSERVATIONS	HOTELS & CAFÉS RECOMMANDÉS
Neubourg	22	2261	🚂		l., me.	24		9	30		23*	21		13		4		A) ☞ 26 juillet.	
Pont de l'Arche	10	1710	🚂		dim.	20		5		7	10	A		18		25		B) j. p. 1er samedi.*	
Pont-Audemer		6175	🚂		lundi		l. g/s		l. Pâq.	l. Pen.		B						C) mercredi p. 22.*	Hl de Normandie.
St-Germain-Village	1	806	Pont-Audemer	1										1er*				D) merc. du ou p. 8.	
Beuzeville	11	2490	🚂		mardi		2e ma					15*			2e ma				
Bourgtheroulde	26	680	🚂		sam.	1er	dr s.		25	dr s.			2*		1er s.	23			
Boissey-le-Châtel	22	405	S.-Léger-Boissey	3	dim.									17*					
Cormeilles	17	1248	🚂		vend.		1er v. fa.			1er v.			24*	23, dr v.			21		
Chapelle-Bayvel	18	344	Cormeilles	1								18*					23		
Epaignes	11	1312	—	8	dim.						1er j.*				1er j.				
St-Pierre de Cormeilles	18	806	—	2									24*	23					
Montfort-s.-Risle	11	626	Pont-Audemer	14	mardi		1er ma	[illegible]		3e ma	20*				28				
Appeville	12	720	🚂	7	jeudi				dr j.					29*		2			
Pont-Authou	21	326	🚂		sam.							25*							
Quillebeuf	11	1315	Pont-Audemer	11	sam.*														
Bonneville	9	740	—	9	sam.						2e s.			2e s.					
Routot	18	820	Thuit-Hébert	11	merc.				m. St.		C			m. p. 8*					
Bourg-Achard	23	1113	—		lundi		2		10		11			21*		9			
Rougemontiers	15	589	S.-Léger-Boissey	16								21*							
St-Georges du Vièvre	14	870	🚂		merc.				sa. Pâq.					D					
Lieurey	14	1866	Saint-Georges	5	jeudi											11*			
St-Étienne Lallier	14	734	Pont-Authou	12	dim.									3e s.					
CHARTRES		22 m	🚂		jeudi	dr jeudi	dr j.*	dr j.	dr j.	11	24*	dr j.	24	8*	dr j.	30	dr j.	A) mercredi a. 21.*	
Auneau	21	1825	🚂		vend.									27		2*			
Aunay-s.-Auneau	25	641	Auneau	2							25*								
Courville	19	1670	🚂		jeudi		2e j. p. 2												
Illiers	25	2800	🚂		vend.														
Janville	14	1321	Toury	5	merc.			1er d.							dr d.				
Le Puiset	41	325	—	6								22*							
Toury	45	1705	🚂		jeudi					Asc.					9*				
Maintenon	18	2037	🚂		lundi									3e l.					
Epernon	25	2250	🚂		mardi												21		
Gallardon	19	1492	Maintenon	11	merc.		Cend.							A					
Voves	22	1961	🚂		mardi	2e dim.	2e d.	2e d.	2e d.	2e d.	2e d.	2e d.	2e d.*	2e d.	2e d.	2e d.	2e d.		
Ouarville	25	760	Santeuil	5	mardi		20												
Ymonville	20	737	Allonnes	10	lundi			17				21*							
Châteaudun ✱		7280	🚂		jeudi	27	1er j.	A	1er j.	4	1er j.	1er j.	31*	1er j.	26	1er j.	1er j.	A) mi-Carême et 27 mars.	
Ozoir-le-Breuil	13	801	Civry	7							d.p.11*							B) mercredi a. 15.	
Bonneval	13	3650	🚂		lundi	1er lundi	1er l.	1er l.	1er l.	1er l.	1er l.	1er l.	1er l. 31*		1er l.	1er l.	1er l.	C) veille 1er jeudi.	
Neuvy en Dunois	26	713	Gault	5							*24	20						D) ma. p. F.-Dieu.	
Sancheville	25	1010	Fain-la-Folie	7	merc.			5							2*			E) mardi p. 25.*	
Brou	21	2458	🚂		mer.*				2e me	me.p.15	B	C		16		26	s.a.25		
Cloyes	11	2465	🚂		sam.*	1er samedi			1er s.			1er s.*			1er s.				
Arrou	17	2685	🚂		vend.			1er v.				1er v.		*20		1er v.			
Courtalain	15	750	🚂		lundi											25*			
Cormainville	23	630	Orgères	5										2e d.					
Terminiers	31	1250	Commier	8	jeudi						25*					2			
Dreux		8390	🚂		l. j.				l. Pâq.	l. Pe.				1er*	l. a. 9*				
Anet	16	1450	Ezy	2	l. v. d.														
Sorel-Moussel	13	1020	Croth	1	dim.					*Rm.*				*16*					
Brezolles	25	895	🚂		sam.				s.p.Qua							s.a.30			
Châteauneuf	20	1458	St-Sauveur	4	merc.		Cend.					me.a.18	12*						
La Ferté-Vidame	30	1010	🚂	4	jeudi		1er j.				1er j.*				1er j.				
Nogent-le-Roi	17	1350	Maintenon	11	sam.		1er s.			1er s.		1er s.		1er s.		2e s.			
Senonches	35	1968	🚂		lundi						16*			21					
Nogent-le-Rotrou		8380	🚂		sam.			[illegible]		1er s.	24*			13		dr s.			
La Bazoche-Gouet	20	1950	Brou	18	sam.		1er s. a.		s.p.Qua		21*			9		s.p.11			
Beaumont-les-Autels	15	820	Nogent	15	dim.		9												
Authon	16	1378	🚂	2	mardi			ma.a.14		D			E			ma.p.25			
La Loupe	23	1621	🚂		mardi		ma.a.2*		ma.Qua.			ma.a.S.1*			1er ma				
Chassant	20	328	Brou	11				13*						11*					
QUIMPER		17 m	🚂		s. me.	3e sam.	3e s.	3e s.	15*	2	3e s.	3e s.	3e s.*	3e s.	3e s.	3e s.	3e s.	☞ 15 août.	
Briec	16	6175	Quéménéven	8		1er lundi ca	1er l.	1er l.	1er l.	1er l.	1er l.	1er l.*	1er l.	1er l.	1er l.	1er l.	1er l.	☞ 29 juin.	
Concarneau	23	5800	🚂		lundi			11		11			11			11*		A) lundi p. 1er dim.*	
Trégunc	31	3810	Rosporden	16					2e me			1er me				1er me			
Douarnenez	22	11 m	🚂		lundi	3e lundi ca	3e l.	3e l.	3e l.	3e l.	3e l.*	3e l.	3e l.	3e l.	3e l.	3e l.	3e l.		
Ploaré	21	3280	Douarnenez	1						9*					9				
Pouldergat	20	2552	—	4		1er vend. ca	1er v.	1er l.	1er v.	1er v.	1er v.	1er v.	1er v.	1er l.*	1er v.	1er v.	1er v.		
Plogastel	14	1942	Quimper	14		dr lundi	dr l.	dr l.	dr l.	28*	dr l.	dr l.	dr j.	dr l.	dr l.	dr l.	dr l.	☞ 4e dim. août.	
Plonéour	18	3120	Pont-l'Abbé	6	lundi	13 ca	13	13	13	13	13	13	13	13	1er, 13	13	13		
Plovan	28	1450	—	12										3e l.					
Pouldreuzic	22	2010	—	15		1er lundi ca	1er l.	1er j.	1er l.	1er l.	1er l.	1er l.	1er l.	1er l.*	1er j.	1er l.	1er l.		
Pont-Croix	32	2655	Tréboul	14	jeudi	3e jeudi ca	3e j.	3e j.	3e j.	3e j.	3e j.*	3e j.	3e j.	3e j.	3e j.	3e j.	3e j.		
Audierne	38	3000	Douarnenez	22	merc.														
Meilars	32	1111	—	22	sam.	25		26		13		A		7*		25			

FINISTÈRE : Nogent-le-Rotrou, Brest, Châteaulin, Morlaix.

LOCALITÉS et dist. de l'arrondiss.	k.	Popul.	GARES et distances	k.	Marchés	Janvier	Fév.	Mars	Avril	Mai	Juin	Juill.	Août	Sept.	Oct.	Nov.	Déc.	FOIRES MOBILES et observations	HOTELS & CAFÉS recommandés
Beuzec	32	2182	Douarnenez	13	....	......	...	...	...	l. Roga	...	...	...	...	...	...	...		
Pont-l'Abbé	18	5720			jeudi	1r jeudi cm	1er j.	1er j.	1er j.	1er j.	1er j.	1er j.*	1er j.	1er j.	1er j.	1er j.	1er j.	F 16 août.	
Rosporden	20	1710			jeudi	7	3e j.	3e j.	3e j.	3e j.	3e j.*	3e j.	3e j.	3e j.	3e j.	3e j.	6	F 16 juillet.	
Elliant	18	3630	Rosporden	5	....	5	...	5	5	25*	...	...	...	5	...	...	1	F 15 août.	
Brest	..	78m			lundi	1r lundi cm	1er l.	1er l.	1er l.	1er l.	1er l.	1er l.	1er l.	1er l.	1er l.*	1er l.	1er l.	A) veille Ascen.*.	
Gouesnou	10	1475	Brest	10	jeudi	......	...	...	...	A	...	...	...	...	25	...	...	B) ma. a. ma. Gras.	
Lambezellec	3	1595	—	3	....	......	B	...	...	...	...	...	...	3e ma	...	...	...	C) s. a. Pen., 3e s.;	
Daoulas	32	885		2	mardi	1r merc. cm	1er me	1er me	1er me	1er me	1er me	1er me	1er me	1er me	1er me	1er me	1er me	marché franc les	
Hanvec	38	3080	Roudouhir	2	....	2e jeudi	2e j.	2e j.	2e j.	2e j.	2e j.	22*	2e j.	2e j.	2e j.	2e j.	2e j.	2e lundis de janv.,	
Irvillac	30	2570	Daoulas	5	....	2e mardi cm	2e ma	2e ma	2e ma	2e ma	2e ma	2e ma	2e ma*	2e ma	2e ma	2e ma	2e ma	mars, avril, oct.,	
Plougastel	10	6880	Kerhuon	5	....	dr jeudi cm	dr j.	dr j.	dr j.	dr j.	dr j.	dr j.	dr j.	dr j.*	dr j.	dr j.	dr j.	nov. et déc.	
St-Eloy-Daoulas	32	510	Hanvec	3	....	dr jeudi	dr j.	dr j.	dr j.	dr j.	25*	dr j.	11	dr j.	4	dr j.*	dr j.		
Landerneau	20	[illegible]			sam.	3e sam.	3e s.	3e s.	3e s.	C	3e s.	2e d*	3e s.	s. a. 29	3e s.	24*	3e s.	F 1er décembre.	
Guipavas	8	7076	Kerhuon	3	....	2e jeudi cm	2e j.	2e j.	2e j.	2e j.	2e j.	2e j.	2e j.	2e j.	2e j.	2e j.	2e j.		
Lannilis	24	3221	Brest-Landerneau	21	merc.	1r merc. cm	1er me	1er me	1er me	1er me	1er me	1er me	1er me	1er me*	1er me	1er me	1er me		
Guissény	35	2815	Landerneau	23	sam.	......	...	...	...	...	...	...	...	F 8e d.	...	...	...	F 1er dim. sept.	
Plouguerneau	27	5850	Brest	27	....	3e jeudi cm	3e j.	3e j.	3e j.	3e j.	3e j.	3e j.*	3e j.	3e j.	3e j.	3e j.	3e j.		
Lesneven	22	2950	Landerneau	15	lundi	dr lundi	dr l.	dr l.	dr l.	dr l.	dr l.	25*	dr l.	dr l.	dr l.	dr l.	dr j.	F dr dim. juillet.	
Goulven	31	750	—	21	....	......	...	...	20	...	...	24*	...	...	...	...	...		
Plabennec	14	3689	Brest	14	....	......	...	2e ma	...	1er j.	...	3e ma	...	...	1er ma	...	...		
Ploudalmézeau	28	3240	—	28	lundi	l. a. 20 cm	l. a. 20	l. a. 20	l. a. 20	l. a. 20	l. a. 20	l. a. 20	l. a. 20	l. a. 20	l. a. 20	l. a. 20	l. a. 20		
La Martyre	27	962	La Roche	4	....	......	...	...	25	...	Fête-D.	2e l.*	...	...	...	...	...	F 29 juin.	
Brélès	22	948	Brest	22	....	......	...	...	...	...	...	...	...	...	...	26	...		
La Roche-Maurice	25	1065			....	1r jeudi cm	1er j.	1er j.	1er j.	1er j.	1er j.	1er j.	1er j.	1er j.	1er j.*	1er j.	1er j.	D) mardi p. 29.	
St-Renan	13	1760	Brest	13	sam.	1r sam. cm	1er s.	1er s.	1er s.	1er s.	1er s.	1er s.*	1er s.	1er s.	1er s.	1er s.	1er s.	E) 3e l. p. Pâques.	
Le Conquet	21	1335	—	27	mardi	......	...	2e ma	...	10	...	1er ma	...	23*	...	...	...	F) veille Ascension.	
Châteaulin	..	3870			jeudi	1r jeudi	1er j.	12	1er j.	6	1er j.	1er j.	1er j.	1er j.	18*	25	1er j.	G) l. Sexagésime ou 8 jours a. l. gras.	
Dinéault	7	1963	Châteaulin	7	....	......	22	...	...	...	...	...	...	...	...	16	...		
Quéménéven	14	1760			....	......	...	...	l. Ram.	...	...	2	29*	...	...	...	...		
Locronan	16	780	Quéménéven	16	mardi	......	1r ma	...	1r ma	1r ma	...	...	...	D	...	1r ma	...		
Plomodiern	10	2880	Châteaulin	16	....	......	...	...	...	19	17	...	16*	9	...	...	...		
Ploëven-Porzay	14	2900	Quéménéven	8	merc.	......	...	1er l.	E	...	...	...	...	...	1er l.*	...	...		
Port-Launay	2	1115	Châteaulin	2	....	......	12	...	...	25*	...	...	...	25	...	10	...		
Carhaix	51	2880			sam.	......	...	13	l. p. Pâq.	F	30	...	9*, 28	20	...	2, 29	...		
Cléden-Poher	40	1757			....	......	...	...	...	1r ma	...	...	...	...	1r ma	...	...		
Poullaouen	46	3170	Cléden-Poher	16	....	1r lundi cm	G	1er l.	1er l.	9*	1er l.	1er l.	1er l.	1er l.	1er l.	1er l.	1er l.		
St-Hernin	42	1434	Châteaulin	42	....	......	...	1er	...	...	...	15*	...	...	1er	...	...		
Châteauneuf-du-Faou	25	2536		3	merc.	20	...	3	23	15	11	...	20*	...	15	11	...		
Collorec	28	1340	Châteauneuf	14	....	......	...	3e l.	...	3e l.	v. p. Tr*	3e l.	...	...	3e l.	3e l.	...		
Landeleau	33	1372	Châteauneuf	9	....	......	...	...	30	...	22	22*	...	29	...	...	...	A) vend. a. Trinité*	
Coray	36	2540	Rosporden	12	mardi	2	2.25	26	28	19	26	28	26	14*	26	29	2e ma	B) 3 et lundi gras.	
Plonévez-du-Faou	24	4140	Châteauneuf	11	....	25	...	...	...	12	A	...	...	...	...	...	6	C) merc. Pâques.	
Trégourez	21	1107	—	8	....	......	...	...	...	...	...	...	25*	29	...	...	...	D) 3 et lend. Cendr.	
Crozon	31	8585			sam.	2 et 7	B	26	...	28	11, 30	22*	11	28	...	...	9	E) lend. Fête-Dieu.	
Lanvéoc	35	1255	Crozon	6	....	23	...	...	C	v. Asc.*	...	...	...	j. p. 29	...	11	22	F) l. plus près 26.*	
Telgruc	22	2200	Crégavon	6	....	......	...	18	...	...	23*	...	...	4	12	...	27	G) l. gras et 3e l.	
Trégarvan	11	581			....	......	...	...	...	...	...	1er l.	...	...	...	...	...	de Carême.	
Le Faou	19	1285	Hanvec	7	sam.	17*	dr s.	dr s.	dr s.	3	dr s.	dr s.	dr s.	14*	10	dr s.	dr s.	F mardi Pâques.	
Huelgoat	36	1383	Pleybert	26	jeudi	1r jeudi	D	26	25	19	27	1er j.	16*	9	28	21	1er j.	H) lundi Saint et	Ht de BRETAGNE.
Berrien	40	2130	—	15	....	......	...	...	...	...	12*	...	...	...	...	...	...	lundi de Quas.	
Scrignac	34	3085	Morlaix	24	....	......	...	...	me. Pâq.	...	11, 21*	...	1er	...	1r ma	...	21		
Bolazec	39	816	Plounérin	17	....	......	...	...	...	s. Asc.*	...	...	...	...	...	...	...		
La Feuillée	34	2067	Pleybert	14	....	2e mardi	2e ma	2e ma	2e ma	2	23*	2e ma	2e ma	14	2e ma	2e ma	2e ma		
Plouyé	35	1972	—	28	....	......	l. gras.	...	...	dr ma	...	...	...	3e l.*	...	...	...		
Pleyben	10	5230			mardi	3e mardi	25	3e ma	3e ma	29	3e ma	3e ma	1er*	3e ma	20	3e ma	3e ma		
Gouézec	14	2248	Pleyben	6	....	29	...	...	...	...	29*	...	...	29	...	...	...		
Lennon	20	1724	—	8	....	......	...	...	...	...	l. Tri.*	...	...	...	...	...	2e ma		
Loqueffret	24	1825	—	20	....	......	...	3e v.	...	...	3e v.	F	...	3e v.	...	...	...		
Le Cloître	19	1333	—	8	....	4e sam.	...	...	...	4e s. Pâq.	...	...	...	...	...	...	...		
Brasparts	20	3095	—	11	lundi	1r lundi cm	1er l.	1er l.	l. Ram.	1er l.	1er l.	1er l.	1er l.	1er l.	1er l.	1er l.	1er l.		
Brennilis	30	895	Pleybert	20	....	......	3e v.	...	...	...	...	l. a. 23*	...	...	3e v.	...	...		
Morlaix	..	16m			sam.	2e sam.	2e s.	2e s.	2e s.	2e s.	2e s.	2e s.*	2e s.	2e s.	15*	25	2e s.		
Ploujean	6	3008	Morlaix	6	....	3e mardi	3e ma	...	...	ma. Pen.*	...	...	...	...	13	24	...		
Landivisiau	23	4008			merc.	2e merc.	2e me	2e me	2e me	2e me	2e me	2e me	2e me	17*	2e me	2e me	2e me		
Guimiliau	18	1525	Landivisiau	7	....	3e lundi cm	3e l.	3e l.	3e l.	3e l.	3e l.*	3e l.	3e l.	3e l.	3e l.	3e l.	3e l.		
Lampaul	22	2400	—	4	....	4e vend.	4e v.	4e v.	4e v.	1er l.*	4e v.	4e v.	4e v.	4e v.	4e v.	4e v.	4e v.		
Lanmeur	12	2450	Morlaix Plouigneau	13	....	1r merc.	...	1r me	...	1r me	...	1r me	...	1r me	...	1r me	1r me		
Plouégat-Guerrand	16	1494	Plouigneau	8	....	22	...	...	...	...	...	20*	...	...	...	...	22		
Plouescat	32	3150	St-Pol	16	sam.	1r sam.	1er s.	1er s.	1er s.	1er s.	1er s.	1er s.	10*	1er s.	18*	1er s.	1er s.		
Lanhouarneau	32	1180	Landerneau	16	....	......	...	...	15	6	11	17	25*	...	...	...	...		
Plounévez-Lochrist	36	4120	—	22	....	......	...	3e j.	...	...	...	...	...	14*	...	...	...		
Plouigneau	10	1550			....	2e et 3e j.	Cendres	»	»	v. Asc.*	»	»	»	»	l. p. 15*	»	»		
Guerlesquin	23	1900	Plounérin	9	lundi	1r lundi	1er l.	G	H	l. p. Rog.	l. p. 24*	l. p. 4e d.	l. p. 15*	l. p. 8e d.	1er l.	1er l.	1er l.		
Lannéanou	16	1006	Plouigneau	10	....	......	...	...	...	...	...	...	...	dr l.	...	...	...		
Plougonven	11	1090	—	7	....	2e merc.	2e me	2e me	2e me	18*	2e me	2e me	2e me	2e me	2e me	2e me	2e me		
Plouzévédé	18	6895	Landivisiau	13	....	4e jeudi cm	4e j.	4e j.	4e j.	4e j.	4e j.	4e j.	4e j.	4e *	4e j.	4e j.	4e j.		
Cléder	32	1754	St-Pol	11	....	28	...	...	...	...	F 29	...	...	...	...	18	...		
St-Pol-de-Léon	22	7500			mardi	4e mardi cm	4e ma	4e ma	4e ma*	4e ma	4e ma	4e ma	4e ma	4e ma	4e ma	4e ma	4e ma	F 1er dim. de mai.	
Roscoff	25	1865			....	......	...	...	...	...	3e ma	F 15	...	...	...	...	...		
St-Thégonnec	12	3410			....	1r mardi	1r ma	1r j.	1r ma	1r ma	1r ma	1r ma	1r ma	l. a. 8e d.	1er j.	1r ma	1r ma		
Le Cloître	12	3320			....	dr dim.	dr j.	dr j.	dr j.	dr j.	l. Tri.*	dr j.	dr j.	dr j.	dr j.	dr j.	dr j.		

FINISTÈRE : Quimperlé. — GARD : Nimes, Alais.

LOCALITÉS et dist. au ch.-l. d'arrondiss.	K.	Popul.	GARES et distances	K.	Marchés	Janvier	Fév.	Mars	Avril	Mai	Juin	Juill.	Août	Sept.	Oct.	Nov.	Déc.	FOIRES MOBILES et OBSERVATIONS	HOTELS & CAFÉS RECOMMANDÉS
Pleyben-Christ	12	3320	(gare)		...	4e lundi ch.	4e l.	4e l.	4e l.	4e l.	4e l.	4e l.	4e l.	1er l.*	4e l.	4e l.	4e l.		
Plounéour-Ménez	17	3080	Pleyben	7	...	3e mardi ch.	3e ma	3e ma	3e ma	4e ma*	3e ma	3e ma	3e ma	3e ma	3e ma	3e ma	3e ma	A) 1er mar. Carême.	
Scrignac	32	3880	Landivisiau	8	...	3e jeudi ch.	3e j.	3e j.	3e j.	3e j.	3e j.*	3e j.	3e j.	3e j.	3e j.	3e j.	3e j.	B) dr mar. Carême.	
St-Sauveur	21	1565		9	...	1er vend. ch.	1er v.	1er v.	1er v.	1er v.	1er v.	1er v.	1er v.	1er v.	1er v.	1er v.	1er v.		
Commana	20	2515	St-Thégonnec	16	...	dr mardi	dr ma	dr ma	dr ma	dr ma	dr ma	dr ma	dr ma	30*	dr ma	dr ma	27*	F 14 sept.	
Taulé	9	3000	(gare)		...	1er lundi ch.	1er l.	1er l.	1er l.	1er l.	1er l.	1er l.*	1er l.	1er l.	1er l.	1er l.	1er l.		
Quimperlé		7220	(gare)		vend.	...	...	L. Fas.	j. saint	*2e d.	...	24	16	29*	28	...	...	C) 1er mardi et 23*.	
Arzano	10	1053	Quimperlé	10	...	...	1er ma	...	1er ma	...	...	1er ma	...	...	1er me	...	...	D) mardi a. Touss.	
Bannalec	11	5240	(gare)		merc.	2e merc.	1er me	1er me	1er me	2e me	2e me	2e me	2e me	2e me	2e me	2e me	2e me	E) 1er et mardi a. 25.	
Pont-Aven	18	1526	Bannalec	11	mardi	3e mardi	A	...	B	6	C	1er ma	...	1er ma	D	...	E		
Scaër	24	5100	—	13	sam.	15	15	12	10	3	s.a.F.-D.	1er	24*	7	1	28	16		

LOCALITÉS	K.	Popul.	GARES	K.	Marchés	Janvier	Fév.	Mars	Avril	Mai	Juin	Juill.	Août	Sept.	Oct.	Nov.	Déc.	FOIRES MOBILES	HOTELS & CAFÉS
NIMES		72m	(gare)		lundi	...	...	...	...	...	...	...	...	...	...	...	...		
Aigues-Mortes	37	3865	(gare)		...	...	...	...	...	14*	...	...	16*	28	...	...	...	A) 2e dim. p. Pâq.	
Aramon	30	2760	(gare)		quot.	...	...	...	...	j.p.Asc.	...	...	...	20*	...	...	...	B) sam. p. 12 et 26.	
Meynes	18	1000	(gare)	1	...	...	...	...	...	...	...	...	...	...	...	11*	...	C) mardi p. 1er dim.	
Montfrin	21	2500	(gare)	1	vend.	...	...	...	...	...	...	...	21*	...	...	...	...		
Théziers	27	600	(gare)	1	...	...	...	...	...	...	...	...	3*	...	13	5	...		
Vallabrègues	21	1700	(gare)		...	...	...	...	...	...	...	...	...	...	...	...	...		
Beaucaire	21	9330	(gare)		quot.	...	...	...	...	...	...	...	...	...	...	...	...		
Bellegarde	16	2571	(gare)	1	...	...	...	...	...	...	...	22*	...	1*	...	...	...		
Manduel	9	1925	(gare)		...	...	...	...	...	...	...	...	...	...	15*	...	...	F dim. p. Ascens.	
Fourques	28	1190	Arles	2	...	...	...	...	1er s.	...	...	...	...	...	...	...	...		
Redessan	10	1010	(gare)		...	...	...	...	...	...	...	...	...	...	22	...	...		
St-Gilles du Gard	19	5500	(gare)		dim.	...	...	1er s.	...	...	...	...	1.p.26*	...	...	...	...		
Clarensac	18	685	Caveirac	3	...	...	...	...	...	...	...	...	...	1er*	30*	...	...		
Crespian	25	192	Vic-le-Fesq	2	...	...	...	...	2e l.	...	...	...	...	...	...	...	...		
Montpezat	17	475	—	1	...	...	...	...	...	2e me	...	...	...	...	...	...	...		
Sommières	28	3770	(gare)		sam.	...	...	...	...	...	...	...	...	18*	...	...	...		
Aigues-Vives	20	1816	(gare)	2	...	...	1er s.Car.	s. Ram.	A	...	...	...	...	s.p.22*	B	...	...		
Aimargues	22	2708	(gare)		mardi	...	...	...	...	...	...	...	...	...	...	...	...		
Bernis	10	935	(gare)	3	...	...	...	...	...	...	...	...	...	...	C	...	...		
Vauvert	20	4608	(gare)		...	...	...	...	...	...	...	...	...	4*	...	...	...		
Alais		23m	(gare)		lundi	17*	...	1er l.	27	...	...	1er l.	24*	...	1er l.	dr 1.	...		
Méjannes	7	320	(gare)		...	...	...	...	1er s.	...	...	...	dr s.	...	...	...	...		
Mons	9	930	Alais	9	...	...	...	26	...	...	...	...	...	30*	...	...	...		
Les Plans	11	127	Célas	3	...	...	...	...	...	...	...	...	...	...	...	11	...		

LOCALITÉS	K.	Popul.	GARES	K.	Marchés	Janvier	Fév.	Mars	Avril	Mai	Juin	Juill.	Août	Sept.	Oct.	Nov.	Déc.	FOIRES MOBILES	HOTELS & CAFÉS
St-Hilaire de Brethmas	7	915	(gare)	1	quot.	*14	...	...	...	...	...	...	9*	...	...	...	...		
Rousson	8	1504	Salindres	3	...	...	...	...	...	...	...	...	...	10*	...	...	...		
Salindres	9	2020	(gare)		merc.	...	...	...	1er me	...	1er me	...	...	1er me	...	...	dr me	F dim. p. 15 Août.	
St-Martin de Valgalgues	4	1515	Tamaris	3	...	...	dr s.	...	...	...	...	dr s.	...	...	...	*11	...		
St-Christol	4	1515	Alais	1	...	17	...	...	27	...	...	...	24*	...	4	...	...	A) 1. Pâq. 1. Pent.	
St-Paul-la-Coste	15	617	Tamaris	12	...	...	...	...	1er s.	...	...	...	...	...	1er s.	...	...	B) merc. a. Ram.	
St-Privat	6	1030	Alais	6	...	...	...	1er s. Fas.	...	...	...	...	1er s.	...	...	...	...		
Lalle	13	1050	(gare)		jeudi	...	...	...	...	...	...	12	...	15*	...	1er j.	1er S j.		
Ribaute	11	510	Ners	10	...	...	...	...	...	...	...	...	1er s.	...	...	...	...		
Barjac	30	1910	(gare)		lundi	10	11	3	3	20	30	1er	10	10	2	2,21	23		
Rivières	20	572	Ste-Julie-de-Cassagnas	7	...	...	...	...	...	...	...	dr l.*	...	...	...	30	...		
St-Jean-de-Maruéjols	21	1290	St-Ambroix	10	...	...	...	15	...	...	22	...	29*	...	...	13	...		
Bessèges	30	3m	(gare)		jeudi	25	26	28	6	...	...	...	...	6	6	4	13		
Bordezac	36	716	Bessèges	6	...	...	...	19	...	...	...	15*	...	...	...	...	...		
Gagnières	28	2080	(gare)		dim.	...	...	...	...	...	...	...	*25	...	...	...	...		
Peyremale	33	928	Bessèges	7	...	15	...	...	...	...	...	22	...	...	...	...	...		
Robiac	29	4180	(gare)		dim.	...	...	...	...	...	...	...	6*	12	...	...	...		
Génolhac	36	1180	(gare)		vend.	12	...	...	...	...	...	1er	1er*	...	...	...	...	* 1er dim. d'Août.	
Aujac	40	615	Génolhac	9	...	13	...	...	15	mar. Pen.	...	13*	...	18	13	23	10		
Chambon	31	718	Chamborigaud	4	...	5	...	...	5	12	10	...	...	1er*	...	4	...		
Chamborigaud	28	1585	(gare)		...	2	...	10	12*	...	13	...	...	9*, 16	...	18	20		
Concoules	14	586	(gare)		...	...	...	...	7	...	...	...	27*	...	7	...	...		
Malons-Elze	18	881	Concoules	10	...	...	...	...	28	...	...	...	...	1, 23*	...	...	...		
Ponteils	10	903	—	3	...	8	...	...	17	...	...	...	...	...	11*	...	...		
Portes	18	1143	Chamborigaud	8	...	14	...	15	...	1, 13	23*	...	...	15	...	25	...		
La Vernarède	24	3345	—	6	sam.	...	...	25	A	25	...	5*	...	...	7	...	26		
La Grand'Combe	14	11m	(gare)		sam.	...	...	...	...	8*	...	...	...	...	30	...	*4	F 1er dim. de mai.	
Branoux	20	1030	La Levade	3	...	12	...	...	...	...	...	...	...	...	...	...	...		
Lamelouze	20	331	La Gr.-Combe	10	...	...	...	...	...	...	...	...	...	...	...	...	...		
Laval	10	1580	—	5	...	...	...	...	...	...	...	...	...	18*	...	...	...		
Ste-Cécile-d'Andorge	21	1180	—		...	6	...	...	8	...	...	...	...	7, 30	...	...	...		
Lédignan	16	625	Ners	6	...	...	...	...	17	...	...	...	10*	...	...	*22	...		
Boucoiran-Nozières	20	710	Nozières	2	...	...	...	...	2e s.	...	...	...	...	2e s.	...	15	...		
Cardet	15	456	Lézan	3	...	...	...	...	...	...	...	...	...	2e l.	...	...	...		
Lézan	13	745	(gare)		...	...	...	...	s.a.Pâq.*	...	...	...	...	...	5	...	...		
St-Ambroix	20	3450	(gare)		mar. V.	7	...	...	20	...	26	...	10*	...	15	...	6		
Courry	27	508	St-Ambroix	7	...	...	...	...	...	...	...	...	...	8*	...	...	...		
Les Mages	14	1010	(gare)		...	...	...	...	...	...	...	18*	...	...	...	...	18		
St-Julien de Valgalgues	22	880	(gare)		sam.	...	...	...	15	*24	...	2	...	3*	...	...	24		
St-Florent	20	2015	(gare)		vend.	4	...	...	5	...	...	...	...	1, 14*	...	...	...		
St-Jean du Gard	27	3660	Anduze	14	mardi	11, 28	l.p.l.*	B	...	...	21*	...	...	...	...	25	9		
Vézénobres	11	928	(gare)		...	...	...	...	2e ma	...	...	...	1er ma	10*	...	28*	...		
Brignon	21	526	Nozières	1	...	...	...	...	...	...	...	...	dr l.*	...	...	...	...		

GARD : Uzès, le Vigan. — HAUTE-GARONNE : Toulouse.

LOCALITÉS ET DIST. DE L'ARRONDISS.	k.	Popul.	GARES ET DISTANCES	k.	Marchés	Janvier	Fév.	Mars	Avril	Mai	Juin	Juill.	Août	Sept.	Oct.	Nov.	Déc.	FOIRES MOBILES ET OBSERVATIONS	HOTELS & CAFÉS RECOMMANDÉS
Brouzet	15	550		1			10			5*	17*			17*			17	A) mardi p. 15.*	
Euzet-les-Bains	13	450											3e ma	12				B) mardi p. 20.*	
Martignargues	16	145	Vézénobres	5					s.p.27									C) dim. du 14.*	
Montels	7	235	—	5										1re s.					
St-Maurice-de-Cazevieille	18	530		2										F22	9*				
Mers	11	436													1re s.*				
Uzès		5150			sam.						24*		14	6	11	17	14		
Montaren	4	818												1er ma		28		F 21 septembre.	
St-Quentin	4	2045	Uzès	4					2e ma					2e ma		21			
Bagnols-s.-Cèze	34	4470			merc.	1re merc.				6		12		F 1er d.	1re me	23			
Cavillargues	17	798					Rameaux							A					
Connaux	19	1154											B			15			
St-Gervais	30	597	Bagnols	6		1re merc.				6		12				23			
Lussan	15	1000	Vallerargues	5	jeudi	10				10	F19			15*		25			
Fons-s.-Lussan	23	430	—	11				25						28					
St-Laur.-la-Vernède	12	500											F10	13					
Pont-St-Esprit	39	1960			sam.			1er			12			1er*			1er s.		
Goudargues	29	1138	Bagnols	13			1er							25					
St-Jul.-de-Peyrolas	10	885	Pont-St-Espr.	8									L.p.23*						
Remoulins	16	1180								12					20				
St-Hilaire-d'Ozilhan	17	604	Remoulins	4		F14									1er				
Vers	12	810												20					
Roquemaure	35	2365			mardi				18				16*			2			
Laudun	27	2014		3									26						
St-Geniès	14	730					Rameaux							7*					
Garrigues	10	270	Bourdic	2									3e l.						
Moussac	17	705	Nozières	1					Ram.							20			
Ste-Anastasie	11	900	St-Chaptes	6									d'l.						
[illegible]	18	980								1er l.							1er l.		
Villen.-lès-Avignon	37	2650			quot.														
Saze	27	516	Pont-d'Avign.	9									..p.19*						
Le Vigan		5370			quot.	25	25	20	8	13	16*	12	6	9,22	15	20	18,31		
Arphy	7	454	Le Vigan	8				29				C							
Aulas	5	845	—	6					20			6				8			
Avèze	2	1200	—	2									25*						
Rez	8	865	—	8												6			
Bréau-Sal.	6	764	—	6				3							2				
Mandagout	8	884	—	8				10*							28				
Molières	4	610	—	4											23*				
Montdardier	9	380	Le Vigan	9						1er			20						
Rogues	17	115	—	17				1er l.					1er l.						
Alzon	19	1715	—	19		22				10*			20			25			
Arrigas	14	745	Alzon	7									L.p.25*						
Aumessas	12	805	Arre	5												6			
Blandas	17	510	Alzon	12									18*						
Campestre-et-Luc	23	875	—	4						5				2					
Lasalle	13	2130	St-Hippol. du Fort	13	lundi	7* et 21*	7		l. Pâq.					15		13			
Colognac	10	454	—	13											14				
Quissac	45	530			merc.									20	4				
St-André-de-Valborgne	47	1710			sam.	2 et 15		2e s.		15			5	s. a. 29	-	27*		F 30 novembre.	
Saumane	60	4873	Saint-André	6				20		1er*				11		17			
Les Plantiers	62	1030	—	33		20	5		5*						10				
St-Hippol. du Fort	30	4115			ma. v.*	15				6			16*	26		3,18			
Pompignan	39	1020	St-Hippol. du Fort	9											2				
Sauve	38	2150									1er		1er	1er*					
Durfort de Sos	40	768	Sauve	6											1er				
Sumène	13	2880						21							18		22		
St-Martial	15	828	Sumène	9			1er l.*						F15	18					
St-Laur.-le-Minier	15	948	Ganges	6										17		5*			
St-Romans	19	656	Sumène	7											1er				
Trèves	48	525	Le Vigan	48	ma. s.*				25*					5					
Dourbie	50	1100	—	50						7			16*		12				
Lanuéjols	57	1073	Milhau	57						18*								....	Ht Causse.
St-Sauveur	37	165	Le Vigan	37								15							
Valleraugue	22	3025	Pont d'Hér.	15		10		15		10		23	F25	3	3		6		
N.-Dame de la R.	16	1040	—	11				23*							26				
St-André-de-Majencoules	10	1020	—	4					1er l.								1er*		
TOULOUSE		148m			quot.				Quas.	l. Pent.	24*	F14	24	28*		30*			
Castelmaurou	12	710	Gragnague	1											6				
Pechbonnieu	13	171	Toulouse	13													26		
Castelginest	11	180	Lacourtensourt	5					27					15*					
Fenouillet	10	825	—	5							8*					16			
Rouffiac	11	382	Montrabé	2												s. p. 1er			
Launaguet	10	630	Lacourtensourt	5											15	1er			
Blagnac	6	1910	Toulouse	6	jeudi								19*			10			
Cadours	40	940	Merenvielle	15	merc.	1er merc. ou	1er me	1er me	1er me	1er me	1er me	1er me	1er me	1er me	1er me	1er me	1er me		
Cox	12	730	—	20	mardi		2e v.		2e v.		Trin.*	2e v.			2e l.		2e v.		
Castanet	12	900			mardi	1er mardi ou	1er ma	1er ma	1er ma	1er ma	1er ma	1er ma	1er ma	1er ma	1er ma	1er ma	1er ma		
Fronton	28	2326	Grisolles	9	jeudi				30				16	F1er d.			9*		

HAUTE-GARONNE : Toulouse, Muret, St-Gaudens, Villefranche de Lauraguais.

Localités et dist. de l'arrondiss.	K.	Popul.	Gares et distances	K.	Marchés	Janvier	Fév.	Mars	Avril	Mai	Juin	Juill.	Août	Sept.	Oct.	Nov.	Déc.	Foires mobiles et observations	Hôtels & cafés recommandés
Bouloc	20	800	Castelnau	5	....	....	...	...	5	...	...	...	...	1er	...	...	21	A) 1er lundi et 30*.	
Castelnau	22	1620	(train)		....	....	10	...	...	...	...	...	20	...	28	...	...	B) 1er lundi et 27.	
Montjoire	21	770	Montastruc	8	....	....	...	...	...	...	...	...	...	...	...	29	...		
St-Jory	17	1115	(train)		....	....	2	...	...	...	...	...	...	...	3	...	...		
Grenade	20	2210	Castelnau	5	sam.	....	14	...	s. Saint	6	...	...	20	...	18*	...	20	F 15 août.	
Bangaud	38	770	—	17	....	....	...	18	...	8	...	...	22	...	...	18	12		
Daux	20	600	—	13	....	....	...	...	...	...	...	...	25*	...	...	...	...		
Merville	20	1215	—	12	....	....	...	26	...	...	...	...	...	...	...	...	26		
Léguevin	18	480	Brax	2	jeudi	2e jeudi	...	...	2e j.	...	...	...	2e j.	...	...	2e j.	...		
Levignac	25	850	Merenvielle	5	mardi	1er mardi en	1er ma	1er ma	1er ma	1er ma	1er ma	1er ma	1er ma	11*	1er ma	1er ma	1er ma		
Montastruc	20	1?52	(train)		sam.	2e sam. en	24	2e s.	2e s.	2e s.	14	2e s.	21*	14	2e s.	2e s.	8		
Azas	31	500	St-Sulpice	6	....	....	...	...	...	...	...	...	...	...	...	2	...		
Bessières	31	1410	(train)		lundi	1er lundi	5	1er l.	1er l.	1er l.	1er l.	1er l.	A	...	1er l	18	...		
Buzet-s.-Tarn	30	1350	(train)		....	....	...	...	...	...	...	22*	...	...	...	25	...		
Lapeyrouse-Fossat	11	561	Gragnague	7	....	....	...	...	L. Pâq.*	...	...	...	...	...	20	...	...		
Verfeil	21	2070	—	11	mardi	3e mardi en	12	3e ma	25	3e ma	29*	3e ma	3e ma	16	3e ma	18	3e ma		
Bonrepos	12	231	—	8	....	....	...	...	...	...	...	...	...	1er	...	...	...		
Gragnague	18	510	(train)		....	18	...	...	...	28	...	...	...	...	26	...	...		
Lavalette	17	476	Montrabé	7	....	....	...	25	...	...	...	...	...	...	...	...	...		
Villemur	33	4050	(train)		sam.	2e samedi	...	...	25	...	...	3e s.	16*	8	...	3e s.	...		
Muret		4150	(train)		sam.	d. sam. en	d. s.	d. s.	d. s.	d. s.	d. s.	d. s.*	d. s.	F 15 d. s.	d. s.	d. s.	d. s.	F 29 septembre. F 23 juillet.	
Lagardelle	8	720	Venerque	4	....	....	...	14	...	...	1er*	...	16*	...	...	...	31		
Lherm	11	1240	Muret	11	....	....	3e l.	...	...	3e l.	...	...	3e l.	...	...	3e l.	...		
Auterive	16	2315	(train)		vend.	3e vend. en	3e v.	3e v.	3e v.	3e v.	3e v.*	3e v.	3e v.	3e v.	3e v.	3e v.*	3e v.	F 29 juin et 22 juil.	
Miremont	14	1220	(train)		merc.	2e merc. en	2e me	2e me	2e me	2e me	2e me	2e me	2e me	2e me	2e me	2e me	2e me		
Venerque	11	915	(train)		jeudi	1er jeudi en	1er j.	1er j.	4e j.	1er j.	4e j.	1er j.	1er j.	1er j.*	1er j.	4e j.	4e j.		
Carbonne	21	2520	(train)		jeudi	2e jeudi en	2e j.	2e j.	2e j.	2e j.	2e j.	2e j.	2e j.	2e j.	2e j.	2e j.	2e j.		
Longages	15	1190	(train)	1	....	20	...	...	...	...	...	...	...	...	...	...	...		
Noé	12	850	Longages	2	....	2	...	...	10	...	...	...	...	10*	...	11	...		
St-Sulpice-s.-Lèze	18	1210	—	7	3e me.	1er merc. en	1er me	1er me	1er me	1er me	1er me	1er me	1er me	1er me	1er me	1er me	1er me	F 19 janvier.	
Cazères	37	2680	(train)		sam.	2e sam. en	2e s.	2e s.	2e s.	2e s.	2e s.	2e s.	2e s.*	2e s.	2e s.	2e s.	2e s.		
Martres		1785	(train)		jeudi	2e jeudi	2e j.	2e j.	25	2e j.	2e j.	2e j.	28*	2e j.	2e j.	2e j.	13		
Le Plan	13	908	Cazères	6	....	1er jeudi	1er j.	1er j.	1er j.	1er j.	1er j.	1er j.	1er j.	1er j.	1er j.	L.a.11*	1er j.		
Cintegabelle	27	2630	(train)		mardi	1er mardi	1er ma	1er ma	1er ma	1er ma	1er ma	1er ma	1er ma	1er ma	29*	1er ma	1er ma		
Caujac	25	615	Auterive	5	....	....	17	...	...	16	...	...	10*	...	...	15	...		
Gaillac-Toulza	27	1610	—	12	merc.	....	...	20	...	10	...	...	4*	...	...	...	...		
Le Fousseret	34	2286	St-Julien	9	merc.	d. merc. en	1er me	d. me	d. me	d. me	d. me	d. me	d. me	d. me	d. me	d. me	d. me	F 1er dim. août.	
Montesquieu-Volvestre	33	3410	Carbonne	12	sam.	3e sam. en	3e s.	3e s.	3e s.	3e s.	3e s.*	3e s.	3e s.	3e s.*	3e s.	3e s.	3e s.	F 22 septembre.	
Montbrun	45	1350	—	25	....	....	L. gr.	...	23*	...	...	13	17	5	...	12	...		
Rieumes	19	2172	Longages	11	jeudi	1er et 3e j. en	1er, 3e j.	1er, 3e j.	1er, 3e j.	1er, 3e j.	1er, 3e j.	1er, 3e j.	1er, 3e j.	1er, 3e j.	1er, 3e j.	1er, 3e j.	1er, 3e j.	A) merc. Pentecôte.	
Sabonnères	23	350	Isle-en-Jourdain	19	....	....	...	...	...	d. d.	...	...	...	...	...	...	...	B) merc. p. 21.*	
Rieux	27	2?50	Carbonne	6	vend.	7	3e v.	...	...	...	...	...	...	...	...	11*	7	C) mardi p. 25*.	
St-Lys	16	1195	Muret	16	mardi	d. mardi en	d. ma	d. ma	d. ma	d. ma	d. ma	d. ma	d. ma	d. ma	d. ma	d. ma	d. ma	D) 1er l. Carême.	
St-Gaudens		6520	(train)		jeudi	....	d. j.	23*	...	d. j.	...	d. j. 22*	...	1 j. 25*	5. d. j.	...	d. j.	E) merc. a. 23.	
St-Marcet	13	?58	St-Gaudens	13	....	....	...	...	...	A	...	...	B	...	...	C	...	F) mardi a. Carnav.	
Aspet	13	2350	—	15	merc.	d. merc.	...	...	...	...	...	...	...	...	...	...	...	G) mardi p. 11*.	
Arbas	27	795	His	12	....	1er samedi	...	...	1er s.	...	...	...	...	1er s.	...	1er s.	...	H) mardi a. 25.	
Aurignac	21	1500	Boussens	10	mardi	2e et d. sa. en	»	»	»	»	»	»	»	»	»	»	»	I) 1er et 3e jeudi.	
Alan	12	830	St-Martory	13	....	....	...	...	...	...	...	...	...	6*	...	...	...	J) mardi Pent.	
Cassagnabère	20	1285	Boussens	18	2e l.*	2	D	...	...	13	...	...	...	2*	...	2	...		
Bagnères-de-Luchon	48	3760	(train)		merc.	....	...	15	...	12*	...	3e me	...	22*	...	29	...		
Boulogne-s.-Gesse	30	1675	Boussens	33	merc.	merc. p. 6*	...	E	...	3e me	...	...	7	...	...	15*	...		
Blajan	22	730	—	22	....	....	...	...	L. Pâq.	...	...	...	L.s.16*	...	...	...	...		
Isle-en-Dodon	38	2480	—	30	sam.	1er sam. en	d. s.	d. s.	d. s.	d. s.	d. s.	d. s.	d. s.	d. s.	d. s.	d. s.	d. s.		
St-Frajou	35	?84	—	35	....	....	...	...	...	...	...	...	...	...	...	d. v.	...		
Montréjeau	14	2895	(train)		lundi	....	L. p. 24	...	...	...	L. Tri.	...	L.p.24*	...	...	L.p.30*	...		
St-Plancard	16	?55	Montréjeau	13	vend.	....	...	1er v.	...	...	11*	...	...	...	...	30	...		
St-Béat	32	1050	Marignac	4	mardi	1er mardi en	F	1er ma	d. ma	1er ma	1er ma	1er ma	1er ma	1er ma	1er ma	G	H		
Cierp	32	883	—	1	....	2e vend. en	2e v.*	2e v.*	2e v.*	2e v.	2e v.	2e v.	2e v.	2e v.	2e v.	2e v.*	2e v.		
Fos	11	1180	—	10	sam.	....	...	d. s.	...	...	d. s.	...	...	d. s.	...	...	d. s.		
Gourdan	11	1682	Montréjeau	5	....	....	...	...	...	...	...	...	...	8*, 15	...	...	...		
St-Bertrand	18	700	Loures	3	....	....	1er me	...	...	4*	...	...	...	...	17	...	...		
St-Pé-d'Ardet	16	500	Saléchan	10	....	3e samedi	...	...	...	3e s.	...	...	...	3e s.	...	...	3e s.		
St-Martory	18	1083	(train)		vend.	1er vendredi	...	...	1er v.	...	...	...	27*	...	1er v.	...	...		
Salies-du-Salat	24	1?80	(train)		lundi	3e lundi en	3e l.	3e l.	3e l.	3e l.	3e l.*	3e l.	3e l.	3e l.	3e l.	3e l.	3e l.		
Villefranche de L.		2580	(train)		vend.	22	d. v.	d. v.	d. v.	8*, d. v.	d. v.	d. v.	16*	30	d. v.	d. v.	d. v.		
Avignonet	7	1810	(train)		....	18	L. Car.	...	...	L. a. Fe	L. p. A.	...	18	...	18	...	...		
Montesquieu-Vil.	9	1051	Villenouvelle	4	....	....	...	...	1er	...	...	25*	...	5	...	9	...		
Montgaillard	4	526	Villefranche	4	....	....	...	...	...	23	...	...	6	...	...	...	...		
Villenouvelle	6	695	(train)		....	....	...	...	...	...	...	...	...	...	25*	...	21		
Caraman	17	2000	Villefranche	17	jeudi	1er jeudi	1er j.	1er j.	L. Saint L. p. Pâq	1er j.	1er j.	1	1er j.	1 j., 11	1er j.	1er j.	6	F 15 août.	
Auriac	20	1515	Revel	17	....	....	10	10	30	...	3e ma	...	11*	1er ma	10	11*	...		
Loubens	25	372	Villefranche	25	lundi	....	...	...	...	...	1er l.	...	...	1er*	...	5	...		
Lanta	27	1150	Montlaur	14	sam.	....	2	12	23	...	24*	...	28	28	28	...	26		
Bourg-St-Bernard	20	970	Gragnague	13	....	25	...	15	...	J	...	...	18*	...	17	...	15		
Montgiscard	16	918	Montlaur	3	....	2e jeudi en	2e j.	2e j.	2e j.	2e j.	2e j.	2e j.	2e j.	2e j.	2e j.	2e j.	2e j.		
Baziège	11	1430	(train)		sam.	1er samedi	...	...	...	...	1er s.	1er s.	...	1er s.	1er s.	...	...		
Fourquevaux	21	305	Montlaur	6	....	3e merc.	...	...	3e me	...	...	...	3e me	...	...	3e me	...		
Labastide-Beauvoir	13	500	Baziège	5	....	....	14	...	...	18*	...	...	22	...	30	...	...		
Varennes	12	200	Villenouvelle	6	....	....	...	...	...	8*	...	...	...	...	29	...	...		
Nailloux	12	1250	Villefranche	12	merc.	2e merc.	...	2e me	...	4	25	...	...	25*	...	12	...		

GERS : Auch, Condom, Lectoure, Lombez.

LOCALITÉS et dist. de l'arrondiss.	k.	Popul.	GARES et distances.	k.	Marchés.	Janvier.	Fév.	Mars.	Avril.	Mai.	Juin.	Juill.	Août.	Sept.	Oct.	Nov.	Déc.	FOIRES MOBILES et observations.	HOTELS & CAFÉS recommandés.
Calmont	21	1820	Saverdun	9		26		1er	1er	26		26*	26		1er		1er	A) mardi p. 1er.	
Revel	39	5180	🚂		sam.		3			3		2e s.		22*					
St-Julia	22	826	Revel	10					27				3*				22		
St-Félix	18	2338	🚂		mardi					j. Pâq.*	F 23					A			
AUCH		16m	🚂		sam.	1er sam.	1er s.	1er s.	1er s.	1er s.	1er s.	1er s.	1er s.	l. p. 8*	1er s.	1er s.	1er s.	A) lundi p. 1er dim.*	
Puycasquier	22	700	Ste-Christie	12		d' jeudi	d' j.	d' j.							d' j.	d' j.	d' j.	B) merc. Passion.	
Roquelaure	9	638	Rambert-Preignan	3		9								A				C) 15 jours a. Cend.	
Barran	15	1500	Isle de Noé	8	3e j.*	1er jeudi cm	1er j.	1er j.	1er j.	1er j.	1er j.	1er j.*	1er j.	1er j.	1er j.	1er j.	1er j.	D) 8 jours a. Cend.	
Seissan	18	925	Auch	18	vend.*														
Gimont	26	3000	🚂		merc.		1er j. Car.		B					2e me					
Aubiet	16	1412	🚂				1er j.		1er j.						1er j.		1er j.		
Jegun	18	1870	🚂	3	jeudi	2e et d' j. cm	»	»	»	»	»	»	»	»	»	»	»		
Lavardens	18	1032	Jegun	8												17			
Le Brouilh	20	186	Isle de Noé	11				d' ma					d' ma						
Saramon	25	1244	Gimont	15	mardi	1er mardi cm	1er ma	1er ma	1er ma	1er ma	1er ma	1er ma	1er ma	1er ma	1er ma	1er ma	1er ma	F 14 mai.	
Faget	21	520	Aubiet	19					l. Quas*										
Sémézies	21	260	Gimont	20	mardi	1er mardi cm	1er ma	1er ma	1er ma	1er ma	1er ma	1er ma	1er ma	1er ma	1er ma	1er ma	1er ma		
Vic-Fezensac	28	3950	🚂	1	vend.	1er vend.	1er v.	1er v.	1er v.	8	1er v.	1er v.	26*	1er v.	1er v.	6	1er v.		
Bazian	28	421	Isle de Noé	15					2e ma		2e ma				2e ma		2e ma		
Riguepeu	25	808		10	mardi	1er	2	1er	30			25		14	18*	l. p. 11			
Condom		7800	🚂		sam.	1er, 3e s.	C	1er, 3e s.	l. Quas	1er, 3e s.	22*	1er, 3e s.	1er, 3e s.	5	1er, 3e s.	25	1er, 3e s.		
Blaziert	11	340	Condom	11						3				15					
La Romieu	11	1214	Castex	9	dim.		Cendres		l. Pâq.		2		16*	30		2	26		
Cazaubon	17	2840	Eauze	18	mardi	1er mardi	20		1er ma		8*			1er ma		6			
Estang	46	1883	—	15	vend.			1er ma			30*			+		20			
Eauze	28	4380	🚂		jeudi	4	1er l. Car.			23			6*			8			
Bretagne	23	315	🚂			16		23			5*				3				
Courrensan	20	862	Gondrin	4		17			l. Pâq.*						25				
Demu	36	1020	Eauze	16		27		d' me		17			23*			14			
Lannepax	27	1519		14			D			2		l.p.25*				2			
Montréal	14	2800	🚂		vend.	22		25		1er	24*			2		19	l. a. 25		
Castelnau d'Auzan	26	1872	Eauze	12	dim.	7		1er ma	l. Pâq.			11		8*					
Fourcès	12	850	Montréal	6			14			14				14*	12				
Gondrin	16	2161	🚂		dim.		3	11		21			10*		17		10		
Labarrère	21	510	Montréal	8		15							16*						
Lagraulet	17	910	Gondrin	4								23*					29		
Nogaro	43	2426	🚂		sam.			20		4		22*		8*	18		22	A) l. p. Toussaint.	
Houga	63	1639	Barcelonne	20	jeudi	2		1er j.		8				2*				B) veille Rameaux.	
Monguilhem	55	516	Aire	21	lundi			19	l. Pâq.*	19			4*			16	27		
Manciet	27	1715	Eauze	12	merc.		1er me	15			1er*			15	2e me		1er		
Espas	39	310	—	17							26				1er*				
Valence	9	1605	Condom	9		20	16	14	28	6		16	21	21*	14	16	16		
Beaucaire	14	628	—	14		12		12								12			
Bezolles	17	133	—	17				d' l.					d' l.			d' l.			
Castéra-Verduzan	19	1000	—	10	merc.	1er merc.		1er me		1er me		1er me		1er me		1er me			
St-Puy	12	1536	—	12		15			A	20	24*		20		28		4		
Lectoure		5340	🚂		vend.	7*	2e v.	2e v.	2e v.	2e v.	2e v.	2e v.	2e v.	2e v.	2e v.	11*	2e v.		
Lizardes	20	570	Castex	12	dim.			11		24			11*		16				
Mas d'Auvignon	14	448	Lectoure	14				18						8*					
Pergain	21	684	Astaffort	6		17									10				
Pouy-Roquelaure	18	400	Castex	8			4		18					13					
St-Mézard	17	511	—	5			12			3			14*		3				
Terraube	8	810	Lectoure	8										1er					
Fleurance	11	4110	🚂		mardi	1er mardi	1er ma	1er ma	1er ma	1er ma	1er ma	1er ma	l.p.16*	1er ma	1er ma	1er ma	1er ma		
Montastruc	18	751	🚂					19			4		7*		19				
Sauvetat	15	1082	Flemant	12				2e me			2e me		4e me				2e me		
Mauvezin	35	2530	🚂		lundi	3e lundi	3e l.	3e l.	l.p.1er d.	3e l.	3e l.	3e l.	3e l.	30*	3e l.	4	3e l.		
Solomiac	29	780	Aubiet	21		2e mardi cm	2e ma	2e ma	2e ma	2e ma	2e ma	2e ma	2e ma	2e ma	2e ma	2e ma	2e ma		
Montfort	27	1108	Fleurance	15		d' sam. cm	d' s.	d' s.	d' s.	d' s.	d' s.*	d' s.	d' s.	d' s.	d' s.	d' s.	d' s.		
Miradoux	13	1390	Astaffort	12			l. gras		B	1er		22	F 25		6		13		
St-Clar	15	1700	Fleurance	11	jeudi	2e jeudi cm	2e j.	2e j.	2e j.	2e j.	2e j.	2e j.	2e j.	2e j.	2e j.	2e j.	2e j.		
Lombez		1700	Gimont	17	vend.	d' vend.	d' v.	d' v.	d' v.	d' v.	d' v.	d' v.	d' v.	v. a. 8*	d' v.	d' v.	d' v.		
Simorre	18	1810	Gimont	24	jeudi	d' jeudi cm	d' j.	d' j.	d' j.	d' j.	d' j.	d' j.	d' j.	d' j.	d' j.*	d' j.	d' j.		
Montpezat	10	508	Lombez	10			3		26				17*				1er		
Cologne	23	680	Isle en Jourdain	15	jeudi	3e lundi	3e j.	3e j.	3e j.	3e j.	3e j.*	3e j.	3e j.	3e j.	3e j.	3e j.	3e j.		
Isle en Jourdain	22	4480	🚂		sam.	2e sam. cm	2e s.	2e s.	2e s.	2e s.	2e s.	2e s.	2e s.*	2e s.	2e s.	2e s.	2e s.		
Samatan	2	2480	Lombez	2	lundi	1er, 3e lundi	1er, 3e l.	1er, 3e l.	1er, 3e l.	1er, 3e l.	1er, 3e l.	1er, 3e l.	1er, 3e l.	1er, 3e l.	1er, 3e l.	1er, 3e l.	1er, 3e l.		
Mirande		4020	🚂		lundi	1er lundi	1er l.	1er l.	1er l.	1er l.	1er l.	1er l.	l.p.15*	1er l.	l. p. 9*	l.p.25*	1er l.		
Aignan	39	1650	Riscle	18	lundi			10			11*			22			28		
Averon-Bergelle	13	582	—	20			10						d' ma		d' ma				
Lupiac	11	1200	Castelnau	26	sam.	4	1	4	23		18	24		1er*	4	20			
Marciac	25	1958	Miélan		merc.			me. p. 25		me. p. 3				me. p. 8*		me. p. 1er	me. p. 8		
Tillac	11	840	Laas	5			2e s.							2e s.					
Masseube	20	1720	Auch	25	lundi	2e lundi	2e l.	2e l.	2e l.	2e l.	2e l.	2e l.	1er*	3e l.	2e l.	7*	2e l.		
Mont d'Astarac	32	235	Mirande	32									11	10*					
Miélan	11	1955	🚂		jeudi		j. p. 2			j.p.Pen.			25*			5, d' j.			
Villecomtal	24	881	🚂		vend.		2e v.			2e v.			2e v.			2e v.			
Montesquiou	11	1585	Isle de Noé	7	sam.					s.p.As.		20*				11			

GERS : Mirande. — GIRONDE : Bordeaux.

LOCALITÉS ET DIST. DE L'ARRONDISS.	K.	Popul.	GARES ET DISTANCES	K.	Marchés.	FOIRES Janvier.	Fév.	Mars.	Avril.	Mai.	Juin.	Juill.	Août.	Sept.	Oct.	Nov.	Déc.	FOIRES MOBILES et OBSERVATIONS.	HOTELS & CAFÉS RECOMMANDÉS.
Bassoues	18	1190	Isle de Noé	15	mardi	1r ma., 17	1r ma	1r ma	1r ma	1r ma	1r ma	1r ma	A	1r ma	1r ma	1r ma	1r ma	A) 1er mardi et 29*.	
Isle de Noé	16	940			merc.	6					29*							B) *5 jours a. mardi gras.	
Peyrusse-Grande	27	830	Isle de Noé	21		de jeudi		j.a.Pas.		1er j.			l.p.17*		2e j.				
Plaisance	37	2100	Castelnau	6	lundi	1r lundi	1r j.Ca.		j.a.Ram	23	de j.	de j.	28*	de j.	29		7		
Beaumarchés	32	1190	—	9			j. gras		de j.					7*			9		
Cahuzac	46	322	—	2			2e j.												
Tasque	40	506	—	6		25													
Riscle	50	1840			vend.		B		26				29			11	31		
Barcelonne	62	1180	Aire-s.-Adour	2		7, 21	13, 27	26	9	l. Pen.			11,24*		1, 15	25	9		
St-Germé	56	415					j. gras			3e j.					3e j.				
St-Mont	60	650	St-Germé	3												2*			
Viella	55	1578	Riscle	10	sam.	15		1er		15*			1er	15		15			
BORDEAUX		252m			quot.			1er*		16*	1er	F14	16*	29	15*				
Bruges	6	2000												1r d.*					
Caudéran	2	8230	Bordeaux	2							10*								
Audenge	40	1220							l. Pâq.*	20				18					
Biganos	39	1868	Facture	1										1r d.*					
Lanton	50	794											17						
Lège	50	690												12					
Mios	40	2615								10	24*		15,29*			13			
Belin	45	1770			lundi	23				22*									
Le Barp	32	1130	Marcheprime	11					20										
Béliet	43	1332	Facture	10		17			30*										
Lugos	52	446											16*	s.p.3e l.					
St-Magne	38	850								14*						2			
Salles	41	3870			sam.					12		1er l.		2e l.*		1er	1er l.		
Blanquefort	10	2882						1er l.		1r d.									
Eysines	8	2745	Bordeaux	8					l. Pâq.		d.a.24*								
Le Haillan	9	960	—	9								3e l.							
Macau	22	1936									21*		16						
Ludon	11	1325								25									
St-Aubin	15	395	St-Médard	2				l.p.1r d.											
St-Médard	13	3470								5	9*		20			13		F 8 juin.	
Le Taillan	12	1335	Blanquefort	5		13*	2							11*					
Cadillac	37	2840	Cerons	2	sam.	1r sam.	1re s.	1er s.	1er s.	1er s.	1er s.	22*	1er s.	1er s.	28	1er s.	1er s.		
Langoiran	25	1918	Portets	3	mardi		1re l.		1er l.		1er l.		1er l.*		1er l.		1er l.		
Rions	33	1500	Podensac	2	quot.						25*			8*			26	A) veille Rameaux.	
Ambarès	12	3030	La Grave	2	dim.					10			20*			10		B) veille Pentecôte.	
Ambès	24	1338	La Grave (par eau)	12		de jeudi													
Cenon	5	1265		1	1. v.														
Floirac	7	2200	Bordeaux	7										15,28*					
Montussan	15	570	St-Loubès	4		16*													
Ste-Eulalie	12	894	La Grave	2		3e samedi													
St-Loubès	18	2170			lundi		3			1er	29*					2		F Pentecôte.	
St-Sulpice d'Izon	19	1072				19*		1er j.					12						
Castelnau-de-Médoc	29	1735			sam.		1er j.Ca.		A	B		26*			de s.				
Cantenac	26	1180	Margaux	1								d.p.22*							
Lacanau	43	936								19									
Cussac	38	1311	Moulis	5				1er l.											
Lamarque	36	1162	—	3	dim.								24*						
Listrac	34	2230	—	3	dim.				l. Pâq.		24*					11			
Margaux	28	1684			dim.														
Ste-Hélène	28	950			vend.			25						15					
Salaunes	23	298												8*				F 18 août.	
Créon	24	1146			merc.	17	16	j. Mi C.	j. Qua.	22	30		14	29*	25	30	24		
Cambes	18	785	La Tresne	7		de samedi													
Quinsac	13	1172	—	4	dim.						25*					2			
Sauve-la-Grande	25	1060			vend.	1r vend.	1er v.	1er v.	2. Pâq.	l. Pent.	1er v.	1er v.	16*	1er v.	1er v.	1er v.	1er v.		
Labrède	19	1680			dim.					1er*			29				13		
Cabanac	28	550								25			11*						
Cadaujac	10	1285											l. p. 25						
Castres	23	718	Beautiran	1						1er l.			8*			12			
Léognan	10	2160	Cadaujac	6	dim.				30				l.p.15*						
Martillac	16	1027	St-Médard	3									15*						
St-Selve	23	1000	Beautiran	5		17*													
Saucats	23	888	St-Médard	11				2e l.											
Pessac	4	8230			ma., s.				d.p.25*							11*			
Cestas	17	1460												12*					
Illac	17	712	Pierroton	8											1er*				
Martignas	18	285	Pessac	10			1er d.												
Mérignac	6	5738	—	4					15						15*				
Podensac	32	1718			mardi	3e mardi	22	3e ma	3e ma	3e ma	6*	3e ma	3e ma	3e ma	3e ma	25*	3e ma		
Barsac	38	2946							30					1er*					
Budos	45	975	Preignac	9				12											
Cérons	36	1489			quot.									7		11*			
Guillos	35	466	Cabanac	7					10										
Illats	35	1572	Podensac	6	dim.			29					17*						
Landiras	40	1830	Cérons	10	dim.		3*		l. Pâq.	l. Pen.*						12*			

GIRONDE : Bordeaux, Bazas, Blaye, Lesparre, Libourne.

LOCALITÉS et dist. de l'arrondiss.	k.	Popul.	GARES et distances	k.	Marchés	Janvier	Fév.	Mars	Avril	Mai	Juin	Juill.	Août	Sept.	Oct.	Nov.	Déc.	FOIRES MOBILES et observations	HOTELS & CAFÉS recommandés
Portets	22	1965			merc.				1.Pâq					1er*			26	A) lundi p. 8*. B) veille Ascension.	
Preignac	41	2300			lundi														
Pujols	42	780	Preignac	5	quot.				12					11					
St-André de Cubzac	23	3512			sam.	2e sam. 17*	j. Gr.	2e s.	v. St.	2e s.	2e s.	2e s.	2e s.	2e s.	28	30*	2e s.		
St-Antoine	26	160																	
St-Laurent d'Arce	30	828	St-André	5			3												
Teste de Buch	55	6205			dim.					Pen.			10*						
Arcachon	60	8160			quot.														
Gujan-Mestras	49	3980																	
Le Teich	45	1216							1er l.					29*					
Bazas		4900			sam.	2	1er s.	20	1er s.	1er s.	25* 8*	1er s. 31	25* 30	1er s.	1er s.	11	1er s.		
Bernos	7	1301	Bazas	7	l.,sa.,j.														
Cudos	5	1030	—	5					1.Pâq	1.Ra.*									
Gans	3	380	—	3				25*	25										
Auros	9	614	—	9	mardi	15	15	15	15	15 8	1er, 15	15	8	A. 22 29*	7	13	15		
Aillas	13	1255	La Réole	13															
Pondaurat	18	610	—	8		18, dr ma	dr ma	dr ma	dr ma	dr ma	dr ma	dr ma	dr ma	dr ma	dr ma	l.s.11*	dr ma		
Puybarban	19	416	—	5									l.p.11*						
Savignac	13	748	Langon	12								21	l.p.11*						
Captieux	17	1480	Bazas	17	lundi				29	25*				22					
Grignols	16	1700	—	16	merc.	1er me, 17	1er me	1er me	1er me 1, 20	B 1, 20	1er me 20	1er me 20	13* 26	1er me 18*	1er me	25	1er me		
Labescau	10	185	—	10															
Langon	15	1700			vend.		1.d'v		v. St.	7-8	v.p.11	1er v.	1er v.	29*		v.p.21	1er v.		
Castets	18	1238	Cardrot	8	d., j.	2e mardi	2e ma	2e ma	2e ma 30	2e ma	2e ma	2e ma	26*	2e ma	2e ma 18*	2e ma	2e ma	* Ascension.	
Roaillan	10	565		2															
Sauternes	18	872	Preignac	6															
St-Symphorien	25	1584			dim.						2		23*			6			
Balizac	22	880	Villandraut	7						18					8*				
Hostens	30	1062	St-Symphor.	15	dim.		2	25*		20			15	8*	8	18			
St-Léger	28	156		2															
Louchats	33	815	Hostens	5	dim.					3	1er*								
Villandraut	13	1045			jeudi				1er j.	9		8	2*	5		1er j.			
Noaillan	13	1844	Villandraut	4						26		22*		27					
Préchac	14	1980	Mizan		dim.				22			22		7*					
Blaye		4315			sam.				25*										
Berson	7	1720	Cars	5	jeudi	1er	ma.gras							10*	18	25*			
St-Paul	5	1000		1		25				1er d.*									
Bourg-s-Gironde	14	2772			dim.						F29								
Lansac	12	628	Bourg	3		d. p. 17*	ma.gras										1er		

LOCALITÉS et dist. de l'arrondiss.	k.	Popul.	GARES et distances	k.	Marchés	Janvier	Fév.	Mars	Avril	Mai	Juin	Juill.	Août	Sept.	Oct.	Nov.	Déc.	FOIRES MOBILES et observations	HOTELS & CAFÉS recommandés
Marcamps	19	584	La Grave	11							24*							A) Jeudi saint et 2e jeudi.	
Pugnac	14	900	St-Christoly	8	merc.	1re merc.		1er me		25*						1er me	8		
St-Trojan	12	348	—	7													26		
St-Ciers-la-Lande	22	2850			dim.	3e lundi	3e l.	3e l.	3e l.	3e l.	24*	3e l.	30*	3e l.	3e l.	3e l.	3e l.		
Anglade	16	1254	Blaye	10		3e merc. cm	3e me	3e me	3e ma	3e me	3e ma*	3e me	3e me	3e me	3e me	3e me	3e me		
Braud-St-Louis	13	1302	St-Ciers	4		1er mardi cm	1er ma	1er ma	1er ma	1er ma	1er ma	1er ma	1er ma	1er ma*	1er ma	1er ma	1er ma		
Etauliers	12	925			mardi	2e mardi	2e ma	1er	2e ma	2e ma	2e ma	28	2e ma	29*	2e ma	2e ma	28		
Pleine-Selve	26	406	St-Ciers	5		2e lundi cm	2e l.	2e l.	3e l.	2e l.	2e l.	2e l.	2e l.*	2e l.	2e l.	2e l.	2e l.		
Marcillac	26	2000	St-Aubin	4		1er jeudi cm	4e j.	4e j.	4e j.	4e j.	4e j.*	4e j.	4e j.	4e j.	4e j.	4e j.	4e j.		
Donnezac	24	1130	Montendre	6		2e merc. cm	2e me	2e me	2e me	2e me	2e me	2e me	2e me	2e me	2e me	2e me	2e me		
Reignac	18	2125	Etauliers	6		dr mardi cm	dr ma	dr ma	dr ma	dr ma	dr ma	dr ma	dr ma	dr ma	dr ma	dr ma	dr ma		
St-Aubin-la-Lande	20	889				1er merc. cm	1er me	1er me*	1er me	1er me	1er me	1er me	1er me	1er me	1er me	1er me	1er me		
St-Savin	18	2212			lundi	1er lundi	1er l.	1er l.	1er l.	1er	1er l.	l.p.12*	1er l.	1er	1er l.	23	21	* 1er mars.	
Cavignac	25	802			jeudi			25		j.F.-D.*									
Laruscade	30	1770	Cavignac	3	dim.	2			l.Pâq*	17		2	17			13			
St-Christoly	13	1820			dim.							d.p.25*							
St-Girons	18	970	St-Christoly	3															
St-Mariens	23	858															9		
Saugon	17	365	St-Christoly	4		3e mardi cm	3e ma	3e ma	3e ma	3e me 3e ma	2e me 3e ma*	3e me 3e ma	3e me 3e ma	3e ma	3e ma	3e ma	3e ma		
Lesparre		4150			sam.	1er vend. cm	1er v.	1er v.	1er v.	1er v.	1er v.	1er v.	1er v.	1er v.	1er v.	1er v.	1er v.		
Bégadan	7	1680	Lesparre	7							24*								
Civrac	6	1000	—	6							d.p.25*								
Naujac	10	856	Cardes	4							30		11*						
St-Christoly-et-Couquèques	10	1158	Lesparre	10								26*							
Valeyrac	12	916		12								2e l.							
St-Seurin	13	1335	St-Estèphe	6									16*						
Pauillac	21	4738			dim.								13						
Cissac	13	1226		3		17							13*			11*			
St-Estèphe	18	2940			dim.									7*					
St-Laurent-de-Médoc	20	2938		3	dim.								25*		21				
Carcans	28	960																	
Hourtin	16	1205						19			24*		18*						
St-Vivien	17	1420			merc.		1. Gr.		J. Pâ.	1. Pen.		1er me*	15*		dr j.				
Soulac	28	820			quot.						Trin.		l.p.16*						
Talais	23	800									1er j.					d.p.11*			
Le Verdon	33	753											l.p.16*						
Libourne		16m																	
St-Emilion	8	3155			vend.	2e mardi	2e ma	2e ma	j.a.Ram	2e ma	1er*	2e ma	2e ma	2e ma	2e ma	11*	2e ma		
St-Sulpice de Faleyrens	6	1135	St-Emilion	2	jeudi	2e jeudi	2	2e j.	A	2e j. 2*	2e j.	22*	2e j. 28	4, 2e j.		2e j. 2	2e j.		
Branne	11	645	—	7	jeudi	3e jeudi	3e j.	20	3e j.	19	3e j.	3e j.	3*	3e j.	3e j.	3e j.	13		
Génissac	10	1085	Arveyres	4	dim.					l. p. 9			l.p.16*						
Moulon	13	1040	—	9	sam.	dr sam. cm	dr s.	dr s.	dr s.	dr s.	dr s.*	dr s.	dr s.	dr s.	dr s.	dr s.	dr s.		

GIRONDE : Libourne, la Réole. — HÉRAULT : Montpellier, Béziers.

LOCALITÉS ET DIST. DE L'ARRONDISS.	k.	Popul.	GARES ET DISTANCES.	k.	Marchés.	FOIRES Janvier.	Fév.	Mars.	Avril.	Mai.	Juin.	Juil.	Août.	Sept.	Oct.	Nov.	Déc.	FOIRES MOBILES et OBSERVATIONS.	HOTELS & CAFÉS RECOMMANDÉS.
St-Germain du Puch	9	1170	Arveyres	5			j. gras					A		j. a. 8		j.a.26		A) j. a. dr dim. *	
Castillon	16	3002	🚂		lundi	2e et dr l.	24	2e,dr l.	l. Pâq	l. Pent.	11*	2e,dr l.	2e,dr l.	2e,dr l.	18	2e,dr l.	21	B) 3e l. p. Pâques.	
Ste-Terre	16	1845	St-Emilion	8		2e jeudi		2e j.	B			17*		2e j.				C) lend. Fête-Dieu.	
Coutras	18	5090	🚂		merc.	dr merc. en	dr me	dr me	dr me	dr me	dr me	dr me	dr me	dr me*	dr me	dr me	dr me		
St-Christophe	32	1254	Eglisottes	4		2e mardi en	2e ma	2e ma	2e ma	2e ma	2e ma*	2e ma	2e ma*	2e ma	2e ma	2e ma	2e ma	⚑ 25 juillet.	
St-Médard	19	1230	🚂		dim.	2e jeudi en	2e j.	2e j.	2e j.	2e j.	2e j.*	2e j.	2e j.	2e j.	2e j.	2e j.	2e j.	⚑ 8 juin.	
Fronsac	3	1452	Libourne	3							⚑ 20								
Cadillac	14	565	St-André	0		15										25			
Galgon	11	1320	🚂		dim.	1er lundi en	1er l.	1er l.	1er l.	1er l.	1er l.	1er l.	1er l.	1er l.*	1er l.	1er l.	1er l.		
Verac	15	550	Galgon	6					1er s.	1er s.			1er s.						
Guîtres-s.-Isle	15	1468	🚂		dim.	2e merc.	2e me	2e me	2e me	2e me	2e me	2e me	16*	2e me	2e me	2e me	2e me		
Lagorce	19	1210	Guîtres	5		3e lundi	3e l.	3e l.	3e l.	3e l.	3e l.	3e l.	25*	3e l.	3e l.	3e l.	3e l.		
Lapouyade	22	718	🚂									23*							
Marausin	23	1364	Lapouyade	1							j.a.a.24	17	15*	8					
Sablons	12	940	Guîtres	4			3		l. Pâq.*										
St-Denis de Pile	9	2630	🚂		dim.	1er merc.	1er me	1er me	1er me	16*	1er me	1er me	1er me	1er me	1er me	1er me	1er me	⚑ 9 octobre.	
Lussac	11	1731	Libourne	11		3e jeudi en	3e j.	3e j.	3e j.	3e j.	3e j.*	3e j.	3e j.	3e j.	3e j.	3e j.	3e j.		
Puisseguin	15	858	—	15		dr dim.	dr j.	dr j.	dr j.	dr j.	dr j.	dr j.	dr j.	dr j.*	dr j.	dr j.	dr j.		
Montagne-St-Emilion	10	1522	St-Emilion	6		1er jeudi en	1er j.	1er j.	1er j.	1er j.	1er j.	1er j.	1er j.*	1er j.	1er j.	1er j.	1er j.		
Petit-Palais	18	626	St-Médard	4		1er sam. en	1er s.	1er s.	1er s.	1er s.	1er s.	1er s.	1er s.	1er s.	1er s.*	1er s.	1er s.		
Pujols	24	765	Castillon	7	jeudi	2e jeudi	2e j.	22	25	20	29	25	16*	22	9	2e j.	2e j.		
Flaujagues	20	664	—	7				10		13		15		20*					
Gensac	32	1148	Moncaret	6	lundi		3	5	5	9*	20		24*			25			
Ranzau	21	1060	St-Emilion	14	sam.	1er sam.	3*	1er v. Ca.	1er s.	22	1er s.*	1er s.	10*	1er s.	28	1er s.	1er s.		
St-Foy et Pineuilh	40	3468	🚂		sam.	1er	1er,3e sa	1er, 20	1er,3e sa	1er,3e sa	1er*	1er	1er	1er*	1er	1er, 20	1er	*Nota.* — Les foires des 3es mardis de fév., avril, mai, du 20 nov. et 20 mars se tiennent à Pineuilh.	
La Roquille	13	315	Ste-Foy	6						2e d.									
La Réole		1350	🚂		sam.	2e et 4e s.	2e,4e s.	2e,4e s.	2e,4e s.	2e,4e s.	30	2e,4e s.	1er s.	2e,4e s.	2e,4e s.	2	2e,4e s.		
Hure	6	760	La Réole	6					1er j.		3e l.				30				
Lamothe-Landeron	9	1262	🚂		jeudi		Cend.			l. Pen.*			26	l. p. 8*					
Loupiac	4	352	La Réole	1	dim.	2e et dr sam	2e,dr s.	2e,dr s.	2e,dr s.	2e,dr s.	2e,dr s.	2e,dr s.	2e,dr s.	2e,dr s.	2e,dr s.	2e,dr s.	2e,dr s.		
Monségur	11	1559	—	14	vend.	2. 3e vend.	1er,3e v.	1er,3e v.	25	1er v.	1er v.	1er v.	10*	14	1er v.	1er v.	1er v.		
Castelmoron	16	100	—	16	dim.	17			j. a. Ra.	j. a. Pen.				21*					
Mesterrieux	10	287	—	10						10				1er					
Pellegrue	23	1500	Moncaret	11	merc.	2e merc.	2e me	15	2e me	2e me	11*	2e me	2e me	29	2e me	30	2e me		
Landerrouat	28	232	Ste-Foy	13		dr jeudi	dr j.	dr j.	l. Pâq	l. Pent.	24*			8		dr j.	dr j.		
St-Ferme	20	672	La Réole	20			21	23*	29				29						
St-Macaire	15	2185	🚂		merc.	7	2e me		1er me							30			
Caudrot	8	1327	🚂		dim.	dr jeudi en	dr j.	dr j.	dr j.	dr j.	dr j.*	dr j.	dr j.	dr j.*	dr j.	dr j.	dr j.		
St-André du Bois	15	660	St-Macaire	6		20	3e j.	15	3e j.	C				1er j.		30*			
Sauveterre	14	825	🚂		mardi	1er,3e ma en, 25	»	»	ma. Pâq.	ma. Pen.	»	»	6*	»	»	»	6		
Blasimon	21	1000	Castillon	14	jeudi		1er j.	1er j.	1er j.	1er j.			30*						
Gornac	18	440	Cérons	15	jeudi	2e jeudi	2e j.	2e j.	2e j.	2e j.				2e j.		2e j.	2e j.		
Targon	31	1175	🚂		lundi	2e et dr l.	2e,dr l.	2e l. 25*	2e,dr l.	2e,dr l.	2e,dr l.	2e l.	2e l, 25*	2e l.	2e l.	2e l.	2e,dr l.		
Montpellier		59 m	🚂		mardi				l. Qua.*							2*		A) mercredi p. 29.*	
Palavas	10	835	🚂		quot.														
Cournonterral	14	1810	🚂	2										14*		14			
Fabrègues	10	1552	🚂												25*				
St-Georges d'Orgues	8	842	Montpellier	8						1er*				4				⚑ 23 avril.	
Aniane	30	2585	Clermont-l'Hérault	17	jeudi										28		28*		
Argelliers	20	340	Montpellier	20													26		
Montarnaud	16	518	—	16											3				
St-Guilhem	36	765	Clermont-l'Hérault	20										15					
Castries	12	1048	🚂											A					
Cette	28	37 m	🚂		mer.*								d.p.29*						
Claret	31	634	Quissac	10										25					
Frontignan	21	3325	🚂			⚑ 25	1er v. Ca.	2e s. Ca.											
Ganges	45	4370	🚂		vend.	11			v. St.				10*		23	11			
Gorniès	56	435	Ganges	11											26				
St-Bauzille	40	1870	—	7									15*		29				
Lunel	23	6988	🚂		jeudi					l. Pen		⚑ 14				s. p. 25			
Marsillargues	28	3227	🚂								l. Tri*								
St-Gély	11	515	Montpellier	11									s.p.24*	18					
St-Mathieu de Tréviers	26	895	—	20									22		5			⚑ 21 septembre.	
Mèze	31	6070	🚂										10*						
Gigean	18	1452	🚂	1									1.p.25*						
Poussan	24	1960	🚂		lundi											25*			
Villeveyrac	29	1972	🚂										16*						
St-Martin de Londres	25	850	🚂							3								⚑ 11 novembre.	
Béziers		42 m	🚂		ven.*					3e d.*							3e d.		
Villeneuve-lez-Béziers	6	2090	🚂		quot.								3*						
Cazouls	11	3860	🚂									10*	3*			29			
Agde	21	8470	🚂		lundi								3*						
Bessan	30	2515	🚂										10*						
Marseillan	27	4060	Onglous	4	quot.								18*						
Bédarieux	40	7325	🚂		lundi					2			1er l.*	22		2	22		
Faugères	37	756	🚂			20	1er l. Ca.	15						10*					
Capestang	15	3518	Nissan	8						8*			3*						
Quarante	24	2000	—	16									29*						
Puisserguier	16	3092	Nissan	14	jeudi	25*						25*							

HÉRAULT : Béziers, Lodève, Saint-Pons. — ILLE-ET-VILAINE : Rennes.

LOCALITÉS et dist. de l'arrondiss.	k.	Popul.	GARES et distances	k.	Marchés.	Janvier.	Fév.	Mars.	Avril.	Mai.	Juin.	Juill.	Août.	Sept.	Oct.	Nov.	Déc.	FOIRES MOBILES et observations.	HOTELS & CAFÉS recommandés.
Florensac	24	3700											24*					A) mardi Quasi.	
Montagnac	30	4030						l. Pass.					29			*30		B) 2e lundi p. 15*	
Aumes	28	451	Montagnac	2										1r d.					
Murviel	12	1902	Béziers	12									1er s.			16*			
St-Geniès B.	18	930	Magalas	5						l. a. Asc.									
Causses	21	645	Reals	6			dr me												
St-Nazaire de Ladarez	30	919	Cessenon	10					l. Pâq.*										
Pézenas	23	7005			sam.									l. p. 14*		l. p. 11*			
Caux	28	1675			lundi								18						
St-Thibéry	20	1945														l. p. 10*			
Gabian	20	1115							15					1er*					
St-Gervais	15	2070	Estrechoux	8	mardi		24		A		9*		ma. p. 15	29		30	23		
Hérépian	35	1284	Bédarieux	4	merc.	17			ma. p. Pâq		1er				12				
Le Poujol	41	1068	—	10					30*				11			25			
Rosis	50	742	Estrechoux	17		23										4			
St-Geniès de Varensal	51	290	—	13		15			30										
Villemagne	40	486	Bédarieux	8								20*			15				
Servian	16	2615											14*		23				
Montblanc	15	1530	St-Thibéry	5									18*				d. p. 11		
Alignan	20	1161	Pézénas	7					15*										
Valros	14	610											3*						
Lodève		9550			lundi		13*			l. dég.			25*			l. a. 11*			
Fozières	6	112	Lodève	5	lundi														
La Vacquerie	18	640	—	18					28						28				
Le Caylar	19	770	—	19					26		30*	31			18	12*			
Le Cros	24	248	—	24									20						
St-Maurice	24	658	—	24									16*					┌ 22 septembre.	
Clermont-l'Hérault	17	3150			merc.	1er lundi			1er l.			1er l.			1er l.				
Aspiran	26	1212											28						
Canet	28	800	Clermont-l'Hérault	6										1er*					
Ceyras	13	631	—	4							1er l.								
Paulhan	29	1631			mardi									9					
Gignac	23	2583			sam.									24		30			
Montpeyroux	20	1614	Rabreux	7	vend.				23	24			21*				28*		
Le Pouget	27	860	Campagnan	10										20*				┌ 29 septembre.	
St-André-Sangonis	19	2340	Clermont-l'Hérault	8							3e s.*							┌ 30 novembre.	
St-Jean de Fos	25	1372	—	15											5			┌ 24 juin.	
St-Pargoire	35	1500											R						
Lunas	14	1285								25*				24					
Bousquet-d'Orb	18	1818				15					4e l.				4e l.				
Ceilhes	29	900	Roquerédonde	4		2	3*		23		l. Trin*			1er		25			
Avesne	20	1147	Bousquet	13			4						3		27				
Roquerédonde	22	335		6									16*						
Joncels	18	571							15				29		29				
St-Pons		3690			merc.				30				11*		21		13		
Courniou	5	1682									n. a. Pen.				2				
Pardailhan	14	843	St-Chinian	12									18		31				
Rieussec	14	341	St-Pons	14											21				
Riols-s.-le-Jaur	5	2000				22			15		┌29	29							
Olargues	19	1355	Estrechoux	19		1er et 2		1er s.	1er s.	11	24*		9	12	25				
Cambon-et-Salvergues	32	585	Bédarieux	25							7		20						
Colombières	30	386	—	15				20							28				
Mons	24	991	St-Pons	21			1er								8	14			
Prémian	9	880	—	9			26							2*					
St-Etienne d'Albagnan	12	842	—	12		10			10									┌ 26 décembre.	
Roquebrun	40	1265	Cessenon	7		sam. p. 10*													
Olonzac	33	2500	Azille	7		5				3			24*						
Félines-Hautpoul	35	780	Rieux	5		21							16*						
La Livinière	36	1205	Lésignan	22									14*	7					
Siran	38	1020		5				26											
St-Chinian	25	3600			jeudi	ma. p. 10			l. Quas.				21*			2			
Aigues-Vives	25	654	Bize	6		20							3						
Cessenon	33	2610					3						16*			d's.			
Salvetat	22	3550			mardi	19	19	19*	19	19	19	19	19	19	19	16	19		
Fraisse	28	1212	Salvetat	16						9	21*		22		18				
Le Soulié	15	1070	—	10						28*				4	26				
RENNES		67m			sam.	1er ou 3e lundi	1er	1er	1er	1er*	1er	1er	1er	1er*	1er	1er	1er	A) lundi p. 6*.	
Betton	10	2108								3e l.	3e l.			3e l.				B) 2e et 4e jeudi.	
Cesson	6	2430	Rennes	6						l. p. 8*						l. p. 11*		C) 2e et 4e jeudi.	
Gévezé	16	2015	—	16	vend.		3e ma	3e ma		2	11*				3e ma			D) 2e j. et 25*.	
Pacé	10	2348	Hermitage	4				2e l.		l. p. Asc		A			19*			E) 2e et 4e jeudi.	
Acigné	12	2020	Noyal	1	vend.								l. p. 25*						
Bourgbarré	14	1100	St-Armel	4												30			
Bruz	12	3100												*1er d.					
Chartres	8	915	Bruz	5						l. Pent.*									
Châtillon-s.-Seiche	9	830	Vern	5										14					
St-Jacques-la-Lande	7	1138	Rennes	7							l. a. 21*								
Châteaugiron	16	1470	Vern	7	jeudi	2e jeudi	2e j.	2e j.	B	C	D	2e j.	2e j	E	2e j.	2e j	2e j.		

ILLE-ET-VILAINE : Rennes, Fougères, Montfort, Redon.

LOCALITÉS et dist. de l'arrondiss.	k.	Popul.	GARES et distances	k.	Marchés.	FOIRES Janvier.	Fév.	Mars.	Avril.	Mai.	Juin.	Juill.	Août.	Sept.	Oct.	Nov.	Déc.	FOIRES MOBILES et observations.	HOTELS & CAFÉS recommandés.
Noyal-s.-Vilaine	13	2605	🚂		lundi		l. p. 3e				F29							A) lundi p. 29*.	
St-Armel	19	451	🚂									15						B) 1er l. ou 2e l. si le	
Servon	16	1320	🚂	1	mardi	2e mardi	2e ma	2e ma	2e ma	2e ma	2e ma	2e ma	2e ma	2e ma	l. p. 9*	2e ma	2e ma	1er du mois est un	
Hédé	21	905	Montreuil	10	mardi	1er mardi	1er ma	1er ma	1er ma	1er ma	ma. p. 24	1er ma	ma. p. 13	ma. p. 14	ma. p. 28	ma. p. 38	1er ma*	dimanche.	
Dingé	29	2338	Montreuil-sur-Ille	7	jeudi				ma. Paq.			j. p. 30		A			j. a. 24	C) ma. p. F.-Dieu.	
Gaipel	24	1754	—	4	vend.			2e l.		B					2e l.			D) 1er j. Carême.	
La Mézière	15	1230	Rennes	15		3e mardi			3e ma			3e ma		29*				E) merc. Pâques.	
Janzé	25	4815	🚂		merc.				2e me	2e me	2e me	2e me			2e me	11*		F) s. plus près du 2.	
Brie	22	905	Janzé	8		sam. p. 6												G) veille Rameaux.	
Corps-Nuds	18	1860	🚂		mardi				ma. Sain.								ma. a. 25	H) mardi p. 1er.	
Piré	23	3024	Janzé	8	vend.						l. p. 29*							I) mardi Pâques.	
Liffré	17	3020	Noyal	13	merc.					2	25*			23	9			J) jeudi p. 14 et 29.	
La Bouexière	22	2534	Servon	7	dim.				25					13*		30			
Dourdain	30	926	—	15			3e ma					3e me							
Ercé	23	1633	Mouazé	9					3e me						3e me				
Livré	34	1810	Vitré	16				2	l. Paq.*										
Mordelles	14	2185	Hermitage	6	jeudi								2*			6			
Chavagne	18	714	Bruz	4											18				
L'Hermitage	10	610	🚂								C				1er ma				
St-Gilles	13	1610	Hermitage	4					12			23*		27		8			
St-Aubin d'Aubigné	18	1850	St-Germain-s.-Ille	5	mardi			2e ma			2e ma			3e ma			4e ma		
Aubigné	28	183	Montreuil-s-Ille	4			D	j. Mi-C.								3			
Feins	27	1095	—	4	dim.				me p. 23							me a. 11			
Montreuil-s.-Ille	28	1200	🚂		jeudi				4e j.						2e j.				
Sens de Bretagne	28	2180	Montreuil	12	lundi		l. gr.		l. Paq.	l. Pent.				4e l.		4e l.			
Vieux-Vy	30	1594	—	4									1er l.*						
Melesse	12	2511	St-Germain-s.-Ille	5	jeudi					ma. Pent.			3e j.		3e j.				
St-Germain-s.-Ille	16	669	🚂		merc.	2e merc.			E	2e me	2e me	F31	2e me	2e me	2e me	2e me			
Fougères		15m	🚂		sam.		F	s. p. Mi-C.	G	s. p. Rog.	s. p. 24		3e	H			s. p. 3*		Gd Hl St-Jacques.
Le Loroux	12	1035	Fougères	12	mardi		dr l.						3	3e l.					
Antrain	26	1600	🚂		vend.		9		I	11			10*		2e ma				
Bazouges	36	4040	Antrain	9	jeudi				j. p. 23		j. p. 11	j. p. 23*	j. p. 24	J		j. p. 11	j. p. 28	Si les dates tombent le jeudi, la foire a lieu le jour même.	
St-Ouen-la-Rouerie	21	1828	—	3						l. p. 9*			3e l.						
Tremblay	24	273	Huetière	1	merc.			2e l.			2e l.			2e l.					
Lourigné	16	2742	Fougères	16	vend.			1er v.	1er v.	1er v.	21*			29*					
Le Ferré	17	1380	—	17							l. p. 29*			1er l.					
St-Georges de Reint.	19	2995	—	19	jeudi	jeudi p. 6	j. a. d. gr.	j. Mi-C.	24*		3e j.		j. p. 21*			j. p. 1er			
St-Aubin du Cormier	19	2178	—	19	jeudi	2e jeudi	2e j.	2e j.	2e j.	2e j.	3e j.*	2e j.	2e j.	3e j.	3e j.	2e j*	2e j.		
St-Ouen des Alleux	10	1460	St-Brice	11	merc.			1er me	me. p. 23			1er me			1er me				

LOCALITÉS et dist. de l'arrondiss.	k.	Popul.	GARES et distances	k.	Marchés.	FOIRES Janvier.	Fév.	Mars.	Avril.	Mai.	Juin.	Juill.	Août.	Sept.	Oct.	Nov.	Déc.	FOIRES MOBILES et observations.	HOTELS & CAFÉS recommandés.
St-Brice	15	2036	🚂		lundi			3e l.			3e l.*			3e l.		3e l.		A) jeudi p. 23*.	
Coglès	24	1207	St-Brice	8					1er j.		A								
Montours	14	1411	—	8						1er ma			B					F 31 juillet.	
St-Germain en Coglès	9	2394	🚂	1					ma. Paq.			dr ma.*						F 14 janvier.	
St-Hilaire-des-Landes	12	1690	St-Brice	8	vend.					3e ma.*					3e ma				
St-Marc-le-Blanc	16	1586	—	6					C					D				B) mardi p. 25*.	
Montfort		2380	🚂		vend.	3e vend.	3	3e v.	23	3e v.	25*	3e v.	3e v.	3e v.	E	3e v.	6	C) lundi p. 25*.	
Bedée	5	2395	Montfort	5										9*				D) Jeudi p. 29*.	
Clayes	12	286	Hermitage	7													27	E) mardi p. 18*.	
Iffendic	6	4310	Montfort	6	lundi	2e lundi.			2e l.			l. p. 6*			2e l.			F) mardi p. Asc.	
Pleumeleuc	7	1324	—	7		17				2e me								G) mardi a. 24*.	
Talensac	4	1462	—	4							2e l.		10*					H) 1er et 3e l. p. 11.	
Le Verger	10	525	—	10							29*							I) mardi p. 25*.	
Bécherel	19	782	—	19	lundi	2e lundi c.m.	2e l.	2e l.	2e l.	2e l.	2e l.	2e l.	2e l.*	2e l.	2e l.	2e l.	2e l.		
Les Iffs	22	400	—	22			ma. Gr.		dr j.					dr j.					
Irodouer	13	1880	—	13		2e merc.						2e me							
Romillé	11	2388	—	11	jeudi	1er jeudi c.m.	1er j.	1er j.	1er j.	1er j.	1er j.	1er j.	1er j.	1er j.	1er j.*	1er j.	1er j.		
St-Pern	20	1305	Montauban	12					ma. Paq.										
Montauban	12	3040	🚂		merc.	dr merc.	dr me	dr me	23*	dr me	dr me	dr me	dr me	20*	dr me	dr me	dr me		
Boisgervilly	9	1388	Montauban	5							l. frin*				1er l.				
Landujan	12	1123	—	8			dr ma												
Médréac	17	2530	—	8	mardi					F					16*				
Plélan	20	3595	Montfort	20	sam.	2e sam.	15	2e s.	1er s.	19	2e s.	2e s.	4*	2e s.	2e s.	3	2e s.		
Bréal	12	2250	Hermitage	9	merc.							15*				15			
Maxent	20	2135	Montfort	20					2e j.						2e j.				
Monterfil	10	916	—	10							20*			2e j.					
Paimpont	26	3250	Montfort	26						l. Pent.*								F 13 juillet.	
St-Thurial	16	985	Hermitage	15						2									
Treffendel	13	990	Montfort	13					23*				30*						
St-Méen	20	2881	🚂		sam.	dr sam.	dr s.	dr s.	dr s.	dr s.	G	dr s.	dr s.	dr s.	9*	dr s.	dr s.		
Gael	20	2680	Montfort	20				2e ma			24*		22		18				
Quédillac	22	1709	Caulnes	4						2e ma				3e ma					
St-Malon	14	1070	Montfort	14						6*		dr l.					26		
Redon		6500	🚂		lundi	2e, 4e lundi	2e, 4e l.	2e, 4e l.	l. Ram.*	2e, 4e l.	2e, 4e l.	2e, 4e l.	2e, 4e l.	2e, 4e l.	21*	2e, 4e l.	2e, 4e l.		Hl de Bretagne.
Bains	8	2655	Redon	8					27						18				
Brain	18	695	Besle	2	merc.				25							7			
Chapelle-St-Mélaine	16	1400	—	6				25*						15					
Langon	23	2130	Fougeray				5	19		15*					16				
Renac	12	1538	—	10	dim.				ma. Paq.				28*				1er		
Ste-Marie	7	2088	Redon	7				5	20										
Bain	41	4983	🚂		lundi				ma. Paq.	l. Pent.*						H			
Ercé en Lamée	62	2131	🚂		dim.				I										

ILLE-ET-VILAINE : Redon, Saint-Malo, Vitré.

LOCALITÉS et dist. de l'arrondiss.	k.	Popul.	GARES et distances.	k.	Marchés.	Janvier.	Fév.	Mars.	Avril.	Mai.	Juin.	Juill.	Août.	Sept.	Oct.	Nov.	Déc.	HÔTELS & CAFÉS recommandés.
Poligné	48	1273	Bain	5						A								
Grand-Fougeray	30	3800	Langon	10	jeudi	1er jeudi	1er j.	j. Mi-C.	j.p.Qua	j.p.Asc.	1er j.	1er j.	29*	1er j.	10	1er j.	21	Hl de l'Europe.
La Dominelais	39	1562	Fougeray	16			d' ma											
Guichen	45	3830	Bourg des C.	5	vend.	3e vend. cm	3e v.	3e v.	3e v.	3e v.	3e v.*	3e v.	3e v.	3e v.	3e v.	3e v.	3e v.	
Baulon	45	1675	—	17	mardi	2e mardi cm	2e ma	2e ma	2e ma	2e ma	2e ma	2e ma	2e ma*	2e ma	2e ma	2e ma	2e ma	
Bourg des Comptes	50	1758			jeudi						25*				9			
Goven	52	2356	Bruz	9												11*		
Guignen	36	3230	Guichen	8	merc.	1er merc.		a. Pas.				16*		B				
Laillé	46	2026	Bruz	6					l. Quas.					29*				
Maure de Bretagne	32	3620			jeudi	15	l. gras	l. a. Mi-C	l. Quas.	3, C	10	D					15	
Les Brulais	31	702	Maure	5						17							1er	
Bovel	38	628	—	8						3				11				
Chapelle-Bouexic	40	1195	—	6						8*								
Comblessac	28	896	—	3					3e j.						3e j.			
St-Seglin	33	762	—	5						3e ma					3e ma			
Pipriac	23	3596	Messac	11	mardi		3e ma			3*		3e ma			26*			
Bruc	20	1350	—	16	jeudi									29*				
Guipry	28	3325	—	2	merc.			E	m.a.p.Q.	F				m.a.p.S.*				
Lieuron	26	765	—	12					3e me									
Lohéac	32	610	—	8	sam.	2e sam.	2e s.	2e s.	s. Saint	j.p.Pen*	2e s.	2e s.	5*	22	2e s.	G	2e s.	
St-Just	19	1485	—	15				2e ma		10			25*		28			
St-Ganton	22	661	Fougeray	4			23		29*					15				
Sixt	15	2325	Redon	15						5*					9			
Le Sel	31	786	Janzé	12								H			1er ma			
Chanteloup	34	1340	Corps-Nuds	3										3				
Tresbœuf	35	1590	Janzé	10							I				3e ma			
Lalleu	31	1068	—	12						1er j.					1er j.			
Saint-Malo		11m		1	ma. v.			*										
Paramé	3	4370	St-Malo	3	vend.		l. gras									18		
Cancale	11	6725	Gouesnière	9	jeudi				J									
St-Coulomb	10	2055	—	7							K							
St-Méloir	10	3070	—	2					1er l.			3e L.*						
Hirel	19	1770	Fresnais	3				l.p.15*										
St-Benoît des Ondes	13	850	—	3				F 21				1er l.						
Châteauneuf-de-Bretagne	14	700			merc.					11	11		1er*		9			
Miniac-Morvan	20	3202							L		M			N			O	
Pleurguer	20	2950					l.p.l'd.				l. Pen*							
St-Guinoux	16	973	Châteauneuf	4				1er l.										
St-Père	10	1740					2e l.											

FOIRES MOBILES et OBSERVATIONS.

A) ma. p. ou du 9e.
B) mer. p. 29. Si ce mer. se trouvait le 1er oct. la foire se ferait le lend.
C) vend. Ascension.
D) l. p. 29 juin*.
E) 3 et j. p. Mi-Ca.
F) merc. a. Pent.
G) mardi p. 11*.
H) mardi p. 22*.
I) mardi a. 21*.
J) merc. Pâques*.
K) lundi Trinité*.
L) 2e l. au bourg.
M) 23 au vieux bourg*.
N) 2e l. au bourg.
O) 1er l. au vieux bourg.

F Passion.

LOCALITÉS	k.	Popul.	GARES	k.	Marchés.	Janvier.	Fév.	Mars.	Avril.	Mai.	Juin.	Juill.	Août.	Sept.	Oct.	Nov.	Déc.
Combourg	40	5900			lundi	lundi p. 15	l.p.15	l.p.30	l.p.15	l.p.15	A	l.p.2,15	l.p.2,15	l.p.1er*	l.p.12	l.p.15	l.p.15
Cuguen	40	1964	Combourg	8	vend.					1er ma					1er ma		
Meillac	43	2465	—	4						1er s.			3e s.*				
St-Pierre de Plesguen	3	2580	—	16					2e ma		*29				1er ma		
Dinard	2	3980	St-Malo	2	merc.					1er*				18*			
Pleurtuit	10	4210	—	10	merc.		l.p.15				l.p.29*			l.p.23*			
St-Briac	8	2280	Dinard	6	sam.							d' sa.			28		
St-Lunaire	5	1284		8	mardi						B						
Dol	27	4540			sam.	d' sam. cm	d' s.	d' s.	d' s.	d' s.	d' s.*	d' s.	d' s.	d' s.*	d' s.	d' s.	d' s.
Baguer-Morvan	26	2672	Dol	4							d' l.*						
Baguer-Pican	28	1704		4									d' l.*			l. a. 9*	
Epiniac	30	2260	La Boussac	3						l. Pen.*							
Mont-Dol	25	1852	Dol	4						l. p. Asc				l.p.23*			
Vivier-s.-Mer	21	900	Fresnais	6					ma. Pâq.*								
Pleine-Fougères	13	3033			lundi		l. gras		l. Pâq.	C	23*					1er l.	
La Boussac	35	2935			dim.				ma. Quas.					21*			
Roz-sur-Couesnon	40	1804	Pleine-Fougères	9							D				1er l.		
Sains	38	824		4				1er l.						3e l.*			
St-Broladre	31	1862	Dol	9			1er l.					l.p.26*					
Trans	38	1488	Pleine-Fougères	7						1er l.		1er l.	1er l.		d' l.*		
St-Georges de G.	12	716		4					*23		15*						11
St-Servan	2	2165			ma. v.					14*							
La Gouesnière	12	918		2					26								
St-Jouan	8	1456	St-Malo	8							1er l.*						
Tinténiac	40	2217	Combourg	13	merc.	3e merc. cm	3e me	3e me	3e me	3e me	3e me*	3e me	3e me	3e me	3e me	3e me	3e me
La Baussaine	15	1102	—	17									d' j.				
Pleugueneuc	32	2073	—	11	sam.	d' sam. cm	d' s.	d' s.	d' s.	d' s.	d' s.	d' s.	d' s.	d' s.*	d' s.	d' s.	d' s.
St-Domineuc	36	1680	—	12			sa. gras			E					d' l.		
Trévérien	33	1056	—	16						F							
Vitré		10m			lundi	2e lundi	2e l.	2e l.	l.p.23*	G	G	G	G	2e l.	2e l.	2e l.	2e l.
Châtillon-en-Vendelais	11	1455			merc.				3e ma	3e ma		3e ma	3e l. a.*				
Izé	10	2234	Gérard	6			2e ma			2e ma						2e ma	
Argentré	9	2330			jeudi			3e j. Car				3e j.*					
Gennes	17	1367	Argentré	8			1er j. Car										
Le Pertre	18	1803	St-Pierre-la-Cour	9	vend.					2e v.	2e v.				2e v.		
Châteaubourg	15	1320			vend.				18		v.p.29*			6			
Louvigné de Bais	13	1304	Châteaubourg	11	merc.					1er me		1er me		11			
La Guerche	22	4880			mardi				1er ma			1er ma		I		J	
Retiers	32	3200			lundi		l. gras		l. Pâq.*		1er l.			1er l.			
Coësmes	10	1892	Letheil	4	jeudi				K			2e j.			2e j.		
Marcillé-Robert	28	1482	Retiers	5	sam.					3e s.	L						
Martigné	33	3902			vend.					M					1er v.	1er v.	
Thourie	42	1350	Theil	8										1er j.*			

A) lundi p. 2 et 16*.
B) 2e lundi p. 20*.
C) vend. Ascension.
D) jeud. Fête-D*.
E) jeud. Fête-D*.
F) vend. Ascens*.
G) Tous les lundis, jusqu'au 2e lundi de septembre.
H) merc. p. 23*.
I) mardi p. 8*.
J) mardi p. 11*.
K) jeudi p. Pâques.
L) samedi a. 24*.
M) 1er et 3e vend*.

INDRE : Châteauroux, le Blanc.

LOCALITÉS et dist. de l'arrondiss.	k.	Popul.	GARES et distances.	k.	Marchés.	FOIRES Janvier.	Fév.	Mars.	Avril.	Mai.	Juin.	Juill.	Août.	Sept.	Oct.	Nov.	Déc.	FOIRES MOBILES et observations.	HOTELS & CAFÉS recommandés.
CHATEAUROUX	..	22 m	🚂	..	sam.	9	9, A	9	9	9, 30*	B	9	9	7*	9	3, 30	21	A) 1er l. Carême.	
Déols	2	2733	Châteauroux	2	....	11	...	...	l. saint	31	...	...	15*	29	...	...	8	B) Tous les sam.-laines.	
Luant	16	972	🚂	..	....	.....	...	...	...	...	...	...	20	...	...	...	...	C) j. a. ma. gras.	
St-Maur	5	1485	🚂	..	....	.....	...	...	...	...	...	...	24*	...	...	...	...	D) 2e ma. Carême.	
Ardentes	14	2684	🚂	..	dim.	22	...	28	22	21	...	4	...	1er*	1er	11	...		
Arthon	15	1017	Châteauroux	15	....	.....	...	...	...	...	...	...	...	23	...	...	...		
Etrechet	8	560	Ardentes	4	....	.....	...	...	...	...	...	...	...	5	...	...	...		
Jeu-les-Bois	18	639	—	8	....	.....	...	9	...	...	...	...	...	...	...	...	...		
Poinçonnet	5	1180	Châteauroux	5	....	.....	...	...	...	...	...	...	...	...	...	...	...		
Velles	16	975	Lothiers	7	....	.....	...	...	...	...	...	...	30*	...	...	...	10		
Argenton	29	6988	🚂	..	sam.	7, 26	23	23	26	23	26*	23	7	10	6	5	6		
Bouesse	23	770	Argenton	13	....	3	C	...	...	...	6*	...	...	...	14	...	20		
Célon	36	633	🚂	..	....	.....	...	...	...	...	...	...	21	...	...	...	...		
Chasseneuil	26	1200	Chabenet	4	....	.....	...	...	...	...	...	...	23	...	⌐18	...	...		
St-Marcel	27	2715	Argenton	2	....	⌐16	...	...	...	...	...	...	...	22	...	5*	15		
Buzançais	23	5150	🚂	..	vend.	23	1er l. Car	me. Pas.	...	6	19*	18	...	20	30	...	17		
Argy	29	1475	Buzançais	6	....	29	...	...	25	...	21*	...	24	...	...	16	...		
la Chapelle Orthemale	20	264	—	4	....	.....	...	...	...	...	...	...	22	...	...	...	...		
Méobecq	26	768	Lothiers	12	....	.....	...	...	...	...	...	...	...	...	23	...	...		
Neuillay	20	960	Luant	9	....	.....	...	...	...	...	...	...	...	2*	...	...	...		
St-Genou	33	1271	🚂	..	....	.....	...	...	l. saint	...	17*	...	...	...	...	...	...		
St-Lactencin	19	630	Buzençais	6	....	.....	...	...	...	...	...	...	...	8*	...	...	...		
Vendœuvres	26	2210	—	12	lundi	.....	...	...	...	18	...	...	18*	...	...	...	...		
Villedieu	13	2674	🚂	..	merc.	.....	...	...	1er ma	...	5	...	29	...	28*	...	...		
Châtillon-s.-Indre	48	3140	🚂	..	v.. dim	17	17	17	17	20	...	3	5*	5	26	24	19		
Arpheuilles	36	630	Clion	6	....	.....	...	...	...	14	...	...	...	...	...	...	...		
Clion	38	1956	🚂	..	mardi	.....	...	D	28	...	9, 28*	...	...	...	...	8	30		
Fléré-la-Rivière	52	782	🚂	..	....	.....	...	21	...	...	...	...	...	...	...	...	...		
Palluau	36	1774	🚂	2	jeudi	.....	...	...	...	3	...	...	9*	27	...	...	...		
Ecueillé	42	1070	Châtillon	18	jeudi	4	1er	2, 26	11	12	11	11	1er*	11	10	3	14		
Gehée	34	900	Buzençais	25	....	.....	...	...	...	...	...	...	21	...	...	...	...		
Heugnes	36	885	—	16	....	.....	...	...	...	...	...	...	16*	...	...	...	...		
Pellevoisin	31	1050	—	12	....	.....	...	...	...	...	...	...	...	1er*	...	...	...		
Sougé	27	450	—	10	....	.....	...	...	...	...	...	...	...	...	6	...	...		
Préaux	48	618	Châtillon	11	....	.....	...	...	...	...	...	25	...	...	...	...	...		
Levroux	20	4135	Châteauroux	20	lundi	2	1er l.	1er	1er l.	l. Rog.	16*	1, 2e l.	...	18*	24	d' l.	...		
Baudres	31	975	—	31	....	.....	...	...	...	...	...	...	16*	...	...	...	...		
Bouges	29	1025	—	21	....	.....	...	...	...	...	...	...	...	9*	...	...	...		
Brion	18	835	—	18	....	.....	...	...	...	...	...	...	...	21*	...	...	...		

LOCALITÉS et dist. de l'arrondiss.	k.	Popul.	GARES et distances.	k.	Marchés.	FOIRES Janvier.	Fév.	Mars.	Avril.	Mai.	Juin.	Juill.	Août.	Sept.	Oct.	Nov.	Déc.	FOIRES MOBILES et observations.	HOTELS & CAFÉS recommandés.
Francillon	20	224	Villedieu	11	....	.....	...	...	...	...	...	...	...	5	...	...	...	A) mardi a. Mi-Car.	
St-Martin de Lamps	28	400	Buzençais	18	....	.....	...	...	...	...	18	...	...	...	...	⌐11	...		
Rouvre-les-Bois	33	1000	Châteauroux	33	....	.....	...	...	...	...	...	...	30*	...	...	...	...		
Vineuil	11	958	—	11	....	.....	...	...	...	...	...	...	...	17	...	...	...		
Valençay	40	3518	🚂	2	mardi	12	l. gras	A	2e ma	4	1er ma	4	1er ma	13*	1er ma	9	1er ma		
Faverolles	50	805	Valençay	15	....	.....	...	...	...	...	...	...	...	1er*	...	...	...		
Fontguenand	48	462	—	10	....	.....	...	...	...	...	...	...	16*	...	...	...	...		
Largé	36	815	—	11	....	.....	...	...	...	...	6	...	...	...	...	...	...		
Luçay-le-Mâle	45	1713	—	11	vend.	.....	14	...	...	13*	...	...	19	...	8	...	...		
Vicq-sur-Nahon	37	1525	—	7	....	.....	...	...	...	25	...	...	...	...	...	...	...		
Villentrois	50	1172	—	9	dim.	.....	...	...	22	...	...	...	...	...	...	...	...		
Le Blanc	..	7160	🚂	..	sam.	3e sam.	3e s.	3e s.	3e s.	3e s.	3e s.	3e s.	3e s.	3e s.	3e s.	10*	3e s.		
Ciron	14	1138	Le Blanc	14	....	.....	...	...	...	...	...	...	26	...	...	...	...		
Concremiers	5	1115	🚂	..	....	.....	...	...	...	...	...	10	...	...	...	...	...		
Douadic	9	1170	Le Blanc	9	....	.....	...	...	...	6	...	...	...	...	...	...	...		
Ingrandes	9	782	🚂	..	....	.....	...	...	...	...	...	...	...	...	...	3	...		
Pouligny	6	1865	Le Blanc	6	....	.....	...	...	...	...	...	...	...	23*	...	...	...		
Rosnay	16	1220	—	16	....	.....	...	...	...	...	...	1er	25*	...	...	...	...		
Ruffec	8	880	🚂	..	....	.....	...	...	26	...	...	...	...	...	...	...	...		
Belabre	13	2120	Le Blanc	13	vend.	3e vend. ca	3e v.	3e v.	3e v.	3e v.	3e v.*	3e v.	3e v.	3e v.	3e v.	3e v.	3e v.		
Lignac	24	2140	—	21	....	23	23	23	...	...	...	...	...	...	...	...	23		
Mauvières	8	643	—	8	....	.....	...	...	...	...	...	...	...	...	6	...	...		
Prissac	28	2000	Celon	20	....	.....	...	...	...	30	...	...	12	21*	...	20	28		
St-Hilaire	9	1210	🚂	..	....	⌐11	...	...	...	...	...	...	...	27	...	...	...		
Mézières en Brenne	26	1760	🚂	..	jeudi	1er jeudi	1er j.	j. Mi-C.	...	1er*	7	...	...	...	11	14	1er j.		
Azay-le-Ferron	25	2010	Mézières	12	merc.	.....	...	...	15	...	...	...	...	2*	...	...	...		
St-Michel	22	660	—	4	....	.....	...	...	...	...	...	30	...	...	...	...	...	⌐ 29 septembre.	
Paulnay	26	795	Clion	6	....	.....	...	...	...	...	2e d.	...	28*	...	...	...	...	⌐ dr dimanche.	
Ste-Gemme	37	625	Buzençais	7	....	.....	...	...	...	...	...	...	3	...	...	...	...		
Saulnay	31	528	Palluau	10	....	.....	...	...	...	...	...	...	23*	...	...	...	...		
Villiers en Brenne	34	610	Clion	8	....	.....	...	...	...	...	...	...	...	23	...	...	...		
St-Benoît du Sault	38	1112	—	15	jeudi	4, 3e jeudi	4, 3e j.	4, 3e j.*	4, 3e j.	4, 3e j.	4, 3e j.	9*	4, 3e j.	4, 25	22	13	4, 3e j.		
Chaillac	34	2650	—	23	....	10	10	10	10	20	10	25	10*	20	10	20	20		
Chazelet	36	567	Celon	5	....	.....	...	...	...	...	23*	...	...	...	...	...	...		
Parnac	44	1450	Eguzon	8	....	.....	...	...	21	21	...	...	22*	...	...	...	...		
St-Gilles	44	842	—	10	....	.....	...	...	...	17*	...	...	...	3	1er	...	...		
St-Gaultier	29	2538	Chabenet	7	vend.	14	14	15	13	10	15	6	11*	15	16	29	22		
Oulches	19	1253	—	17	....	.....	...	...	...	25*	...	...	...	...	...	...	...		
Migné	23	905	Lothiers	20	dim.	.....	...	...	...	...	...	21*	...	6	25	...	...		
Nuret	34	620	—	12	....	.....	...	...	...	...	2*	...	...	...	18	...	...		
Tournon-St-Martin	16	1623	🚂	..	ma. d.	22	...	14	24	31*	...	7	18	16	14	...	1er		
Lurais	13	530	🚂	..	....	.....	...	24	...	...	...	...	...	24	...	...	...		

INDRE : Le Blanc, la Châtre, Issoudun. — INDRE-ET-LOIRE : Tours.

LOCALITÉS et dist. de l'arrondiss.	k.	Popul.	GARES et distances	k.	Marchés	Janvier	Fév.	Mars	Avril	Mai	Juin	Juill.	Août	Sept.	Oct.	Nov.	Déc.	FOIRES MOBILES et observations	HOTELS & CAFÉS recommandés
Lareuil	13	508	Tournon	7					6									A) lundi Septuag. B) veille Sexag. C) me. saint et j. Quas. D) 6 et l. Pentecôte. E) 6 et dr lundi. F) ma. a. Pentec.* G) Tous les merc.	
Martizay	20	1725	Bossay	7	lundi			18		2	3*	15		18	20		20		
Néons	14	1015		5	dim.		23							20*					
Mérigny	18	780	Lurais	2					12										
La Châtre		2215			sam.*	5	A		s.a.Ram. m.a.Pâq.	s.a.Pen.	27*		23	dr s.		14			
La Berthenoux	12	1165	La Châtre	12							⸢24			8*					
St-Août	20	1515	—	20	dim.					8*		12							
St-Chartier	9	1098	Nohant	8			B			4									
St-Christophe	15	845	La Châtre	15								26*							
Chevet	9	1056		9					10					22*					
Vic-Exemple	15	1334	Châteaumeillar	9								31							
Aigurande	23	1480	La Châtre	27	lundi	20	1r j.Car.	j. Mi-C.	C	D	25*	30	29	14	E	28	28		
La Buxerette	19	462		19	jeudi									5					
Crevant	13	1890		13					2e ma	9			18*			23			
Lourdoueix	32	1800	Eguzon	18		13			27	F						10			
Montchevrier	30	1272		16						4	2*								
Orsennes	30	2248	—	14	sam.	9			2		22*	20				19			
St-Denis de Jouhet	13	1981	La Châtre	12	mar.*			11		27			20		4*				
Eguzon	42	1675			merc.		Cendres	J. p. Mi-C.	17	14*	17		17		17	22	18		
Baraize	48	800	Eguzon	7							2					2			
Chantôme	45	265		5		17		1er		3		3		17		2			
Cuzion	37	1052	—	10	mardi							4		6			26		
Pommiers	29	770	Argenton	11				1er							3				
Neuvy-St-Sépulcre	15	2615	La Châtre	12	vend.	3	1er	15	15	13	13	13	13	16*	10	15			
Cluis	20	2100	—	20	vend.	25		25	7	1, 25	30*	28	27	21	18	3	8, 23		
Mers	12	1040								11	8*			19					
Montipouret	11	1185	Mers	2						7									
Ste-Sévère	15	1286	Champillet	8	mardi	23				G						18*	26		
Issoudun		[illegible]			sam.	dr samedi		s.p.Mi-C.	dr s.		28*	7	s.a.15	12	12	25	24		
La Champenoise	15	883	Neuvy-Pailloux	8										4					
Paudy	12	1180	Ste-Lizaigne	8									28						
Reuilly	16	2740			vend.	1er vend.		3e v.		3e v.	18*		1r v.	10	26		1r v.		
Ambrault	10	1145	Ardentes	12									26						
Bommiers	20	687	Issoudun	20											5				
Neuvy-Pailloux	13	1166												16					
Pruniers	19	1184	Issoudun	19	dim.					13*									
Ste-Fauste	13	185	Neuvy-Pailloux	3				17											
St-Christophe	37	890	Chabris	13	vend.				1r v.	16	10	27*		4	10			⸢ 25 juillet.	
Bagneux	36	572	Villefranche-s.-Ch.	17							20*			3e me					
Chabris	41	3044		3	lundi			Ma Gras	9	8*			27		3e l.				
Dun-le-Poëlier	37	1272	Villefranche	10	sam.				28					1er s.					
Orville	33	429	Vierzon	29									23						
Poulaines	35	2070	Chabris	13	dim.				14	27				8*					
Varennes	18	1115	—	8						22									
Vatan	20	2000	Issoudun	20	lundi	19	10	7, 3	20	12	1, 25*		11	2, 26	20	18	12		
Aize	30	580	Chabris	17										5					
Buxeuil	32	680	—	16									20						
Guilly	27	728	Issoudun	27											1er s.				
Reboursin	24	300		21									21						
St-Florentin	21	610	—	21							⸢18		16*						
TOURS		59m			me. s.					10*			10*		30			lundi: marché aux bestiaux. A) dim. p. 19.* ⸢ 22 août.	
Fondettes	8	2300		3				25						9*					
Luynes	12	2000	Fondettes	8	dim.	1er lundi	l. gras			1. Pen		1er l.*							
St-Symphorien	2	3380	Tours	2	vend.				1er				24*						
Montlouis-s.-Loire	11	2234									21*		1er d.						
La Riche	2	2200	Tours	2	vend.														
Savonnières	14	1327			dim.				l. Pâq.		A								
Veretz	12	864			dim.			25											
Villandry	17	910	Savonnières	4									l.p.1er d.						
Amboise	23	4568			merc.	3e merc. ch.	3e me	3e me	3e me	3e me	3e me	3e me	3e me	5*	3e me	3e me	3e me		
Limeray	30	1060			dim.									9*					
Pocé	27	1073	Amboise	2	sam.								23*						
St-Ouen	28	800	—	5	dim.				l. Pâq.*										
Ste-Règle	29	211	—	6										1er d.					
Bléré	27	3000			vend.				v. Saint		2e v.*			2e v.		2e v.			
Céré	47	1085	Montrichard	11											30				
Courçay	21	732	Cormery	4							2e l.								
Luzillé	33	1300	Bléré	11				10*											
Château-Renault	28	3250			mardi		dr ma			1r ma		1r ma		4e m.*		dr ma			
Nouzilly	21	1030	La Monnaie	7			5			l. Asc.*									
St-Laurent	21	850	Château-Renault	10									4e d.*					⸢ 10 août.	
St-Nicolas	42	320	—	11										3e d.			⸢6		
Villedômer	28	1065		3										1er*					
Château-la-Vallière	33	1230			lundi	4e lundi ch.	4e l.	4e l.	4e l.	4e l.	4e l.	4e l.	4e l.	4e l.	4e l.	4e l.	4e l.		
Ambillou	23	984	Cinq-Mars	16	dim.											11*			
Channay	40	1163			dim.	1r merc.		1er		1r me						4			
Couesmes	34	928	Château-la-Vallière	2										24*					
Courcelles	35	678	Channay	4					10								1er j.		
Hommes	34	654							2e l.							2e l.			

INDRE-ET-LOIRE : Tours, Chinon, Loches.

LOCALITÉS ET DIST. DE L'ARRONDISS.	K.	Popul.	GARES ET DISTANCES.	K.	Marchés.	Janvier.	Fév.	Mars.	Avril.	Mai.	Juin.	Juill.	Août.	Sept.	Oct.	Nov.	Déc.	FOIRES MOBILES et OBSERVATIONS.	HOTELS & CAFÉS RECOMMANDÉS.
Rillé	33	790	🚂	4			10		1er						18*	30	16	A) mardi a. Mi-C.	
Savigné-s.-Loire	31	915	🚂	2	merc.	3e merc.		3e me		3e me		3e me		3e me		3e me		B) merc. a. 24*	
Souvigné	27	789	🚂						2e me							2e me			
Montbazon	12	1182	🚂		mardi	dr mardi		A					1er ma	1er ma	3e ma*		1er ma		
Ballan	10	1820	🚂						dr d.					1er l.*					
Chambray	7	910	Joué	4						1er d.									
Cormery	20	935	🚂		jeudi	dr jeudi ch.	dr j.	dr j.	dr j.	dr j.	dr j.	dr j.	dr j.	dr j.	dr j.	dr j. 2e l.	dr j.		
Esvres	15	1870	🚂																
St-Branchs	20	1841	Esvres	7	dim.				2e me				20*						
Sorigny	19	1028	Montbazon	6							B			4e me					
Veigné	13	1500	—	2						6						1er me			
Villeperdue	23	578	🚂										j.p.15*						
Neuillé-Pont-Pierre	19	1380	🚂		jeudi		j.gras												
Beaumont-la-Ronce	21	1135	St-Ant.-du-R.	9	dim.				v. Saint		Trinit.*					11			
Charentilly	11	596	Mettray	5						3e d.									
Pernay	17	605	St-Cyr	13					15						9				
Rouziers	14	658	St-Antoine-du-R.	3	dim.							22*		21					
St-Antoine-du-Rocher	14	730	🚂			17*				1er d.									
St-Roch	12	218	Mettray	6					l. Pâq				16*						
Semblançay	15	1112	St-Antoine-du-R.	2				4		1er	11*						28		
Sonzay	25	1440	🚂		dim.				1er me					1er me			1er me		
Neuvy-le-Roi	29	1405	🚂		lundi						l.p.24*								
St-Christophe	32	1110	St-Paterne	2	mardi	2e mardi	2e ma	Mi-Car.	ma. Pâq.	ma. Pen.	24	25*		1er	2e ma	14	26		
St-Paterne	31	1800	🚂		dim.		1er l.Car									2e	1er l.		
Vouvray	10	2298	🚂		dim.				4. Quas.					8*					
Chançay	19	825	Noizay	5							3e d.*								
Noizay	18	1160	🚂				2	23											
Monnaie	15	1470	🚂		dim.			1er l.							29				
Reugny	23	1306	Vernon	8	jeudi						1er j.			dr j.					
Vernou-s.-Brenne	12	1885	🚂		lundi				l. Pâq		Trin.*								
Chinon		6200	🚂		jeudi	1er jeudi ch.	1er j.	1er j.	1er j.	1er j.	1er j.	1er j.	1er j.	1er j.	1er j.	1er j.	1er j.		
Candes	17	420	Saumur	14	dim.							4				11*			
Lerné	12	571	Roches-Brault	7										27					
Savigny	9	1502	Avoine	3							1er d.		15*						
Azay-le-Rideau	21	2125	🚂		merc.	1er merc. ch.	1er me	1er me	1er me	1er me	1er me	1er me	1er me	1er me	1er me	1er me	1er me		
Bréhémont	26	1562	Langeais	6			1er l.			1er l.	1er l.*					1er l.			
Thilouze	33	950	Villeperdue	5	dim.					3e l.				3e l.					
Bourgueil	16	3268	🚂		mardi				ma. Pâq.	ma. Pen.*							ma. p. 25		
Benais	22	1200	🚂														6		

LOCALITÉS ET DIST. DE L'ARRONDISS.	K.	Popul.	GARES ET DISTANCES.	K.	Marchés.	Janvier.	Fév.	Mars.	Avril.	Mai.	Juin.	Juill.	Août.	Sept.	Oct.	Nov.	Déc.	FOIRES MOBILES et OBSERVATIONS.	HOTELS & CAFÉS RECOMMANDÉS.
La Chapelle-s.-Loire	17	2145	🚂		dim.													A) 3e lundi Pâq.*	
Restigné	20	1852	Chapelle-s.-Loire	4												13*		B) l. a. le l. Rogat.	
Chouzé-Port-B	17	2700	🚂		dim.					3e me*								C) mardi a. Rogat.	
St-Nicolas	20	1705	Bourgueil	4					A								F 6		
Ile-Bouchard	15	1505	🚂		sam.	2e sam.		2e s.			2e s.			2e s.*		2e s.			
Avon	16	1119	Ile-Bouchard	4	mardi				1er ma					1er ma					
Crouzilles	21	703	Ste-Maure	9	sam.	2e, 4e s. ch.	2e, 4e s.	2e, 4e s.	2e, 4e s.	2e, 4e s.	2e, 4e s.*	2e, 4e s.	2e, 4e s.	2e, 4e s.	2e, 4e s.	3e, 4e s.	2e, 4e s.		
Parçay-s.-Vienne	22	881	Ile-Bouchard	5										2e ma					
Rilly	25	627	—	11	dim.				ma. Pâq.*							2e ma			
Langeais	28	3420	🚂		dim.				l. Pâq		21*		8						
Cinq-Mars	30	2150	🚂													30			
Avrillé	46	720	Langeais	16			j. gras.				20*								
Cléré	30	1204	Cinq-Mars	10	jeudi		j. gras.		24					6*	28	25			
Continvoir	32	830	🚂	11				Mi-Car.						8*					
Les Essarts	35	240	Langeais	11										13					
St-Michel-s.-Loire	30	710	—	5										29*					
Gizeux	29	856	🚂		lundi		1er l.Car			8*						2			
Mazières	41	945	Cinq-Mars	6			2			21*									
St-Patrice	21	1179	🚂					4e l.Car											
Richelieu	19	2475	🚂		lundi	7	l. gras	2e l.	l. Qua.*	2e l.	4e l.	2e l.	2e l.	4e l.	4e l.	2e l.	2e l.	F 17 mars.	
Champigny-s.-Veude	15	900	Richelieu	6		18							23*						
Faye-la-Vineuse	28	680	—	7				1er	23		1-28			29*	18	22	21		
Jaulnay	30	400	—	11			Cendres												
Marigny	31	800	Ormes	10										9*		2			
Razines	29	374	Richelieu	7						B				l.p.14*					
La Tour-St-Gelin	20	900	Ile-Bouchard	8	dim.					C									
Ste-Maure de Touraine	32	2564	🚂		vend.	dr vend. ch.	dr v.	dr v.	dr v.	dr v.	dr v.	dr v.	dr v.	dr v.*	dr v.	dr v.	dr v.		
Noyant	28	605	Ste-Maure	1											2e ma				
Ste-Catherine	38	570	—	7			3e l.							3e l.		F 25			
St-Epain	24	1968	—	6	dim.		2e l.				2e l.			2e l.*		2e l.			
Loches		5140	🚂		merc.	1er merc. ch.	1er me	1er me	1er me	1er me	1er me*	1er me	1er me	1er me	1er me	1er me	1er me		
Beaulieu	1	1592	Loches	1		3e merc.		3e me			3e me*					1er me			
Chambourg	7	1031	🚂										26*						
Chédigny	11	800	Chambourg	4					l. Pâq.*										
Dolus	9	798	Reignac	7	lundi								3e l.						
Reignac	14	800	🚂											4e ma					
St-Bauld	16	225	Cormery	12							2e d.*								
St-Quentin	10	649	Chambourg	6						27									
Tauxigny	18	1230	Bormery	5	merc.									15					
Verneuil	9	862	🚂	2										18					
La Haye-Descartes	31	1580	🚂		mardi	2e mardi ch.	2e ma	2e ma	2e ma	2e ma	2e ma	2e ma	2e ma.*	2e ma	2e ma	2e ma	2e ma		
Celle St-Avent	40	768	Port de Piles	1	dim.		2e ma							2e ma					

INDRE-ET-LOIRE : Loches. — ISÈRE : Grenoble.

Localités et dist. de l'arrondiss.	k.	Popul.	Gares et distances	k.	Marchés	Janvier	Fév.	Mars	Avril	Mai	Juin	Juill.	Août	Sept.	Oct.	Nov.	Déc.	Foires mobiles et observations	Hotels & cafés recommandés
Cassay	21	888	Lattaye-D.	9	dim.				4e me										
Sepnes	32	836	Ste-Maure	10										2e me					
Ligueil	18	2050	🚂		lundi	1r lundi ca	1er l.	1er l.	1er l.	1er l.	1er l.*	1er l.	1er l.	1er l.	1er l.*	1er l.	1er l.		
Ciran	12	584	Ligueil	5					2e j.										
Louans	24	660	Villeperdue	19							2e me								
Le Louroux	19	695	Esvres	13								2e l.*							
Manthelan	16	1228	Reignac	10	jeudi				25*		3e me				21				
Mouzay	13	510	Ligueil	8										3e s.					
Montrésor	18	695	Loches	26	mardi	1r mardi ca	1er ma	1er ma	1er ma	1er ma	1er ma	1er ma	1er ma	1er ma	1er ma	1er ma	1er ma		
Beaumont-Village	20	457	—	20										22*					
Genillé	11	2373	—	11	jeudi					8*					22				
Loché-Village	18	1200	St-Germain	16	dim.			15			1er j.*								
Mouans	24	1132	St-Aignan	18					13	18*									
Orbigny	22	1117		14					9					10*					
Villedomain	28	332	Châtillon	10									27*						
Villeloin	19	935	Loches	19				6		1er				8*					
Pressigny-le-Grand	30	1780	🚂		j., dim.	dr jeudi ca	dr j.	dr j.	dr j.	dr j.	dr j.*	dr j.	dr j.	dr j.*	dr j.	dr j.	dr j.		
Barrou	30	896	Pressigny	7										15					
Betz	18	1345	Verneuil	13					12								7		
La Celle-Guenant	25	700	Pressigny	8						25*				7					
Ferrière-Larçon	20	808	Loches	20	dim.					7									
La Guerche	38	480	Pressigny	7										21*					
Paulmy	23	395	Grand-Pressigny	23												11			
Pressigny-le-Petit	32	877	Pressigny	19		30				15*			29						
St-Flovier	26	1285	Fléré	9		8			9		8*				8				
Preuilly	36	2000	🚂		sam.	1r sam.	1er s.	1er s.	19	1er s.	1er s.	1er s.	1er s.	23*	18	1er s.	1er s.		
Bossay	36	1186	🚂	1							5*								
Chambon	16	604	Chaumussay	6			15												
Charnizay	28	1332	Preuilly	8									27*	1er*					
Yzeures	44	1790		9	vend.	1r mardi	1er ma	1er ma	1er ma	1er ma				8*		8			
GRENOBLE		[illegible]	🚂		me. v.	22*			1. St*				15*				4*		
Bernin	15	1090	Brignoud	4											25				
Montbonnot	8	612	Domène	5						10		2*							
St-Ismier	11	1345	Domène ou Lancey	5							10			21*					
St-Nazaire	12	313	Lancey	3							25*								
Le Sappey	15	395	Grenoble	15							13			13					

Localités	k.	Popul.	Gares	k.	Marchés	Janvier	Fév.	Mars	Avril	Mai	Juin	Juill.	Août	Sept.	Oct.	Nov.	Déc.	Foires mobiles et observations	Hotels & cafés recommandés
Proveysieux	9	467	St-Égrève	5						1er								A) marché le jeudi, en mai, juin, nov., déc., janv., févr. B) 29 à Villard.* C) lundi Trinité.* D) samedi p. 29.*	
St-Égrève	6	2320	🚂													7*			
Quaix	9	568	St-Robert	7						18									
Herbeys	12	508	Grenoble	12					16										
Eybens	6	824	—	6					1er		6								
Gières-Uriage	6	1115	🚂									26*			18				
St-Martin d'Hères	5	1704	Grenoble	3				5							1er*	F11			
Allevard	40	3095	Goncelin	10	jeudi									29*	18				
La Ferrière	51	886	—	32						2e l.				18					
St-Pierre d'Allevard	37	2075	—	8				27			F29			22*					
Bourg d'Oisans	49	2550	Vizille	37	sam.				9, 23					22*	4	3			
La Freneye	61	460	—	47	jeudi									18					
Oz	49	753	—	35										12					
Clelles en Trièves	51	640	🚂		merc.				23	20					1er*				
Chichilianne	50	592	Clelles	6										12					Ht Rt de la Gare.
Lalley	61	575	St-Maurice	3	v. en Car.			4e v. Ca.	25					2*, 25					
Monestier	58	500	—	4						j. p. 10					18*				
St-Maurice en Trièves	12	401	🚂							3				*22					
Corps	63	1358	Monestier	30	jeudi			Mi-C.		3	C, 30	29	24*	27		8	j. a. 25		
Domène	10	1916	🚂		A	1er lundi	5	1er l.	1er l.	1er l.	1er l.	1er l.	20*	1er l.	1er l.	1er l.	1er l.		Ht du Palais.
Combe de Lancey	18	585	Lancey	3										9*					
Lancey-Villard-Bonnot	16	1383												B					
Laval	22	940	Brignoud	1					20				25*	24					
Villard-Bonnot	16	1585	🚂											29*					
Revel	15	800	Domène	5										11					
Ste Agnès	22	716	Brignoud	5		F21			18					20					
St-Martin d'Uriage	14	2183	Gières	8				26*								F11			
St-Jean-le-Vieux	16	233	Domène	5				29											
Goncelin	30	1328	🚂		vend.					t. les s.	F24 t. les s.		10*			t. les s.	t. les s.		
Les Adrets	21	780	Brignoud	7				30								30			
Champ-près-Froges	21	434	—	3										14					
Froges	21	576	—	2							C			22					
Pontcharra	39	2528	🚂		jeudi					13						11*			
Tencin	24	845	🚂				dr l.								15				
Theys	32	2113	Tencin	6				13	l. Pâq.*		1er l.			10*	4				
Mens	56	2004	Clelles	15	sam.	1r sam.	1er s.	1er s.	1er s.	1er	1er s.	1er s.	s.p.15*	1er s.	4	1er s.	1er s.		
Cordéac	59	530	—	26										24					Ht Rt de la Gare.
Lavars	48	305	—	8					1er j.					1er j.					
Prébois	67	320	St-Maurice	7							15*			15					
St-Jean d'Hérans	49	608	Clelles	18							1er								
Tréminis	72	596	St-Maurice	15						14*			27					F 24 juin.	
Monestier de Clermont	34	708	🚂		sam.		2e ma		s. St	s. Pa.	D		1er	22	11	2e ma			
Miribel-Lanchâtre	28	281	Monestier	11					20							20			

ISÈRE : Grenoble, Saint-Marcellin.

LOCALITÉS et dist. de l'arrondiss.	k.	Popul.	GARES et distances	k.	Marchés	Janvier.	Fév.	Mars.	Avril.	Mai.	Juin.	Juill.	Août.	Sept.	Oct.	Nov.	Déc.	FOIRES MOBILES et observations.	HOTELS & CAFÉS recommandés.
St-Andéol	35	221	Monestier	11											2				
St-Guillaume	32	407	—	7					1er ma					1er l.*	d' j.				
Sinard	32	446	—	4				d' ma			8*								
La Mure	38	3578	🚂		lundi				L.Pâq			d' j.	16*	1er l.			17*		
Pierre-Châtel	32	1163	Vizille	19							j.a.Pen.			1er j.					
St-Laurent du Pont	29	2250	St-Béron	12	jeudi			1er j.		d' j.			11*		1er j				
Entre-Deux-Guiers	36	792	—	15		17			ma.Pâq.	ma.Pen.		26*				ma.p.1er			
Miribel-les-Echelles	36	2068	Voiron	14						2e ma		2*	d' ma						
St-Christophe-entre-deux-G.	38	895	—	24								F25			2e ma				
St-Joseph de Rivière	26	968	—	11				F19			20*								
S.-Pierre-de-Chartreuse	32	1475	Goncelin	8						1er l.	1er*					1er		F 29 juin.	
St-Pierre d'Entremont	47	1110	Touvet	10					2e l.	v.Asc.	17	2	1er	1er*	2e l.			F 29 juin.	
Sassenage	6	1636	Grenoble	6				22		6			5	21*		6			
Engins	14	366	—	14									13						
Fontaine	3	1228	—	3										8*					
Pariset	7	908	—	5							F20		2, 11						
Noyarey	11	766	Voreppe	5										2*					
Seyssins	7	700	Grenoble	7							1er								
Veurey	15	798	Voreppe	3										12					
Le Touvet	27	1450	🚂	1	vend.				1er l.						26	25*			
Chapareillan	40	2330	🚂		sam.				12					12*					
Lumbin	20	594	Brignoud	6					21			23*							
Crolles	17	1275	—	3				12			20*					11			
St-Bernard	25	448	Tencin	9									31					F 20 août.	
St-Pancrasse	19	320	Brignoud	9									26						
St-Hilaire d'Isère	22	395	Tencin	11		*14							6						
La Terrasse	23	1010	—	3				5						20	23*				
Valbonnais	51	1250	La Mure	13										20*	2				
Entraigues	56	568	Vizille												3e s.				
Vif	16	2832	🚂		vend.				15	sa.Pen	25*				20				
Claix	11	1270	🚂	2						3				16					
La Cluse	27	683	St-Martin	2						8									
Le Gua	21	1100	—	6				13				10							
Pont de Claix	8	1142	🚂					1er							8				
St-Paul de Varces	16	600	Pont de Claix	8				5							5				
Varces	12	705	—	4			25				F20	22*							
Villard de Lans	29	2000	Grenoble	29	jeudi				19	15	9	1er	3*	11	t. les l.	13			
Lans	21	1082	—	21	jeudi					5	18	15	8	1er*		8			
Méaudre	29	983	—	29									22	26					

LOCALITÉS et dist. de l'arrondiss.	k.	Popul.	GARES et distances	k.	Marchés	Janvier.	Fév.	Mars.	Avril.	Mai.	Juin.	Juill.	Août.	Sept.	Oct.	Nov.	Déc.	FOIRES MOBILES et observations.	HOTELS & CAFÉS recommandés.
Vizille	17	4315	🚂		mardi				25				1er*		20				
Brié-et-Angonnes	9	570	Vizille	4				15			30*								
Champ-Vizilles	15	138	—	3										20					
Jarrie	13	985	—	3							11*			10					
Laffrey	25	314	—	9							3								Hd Rt Charlaix.
Séchilienne	26	1132	—	11						28				23					
Champagnier	10	435	Pont de Claix	3						21									
St-Georges de Commiers	21	650	🚂					20	*23					9*					
Vaulnaveys	15	1645	Gières	10						10	20*			18					
Voiron	25	1210	🚂		merc.		Cend.	ao.Vi-F.								11*			
Chirens	30	1351	Voiron	6			1er			1er ma			1er*		25				
Coublevie	21	1595	—	2							l.p.29*								
St-Aupré	34	960	—	10										22					
St-Etienne de Crossey	30	1290	—	5										1er l.			F26		
Pommiers	18	520	Voreppe	6										l.p.8*					
Voreppe	14	2890	🚂							24*						25			
St-Marcellin		3350	🚂		sam.	29		8	1er s.	2	1er s.	1er*	10	30*		8	2e s.		
Chatte	4	1920	La Sône	3	merc.				*20	2e j.		3e l.			25*		17		
Chevrières	6	734	St-Marcellin	6										l.p.14*					
Dionay	15	372	—	15										1er l.					
St-Antoine	12	1625	—	12	jeudi	17*	16		28				4		14	25	15		
St-Bonnet de Chavagne	8	758	La Sône	5					21							16			
St-Hilaire du Rozier	9	965	🚂			18*	22		1er				1er	18		22			
La Sône	6	875	🚂		jeudi		2e l.		L.Pâq.*							8			
Pont en Royans	17	1110	St-Hilaire du Rozier	10	3e l.*		3e l.		27	l.p.Asc.	29*			7	l.p.18	l.p.18	l.p.13		
Beauvoir	6	175	St-Marcellin	6			2												
Auberive en Royans	14	338	St-Hilaire du Rozier	6											2e l.				
Choranches	21	390	—	15					12							12			
Izeron	5	825	St-Marcellin	5			j. gr.				25*			10					
Rencurel	31	850	St-Hilaire du Rozier	28						20	11	26	20*	18	2e s.				
St-André en Royans	10	610	La Sône	9									l.p.28*			F30			
St-Just de Claix	12	758	St-Hilaire du Rozier	4												11*			
St-Romans	5	1074	St-Marcellin	5		8			14*				4e l.			15			
Rives-sur-Fure	34	2974	🚂		jeudi		20			20			20*			l. du 22			
Beaucroissant	32	890	Rives	3					l.p.23*					13					
Charnècles	33	988	—	4									l.p.16*						
Renage	28	2325	—	8	dim.					1er s.*									
Izeaux	29	1780	🚂		mardi			21			1er*			1er			26		
Moirans	31	2990	🚂		lundi*					4	30*					2			
La Murette	38	1072	Voiron	5					L.Pâq.*			d' l.							
Réaumont	38	1010	Marcilloles	14	jeudi	25	20	16	4, 23	16	11, 24*	24	21	28	29	28	28		
Lentiol	17	222	Beaurepaire	7													13		

ISÈRE : Saint-Marcellin, la Tour du Pin.

LOCALITÉS et dist. de l'arrondiss.	k.	Popul.	GARES et distances.	k.	Marchés.	Janvier.	Fév.	Mars.	Avril	Mai.	Juin.	Juill.	Août.	Sept.	Oct.	Nov.	Déc.	FOIRES MOBILES et OBSERVATIONS.	HOTELS & CAFÉS RECOMMANDÉS.
Montfalcon	23	255	Marcilloles	14									17*	16					
St-Clair-s.-Galaure	26	492	—	10									1er ma				5	F 12 août.	
Thodure	28	1050	—	8					l. Pâq.		3			3			3		
Viriville	25	3164	—	3	mardi			3	25		15*			7		11	22		
Marcolin	35	650	Beaurepaire	4				2e l.					2e l.						
St-Étienne de St-Geoirs	21	1776	(gare)		lundi	17		5		6	29		30*				9	F 26 décembre.	
Bressieux	23	108	Côte-St-André	3												22			
St-Siméon de Bressieux	26	2419	—	3	merc.		10		10	23			1er*	10	23				
Brezins	27	1018	St-Étienne de St-G.	3										12					
La Frette	30	1290	—	5	sam.	11		26		17	10*		8	30		l. p. 1er			
Sardieu	33	737	Marcilloles	4				10						20					
Sillans	28	1116	St-Étienne de St-G.	5		2			l. Pâq.*				8*						
Tullins	22	4745	(gare)		sam.			12	d. s.		15		11*		d. s.		13		
Cras	18	344	Poliénas	3						29									
Morette	20	325	Tullins	4												15			
Poliénas	20	760	(gare)								24*				18				
La Rivière	24	625	Poliénas	7												9			
St-Quentin	29	1220	Tullins	5											31				
Vatilieu	18	144	Vinay	4						8			l.p.15*						
Vinay	16	2700	(gare)		lundi	1er lundi	1er l.	2	ma. Pâq.	ma. Pen.	1er l.	1er l.	25*	1er l.	1er l.	1er l.	22		
L'Albenc	13	880	(gare)			2e lundi		1er l.		2e l.		2e l.				l.p.11			
Cognin	8	644	Vinay	6											29*				
Nerpol	16	590	—	8				10	23*			10							
Varacieux	10	1100	—	7						30*				23					
St-Gervais	16	433	Albenc	3						l. Pen.*	F 18				22				
La Tour du Pin		3375	(gare)		mar.*		24				21*		20			11*			
Cessieu	8	1538	(gare)										16*			11			
La Chapelle de la Tour	3	1015	Tour du Pin	3										11					
Dolomieu	8	2530	Thuellin	4	lundi						6		18	21*					
Faverges	7	1246	Tour du Pin	7									25*		23				
Montcarra	9	515	—	9										6					
St-Victor	5	1120	(gare)							20		F 21							
Vasselin	11	420	Tour du Pin	10						15									
Vignieu	11	930	—	11			3						3						
Bourgoin	14	6340	(gare)		jeudi	17*	2e j.	2e j.	2e j.	1er*	2e j.	2e j.	2e j.	29*	2e j.	2e j.	2e j.		
Badinières	20	432	Bourgoin	10													15		
Jallieu	14	1085	—	2									17	29*					
Ruy	10	1300	—	4											9				
St-Marcel-de-Bel-Accueil	21	830	Bourgoin	9		F 16				l. Pen.*				4				A) mardi Pâques.	
Nivolas	11	982	—	6						8		3*		16				B) mardi p. 18.	
Succieu	10	478	—	10									1er					C) l. p. 1er dim.	
Montceau	8	700	Tour du Pin	8								28						D) 1er l. p. 29*.	
St-Chef	16	2930	Trept	7	merc.				A			22*		11				E) l. p. 11 et p. 26.	
Sérézin	9	1005	Cessieu	3								3		7*					
Crémieu	45	1800	(gare)		merc.		3				13, 21*					7	15		
La Balme	35	610	Lagnieu (Ain)	6												20			
Chamagnieu	31	573	St-Quentin	7								25							
Frontonas	27	1002	Verpillière	4				24		31			31*		24				
Chozeau	30	528	Crémieu	5					26					26					
Panossas	24	370	Verpillière	7												12			
Optevoz	26	531	(gare)								10				21				
Hières	43	800	Crémieu	9					20		29*								
Vertrieu	45	516	St-Sorlin	1									2e d.				6		
Veyssilieu	31	273	Crémieu	7											15				
St-Romain de Jalionas	41	590	(gare)	1			F 28			18						B			
Soleymieu	28	844	Sablonnière	3												18			
Tignieu-et-Jameyzieu	10	893	(gare)	9						C									
Trept d'Isère	20	1390	(gare)		mardi					29			F 15		20				
Grand-Lemps	31	2085	(gare)		ma. v.		3			3	21*		27		21		6		
Bevenais	28	878	Grand-Lemps	3										19					
Biol	14	1303	Chabons	7	merc.			15			8*								
Bizonnes	10	1013	—	5						25			21*						
Burcin	20	430	—	2										8*					
Chabons	27	1862	(gare)		jeudi			8					8*			8			
Morestel	20	1235	(gare)		mardi					9, 21			22				6*		
Arandon	20	330	(gare)											14					
Les Avenières	16	4015	(gare)	1	vend.					12	D		l. p. 29	12					
Le Bouchage	19	925	Morestel										27						
Courtenay	25	1152	Sablonnière	4					1er			1er*							
Creys-Pusignieu	26	835	Morestel	7							2			21*					
Curtin	14	410	—	4										8*					
Montalieu	31	2058	(gare)							15				4					
Passins	10	1050	(gare)								16, 24*				30				
St-Victor de Morestel	19	872	Morestel	5								F 21		l.p.29*					
Sermérieu	17	1360	—	6					22					3					
Thuelin	13	564	(gare)					19			20*								
Veyrins	12	1230	Avenières	1					25										
Vézeronce	12	1260	Morestel	2									10						
Pont de Beauvoisin	19	2085	(gare)		lundi		l. p. 11			l. Pen.*				l.p.11*		E			
Les Abrets	12	4744	(gare)		jeudi		j. gras				1er j.			1er j.					

ISÈRE : La Tour du Pin, Vienne.

LOCALITÉS et dist. de l'arrondiss.		Popul.	GARES et distances	k.	Marchés	Janvier	Fév.	Mars	Avril	Mai	Juin	Juill.	Août	Sept.	Oct.	Nov.	Déc.	FOIRES MOBILES et observations	HOTELS & CAFÉS recommandés
Aoste	12	220	🚂		mardi	2			19				2		18*	4		A) mardi Quasim.	
La Bâtie-Montgascon	17	556	St-André	5	sam.				1er s.			18		25*					
Chimilin	13	570	Aoste	1				20		20			16*						
Corbelin	4	2192	Avenières	4	merc.			3		3		26*			11				
Granieu	4	387	Aoste	2			3*												
Romagnieu	32	770	St-Genis-d'Aoste	4							12*			2e ma					
St-André-le-Gaz	7	1100	🚂		merc.					14			30*			F30			
St-Geoire	27	2065	St-Béron	8	mardi	1er mardi	1er ma	1er ma	s.a. Pâq.	1er ma d'a.	1er ma	1er ma	l.p.29*	1er ma	1er ma	1er ma	1er ma		
Charancieu	17	553	Abrets	8															
La Bâtie-Divisin	17	182	—	8				25*											
Montferrat	28	1079	🚂		merc.				A				l.p.21*						
Merlas	29	924	Voiron	12								13*							
Paladru	18	831	Virieu	8									2e l.						
Virieu-s.-Bourbre	12	1110	🚂		lundi				20		4*					25			
Le Pin	17	872	Virieu	6	jeudi						16*			5					
Montrevel	17	458	Chabons	6					l. Quas.										
Le Passage	7	765	St-André	2	merc.			23			30*								
Valencogne	13	691	Virieu	6	mardi					22									
Vienne		25m	🚂		sam.	17			25			26*		30					
Chasse	10	1161	🚂										25*						
Les Côtes d'Arey	12	950	Reventin	6						l. p. 3			l.p.16*						
Estrablin	9	1308	Vienne	8				25		25*				23					
Eyzin-Pinet	12	338	—	12				5			5*		5			5			
Jardin	4	500	—	4						16						16			
Luzinay	18	912	—	13												13			
Moydieu	6	695	—	13			12		20					6	12				
Pont-Évêque	5	1759	—	5	jeudi		28							2					
Les Roches de Condrieu	12	857	🚂										F25						
St-Sorlin	5	424	Vienne	9						l. p. 5*									
Septème	12	1400	—	12					5				10*			11			
Villette-Serpaize	16	640	—	16						18									
Beaurepaire	2	2815	🚂		merc.	1er merc.	25	l. Pas.	1er me	l. p. Asc	1er me	1er l.	l.p.25*	1er me	1er me	1er me	l. p. 13		
Bellegarde	25	826	Beaurepaire	10							1er l.			s. a. 8*					
Cour-et-Buis	16	595	—	14					2							l.p.11*			
Jarcieu	30	690	Epinouse	4			Ma.Gras			l. Roga.			s.a.1er d.	21*					
Moissieu	25	568	Beaurepaire	10						l.p.23*									
Montseveroux	17	785	—	11					l. p. 14		25*			l.p.14*					
Pact	28	779	—	7					l.p.23*	18			18						
Pizieu	27	570	—	7										12					

LOCALITÉS et dist. de l'arrondiss.		Popul.	GARES et distances	k.	Marchés	Janvier	Fév.	Mars	Avril	Mai	Juin	Juill.	Août	Sept.	Oct.	Nov.	Déc.	FOIRES MOBILES et observations	HOTELS & CAFÉS recommandés
Pommier	27	1030	Beaurepaire	16			23		l. Quas.	A		21		9*		19		A) jeud. Fête-Dieu.	
Primarette	21	695	—	16										B				B) l. p. 1er dim*.	
Revel-Tourdan	25	780	—	7					C	1er l.	l.p.11*		1er l.	l.p.22*			l.p.28*	C) merc. Pâques.	
St-Barthélemy	31	672	—	8						l. Pen.*			F24		1er j.			D) 1er j. et vend. Ascen*.	
St-Julien-l'Herm	24	320	—	15		F27				20			20					E) 1er jeudi, 16*.	
La Côte-St-André	42	1195	🚂		jeudi	7*	l. gras	1er j.	1er j.	D	1er j.	1er j.	E	F	1er j.	1er j.	1er	F) 1er jeudi, 24.	
Champier	37	1076	St-André	13	merc.	18			18			18*			18			G) l. p. 1er dim*.	
Commelle	35	672	—	11									28					H) l. p. 2e dim*.	
Faramans	32	900	—	7					l. Pâq.*							2		I) 3e l. p. Pâques*.	
Mottier	41	770	—	12									20					J) 3e l. p. Pâques*.	
Ornacieux	35	405	—	9											1er ma			K) vend. Ascension.	
Semons	33	430	—	12					27					1er ma					
Heyrieux	24	1540	🚂		vend.	27			16			22*		9		25			
Charantonnay	23	782	St-Quentin	15				18		26									
Oytier	14	785	—	13									21						
St-Bonnet de Mure	31	846	Champdieu	3					12								12		
St-Georges-d'Espéranche	18	1856	St-Quentin	12	merc.				23*		3						9		
St-Just-Chaleyssin	16	791	Heyrieux	9			lu. p. 3			ma.p.5*									
St-Laurent de Mure	30	1070	—	3	lundi				11	G			11*						
St-Pierre de Chandieu	26	1227	🚂		jeudi	2							1er*						
Toussieux	24	754	🚂							H				1er*					
Valencin	20	643	Heyrieux	8											6	6			
Meyzieux	32	1438	🚂			20				l. Pen.				21*		30			
Chassieu	38	775	Meyzieux	3			1er l.							1er j.					
Décines	32	1000	🚂										1er*			20			
Genas	26	2130	Meyzieux	4	merc.			16	22	27			24*		18				
Janneyrias	40	538	🚂						l. Pâq.		l.a.24*								
Jonage	50	1008	Meyzieux	5													16		
Pont-de-Chéruy	45	990	🚂		mardi								16*		28				
Pusignan	36	1275	🚂					31			6*					11			
Villette d'Anton	42	980	Janeyriat	4						17				12*					
Roussillon	20	1180	Péage	1		2e lundi		3e l.	ma. Pâq.	2e l.		l.p.25*				l.p.1er*	l. p. 8*		
Agnin	21	544	Salaise	4															
Anjou	26	720	Epinouze	6					I							l.p.11*			
Assieu	18	470	Péage	8									dr l.						
Auberives	13	558	—	7											2e l.				
St-Maurice-l'Exil	19	990	—	3			1			3				l.p.14*				F 22 septembre.	
Bougé et Chambalud	28	1070	Epinouze	4										s.p.15*					
Chanas	26	1150	St-Rambert	3	2e, 4e ma.		l.p.15*		J					1er l.*	dr l.				
La Chapelle	23	566	Péage	10						K									
Le Péage	19	1775	🚂		jeudi	4e jeudi	4e j.	4e j.	4e j.	4e j.	l.p.24*	4e j.	4e j.	l.p.24	4e j.	4e j.	4e j.		
Sablons	27	704	Serrières	1									l.p.17*			23			

ISÈRE : Vienne. — JURA : Lons-le-Saunier.

LOCALITÉS et dist. de l'arrondiss.	k.	Popul.	GARES et distances.	k.	Marchés.	Janvier.	Fév.	Mars.	Avril.	Mai.	Juin.	Juill.	Août.	Sept.	Oct.	Nov.	Déc.	FOIRES MOBILES et observations.	HOTELS & CAFÉS recommandés.
St-Alban du Rhône	15	272	Coudrieux	4							F22	l.p.16*						A) mardi Pâques. et 2e.	
Salaise	23	1115	🚂					2e l.						l. p. 2*					
Vernioz	15	130	Vaugris	8						l.p.16*	20							B) l. p. Fête-Dieu*.	
St-Jean de Bournay	23	3170	Vienne	23	lundi	25			A	ma. Pen.	24*		29		28		22		
Artas	28	1070	Bourgoin	13			25		3		11		6*		8	22			
Beauvoir de Marc	19	756	Verpillière	12				13				30*							
Châtonnay	6	1980	Bourgoin	15	mardi		19			9		Fd'd.		2		l.p.11*			
Culin	33	471	—	10							B								
Eclose	37	672	—	11						28			28*						
Lieudieu	29	360	Côte-St-André	17											15				
Meyrieu	28	608	Bourgoin	12			15				19*								
Tramolé	35	384		12							1er l.								
Meyssiès	11	540	Vienne	14							28		20*			28			
Royas	21	288	—	27				6						11*					
St-Anne d'Estrablin	34	530	Bourgoin	12								d' l.*						F 26 juillet.	
St-Aguin	33	309	—	7						5									
Savas	19	472	Vienne	17						4									
Villeneuve de Marc	22	1180		22		8		7		7			11*	12	7				
St-Symphorien d'Ozon	13	1970	Serezin	3	lundi					3	24*		F22	14		11	28		
Chaponnay	27	1230	—	7	jeudi					ma. Pen.			l.p.22*						
Simandres	12	418		5					1er l.	16				F8					
Corbas	15	118	Feyzin	6					20										
Communay	11	770		8				15								20			
Feyzin	17	1212	🚂			19				2e l.									
St-Priest	21	2723	🚂		mardi			5		1er				29*		2			
Serezin du Rhône	15	440	🚂														14		
Marennes	15	703	Serezin	9			9		22										
Ternay	13	1028	Chasse	2	merc.	4				ma.p.11									
La Verpillière	28	1215	🚂					1er		15*									
Four	30	880	Vaulx-Milieu	3								28							
Isle d'Abeau	32	937	Bourgoin	6				20											
Roche	27	1330	Verpillière	5												28		....	H[1] Cochard.
Maubec	28	685	—	2								14*							
St-Alban de Roche	33	1323	La Grive	1							F22		8*			2			
St-Quentin	26	1507	🚂					15							F31	15*			
Satolas	32	1190	St-Quentin	8									1er l.	8*					
Villefontaine	25	410	Verpillière	3			18				23*								
Vaulx-Milieu	28	732	🚂	28						8									

LOCALITÉS et dist. de l'arrondiss.	k.	Popul.	GARES et distances.	k.	Marchés.	Janvier.	Fév.	Mars.	Avril.	Mai.	Juin.	Juill.	Août.	Sept.	Oct.	Nov.	Déc.	FOIRES MOBILES et observations.	HOTELS & CAFÉS recommandés.
LONS-LE-SAUNIER		18m	🚂		jeudi	1er et 3e j.	1er, 3e j.	1er, 3e j.	1er j.	1er j.	1er j.	1er j.	1er j.*	1er j.	1er, 3e j.	1er, 3e j.	1er, 3e j.	Grandes courses de chevaux.	
Courlaoux	7	851	🚂					23					12*						
Montmorot	2	1827	Lons-le-Saunier	2				18			18*		18		18*			A) l. p. Q.-Temps.	
Vernantois	7	733	—	7						15		15*						B) l. p. Q.-Temps.	
Arinthod	40	1100	St-Amour	22	merc.	1er ma. cm	1er ma	1er ma	1er ma	1er ma	1er ma	1er ma	1er ma	1er ma	1er ma	1er ma	1er ma	(*) me. a. 1er jeudi.	
Arouans	52	775	Simandre	12				B		2	C		31*	30			1er		
Fétigny	25	205	Lons-le-Saunier	25				3			2								
Marigna	33	214	—	35				21						14*					
St-Hymetière	40	128	Cize (Ain)	20				18			12*							F Pentecôte.	
Thoirette	37	380	—	11					17	14	19		21*	28		21			
Beaufort	15	1275	🚂		merc.	22 cm	22	22	23	22	22	22*	22	22	22	22	22	F 1er dim. juin.	
Cousance	21	1232	🚂		lundi	2e l. cm	2e l.	2e l.	2e l.	2e l.	2e l.	2e l.	2e l.	2e l.*	2e l.	2e l.	2e l.		
St-Laurent-la-Roche	11	160	St-Agnès	6				26		26		15	l.p.19*						
Vincelles	12	568	—	1									l.p.15*						
Bletterans	12	1210	Domblans	10	mardi	23	d' ma		ma. Pâq.	4e ma		1er ma	2e ma	ma. p. 9*	1er ma	10	ma. a. 25		
Arlay	11	1242	—	5		4e merc.			4e me		4e me	30*		4e me		23			
Chapelle-Voland	23	1700	Neublans	14			12	12	13	14		12	13*						
Larnaud	9	750	Lons-le-Saunier	9				12			l.p.19*								
Ruffey-s.-Seille	11	1270	—	11					12		13			s. p. 5*		19			
Clairvaux	24	1092	—	24	vend.	20 cm	20	20	20	20	20	20	20*	20	20	20	20		
Doucier	25	122	Champagnole	18					16		16*	16		16					
Charcier	25	253	Lons-le-Saunier	25							9		9	9*					
Pont de Poitte	19	640		19						12*		12		D					
Conliège	1	1014	🚂		sam.		13		13		15		15*	15		13			
Châtillon	15	403	🚂					22		2	22	22*	22	11					
Mirebel	17	310	Châtillon	5				3e ma						1er ma					
Orgelet	23	1720	—	23	sam.	24 cm	24	24	24	24	24*	24	24	24	24	24	24		
Cressia	19	718	Cousand	12						2e ma		2e ma				2e ma			
Chambéria	27	374	Lons-le-Saunier	27				27			14	10		7*					
La Tour du May	23	405	—	23							17		17						
Sarrogna	25	323	—	25						l.p.12*	l. p. 8*		l. p. 8*						
St-Amour	33	2110	🚂		sam.	2	1er s.	1er s.	1er s.	1er s.	1er s.	1er s.*	1er s.	1er s.	1er s.	2	1er s.	....	H[t] de l'Alliance.
Loisia	24	376	St-Amour	16					3e s.				3e s.						
St-Julien	35	713	—	18	lundi	17		12	19	22	27	27	29*	26	21		12		
Dessia	42	187	—	28							25*					14			
Gigny	27	695	Cuiseaux	12			10		10	10	10	10	10*	10	10		10		
Montagna	40	380	Simandre	15									l. p. 3*						
Montfleur	42	188	Coligny	13			20		23		7	2		9*	2	20			
Sellières	20	1510	Passenans	5	merc.	2e me. cm	2e me	3e me	2e me	2e me	2e me	2e me	2e me	2e me	2e me	2e me	2e me		
St-Lothain	24	1070	🚂						2e ma		3e ma					ma. p. 5			
Voiteur	11	1200	Domblans	1	sam.			17		23	1er ma.*		F10			4e ma			
Baume	17	588		9							13								

JURA : Lons-le-Saunier, Dôle, Poligny, St-Claude.

Localités et dist. de l'arrondiss.	k.	Popul.	Gares et distances	k.	Marchés	Janvier.	Fév.	Mars.	Avril.	Mai.	Juin.	Juill.	Août.	Sept.	Oct.	Nov.	Déc.	Foires mobiles et observations.	Hôtels & cafés recommandés.
Château-Châlons	15	550	Domblans	5	....	....	10	...	...	...	l.p.29*	...	...	...	...	12	...	A) mardi Pâques.	
Domblans	13	536	(gare)	..	....	....	...	1re l.	...	...	1re l.	...	...	...	...	...	...	B) 2 et lundi a. 24.	
Dôle	..	1311	(gare)	..	jeudi	2e jeudi	2e j.	2e j.	2e j.	Pente.- d. me	2e j.	2e j.	2e j.	2e j.	2e j.	2e j.	2e j.	C) ms. p. St-Just*.	
Chaumergy	32	513	Passenans	12	....	....	...	9	2e s.	...	...	25	...	l.p.22*	...	...	17		
Commenailles	35	1200	—	12	....	4	...	20	...	6	...	l.p.22*	...	...	...	8	...		
Deux-Fays	25	306	Chaussin	12	....	....	22	...	...	2*	...	18	...	...	21	...	...		
Rye	30	330	—	11	....	....	18	...	29	...	...	...	2*	...	9	...	...		
Vincent	40	593	Domblans	9	....	....	1re l.	...	1re*	...	1re s.	...	...	4	...	...	...		
Chaussin	19	1220	(gare)	..	mar.-v.	4e mardi	4e ma	4e ma	4e ma	4e ma	...	10	15*	4e ma	4e ma	4e ma	4e ma		
Le Deschaux	16	1013	Chaussin	7	sam.	6	...	18	...	3	...	7	...	9*	...	17	...		
Pleure	22	602	—	7	....	21	...	...	5	...	13	...	8*	...	...	3	...		
Rahon	13	788	—	5	....	....	...	7	...	7	...	...	...	7*	...	...	...		
Tassenières	20	690	...	10	....	....	...	28	...	...	23*	...	l.p.26*	...	...	...	22		
Annoire	22	774	Neublans	14	....	....	...	26	...	...	15*	...	...	9	...	...	...		
Longwy	20	800	Chaussin	4	....	....	...	...	18	...	...	...	...	29*	...	...	...		
Pezeux	16	292	Tavaux	5	....	....	...	...	...	15	...	...	...	20	...	...	...		
Petit-Noir	23	1115	Neublans	2	merc.	....	...	...	...	...	l.p.29*	...	...	...	...	...	...		
St-Aubin	17	1122	Tavaux	8	....	2	...	2	...	23*	...	...	26	...	21	...	...		
Tavaux	9	1290	(gare)	..	....	....	...	...	A	...	...	...	...	21*	...	...	...		
Etrepigney	20	572	Orchamps	3	....	....	...	30	...	31	...	31	...	...	30*	...	...		
Fraisans	24	2805	Ranchot	3	merc.	....	...	16	30	...	17	30*	...	15	...	...	7		
Orchamps	14	684	(gare)	..	sam.	....	2e me	2e me	2e me	2e me	2e me	2e me	2e me	2e me	2e me	2e me	...		
Gendrey	22	620	(gare)	..	vend.	....	...	...	l. a. 23	...	13	...	16*	l. a. 29	...	...	l. a. 21		
Pagney	25	120	Ougney	4	....	....	...	1re	10	13	...	...	11*	...	17	...	...		
Sermange	19	323	Gendrey	3	....	....	...	7	...	7	...	7*	...	...	7	...	...		
Montbarrey	16	440	(gare)	..	....	31	...	...	...	l. p. 9*	...	...	l.p.23*	...	...	l.p.25*	...		
Chissey	23	645	Châtelay	2	....	....	...	...	...	1re v.	...	...	16*	...	...	...	...		
Mont-sous-Vaudrey	18	920	(gare)	..	jeudi	4e j. cm	4e j.	4e j.	4e j.	4e j.	4e j.*	4e j.	4e j.	4e j.	4e j.	4e j.	4e j.		
Vaudrey	20	535	Ev.-s.-Vaudrey	2	....	....	...	...	25*	...	...	13	...	13	...	...	...		
Montmirey	18	390	Auxonne	11	....	26	...	26	...	...	4*	...	...	16	...	...	...		
Thervay	21	720	Ougney	5	....	....	10	...	...	...	9*	...	17	...	...	8	...		
Poligny	..	4670	(gare)	..	lundi	4e l. cm	4e l.	4e l.	4e l.	4e l.	4e l.	4e l.	4e l.	4e l.*	4e l.	4e l.	4e l.		
Aumont	10	675	(gare)	..	....	....	3e j.	...	3e j.	...	7	...	31*	...	3e j.	3e j.	3e j.		
Champrougier-Grand	18	304	Aumont	10	....	29	...	15	...	18	...	...	20	18*	...	...	2		
Colonne	12	656	...	5	....	....	1re l.	l.a.fla.	...	1re	...	...	16*	...	1re l.	...	30		
Arbois	10	4960	(gare)	..	mardi	1er mardi	1er ma	1er ma	1er ma	1er ma	1er ma	1er ma	1er ma	C	1er ma	1er ma	1er ma		
Le Ferté	12	876	Aumont	1	....	....	...	1re	...	26*	...	...	27	...	...	8	...		
Champagnole	23	3700	(gare)	..	sam.	3e s. cm	3e s.	3e s.	3e s.	3e s.	3e s.*	3e s.	3e s.	3e s.	3e s.	3e s.	3e s.		
Andelot	29	818	(gare)	..	....	....	...	2e l.	...	...	2e l.	...	...	2e l.	l.p.24*	...	...		

Localités et dist. de l'arrondiss.	k.	Popul.	Gares et distances	k.	Marchés	Janvier.	Fév.	Mars.	Avril.	Mai.	Juin.	Juill.	Août.	Sept.	Oct.	Nov.	Déc.	Foires mobiles et observations.	Hôtels & cafés recommandés.
Pont du Navoy	18	465	(gare)	..	....	....	...	9	...	...	9*	...	...	19	...	9	...	A) mardi p. 1er.	
Sirod	30	741	Champagnole	8	....	....	...	2e l.	...	...	2e l.	...	3	2e l.	...	2e l.	...	B) l. p. 1er dim.*	
Crotenay	18	378	(gare)	..	....	....	...	10	...	...	10	10	...	10	...	10	...		
Nozeroy	32	840	Boujailles	13	lundi	23	20	...	13	28	...	8	2-25*	24	...	5	3		
Censeau	33	604	—	6	....	....	...	...	1re	...	...	...	...	...	10	...	...		
Les Planches	35	225	Champagnole	14	....	....	...	...	...	...	l.p.24*	...	...	...	...	A	...		
Chaux Crotenay	37	552	—	12	....	....	...	29	...	...	...	...	29	...	...	29	...		
Foncine-le-Bas	16	517	—	17	....	....	...	...	1re	...	...	...	B	...	12	...	...		
Foncine-le-Haut	40	1230	...	22	vend.	....	...	...	...	19	...	...	...	...	4	...	...		
Salins	25	6120	(gare)	..	lundi	3e l. cm	3e l.	3e l.	3e l.	3e l.	3e l.*	3e l.	3e l.	3e l.	3e l.	3e l.	3e l.		
Aresches	26	322	Pont d'Héry	4	lundi	4e l. cm	4e l.	4e l.	4e l.	4e l.	4e l.	4e l.	4e l.	4e l.*	4e l.	4e l.	4e l.		
Lemuy	24	440	Andelot	7	....	....	...	...	...	...	...	...	25*	...	...	...	...		
Villers-Farlay	24	725	Mouchard	4	....	....	...	20	...	...	...	...	...	11	...	...	...		
Chamblay	26	870	Châtelay	4	....	....	...	...	5	...	...	...	...	5*	...	...	...		
Mouchard	20	780	(gare)	..	merc.	....	...	...	...	1re me	...	...	...	...	...	...	1re me		
Port-Lesney	28	715	Mouchard	4	....	....	...	...	26	...	...	...	...	...	18	...	...		
St-Claude	..	9030	(gare)	..	sam.	2e sam.	2e s.	2e s.	2e s.	2e s.	7*	2e s.	2e s.	2e s.	2e s.	2e s.	2e s.		
Lajoux	19	588	St-Claude	19	....	....	...	...	...	...	...	...	...	15*	...	...	...		
Lamoura	16	895	...	16	....	....	...	...	...	...	...	...	...	27	...	...	...		
La Rixouse	11	424	Longchaumois	6	....	....	...	...	18	6	21	...	15*	16	25	...	...		
St-Lupicin	10	785	Lavans	3	....	....	...	...	...	21	...	15*	...	14	...	15	...		
Septmoncel	11	1320	St-Claude	11	....	....	...	...	30	...	...	...	...	...	10	...	...		
Les Bouchoux	14	940	St-Germain	17	....	....	3	...	...	23	...	...	16*	...	4	...	...		
Choux	21	320	Oyonnax	18	....	....	...	...	...	...	10	...	...	19	...	...	...		
Haute-Molune	22	348	St-Claude	12	....	....	...	...	...	...	3	...	...	3	...	...	...		
Les Moussières	15	488	—	15	....	....	...	...	...	11	...	...	...	...	14	...	...		
Viry	20	820	Oyonnax	9	....	....	...	...	20	...	...	20	...	...	1re	...	...		
Moirans	20	1244	(gare)	3	vend.	22	22	22	22	22	22	22	l.p.10*	22	22	22	22		
Morez	30	5540	(gare)	..	sam.	....	...	...	...	1re l.	2e l.	...	16*	2e l.	...	1re l.	20		
Bois d'Amont	42	1442	Morez	6	....	....	...	...	...	3e l.	...	...	...	3e l.	...	...	...		
Longchaumois	12	1863	(gare)	..	....	....	...	...	...	15	25*	...	...	30	...	...	...		
Les Rousses	34	2545	Morez	6	vend.	....	...	...	...	4e l.	l.p.29*	...	...	21	...	...	...		
St-Laurent du Jura	30	1268	(gare)	..	merc.	....	...	...	10	...	17	...	l.p.10*	...	17	...	16		
Château des Prés	16	170	Longchaumois	7	....	....	...	...	...	...	...	23	...	4*	...	...	...		
Chaux du Dombief	33	575	St-Laurent	7	....	....	...	...	...	4e l.	...	...	...	4e l.	...	...	...		
Fort du Plasne	35	648	—	8	....	....	...	...	22	...	...	...	...	...	28	...	...		
Grande-Rivière	23	530	—	8	....	....	...	28	...	...	...	2	...	...	1re	...	...		
Les Petites-Chiettes	28	188	—	12	....	....	...	...	...	...	25	...	...	...	...	10	...		

LANDES : Mont de Marsan, Dax, Saint-Sever.

LOCALITÉS ET DIST. DE L'ARRONDISS.	K.	Popul.	GARES ET DISTANCES	K.	Marchés	Janvier	Fév.	Mars	Avril	Mai	Juin	Juill.	Août	Sept.	Oct.	Nov.	Déc.	FOIRES MOBILES et OBSERVATIONS	HOTELS & CAFÉS RECOMMANDÉS
MONT DE MARSAN	..	[illegible]			mardi	ma. p. 6	A			3e ma		1re ma*				B		A) 1er mardi Car. B) mardi p. 11*. C) 2e merc. Car. D) merc. Quas*. E) 1er dim. Carême. F) sam. p. 2e lundi.	
Campagne	12	1030	Mont de Marsan	12						2e me									
Geloux	15	834	Ygos	7										6					
St Martin d'Oney	12	1110														11*			
Arjuzans	34	744			1re,3e j.					1re me			1re me*		2e me				
Arengosse	28	1235											16*						
Lesperon	58	1274								je.*				3e j.					
Morcenx	38	2050			merc.					2e me					4e me				
Onesse	52	1432	Morcenx	14			C		D							4			
Gabarret	46	1220	Mont de Marsan	46	merc.	1re merc.		1re me		1re me		1re me		1re me*		1re me			
Créon	34	699	—	34					1. Eq.*							2			
Losse	13	1172	Roquefort	16						25		16		2*			20		
Grenade	13	1450			1re,3e l.							15		1re*			2		
Benquet	7	1136	Mont de Marsan	7												25*			
Labrit	25	1110	—	25							1re l.*		2e l.						
Garein	21	862	Ygos	10										28					
Maillères	18	480	Mont de Marsan	18						1re d.									
Vert	26	694	Ygos	20		22													
Pontenx	75	1589	Labouheyre	17	1re,3e s.		E				21*					2e 30			
Parentis	81	1925	Ychoux	10						9*									
Biscarosse	85	1930		20										1re d.*		3e ma			
Sanguinet	89	1115	Caudos	10									3e d.*						
Ychoux	45	1040			lundi								15			14			
Pissos	58	1712	Ychoux	14						4									
Biganon	73	358	Belin	12			3			8				20*					
Moustey	70	650	Ychoux	29				23		19				8*			2		
Saugnac	37	1500		17									1.p.15*						
Roquefort	22	1792			jeudi	17*		3e j.			2e j.			2e j.	2e j.				
La Bastide d'Armagnac	28	1530	Roquefort	16	sam.	3e s. ...	3e s.	3e s.	3e s.	3e s.	3e s.*	3e s.	3e s.	3e s.	3e s.	3e s.	3e s.		
Lencouacq	28	1130	—	10						2e l.				1re*					
Lugant	38	1723	—	11						1.p.30*									
St-Justin	24	1512	—	11	1re l.	1re lundi	1re l.	1re l.	1re l.	1re l.		24	19*					F. 8 août.	
Sabres	45	2510	Solférino	14	1re,3e d.			19*						1re*		30			
Escource	51	1220	Labouheyre	7		17				1. Pe.			16*						
Labouheyre	54	1383			jeudi						2e l.*			3e l.*					
Lue	61	860	Labouheyre	6										29*					
Sore	52	1980			mardi		3				F		25*		1re l.				
Argelouse	36	325	Sore	7								20				30			
Callen	18	668	Luxey	6					30										

LOCALITÉS ET DIST. DE L'ARRONDISS.	K.	Popul.	GARES ET DISTANCES	K.	Marchés	Janvier	Fév.	Mars	Avril	Mai	Juin	Juill.	Août	Sept.	Oct.	Nov.	Déc.	FOIRES MOBILES et OBSERVATIONS	HOTELS & CAFÉS RECOMMANDÉS
Luxey	42	1523				17*				dr l.								A) 1er et 3e merc. B) s. par quinz. de la Pent. à la St-Martin, 11 nov.* C) 1er et 3e jeudi. D) 2e l. et 4e mardi. E) 2e et 4e mardi.	
Villeneuve de Marsan	17	2068	Mont de Marsan	17	1re,3e s.		vend.*				1re me			2e me	2e me	2			
Dax	..	[illegible]			sam.	dr samedi							dr v.*		dr s.				
Léon	20	1934	Dax	20									3e l.*				1re l.		
Lévignac	35	865	Rion	23						3e l.			2e l.			3e l.	dr l.		
St-Julien en Born	43	1700	Morcenx	26									28*						
Uza	38	500	—	25							j.a.3e l.			j.a.3e l.					
Montfort	17	1630	Dax	17	merc.	1re et 3e me...	A	A	A	A	A	A	A	A	A	A	A		
Peyrehorade	22	2813			merc.					dr me*									
Sorde	38	1140	Peyrehorade	5									dr j.						
Pouillon	11	3190	Misson	6	lundi		l. gras		l. Paq.	l. Pen.*						2e l.			
Habas	22	1715			vend.						1re v.		1re v.			11*			
St-Martin de Seignanx	11	2616	Labenne	8								dr l.*	3e l.	3e l.	2e l.	F 11			
Narrosse	30	188	St-Vincent	13											1re l.				
St-Laurent	31	830	Uet	5									F 10		1re v.		3e ma		
St Vincent de Tyrosse	21	1160			vend.	1re vend.			1re v.			1re v.							
St Martin de Hinx	20	1380	St-Vincent	10			l. gras		l. Paq.				1re l.		1re l.	l.p.11*		F 19 juillet.	
Soustons	29	3840	—	13	lundi				l. Paq.*										
Magescq	16	1730	St-Geours	12			2e l.			1re l.		2e l.				3e l.			
St-Geours	15	1710				3e lundi				1re l.		dr l.*				1re l.			
St-Sever	..	4870	Mont de Marsan	16	sam.					B	»	»	»	»	»	v.s.11*	»		
Montaut	8	1106	—	21					1re ma		1re ma		1re ma		1re ma				
Aire-sur-l'Adour	38	4562			mardi		..e ma			dr ma		dr ma		2e ma*		2e ma	3e ma		
Amou	28	1782	Orthez	14	2e et 4e l			dr l.			1re j.*			1re j.					
Pomarez	28	1889	Misson	12	1re et 3e...						1re l.					1re l.*			
Geaune	25	772	Aire	12	jeudi			1re j.						1re j.*					
Pimbo	33	138	—	25					dr l.						dr l.				
Hagetmau	12	3130	Mont de Marsan	28	merc.	dr merc.				1re me			1re me		dr me				
Labastide-Chalosse	17	215	—	31									15*						
Mugron	14	2080	Dax	27	jeudi	1re et 3e j. ...	C	C	C	C	C	C	C	C	C	C	C		
Tartas	23	3185	Rion des Landes	14	lundi	1re lundi	1re l.	1re l.	1re l.	1re l.	2e l.*	1re l.	2e l.	1re l.	1re l.	l.p.11*	1re l.		
Souprosse	12	1890	—	25	1re 3e ma.					1re ma			4e ma*						
Pontonx	31	2028	Laluque	5	1re 3e ma.			3e ma	3e ma					D	E				
Rion des Landes	40	2560			jeudi					3e ma	1re j.*		dr l.	3e j. 9*					
St-Yaguen	18	1010	Mont de Marsan	18															

LOIR-ET-CHER : Blois, Romorantin, Vendôme.

LOCALITÉS et dist. de l'arrondiss.	K.	Popul.	GARES et distances.	K.	Marchés.	Janvier.	Fév.	Mars.	Avril.	Mai.	Juin.	Juill.	Août.	Sept.	Oct.	Nov.	Déc.	HOTELS & CAFÉS recommandés.
BLOIS		24111	🚂		sam.	1er sam.	1er s.	1er s.	1er s.	1er s.	A	2e s.	B	1er s.	1er s.	1er s.	6	
St-Claude-Diray	8	234	🚂						Quas.*		FO							
Bracieux	17	1143	Mont(tramways)	7	jeudi	1er jeudi	j. gras	C	j. Quas.	j. Pen.	j.p.24*		1er j.	2e j.	2e j.	3e j.	2e j.	
St-Dié-sur-Loire	15	934	Mer	8	dim.											28		
St-Laurent des Eaux	26	1506	Beaugency	10	jeudi								11*					
Contres	21	2500	Blois	21	vend.	1er vend.	1er v.	D		1er v.	3e d.	E	20*	2e v.	F	G	2e v.	
Cour-Cheverny	13	2370	🚂		d. ma.					l. Pen.			d.p.15*					
Fougères-s.-Bièvre	18	765	Cour	11										2e d.				
Ouchamps	14	784	Blois	14	mardi						l.p.29*					2		
Herbault	16	851	—	16	lundi		20		20		22*		27			4		
Averdon	11	618	Chapelle Vendômoise	5				d.p.14*										
Onzain	14	2263	🚂		dim.	22		v.a.Ram.			10*					2		
Marchenoir	28	750	Beaugency	20	mardi						14	28		29*				
Josnes	30	1335	—	8	mardi						H							
Lorges	34	638	—	12	merc.		24				11*				18		8	
Madeleine-Villefrouin	25	97	Mer	13								22*						
Ouques	27	1560	Freteval	11	merc.		2e me		I		24*	2e me		2e me				
St-Léonard	29	1176	Blois	29						J		16*						
Mer	13	4080	🚂		lundi*		Cendres		l. Pâq.		25*					2		
Suèvres	13	1050	🚂									dr d.						
Montrichard	32	3263	🚂		lundi	1er lundi	K	L.C.	l. Pâq.	l. Pen.	1er l.	22*	18	21	1er l.	11	1er l.	
Pontlevoy	21	2330	Montrichard	8	merc.		3			1er	l. Trin.		24*					
St-Georges	38	1516	🚂						23*						27			
Ouzouer-le-Marché	36	1512	Meung	16	vend.	1er vend.	j. Gras		v. St				dr v.			2*		
Prénouvellon	50	580	—	25										3e l.				
Tripleville	47	350	Châteaudun	20							d.p.24*							
Verdes	19	930	—	15						L								
Vievy-le-Rayé	32	444	Freteval	12				l. Mic.			29*					3. 30		
St-Aignan	38	3340	🚂		sam.	15	22	2e s.	15	M	30*		11	19	23		1er	
Châtillon-s.-Cher	36	1668	Selles	5						N								
Chemery	30	1235	—	10	lundi				l. Pâq.	l. Pen.				8*				
Couffy	13	792	St-Aignan	6				10										
Meusnes	16	1075	Selles	7						O			31					
Noyers-s.-Cher	37	1920	St-Aignan	2						l.a.Pen.			28*					
Romorantin		8015	🚂		merc.	1er merc.				l.e.p.10	Q		R			l.p.11*	1er me	
Lanthenay	2	2220	Romorantin	2				P*	2e Pâq.*									
Millançay	16	1000	—	10										5				
Vernon	17	918	—	17										22				
Menneton	16	1015	🚂		lundi					4	15		14*			1er l.		

FOIRES MOBILES et OBSERVATIONS.

A) 1er sam. 24*.
B) 1er sam. 25*.
C) j. s. Passion.
D) lund. Mi-Car.
E) vend. près du 22.
F) vend. près du 9.
G) vend. près du 11.
H) l. p. 1er dim.*.
I) merc. Pâques.
J) 4e d. p. Pâques.
K) 2e l. a. dim. Gras.
L) vend. Ascens.*.
M) veille Trinité.
N) jeudi Fête-D.*.
O) veille Pent.*.
P) merc. p. Mi-Car.
Q) merc. p. 21*.
R) merc. p. 16*.

LOCALITÉS et dist. de l'arrondiss.	K.	Popul.	GARES et distances.	K.	Marchés.	Janvier.	Fév.	Mars.	Avril.	Mai.	Juin.	Juill.	Août.	Sept.	Oct.	Nov.	Déc.	HOTELS & CAFÉS recommandés.
Chapelle-Montmartin	12	380	Villefranche	3							23*							
Châtres-s.-Cher	18	1225	Menneton	2	dim.				1er ma.					1er ma.*				
Langon	12	877	—	3									dr l.					
Maray	19	570	—	4										14*				
St-Julien-s.-Cher	10	825	Villefranche	2						l. Pen.*				18				
Villefranche-s.-Cher	8	1780	🚂		sam.		27			25				7*				
La Motte-Beuvron	38	[illegible]	🚂		vend.					3e v.					4e v.			
Chaon	50	655	Motte-Beuvron	12										1er s.				
Chaumont-sur-Tharonne	32	1122	—	10	mardi			2e v.			18*					25		
Souvigny	52	850	—	11						3								
Vouzon	14	1544	—	6				l. Pas.			20*		20				28	
Nouan	36	1740	🚂		merc.		j. gras			2e m.			11*			12		
Yvoy	36	712	Ferté (Loir-et-C.)	13						31								
Neung	21	1265	Motte-Beuvron	19	mardi					24*				24				
Dhuizon	27	1010	Mer	18								1er l.						
La Ferté-St-Cyr	31	1031	Beaugency	16	vend.						l.p.17*							
La Marolle	25	440	Ferté	21										27				
Montrieux	20	800	🚂									1er ma.						
Salbris	25	2080	🚂		jeudi		j. S-pl.		24			1er j.*		20	20			
Ferté-Imbault	16	992	Salbris	7			2e j.-d.					22*					6	
Marcilly	16	800	Nouan	10						20			18*					
Pierrefitte-s.-Sauldre	39	1566	🚂					2e l.		1er d.*					3e l.			
St-Viâtre	21	1630	Nouan	8		25				9			3*			28		
Selles-St-Denis	11	1321	Salbris	16					1er		22				10*			
Souesmes	36	1320	—	11						15				1er*				
Theillay	21	1722	🚂		dim.					17			1er*					
Selles-s.-Cher	18	4615	🚂		l. dim.	14	j. gras		s. Ram.	1er	8	s.p.22*	21	29*		10	21	
Gièvres-Chabris	12	1260	🚂				s.p.15*				17				s.p.15*			
Gy	12	805	Selles	11						dr s.								
Mur de Sologne	12	1040	🚂		lundi			1er			1er*			1er				
Soings	19	1150	🚂						l. Qua.									
Vendôme		9420	🚂		vend.		3*	v. Pas.	v.p.23	A		v.p.4*		v.p.16		v.p.12	dr v.	
Azé	10	1010	Vendôme	10							l.p.25*							
Mazangé	11	1100	—	11										3e l.				
Thoré	9	1050	🚂	1						B								
Villiers	6	1275	Vendôme	6						l.p.2e d.				1er l.				
Droué	32	1050	🚂		mardi		24	27		9	6	16		21*	28		6	
Mondoubleau	28	1683	🚂		lundi		1er l.d.		ma. Pâq.	l. Pen.	l.p.24*		3e l.		9*			
Sargé	21	1544	🚂		dim.									dr s.				
Montoire	18	3280	🚂		merc.	1er merc.		1er me		1er me		1er me		1er se.*		1er me		
Couture	32	888	Pont de Braye	3										C				
Morée	21	1380	Freteval	3	lundi		8*										12	

A) vend. a. Trinité.
B) lundi p. 1er dim.
C) lundi p. dr dim.

LOIR-ET-CHER : Vendôme. — LOIRE : Saint-Étienne, Montbrison.

LOCALITÉS et dist. de l'arrondiss.	k.	Popul.	GARES et distances	k.	Marchés	Janvier	Fév.	Mars	Avril	Mai	Juin	Juil.	Août	Sept.	Oct.	Nov.	Déc.	FOIRES MOBILES et observations	HOTELS & CAFÉS recommandés
Danzé	11	1092	Vendôme	11										l.p.8*				A) avant d^e mardi. B) lundi p. d^e dim.	
Ville-aux-Clercs	15	965	Pezou	7	jeudi	20		19		15	29*		21		4	17	21		
St-Amand	14	750	🚂		jeudi								d^e d.*						
Savigny-s.-Braye	23	2830	🚂		mardi		d^e ma		d^e ma						d^e ma	A			
Epuisay	17	848	Sargé	7												1er s.			
Fontaine en Beauce	22	505	Montoire	6	merc.	1er		1er		1er		1er		1er*		1er			
Lunay	14	1558	Thoré	7									B						
Selommes	13	860	🚂		mardi				1er ma										
SAINT-ÉTIENNE		135m	🚂		ma., s.	A			25*								31*	A) marché chevaux 1er, 3e merc. em. B) lundi p. 1er dim.* C) lundi p. 1er dim.* D) mardi p. 10*.	
St-Jean-Bonnefont	5	4070	Terre-Noire	2	merc.	1er merc.						1er me							
La Talaudière	7	3045	Château-Creux	5	mardi		3e ma				3e ma				3e ma				
Terre-Noire	5	6410	🚂		s., me.														
Bourg-Argental	28	4580	🚂		jeudi	22		l.p.Mi-C.	l. Qua.						1er l.*	2-30	28		
St-Julien-M.-Molette	31	1975	Bourg-Argental	6	mardi	13		2e l.		12		25		21*		2e l.*			
St-Sauveur en Rue	29	2250	🚂				3			1er	29*				17				
Chambon-Feugerolles	9	8560	🚂		lundi		24				11		10*			11			
La Ricamarie	6	6270	🚂		sam.														
Pélussin	43	3195	🚂		lundi	2	2	1er l.	30	25	24*			1er l.		11			
Firminy	12	11m	🚂		jeudi	22				22					7	d^e j.			
Chavanay	50	1690	🚂		vend.		l.p.5						B						
Maclas	36	1212	St-Pierre de Bœuf	7	jeudi	4			27					l.p.8*		18*			
St-Appolinard	35	825	—	11									l.p.20*						
St-Pierre de Bœuf	42	1375	🚂		merc.	7				4	*29		C		13				
Véranne	38	878	St-Pierre de Bœuf	7			l. gras				3		D						
Rive de Gier	23	15m	🚂		ma., v.	23		Mi-C.		2				22			1er		
Grand-Croix	18	1324	🚂		lundi				2e l.				2e l.*		2e l.		2e l.		
Dargoire	29	268	Trèves	2			25		29		l.Trini*								
Lorette	20	4250	🚂		sam.												27		
Pavezin	35	895	Rive de Gier	8						l. Pent.			l.p.18*						
St-Genis-Terre-Noire	23	2018	—	1	ma., v.														
St-Martin-la-Plaine	26	1776	—	3	ma., v.											*11			
St-Paul en Jarret	19	3555	Grand-Croix	2	merc.				30										
Tartaras	31	320	Trèves-Burel	2			23				l.Trini*								
St-Chamond	13	14m	🚂		jeudi	17				3			29	29*		2	6		
Le Bessat	16	560	St-Étienne	16						8	6*		6	18					
Izieux	13	6010	St-Chamond	2	lundi														
St-Julien en Jarret	14	6820	—	1		*27													
St-Genest-Malifaux	14	2700	St-Chamond	12	mardi	ma. p. 6									9*			A) mardi Trinité. B) mardi a. Carn. C) mardi a. Pass. D) mardi a. Rogat. E) mardi a. 24*. F) mardi p. 3e dim. G) mardi a. Touss. H) merc. Pâques. I) ma. a. Ma. Gras. J) 1er vend. et par quinz. jusqu'au 24 juin.	
Jonzieux	20	1125	Chambon	12		20			20	20				14*					
Marlhes	23	2000	Riotard	7	3e me.*				27	30	25*				6				
St-Héand	13	2870	Villars	10	2e ma.											18*			
Fontanès	15	430	St-Étienne	15							25*					11			
La Fouillouse	10	2175	🚂		vend.	13								27*					
Villars	6	3380	🚂		merc.														
Montbrison		7300	🚂		sam.		1er j. Ca.		s.Saint.	j.a.Pen.			s.a.15*		18		s.a.25		
Champdieu	5	1370	🚂			21													
Boën-s.-Lignon	17	2572	🚂		jeudi		j. gras	Mi-Car.	ma. S^t	2e j.	14*	d^e j.	d^e j.		1er j.	5e, 4e j.			
Bussy-Albieu	21	776	Boën	7		2													
Cleppé	21	584	Feurs	4										10					
Hôpital-s-Rochefort	21	310	🚂		merc.			1er			A			10			22		
Montverdun	14	620	Marcilly	2						3					8				
Nervieux	23	1235	Balbigny	2					l. Pâq.	20*			17			3			
Poncins	17	970	Feurs	4							5*								
Ste-Agathe	16	510	Boën	4		18	*5							21*					
St-Étienne-le-Molard	16	702	—	7						10			10*				*27		
Feurs	23	3430	🚂		mardi		B	C		D	E*			F	G		s.a.a.25		
Cottance	32	1220	Feurs	9		sa. a. et p. 17			15				l.p.15*						
Essertines	33	771	—	10				23*		2e s.							9		
Montchal	47	1182	—	15		9				22*									
Panissières	36	5040	—	15	lundi		1er l.		1er l.		l.Trin*	1er	29	25			1er l.		
Pouilly-lez-Feurs	30	1145	—	8			3		l.p.Qua.		27					9*			
St-Barthélemy	33	850	—	10		3e sam.				d^e s.			*24						
St-Martin-Lestra	34	1310	—	11			3e s.		H		s.a.24			9		10*	31		
Sail en Donzy	28	468	—	5						1er l.									
Noirétable	46	2025	🚂		sam.			26		2	s.a.30*	23		22		24			
Cervières	49	430	Noirétable	6			l. gras		sa. Pâq.	l.a.Pen.	s.a.21*		l.a.15		5	l.p.1er*	l.a.25		
St-Didier	33	1600	St-Thurin	4		22		ma. Pa.		8	11			1*	29				
St-Jean-la-Vestre	42	880	Noirétable	5					18		24*			22	15				
St-Julien-la-Vestre	39	750	🚂			*27	I										8		
Les Salles	45	982	Noirétable	5					12					30*					
St-Bonnet-le-Château	30	2170	🚂		vend.			J	j. Saint.		v.a.21*			1er v.		1er v.			
Apinac	35	975	St-Bonnet	10				1er l.		1er l.			l.a.29*			2e l.			
Rozier-et-Côtes d'Aurec	39	1278	—	7											3e l.				
St-Hilaire-Cusson-la-Valm.	35	935	—	9			l.p.Sep.		l.Quas.					l.p.14*		18			
Usson en Forez	43	3190	—	14	2e et 4e j.					l.a.Pen*				l.a.29*					
St-Maurice	29	1995	Perthuizet	8					20					*22	20				
St-Galmier	21	7420	🚂		lundi				s.a.Pâq.	lun. Pen.			24*			25			
Belgarde	21	1841	🚂							2e j.					2e j.				
Bouthéon	20	965	La Renardière	3				1er s.			1er s.*			1er s.			1er s.		

LOIRE : Montbrison, Roanne.

LOCALITÉS et dist. de l'arrondiss.	k.	Popul.	GARES et distances.	k.	Marchés.	Janvier.	Fév.	Mars.	Avril.	Mai.	Juin.	Juill.	Août.	Sept.	Oct.	Nov.	Déc.	FOIRES MOBILES et observations.	HOTELS & CAFÉS recommandés.
Chazelles-s-Lyon	28	5380	[gare]		ma. v.		8		ma Qua.				16*	30			7	A) mardi Quasim. B) lundi p. 1e dim*. C) mardi a. 15.*	
Chevrières	34	1440	St-Galmier	9							6*			3e ma					
Maringes	25	774	Virielle	3							1er j.*			1er 3e j.			27		
Meylieu-Montrond	14	812	[gare]	1	dim.				A		25*						28		
Virigneux	31	900	Bellegarde	11				2e j.								30*			
St-Georges-s-Couzan	20	1083	Sail-s-Couzan	9					*23	23					26*				
Chalmazelles	10	1242	—	13					23				20*	l.p.14*					
Jeansagnière	33	176	—	11							1er		16*						
Sail-sous-Couzan	22	980	[gare]		jeudi								11				16		Hl Chavaren, c. d. Ch. d. f. P.-L.-M.
St-Bonnet-le-Courreau	18	1971	Montbrison	18					1er		23		30*						
St-Just-en-Bas	32	978	Sail	11					2e me	12*						2			
St-Jean-Soleymieux	15	1290	St-Romain	10	mardi				1e ma	1e ma				1e ma					
St-Rambert	19	2780	St-Just-s-Loire	2	jeudi	1er jeudi		3e j. l'ar								22*			
Périgneux	23	1976	[gare]							2e ma				1e ma		14*			
St-Just-s-Loire	19	2110	[gare]		sam.		2e s.			3*				2e s.			2e s.		
St-Marcellin	15	2226	[gare]				3		25*						F31		9		
Sury-le-Comtal	12	2893	[gare]		merc.	1e me ou	1e me	1e me	1e me	1e me	1e me	1e me	1e me	1e me	1e me	1e me	1e me		
Roanne		30..	[gare]		sa. v.*	2e mardi	1e l'ar		2e ma	2e ma		2e ma	17*	2e ma	2e ma	3e ma	9		
La Bénisson-Dieu	15	765	Pouilly	6						1er l.						7			
Briennon	13	1784	—	2					1er l.				B				21		
Villemontais	12	1185	Roanne	12		17				3				11*					
Villerest	6	1230	—	6				1er			6*			1er		25			
Belmont	37	3720	Cours	10	jeudi						6*		16*	30		2e j.	2e j.		
Belleroche	12	874	Beaujeu	17					21		24*		21				21		
Cuinzier	21	1254	Cours	6				25*				l.p.22*			25				
La Gresle	21	2510	Bourg-Thizy	6	mardi			19		31			10*		18				
Sevelinges	21	1145	Cours	3						20	24*								
Charlieu	19	5120	[gare]		sam.			2e s.								2e s.			
Vougy	8	1176	[gare]						l. Pâq.*										
Néronde	31	1230	Balbigny	6	sam.			S's.Pâs		4		25		s.p.S*		18			
Balbigny	31	1615	[gare]		lundi	7			l.Saint.				7*		d. l.				
Bussières	31	2900	Balbigny	9	merc.	18				12			21*			3			
Pinay	25	425	St-Jodart	1					12								12		
Ste-Colombe	29	1820	Balbigny	12	lundi			j.Pass.			6*		11				30		
St-Cyr-de-Valorges	30	750	—	16							15*						15		
St-Marcel-de-Félines	25	1530	—	7	merc.	*10	7			17				1er*			6		
Violay	33	1982	—	21	mardi	20			21		21*				16				
La Pacaudière	24	1283	[gare]		sam.	6	4	1e ma	7	10	6	22*	26	23	18	4	1er		
Changy	18	1010	Pacaudière	4				21	j.Quas.	j.Pen			C			18			
Le Crozet	26	720	Pacaudière	2				31			24*					12		A) merc. Mi-Car. B) merc. Pâques. C) merc. Pent.	
St-Bonnet-des-Quarts	25	1200	—	4					20*						26	F11			
Sail-les-Bains	32	684	St-Martin d'E.	1			4						23*						
St-Martin-d'Estreaux	31	1770	[gare]		jeudi	16	18	18	19	18	18				16	16*	18		
Urbize	34	525	St-Martin	10				15		s.p.Ass.	11	28		1er		8			
St-Forgeux	16	684	St-Germain	4			18		22					11*			26		
Perreux	3	2180	Coteau	3					d. j.*						d. j.				
Coutouvre	11	1860	—	12	jeudi				sa.Qua						10				
Montagny	16	1950	Bourg-Thizy	7	mardi				2e l.			F31				2e j.			
St-Germain-Laval	30	2318	Boën	12	vend.	20		2e j.l'ar	23*		v.a.24		1er*	11		12			
Amions	26	555	St-Jodart	10						9	18*		10	30					
Grézolles	33	556	Boën	20	vend.	17				15*			7			25			
Pommiers	31	650	Balbigny	11							30*								
St-Polgues	22	340	Roanne	22			5	A	B	C		26*	27		20	30			
St-Thurin	10	520	[gare]		lundi			15											
St-Haon-le-Châtel	13	700	St-Germain	5	merc.	22		s.Pas		5			29			8*			
Ambierle	18	2180	—	3	jeudi				2	1er*			6			12			
Arcon	13	450	Roanne	13					l.Pâq				20*						
Noailly	12	930	St-Germain	6					15						20				
Les Noës	18	506	—	12					18	18*					4e j.				
Renaison	12	2950	—	7	sam.			30	30		26*			16	1e ma		3		
St-Alban	10	765	Roanne	10					2e l.		F22	d. l.*				3e l.			
St-André-d'Apchon	11	1595	St-Germain	11	jeudi		8		25				3*			2		F 30 novembre.	
St-Germain-l'Espinasse	12	1058	[gare]		jeudi	7, 31			8		21	F31		30*					
St-Romain-la-Motte	10	1040	St-Germain	4			15	*28						8*				F 28 février.	
St-Just-en-Chevalet	27	2520	St-Thurin	14	jeudi	9		2e j.l'ar	j.Pas	6	4	2	23	20*	25	16	13		
Champoly	33	980	—	7				10								10			
Chérier	16	1105	Roanne	16					10		27		8*			18			
Crémeaux	29	1580	—	20					l. Pâq.*		18			18			20		
Juré	34	621	—	34			20				2*			20			5		
St-Marcel-d'Urfé	31	710	St-Thurin	7		10*							12	4					
St-Priest-la-Prugne	38	1050	[gare]				1er j.l'ar		26		7				12	18			
St-Romain-d'Urfé	30	1360	St-Thurin	11			F28			17			22*	18					
St-*Symphorien*-de-Lay	17	2700	Hospital	8	jeudi			j.p.10		16*			F22				10		
Cordelles	11	1480	St-Cyr	6				12		12						14			
Croizet	23	540	Hospital	13					1er*					7					
Fourneaux	23	1000	—	13						1er				1er*					
Lay	18	1212	—	9	lundi	2	l. gras.		l.Quas.		l.a.24*			30					
Machézal	29	858	Amplepuis	8							21*								
Neaux	14	7365	Hospital	5					1er j.					1er j.*					
Neulize	20	2185	St-Jodart	7	mardi				l.Pâq	l.Pen	l.p.24*						j.a.25*		
Pradines	10	1000	Régny	5					22							22			

LOIRE : Roanne. — LOIRE-HAUTE : Le Puy, Brioude, Yssingeaux.

Localités et dist. du chef-lieu d'arrondiss.	k.	Popul.	Gares et distances	k.	Marchés	Janvier	Fév.	Mars	Avril	Mai	Juin	Juill.	Août	Sept.	Oct.	Nov.	Déc.	Foires mobiles et observations	Hôtels & cafés recommandés
St-Cyr-de-Favières	10	680	🚂							1er	F16				15			A) mardi p. 28*.	
Régny	18	1810	🚂		sam.				25				A				20		
St-Just-la-Pendue	28	2773	St-Jodard	13	me.*					31		22*				9, 29			
Vendranges	13	310	🚂	8					29		11		23*			29			
LE PUY		19000	🚂		me. s.	7	3	A	j. Saint	Rogat*	21*	12	16*	9*, 29		2*, 11	1, 9, 22	A) 26 et ma. Pass.	
Malrevers	12	1141	Voutes-s-Loire	6	jeudi													B) merc. Pâques.	
Polignac	5	2382	Le Puy	5				1er j.		1er j.				1er j.*				C) 4 et s. a. Pent.	
Allègre	26	1713	🚂		merc.											12		D) tous les mardis de Carême.	
St-Just-près-Chomelix	27	1790	Borne	15		2e mardi			2e ma						2e ma				
Cayres	17	1375	Alleyras	15					15*						3e l.			E) 1er, 11, 18, 25*.	
Alleyras	23	700	🚂	2	dim.			13	B	20*						12-24		F) 15 jours p. ch. Foire.	
Bouchet St-Nicolas	22	658	Alleyras	2						2					29	16			
St-Jean-la Chalm	18	1010		5					25	12	25*			14		l. p. 1er	1er l.	G) 6 et mardi Pent.	
Craponne	33	3800	🚂		sam.					1er s.					21*				
Chomelix	29	1130	Vorey	15					1er ma						1er ma				
Fay-le-Froid	43	1210	Le Puy	10	merc.		19	s. Et.	19	C	30*		1, 26	15	21		6		
Les Estables	37	1050	—	31						14			21	19	18*				
St-Front	27	3371	—	25	merc.		j. gras				20*				8				
Loudes	14	1600	Borne	5	lundi				j. gras	La Pen*	L. Tri*			15		15			
St-Jean de Nay	17	1580	Lachaud	8			j. gras			15	*24		25*				15		
St-Privat d'Allier	21	1162	Monistrol	5	jeudi					6	1e, 3e l.				22*	17			
Le Monastier	22	3750	Le Puy	20	mardi	20		D	l. a. Pâq.	G	25	22*	29	m. a. p. 12	ma. p. 18	10*	29		
Freycenet la Cuche	31	862	—	31					22					2*					
Goudet	17	514	—	17	lundi			21		31*					2e l.				
Laussonne	20	1950	—	20					j. gras					j. a. 23*	dr j.				
Présailles	24	1116		26									dr	22		ma. p. 2			
Salettes	33	1150		30				1er	30*						23				
Pradelles	35	1892	Langogne	7	jeudi	12		23	21	16		22*	10	18, 29					
Arlempdes	30	524	—	9											12				
Landos	23	1380	Chapeauroux	12		2e l.	2e l.	2e l.	2e l.	3e l.	2e l.	2e l.	2e l.	2e l.	2e l.	2e l.	2e l.		
St-Haon	29	1528	—	5		10	10	10	10	10	10	10	10*	10	10	10	10*		
St-Julien Chapteuil	18	3220	Le Puy	18	lundi	dr lundi		l. gras	dr l.		dr l.				dr l.				
Lantriac	11	1744	—	11				j. a. 24*								j. a. 29			
St-Hostien	16	1393	—	16	F	2e mardi			2e ma			2e ma			2e ma				
St-Paulien	13	2770	Borne	6	dim.				v. Saint						18*	10			
Thoras	37	1124	Monistrol	28					5	5	5, 24*	7	25*	7	12	5			
Thaulac	3	680	Le Puy	3					1er l.	1er l.	1er l.			1er l.					
Chanaleille	58	840	Monistrol	20						1er	1er			25	20			A) dr v. Carnaval.	
Saugues	43	3870	Monistrol	15	vend.	vend. p. 6	A		v. p. Pâq.	v. p. Rog.	11	22*			6, 27	18	v. a. 25	B) veille Sexagés.	
Monistrol	28	1130	🚂		mardi	13		5								15		C) 1er et me. a. 20.	
Solignac-s-Loire	12	1385	Le Puy	12		15					15*							D) 8 jours a. j. gras.	
Vorey	22	2190	🚂		lundi	1er lundi	1er l.	1er l.	1er l.	3*	1er l.	1er l.	1er l.	14*	1er l.	1er l.-25	1er l.	E) 9 et 21 ma. Pent.	
Roche en Régnier	28	1895	Vorey	6	mardi		1er	24	m. a. Pâq.					28*			7	F) 6, 21, 26.	
Rosières	20	2362	La Voute	7					s. a. Pâq.	l. Pen.*				21			6		
St-Pierre du Champ	31	1390	Vorey	8			B		15		30*					9			
Brioude		5100	🚂		sam.		l. gras	1er s.	1er s.	3	23*	3e s.	27*	15		23	24		
Chaniat	10	468	Brioude	10			10												
Lamothe	4	956	—	4			3			6			28*			13			
St-Beauzire	11	610	—	11						21*					26				
Auzon	13	1330	Brassac	6	lundi	3e lundi	3e l.	3e l.	23	18			11*	3e l.			9		
Champagnac	15	980	Brioude	15	merc.			2e l. Ca.	3e me		C			1er	3e me		1er		
Chassignoles	17	772	—	17						22		22*							
Lempdes	11	1551	🚂		mardi					3e ma			22*		1er		3e ma		
Ste Florine	13	2860	Brassac	1	dim.		D			7						28*			
Blesle	23	1551	🚂		jeudi		V. j. Gras		me. St	12	30*		1er	20		10	a. d. 1er j.		
La Chaise-Dieu	32	1740	🚂		jeudi	1er jeudi	1er j. Ca.	1er j.	1er j.	j. a. Rog.	1er j.	1er j.	1er*	1er j.	1er et 2e j.		1er j.		
Langeac	28	1310	🚂		jeudi	1er jeudi	1er j. Ca.	j. Mi-C.	me. St	2	1er j.	2*	1er j.	1er j.	1er j.	25*	1er j.		
Laval	22	521	Brioude	22				28					11*						
Pébrac	61	980	Chanteuges	10							25*			10					
St-Eblé	26	621	Rougeac	1			2e l.								13				
Siaugues	36	1721	Lachaud	6	mardi	3e ma. ca.	3e ma	3e ma	3e ma	3e ma	3e ma	3e ma	3e ma	3e ma	3e ma	3e ma	3e ma		
La Voûte-Chilhac	22	746	St-Georges	10	dim.	2	10	28						9*		11			
Ally	21	880	—	20				19	15	13	25	22*	25	22	21				
St-Ilpize	13	1000	Brioude	13			15								28*				
Paulhaguet	16	1595	🚂		lundi	7	1er l.	1er l.	ma. Pâq.	E	13	1er l.	1er l.	1er l.	l. p. 13*	1er l.	F		
Collat	26	480	Paulhaguet	12					1er ma	4e ma	4e ma	4e ma	4e ma	4e ma					
St-Didier-s-Doulon	11	1565	Frugières	9				2e ma		*23	2e ma			2e ma*			2e ma		
Ste-Eugénie de V.	28	304	Fix	2											25				
St-Georges d'Aurac	21	910	🚂		dim.		24		*23			30*		27			28		
Pinols	43	900	Langeac	14				l. gras	20	18	16*	10		7	18	15			
Yssingeaux		8235	Retournac	14	jeudi						j. p. 29			29*					
Lapté	10	2832	—	25										l. p. 8*					
Retournac	14	3750	🚂		merc.	dr merc.	dr me	dr me	dr me	1er	24*	dr me	29	dr me	dr me	dr me	26		
Bas-en-Basset	21	3085	Bas-Monistrol	3	mardi			V. j. gras	25	23*				l. p. 23*		11			
Boisset	31	918	Retournac	12				l. p. 15*		l. p. 15*						8			
St-André de Chalencon	28	1160	—	11			13			15					l. p. 8*	*30			
St-Pal-de-Chalencon	37	2255	St-Bonnet	14	merc.	1er, 3e me.	1er, 3e me	1er, 3e me	1er, 3e me	1er, 3e me	1er, 3e me	1er, 3e me	1er, 3e me	1er, 3e me	1er, 3e me	1er, 3e me	1er, 3e me		
Tiranges	28	1720	Retournac	13	dim.				l. Pâq.		l. p. 15*			l. p. 8*			l. p. 15		
Valprivas	33	1351	Bas-Monistrol	11											15				

HAUTE-LOIRE : Yssingeaux. — LOIRE-INFÉRIEURE : Nantes, Ancenis.

LOCALITÉS et dist. de l'arrondiss.	K.	Popul.	GARES et distances	K.	Marchés	Janvier.	Fév.	Mars.	Avril.	Mai.	Juin.	Juill.	Août.	Sept.	Oct.	Nov.	Déc.	FOIRES MOBILES et observations.	HOTELS & CAFÉS recommandés.
Monistrol-s.-Loire	24	1850	🚂		vend.	15	1'L.Cr.	l. Sie.	l. St	6	5*	15	22	26	25*	29	15	A) 1er mardi Carê.	
Beauzac	20	2675	Pont de Lignon	3	dim.	...	...	26	...	...	1**	...	...	9	...	30	...	B) mardi Rogat.	
Ste-Sigolène	18	3300	St-Pal	12	mardi	1er mardi	...	...	...	15	15	...	20*	...	...	...	...	C) lend. Fête-Dieu.	
St-Maurice de Lignon	10	2172	Pont de Lignon	5	merc.	...	...	12	...	...	...	...	...	8*	...	...	...	D) merc. Rogat.	
Montfaucon	18	1120	🚂		lundi	8 et dr v.	A	v. M. C.	v. a. Pâ.	B	C	22*	17, 28	22	18	2	6	E) 1, 10, 18.	
Dunières	25	3015	—		jeudi	17*	...	...	...	...	...	...	...	...	...	...	22		
Montregard	24	1950	Montfaucon	9	...	...	...	...	...	...	...	...	...	...	...	25*	...		
Riotord	29	2754	🚂		vend.	...	...	26	...	16*	...	...	...	...	20	...	17		
St-Bonnet-le-Froid	32	750	Dunières	15	...	...	...	...	...	19	...	2	20*	...	...	8	...		
St-Didier-la-Séauve	30	1950	🚂		merc.	dr me. ca	dr me	dr me	dr me	dr me	dr me	dr me	dr me	dr me	dr me	dr me	dr me	f 23 mai.	
Aurec	30	2605	🚂		dim.	...	2	...	...	2	29*	...	...	8*	...	...	...		
St-Just-Malmont	35	2325	Firminy	6	mardi	...	...	...	23*	...	...	...	...	...	...	...	...		
St-Pal de Mons	25	2338	🚂		lundi	...	...	...	3e v.	12	21*	...	...	...	...	...	...		
St-Romain-la-Chalm	25	1200	St-Didier	8	...	6	...	...	15	...	10*	...	...	...	...	10	...		
Tence-Brosse	16	4881	Dunières	14	mardi	1er mardi	1er ma	1er ma	25	6*	1er ma	1er ma	1er ma	1er ma	1er ma	1er ma	13		
Chambon	26	2380	—	22	sam.	...	2e s.	...	2e s.	...	2e s.*	...	2e s.	...	2e s.	...	2e s.		
St-Jeures	10	2720	Retournac	23	...	...	...	21	...	15	23*	...	...	10	30	...	...		
St-Voy-Fourneaux	17	2050	Dunières	26	...	15	18	...	15	...	...	...	10*	11	E	...	...		
NANTES		[illegible]	🚂		me.-s.*	...	1er	15	25	25*	...	16*	...	ch. s.	11*	...	1er		
La Basse Indre	8	2250	🚂		dim.	...	...	...	...	...	...	...	...	...	...	...	...		
Chantenay	3	[illegible]	🚂		sam.	...	...	...	...	...	...	...	...	6*	24*	...	...		
St-Herblain	8	2570	Basse-Indre	2	...	...	28	...	18	...	...	...	...	...	...	...	...		
Aigrefeuille	42	1400	🚂		jeudi	2e jeudi	2e j.	2e j.	2e j.	...	...	...	...	...	...	...	2e j.		
Le Bignon	14	1842	Aigrefeuille	8	...	dr mardi	...	1er ma	1er ma	15*	...	...	...	...	...	...	...		
Montbert	19	2300	—	7	...	3e merc.	3e me	3e me	3e me	3e me	3e me	23*	3e me	3e me	3e me	13	3e me		
La Planche	28	1892	—	7	...	1er lundi	1er l.	1er l.	1er l.	...	...	...	...	...	...	...	...		
Vieille-Vigne	32	2145	Montaigu	10	...	20	3e l.	3e l.	3e l.	9*	3e l.	3e l.	3e l.	3e l.	3e l.	3e l.	3e l.		
Bouguenais	8	3800	🚂		...	...	...	...	...	...	...	...	...	...	...	...	...		
Brains	22	1140	Bouaye	4	...	...	...	...	...	10	...	...	...	...	...	...	...		
Pont-Rousseau-R	2	7380	🚂		vend.	...	25	30	...	...	...	26*	...	...	...	...	...		
Pont-St-Martin	12	1721	Bouguenais	6	...	...	26	27	27	...	...	...	...	...	...	...	...		
St-Aignan	13	1300	—	5	...	...	...	...	...	...	13*	...	...	...	...	...	...		
Carquefou	10	2434	🚂		lundi	2e lundi	27	...	13	...	...	22*	...	...	...	2	...		
Mauves	16	1400	🚂		...	lundi p. 15	l.p.15	l.p.15	l.p.15	3e l.	...	...	3e l.	...	9*	l.p.15	l.p.15		
Chapelle-s.-Erdre	10	2395	🚂		...	...	15	...	11*	...	...	...	...	...	...	...	...		
Grandchamps	18	1900	Sucé	8	...	2e lundi	20	...	...	...	...	...	...	...	...	...	...		
Orvault	6	1985	Nantes	6	...	21	...	...	...	l. Pâ.*	...	...	...	...	...	...	...	A) 1er v. et l. Mi-C.	
Sautron	11	982	Couëron	6	...	...	...	10	...	2	...	11*	...	...	...	...	8	B) 1er v. et vend. Asc.	
Sucé	16	2125	🚂		vend.	22	22	31	...	...	...	...	...	1er l.*	...	...	...	C) 1er v. et v. p. F.-D.	
Treillières	15	2020	Chapelle s.-Er.	8	...	...	8	23	...	...	...	...	...	...	...	...	...	D) mardi Pâques au 24 juin, tous les mardis.	
Clisson	28	2800	🚂		vend.	1er v. et v. p. 17	1er v.	A	1er v.	B	C	v. p. 22	...	1er v.	v. p. 18	v. p. 30	...		
Boussay	36	2035	🚂		mardi	...	2e ma	2e ma	2e ma	2e ma	2e ma	...	...	...	...	...	...		
Legé	40	1450	Montaigu	16	me.-v.	1er et 3e ma.	1er, 3e ma	3e ma	24	...	...	...	...	...	...	...	...		
St-Jean de Corcoué	30	1400	Machecoul	22	...	...	...	dr me	...	...	21*	...	30	...	...	...	...		
Touvois	40	1865		15	...	23	2e l.	2e l.	2e l.	10	l.p.Tri.	...	...	30	...	...	2e l.		
Loroux-Bottereau	15	4110	Thouaré	8	ma.-v.	2e mardi	3	2e ma	2e ma	D	21*	2e ma	2e ma	2e ma	2e ma	25	2e ma		
La Boissière du D.	32	806	Loroux	11	jeudi	...	3e l.	...	3e l.	...	...	...	...	...	...	...	3e l.		
La Chapelle-Basse-M	23	3280	Mauves	4	j. d.	...	...	10	...	...	...	...	1er*	...	28	...	...		
Le Landreau	24	2072	Du Pallet	11	jeudi	...	...	...	2e j.	...	...	...	...	8*	...	...	...		
La Remaudière	26	1125	Mauves	13	...	...	...	25	...	...	l. fê.	...	...	...	...	*11	...		
St-Julien-de-Concelles	16	3830	Thouaré	4	jeudi	*27	...	...	23	...	...	...	24*	...	...	...	...		
Machecoul	38	3800	🚂		merc.	1er merc.	1er me	1er me	1er me	1er me	23*	1er me	1er me	15	3e me	1er me	1er me		
Paulx	38	1500	Machecoul	6	...	...	20	...	3e j.	...	24*	...	...	...	...	...	29		
St-Etienne-de-Mer-Morte	40	1575	—	11	lundi	...	...	...	...	...	...	...	...	...	...	...	f 26		
St-Mars de Coutais	18	1580	Port-St-Père	4	...	...	14	...	...	...	...	...	...	...	...	...	...		
St-Même	34	945	Machecoul	4	...	...	...	30	...	...	...	...	...	...	...	...	...		
St-Philbert	24	3836	Port-St-Père	15	vend.	2e me. ca	2e me	2e me	2e me	2e me	2e me	2e me	2e me	2e me	2e me	2e me	2e me		
La Limouzinière	28	1480	Nantes	28	...	...	1er s.	21	...	1er	l. Pâ.*	...	...	...	...	...	...		
La Chevrolière	16	2168	Bouguenais	10	...	...	1er l.	...	1er j.	...	...	...	...	...	...	...	...		
St-Colomban	25	2440	Nantes	25	...	...	1er ma	1er ma	...	...	...	...	...	l. a. S.*	...	...	...		
Vallet	24	1960	Du Pallet	7	lundi	1er lundi	1er l.	1er l.	1er l.	1er l.	1er l.	1er l.	1er l.	1er l.	1er l.	1er l.	1er l.		
La Chapelle Heulin	18	1450		4	jeudi	...	...	...	30	...	...	...	...	...	...	...	...		
Le Pallet	20	1546	🚂		...	...	...	...	...	...	...	...	...	20*	...	...	27		
La Regrippière	34	1220	Du Pallet	14	...	...	3e ma	3e ma	...	...	...	...	...	...	18*	...	...		
Vertou	8	5375	🚂		...	...	...	...	...	...	...	...	...	...	...	...	...		
Château-Thébaud	17	1681	Haie-Fouassière	8	...	...	...	...	1er j.	...	...	...	...	...	...	...	...		
Basse-Goulaine	14	1186	Vertou	4	...	...	...	...	...	...	...	...	6*	...	...	...	...		
La Haie-Fouassière	15	1710	🚂		...	...	...	dr l.	...	...	...	...	16*	...	...	...	...		
Haute Goulaine	12	1830	Vertou	5	...	...	...	21	...	...	...	...	...	...	...	11*	...		
St-Fiacre	13	510	Haie-Fouassière	2	...	...	...	...	...	...	...	...	30*	...	...	2	...		
Les Sorinières	8	1205	Vertou	2	...	...	16	24	...	6	25*	...	...	...	...	...	...		
Ancenis		3570	🚂		jeudi	1er jeudi	1er j.	Mi-C.	1er j.	1er j.	11*	2	1er j.	1er j.	1er j.	1er j.	1er		
Mésanger	8	2060	Ancenis	9	...	...	...	...	...	11	...	22*	...	...	...	...	...		
Oudon	9	1764	🚂		...	...	...	...	...	...	...	...	...	...	...	10	...		
St-Herblon	8	2885	Anetz	4	...	...	...	...	15	...	...	20*	...	...	...	...	...		
Ligné	18	2600	🚂		...	...	...	1er l.	...	10	...	15	...	...	1er*	...	...		
Couffé	10	2000	Oudon	6	...	3e lundi	...	...	16*	...	...	...	...	...	...	...	...		
Mouzeil	16	1500	Teillé-Mouzeil	4	...	23	...	...	l. Pâq.*	...	...	...	...	...	...	...	...		

LOIRE-INFÉRIEURE. — Ancenis, Châteaubriant, Paimbœuf, Saint-Nazaire.

LOCALITÉS et dist. de l'arrondiss.	k.	Popul.	GARES et distances.	k.	Marchés.	Janvier.	Fév.	Mars.	Avril.	Mai.	Juin.	Juill.	Août.	Sept.	Oct.	Nov.	Déc.	FOIRES MOBILES et OBSERVATIONS.	HOTELS & CAFÉS RECOMMANDÉS.
Riaillé	20	2380	Pannecé-R.	3	1er ma.				30				25	29*				A) veille Rameaux.	
Joué-sur-Erdre	28	2830	Nort	10	2e ma.			A		25	6	26*			2			B) 1er mardi et 28.	
Pannecé	15	1356	🚂			2e lundi	2e l.						24*					C) merc. Trinité.	
Teillé	13	1865	🚂					19			19*							D) mardi p. 14*.	
Trans	21	1662	Nort	12														E) ma. p. Mi-Car.*	
St-Mars-la-Jaille	18	1946	🚂			3e mardi	3e ma	3e ma	22	21	8*	21	27	16	3e ma	18 22	13	F) l. p. 8 et l. gras.	
Bonnœuvre	22	1060	St-Mars-la-Jaill	4					24									G) l. Ram. et l. Qua.	
Maumusson	13	1415	—	8		27	27											H) l. Rogations et veille Pent.	
Le Pin	26	1137	—	10				2e s.			9*			17				I) l. a. et p. 8, foires dites de Beaulieu et l. p. 29.	
St-Sulpice-des-Landes	26	1380	—	7		*19	20			d' ma								J) 1er l. et l. p. 25.	
Vritz	28	1742	Candé	4						8						23		K) 1er à la Grigonnais.	
Varades	13	3450	🚂		mardi	1er mardi	B	4e ma	7	15*									
Belligné	18	2280	Varades	12		3e lundi			16	22*						4e ma			
La Rouxière	12	1215	—	12			21												
Châteaubriant		6176	🚂		merc.*						C			13*		2e p. 1er			
Ruffigné	10	1120	Châteaubriant	10						8									
St-Aubin des Châteaux	9	2425	—	9				F1er	1er ma					D					
Soudan	6	2670	🚂							l. Pen.									
Derval	24	3280	🚂																
Jans	22	1716	Luzanger	6					ma. Qsi.					7*					
Luzanger	18	1665	—						23*						1er ma				
St-Vincent des Landes	12	2200	🚂									22*							
Sion	17	3330	Luzanger	8				E		ma. Rg.				27					
Moisdon	12	2465	Issé	7			d' l.		a. Rg.		1er*								
Auverné-le-Grand	16	1800	—	12					15	15		15							
Issé	13	2424	🚂				1er j.				F29			8					
La Meilleraye	19	1780	Abbaretz	11	4e ma.			23				10			l.p.15*		3e s.		
Nort	37	5416	🚂		vend.	1er vend.	1er v.	1er v.	11, 23	1er v.	25	1er v.	6*, 29	1er v.	1er v.	11	1er v.		
Casson	11	1130	Nort	8			12												
Héric	44	4215	—	12	jeudi	d' jeudi	d' j.	8	d' j.	d' j.	d' j.	8*	d' j.	25	d' j.	20	d' j.		
St-Mars du Désert	42	1912	Mauve	10			10		10										
Nozay	27	4130	🚂		lundi	lundi a. G	F	l.p. Mi-C	G	H			1er*	I		25	J		
Abbaretz	22	2095	🚂		1er s.							20		23					
Puceul	29	1844	Abbaretz	7				10	1er s.										
Saffré	36	3580	Nort	9	merc.	3e sam.	3e s.		3e s.		l.p.23*			j. p. 15					
Treffieux	17	1280	Luzanger	4						1er j.				1er j.					
Vay	34	3300	Nozay	6					m. Pâq.	j.p.23				K					
Rougé	10	2785	🚂								29			1er j.					
Soulvache	15	562	Rougé	5					l. Pâq										
St-Julien de Vouvantes	14	1873	Châteaubriant	14				M.C.*	10				28*					A) lundi Pentecôte.	
Chapelle-Glain	18	1368	Pouancé	13						7	22*				27			B) mardi p. 25.	
Erbray	9	3040	Châteaubriant	9				3e ma		5*								C) merc. Pen. et 20.	
Juigné	15	900	Pouancé	7					l. Pâq*									D) lundi p. 1er dim.	
Petit-Auverné	14	1049	Issé	13			3e l.				11*							E) s. p. Mi-Carême.	
Paimbœuf		2700	🚂					2e ma	1er	15*									
Bourgneuf	33	2880	🚂		sam.			3					10*						
Chéméré	25	1355	🚂		merc.		10							5*					
Fresnay	30	870	Machecoul	5					11	14			25*		29				
Les Moutiers	28	692	🚂		dim.				18										
St-Hilaire de Chaléons	29	1480	🚂		jeudi	11*	12		1er l.	30*									
Le Pellerin	28	1880	Couëron	3	sam.	21		5	5				16*			3	23	* 15 août.	
Port-St-Père	29	1800	🚂		jeudi	28		23		A				l.p.29*		18			
Rouans	21	2255	Feuillardais	9	vend.		5	10						17					
Ste-Pazanne	32	2160	🚂		vend.	18	2e ma	2e ma	13	19		22*							
Vue	18	1288	Feuillardais	5	merc.	26			d' l.										
Pornic	23	1999	🚂		ma. j.			23			15			9*	15		1er	* et loue 2e d. mai.	
Arthon	32	2355	Chéméré	2	jeudi	23	25	B	2e j.	2	11*	2e j.	2e j.	27	2e j.	2e j.	6		
La Plaine	23	1514	Pornic	7				8											
St-Michel-Chef-Chef	20	1175	—	8										30*					
St-Père	11	2980	🚂		dim.	13	13	19	22	j. Asc.	C	20	20*	18	29	16	10		
Chauvé	20	1836	Chéméré	7		2	2			l. Pen.*						11			
Frossay	9	2950	Pas-Bochet	6	jeudi			17	8	9		1er ma	2	9*	28		20		
St-Viaud	3	1690	🚂							D					17				
St-Nazaire		28 [illegible]	🚂		ma. v.			7	30			1er*		15		18	30		
Montoir	8	7213	🚂		mardi					4e ma	25*		3		15				
Blain	45	8620	🚂		mardi	1er ma.	1er ma	1er ma	1er ma	1er ma	1er ma	1er ma	1er ma	1er ma	1er ma	1er ma	1er ma		
Bouvron	34	3894	🚂		vend.			20		10							1er		
Fay	38	3550	Bouvron	5	jeudi	18	25	17	30			22*	28			12			
Le Gâvre	49	1691	Blain	5			2e j.			14*					16				
N.-D. des Landes	52	1900	—	14				12	17						13*				
Croisic	28	2130	🚂		ma. v.							d' d.*							
Batz	25	2790	🚂		dim.														
Guémené	33	6258	🚂		merc.	2e merc.	2e me	E	2e me	2e me	24*	25	30	29*	2e me	2e me	2e me		
Conquereuil	62	1196	🚂							23			25*						
Marsac	68	1860	Nozay	6						21				16					
Massérac	65	1025	🚂							5					1er*				
Pierric	60	1740	Derval	6				ma. Pas											
Guérande	19	6895	🚂		sam.*	2	3	2*	11, 26	19	14, 30	20	11	3	19, 29	20	17	F 1er mars.	
Mesquer	28	1585	Guérande	8						26			26*						
Piriac	32	1475	—	12												11*			
St-André des Eaux	10	1640	🚂					25	23*	25				25		F 30			

LOIRE-INFÉRIEURE : St-Nazaire. — LOIRET : Orléans, Gien, Montargis.

LOCALITÉS et dist. de l'arrondiss.	K.	Popul.	GARES et distances	K.	Marchés	Janvier	Fév.	Mars	Avril	Mai	Juin	Juill.	Août	Sept.	Oct.	Nov.	Déc.
St-Molf	20	1280	Guérande	7					1er		10*						
Herbignac	26	4150	Pont-Château	16	lundi		19	l.p.Ÿ-C.	l. p. 15	6	A	8		16	14	26	
Assérac	28	1855	Guérande	12	lundi			8	8	30	25			9*, 29			
La Chapelle-des-Marais	24	2110	Pont-Château	12					B	16	8*				4		
St-Lyphard	20	1930	Guérande	12					5		6*	12					
Pont-Château	22	4680	🚂		lundi	lundi p. 1er t	l. gras	3e l Car.	C	14	11	22*		1er	1er l.	l. p. 2	2e l.
Besné	14	1285	🚂						s.p.Éq.								
Crossac	26	1880	Pont-Château	6			dr s.			9							
St-Joachim	14	4689	Montoir	7						21			19	6	10		
St-Étienne-de-Montluc	40	4415	🚂		vend.	1er mardi	4	4	1er ma	1er ma	1er ma	1er ma	4	12	1er ma	1er ma	27*
Cordemais	34	2512	🚂		jeudi	15			20					1er j.*			15
Couëron	19	4940	🚂		jeudi	20	3e j.	28					23*	3e j.	18		
Le Temple	30	540	St-Étienne-de-Mon.	7	jeudi	30		l.p.Bi.		20				20		7	
Vigneux	42	3300	—	8	merc.	4e mardi		19	11		D					19	
St-Gildas-des-Bois	31	2500	🚂		mardi			22	24	12*					29		
Missillac	33	3835	Pont-Château	8					18	26	22		1er*				
St-Nicolas-de-Redon	18	2175	Redon	1	vend.					9							6
Avessac	73	2700	🚂			29		E		23					11*		
Fégréac	45	3170	Redon	8			3	6	F	28*				26			
Plessé	45	5265	Guéméné	11	jeudi	4e jeudi	4e j.	G	4e j.	2, 4e j.	4e j.	4e j.	4e j.	22*	11	4e j.	4e j.
Savenay	25	3319	🚂		merc.	me. p. 22	H	I	J	K		4	16*	14	1er me	14	22
Bouée	28	880	Savenay	6			23										
Campbon	28	3672	🚂		jeudi			L						j.a.25*			
Chapelle-Launay	25	1370	Savenay	4				l.p.20*		4			24		9*		5
Lavau	23	1010	—	4									l.p.25*				
Malville	32	1790	—	8	vend.							12*				28	
Prinquiau	21	1560	—	6					M					28*			
Quilly	38	1178	Drefféac	9	jeudi	2e sam.	1er j.	N	3e s.	24				9*			
Ste-Anne	32	1525	Pont-Château	8					1er ma			*26					
ORLÉANS		[illegible]	🚂		[illegible]	dr sam.	dr s.	dr s.	dr s.	dr s.	1er, dr s.	2e j.	dr s.	18*	dr s.	18*	dr s.
Cercottes	10	1085	🚂	2	mardi				dr j.							1er ma	
Saran	6	1303	Ayds	2						l. Pe.*						3	
Olivet	4	3020	Orléans	4				1er j.								1er j.	
St-Hilaire-St-Mesmin	8	1162	—	8		*14			l. Quas.			A					
Artenay	20	1035	🚂		vend.		B				24*			14		1er	
Chevilly	14	1410	🚂		jeudi							C		28			
Beaugency	20	1110	🚂		sam.		1er	25		1er		22*		1er	31		
Cravant	32	1234	Beaugency	8	mardi							1er l.					
Châteauneuf-s.-Loire	26	3490	🚂		vend.		2e v.		j. Saint	v.p.Asc.		1er v.	1er v.*				3e v.
St-Denis-de-l'Hôtel	18	1132	🚂		merc.	6				11*					*9	4	
Vitry-aux-Loges	31	1528	🚂		mardi			2e ma			2e ma					2e ma	
Cléry-s.-Loire	14	2739	Meung	6	vend.		16			10	8		10	l. p. 8*		30	
La Ferté-St-Aubin	20	2930	🚂		jeudi			1er		14		A		9		14	
Ligny-le-Ribault	21	1348	La Ferté	11								l.p.25*				8	
Marcilly-en-Villette	16	1564	—	9						20				3*			
Ménestreau	26	1065	—	8				20							25		
Sennely	30	980	—	17					l.a.Ép.*					3e l.			
Vannes	32	723	St-Denis	20									16*				
Jargeau	20	2570	🚂		merc.		1er me		1er me		1er me		1er me	1er me	19*		1er me
Sandillon	12	1750	St-Cyr	7						dr ma			dr ma				
Meung	18	3485	🚂		vend.				v. Saint	20	29*			18	9	11	
Baccon	21	765	Meung	10								2e l.					
Charsonville	26	938	Ouzouer	4										1er l.*			
Neuville	24	2780	🚂		lundi		l. gras		l. Pr.		l.p.25*		22			11	
Patay	24	1115	🚂		mardi				l.a.Ép.		21*	25				1er, 30	
Gien		8270	🚂		sam.	sam. p. 1er		2e l.Car.	dr s.		s. a. 23		2e s.	1er s.	2e s.	dr s.	
Coullons	14	2840	Argent	8	dim.		l. gras			j.a.Pe.			1er		17		
St-Gondon	8	1060	Gien	8					17		19*				26		
Briare	10	5800	🚂		vend.			[illegible]					1er v.			3e v.	v. p. 26
Bonny	21	2290	🚂		sam.	2e merc.		4e l.Car.		19			21*			18	
La Bussière	12	1054	Boismorand	6	vend.					5					10		
Dammarie-en-Puisaye	23	800	Bonny	8											16		
Faverelles	27	470	—	8											12		
Ousson	18	720	Châtillon	2					5								
Ouzouer-s.-Trézée	17	2400	🚂		jeudi		8			17		5		8*		12	
Thou	21	500	Bonny	6						4				2			
Châtillon-s.-Loire	14	3270	🚂		jeudi			2e s. Car.	v. Saint	10	11*		20			8	13
Autry-le-Châtel	12	1620	Gien	12			2							1er me			
Beaulieu-s.-Loire	22	2055	Bonny	3	merc.	20			20		20*		20		20		
Cernoy	26	1184	Châtillon	10										C			
Pierrefitte-ès-Bois	24	990	—	10						2						7	
St-Firmin-s.-Loire	10	805	Briare	2			10					D		*25			
Ouzouer-s.-Loire	15	1190	🚂	1	merc.					E					l. p. 9*		
Dampierre-en-Burly	12	1130	Ouzouer	1										F			
Montereau	20	1400	Lorris	6							l. Tri.			l. p. 8*			
St-Benoît-s.-Loire	32	1586	St-Benoît	5	jeudi		j. gras	*21			G			11			j. a. 25
Sully-sur-Loire	20	3800	🚂		lundi	lundi p. 22	1er l.Car.	l.p.Mi-C.	1		25*		l.p.15*		1er l.	3	1er l., 26
Cerdon	24	1550	🚂										3e j.				
Isles	30	900	Villemurlin	7									6				
Montargis		[illegible]	🚂		sam.	4e sam.	J	1er s.	K		1er s.	21*			1er s.	s.p.11*	3e s.
Bellegarde	23	1250	🚂		lundi	20			l. Ép.		25*						2

FOIRES MOBILES et OBSERVATIONS.

Loire-Inférieure :
A) 3, 17 et 28*.
B) l. Saint et 28.
C) l. Pass. et 3e l. p. Pâques.
D) lundi Trinité*.
E) mardi Passion.
F) mardi Quas.
G) 19 et l. Pass.
H) 8 jours a. Cend.
I) veille Mi-Car.
J) merc. Pâques.
K) merc. Trinité.
L) 8 jours p. Mi-C.
M) lundi Quasim.
N) jeudi a. Mi-Car.

Orléans :
* de Jeanne d'Arc, 7 mai.
A) l. p. 2e d.*.
B) 1er j. Carême.
C) l. p. 3e d.

Gien, Montargis :
A) l. p. 1er dim*.
B) 8 j. a. Ma. Gras.
C) lundi p. 2e dim.*.
D) lundi p. 2e dim.*.
E) merc. p. Ascens.
F) lundi p. 1er dim.
G) veille Ascension.
H) l. p. 1er dim.*.
I) 3e l. p. Pâques.
J) sam. a. j. gras.
K) 3e s. p. Pâques*.

HOTELS & CAFÉS RECOMMANDÉS.

LOIRET : Montargis, Pithiviers. — LOT : Cahors.

LOCALITÉS et dist. de l'arrondiss.	k.	Popul.	GARES et distances	k.	Marchés.	Janvier.	Fév.	Mars	Avril	Mai.	Juin.	Juill.	Août.	Sept.	Oct.	Nov.	Déc.	FOIRES MOBILES et observations.	HOTELS & CAFÉS recommandés.
Ladon	16	1330			mardi	17		16		1er		6	24*			2		A) l. p. 1er dim.*.	
Château-Renard	17	2334			vend.		v. p. 3			1er	v. p. 20		v. p. 21			25		B) mardi p. 1er dim.	
Chuelles	20	1325		4	vend.	27	v. p. 20	20		27			[illegible]	30				C) v. du ou p. 2.	
Douchy	26	1200			dim.					j. p. 6				A				D) v. du ou p. 30.	
Montcorbon	32	808	Douchy	5					16			31						E) v. du ou p. 29.	
St-Germain-des-Prés	11	1375			lundi				1er l.						d* l.			F) 2e j. p. Quas.	
Triguères	22	1618			dim.				2e l.					l. p. 8*				G) 2e j. p. Trinité.	
Châtillon-s.-Loing	21	2430	Nogent-s.-Vernis.	10	vend.	14		[illegible]	v. Saint	20	30			14*	d* v.		6		
Nogent-s.-Vernisson	17	1645			jeudi	29		26			18*			9		12			
St-Maurice-s.-Aveyron	26	[illegible]	Châteaurenard	9	dim.		d* l.	d* 4.	23		8		5	23*		8			
Courtenay	25	2671			jeudi	d*		j. Mi-C.		j. p. 3	j. p. 29*			j. p. 8		30*			
Selles-s.-le-Bied	18	1030	Ferrières	9	dim.				a. a. Pâq.				l. p. 13*		B				
Ferrières	13	1900			vend.			v. p. 22		C			D	E					
Corbeilles-en-Gâtinais	16	1324		1	dim.	13			23		30*			30	19				
Lorris	22	2185			jeudi	d* jeudi		2e j. Car.	a. Pâq.	3e j.	24*		4	17	d* j.	30	d* j.		
Ouzouer	12	715	Solterre	8	lundi					j. p. 3	j. p. 29*			d* l.					
Varennes	18	1175	Nogent-s.-Vernis.	6	mardi	1er mardi				2e ma		1er ma			a. a. p. 29				
Pithiviers		5490			sam.	18	d* s.		23		30*			21*		18			
Boynes	10	1450	Pithiviers	10	vend.				v. Saint				30*			8			
Chilleurs	15	1572		2	jeudi					Ascens.					1er*				
Beaune-la-Rolande	10	1875		4	merc.		Cendres									12			
Boiscommun	20	1130		3	jeudi	jeudi p. 22		j. Mi-C.	F		G		[illegible]		18		6		
St-Loup-des-Vignes	22	650												1er*					
Malesherbes	19	2185			merc.											11			
Sermaises	15	870			jeudi			j. p. 15			j. p. 23*			j. p. 15					
Outarville	20	580	Boisseaux	7	mardi					1er ma									
Aschères	21	1325	Neuville	6	dim.					1er				7*		25			
Attray	12	392	Chilleurs	3							24*								
Grigneville	10	583	Pithiviers	10								3							
Puiseaux	19	1930			lundi		7		l. Quas.	l. Pent.		l. p. 14		9			l. p. F		
CAHORS		[illegible]			sam.	3*	1er	1er	1er	1er	1er	1er	3*	1er	1er	3*	1er	Marché-foire : le 2e s. p. les foires mensuelles.	
Valroufié	11	450	Cahors	11		5				5						7			
Castelnau-Montratier	30	3590			sam.	12	12	12	12	12	12	12	12*	12	10	13	12		
Lhospitalet	10	525	Cahors	10		2			14	14						8			
Peru	14	740	Castelnau	9						6			16*			10			
St-Paul	21	702	Lalbenque	7		26				8	20			8*			22		
Catus	18	1460			jeudi	13	6, 25	20	12	6	12	12	30*	22	22	23	17		

LOCALITÉS et dist. de l'arrondiss.	k.	Popul.	GARES et distances	k.	Marchés.	Janvier.	Fév.	Mars	Avril	Mai.	Juin.	Juill.	Août.	Sept.	Oct.	Nov.	Déc.	FOIRES MOBILES et observations.	HOTELS & CAFÉS recommandés.
Gigouzac	22	506	Mercuès	14						3	30*					17		A) veille du 1er dim.	
L'Herm	25	708	Castelfranc	10		6											10	B) veille Rameaux.	
Les Junies	25	700	—	4		28	8	8	28	8	8	28	8	8*	8	8	7		
Montgesty	23	740				8		8			8			8*					
Cazals	36	850			mardi	27	27	27	27	27	27	27	27	27	27	27	27*		
Les Arques	32	705	Cazals	6									12*						
Cassagnes	33	378	Puy-l'Évêque	7									20						
Frayssinet-le-Gélat	33	900	Castelfranc	10		15*	1er j.	1er j.	1er j.	1er j.	1er j.	1er j.	1er j.	1er j.	1er j.	1er j.	1er j.		
Marminiac	38	1080	Cazals	4		9*	7	7	7	7	7	7*	7	7	7	7	7		
Montcléra	32	875	—	3								3	5	4			2		
Lalbenque	16	2005			mardi	d* mardi	d* ma	d* ma	d* ma	d* ma	d* ma	d* ma	d* ma	d* ma	d* ma	d* ma	24*		
Aujols	15	618	Lalbenque	9					25				25*						
Bach	27	570	—	10				20		23*			13				16		
Belfort	30	1336	—	10		10										29*			
Belmont	28	450	—	8		2				22						18			
Cremps	16	700	—	8					me. Pâq.					9*		16	29		
Escamps	25	520	—	10		21				12						7			
Fontanes	19	683		3			10			30				3*		14			
Mondoumerc	26	700	Pilou-M.	2				13		17			11*			21			
Vaylats	25	910	Lalbenque	8				5		15			A		18*				
Lauzès	27	430	St-Géry	10		5	5	5	5	5, 20*	5	5	5	5	5	5	5		
Blars	16	528	Assier	21				23			23*				23		23		
Cabrerets	31	850	Conduché	4		3e lundi	3e l.	3e l.	3e l.	1er, 31	3e l.	3e l.	3e l.	3e l.	3e l.	3e l.	3e l.		
Lentillac	32	515							1er	4							20		
St-Cernin	31	850	Vers	15			19		23	27					4	28			
St-Martin de Vers	28	372	St-Géry	7			3	6						12		12*, 28		* 11 novembre.	
Sénaillac	36	930	Vers	12				29			6			6			4		
Limogne	36	1431	St-Martin-Labouval	9	ven.*	1er	l. Gras	B		1er v.	1er	1er v.	13*		1er v.	6			
Beauregard	39	795	—	17		18		28			11		27	29*		18			
Cénevières	37	624	—	5						20							20		
Concots	25	950	Lalbenque	16		13			30					4		23			
Laramière	45	920	Villefranche	15			27			27				23	2		27		
Lugagnac	33	410	St-Martin-Labouval	9		7				7							8		
Promilhanes	40	745	—	14					l. Quas.		30*			20		15			
Saillac	30	888	Lalbenque	20					16					16			26		
S.-Martin-Labouval	38	635							27							12*			
Varaire	31	910	Lalbenque	20		29			23				29				1er		
Luzech	18	1772				d* mardi		d* ma		d* ma				14*		d* ma			
Albas	23	1580	Luzech	7	lundi	2e l. cu	2e l.	2e l.	2e l.	2e l.	2e l.	2e l.	3e l.	2e l.	2e l.	2e l.	2e l.		
Anglars-Juillac	20	462	Castelfranc	2				12	7	8			l. p. 19*	7			7		
Bélaye	31	780	—	5												25			
Caillac	11	555	Mercuès	4			8	7				25*							

LOT : Cahors, Figeac.

Localités et dist. de l'arrondiss.	K.	Popul.	Gares et distances	K.	Marchés	Janvier	Fév.	Mars	Avril	Mai	Juin	Juill.	Août	Sept.	Oct.	Nov.	Déc.
Castelfranc	26	700	🚂			10	j. gras	10	10	10	10	10	16A	10	10	10	10
Douelle	11	1165	Mercuès	3	lundi	18	18	18	18				16*		18	18	18
St-Vincent	18	1205	Parnac	2		23						⌐19				6	
Sauzet	21	770	Luzech	11	jeudi	2e j. cm	2e j.	2e j.	2e j.	2e j.	2e j.	2e j.	2e j.	2e j.*	2e j.	2e j.	2e j.
Montcuq	27	2070	Cahors	27	mardi	25	14		25	28	17, 30	14	1er	7*, 26	18	14	4, 31
Le Boulvé	32	652	Puy-l'Evêque	11		10				15*			23				
Las Cabanes	18	640	Cahors	18		10				15		15*				20	
St-Cyprien	24	595	—	24				3, 22						⌐16	10		
St-Matré	34	[illegible]	Montsempron	23	1er, 3e v.	20		17					30*	20			
St-Pantaléon	21	675	Cahors	21		29	j. gras			18		⌐27	16			18	13
Valprionde	36	615	—	36		11	27						19				
Puy-l'Evêque	31	2920	🚂		merc.	1er me. cm	1er me	1er me	1er me	1er me	1er me	1er me	1er me	1er me	1er me	1er me	1er me
Duravel	38	1630	🚂			1er sam.	1er s.	1er s.	1er s.	1er s.	1er s.	1er s.	1er s.	1er s.	A	1er s.	1er s.
Floressas	30	572	Puy-l'Evêque	8		7		8					13			30*	
Grézels	38	608	—	4		15	4e févr.	29	20	20	23	29	31	29*			
Mauroux	46	770	Soturac	4		9	9	9	9	9, 22	9	9, 20*	9	9	9	9	9
Montcabrier	44	850	Duravel	4		14	14	14	14	14	14	14	17* 26	11	17	25	14
Prayssac	27	2235	🚂		vend.	22	16	16	16	16	16	16	24*	16	16	16	16
Soturac	41	950	🚂	2		28		29	28	28	28*	29	28		28		
Touzac	40	420	Duravel	3			12	12	12			12		12	12	12	
St-Géry	20	810	🚂			12		12	26		12			12		9	
Cours-St-Michel	16	676	St-Géry	6					18							15	
Esclauzels	18	183	Arcambal	10				15								20	
St-Cirq-Lapopie	24	1380	🚂	1			l. gras.		20					6		14	
Vers	15	812	🚂						l. Quas.	31					26		9
Figeac		7110	🚂		sam.	15 cm	15	15	15	15	15	15	15*	15	15	15	15
Bagnac	14	2020	🚂			3 cm	3*	3	3	3	3	3	3	3	3	3	3
Felzins	11	800	Bagnac	6						13				13			13
Lentillac	10	500	Figeac	10				7				3*				3	
Montredon	15	650	🚂	6					18							22	
Béduer	8	1120	Figeac	8			19	19*						19			
Capdenac	5	1300	—				20		20		8*			4			20
Faycelles	7	1235	—	7				24		10	1er*						
Fons	10	1012	Bagnac	10			22			l. Pent.		22*			4		
Lissac-et-Mouret	5	1050	Figeac	5				10		2							
Bretenoux	53	935	🚂		vend.	12	12	12	12	12	12	12				26	
Biars	57	270	Bretenoux	4				23			23*				23		23
Comiac	47	930	—	19					18	12	24*						18
Cornac	47	1492	—	4		4		16	4	13						15	
Gagnac	51	1030	Bretenoux	7		2							17*				
Prudhomat	50	708	—	3								26*					
Puybrun	37	920	—	5		27	27	27	10, 27	10, 27	27					27	27
Teyssieu	46	715	—	13		3	8			2, 21		28					10, 26
Cajarc	25	1935	🚂		lundi	10, 25	25	25	25	25	25	25	25*	25	25	25	25
Carayac	13	280	Toirac	3						5, 29						9	
Gréalou	15	530	—	6						14	2					14	
Larnagol	30	750	St-Martin	4						3						25	
Marcillac	27	815	Cajarc	13			20	20		6	20		16*	20		8	27
St-Chels	25	460	—	8		19				19			19		19		
St-Jean de Laur	31	690	—	9					me. Pâq.		22*			14		20	
St-Pierre-Toirac	11	800	🚂						j. Pâq.		⌐29						13
St-Sulpice	25	392	Cajarc	10		⌐19				17							
La Capelle-Marival	21	1550	Assier	8	jeudi	8	8	8	8	8	8*	8	8	8	8	8	8
Anglars	21	508	—	10		26										23	13
Aynac	32	1178	Gramat	12		2			A	18				1er*		3	
Cardaillac	9	1240	Figeac	9		25 cm	25	25	25	25	25	25	25*	25	25	25	25
Issendolus	29	820	Gramat	7		5			5	15							5
Leyme	32	1232	Assier	17			12		12		12		12*		12		12
Molières	33	960	—	17			3			31							
Rudelle	21	525	—	9		15		15		15		15*		15		15	
Thémines	25	670	Gramat	8		18				11					18*		
La Tronquière	28	572	Figeac	25	mardi	10 cm	10	10	10	10	10	10	10*	10	10	10	10
Labastide du Haut-Mont	32	235	Maurs	10				21		v. As.	3			9*	9		4
Sousceyrac	39	1950	Rouget	18		4	4	Cendres	me. Pâq.	17		4	4	4	4	12	4
Terrou	23	1070	Figeac	23		24		24		24		21		24		24	
Livernon	20	780	Assier	5	mardi	1er ma. cm	1er ma	1er ma	1er ma	1er ma	1er ma	1er ma	1er ma	1er ma	1er ma	1er ma	1er ma
Assier	18	785	🚂		merc.	7, 17	17	17	17	17	17	17	17	14*	17	17	17
Brengues	20	490	Assier	11							12					13	
Corn	12	570	Pournel	4						4	8*						
Espédaillac	25	815	Assier	11		4				7-28			25*			17	
Grèzes	19	406	—	8					me. Pâq.								
Issepts	14	512	—	6				13		14	4		18*		23		17
St-Simon	22	460	—	4		12				12				12	⌐28		12
Sonac	22	205	—	3			5			10*			4			11	
St-Céré	43	3815	Gramat	20	lundi	5*, 22	1er l. Car.	22	l. Saint.	22	22	22*	22	22	22	22	1, 22
Autoire	42	521	—	12		15		15						15*		15	
Loubressac	44	1160	—	18		25			l. Quas.	6	16*				20		
Bio	33	601	—	5							1er*						
Mayrinhac	36	915	Gourdon	4			12	12	12					12			4
Gourdon		5100	🚂		sam.	7, 20	1er v. Car	s. p. X. C	B	v. Asc.	C	22*	D	s. p. 17	9	E	14
Milhac	8	405	Carsac	8			1er v. Car		3	j. a. Asc.		6	20*		4	j. a. 25.	21

Foires mobiles et observations.

A) 1er sam., 22.*

A) veille Quasim.
B) me. Pâq. et 3e s.
C) s. Trinité, 30.
D) 14, sam. p. 23.
E) s. p. 1er et 25.
F) jeudi a. j.-gras.

Hotels & Cafés recommandés.

LOT : Gourdon. — LOT-ET-GARONNE : Agen.

LOCALITÉS et dist. de l'arrondiss.	k.	Popul.	GARES et distances	k.	Marchés	Janvier	Fév.	Mars	Avril	Mai	Juin	Juill.	Août	Sept.	Oct.	Nov.	Déc.	FOIRES MOBILES et observations	HOTELS & CAFÉS recommandés
Payrinhac	4	958	Gourdon	4					30				1er				31	A) 1er ma. Carême. B) me. Mi-C. et 26. C) 8 jours a. j. gras. D) veille Rameaux. E) lundi a. l. gras. F) 1er j. et j. p. 29.*	
St-Clair	7	486	—	7					L. Quas.		2			14*			9		
St-Projet	9	810	—	9		26				6						17	11		
Le Vigan	5	1690	—	5		12	A			2			2*		17		17*		
La Bastide-Murat	24	1715	Gramat	22	lundi	4e lundi	4	2e l.	2e l.	5, 25	10*	2e l.	2e l.	2e l.	2e l.	2e l.	2e l.		
Caniac	30	1020	—	22		25		18		12, 29	25		1er	10*		20			
Montfaucon	19	1705	—	20	jeudi					10, 28			F24			11, 26			
Vaillac	17	530	—	25					30							25			
Gramat	37	1036	(gare)		ma. v.	20	j. gras.	B	25	15	3, 30*	28	20	16, 29*	31	20	6, 31		
Alvignac	40	670	Rocamadour	2			C						21*						
Carlucet	28	815	Gramat	13						3, 26						5			
Couzou	35	430	—	10						20					20				
Lavergne	31	504	—	4				D			6*								
Miers	35	1013	Rocamadour	7			E			2						12			
Rocamadour	22	1550	(gare)					21		4, 24				24*		25	16		
Thégra	44	763	Gramat	8						3									
Martel	43	2540	(gare)		sam.	16	Cendres	s. p. Mi-C	s. Saint	l. p. As.	23		2, 26	F8		3	4, 24		
Cazillac	41	1160	Quatre-Routes	5			8	8	8	8	8	8	8	8*	8	8			
Cressensac	46	1285	(gare)		merc.		5	5	5	12			5		5		5		
Creysse	36	740	Montvalent	4				11	11		11								
Cuzance	38	1015	Martel	8				7			7		4*	7		7	7		
Floirac	48	710	Montvalent	3				29	20	29	29					29			
Montvalent	42	793	(gare)							23				28					
Sarrazac	52	1111	Quatre-Routes	9				Mi Car.	Quas.	22			29*	22	11	18	22		
Payrac	13	1184	Lamothe-F.	5	jeudi	1er jeudi	1er j.	1er j.	1er j.	1er j.	9*	1er j.	1er j.	F		1er j.	1er j.		
Cales	20	613	—	9			2		27		5*					18			
Fajoles	9	620	Cazoulès	9			2e ma			2e ma			11*			2e ma			
Lamothe-Fénelon	12	680	(gare)		jeudi	18*		3e j. Car		j. p. As.		j. p. 25*		j. p. 14		j. p. 25*			
Masclat	13	612	Lamothe-F.	4		1er		19				19			19				
St Germain	18	1110	Mercuès	22	mardi	22	22	22	22	22	22	25*	22	25	25	22	22		
Concorès	12	1192	Cazoulès	31				26		9*	26						4		
Frayssinet	12	930	—	30		1er mardi	l. gras.	1er ma	1er ma	1er ma	1er ma	1er ma	1er ma	1er ma	1er ma	1er ma	1er ma		
Peyrilles	17	1175	(gare)	6													29		
St-Chamarand	41	895	Gramat	28		10		10						28*			8		
Soucirac	15	460	—	15						16				21					
Ussel	23	350	Cahors	22			9			18				7	28				
Uzech	19	1012	Mercuès	13													6		
Salviac	13	2135	Lavercantière		l. v.	20	20	20	20	20	20	20	20*	20	20	20	20		
Dégagnac	13	2100	St-Clair	8		5	5	5	5	5	5*	5	5	5	5	5	5	* 15 août.	
Lavercantière	19	930	(gare)			13				13		13					13*	A) 8 jours a. Ma. G. B) 1er l. car. et v. p. Mi-C. C) l. Saint et 30. D) 2e me. Carême.	
Thédirac	20	975	St-Clair	22									17						
Souillac	30	3550	(gare)		l. v.	13	A	B	C	16	1, 16	4, 25	16*	9	7	6	18		
Gignac	15	1158	Cressensac	4	mardi	2		25			25		25*			11			
Meyronne	8	518	Rocamadour	19			6	3	6	6	6								
Pinsac	21	820	Souillac	5				D				6*							
St-Sozy	33	1120	—	8			12	12	12	12	12	12	12						
Vayrac	38	2072	St-Denis	4	jeudi	1, 17	17	17	17	17	17	17	17	17	17	17	17		
Bétaille	37	1600	—	6		2		13	21	31	11*								
Carennac	47	965	—	12				4	4				4*			4			
Cavagnac	51	825	Quatre-Routes	2						2									
Les Quatre-Routes	47	810	—			8	8	8	8	8	8	8	8	8*	8	8	8		
Strenquels	16	1085	—	2				9						12					
AGEN		23110	(gare)		[illegible]		A		l. St.*		1er l.*			l. s. 15*			2e l.*	*Nota.* — Important marché aux bestiaux les 2e et 4e merc. etc. A) lundi Septua.e. B) 8 jours a. M.-C. C) j. a. 1er l. et j. p. 9.	
Astaffort	19	2380	(gare)		1er, 3e l.	2e, 4e l. cn	2e, 4e l.	2e, 4e l.	2e, 4e l.	2e, 4e l.	2e, 4e l.	2e, 4e l.	2e, 4e l.	2e, 4e l.	2e, 4e l.	2e, 4e l.	2e, 4e l.		
Caudecoste	15	912	St-Nicolas	4		dr j. ca	dr j.	dr j.	dr j.	dr j.	dr j.	dr j.	dr j.	dr j.	dr j.	dr j.	dr j.		
Layrac	10	2820	(gare)		dim.	2e j.	1er j. Car	2e j.	2e j.	6	2e j.	2e j.	6	2e j.	2e j.	2e j.	18		
Beauville	26	1178	Laroque	13	mardi	20	j. Gras	16	8	4	16	26*	18	6	20	11	13		
Gardaille Dondas	27	340	—	15		23*				10		15				8			
St Martin	25	1050	Magistère	13	lundi	7	15	15	l. Quas.	13	14		1er*	5, 30		15			
La Plume	11	1600	Agen	15	dim.	8	B	21	j. p. Pâq		v. p. 2e l.		20	25*	17		j. p. 2e l.		
Moirax	10	588	Layrac	6			10			20					3				
Roquefort	6	275	Agen	6												26			
Ste-Colombe	10	970		9			l. Gras.									6	F30		
Sérignac	11	720	—	11		7		15			6*	23		24		7			
Laroque-Timbaut	16	1255	(gare)		jeudi	15	1er j. Car			25	C	j. p. 19	20*	j. a. 2e l.	29	j. p. 15			
Croix-Blanche	12	535	Laroque	6		4		11							2				
Monbalen	16	488	—	5		10							11*			10			
Sauvagnas	15	390	Pont du Casse	6			5		4			18		10*					
Sauvetat de Savères	20	305	Laroque	10	lundi	24	1er j. Car		j. Pâq.	22		1er l.*	8	1er l.	9		22		
Port-Ste-Marie	20	2520	(gare)		sam.	20	dr A.		23		s. a. 1er l.		16*		19		4		
Aiguillon	30	3175	(gare)		mardi	10	12	20	20	23	12	30		6*	2	l. p. 1er	1er	F 1er dim. sept.	
Bourran	31	920	Aiguillon	7			21		20					8		14			
Frégimont	24	380	Port-Ste-Marie	6			5			8*				12			6		
Galapian	29	570	Aiguillon	9	merc.	27	27	27	27	27	27	27	27	27	27	27	27		
Prayssas	17	1531	Colayrac	12	lundi	18	22		l. Pâq.	18	25*		18	22		14	14		
Cours	19	390	Villeneuve	15		9			9					9*					
Granges	30	585	Aiguillon	14	merc.	23		10		2	17		1er*	28					
Lacépède	26	690	—	14			9	La. Pas.						5*					

LOT-ET-GARONNE : Marmande, Nérac, Villeneuve-sur-Lot.

LOCALITÉS et dist. de l'arrondiss.	k.	P^pul.	GARES et distances.	k.	Marchés.	FOIRES Janvier.	Fév.	Mars.	Avril.	Mai.	Juin.	Juill.	Août.	Sept.	Oct.	Nov.	Déc.	FOIRES MOBILES et observations.	HOTELS & CAFÉS recommandés.
Laugnac	15	750	Agen	15	jeudi	23	24	24	24	24	30	2e j.	2e j.	29*	2e j.	24	2e j.	A) 1er s. et s. p. 18.	
Lusignan-Petit	13	360	Colayrac	7			12				14*			12		29		B) me. a. Cendres.	
Montpezat	26	1115	Villeneuve	19	mardi	5	1er	15	26		22		26*	3e s.	5	12	12	C) merc. p. 22*.	
St-Sardos	24	620	Aiguillon	14			14		2	19			20	19*		20		D) 1er merc. et 28.	
Puymirol	16	1390	St-Nicolas	8	vend.	13	v. gras.	3e s.		2	1er*	d. v.	29		1er v.	2, 29		E) lend. Fête-D.	
Castelculier	7	880	Sauveterre	2			l. gras.									12		F) mardi a. 15.	
St-Jean de Thurac	12	450	St-Nicolas	2		3e lundi					24			3e l.				G) 1er et 3e merc.	
Marmande		9850			sam.	1er s. et 29	A	A	A	A	1er, A	1er s. 23*	A	A	1er s. 18*	A	A	H) l. Pâq. et 26.	
Birac	9	880	Fauguerolles	7			14		23*					9		29		I) 1er j. et j. gras.	
Fauguerolles	10	600	—								8		25*	18				J) 1er mardi, 24*.	
Gontaud	12	1320	—	4	merc.	merc. p. 6	B		me. Pâq.	me. Pen.		me. p. 25	C			me. p. 11		K) 1er mardi, 29.	
Ste-Bazeille	6	2370				1er merc.-18	21	18	1er me	1er me	11	1er me	16*	1er me	D	1er me	18		
Bouglon	14	745			vend.	2e me. ou	2e me	2e me	2e me	2e me	2e me	2e me	2e me	2e me	2e me	2e me	2e me		
Antagnac	23	382	Bouglon	12				27	27					27					
Castelmoron	10	1950	Aiguillon	17	mardi	14	26	22	15	28	28	26*	29	25	19	28	22		
Grateloup	20	330	Tonneins	10			4		4					4*					
Laparade	28	852	—	18		7	7	1er ma	10	10	15	7	7	9*	8	1er ma	1er ma		
Verteuil d'Agen	30	1040	—	18	vend.	29	1er ma		30	E		28		10*					
Duras	23	1610			lundi	20	d. l.	12		6		22*		3		11			
Loubès-Bernac	10	810	Ste-Bazeille	36		15 ou	15	15	15	15	20*	15	15	8*	15	15	15		
La Sauvetat du Drot	27	725			merc.	22			23*				s. a. 1er d.	F	28	30			
Soumensac	34	310	Marmande	34		24	24						29	29*			21		
Villeneuve-M	32	345	Ste-Foix	13		1er merc.	1er, 3e me	G	G	G	1er me	1er me	1er me	1er me	1er me	1er me	1er me		
Lauzun	30	1318	Marmande	30	sam.	25	d. s.	d. s.	d. s.	1er	d. s.	d. s.	1er	15	d. s.	6	d. s.		
Allemans	21	685	—	21	vend.	7, 3e vend.	3e v.	1er v.	3e v.	11	29	3e v.	3e v.	8*	20	3e v.	3e v.		
Miramont	21	2200			lundi	17	3e l.	Mi-C.	3e l.	8	3e l.	20	3e l.	14*	3e l.	3e l.	9		
Montignac	27	825	Miramont	9	vend.	14			8					4		15			
Mas d'Agenais	14	2010	Fauguerolles	4	jeudi	24	3e l.	3e l.	25	3e l.	9	3e l.	3e l.	29*	3e l.	3e l.	3e l.		
Caumont	8	820	Marmande	8		2	1er v.	19	1er v.	6	1er v.	25*	29	1er v.	1er v.	11	1er v.		
Samazan	10	1050	—	10			1er l.							l. a. 7*					
Meilhan	18	2075	—	13	jeudi	1er ma., 15	1er ma	1er ma	1er ma	8*	1er ma	1er ma	J	K	1er ma	1er ma	1er ma		
Cocumont	16	1395	Ste-Bazeille	16	lundi	2e lundi, 26	2e l.	2e l.	H	l. Pent.	2e l.	2e l.	10*	2e l.	2e l.	30	2e l.		
Couthures-s.-Garonne	8	1108	—	3	vend.			15	15				2e l.*		15				
Seyches	13	1325			vend.	d. v. ou	d. v.	d. v.	d. v.	d. v.	d. v.	d. v.	d. v.	d. v.	d. v.	d. v.	d. v.		
Castelnaud-s.-Gupie	4	790	Marmande	8			3												
Escassefort	8	628	—	8	jeudi		1			1er j.		1er j.		1er j.					
Lévignac	16	1230	—	15	merc.	2e merc.	10	2e me	2e me	2e me	2e me	2e me	2e me	10	10	2e me	2e me		
St-Barthélemy	17	1125	Tonneins	16	mardi	3e mardi	15	3e ma	26	3e ma	10	3e ma	26*	3e ma	15	3e ma	29	* 24 août.	
Tonneins	18	7675			sam.	2e sam.	2e s.	23	2e s.	1, 22	2e s.	2e s.	10*	26	2e s.	25*	2e s.		

LOCALITÉS et dist. de l'arrondiss.	k.	P^pul.	GARES et distances.	k.	Marchés.	Janvier.	Fév.	Mars.	Avril.	Mai.	Juin.	Juill.	Août.	Sept.	Oct.	Nov.	Déc.	FOIRES MOBILES et observations.	HOTELS & CAFÉS recommandés.
Clairac	22	4050	Tonneins	7	jeudi	2	s. gras.		13		10	17		1er j.	1er j.	11*		A) si le 15 tombe le vend., sam. ou dim., la foire est remise au lundi après.	
Fauillet	13	905	—	5		2e vend.	l. gras.	2e v.	1er	15	24*	2e v.	2e v.	21*	2e v.	2e v.	2e v.		
Laffitte	29	1000	Aiguillon	10				1er		25			12*	10		15			
Nérac		7830			sam.	2e sam.	j. gras.	2e s.	s. Quas.	s. a. 1er d.	15, A	2e s.	29	2e s.	29	2e s.	13		
Calignac	7	700	Nérac	7				17							7				
Moncaut	15	630	Agen	12			5		27				21			19		B) ma. p. 6. 3e ma.	
Montagnac	12	852	Nérac	12		10		1er l.	1er l.	15		20		2*	11		1er	C) 1er ma. Carême.	
Saumont	10	315	—	10						20					11			D) 8 j. a. l. gras.	
Casteljaloux	30	3100			mardi	B	C	3e ma	sa. Qua	3e ma	21	3e ma	25	3e ma	13	3e ma	13	E) mardi a. Septua.	
Villefranche du Queyran	29	848	Aiguillon	13			3	28			s. a. 1er d.		21*		9		28	F) mardi Septua.	
Damazan	22	1725	—	5	merc.		Cendres		1er me	3	1er me	22*		14		me. p. 1er	22	G) mardi Pent.	
Buzet	19	1720	Port-Ste-Marie	6	vend.		15	31		26			14*		25		31	H) l. Pâques, 25.	
Fargues	23	760	Aiguillon	13						20					15*			I) 8 j. a. Ma. Gras.	
Mouheurt	28	695	Nicole	2					8	28					15		16		
Puch	28	1510	Aiguillon	11			6		18		30		30*		6		9		
Francescas	11	1032	Nérac	12	vend.		D			8	2		13	9*		21	28		
Fieux	10	585	Lasserre	7				13			28*								
Laumontjoie	19	870	Astaffort	13			E			11		22*			4	9			
Montcrabeau	12	1005											19	18*					
Nomdieu	13	580	Lasserre	10					1er										
Houeillès	28	1050	Lavardac	23	jeudi			1er	l. Pâq.	l. Pent.*							23		
Allons	10	815	—	28						10		16*							
Durance	18	500	—	12	vend.	7	s. gras.			1er	13		4	22		1er*			
Pindères	26	600	Marmande	29					16				10*						
Lavardac	6	2300			dim.	17				10			6*			10			
Barbaste	8	2020	Lavardac	1	dim.		1er l.			3e l.				1er l.*			1er l.		
Bruch	12	1000	Port-Ste-Marie	6	jeudi	15		1er j.		5		28		7*		15			
Feugarolle	13	1415				12							2*						
St-Laurent	18	600	Port-Ste-Marie	1		20			23	31			16*		19				
Vianne	10	1038										23*				26			
Xaintrailles	11	800	Lavardac	5					l. Pâq.					11			26		
Mézin	13	2910	Moncrabeau	5	jeudi	3	10	4*	13	2	1er	1er j.	24*	19	18	19	9		
Poudenas	18	770	—	9		13							1er*	24			22		
Sos	23	1200	Nérac	23	mardi		F		l. Saint.	G			l. p. 25*		d. ma		1er ma		
Villeneuve-s.-Lot		[illegible]			sam.	19	3, 10	19	19	20	19	19	4	1er, 19	13	26	28		
Ledat	7	510	Villeneuve	7			28		21					10		6			
Cancon	20	1313			lundi	7	15		H	l. Pent.		1er*	26	27	15		9		
Casseneuil	10	1774	Villeneuve	9	mardi	16	16	20	16	14	23*		22	22	16	16	13		
Castelnaud	12	710	Cancon	7		2	1	18	15	9		26*		13	8	12			
Monbahus	22	1325	—	9	merc.	15	18	26	20	d. me	25			9*	1er me	2	1er me		
Castillonnès	6	2080			mardi	20	2e ma	2e ma	1er, 4e ma	13	11	4e ma	20	12	18	19	17		
Cahuzac	2	470	Falgueyrat	2			j. gras.									18			

LOT-ET-GARONNE : Villeneuve-sur-Lot. — LOZÈRE : Mende, Florac.

LOCALITÉS et dist. de l'arrondiss.	K.	Popul.	GARES et distances.	K.	Marchés.	Janvier.	Fév.	Mars.	Avril.	Mai.	Juin.	Juill.	Août.	Sept.	Oct.	Nov.	Déc.	FOIRES MOBILES et observations.	HOTELS & CAFÉS recommandés.
Lougratte	24	830	Villeneuve	24	vend.	4e merc.			2e me					1er v.*	2e v.			A) me. a. Mi-Car.	
Fumel	26	8685			mardi	1er mard., 18	1er ma	1er m.,21	1er ma	1er ma	1er ma	1er ma	11*	1er ma	1er ma	1er ma	12	B) veille Rameaux.	
Blanquefort	34	1514	Sauveterre	6												26		C) mardi a. 15*.	
Monsempron	24	900								18					14, 29			D) mardi a. Carn.	
Sauveterre	38	1246			jeudi	2e j. ca.	2e j.	2e j.	2e j.	2e j.	2e j.	2e j.	2e j.	2e j.	2e j.	2e j.	2e j.	E) v. Saint et 30.	
Monclar	17	1665	Ste-Livrade	8	sam.	1er s. et 22	s. gras.	A	B	1er s.	2	1er s.	16*	3e s.	29	3e s.	1er s.	F) 1er et sam. gras.	
Fongrave	15	630	—	4										16*				G) 1er sam. et 28.	
St-Pastour	15	685	Villeneuve	15	jeudi			4	l. Quas.	25	23*		7	7	1er lun		4	H) 3e sam. Carême.	
Tombebœuf	28	980	Marmande	24	jeudi	1er jeudi	8	14	13	8	8	23	11*	28	6	8	1er j.	I) sam. Saint et 23.	
Montflanquin	17	3235	Trentels	15	jeudi	1er jeudi	1er j.	1er j.	j. Saint.	2*	1er j.	1er j.	1er j.	1er j.	1er j.	1er j.	1er l.		
La Capelle-Biron	35	950	Cuzorn	12	lundi				me. Paq.	ve. Pen.		26*				2	29		
Gavaudun	26	811	—	6													9		
Monségur	24	406	Monsempron	6			8						8*						
Salles	5	630	Cuzorn	7													10		
Sauveterre-s.-Lède	8	550	Villeneuve	8			19		18					C					
Penne	8	2660			mardi	7	D		ma. Sai.	16	25*	31		11	10	25			
Dausse	14	400	Penne	7	lundi	22		12				14*		22			22		
Frespech	20	420	Larroque	5	vend.				26				26			2	31		
Hautefage	11	850	—	7	mardi	25							16*						
St-Silvestre	14	1380	—	2		23			29				14*			9	*31		
Trentels	16	1035				12			l. Paq.					25*					
Ste-Livrade	9	2750	Villeneuve	9	vend.	20	s. gras		E		16*		d'1.	3e v.		2e v.	v. s. 25		Ht de France.
Dolmayrac	15	800	—	15			5			8		22*				25			
Le Temple	16	980	—	16	jeudi		8			26			13	14*			9		
Tournon d'Agen	25	1332	Monsempron	11	sam.	1er sam.	F	G	17	6	12	22*	22	28	15	4	18		
Masquières	30	415	—	12		23								11					
Villeréal	29	1749	Clot	26	sam.	17		H	I	s. Pent.	25	3e s.	10*	30	31	21	24		
MENDE		8010			sam.	7			l. Quas.	20	15		s.p.19*	20		2		A) mardi Trinité.	
St-Étienne du Valdonnès	11	1172	Mende	11				1er	30	17				*2	4			B) 2e et 4e merc.	
Bleymard	29	680			mardi						A			3	18	8		C) 1er et s. gras.	
Bagnols-les-Bains	20	475	Mende	20								9		9*				D) 1er et s. Passion.	
Châteauneuf-de-Randon	30	740	Langogne	19	merc.	13	1er l.	1er l.	1er l.	B	s.a.n.24	26*	20	22	9, 29				
Grandrieu	19	1830	Chapeauroux	15	jeudi				26	18				14		11*			
Chambon-le-Château	62	630	—	8	7,21,30					j.p. Pen.		30		30*					
Langogne	48	3700			sam.	4	C	D	1er s.	3	1er s.	1er s.	1er s.	1er	1er s.	14	13		
Luc	48	1300							5						5*	5			
Auroux	50	1265	Langogne	13	lundi	1er lundi	1er l.	1er l.	1er l.	1er l.	1er l.	1er l.	1er l.	1er l.	1er l.	1er l.	1er l.	A) 2e mardi Carêm.	
St-Amans	22	805	Mende	22	mardi				28						6			B) 1er et lundi Pâq.	
Rieutort-Randon	18	1570	—	18		14	A	14	l. Pâq.	14	7	17	14*	24	14	14	14	C) 2e et 3e mardi.	
St-Denis	37	810	—	37						10					7*			D) 6*, mardi p. 18.	
Servières	16	526	—	16						8								E) 1er et 3e mardi.	
Villefort	60	1106			jeudi	20	20	26		8		20		14*		11, 30	21-29	F) lo, lundi p. 15*.	
Altier	17	1792	Villefort	12					28					8*	7			G) 1er, 14, 28.	
Prévenchères	52	905			mardi				16		l.p.29*			30	20	29		H) 22 et de mardi.	
Puy-Laurent	13	357	La Bastide	6	mardi									7				I) 1er, 2e et 3e dim.	
Florac		2200	Mende	40	lundi	18	6		B		11		6	21*	23		6*	J) 1er mardi Carême.	
Les Bondons	11	950	—	28					20									K) mardi Trinité.	
Ispagnac	9	1801	—	30			3			4				8*	14	8			
Rousses	19	380	—	56					15								1er		
Vebron	13	1010	—	53						8, 23									
Barre des Cévennes	11	682	Anduze	40	sam.	1er sam.	1er s. Car.	C		6, 31	s.p.27	22*	12	6	D	s.p.1er	18		
Cassagnas	17	615	Villefort	40	mardi				E					30					
Pompidou	23	800	Anduze	41	merc.		10	25	25	25*				4			22		
Ste-Croix-Vallée-Française	27	705		35	vend.	11	1er	10	10	10			10*			15	11		
St-Julien d'Arpaon	8	510	Balsièges	40					2e ma										
Massegros	52	385		9						17									
Meyrueis	35	1850			sam.	2			v. Pâq.	a. Pen.			1er, 25	29*		23			
Gatuzières	35	200	Meyrueis	6						20*									
Pont de Montvert	20	1462	Génolhac	30	merc.						25	1er, 27*	21	25					
Vialas	33	2000	—	9		5		20	20	20	27		F	20		5			
Ste-Enimie	27	1030	Mende	25	jeudi				28					26	3*				
St-Germain d. Calberte	33	1375	Ste-Cécile	25	lundi	15	3, 13			3		*31		14*		19			
Collet de Dèze	42	1216	—	7	sam.	10, 24		18	4	10		4	4		1er*	6, 21	28		
Moissac-St-Romain	34	544	Anduze	30					15	20*						20			
St-André de Lancize	32	605	Ste-Cécile	16				H							I	*30			
St-Étienne-Vallée-Française	10	1486	Anduze	27	mardi		Ma. Gras		30			10	10*	29		23	15		
St-Mart. de Boubaux	14	710	La Levade	12		6								24		*11			
St-Mart. d. Lansuscle	27	380	Anduze	30		20		25						27		*11			
St-Privat de Vallongue	31	775	Ste-Cécile	19		23			8				d'1.						
Marvejols		5150			ma. s.	17	J	s. Ram.	28		K	22*	31	30		11	1er		
Aumont	24	1168				15	15	18	15	25	4	4	3*	25	11	25	27		
Javols	24	1140	Aumont	6					22										
Canourgue	22	1010	Banassac	1	mardi	4	12	19		1, 3e ma	30		1er ma	14*	29	29			
Banassac	21	1240							4		1er*								
Chanac	15	1730							25	23					11*				
Barjac	15	836	Mende	10						12									
Fournels	36	535	St-Chély	16	vend.	12	2e j. Car.		21	26*				12	27				
Malzieu-Ville	44	1185	—	10	sam.	sam. a. 6	1er s. Car.	3e s. Car.	11	9, 24	s.a.24*	1er s.	6	22	29		4		

LOZÈRE : Marvejols. — MAINE-ET-LOIRE : Angers, Baugé, Cholet.

LOCALITÉS ET DIST. DU CHEF-LIEU.	k.	Popul.	GARES ET DISTANCES.	k.	Marchés.	FOIRES Janvier.	Fév.	Mars.	Avril.	Mai.	Juin.	Juill.	Août.	Sept.	Oct.	Nov.	Déc.	FOIRES MOBILES et OBSERVATIONS.	HOTELS & CAFÉS RECOMMANDÉS.
Nasbinals	25	1234	Marvejols	20	mardi		j.a.Sept	A	v.p.Pâq.			v.a.2e J		9*	4		18	A) merc. a. Passion.	
St-Chély d'Apcher	31	2000			jeudi	2, 30	B	j. Mi-C.	me S	2, 1	11, 30	26*	21	14	18	15	13	B) 8 jours a. j. gras.	
Albaret-Ste-Marie	41	540	Marvejols	11		14	20		20	C	27		16*	30		8		C) mc. Pent. et 11.	
St-Germain du Teil	22	1421	Banassac	6								1er *			22				
Chirac	4	1615	Marvejols	4							25*						9, 23		
Serverette	24	870	Aumont	9	jeudi				25		26				24	17	29		
St-Alban	31	2372	St-Chély d'Apcher	16	mardi	17	4	23	ma S*	15	F22	18		4	4	4	9*		
ANGERS		73m			sam.	2e mardi	2e ma	2e ma	2e ma	1 2e ma	A	2e ma	6	2e ma	2e ma	12*	2e ma	A) lend. Fête-D.*	
Villevêque	16	1685			jeudi				L.Pâq	L. Pen*								B) mardi p. 13.*	
La Meignanne	10	978	Montreuil	4		24												C) ma. du ou p. 25.*	
La Membrolle	12	570						7											
Trélazé	8	5050																	
Chalonnes	25	5000			mardi	1er, 3e mardi	1er, 3e ma	1er, 3e ma	1er, 3e ma	L. Pen.	1er, 3e ma	1er, 3e ma	1er, 3e ma	B	ma. p. 16	ma. p. 25	1er, 3e ma		
Chaudefonds	26	1130			jeudi														
Denée	16	1195	Forges	4	jeudi														
Rochefort-s-Loire	18	2035		4	vend.														
Louroux-Béconnais	21	2300	Champtocé	14	jeudi	1er mardi	1er ma	1er ma	18	23			11*						
Bécon	21	2275		7					1er ma										
La Cornuaille	35	1710	Candé	7			s.a.2*		11						29				
St-Léger-des-Bois	19	940	St-Georges	4		28							F28						
Villemoisan	27	893	Ingrandes	7					21										
Les Ponts-de-Cé	5	3590																	
La Ménitré	24	1972																	
St-Mathurin	21	2260			dim.						C								
St-Georges-s-Loire	17	2155		3	jeudi		3		28*				10	20					
Champtocé	27	1903		1			27			8						20			
Ingrandes	32	1660			vend.	1er vend.	1er v.	Mi-C.	1er v.	24	21	1er v.	1er v.	21*	1er v.	1er v.	1er v.		
St-Germain des Prés	24	1300	Champtocé	1					2e J.			F31							
Savennières	12	1235	Forges	1						19				18*					
Thouarcé	28	1670			mardi	2e mardi		2e ma		2e ma		2e ma		2e ma		2e ma			
Beaulieu	20	1102	Pont-Barré	2	vend.														
Brissac	16	1050			jeudi	4e j.	4e j.	4e j.	4e j.	4e j.	4e j.	4e j.	4e j.	4e j.	4e j.	4e j.	4e j.		
Gonnord	37	1675	Chemillé	12	sam.	3e vend.	3e v.	3e v.	4e v.			3e v.				3e v.			
Joué-Étiau	35	1020	—	11				L.Pas.		3						11*			
Quincé	16	692			jeudi	2e, 4e j.	2e, 4e j.	2e, 4e j.	2e, 4e j.	2e, 4e j.	2e, 4e j.	2e, 4e j.	2e, 4e j.	2e, 4e j.	2e, 4e j.	2e, 4e j.	2e, 4e j.		
Tiercé	19	2025			merc.				25									A) dim. p. Toussaint et tous les 15 jours le dim. jusqu'au d. gras.	
Cheffes	20	1320	Tiercé	4	dim.				3e j.		3e j.								
Feneu	13	1281	Montreuil	6	merc.											11*			
Baugé		3350			lundi	A	A		L.Pâq	a. Pen.*						A	A		
Chevîré-le-Rouge	8	1630	Baugé	8	vend.						8							B) 2e lundi et 29*.	
Beaufort	15	4760	Mazé	7	merc.	1er merc.	1er me	1er me	1er me	1er me	1er me	1er me	1er me	1er me	1er me	1er me	1er me	C) merc. p. Mi-Car.	
Mazé	17	3170	St-Mathurin	6	dim.							l.a.22*						D) merc. p. 22*.	
Durtal	16	3300			mardi		1er ma		m. l. Pâq.	4e ma		3e ma				4e ma		E) 1er et 3e mardi.	
Morannes	31	2230			jeudi			1er j.		1er j.				1er j.			1er j.	F) 1er mardi.	
Longué	19	4400			jeudi		3e j.		3e j.		3e j.		3e j.		3e j.		3e j.		
Courléon	30	412	Vernantes	7	merc.		2												
Mouliherne	12	1855	Baugé	12	dim.		23*	l. Pas.			11*			22		12			
Vernantes	22	1903			vend.				25	L.Pen		1er			18*		21		
Vernoil-le-Fourrier	24	1770	Vernantes	3	merc.	22	Cendres	a.F.s.			24*			29		15			
Noyant	17	1518			vend.	1er vend.		1er v.		1er v.		1er v.			1er v.		1er v.		
Auverse	12	[illegible]	Noyant	4					15	15*						15			
Parçay	24	1185	Jijeux	6	sam.	2e sam.		19		3			3e s.		4e s.				
Seiches	19	1500			jeudi	4		4e j.					20*						
Baune	20	950	Lude	10	mardi									1er*					
Cholet		17m			sam.	1er sam.	1er s.	Mi-Car.	s. Ram.	1er s.	1er s.	1er s.	1er s.	1er s.	s.p.11*	1er s.	1er s.		
Maulévrier	12	1960			jeudi	1er mardi	1er ma	1er ma	1er ma	1er ma						1er lun.			
Trémentines	11	2150			vend.														
Vezins	11	1675	Trémentines	9	lundi		l.p.3*		l. Pâq.										
Beaupréau	19	3880			lundi	20	l.l.Car.	l.p.Mi-C.	L.Pâq	3e l. Pen.	l.p.24*	22	24	B		11	21		
Gesté	29	2430	Beaupréau	11	mardi				ma. ap.	s.p.1er		3e d.							
Jallais	17	3000	Chemillé	11	vend.				4e v.							30*			
Landemont	45	1346	Oudon	10		1er mardi	1er ma	1er ma	a. Q.		1er ma					1er ma	1er ma		
St-Laur. des Autels	46	1514	Ancenis	11		2e mardi	2e ma	2e ma	2e ma	2e ma	2e ma		F10			2e ma	2e ma		
Chemillé	21	4425			jeudi*	1er jeudi	1er j.	j. Mi-Car.	j. Pâq.	1er j.	1er j.			1er j.*		1er, 3e j.			
Ste-Christine	28	840	Chalonnes	12					25										
Montfaucon	29	650	Torfou	11	mardi	1er et 3e ma	E	E	E	E	F, 25*	E	E	F, 22	E	F, 30	E		
Roussay	15	1105		7	jeudi								21*						
St-Macaire	12	2120	Cholet	12	vend.					1er v.				1er v.					
Torfou	19	2200				3e merc.	3e me	3e me	3e me	3e me						3e me	3e me		
Montrevault	28	800			merc.	merc. p. 22		C				D		a.s.p. 10	m. p. 28		a.s.p. 13		
Bourgneuf	36	412	Chalonnes	8		3e vend.	3e v.	3e v.	3e v.	3e v.							3e v.		
Le Puiset-Doré	28	1312	Montrevault	4		2e mardi	2e ma	2e ma	2e ma	2e ma						2e ma	2e ma		
St-Florent-le-Vieil	39	1251	Varades	1	vend.						21*			8*					
Le Marillais	14	750	—	7															
Montjean	44	3080	Champtocé	3	dim.					29			l.p.22*			21			
La Pommeraye	30	3045	—	6	jeudi	2e et 4e v.	2e, 4e v.	2e, 4e v.	2e, 4e v.	2e, 4e v.			29*				2e, 4e v.		

MAINE-ET-LOIRE : Saumur, Segré. — MANCHE : Saint-Lô, Avranches, Cherbourg.

LOCALITÉS et distances des arrondiss.	K.	Popul.	GARES et distances	K.	Marchés	Janvier	Fév.	Mars	Avril	Mai	Juin	Juill.	Août	Sept.	Oct.	Nov.	Déc.	FOIRES MOBILES et OBSERVATIONS	HOTELS & CAFÉS RECOMMANDÉS
Saumur		14m			sam.						24*						25	A) l. a. et p. 13 sept.	
Brain-s-Allonnes	15	1260	Varennes	6										A					
La Breille	18	532		10									1er d.*						
Varennes-s-Montsoreau	12	1806		2	dim.				1er me	d. me				1er me					
Les Rosiers	20	2330			lundi				1er l.	d. l.		1er l.		d. l.*					
Fontevrault	16	2830	Brézé-St-Cyr	9	lundi		1er l.		l. Pâq.	1er l.					1er l.		1er l.		
Doué	17	3260			lundi	2e lundi	2e l.	l. Ra.	l. Quas.	l. Rog.	2e l.		2e l.		l. p. 18*	l. p. 11	1er l.		
Gennes	18	1615	Les Rosiers	3	vend.														
Montreuil-Bellay	18	2072			mardi									d. p. 15*			21		
Le Puy-N.-D.	21	1550	Vaudelenay	2	dim.					1er d.			25*						
Vihiers	37	1775	Martigné	11	merc.	1er, 3e me ch. m.	1er, 3e me	1er, 3e me	1er, 3e me	1er, 3e me	1er, 3e me	1er, 3e me	1er, 3e me	1er, 3e me	1er, 3e me	1er, 3e me	1er, 3e me		
Coron	12	1820	Chemillé	11	vend.														
Nueil	28	1931	Doué	10	dim.		j. fest.		j. Saint								1er j.		
Segré		3370			merc.	8	1er me	1er me	1er me	28	1er me 30*	1er me	22*	1er me	1er me	1er me	1er me		
Chatelais	10	1024	Ferrière	7	mardi														
L'Hôtellerie de Flée	8	638		4						27									
Candé	22	2150			lundi	1er l.	1er l. 24	1er l.	1er l.	1er l.	1er l.	1er l.	1er l.	1er l.	1er l.	1er l.	1er l.		
Chazé-s-Argos	8	1545						s. Nic.											
Freigné	27	2100																	
Loiré	12	1720		2										9*					
La Potterie	16	2018	Candé	8	mardi				1er ma				15*						
Châteauneuf-s-Sarthe	31	1620	Etriché	3	vend.		22	15	27	27			16*			30	26		
Champigné	25	1302	—	8	mardi	27	20		s. Pie		23*			15	30				
Juvardeil	28	1050	—	7	merc.										2e l.				
Marigné			—																
Sœurdres	26	518	—	11							24*								
Le Lion-d'Angers	14	2553			vend.		2		22		11*	1er v.		11			18		
Grez-Neuville	13	1158	Lion d'Angers	1								25*							
La Pouëze	13	1359	—	11	merc.				16				24*						
Vern	10	2072	Chazé	4	mardi	26*			1er ma		19*								
Pouancé	25	3425			jeudi	1er jeudi	1er j.	Mi Car.	2e j.	1er j. 11	21*	3e j.	2e j.	3e j. 13*	3e j.	7 2e j.	2e j.		
Bouillé-Ménard	11	820	Noyant la Gravoyère	5															
Chazé-Henry	23	1040	Vergonnes	4									21*						
Combrée	14	1880		4	lundi	7	25		20										
St-Michel-Chanveau	20	825	Pouancé	9										28*				* 29 septembre.	
SAINT-LÔ		11m			jeudi	25		3e j. Ca.	28	j. p. F. D.		22* 18*		1er j. 2.*		29 7	j. a. 25	A) Ram., Quasi. B) 1er samedi et 23*. C) merc. p. 29.* D) l. p. Toussaint. E) 2e merc. a. Pass.	
Carentan	28	3250			lundi									27*					
St-Côme du Mont	33	684	Carentan	4															
Marigny	12	1306		3	merc.			2e me		2e me	4e me			2e me					
Remilly	18	890	Marigny	12	dim.														
Percy	20	2715	Villedieu	10	lundi			1er l.*						1er l.*					
Montbray	31	1111	St-Sever	6		1er et 3e j.	1er, 3e j.	1er, 3e j.	1er, 3e j.	1er, 3e j.	1er, 3e j.	1er, 3e j.	1er, 3e j.	1er, 3e j.	1er, 3e j.	1er, 3e j.	1er, 3e j.		
Airel	15	850			sam.				22*						23				
Cerisy-la-Forêt	18	1703	Molay-Littry	8	merc.					25		15*				1er me			
La Meauffe	6	776											1er*						
St-Jean-de-Daye	14	335	Airel	5	vend.						23*				13				
Hommet d'Arthen.	13	525	Pont-Hébert	6										28					
Beaucoudray	21	292	St-Lô	21							v. a. Ts.								
Tessy-s-Vire	19	1460	—	13	merc.	1er merc.	1er me	1er me	1er me	1er me	29*	1er me	1er me	1er me	1er me	1er me	1er me		
Torigny-s-Vire	13	2070	—	13	lundi		24	l. Ra.		1er l.		1er d.	8*		1er l.	11			
Avranches		8070			sam.	2e sam.	2e s.	Mi C.	A	2e s.	B		1er s.	21*	1er d. s.		1er s.		
Brécey	17	2100	Avranches	17	vend.	3			1er v.			4		14* 22*	16	12			
Le Grand-Celland	11	1000	—	14															
Ducey	9	1850	Pontaubault	6	mardi	1er mardi	1er ma	1er ma	1er ma 10	1er, 3e ma	1er ma	1er, 3e m.	1er ma	1er, 3e ma 19*	1er ma	1er ma	1er ma		
Granville	26	12m			sam.														
St-Pair	26	1315	Granville	3	merc.														
La Haye-Pesnel	15	1000			merc.	3e merc.	3e me	Mi-C.	3e me	2	3e me 12	23*	3e me	3e me	1er	3e me	3e me		
Folligny	20	518			lundi						C								
Pontorson	22	2765			merc.	me. p. 15				s. p. 1er				1er me	d. a.				
Sacey	25	1100	Pontorson	7															
St-James	19	3250	Pontaubault	12	lundi	1er lundi	l. gr.	1er l.	l. Pâq.	l. Pen. 1er l.	1er l.	1er l. 10*	1er l.	l. p. 29* 23	1er l.	D 3	1er l. 15		
Sartilly	11	1210	Mouviron	4	lundi		l. gr.												
Villedieu-les-Poêles	22	3526			mardi	1er mardi	1er ma	1er ma	1er ma	3	1er ma	1er ma	1er ma	9*	1er ma	23 16	1er ma		
La Lande d'Airou	20	862	Villedieu	6					l. S. J.		Trin.		25*						
Cherbourg		38m			l. j.	27		2e s. Cs.		2e s.						9			
Beaumont-Hague	17	670	Cherbourg	17	sam.	3			11		10			8*					
Gréville	14	500		14															
Equeurdreville	3	4875		2	dim.							2e s.*							
Querqueville	8	1060		6															
Teurthéville	12	6783	Martinvast	6						3				30*	10				
Tourlaville	4	6883	Cherbourg	4		14					3e s.*			14					
Virandeville	11	605	Couville	4															
Les Pieux	20	1410	—	9	vend.	22			23		23*	5				12			
St-Germ.-le-Gaillard	25	770	—	13						25		*31							
St-Pierre-Eglise	17	1958	Cherbourg	16	merc.		1er vend.	E	s. a. St.	13			1er*		1er me 13	s. a. 25			
Clitourps	20	300	—	20															

MANCHE : Coutances, Mortain, Valognes. — MARNE : Châlons-sur-Marne.

LOCALITÉS et dist. du l'arrondiss.	k.	Popul.	GARES et distances.	k.	Marchés.	FOIRES Janvier.	Fév.	Mars.	Avril.	Mai.	Juin.	Juill.	Août.	Sept.	Oct.	Nov.	Déc.	FOIRES MOBILES et observations.	HOTELS & CAFÉS recommandés.
Coutances		8180	🚂		lundi		A	Mi-C.	l. St.*	l. Pen				30*				*Nota.* — Marché aux bestiaux les l. par quinzaine. A) l. gras et 1er l. Car* B) veille Trinité. C) veille Pentecôte. D) 2e lundi p. Qua. E) 2e l. p. Trinité. F) 2e lundi p. S*. G) jeudi a. le dim. près du 21*. F 9 octobre.	
Bréhal	19	1451	Cérences	7	mardi	1er mardi	1er ma	1er ma	1er ma	sa. Pe.	1er ma	18*	1er ma	1er ma	1er ma	1er ma	1er ma		
Cérences	18	1922	🚂		jeudi				19							17			
Cerisy-la-Salle	14	1701	Carantilly	6	sam.							dr s.				10*			
Montpinchon	11	1201	—	8									11*						
N.-D.-de-Cenilly	19	1528	—	10										18*					
Roncey	12	880	—	13										25					
Gavray	19	1487	Cérences	2		1er sam.	1er s. Ca	1er s.	1er s.	1er s.	11	1er s.	1er s.	1er s.	18*	1er s.	1er s.		
Hambye	18	2351	—	12	mardi						25						27		
Lengronne	15	830	—	4										2					
Le Mesnil-Garnier	23	592	Villedieu	8											2e v.				
St-Denis-le-Gast	16	1228	Cérences	8										30	10*				
La Haye-du-Puits	29	1381	🚂		merc.	13	Cend	4e m. C.	s. S.		26*	18							
Lithaire	31	868	Carentan	18						7									
Prétot	40	570	Chef du Pont	10	mardi					1er			1er*						
Lessay	21	1312	🚂		mardi				22		sa. fri.			12*					
Créances	20	2105	Lessay	8	dim.				28										
Vesly	28	1029		5				2e j.											
Montmartin-s.-Mer	10	1051	Orval	3	merc.						dr me					p.s.17			
Quettreville	10	1492	🚂		dim.							27				3			
Périers	16	2550	🚂		sam.	25*		3e s. Ca.	s. Saint	C					12				
St-Malo-de-la-Lande	8	410	Coutances	8					2e j.						dr j.				
Montsurvent	9	450	—	9								7				12			
St-Sauveur-Lendelin	9	1646	—	9	jeudi					1er j.									
Monthuchon	4	530	—	4					l. Saint					30*					
Mortain		2400	🚂	2	sam.	1er sam.	1er s.	1er v.*	1er s.	1er s.	s. Tri.*	1er s.	1er s.	1er s.	1er s.	1er s.	1er s.		
Romagny	2	1430	Mortain	2											2e l.				
St-Clément	8	880	🚂							3e j.						F 23			
Barenton	10	2380	Mortain	10	lundi			2e l. Ca.	D		E	12		F					
Ger	14	2440	—	14	jeudi									G					
Isigny	20	310	—	20				12						26					
Juvigny-le-Tertre	10	800	—	8	lundi				24		14, 28*			9*					
St-Hil.-du-Harcouët	15	3840	—	15	mer.*	F 11	sa. p. 2		m. s. S.					sa. p. 1er		l. p. 11*			Hd de la Poste.
St-Mart.-de-Landelle	23	1700	Pontaubault	20						2e ma									
Coulouvray	21	1342	St-Aubin	8								l. p. 22*							
St-Pois	17	775	Sourdeval	10	jeudi									11*		1er j.			
Sourdeval	11	3930	🚂		mardi	3e mardi	3e ma	3e ma	3e ma	31	3e ma	3e ma	3e ma	3e ma	23*	3e ma	3e ma		
Le Teilleul	14	2172	Mortain	14	jeudi			18*	4e me	2e j.	2e j.	2e j.	3e j.	3e j.	l. 3e j.				
Buais	16	1350	—	16				1er ma				27			1er*				

LOCALITÉS	k.	Popul.	GARES	k.	Marchés.	Janvier.	Fév.	Mars.	Avril.	Mai.	Juin.	Juill.	Août.	Sept.	Oct.	Nov.	Déc.	FOIRES MOBILES et observations.	HOTELS & CAFÉS
Savigny-le-Vieux	18	1215	—	18					m. Pâq.					sa. p. 9*				A) l. p. 2 et 1er l. Car. B) l. Mi-C. et Ram. C) 3. 1er s. Carême. D) veille Ram. et Qua. E) 8 jours p. Asc.	
Valognes		5790	🚂		vend.		15		s.a. Pâq.		5	12		9*	3	16	9, 31		
Brix	16	2100	Sottevast	2	dim.				3	21					9*				
Barneville	28	938	🚂		sam.						11								
Portbail	29	1780	St-Nicolas	8	mardi	1er jeudi			12						2*				
Bricquebec	13	3760	🚂		lundi		A	B	l. Qua.	9	30	26*		22		25			
Sottevast	10	945	🚂												29				
Montebourg	7	2230	🚂		sam.		C	s. Mi-C.	D	E		25	10*	16	25		s. a. 25		
St-Floxel	9	520	Montebourg	3										17*					
Quettehou	16	1350	🚂		mardi	20				4*		20			28				
Barfleur	24	1015	🚂		sam.				V. St.										
La Pernelle	20	400	Quettehou	3						31									
St-Vaast	18	2800	🚂		sam.								F 10						
Valcanville	20	775	🚂	1										25					
Le Vicel	23	330	Vaast	5							25								
Ste-Mère-Église	16	1160	Chef du Pont	3	jeudi	14				4e j. Pâq.	j. p. 26*				29				
Boutteville	21	150	—	3											15				
Picauville	16	2685		3	vend.				29								1er		
St-Sauv.-le-Vicomte	15	2700	🚂		sam.				15			15*			4				
Néhou	13	1715	🚂								15								
Rauville	11	840	St-Sauveur	2									10			4*			
Besneville	23	1054	—	8						18									

LOCALITÉS	k.	Popul.	GARES	k.	Marchés.	Janvier.	Fév.	Mars.	Avril.	Mai.	Juin.	Juill.	Août.	Sept.	Oct.	Nov.	Déc.	FOIRES MOBILES et observations.	HOTELS & CAFÉS
CHALONS-S.-MARNE		25m	🚂		sam.		1er s. Ca.		A		15*		1er*	s. p. 1er	s. p. 9	s. p. 11*		A) 3e ma. p. Pâques. B) mardi p. 2e dim. C) lundi p. 1er dim.*. D) s. du ou a. 22*.	
Juvigny	10	510	Châlons	10										10		25			
Écury-s.-Coole	7	360	🚂						1er l.					2e l.					
Cheppes	17	338	Vitry	1						28					22*				
Soudron	19	308	Bussy	5				2e l.							1er l.				
Chepy	9	244	Châlons	9				5							22				
Coupéville	21	275	Vitry	15					1er										
Courtisols	12	1366	Châlons	12				j. Pas.			2e j.		3e j.*		3e j.		2e j.		
Pogny	14	640	Vitry	2	vend.				29					27					
St-Germ.-la-Ville	11	480	—	7						14		F 31			B				
Suippes	23	2715	🚂					12		9*		1	29	21*		3			
Mourmelon-le-Grand	22	3420	🚂	4	merc.					20					4				
Vertus	30	2330	🚂		sam.		dr s.			3	25			9*		12*			
Bergères	30	525	Vertus	3				j. Pas.			C						dr j.		
Loisy-en-Brie	36	870	🚂						l. a. 23								22		
Epernay		18m	🚂		sam.			3e s. Ca.				D		s. du 14	dr s.				
Ablois-St-Martin	9	1372	🚂		lundi							l. a. 4*				l. a. 11*			
Pierry	7	1720	🚂		vend.				s. a. St	l. Pen.			30*				6		

MARNE : Épernay, Reims, Sainte-Menehould. — HAUTE-MARNE : Chaumont.

Localités et dist. de l'arrondissement	k.	Popul.	Gares et distances	k.	Marchés	Janvier.	Fév.	Mars.	Avril.	Mai.	Juin.	Juill.	Août.	Sept.	Oct.	Nov.	Déc.
Fleury-la-Rivière	10	783	Damery	3			av. Gr.										
Venteuil	11	950	—	3		23						15*					
Anglure	59	810			jeudi						29*						
St-Just	65	1340							l. Qua.							11	
Avize	12	2238			jeudi		1er j.					1er j.	1er j.		l.p.28*		1er j.
Brugny-Vaudancourt	8	485	Épernay	8										1er d.*			
Mesnil-s.-Oger	10	1190			dim.	6				l. p.Asc.							
Dormans	24	2180			j. s.	23			A		19						
Mareuil-le-Port	16	1258			vend.				l. Pâq.*						28*		
Esternay	36	1788			lundi				l. Pâq.		24*					25	
Courgivaux	30	420	Esternay	5	mardi					9							31
La Fère-Champen.	37	2085			merc.	13		1er		1er	13			21*			
Bannes	31	425	Fère-Champenoise	7										1er*		25	
Montmirail	39	2850			sam.	3e lundi	3e l.	3e l.	L. Pâq. 3e l.	3e l.	29		10*	3e l.	15* 29		3e l.
Charleville	40	405	Gault	6													
Montmort	18	710	Épernay	17	mardi			3e ma. a v. p. 25			B				2e ma.		
Baye	27	638	Sézanne	16	vend.		1er v.					3e v.				m.a. 11	m.a. 25
Congy	26	360	Coligny	14						1. Asc.						4e v.	
Etoges	25	500	—	5	lundi	2e lundi			2e l.		2e l.			d. j.		s.a. 11	
Orbais-l'Abbaye	21	990	Montmirail	12	sam.		1er s. Ca.								2e l.		
Sézanne	11	1985			sam.		1er s.		1er s.		1er s.			d. s. 1er s.		s. a. 23 1er s.	
Allemant	30	120	Sézanne	6	jeudi												6*
Reims		98m			merc.	7			P. l.*			14 23		30*	1er*		
Cormontreuil	2	640	Reims	2			1er l. Ca.										
Ay	26	7980			merc.								..15*				
Avenay	23	1175												8*			
Hautvillers	23	1010			vend.					l. Pen.*	2e d.*						
Louvois	19	425	Avenay	6													
Mareuil-s.-Ay	29	1280	Oiry	2									C				
Tours-s.-Marne	24	920	Athis	3	vend.						1er d.*		D				
Beine	14	352	Sillery	7	jeudi				d. j.								
Nogent-l'Abbesse	9	614	Witry	6					l. Qua.						d. j.		
Pontfaverger	21	2230			vend.									1er*			
Bourgogne	12	880	Loivre	5			3				3e ma Pen.					ma p. 15	
Boult-s.-Suippe	17	1438	Bazancourt	2	vend.						24*						
Cormicy	17	1225	Loivre	7									30*				
Loivre	11	1371			jeudi	1er ma. ew	1er ma	1er ma	1er ma	1er ma	1er ma	1er ma	1er ma	1er ma	1er ma	1er ma	1er ma
Warmeriville	19	2255			jeudi			15		s. Asc.*				d. j.			
Witry-lez-Reims	8	1250				22		3e l. Ca.			3			11			

Foires mobiles et observations. — A) 3e lundi p. Pâq. B) mardi p. 29*. C) dim. p. 15*. D) dim. p. 27*.

Hôtels & cafés recommandés.

Localités et dist. de l'arrondissement	k.	Popul.	Gares et distances	k.	Marchés	Janvier.	Fév.	Mars.	Avril.	Mai.	Juin.	Juill.	Août.	Sept.	Oct.	Nov.	Déc.
Châtillon-s.-Marne	32	880	Port-à-Binson	3	merc.		Cendres 1er l. Car.				11*			1er me.		12	
Fismes	27	3162			sam.						30			9*			1er
Crugny	24	800	Fismes	8				13							15		
Hermonville	14	1210	Loivre	7	vend.			4e l. Car.						8*			24
Jonchery	16	615			jeudi		1er			31*			31			25	
Chigny	12	658	Rilly	2						l. p. 9*							
Ludes	11	935	—	3							24*		29				
Rilly-la-Montagne	12	1115			jeudi												
Sillery	10	480								l. Pen.				19*			
Trépail	23	630	Septsaulx	8								d. p. 4*					
Verzenay	16	1870	Sillery	6	jeudi												
Ville en Tardenois	18	500	Port-à-Binson	11						9			11*			3	
Chaumuzy	18	650		4						25*							15
Gueux	9	615	Muizon	3	jeudi			8				8		8*			
Ste-Menehould		4150			jeudi		22			A		21					
Givry en Argonne	16	620													20	11* 30*	
Cernay	20	795		3				1er m.t						2e ma			
Sommepy	34	890				18		20			13*				29		
Vienne-le-Château	13	1635	Vienne-Ville	4	vend.								15*				
Vitry-le-François		7700			jeudi		21		B	Asc.*		22*		1er	1er	11	1er
La Chaussée	15	855	Vitry-Ville	7		25								15*			
St-Amand	9	1005	Vitry	9		1er lundi	10	1er l.	1er l.	10	1er l.	1er l.	1er l.	20*	1er l.	1er l.	10
Vitry en Perthois	4	710	—	1							23*						
Heiltz	20	730	Pargny	3						25*							
Bassuet	10	521	Vitry	10											26		
Charmont	28	910	Sommeille	6						15				12 9*			
Vanault-le-Châtel	20	488	Pargny	14							1er*				9		
Vanault-les-Dames	20	530	—	10			15										
St-Remy en Bouzemont	13	800	Arzillières	4				22						22*	11		
Bussy-aux-Bois	14	140	—	3							1er d.						
Margerie-Hancourt	24	425	Gigny	8					m.a. Pâq.	l. Pen.*							
Sommesous	28	510									1er*				6		
Somsois	19	472	Vitry	19				l. Pâq.								16	
Soudé-Ste-Croix	20	305	Poivres	1										C			
Larzicourt	15	940	Arzillières	9			2									2	
Sermaize	26	2180			jeudi			6			4*				21		
CHAUMONT	32	12m			sam.	1er sam. cur	1er s.	1er s.	1er s.	1er s.	1er s.	1er s.	1er s.	1er s.*	1er s.	1er s.	1er s.
Andelot	27	1010			jeudi		12			10		18*				10	
Bourdons	24	768	Chantraine	6	1er et 3e j.		20							7			

Foires mobiles et observations. — A) veille Ascens.* B) 15 et 4e ma. p. Pâq. C) mardi p. 14*.

HAUTE-MARNE : Chaumont, Langres, Vassy. — MAYENNE : Laval.

LOCALITÉS et dist. de l'arrondiss.	k.	Popul.	GARES et distances.	k.	Marchés.	Janvier.	Fév.	Mars	Avril	Mai.	Juin.	Juill.	Août.	Sept.	Oct.	Nov.	Déc.	FOIRES MOBILES et observations.	HOTELS & CAFÉS recommandés.
Arc en Barrois	26	1195	Latrecey	12	vend.		13		s.a.Ram.		11*		13		9		21	A) mardi Saint. B) vend. Fête-D.	
Dancevoir	32	610	—	7				8		13				28					
Leffonds	22	660	Rolampont	16		22			j.a.Ram.	23		25*			4		20		
Bourmont	48	745	🚂		sam.		22		A	me. Pen.			13		29		l. a. 25		
Château-Villain	21	1512	🚂		vend.		s. a. 2		25		30		11*		18		6		
Bricon	18	497	🚂				10			10		10			10				
La Ferté-sur-Aube	30	976	Clairvaux	6	vend.			12		12		4*		12		12			
Latrecey	30	700	🚂	1			24		l. Saint	2		22*		22		25			
Orges	18	855	Bricon	4			28			13			28		28				
Clefmont	38	444	🚂		lundi	29		14		14				14*					
Breuvannes	47	1020	🚂			3			23*			11		3					
Juzennecourt	17	310	Maranville	13	jeudi		8			8			8			8			
Colombey	26	772		12			28			28			28			28			
Maranville	23	460	🚂				17							10*					
Nogent-le-Roi	20	3370	Foulain	12	mardi		17						24*	3					
Biesles	13	1400	Chaumont	13	jeudi		27			25				11*		24			
Poulangy	15	840	Foulain	4				10			4*			20					
Chalvraine	38	725	Bourmont B.	6				15			20			20			20		
Prez	40	550	🚂				5				6		29*			13			
Vignory	21	580	🚂		merc.	23			20			22*		21			1er		
Blaise	32	235	Vignory	14			20			23		6			20		29		
Bologne-s.-Marne	12	986	🚂		vend.		11			1er v.		1er v.		11*					
Langres		[illegible]	🚂		vend.	7	15	22	11	1er	B	15	18*	30	25	25	15		
Marac	16	392	Rolampont	8			15						15*						
Auberive	27	710	Longeau	22			18		18		18			18		18			
Rochetaillée	25	283	Langres	25			22	19		6	23*		29		28				
Bourbonne-les-Bains	40	1410	🚂		jeudi	17	2e j.	15	2e j.	24		13*	2e j.	12		16			
Fresnes-s.-Apance	47	1000	Bourbonne	6		5				3				2					
Melay	49	1475	Voisey	2	sam.	23				6			21			7			
Parnot	32	712	Merrey	7			18						12*						
Serqueux	26	1440	Bourbonne	5			4			12				5*		21			
Le Fayl-Billot	25	2270	Charmoy	5	jeudi		j. a. 2	1er j.	5	1er me.	1er j.	1er j.	1er j.	j. a. 8*	1er j.	23			
Rivières-lez-Fosses	25	1376	Chalindrey	13	vend.			1er l.			1er l.			22			1er l.		
Genevrières	29	520	Charmoy	11			d. l.			d. l.									
Pressigny	31	740	Ferté B	10						1er j.			2e ma						
Ferté-s.-Amance	30	592	🚂			d. lundi			1er l.			d. l.			d. l.				
Voisey	17	1540	🚂		dim.		1er					10		16		11*			
Longeau	11	415	Villegusien	3					22					12					
Aprey	16	326	🚂	2			3	me.p.25		ss. As.				s.a.p.8*	me p.27		me. p. 8		
Chalindrey	11	1298	🚂	2	ma. v.			17		25	7		26*			10		A) 3e s. Pâques. * 3 septembre. B) merc. Saint. C) sam. Saint.	
Montigny	22	1115	🚂	4	merc.	5	24	27	25		9	23*		10		12			
Neuilly-l'Évêque	12	1100	🚂		jeudi		13		8		12	31		11*		14			
Rolampont	12	1336	🚂		jeudi			12	20		13*	20*		13			12		
Prauthoy	21	675	🚂		jeudi		28		13						20				
Chalancey	28	310	Vaillant	4			10			10		10		10					
Chassigny	19	591	Mâatz	5		15			28				5*						
Coublanc	23	420		2			20		1er			6				5			
Montsaugeon	22	234	Prauthoy	1				j. p. 25		j. p. 15	1er*			j. p. 8*			j. p. 8		
Vaux-sous-Aubigny	23	520	🚂					8						20		20			
Varennes-s.-A.	30	1212	Andilly	13	sam.		22		3	l. s. 11*		9		1er ma.		21			
Hortes	20	1165	🚂		mardi		15			15*			31		7	4			
Vassy		3590	🚂		jeudi			13		l. Pa.*				1er*	25		7		
Dommartin-le-F.	10	580	🚂						l. Pâq.					8*					
Chevillon	15	1250	🚂					4						9*					
Curel	18	518	🚂				20					20				6			
Osne-le-Val	18	1358	Curel	5		24			20						20				
Doulaincourt	31	940	🚂					17			21*			5		2			
St-Urbain	23	845	Joinville	6						26*					28	22			
Doulevant	17	700	🚂		sam.		22			1er S.		15*		22					
Nully	20	538	Doulevant	4					18					7					
Joinville	17	3900	🚂		mar. s.			21	A		10*			17			21		
Montier-en-Der	14	1405	🚂		vend.		s. a. 2		B		30		17		14		j. a. 25		
Ceffonds	14	740	Montierender	1							29		15*		13				
Sommevoire	15	1200	—	8	merc.				30					14*					
Poissons	25	1205	Joinville	7	jeudi	2				1er				3					
St-Dizier	20	[illegible]	🚂		sam.		26		C*	3*		20	10			25	d. S.		
LAVAL		30000	🚂		sam.	1er, 3e sam.	»	A	d. me	»	B	»	»	9**	»	3*	»	A) mardi p. Mi-C. B) mardi a. 24*. C) 1er ma. Carême. D) mardi p. 26*. E) mardi p. 21.	
Argentré	13	1450	Chapelle-Ant.	6	jeudi														
Chailland	22	2015	Ernée	12	lundi				22		10								
Andouillé	15	2300	🚂		lundi			3e Mi.		10				8*			20		
La Baconnière	17	1805	Genest	12	vend.	1er v. en	1er v.	1er v.	1er v.	1er v.	1er v.	1er v.	1er v.	1er v.	1er v.	1er v.	1er v.		
La Croixille	27	1260	St-Pierre	12	dim.	1er jeudi				3e j.					3e j.				
Juvigné	31	2800	Ernée	10	jeudi		1er ma.	1er ma.	1er ma.	1er ma.	1er ma.	1er ma.	1er ma.		1er ma.				
Ernée	32	4180	🚂		jeudi	jeudi a. 25		j. a. Pâs.	j. quas.	s. a. Fér.		1er j.	16	7	28	j. a. 25			
Vontré	12	1110	🚂		dim.		1er ma.								1er ma.				
Loiron	13	1051	Genest	7	mardi		C		s.a.1.23	d. ma		D		E	d. ma				
Bourgneuf	18	2126	Port-Brillet	7	dim.	d. merc.			4e ma							2e lun.			
St-Ouen-les-Toits	12	1451	—	7	merc.				23*		25		26				27		

MAYENNE : Laval, Château-Gontier, Mayenne. — MEURTHE-ET-MOSELLE : Nancy, Briey.

LOCALITÉS et dist. de l'arrondiss.	K.	Popul.	GARES et distances.	K.	Marchés.	FOIRES Janvier.	Fév.	Mars.	Avril.	Mai.	Juin.	Juill.	Août.	Sept.	Oct.	Nov.	Déc.	FOIRES MOBILES et OBSERVATIONS.	HÔTELS & CAFÉS RECOMMANDÉS.
Meslay	21	1856	🚂		vend.	1er vend.	1er v.	1er v.	A	8, 30	1er v.	1er v.	1er v.	1er v.	26*	1er v.	1er v.	A) veille Pâques.	
Bazougers	17	1215	🚂	3	mardi			B					31*					B) lendemain Mi-C.	
Chémeré-le-Roi	30	1000	Meslay	12	lundi				C	16		l. p. 4*						C) mardi Quasim.	
Montsûrs	20	1780	🚂		mardi		1er l. Car.	v. Pas.	l. Quas.	l. Pen.	23		D	20		11	6	D) merc. Saint.	
Soulgé	17	730	Bazougers	8	vend.						8*	25			1er ma			E) lundi p. 1er dim.*	
Ste-Suzanne	36	1612	Evron	7	lundi		24		7, 30	25		20	F 11	6		2	31	F) mardi Pâques.	
Torcé	41	1154	Voutré	6	vend.			1er v.		1er v.				1er v.			1er v.	G) jeudi p. Quasim.	
Vaiges	23	1540	Evron	12	merc.				E	7				10	25			H) merc. Quasim.	
Château-Gontier	..	7840	🚂		jeudi	2e jeudi	2e j.	j. Mi-C.	2e j.	7	2e j.	1er j.	30*	2e j.	2e j.	ma. p. 1er	2e j.	I) ma. a. Mi-Car.	
Ménil	7	1216	Chât-Gontier	7	....		3		23					29*				J) 30 et l. Quasim.	
Bierné	12	1048	Grez	8	vend.	26								28				K) l. p. 1er et 24 nov.	
St-Denis d'Anjou	21	2312	Morannes	6	mardi				v. Saint	2				7*				L) 1er l. à Bourgneux*.	
St-Laurent des Mortiers	15	510	—	9	merc.				F									M) mardi a. 11.	
Cossé-le-Vivien	23	3025	🚂		vend.	9		2e j. Car.	G	j. p. Pen.*		dr j.	dr j.		2e j.				
Cuillé	40	1550	Cossé-le-Vivien	16	merc.				H		25*					me. p. 11			
Laubrières	35	425	—	14	....			I							4				
Quelaines	14	1782	Chât.-Gontier	14	merc.		1er ma				25					15			
Craon	20	4530	🚂		lundi	2e lundi	2e l.	l. a. Mi-C.	J	2e l.	l. Trin.*	2e l.	2e l.	2e l.	2e l.	K	2e l.		
St-Quentin	16	872	Pommerieux	6	....					27					*31				
Grez en Bouère	14	1630	🚂		vend.				j. Saint	10	1er*								
Ballée	26	912	Bouère	9	....					6	25			14*					
St-Aignan-s.-Roë	31	1050	Selle Craonnaise	8	merc.	7				26			11*						
Ballots	27	1930	Craon	9	jeudi				18										
Congrier	35	1180	Renazé	6	....				19										
Renazé	32	2012	🚂		vend.		23				2								
La Roë	32	590	Selle-Craonnaise	6	vend.					15			10*		15				
Mayenne	..	[illegible]	🚂		lundi	2	l. S. pl.	s. p. Pas.	j. a. 23		l. Trin.	22*	29	22		23			
Belgeard	8	610	Commer	6	....					1er l.					L				
Martigné	11	1775	🚂		merc.				13		1er me			1er me					
Alexain	15	890	Martigné	8	jeudi						24		27	19		21			
Oisseau	7	2342	Mayenne	7	dim.		j. gras												
Ambrières	12	2615	🚂		sam.				3e s.		2e s.		1er s.	8*	16		13		
Bais	20	1950	Evron	13	sam.	3		2e s.	23		10		1er ma	21*					
Champgenéteux	24	1752	Chapelle-Rioul	5	mardi					1er ma						3e ma			
Javron	26	2320	🚂		jeudi		j. gras		j. a. 23					j. a. 29*			j. a. 25		
Lignières	44	1826	Pré en Pail	10	vend.	29				10			14*	18	22				
Ernée	25	5260	🚂		mardi	2e mardi	2e ma	j. Mi-C.	2e ma	2	19	26*	24	14	17	M	3e ma		
St-Denis de Gastines	20	3172	🚂		jeudi	3e jeudi			j. Pâq.	2e j.	11	14		1er j.	10*	12	1er j.		
Gorron	22	2860	Châtillon-s-C.	8	merc.		me. Gras	me. Pas.		2e me	1er me	1er me			1er me		1er me		

LOCALITÉS	K.	Popul.	GARES	K.	Marchés.	Janvier.	Fév.	Mars.	Avril.	Mai.	Juin.	Juill.	Août.	Sept.	Oct.	Nov.	Déc.	OBSERVATIONS.	HÔTELS.
Châtillon-s.-Colmont	11	2118	🚂		jeudi			2e j. Car.				1er j.					2e j.	A) 2e lundi p. 15*.	
La Chapelle au Riboul	12	1130	🚂		jeudi				1er ma						2e j.				
Ribay	18	1005	Javron	10	vend.			j. a. Pas.											
Landivy	41	1950	Ernée-O	24	lundi				j. Quas.			7-30				11*			
Fougerolles	38	2152	St-Denis de G.	14	vend.		v. j. 2	v. p. 25	dr v.		20		v. p. 1 a	v. p. 8*		1er v.	9		
Montaudin	36	1560	Ernée	10	jeudi	dr vend.		13		21	30		11*	dr v.		dr j.			
St-Mars-la-Futaie	40	1425	—	18	....			2e l.						dr ma					
Lassay	20	2370	Couterne	10	merc.			3e me		15	3e me			1er*	3e me	30	31		
Pré en Pail	38	2258	🚂		sam.											3e s.*			
Champfremont	48	730	St-Denis-Sart.	5	....	16			16			26*							
La Poôté	46	3010	Pré en Pail	11	merc.	dr merc.	dr me	dr me	dr me	dr me	dr me	dr me	dr me	dr me	dr me	dr me	dr me		
Villaines-la-Juhel	27	2780	🚂		lundi	1er et 3e l. p. 6	1er l. Car.		l. Sam.	4e l.			A		2e l.		1		

LOCALITÉS	K.	Popul.	GARES	K.	Marchés.	Janvier.	Fév.	Mars.	Avril.	Mai.	Juin.	Juill.	Août.	Sept.	Oct.	Nov.	Déc.	OBSERVATIONS.	HÔTELS.
NANCY	..	79m	🚂		sam.					20*								A) mardi Trinité.	
Frouard	9	3380	🚂		vend.				l. Pâq.*						2e l.			B) 1er l. et dr vend.	
Marbache	15	1215	🚂		....					2e l.									
Pont-St-Vincent	13	1850	🚂		....				1er l.			*19		dr l.*					
Haroué	29	533	Tantonville	5	jeudi					18			30*			8			
Diarville	38	570	🚂		....					21*					22				
Tantonville	30	1230	🚂		sam.		1er l.				1er l.			1er l.	31*				
Nomeny	30	1332	🚂		....		3e l.				1er l.				1er l.				
Pont-à-Mousson	30	12m	🚂		vend.				3e j.*					2e j.					
Dieulouard	22	1784	🚂		....							2e l.							
Pagny-s-Moselle	38	1675	🚂		....		dr l.	26					2e l.	dr l.					
St-Nicolas de Port	12	5620	Varangéville	1	vend.		dr l.	dr v.			Pent.*			A					
Dombasle-s-Meurthe	10	2670	🚂		jeudi														
Flavigny	16	1195	Pont-St-Vincent	7	....				2e l.								2e l.		
Haraucourt	19	910	Varangéville	5	....					1er j.			dr j.						
Rosières-aux-Salines	17	2400	🚂		....					17*				1er					
Vézelise	25	1450	🚂		jeudi	22	l. a. lres			1er	23				1er*	30			
Briey	..	2140	🚂		vend.	dr lundi	dr l.	dr l.	dr l.	Pent.*	dr l.	dr l.	dr l.	dr l.	dr l.	dr l.	dr l.		
Mercy-le-Bas	23	670	Joppécourt	5	....				20					20					
Mercy-le-Haut	22	488	—	4	....					R					15				
Chambley-Bussières	27	680	🚂		merc.		dr l.				dr l.								
Mars-la-Tour	16	710	🚂		sam.				25						1er				
Conflans	12	612	🚂		jeudi					15					15				Ht du Buffet.
Fléville	9	480	Gondrecourt	5	....				28					8*					
Jarny	12	805	Conflans	1	....			10							dr j.				Ht du Buffet.
Norroy-le-Sec	12	520	Gondrecourt	6	....					7		11							
Longuyon	36	2785	🚂		mardi	dr lundi		2e me	30		2e me	13*		2e me	20		2e me		
Charency-Vezin	40	912	🚂		....					15*				15		5			
Longwy	50	5860	🚂		merc.	1er merc.	Cendres		l. Pâq.					*7					

MEURTHE-ET-MOSELLE : Lunéville, Toul. — MEUSE : Bar-le-Duc.

LOCALITÉS et distance de l'arrondiss.	k.	Popul.	GARES et distances	k.	Marchés	Janvier.	Fév.	Mars.	Avril.	Mai.	Juin.	Juill.	Août.	Sept.	Oct.	Nov.	Déc.	FOIRES MOBILES et observations.	HOTELS & CAFÉS recommandés.
Villers-la-Montagne	32	1116	Longwy	8					d' l.						1r j.			A) dim. des 15-16*. B) dim. du 20*. C) mardi Pentec. D) 1r lundi Carême.	
Lunéville		2110			me. v.		l. gras		23		24*				1r				
Einville	8	1440	Lunéville	8	jeudi					1r l.				1r l.					
Arracourt	17	816		16						2e ma				2e ma					
Baccarat	23	6012			vend.							A							
Bertrichamps	30	1105									21*								
Badonviller	33	1725			lundi	1r et 3e l. ch. m.	»	»	»	»	»	»	»	»	»	»	»		
Bayon	20	1430							l. Pâq.*							8			
Blainville	9	1614			jeudi					1r l.*					2e l.				
Méhoncourt	16	312	Einvaux	2									21*						
Villacourt	21	849	Bayon	5			1r l.			1r l.			1r l.*			2e l.			
Blâmont	35	2175			vend.	1r vend.		1r v.		1r v.		1r v.		1r v.		1r v.			
Cirey-s-Vezouze	38	2316			jeudi								B		3e d.				
Gerbéviller	13	1780					15			15		1r l.		26*	28				
Toul		11100			vend.				Quas.		2e v.	2e v.	20	3*		2e v.			
Trondes	11	670	Pagny	4		1r lundi					1r l.*								
Blénod	10	1272			jeudi			4e l. Car		30*						26			
Colombey	18	940					2e l. Car			4*		27			25*				
Saulxures	22	758	Barizey	1			15		5		5*						5		
Uruffe	19	865	Vaucouleurs	9					10							10			
Domèvre	30	388	Liverdun	10					l. Pâq.						1r l.*				
Liverdun	30	1410					D										l. p. 25		
[illegible]	20	400	Thiaucourt	17								20							
Noviant	23	372	Toul	23							l. p. 24*					l. p. 12			
Saizerais	18	757	Marbache	5						1r l.									
Thiaucourt	17	1165			vend.			d' ma		2e fér.				1r l.*	29				
Essey-Maizerais	31	750	Thiaucourt	7						7	17*						1r		
BAR-LE-DUC		[illegible]			vend.	1r v., 22	1r v.	1r v.	1r v.	l. p. 16*	1r v.	1r v.	1r v.	1r v.	1r v.	3*	1r v.	1r v. car. marché aux bestiaux.	
Ancerville	22	2010			jeudi				17								17		
Stainville	18	980	Haironville	4							15*			15		15			
Ligny en Barrois	16	4900			jeudi	7	1r j.	1r j.	22	1r j.	8*	1r j.	1r j.	1r j.	27	1r j.	1r j.		
Montiers-sur-Saulx	30	1265	Dammarie	10	vend.			3							25				
Revigny	18	1882			jeudi			26						14*		6			
Triaucourt	28	1000					5								13				
Autrécourt	39	440	Clermont-Arg	10					17					17*					
Beauzée	30	585	Vaubecourt	8			25							8*					
Vaucourt	21	990					20								17				
Laheycourt	17	1012								9						8			
Cousances	21	1615			vend.					A					A			A) lundi p. 3e dim. B) tous les jeudis marché aux porcs et approvisionnements. C) 1r et 3e samedi car. marché aux petits porcs. D) veille Rameaux.	
Rembercourt	20	650					15							21*					
Vavincourt	9	662										10				27			
Condé en Barrois	14	670								7					28				
Commercy		5165			lundi	1r lundi	1r l.	10	1r l.	2	1r l.	27	1r l.	12	1r l.	1r l.	8		
Gondrecourt	35	1712			vend.		1r	28		28		17*		20	16	20	20		
Demange	32	1010						1r								8			
Tréveray	25	935	Laneuville	1			20			20*		20			20				
Pierrefitte	28	525	St-Mihiel	16						5					20				
Sampigny	10	1003						9						20*					
St-Mihiel	18	9300			ma., s.		10			4		18*		30			10		
Lacroix-s-M.	20	850	Bannoncourt	2	B														
Vaucouleurs	20	2730			me., s.	16		7		15				1r*		4			
Maxey	28	500						10	18						10				
Pagny-la-Blanche-Côte	28	603	Maxey	5				30			20*			28					
Rigny-la-Salle	21	557	Vaucouleurs	5			10					21					6		
Sauvigny	35	600						15				10*				8			
Vigneulles	32	904	Thiaucourt	11	vend.					11				11					
La Chaussée	19	450	Chambley	7					l. Pâq.*										
St-Maurice-s-les-Côtes	37	753	[illegible]	17							20			22					
Void	8	1600	Sorcy	6	jeudi	6	18		15			15*			20				
Sorcy	7	1224					26									15			
Montmédy		3205			jeudi	15			15			15			15*				
Jametz	12	450	Montmédy	12					7							8			
Marville	12	995	Vezin	5	jeudi		3		D		17*			30			1r		
Damvillers	22	810	Consenvoye	12	vend.		25		13	22				10*		10			
Dun-sur-Meuse	26	890			merc.	me. p. 1r		4		1r me		8*		1r me		22			
Brieulles	32	800						4						20					
Montfaucon	38	915	Brieulles	8						12		20			23				
Consenvoye	40	600					15				2e l.			2e l.					
Forges	41	600	Consenvoye	4					1r				10*						
Sivry-s-Meuse	30	880		3	jeudi			15						1r l.*					
Spincourt	30	510			jeudi			1r							25*				
Arrancy	34	800								2				13					
Billy-s-Mangiennes	32	1015	Spincourt	9				24			30*					4			
Mangiennes	27	830		13						10				10					
St-Laurent	22	730	Longuyon	10				10					10	20					
Stenay	15	3200			mardi	1r mardi	22	1r ma	1r ma	1r ma	18*	1r ma	1r ma	22*	1r ma	15	1r ma		
Mouzay	16	1460	Stenay	5				10			3				2*				
Verdun		18000			me., s.		1r l. Car			25		22*				12			
Sommedieue	15	1310	Ancemont	5											10				
Ornes	17	1035	Eix	9	jeudi				30					15*					
Clermont en Argonne	29	1386			vend.						24*					25			
Dombasle	17	520						12							15				

MEUSE : Verdun. — MORBIHAN : Vannes, Lorient.

Localités et dist. de l'arrondiss.	k.	Popul.	Gares et distances	k.	Marchés	Janvier	Fév.	Mars	Avril	Mai	Juin	Juill.	Août	Sept.	Oct.	Nov.	Déc.	Foires mobiles et observations	Hôtels & cafés recommandés
Malencourt	21	1125	Cumières	9	vend.														
Islettes	35	1640	(gare)		merc.														
Etain	20	2700	(gare)		vend.	1er vend.	1er me	1er v.	10	1er v.	15	1er v.	1er v.	1er v.	18*	1er v.	1er v.		
Buzy	28	686	(gare)								1er j.								
Dieppe	13	460	Eix	4			1er						25*						
Herméville	20	700	—	7						2e j.									
Fresnes en Woëvre	20	838	—	17	vend.			1er j.						3e j.					
Hannonville	28	1020	—	22			25				1er l.								
Haudiomont	15	590	—	11										1er j.					
Herbeuville	26	575	—	19						1er l.									
Moulotte	28	182	Buzy	12								15*							
Souilly	19	700	Ancemont	11	mardi					17						17			
Tilly	19	500	Villers	2				25						1er l.					
Varennes en Argonne	30	1400	Aubréville	11	vend.				25						25*				
Avocourt	20	815	—	9			10												
Esnes	15	350	Cumières	6			28												
Malancourt	21	1100	—	10				20						13*					
Woël	32	321	(gare)					3e ma				8*							
VANNES		22m	(gare)		me. s.*	1er sam.	1er s.	3e l. car	1er s.	21	1er s.	1er s.	22*	1er s.	l. p. 18*	25*	1er s.	Foires tous les merc. des Q.-T. Noël au carnaval. A) l. Quas., 16 mai. B) veille Quasim. (*) 2e sam. et sam. p. 25. D) 3e ma. Carême. E) lundi a. l. gras.	
Arradon	8	1830	Vannes	8						1er, 12									
Baden	11	2735	—	13					8	N	8*								
Noyalo	10	386	—	10					25										
Le Hezo	11	356	—	11						7									
Surzur	16	2100	—	16			28		10					30		12			
Theix	9	2565	—	9	vend.	3e vend.	3e v.	3e v.	3e v.	3e v.	11*	3e v.	3e v.	3e v.	3e v.	3e v.	3e v.		
Allaire	18	2380	St-Jacut	6	vend.				30	17						8			
Béganne	33	1957	—	10					28					2*					
Peillac	40	1980	—	6				2		19		2*		2		18			
Rieux	32	1845	Redon	8											6				
St-Jean-la-Poterie	18	1460	—	4						3									
Elven	16	3340	(gare)	5	vend.	2e vend.	2e v.	2e v.	2e v.	8	2e v.	2e v.	2e v.	2e v.	18*	2e v.	2e v.		
Monterblanc	13	985	Elven	8			l. gras	j. a. Pas	28	A	14*	2e l.				14			
Trédion	23	1118	—	12						l. Pen.									
La Gacilly	36	1630	Redon	15	sam.		l. gras	3e s. car	B		16	C	21*	2e s.	2e s.	12	31		
Carentoir	48	3085	—	20	mardi			D		1er					15		15		
Les Fougerêts	52	1074	Jacut	8					l. Pâq.								5		
Grand-Champ	14	3690	Vannes	14	vend.		E		1er	10*				13		2e l.			
Muzillac	24	2521	Questembert	15	vend.	17	12	12	12	9	13	22*	28	27		20	6		
Ambon	20	1710	—	18			22	8		19	5*				4			A) mardi Pent. B) 4, 10, 27. C) mardi Septuagé. D) 1er, 4e l. Carême. E) veille 2e dim. F) mardi p. 1er dim.	
Arzal	42	1305	—	21						13									
Noyal	29	2433	—	14		1er sam.				17				1er s.					
Questembert	24	4100	(gare)		lundi	1er lundi	1er l.	1er l.	1er l.						1er l.	1er l.	1er l.		
Berric	20	1147	Questembert	10		29			16, 25	11, 25*							21		
Péaule	31	2490	—	17		merc. p. 6		8		15						12			
Pleucadeuc	32	1515	—	2				21*	26										
La Roche-Bernard	40	1310	Pont-Château	19	jeudi		j. gras		j. St.	j. a. Pen.		26*		22			13		
Camoël	30	705	—	21						24	20*								
Férel	46	1930	—	6					11	A									
Nivillac	43	3340	Sévérac	16			1er ma. Ca.			B									
Pénestin	56	1130	Guérande	20						8									
St-Dolay	48	2800	Sévérac	6															
Rochefort en Terre	32	650	Malansac	5	mardi	2e mardi m.	2e ma	2e ma	2e ma	2e ma	2e ma	2e ma	2e ma	2e ma	2e ma	2e ma	2e ma		
Caden	36	2450	—	5			20										20		
Limerzel	34	1675	—	8	sam.	15									15				
Malansac	38	2400	(gare)			20	20	25	20	6, 20	20	13*	20	20	20	25	20		
St-Laurent	41	240	Malestroit	7		26							*10						
Sarzeau	24	5083	Vannes	24	jeudi	14	8	10	4	8, 28	24*	20		15	17	29			
St-Armel	15	373	—	15						14			16*						
St-Gildas	28	1300	—	28						21									
Lorient		40m	(gare)		me. s.*				Ram.*						1er l.*				
Ploemeur	5	11m	Lorient	5					ma. Sai.		1er me	17		20	21				
Auray	38	6375	(gare)	3	lundi	1er lundi	2e l. Ca.	me. Pas	l. Qua.	1er l.	1er, 25	22	4, 24	*4e d.	16	19	1er		
Plougoumelen	47	1780	Auray	7					27		15*								
Plumergat	36	2275	St-Anne	9			1er j. Ca.				l. p. Tri.	8							
St-Anne-Pluneret	45	3470	(gare)							21	26	*26							
Le Palais	48	5120	Quiberon	12	ma. v.		10				20			8*					
Bangor	48	1605	—	17						20					10				
Locmaria	40	1810	—	30								10	25						
Belz	40	2670	Plouharnel	10			C					6		21*					
Erdeven	22	2225	—	5					1er, 18										
Plœmel	24	1360	(gare)						30		17								
Hennebont	10	6190	(gare)		jeudi	17		j. Pas			13					j. p. 1er			
Inzinzac	16	3000	Hennebont	6				15		8				15					
Languidic	20	6745	—	10		12		D		28		21		1er*					
Lochrist	18	2997	—	8				15		3	*29			14		15			
Plouay	20	4520	—	14	lundi	21	18	12	s. St	13	24*	15	19	16	21	18	16		
Bubry	34	3800	—	15									2e me			2e me			
Inguiniel	20	2532	—	21		1er merc.	1er me	1er me	1er me	1er me	1er me	1er me	1er me	1er me	1er me	1er me	1er me		
Quistinic	27	2461	Baud	12						E									
Pluvigner	34	5000	(gare)		mardi	2e mardi	3	2e ma.	25	6, 16	21	2e ma	2e ma	7*	F	4, 2e ma	l. p. 8		

MORBIHAN : Lorient, Ploermel, Pontivy. — NIÈVRE : Nevers.

LOCALITÉS ET DIST. DE L'ARRONDISS.	k.	Popul.	GARES ET DISTANCES.		Marchés.	FOIRES Janvier.	Fév.	Mars.	Avril.	Mai.	Juin.	Juill.	Août.	Sept.	Oct.	Nov.	Déc.	FOIRES MOBILES et OBSERVATIONS.	HOTELS & CAFÉS RECOMMANDÉS.
Camors	32	2380	Pluvigner	10	...	...	...	...	...	...	1er v.	...	...	...	...	...	...	A) veille du 2e dim.	
Landaul	27	962	Landévant	4	...	...	...	...	...	25*	...	18	...	...	...	...	...	B) 8 jours a. Cend.	
Landévant	24	1600			merc.	...	17	...	5	15	11	...	...	29*	...	25	...	C) samedi du 10e.	
Pont-Scorff	18	1730	Gestel	6	mardi	7	2e ma	2e ma	2e ma	19	23	22*	23	2e ma	2e ma	2e ma	9		
Caudan	7	7250	Hennebont	6	...	...	...	...	...	...	...	...	1er s.	...	...	...	...		
Gestel	16	452			...	...	...	...	...	l.p.1er d.	...	...	...	...	...	...	...		
Guidel	12	4356	Gestel	3	...	...	3	...	...	...	29*	...	...	...	1er l.	...	...		
Port-Louis	4	3270	Lorient	4	sam.	...	...	...	l. Qua*	...	...	...	...	...	dr l.	...	...		
Kervignac	13	2565	Hennebont	7	...	...	...	...	...	...	4	2	10*	...	...	...	...		
Plouhinec	24	3788	Landévant	11	...	...	...	...	2e l.	10	...	...	...	...	...	...	...		
Quiberon	65	2950			sam.	...	...	...	19	...	...	...	...	...	...	...	...		
Carnac	30	2870	Plouharnel	4	...	...	...	...	15	17	...	...	...	13*	...	...	...		
Plouharnel	35	1390			...	...	...	...	...	A	8	...	...	...	...	...	...		
Ploermel	..	5480			lundi	1er, 3e l. cm	3e l.	3e l.	3e l.	3e l.	3e l.*	3e l.	3e l.	3e l.	3e l.	3e l.	3e l.		
Guer	23	3575			merc.	1er merc. cm	4e me	1er me	4e me	4e me	4e me	4e me	1er me	4e me	4e me	4e me	4e me		
Augan	9	1900			vend.	...	...	...	2e ma	...	...	...	...	...	2e ma	...	...		
Beignon	18	1405	Ploermel	18	...	...	...	1er ma	...	...	...	...	...	1er ma	...	...	...		
Monteneuf	17	1380	Malestroit	16	...	...	...	...	3e ma	...	...	...	...	...	3e ma	...	...		
Josselin	12	2650	Ploermel	12	sam.	dr sam. cm	dr s.	dr s.	dr s.	dr s.	dr s.	dr s.	dr s.	dr s.	dr s.	dr s.	dr s.		
La Croix-Helléan	9	817	—	9	...	...	...	...	1er ma	1er ma	...	...	...	...	...	...	...		
Guegon	15	2975	—	15	...	...	9	...	13	11*	...	...	...	...	...	...	...		
Les Forges	21	912	—	12	...	...	...	...	dr j.	...	...	...	...	dr j.	...	...	...		
Lanouée	19	2380	—	19	...	...	...	...	2e ma	...	...	...	...	...	...	...	...		
Malestroit	16	1744	—	16	jeudi	1er lundi cm	1er l.	1er l.	1er l.	1er l.	1er l.	1er l.	1er l.	1er l.	1er l.	1er l.	1er l.		
Caro	11	1610	—	11	...	...	...	...	...	2e ma	...	...	...	...	...	...	...		
Lizio	17	1069	Roc-St-André	11	...	...	...	...	11	...	...	...	...	...	...	...	...		
Ruffiac	16	1816	Ploermel	16	vend.	...	...	29	29	...	...	...	...	...	4e l.*	...	...		
St-Nicolas du Tertre	24	640			...	...	...	15	...	...	...	...	...	...	...	...	8*		
Serent	16	2094	Roc-St-André	7	mardi	...	...	19	9	28	...	...	...	26	...	2	...		
Mauron	20	4460			vend.	1er vend. cm	1er v.	1er v.	1er v.	1er v.	1er v.	1er v.	1er v.	2e v.	1er v.	1er v.	1er v.		
Concoret	25	1130	Mauron	7	...	...	...	...	l. Pâq.	...	...	...	l.p.15*	...	...	...	...		
Rohan	32	550	St-Gérand	12	merc.	...	B	...	...	...	23	28	...	21	...	12	...		
Bréhan-Loudéac	28	2564	Loudéac	18	...	...	...	...	...	19	...	...	...	...	...	...	...		
Pleugriffet	24	1704	Pontivy	21	...	...	...	...	13	...	...	...	...	...	...	...	...		
St-Jean de Brevelay	32	2085	Vannes	22	mardi	18	...	...	ma. Qua	a. Pen.	25	2e ma	...	...	...	23	...		
Reguiny	27	1328	Pontivy	21	...	...	...	...	...	6	...	...	...	...	C	...	...		
Bignan	30	2700	Vannes	27	...	...	...	3e me	...	8	...	...	...	3e me	...	...	...		
Billio	20	605	Ploermel	20	...	...	...	4e me	...	...	...	...	...	...	...	...	...		
Plumelec	24	2990	Eleven	19	...	...	...	1er	7	...	1er*	...	...	...	...	...	...		
La Trinité-Porhoët	21	1299	Plemet	14	mardi	dr mardi cm	dr ma	dr ma	dr ma	dr ma	dr ma	dr ma	dr ma	dr ma	dr ma	dr ma	dr ma	A) veille Ram.*	
Guilliers	14	2335	Loyat	4	...	...	...	...	...	1er me	...	...	...	...	1er me	...	...	B) merc. a. Fête-D.	
Ménéac	27	3770	Loudéac	8	sam.	...	3e j.	...	3e j.	...	3e j.	...	...	...	3e j.	...	...	C) mardi p. 21e.	
Pontivy	..	9170			lundi	1er-3e lundi	3e l.	3e l.	l. St	8	19	3e l.	3e l.	8*	21	21	3e l.	D) 1er sam. a. 4e dim.	
Noyal-Pontivy	6	3290	Pontivy	6	...	...	...	3e j.f.a.	...	15	...	...	...	...	...	...	...	E) 1er samedi et 30*.	
Baud	23	1375		5	sam.	4e sam.	...	...	A	19	...	...	24*	...	23	...	...	F) 3e l. p. Pâques.	
St-Barthélemy	20	1705	St-Nicolas	6	...	...	...	...	...	...	...	...	24*	...	...	...	...		
Cléguérec	12	3580	Pontivy	12	merc.	1er merc. cm	1er me	1er me	1er me	1er me	1er me	1er me	1er me	1er me	1er me	1er me	1er me		
Malguénac	7	1800	—	7	...	...	...	...	1er me	...	...	...	...	...	...	...	...		
Neuillac	7	1872	—	7	...	1er l. et l.p.15	1er l.	1er l.	1er l.	1er l.	1er l.	1er l.	1er l.	1er l.	1er l.	1er l.	1er l.		
Séglien	11	1950	—	11	...	...	...	...	...	...	...	...	25*	...	...	25	...		
Le Faouet	43	3260			merc.	22	2e ma.f.a	2e ma.f.a	l. fas.	B	26	6, 26	d.a.22*	C	18	ma.p.14	13-31		
Guiscriff	35	3890	Bannalec	18	...	6	...	...	1er j.	...	1er j.	...	...	6	...	...	...		
Meslan	40	1912	Le Faouet	7	...	...	...	...	17	22	...	...	...	...	...	...	...		
Priziac	40	2235	—	8	...	...	...	...	ma. Pâq	...	...	...	...	...	...	...	...		
Gourin	62	4530	Quimperlé	38	lundi	...	22	...	l. Qua.	...	1er*	20	...	D	28	...	22		
Langonnet	54	3672	—	32	...	...	...	...	...	19	...	...	...	29*	...	...	...		
Plouray	40	1650	Pontivy	40	...	3e vend.	3e v.	3e v.	3e v.	3e v.	3e v.	8*	3e v.	3e v.	3e v.	3e v.	3e v.		
Rouduallec	61	1234	Bannalec	24	...	...	...	...	1er	5	16	2e j.	...	9*	17	...	...		
Le Saint	62	1780	Quimperlé	31	...	...	...	3e s.	...	13	...	...	...	...	...	...	...		
Guémené	21	1572	Pontivy	20	jeudi	...	...	...	...	...	...	11*	...	...	9	...	...		
St-Tugdual	37	1902	—	37	...	...	...	...	...	6	...	...	...	...	...	...	...		
Ploërdut	27	3820	—	26	...	1er sam.	...	...	1er s.	...	...	1er l.*	...	...	1er s.	...	...		
St-Caradec	31	1492	—	34	...	dr sam.	21	19	23	17	E	3e l.	29*	7	4	30	28		
Locminé	23	1160	Vannes	28	jeudi	2e jeudi cm	2e j.	2e j.	2e j.	2e j.	2e j.	2e j.	2e j.	2e j.	2e j.	2e j.	2e j.		
La Chapelle-Neuve	32	1093	Baud	12	...	...	...	...	F	...	...	...	...	...	...	...	...		
Naizin	15	2192	Pontivy	15	...	...	...	...	26	...	...	...	...	dr s.	...	...	...		
Pluméliau	24	1980	Baud	16	...	...	...	...	...	...	...	...	...	l.p.9*	...	...	...		
Rémungol	20	1396	St-Nicolas	11	...	...	...	...	3e ma	...	...	s.p.15*	...	...	...	3e ma	...		
NEVERS	..	26m			sam.	2e sam. cm	2e s.	2e s.	2e s.	2e s.	2e s.*	2e s.	2e s.*	2e s.	2e s.	2e s.	2e s.	A) mardi p. 3e sam.	
Imphy-les-Forges	11	2682			mardi	...	A	...	...	...	...	...	...	...	...	A	...		
Magny-Cours	12	1560	Mars	6	vend.	...	...	28	...	31	...	31	...	30*	...	11	23		
Decize	34	4990			me., v.	3e mardi cm	3e ma	3e ma	3e ma	3e ma	3e ma	3e ma	3e ma	3e ma	3e ma	3e ma	3e ma		
La Machine	32	4985	Decize	7	sam.	...	15	...	...	...	...	...	...	...	...	...	l.p.24.		
Druy-Parigny	25	640	Béard	4	...	...	...	...	...	...	11*	...	...	...	...	9	...		
St-Germ. en Viry-Chasseney	37	690	Decize	9	...	...	...	...	17	...	...	31	...	...	...	...	...		
Dornes	38	1990	Chantenay	18	merc.	1er mardi	1er ma	1er ma	1er ma	1er ma	16*	1er ma	1er ma	1er ma	1er ma	1er ma	1er ma		
Cossaye	16	1768	Decize	12	...	2	...	...	14	...	...	...	dr l.*	...	...	13	...		
Luceny-les-Aix	11	2770	—	16	jeudi	dr sam. cm	dr s.	dr s.	dr s.	dr s.	dr s.	dr s.	dr s.	dr s.	dr s.	dr s.	dr s.		

NIÈVRE : Nevers, Château-Chinon, Clamecy.

LOCALITÉS et dist. de l'arrondiss.	k.	Popul.	GARES et distances	k.	Marchés	Janvier.	Fév.	Mars.	Avril.	Mai.	Juin.	Juill.	Août.	Sept.	Oct.	Nov.	Déc.	FOIRES MOBILES et observations.	HOTELS & CAFÉS recommandés.
St-Parize en Véry	40	395	Decize	10	merc.	1r mardi	1r ma	1r ma	1r ma	1r ma	16*	1r ma	1r ma	1r ma	1r ma	1r ma	1r ma	A) merc. a. Cendres.	
Toury-Lurcy	42	982	—	13							23						2e s.	B) 1r dim. p. 14e.	
Tresnay	28	375	Chantenay	5					3										
Fours	50	1654			sam.		10	26	14	11	10		21*	25	24				
Cercy-la-Tour	48	2560			jeudi	30	28		1er	18				4	3e d.*				
Charrin	16	1088	Verneuil	8				3e l.											
La Nocle-Maulaix	55	1196	Fours	10					26		13	20*				8			
Ternant-Hiry	72	940	—	18				3						17		9			
Pougues	11	1530			jeudi		2e j.		L. Piq.			8				8			
Balleray	20	895	Guérigny	7	lundi					6									
Fourchambault	7	6100			me., v.				d.r j.				d.r l.*		d.r l.				
Guérigny	13	3145					5			4									
Nolay	22	1280	Prémery	7				14							20*	12			
Parigny	12	1045	Pougues	5											3				
Poiseux	18	730				7				7			8*		29				
St-Benin d'Azy	19	1925			lundi	31		7	15	25*		4		11		7			
Anlezy	32	810	St-Benin	8		16				29		13	22*						
La Fermeté	13	772	Imphy	7				19			L. Tri.*						29		
St-Sulpice	20	1005	Nevers	26		*10				1er				8*		2			
St-Pierre-le-Moutier	21	3100			jeudi	2e jeudi en	2e j.	2e j.	2e j.	2e j.	2e j.*	2e j.	2e j.	2e j.	2e j.	2e j.	2e j.	1r 29 juin.	
Azy-le-Vif	21	861	St-Pierre	10		30					1er*				16				
Chantenay	32	2090			mardi	4e mardi		4e ma		4e ma			1r ma		1r ma				
Livry	27	1600	St-Pierre	4						10					25				
Luthenay-Uxeloup	19	1160	Béard	5			25				25	23*		23					
St-Parize-le-Châtel	16	1738	Mars	5	merc.	25			28				23*						
St-Saulge	33	2470			vend.	22		21	9	3	14	5	12	30*					
Bona	23	1010	St-Saulge	10			18			10						11	22		
Crux-la-Ville	16	1621	—	7				8	27	27	25	31*		12		30			
Montapas	41	912	—	8				29					L. p. 16*						
St-Franchy	40	586	—	6						16									
Saxy-Bourdon	29	1015	—	6						8									
Château-Chinon		2630	—	12	lundi	2e lundi en	2e l.	2e l.	2e l.	2e l.	2e l.	2e l.	2e l.	2e l.	2e l.	2e l.	2e l.		
Arleuf	9	2832	—	20			10	17	17	13	17		2*	17	10	17	17		
Montigny-en-Morvan	12	1130	Aunay	11						22									
Montreuillon	21	1280	Epiry	6					13								10		
Poussignol	11	460	—	8					15							11			
St-Léger	8	1336	Châtillon	15											18*				
Ste-Péreuse	14	600	Tamnay-Châtillon	7						11*					25				
Châtillon en Bazois	23	2012	—	6	sam.		A	d. Pas.	24	2, 23*		14	1er	B	19	27	30		

LOCALITÉS et dist. de l'arrondiss.	k.	Popul.	GARES et distances	k.	Marchés	Janvier.	Fév.	Mars.	Avril.	Mai.	Juin.	Juill.	Août.	Sept.	Oct.	Nov.	Déc.	FOIRES MOBILES et observations.	HOTELS & CAFÉS recommandés.
Aunay	21	1300		3		20	28	28		1er*			27	28		25		A) merc. Pâques.	
Biches	32	1015	Tamn.-Chât.	13										1er*					
Montigny-s.-Canne	35	750	Cercy	10				8		3			26		l. p. 9*	10			
Tamnay	20	690											l. p. 24*						
Luzy	38	3240			merc.	merc. p. 6	22	15	18	20	25	22*	11	22	13	3	6*		
Chiddes	38	1390	Luzy	9			6									23			
Millay	33	1530				26	11										16		
Rémilly	39	795		3						21*							10		
La Roche-Milay	28	1660	Millay	6			3	7	10		l. p. Trin.			l. p. 8*		25	29		
Sémelay	32	1350	Rémilly	4			1er			5					17		20		
Montsauche	26	1508	Saulieu	26	vend.	2	24		8		7			10			12		
Alligny en Morvan	36	2330		12				13		2	2, 23*	20	20	15	16	16			
Chaumard	13	1275	Tamn.-Chât.	20						20	29*				16				
Gien-sur-Cure	23	350	Autun	35									17*						
Gouloux	33	588	Saulieu	17													6		
Moux	25	1703	—	16	merc.		26		2e l. p.*	20		15	27		5		15		
Ouroux	21	2785	Corbigny	28	merc.	12	12	15	22*	17	11		28		12	23	17		
Planchez	16	1700	Autun	34				29		5	24*			12		10			
St-Brisson	38	1030	Saulieu	13					1er				1er*	28		13			
Moulins-Engilbert	16	3480		5	mardi	1r mardi	1r ma	1r ma	1r ma	1r ma	1r ma	1r ma	1r ma	1r ma	1r l.	1r ma	1r ma		
Onlay	14	880	Panneceau	14						12									
St-Honoré-les-Bains	26	1490	Vandenesse	8	jeudi		15			15*						15			
Vandenesse	26	1360			vend.			1	L. Piq.					14*		j. a. 30			
Villapourçon	16	2795	Panneceau	18		19		5	29								15		
Clamecy		5300			sam.		6	j. a. 30		20	d.r s.			l. p. 8*	19		29		
Billy-s.-Oisy	11	1085	Corvol-l'Org.	6	dim.		11								1er				
Brèves	10	665	Asnois	3											29				
Oisy	8	750	Clamecy	8						1er*									
Trucy-l'Orgueilleux	10	500	Corvol-l'Org.	7			13												
Brinon-les-Allem.	23	530	Corvol d'Emb.	9	vend.			1er	15	15				15			1er		
Asnan	20	505	Tamnay	8			14	10	6	v. Asc.			13	4		6	16		
Champallement	29	290	Arzembouy	10			7	21	29		10		16*		d.r l.		19		
Chevannes	25	700	Corvol d'Emb.	4			25												
Corvol d'Embernard	24	400								11									
Guipy	32	760	St-Révérien	6						20					2				
Neuilly	28	600	Corvol d'Emb.	12				26											
St-Révérien	31	875			jeudi		20		L. Saint	30		10		8*	18		8		
Corbigny	30	2385			vend.	10	1er	l. a. Mi-C.	A	2, 28	30*	20	20	18	15	19	14		
Authiou	28	780	Corbigny	10						13						13			
Cervon	37	2000	—	37					1er	8	4, 20		25*	20					
Epiry	10	665		3					10										
Mhère	50	1310	Corbigny	17			25	26		17			16*						

NIÈVRE : Clamecy, Cosne. — NORD : Lille.

LOCALITÉS ET DIST. DU L'ARRONDISS.	k.	Popul.	GARES ET DISTANCES.	k.	Marchés.	Janvier.	Fév.	Mars.	Avril.	Mai.	Juin.	Juill.	Août.	Sept.	Oct.	Nov.	Déc.	FOIRES MOBILES ET OBSERVATIONS.	HOTELS & CAFÉS RECOMMANDÉS.
Lormes	35	3160	Corbigny	15	jeudi	18	A	s.a.Ram.	l. gras.	j. Pen.	25	12	12	3	1er*	3	4, 28	A) 3 et 3e s. Carême.	
Bazoches	28	786	—	20					27	18*								B) merc. Quasim.	
Brassy	46	2340	Avallon	24				25		4	20*			15	28		18	C) 1er samedi et 28.	
Dun-les-Places	54	1800	Corbigny	38					28			5				8			
Marigny-l'Eglise	43	1510	Avallon	19		30					8*			12			9		
St-Martin du Puy	34	1200	—	23				19		11			9	9		12*			
Tannay	18	1392	🚂	2	lundi	27	22	15	l. Qsq.	8	27		6*	15	15	23	26		
Amazy	10	384	Asnois	2										29*					
Metz-le-Comte	15	360	Taun.-Châtil.	5			12												
Monceaux-le-Comte	21	337	Dirol	1				j.a.Mi	18	23	21*	7	22	26	27	30			
Neuffontaines	21	680	—	8				5		3*				3			5		
Varzy	16	2040	🚂		jeudi		15		23*	l. Pen.	5		21	3e j.	dr j.		j.a.Noël		
Corvol-l'Orgueilleux	11	1610	🚂		vend.	26			2			10*			6				
Entrains	23	2130	Corvol-l'Org.	12	merc.	17	1er l. Car.	4e me	27	21	13, 24*	3e me	28	21		me. a. 11	me. a. 2		
Cosne		7790	🚂		merc.	dr merc. cm	dr me	dr me	dr me	dr me	dr me	dr me	dr me	dr me	dr me	dr me	dr me	F 29 septembre.	
Alligny-Cosne	11	2010	Cosne	11	dim.	28				1er*									
Annay	14	805	Neuvy	3					21						21				
Cours	5	910	Cosne	5						7									
Myennes	4	842	🚂							27									
Neuvy-s.-Loire	14	1634	🚂		jeudi									8		25			
Pougny	7	1030	Cosne	7										13					
La Charité-s.-Loire	28	4880	🚂		sam.	dr sam. cm	dr s.	dr s.	dr s.	dr s.	dr s.	dr s.	dr s.	dr s.	dr s.	dr s.	dr s.	F 8 septembre.	
Beaumont-la-Ferrière	14	520	Prémery	9	dim.	19		28		27	28				1er*		2		
Chasnay	36	505	La Charité	15				2											
Chaulgnes	38	1120		10						11						20			
Narcy	26	1240	Mesves	6						16									
Raveau	36	1085	La Charité	4				20											
St-Aubin-les-Forges	16	1204	Poiseux	4				F 1er	26					20					
Donzy	16	3610	🚂		sam.	22		1er s.	l. Paq.	l. Pen.	25		10*	8	C	30	26		Ht de la Poste.
Cessy-les-Bois	24	764	Cosne	24			Cendres												
Chât.-de-Val-Bargis	29	2090	Varzy	7	vend.		27		4		1er*	4	3	27	23		12		
Ciez	20	1285	Donzy	8			2									31			
Colmery	27	1400	Varzy	14			10	11			16*			4					
Couloutre	23	858	—	11			24				11	30	30*						
Menestreau	29	632	Corvol-l'Org.	12										12					
Pouilly-s.-Loire	13	2690	🚂		vend.				v. Saint		29*			16		11			
Garchy	22	1275	Mesves	6		dr vend.	dr v.			4	8		13	6	18				
Mesves	19	906	🚂						12										
St-Laurent	10	506	Pouilly	7					13		21*		F 10						
Sully-la-Tour	15	1850	Pouilly	11			5*	17		10		14*		19		17		A) lundi gras*.	
Prémery	18	2400	🚂		mardi	1er mardi	1er ma	1er ma	1er ma	1er ma	1er ma	1er ma	1er ma	1er ma	1er ma	1er ma	6*		
Arbouse	33	330	Prémery	12				21											
Arthel	48	392	Arzembourg	2					11										
Champlemy	39	1350	Corv. d'Emb.	1		25	28	s.a. Pâq.		6	21	29*	26	21		2	20		
Dompierre-s.-Nièvre	36	742	Prémery	11						12					26				
Lurcy-le-Bourg	51	1010		4		17					20			14*	30				
Moussy	57	585	—	11				16											
St-Amand-Puisaye	19	2450	🚂		lundi	l. p. le 6	A		l. Saint	18	13		1er l.*	14		1er l.	4		
Arquian	16	1604	St-Amand	5	merc.	15		4		11*		10			22				
Bitry	16	840	—	6					21										
Bouhy	21	1850	Cosne	21	dim.		17	30		10*		15			7	20			
Dampierre-s.-Bouhy	21	1515	St-Amand	3			20							4*					
St-Verain	14	1060	Myennes	9			4								20				
LILLE		202k.	🚂		me., s.							F 11	26*					A) Kermesse 2e d.*	
La Madeleine-lez-Lille	2	8800	🚂		j., d.					A		A						B) Kermesse 3e d.*	
Marquette-Lille	1	1280	Madeleine	2							1er d.							C) ma., j., s. marché franc.	
Wambrechies	6	4050	🚂	1	vend.													D) mardi p. Asc.*	
Armentières	16	[illegible]	🚂		l. v.				2e l.	1er d.		2e l.	d. 22 s	2e l.		1er l.		E) Kermesse 2e d.*	
Bois-Grenier	16	1230	Armentières	5								F 2e d.*							
Frelinghien	13	2400	Houplines	2						15									
Houplines	16	8550	🚂		d., j.						d. d.*			3e d.*					
La Bassée	24	3500	🚂		C	20	2e ma	2e ma	20	2e ma	2e ma	20	2e ma	2e ma	20	2e ma	2e ma		
Fournes-Weppes	15	1810	Wavrin	4	vend.														
Herlies	17	1060	Marquillies	4									d. d.*						
Sainghin	18	2575	🚂								d.p.22*								
Cysoing	15	3160	🚂		mardi					D				3e d.*					
Bourghelles	17	1300	Cysoing	3										2e d.*					
Péronne-en-M.	18	656	Fretin	1						E				d. Tri.*					
Templeuve	19	3000	🚂		ma., s.						21*				8				
Haubourdin	7	6910	🚂	1	ma., v.							3e d.*							
Lannoy	12	1904	🚂		ma., s.										2e d.*				
Annappes	6	2650	🚂									2e d.*							
Chéreng	11	1386	Baisieux	3						Pnt.*				1er d.*					
Hem	10	3725	🚂								d.p.29*			3e d.*					
Leers	16	3400	Lannoy	4					dr d.						1er d.*				
Lys-lez-Lannoy	13	3885	🚂								d. p. 18				d.p.18*				
Willems	13	2160	Baisieux	2	vend.														
Pont-à-Marcq	14	815	Templeuve	5	vend.														

NORD : Lille, Avesnes, Cambrai, Douai.

Localités et dist. de l'arrondiss.	k.	Popul.	Gares et distances	k.	Marchés	Janvier	Fév.	Mars	Avril	Mai	Juin	Juill.	Août	Sept.	Oct.	Nov.	Déc.	Foires mobiles et observations	Hotels & cafés recommandés
Attiches	15	850	Seclin	4														A) 3e dim. p. 15*. B) 2e dim. p. 29. C) 2e dim. 3 jours. D) dim. du 11*.	
Monchaux	23	1054	Leforest	4						d. Asc.			A	1er d.*					
Mons en Pévèle	18	2080	Carvin	6	jeudi	3e jeudi cu	3e j.	3e j.	3e j.	3e j.	3e j.	3e j.	3e j.	3e j.	3e j.	3e j.	3e j.		
Laneuville	17	384	Libercourt	7			1er d.							3e d.*					
Phalempin	15	1135																	
Thumeries	13	1000	Libercourt	4								1er d.*			1er d.*				
Quesnoy-s.-Deule	10	5030			d., j.							3e d.*		3e d.					
Comines	18	6990			l., j.					Pente.*					1er d.*				
Wervicq	18	2518	Comines	4	vend.						B								
Roubaix	11	115...			mardi	1er mardi	1er ma	1er ma	Quas.	1er ma	1er ma	1er ma	d.a.15* 1er ma	1er d.*	1er ma	1er ma	1er ma		
Wattrelos	15	1710	Roubaix	2	dim.						3e d.*			C					
Croix	8	9500		1	[illegible]					Pente.*				2e d.*					
Seclin	11	5800			lundi	3e lundi cu	3e l.	3e l.	3e l.	3e l.	3e l.	3e l.	3e l.	3e l.	3e l.	3e l.	3e l.		
Annoeullin	18	4490	Don	3	mardi							d.p.j.*				D			
Camphin	17	910	Phalempin	2															
Herrin	16	445	Seclin	6										1er d.*					
Tourcoing	14	65000			l., j., s.									3e d.*					
Bousbecque	10	2415	Halluin	4				1er j			1er j.	4e d.*		1er j.			1er j.		
Halluin	17	15000											4e d.*						
Linselles	13	4600	Roncq	5	sam.											d.p.11*			
Neuville en Férain	18	1404	Tourcoing	5	vend.														
Bondues	7	3210	Madeleine	5	dim.							d.p.16*							
Roncq	13	6107									d.a.24*			1er d.*					
Mouvaux	10	3680	Roubaix	2						Pent. = d. Asc.					1er d.				
Avesnes		6085			l., me., s.	8	8	8	8	8	8	8	1er d.*	4e d. 8	8	8	8		
Cartignies	7	1822	Avesnes	7	merc.			1er me	1er me						1er me	1er me			
Etroeungt	7	2670	—	7	jeudi							*1er d.				12*			
Sains du Nord	7	4045			jeudi														
Bavay	23	1850			ma., v.	9	9	1er i.Car	9	9	9	9	9	9	9	9			
Houdain	20	1010	Bavay	2								4*		1er d.*		11			
Berlaimont	11	3092			jeudi	4e jeudi cu	4e j.	4e j.	4e j.	4e j.	4e j.	4e j.	4e j.	4e j.	4e j.	4e j.	4e j.		
Landrecies	19	4200			l., j., s.			mi-Car.							18*				
Aulnoye	12	1400			merc.														
Bousies	24	3195			vend.														
Maroilles	12	1950	Landrecies	7	mardi	1er lundi cu	1er l.	1er l.	1er l.	1er l.	1er l.	1er l.	1er l.	1er l.	1er l.	1er l.	1er l.		
Prisches	15	1391	—	9	lundi					2				3e l.*		26			
Maubeuge	18	1800			quot.	18	18	18	18	18	18	18 14*	18	3e d.*	18	18	18		
Boussois	19	632	Glemmont	4							3e d.*								
Ferrière-la-Grande	18	3950			jeudi														
Hautmont	18	9300			mardi	1er ma. cu	1er ma	1er ma	1er ma	1er ma	1er ma	1er ma	1er ma	1er ma	1er ma	1er ma	1er ma	A) dim. plus près du 17*. B) dim. plus près du 29*.	
Jeumont	30	3020			jeudi	17 cu	17	17	17	17	17	17	17	17	17	17	17		
Louvroil	16	3174																	
Marpent	26	1158			me., s.						Trin.*								
Le Quesnoy	31	4038			vend.	1er vend.	1er v.	1er v.	1er v.	1er v.	1er v.	1er v.	1er v.	1er v.	25*	1er v.	1er v.		
Englefontaine	26	1920	Salesches	3					d.p.25*				d.p.25*						
Preux	31	415	Commegnies	2								2e d.*			2e d.*				
Gommegnies	25	3520			jeudi	15 cu	15	15	15	15	15	15	15	15	15	15	15		
Solre-le-Château	16	2670			vend.	1er vend.	1er v.	1er	1er v.	1er v.	1er v.	1er v.	1er v.	1er v.	1er*	1er v.	1er v.		
Cousolre	20	3320			merc.	18 cu	18	18	18	18	18	18	18	18	18	18	18		
Sars-Poteries	10	2365			l., j.														
Trélon	16	3050		1	lundi	1er lundi cu	1er l.	1er l.	1er l.	1er l.	1er l.	1er l.	1er l.	1er l.	1er l.	1er l.	1er l.		
Anor	23	1890			vend.	1er lundi cu	1er l.	1er l.	1er l.	1er l.	1er l.	1er l.	1er l.	1er l.	1er l.	1er l.	1er l.		
Fourmies	16	15000			me., s							22							
Ohain	18	1381	Fourmies	4		2e et 4e j.	ch. j.	ch. j.	ch. j.	2e, 4e j.	2e, 4e j.	2e, 4e j.	2e, 4e j.	2e, 4e j.	2e, 4e j.	2e, 4e j.	2e, 4e j.		
Wignehies	16	5705			mardi	dr ma. cu	dr ma	dr ma	dr ma	dr ma	dr ma	dr ma	dr ma	dr ma	dr ma	dr ma	dr ma		
Cambrai		25000				24	24	24	24	24	24*	24	24	24	24	1er* 24	24		
Iwuy	9	3890				1er j. cu	1er j.	1er j.	1er j.	1er j.	1er j.	1er j.	1er j.	1er j.	1er j.	1er j.	1er j.		
Avesnes-les-Aubert	13	1325			vend.										1er l.*				
Beauvois	11	3300	St-Aubert	5	jeudi														
Quiévy	14	3200	Beauvois	1	merc.														
Fontaine-au-Pire	18	2154			sam.					1er d.*				3e d.*					
Le Cateau	25	10800			ma., s.	22 cu	22	22	22	22	22	22*	22	22	22	22	22		
Catillon	31	2150			merc.	10 cu	10	10	10	10	10	10	10*	10	10	10	10		
Clary	24	2560			sam.	6		6		6		6		6*		6			
Bertry	23	3000		1	sam.														
Busigny	27	3083			sam.														
Caudry	13	5330			ma., v.	26			26			26*			26				
Elincourt	20	1759	Busigny	6						2e l.*									
Esnes	11	1592	Catteniéres	3						23						23			
Maretz	24	3130	Busigny	2	vend.			1er			1er			1er*			1er		
Walincourt	15	2510			vend.			12			12*			12			12		
Crèvecœur	8	2570									25*								
Gouzeaucourt	17	2110				8 cu	8	8	8	8	8	8	8	8*	8	8	8		
Honnecourt	17	1820	Gouzeaucourt	6					22			22							
Masnières	7	1985			vend.													* Pentecôte.	
Solesmes	20	6100			sam.	1er merc. cu	1er me	1er me	1er me	1er me	1er me	1er me	1er me	1er me	1er me	1er me	1er me		
Saulzoir	18	2280				21 cu	21	21	21	21	21	21	21	21*	21	21	21		
Douai		30000			sam.	22	22	22	22	22	1er* 22	22	1er* 22	22	1er* 22	22	22		
Auby	5	2410								A				3e d.*					
Flines-les-Raches	12	1625												B					
Aniche	13	6300			vend.														

NORD : Douai, Dunkerque, Hazebrouck, Valenciennes.

LOCALITÉS et dist. de l'arrondiss.	K.	Popul.	GARES et distances.	K.	Marchés.	Janvier.	Fév.	Mars.	Avril.	Mai.	Juin.	Juill.	Août.	Sept.	Oct.	Nov.	Déc.
Lallaing	8	2030	Montigny	4													
Sin-le-Noble	3	5038	🚂								A						
Dechy	4	2030	Douai	4										B			
Flers-Echebrieux	4	1025	🚂		l. v.												
Lewarde	7	1300	Montigny	8										C			
Lauwin	4	693	Pont-la-Deule	1										3e d.*			
Raimbeaucourt	10	2330	Raches	3							D			2e d.*			
Roost-Warendin	8	2000	🚂											d. p. 8*		d. p. 11	
Aubercicourt	12	2811	Aniche	1										2e d.			
Waziers	3	2885	Douai	3							d. p. 6*			1re d.*			
Brunemont	13	444	Arleux	2										8*			
Bugnicourt	10	770	—	4						E					d. p. 9*		
L'Ecluse	12	1810	—	6							F			2e d.*			
Féchain	17	1372	Aubigny	5										d. p. 8*			
Marchiennes	20	3300	🚂		me., s.					G							
Fenain	16	2685	🚂		mardi					H					1re d.*		
Hornaing	20	1300	🚂								I				J		
Pecquencourt	12	1325	Montigny	3	merc.												
Bouvignies	13	1374	Marchienne	15					l. Pâq.*								
Somain-Ostrevent	17	5600	🚂		jeudi										1re d.*		
Rieulay	20	436	Somain	4								2	dr d.*				
Orchies	17	3760	🚂		lundi	1er et 3e l.	1e, 3e l.	1e, 3e l.	1e, 3e l.	1e, 3e l.	l. Trin*	1e, 3e l.	1e, 3e l.	d. p. 8*	1e, 3e l.	1e, 3e l.	1e, 3e l.
Vred	20	1681	Marchienne	4										9*			
Aix	20	934	Orchies	3											K		
Coutiches	12	1960	🚂								L			1re d.*			
Landas	22	2165	🚂									M	N				
Saméon	26	1460	Rosult	2										dr d.*			
Dunkerque		[illegible]	🚂		me., s.	1er					24*						
Rosendael	2	7080	🚂		dim.								dr d.*		2e d.*		
St-Pol-lez-Dunkerque	2	5204	Dunkerque	2				j. du 31					1re d.*				
Bergues	9	5390	🚂		lundi				O		l. Trin*	j. du 16			l. p. 8*	P	
Armbouts	9	1160	Bergues	6	dim.												
Pitgam	18	1565	—	10	dim.												
Bourbourg	18	2400	🚂		mardi	1er et 3e ma.	Q	R	R	R	23*	1e, 3e ma	1e, 3e ma	l. p. 3e d.	1e, 3e ma.	1e, 3e ma	1e, 3e ma
Holque	27	548	Watten	4							d. a. 24*						
Brouckerque	14	984	Bourbourg	7	dim.												
Capelle-Brouck	23	1150	St-Pierre-Br.	2	dim.												
Looberghe	18	1401	Bourbourg	8	dim.												
Watten	29	1766	🚂	1	v., d.								1re d.	1re d.			

FOIRES MOBILES et OBSERVATIONS.

A) dim. du 24*.
B) dim. a. Q.-T.
C) dim. du 8*.
D) dim. p. 28*.
E) dim. p. Asc.
F) dim. p. 24*.
G) dim. Fête-Dieu*.
H) dim. du 9*.
I) dim. du 24*.
J) dim. du 14*.
K) dim. a. 28.
L) dim. octave F.-D.
M) dim. p. 15*.
N) dim. p. 29*.
O) Ram., l. Quas.
P) lundi p. 2 et j. plus près du 15.
Q) ma. a. dim. gras.
R) chaque mardi.

HOTELS & CAFÉS RECOMMANDÉS.

LOCALITÉS et dist. de l'arrondiss.	K.	Popul.	GARES et distances.	K.	Marchés.	Janvier.	Fév.	Mars.	Avril.	Mai.	Juin.	Juill.	Août.	Sept.	Oct.	Nov.	Déc.
Gravelines	20	5950	🚂		vend.								15*				
Hondschoote	20	3175	Bergues	13	vend.				1re v.	A		2e d.*			1re v.	1re v.	
Bray-Dunes	13	1100	🚂											B			
Ghyvelde	12	1312	Bray-Dunes	2	jeudi												
Rexpoede	17	1860	Bergues	6	d., j.												
Warhem	15	2284	—	5	dim.						dr d.*						
Wormhoudt	19	3650	Esquelbecq	8	merc.			15	15	C	D			me. p. 8	15		15
Bollezeele	25	1800	—	6	merc.												
Esquelbecq	18	1855	🚂	1	v., d.												
Herzeele	24	1650	Esquelbecq	8	dim.								15*				
Zeggers-Cappel	20	1612	—	3	vend.												
Hazebrouck		[illegible]	🚂		lundi	l. p. 1re me.	»	»	3e l.	»	2e l.*	»	»	»	»	»	»
Caestre	7	1638	🚂		v., d.				dr me								E
Renescure	12	2025	Ebblinghem	3	dim.				ae. Sain			19		4e d.*			
Morbecque	3	3550	Steenbecque	1	dim.					2							
Steenbecque	7	1915	🚂		j., s.					j. a13*							
Bailleul	17	13[illegible]	🚂		ma., v.				dr ma		Trin.*			2e ma			
Steenwerck	17	4018	🚂		vend.				3e v.			1re					12
Fletre	10	1027	Bailleul	7										4e d.			
Vieux-Berquin	11	3220	Strazeele	2	dim.				3e s.							3e s.	
Cassel	13	3875	🚂		jeudi	1re et 3e j.	1e, 3e j.	1e, 3e j.	j. Saint		F		1re j.	G	dr j.	dr j.	
Rubrouck	25	1335	Arnèke	5	vend.												
Arnèke	19	1483	🚂	1						1re							
Merville	12	7230	🚂		merc.	2e merc.	2e me	2e me	2e me	2e me	2e me	24*	2e me	2e me	2e me	2e me	24
Estaires	20	6734	La Gorgue	1	jeudi						20*	4e j.					15
La Gorgue	18	3835	🚂	1						1e me							
Steenvoorde	11	4220	Hazebrouck	11	sam.				1re s.	1re s.			1re s.	1re s.	11	11	
Houtkerque	21	1282	Esquelbecq	15	merc.												
Winnezeele	15	1470	Hazebrouck	15	vend.												
Valenciennes		28[illegible]	🚂		me., s.	20	20	20	20	20	20	20	20	15*	20	20	20
Curgies	6	1145	🚂		mardi												
Bellaing	9	423	Wallers	3									1e d.*				
Onnaing	6	4275	🚂		vend.					3e d.*			dr d.				
Sebourg	9	1830	Curgies	5							Trin.*			d. p. 8*			
Anzin	2	1010	🚂		ma., v.					Pent.*			4e d.*				
Aulnoy-lez-Valenciennes	4	2012	Valenciennes	4							3e d.*			8*			
Bruay	5	4750	🚂		dim.						H			1re d.*			
Petite-Forêt	4	1210	St-Vaast	2							5						
Wallers	12	3780	🚂		dim.				I					1re d.*			
Hérin	7	2550	🚂									J			K		
Maing	7	2245	🚂							2e d.*			L				
Trith-St-Léger	3	3287	🚂		ma., v.												

A) 1re v. et v. p. Pent.
B) 4e dim., fête.
C) merc. a. Pent.
D) merc. p. 24*.
E) vend. p. 1er.
F) j. Fête-Dieu*.
G) j. p. 3e dim.
H) dim. du 24*.
I) 3e dim. p. Pâq*.
J) dim. p. 10*.
K) dim. du 8*.
L) dim. a. 15*.

NORD : Valenciennes. — OISE : Beauvais, Clermont, Compiègne, Senlis.

Localités et dist. de l'arrondiss.	K.	Popul.	Gares et distances	K.	Marchés	Janvier	Fév.	Mars	Avril	Mai	Juin	Juil.	Août	Sept.	Oct.	Nov.	Déc.	Foires mobiles et observations	Hôtels & cafés recommandés
Bouchain	19	1765	(gare)		vend.	1er vend. em	1er v.	1er v.	1er v.	1er v.	1er v.	1er v.	1er v.	1er v.	1er v.	1er v.	1er v.	A) 2e dim. Pâques*. B) dim. du 29*.	
Abscon	18	3000	(gare)		merc.														
Denain	11	1710	(gare)		j. s.														
Escaudain	15	3635	(gare)		vend.														
Haspres	14	2980	(gare)		vend.					Ascen*				3e d.*					
Helesmes	15	1335	Escaudain	3										4e d.*					
Lieu-St-Amand	18	830	Bouchain	1										d. du 8*					
Lourches	15	1850	(gare)											2e d.*					
Marquette	22	2475	Bouchain	6															
Wasnes-au-Bac	25	780	Lourches	1						1er d.*				3e d.*					
Condé-s.-l'Escaut	12	6020	(gare)		me. s.										1er d.*				
Brillon	20	600	Rosult	1					A					d. du 15*					
Escaupont	9	1381	(gare)								3e d.*				1er d.*				
Fresnes	10	3040	(gare)		ma. v.								1er d.*	3e d.*					
Vieux-Condé	16	6360	(gare)																
St-Amand	13	12[illegible]	(gare)		vend.	1er vend.	1er v.	1er v.	1er v.	Pent*	1er v.	1er v.	1er v.	1er v.	1er v.	1er v.	1er v.		
Flines-lez-Mortagne	23	1025	Maulde-Mortagne	2															
Hasnon	12	3600	St-Amand	5							B								
Raismes	5	5550	(gare)							9*			29						
Lecelles	16	3175	(gare)										14*	11					
Rosult	19	1290	(gare)											3e d.*					
Château-l'Abbaye	28	761	Maulde	3								d. du 7*							
Rumegies	29	1624	Lecelles	3															
BEAUVAIS		19011	(gare)		sam.	1er, 3e sam.	1er,3e s.	1er,3e s.	1er,3e s.	1er,3e s.	29*	1er,3e s.	*15*	1er,3e s.	1er,3e s.	1er,3e s.	1er,3e s.		
Allonne	4	1000	Beauvais	4	sam.	1er sam. em	1er s.	1er s.	1er s.	1er s.	1er s.	1er s.	1er s.	1er s.	1er s.	1er s.	1er s.		
Auneuil	12	1438	(gare)											18*					
Chaumont en Vexin	24	1375	(gare)		jeudi					12*							6		
Serifontaine	28	1365	(gare)		vend.										2e d.*				
Abancourt	40	585	(gare)													11*			
Campeaux	38	624	Formerie	8	merc.		Cendres												
Romescamps	42	620	(gare)												1er d.*				
Grandvilliers	30	1710	(gare)		lundi	dr lundi em	dr l.	dr l.	dr l.	dr l.	dr l.	dr l.	dr l.	dr l.	dr l.	dr l.	dr l.		
Sarcus	38	512	Feuquières	4										21*					
Marseille-le-Petit	19	788	(gare)		vend.	25									18, 28	30	21		
Méru	26	1345	(gare)		vend.				v. Saint						16				
Bresles	13	2130	(gare)		jeudi					dr j.						3e j.			
Noailles	15	1468	(gare)		lundi									l. p. 8*		11		A) merc. a. Ram. B) mardi p. 18*. C) courses chevaux.	
Ste-Geneviève	18	1625	(gare)		dim.	*8		d. l. far.											
Mouchy-le-Châtel	19	168	(gare)												dr ma				
Songeons	24	1150	(gare)		jeudi											25			
Gerberoy	24	268	Marseille-le-Petit	10										29*					
Clermont-Oise		5530	(gare)		sam.		m. p. 2					*2e d.	10			30			
Bulles	11	890	(gare)		vend.				v. Saint										
Neuville en Hez	7	615	(gare)		mardi									21*					
Breteuil	32	3150	(gare)		merc.		3		L. Saint	ma. Pen.		22*		24		25			
Ansauvillers	22	915	Gannes	5	lundi				l. Pâq.						dr l.				
Crèvecœur-le-Grand	36	2330	(gare)		jeudi					3				29*		11			
Froissy	29	640	Breteuil	10	vend.				dr v.							1er v.			
Hardivillers	34	842	—	6												ss. p. 2			
Liancourt	8	4350	(gare)		merc.			A				n. e. p. 4*				12*			
Catenoy	8	540	(gare)											21*					
Sacy-le-Grand	12	810	Catenoy	4	mardi									n. e. p. 4*					
Maignelay	24	780	(gare)		merc.					1re					1er				
Tricot	30	960	Maignelay	5						l. du 9*						d. du 23			
Mouy	10	3265	(gare)	1	sam.				3. p. 22						1er j.				
Bury	8	2136	Mouy	1	dim.														
St-Just-en-Chaussée	16	2505	(gare)		mardi				Ras.*						18*				
Neuville Roi	20	838	(gare)		jeudi			j. a. Ram.								1er j.			
Compiègne		14411	(gare)		sam.	15 [illegible]	15	15	15	15	15	15	15	15	15	15	15		
Attichy	18	810	(gare)		sam.										28				
Pierrefonds	14	1738	(gare)		vend.										1er v.				
Tracy-le-Mont	18	1610	Ribécourt	8	dim.				v. Saint										
Estrées-St-Denis	15	1500	(gare)		mardi				22						20			F 9 octobre.	
Chevrières	16	870	Longueil	3						3					30				
Grand-Fresnoy	16	955	(gare)	3	jeudi						13 juin*					26			
Elincourt	15	865	Ressons	7	2e ma.*											25			
Noyon	34	6250	(gare)		1er sa.*									8*					
Cuts	27	918	Noyon	9												11*			
Ressons-s.-Matz	16	915	(gare)		vend.			10									6		
Gournay-s.-Aronde	16	791	Estrées-St-Denis	7						1re Pen.			24*						
Margny-s.-Matz	18	275	Thourotte	10							d. p. 11				B				
Monchy-Humières	8	668	Villers	3												11			
Senlis		6900	(gare)		mardi	2e mardi	2e ma	2e ma	25*	2e ma	2e ma	2e ma	2e ma	2e ma	2e ma	2e ma	2e ma		
Acy-en-Multien	31	734	Nanteuil	13	jeudi					1er j.					1er j.				
Creil	11	7389	(gare)		lundi	2e lundi	2e l.	2e l.	2e l.	2e d.	l. p. 8*	2e l.	2e l.	2e j.	2e l.	2	2e l.		
Chantilly	8	3015	(gare)		me. s.					C				18	C				
Mello	18	507	(gare)		vend.							22*							
Montataire	12	5300	(gare)		jeudi								*15						

OISE : Senlis. — ORNE : Alençon, Argentan, Domfront, Mortagne.

LOCALITÉS et dist. de l'arrondiss.	k.	Popul.	GARES et distances	k.	Marchés.	Janvier.	Fév.	Mars.	Avril.	Mai.	Juin.	Juill.	Août.	Sept.	Oct.	Nov.	Déc.	FOIRES MOBILES et OBSERVATIONS.	HOTELS & CAFÉS RECOMMANDÉS.
St-Leu d'Esserent	12	1558	🚂											1er*				A) merc. Pent.*.	
Crépy	21	3630	🚂		me. s.			2e l. Car								3			
Nanteuil le Haudouin	19	1510	🚂		vend.							8*			22				
Plessis-Belleville	18	325	🚂						Pâq.*		24*					25			
Neuilly-en-Thelle	28	1736	🚂		lundi				l. p. 22						l. p. 9*				
Chambly	27	1530	🚂		l. me.		1er l. Car							l. p. 8*					
Pont-Ste-Maxence	12	2340	🚂		vend.	dr vend.	dr v.	dr v.	dr v.	A	dr v.	dr v.	dr v.	dr v.	dr v.	20	dr v.		
ALENÇON		17100	🚂		jeudi		3*	2e l. Car	j. Quas.	j. a. Pen.			1er*	1er j.		2e j.		A) 2e et dr lundi.	
La Roche-Mabille	13	1045	St-Denis-s.-Sart.	4	mardi							1er ma						B) 3e ma. et Pent.	
St-Denis-s.-Sarthon	10	1084	🚂		mardi										dr ma			C) ma. a. ma. gras.	
Carrouges	30	940	Lacelle	11	merc.	20	l. gras	17		4	18	20	29*		1er me	10	1er	D) veille Ram., ve. Pâq.	
Ciral	18	1072	—	2					2e v.		dr l.						A	E) j. a. jeudi gras.	
Joué du Bois	36	1120	La Ferté-Macé	10	dim.													F) Marché aux bestiaux tous les mercredis.	
Courtomer	35	1190	Merlerault	17	vend.	13			v. Saint				1er v.	2e v.					
Mesles-s.-Sarthe	21	780	🚂		merc.	1er merc.			1er me			1er me			1er me.*			G) j. a. jeudi gras.	
Essay	17	772	Neuilly-Bisson	6	dim.				l. Pâq.*									H) j. octave F.-D.	
Sées	21	4890	🚂		sam.	2e sam.	Cendres		j. Saint	B		s. p. 22*	24	2e s.	2e s.	11	13		
Argentan		6320	🚂		sa.*, v.	22*	C		l. Quas.	l. Pent.		2e ma	l. a. p. 25			3			
Briouze	28	1693	🚂		lundi*	1er lundi	l. Sept.	1er s. Car	D		l. Trin.	1er l.	l. a. 15*		l. a. 9	l. a. 25	l. a. 25		
Ecouché	8	1400	🚂		vend.		3*		v. a Ram	v. a. Asc.				9*	v. a. 4	v. a. 23			
Boucé	12	1040	Ecouché	8	dim.	9			l. Pâq.*					18					
Rânes	19	1700	—	10	sam.	4*	2			7									
Exmes	17	563	Nonant-Pin	8	dim.			l. Ras.				2e j.	dr l.						
Pin-au-Haras	11	458	—	7											9*				
La Ferté-Fresnel	45	525	🚂		jeudi						24*					30			
Glos-la-Ferrière	48	780	Laigle	11	sam.				1er s.					dr s.					
Gacé	27	1760	🚂		sam.	7		22	15	15	30	27		14*					
Merlerault	28	1253	🚂		lundi				l. p. 21*						1er-3e s.		1er v.*		
Echauffour	35	1515	🚂		dim.														
Nonant	21	760	🚂		vend.									18, 22					
Planches	33	495	Ste-Gauburge	5										8*					
Mortrée	15	1218	Almenêches	6	jeudi	17	E		j. p. 25	2e j.				19		1er j.			
Almenêches	12	805	🚂		dim.							F	F	F	F	F	F		
Putanges	19	620	Yvetaux	7	jeudi		G	2e j.	3e j.		H	dr j.			1er j.		j. a. 25*		Hl de France.
La Forêt-Auvray	36	637	Mesnil	7	vend.		2e v.	2e v.	2e v.	2e v.	2e v.				2e v.		1er ma		
Pont-Ecrépin	19	540	Yvetaux	8	jeudi				16										
Rabodanges	22	435	Mesnil	7				22	29						18			A) 1er l. et 1er j. Carême.	
Rosnay	11	358	Montabard	3												8		B) 3e l. Quasimodo.	
Trun	13	1820	Fresné	12	jeudi*		j. gras	3e j.		1er j.	2e j.			3e j.	3e j.		4e j.	C) l. p. l'Angevine.	
Chambois	12	750	Argentan	12	dim.											ma. p. 11		D) mardi a. Mi-Car.	
Vimoutiers	28	3800	🚂		L. v.*				sa. Pâq.		l. Trin.*			1er l.			l. p. 25	E) 2e mardi et dr mardi.	
Pontchardon	34	444	Vimoutiers	2					21							21*		F) 2e et 3e dim.	
Le Sap	38	1325	Ticheville	6	mardi				ma. St							2e		G) 1er et dr merc.	
Domfront		5080	🚂		sam.	2e lundi	A	l. Saint	B	l. Asc.	l. p. 24*		1er l.	C	1er l.	l. p. 1er	2e l.	H) mardi a. Mi. Gr.	
Ceaucé	12	3015	🚂		jeudi			j. a. Pâs	23		j. Fête-D			21*				I) mardi p. Q.-T.	
Champsecret	9	2740	🚂	7	vend.				l. Pâq.				26*					J) sam. du 29*.	
Lonlay-l'Abbaye	9	2845	Domfront	7	merc.			D		1er ma	3e ma	3e ma	29	29*	14		6	K) 1er l. et l. Quasimodo.	
St-Bomer	8	1560	🚂	4								3e l.						L) veille Pentec.*	
Athis	20	3720	Flers	10	sam.		s. a. 2			1er s.			dr s.		s. a. 9*		s. a. 25	M) sam. du 14*.	
La Carneille	26	1312	—	12	mardi					l. Fête.			E		ma. a. 9		ma. a. 25	N) jeudi a. Pentec.	
Durcet	28	555	Briouze	10										dr s.*					
Mesnil-Hubert	20	1015	🚂						v. Saint					F					
St-Pierre du Regard	32	2030	Condé (Calv.)	1	vend.						29								
Les Tourailles	32	260	Briouze	8												d. a. 11			
La Ferté-Macé	22	8000	🚂		j. d.	1er jeudi	1er j.	Mi-Car.	1er j.	1er j.	1er j.	1er j.	1er j.	22*	20	1er j.	j. a. 25		
Couterne	10	1835	🚂		lundi	3e lundi	l. gras		18		30*		25		3e l.				
Flers	20	1410	🚂		me.*				me. p. 25		me. a. 11		G		me. a. 9	1er me			
Caligny	30	113	🚂	4									18						
Cerisy-Belle-Etoile	25	1110	Flers	7	vend.				v. Saint	l. Pent.*				16					
Montilly	28	1113	Condé	4											9				
Juvigny	11	1358	🚂		mardi			dr ma						29*					
Messei-St-Gervais	18	1530	🚂		sam.					1er s.						dr s.			
Bellou en Houlme	20	2210	Briouze	6	vend.														
Passais-la-Conc.	12	1615	Torchamps	7	mardi		H							I					
Mantilly	16	1970	—	14	vend.									J					
St-Fraimbault	14	2275	Ceaucé	4	vend.			v. p. Mi-C.				2*			9		1er		
St-Siméon	19	1112	—	8			17				24*								
Tinchebray	25	4800	🚂		lundi	1er lundi	1er l.	1er l.	K	9	11	22*	11		18*	9	1er l.		
Chanu	17	2430	Flers	11	sam.	1er sam.			1er s.		1er s.	1er s.		dr s.		3e s.			
Larchamp	18	346	—	10						L									
Montsecret	21	1022	🚂	1		22								10					
St-Cornier	17	1960	Flers	14										M					
Mortagne		4150	🚂		sam.			1er s. Car		1er s.	s. p. 23*	s. p. 21	dr s.*						
Loisail	4	322	Mortagne	4	sam.			Mi-Car.											
Mauves-s.-Huine	10	1010	🚂	5											l. a. 28		1er*		
Réveillon	6	780	Mortagne	6	dim.							2e d.*					1er		
Bazoches-s.-Hoëne	8	1100	Menière	5	mardi														
Bellême	17	2832	🚂		jeudi		j. gras	Mi-Car.		N			10		28				

ORNE : Mortagne. — PAS-DE-CALAIS : Arras, Béthune.

LOCALITÉS et dist. de l'arrondiss.	k.	Popul.	GARES et distances.	k.	Marchés.	Janvier.	Fév.	Mars.	Avril.	Mai.	Juin.	Juill.	Août.	Sept.	Oct.	Nov.	Déc.	FOIRES MOBILES et OBSERVATIONS.	HÔTELS & CAFÉS RECOMMANDÉS.
St-Martin-Bellême	17	1030	Bellême	2	....							4*				*11		A) j. Fête-Dieu.* B) 2e v. Carême. C) lundi p. dr dim.*	
Laigle	30	5300	🚂		mardi		21	1r ma	[illegible]			2e ma		1r v.		12	15		
Longny	18	2108	Boissis-Maures	12	mardi		j. gras	dr ma		1r	1r ma			21*	j. d. 25	2e ma	21		
Moulins-la-Marche	16	1080	🚂		jeudi		2e me	j. M.-Car.			A								
Nocé	29	1116	Boissy-Maug.	8	merc.									1r me					
Verrières	25	888	Rémalard	4	....								dr d.*						
Pervenchères	15	860	Mesle-s.-Sarth.	11	mardi										3e ma				
St-Julien-s.-Sarthe	15	1080	—	4	....	25*													
Rémalard	25	1724	🚂		lundi	dr lundi		1r l.	l. Pâq.	l. Pent.				dr d.*		3e l.			
Bretoncelles	30	1770	🚂		jeudi												19		
Le Theil	35	1080	🚂		merc.				dr me					1r me					
Céton	32	3015	Le Theil	7	....														
Tourouvre	12	1833	🚂		vend.			B					C						
ARRAS		25m	🚂		me., s.	2e sam. 1r jeudi 1r merc. ch.	2e s. 1r j. 1r me	2e s. 1r j. 1r me	10* 1r j. 1r me	2e s. 1r j. 1r me	2e s. 1r j. 1r me	2e s. 1r j. 1r me	2e s. 1r j. 1r me	2e s. [illegible] 1r me	2e s. 1r j. 1r me	2e s. 1r j. 1r me	2e s. 1r j. 1r me	Fr dim. p. 20 juin.	
Bapaume	22	3340	🚂		vend.														
Bertincourt	33	1588	🚂	2	....														
Hermies	29	2020	🚂																
Oisy-le-Verger	27	2176	Arleux	5	lundi					12						12			
Pas	28	815	🚂	4	mardi														
Avion	15	2785	Lens	2	....							*6							
Méricourt	13	985	—	4	vend.						Trin.*								
Vitry	18	2810	🚂																
Béthune		11m	🚂		lundi	[illegible]	3	16*	»	»	»	»	»	»	»	»	»	Fr dim. p. 24 juin.	
Beuvry	4	3655	🚂	2	jeudi						*2e d.								
Douvrin	13	2185	🚂																
Vermelles	10	2320	🚂	1	sam.														
Carvin	37	7760	🚂		sam.	1r sam. ch.	1r s.	1r s.	1r s.	1r s.	1r s.	1r s.	1r s.	1r s.	1r s.	1r s.	1r s.	Chevaux.	
Courrières	30	3965	🚂								*21								
Dourges	27	1160	🚂																
Hénin-Liétard	30	7850	🚂		vend.														
Houdain	13	1310	🚂		2e j.	2e jeudi	2e v. 2e j.	2e j.	2e j.	2e d. me. Pen. 3	2e j.	2e j.	2e j.	1r d.* l. s. 14* 2e j	18*	2e v. 2e j.	2e j.		
Bruay	8	7035	🚂		vend.														
Hersin-Coupigny	10	4780	🚂		sam.														
Marles	12	1743	Lapugnoy	2	sam.						4 a. 23* 4 p. 21*			Fdr d.					
Noeux	6	4903	🚂	1	vend.														
Laventie	17	4000	🚂		sam.														
Fleurbaix	22	2805	Bac-St-Maur	3	dim.									*2 d.*				A) me. a. Passion. B) mardi Quasimo. C) mardi p. 24*.	
Lestrem	11	1072	🚂	1	....						24*								
Neuve-Chapelle	13	706	Laventie	7	....							3e d.*							
Sailly-s.-la-Lys	20	2100	🚂																
Lens	19	31m	🚂		ma., v.						Trin.*						1r*		
Bully-Grenay	15	3110	🚂	1	jeudi	3e jeudi ch.	3e j.	3e j.	3e j.	3e j.	3e j.	3e j.	3e j.	3e j.	3e j.	3e j.	3e j.		
Harnes	25	3188	🚂	1	....									F13					
Liévin	22	11m	🚂		merc.									F10				Fr Fête-Dieu.	
Loos-en-Gohelle	15	2944	Harnes	5	mardi														
Mazingarbe	10	3700	Bully-et-Grenay	4	merc.														
Pont-à-Vendin	21	1235	🚂	1	jeudi														
Lillers	13	7450	🚂		merc.	1r merc.	1r me	A	1r me	1r me	1r me	1r me	1r me	1r me	1r me 2e ma	12*	1r me		
Saint-Venant	13	2943	🚂		mardi														
Auchel	16	5360	Calonne	3	mardi														
Boulogne-s.-Mer		46m	🚂		s., me.								5*			11*		Fr Fête-Dieu.	
Pittefaux	8	110	Wimille	5	....								25*						
Wimille	4	2410	🚂	1	....						*20					5			
Baincthun	6	1892	Boulogne	6	lundi											4			
St-Martin	2	4280	—	2	....											*11			
Calais	28	46m	🚂		me., s.	22*				15	30	15*			9				
Marck	40	2515	🚂								*2e d.								
Desvres	18	4500	🚂		mardi	2e, 4e ma.	2e, 4e ma	2e, 4e ma	B	2e, 4e ma	C	2e, 4e ma	2e, 4e ma	2e, 4e ma	8e-19	2e, 4e ma	2e, 4e ma		
Le Wast	15	230	Rinxent	10	....									28					
Guines	27	4300	🚂		vend.	dr vend.	dr v.	dr v.	dr v.	l. Pâq	dr v.	dr v.	1r*	dr v.	dr v.	dr v.	dr v.		
Fiennes	24	1028	Caffiers	3	....									9*					
Hardinghen	21	1265	Rinxent	7	mardi						11								
Licques	28	1100	Journy	6	lundi	1r lundi	1r l.	1r l.	1r l.	3*	1r l.	1r l.	1r l.	1r l.	1r l.	1r l.	29		
Marquise	12	4080	🚂	2	jeudi	3e jeudi	3e j.	3e j. [illegible]	3e j.	3e j.	3e j.	25*	3e j.	3e j.	24	3e j.	3e j.		
Wissant	20	1075	Rinxent	11	....										29				
Samer	15	2150	🚂		lundi	3e lundi	3e l.	19	3e l.	3e l.	3e l.	20	3e l.	14*	3e l.	3e l.	3e l.		
Outreau	4	3833	Boulogne	3	....							1r							
Le Portel	4	5302	—	3	vend.					*1r d.*									
St-Léonard	4	315	Pont de Briques	1	vend.											3*			
Montreuil s.-Mer		3380	🚂		sam.	1r sam.	1r s.	1r s.	2e j.	1r s.	1r s.	1r s.	1r s.	1r s.	1r s.	28*	1r s.		
Berck-s.-Mer	14	5200	🚂		mardi	1r ma. ch.	1r ma	1r ma	1r ma	1r ma	1r ma	1r ma	1r ma	1r ma	1r ma	1r ma	1r ma		
Douriez	19	451	Beaurainville	12	1r-3e v.						23*					11			
Etaples	13	3281	🚂		ma., v.						29*						6		
Fruges	32	2070	🚂		sam.	dr sam.	dr s.	dr s.	26	dr s.	dr s.	dr s.	dr s.	dr s.	25*	dr s.	dr s.		
Hesdin	24	3526	🚂		j., s.	2e merc.	2e me	2e me	2e me	2e me	2e me	2e me	2e me	2e me	2e me	2e me	6*		
Hucqueliers	18	670	Desvres	12	3e me.							4		23			1r		
Saint-Omer		23m	🚂		sam.		15*							l. p. 29*				Fr 9 septembre.	

PAS-DE-CALAIS : Saint-Omer, Saint-Pol. — PUY-DE-DOME : Clermont-Ferrand, Ambert.

LOCALITÉS et dist. de l'arrondiss.	k.	Popul.	GARES et distances	k.	Marchés.	Janvier.	Fév.	Mars.	Avril.	Mai.	Juin.	Juill.	Août.	Sept.	Oct.	Nov.	Déc.	FOIRES MOBILES et observations.	HOTELS & CAFÉS recommandés.
Arques	3	3573	🚂	..	mardi	dr mardi	A	dr ma	dr ma	dr ma	dr ma	dr ma	dr ma	dr ma	dr ma	2	dr ma	A) ma. a. Ma. Gras.	
Blandecques	4	2250	Arques	2	....	.....	...	...	...	...	...	F 1 d.*	...	...	...	...	...	B) mardi Pent.*	
Moulle	7	1476	Watten (Nrd).	6	....	.....	...	...	...	...	...	21	...	...	...	...	...	C) veille Fête-Dieu.	
Aire-s.-la-Lys	17	8240	🚂	..	vend.	v. a. 1er ja.	»	»	»	ma. Pent.	»	»	»	»	»	23	»		
Racquinghem	10	685	Wardrecque	1	....	.....	...	...	...	...	...	...	...	2e d.*	...	...	...		
Thérouanne	16	960	Aire	11	1re 3e ma	.....	1er ma	...	...	...	...	20*	...	...	...	...	...		
Wittes	11	538	Blaringhem	2	....	.....	...	...	...	...	...	...	...	...	...	22	...		
Ardres	24	2300	🚂	..	jeudi	2e jeudi	2e j.	2e l.Ca.	2e j.	l. a. Pen.	2e j.	2e j.	10	21*	2e j.	2e j.	2e j.		
Nordausques	15	530	Audruick	8	4e l.*	.....	...	...	...	...	...	...	...	20	...	...	...		
Tournehem	17	1035	🚂	..	mardi	.....	...	...	...	...	...	22*	...	...	...	...	...		
Audruick	23	2618	🚂	..	merc.	4e merc.	4e me	4e me	4e me	ma. Pâq.	4e me	4e me	4e me	4e me	4e me	4e me	4e me		
Saint-Folquin	21	1430	Gravelines	3	dim.	.....	...	...	...	...	...	2e d.*	...	...	...	...	...		
Fauquembergue	21	1050	🚂	..	jeudi	2e et dr j.	2e, 4e j.	2e, 4e j.	2e, dr j.	2*	2e, dr j.	2e, 4e j.	2e, dr j.	2e, dr j.	2e, dr j.	3*	2e, dr j.		
Fléchin	24	692	Aire	12	....	2e, dr me en	2e, 4e me	2e, dr me	2e, dr me	2e, dr me	2e, 4e me	2e, dr me	2e, dr me	2e, dr me	2e, dr me	2e, dr me	2e, dr me		
Lumbres	12	1375	🚂	..	vend.	.....	...	...	...	1er	...	...	...	...	8*	...	...		
Hallines	7	825	Wizernes	1	....	.....	...	...	...	...	...	...	...	2e d.*	...	...	...		
Nielles-lez-Bléquin	20	852	🚂	..	lundi	2e et 4e l. en	2e, 4e l.	2e, 4e l.	2e, 4e l.	2e, 4e l.	2e, 4e l.	2e, 4e l.	2e, 4e l.	2e, 4e l.	2e, 4e l.	2e, 4e l.	2e, 4e l.		
Saint-Pol		3800	🚂	..	vend.	1er lundi	1er l.	15	1er l.	1er l.	1er l.	1er l.	1er l.	1er l.	1er l.	10	1er l.		
Blangermont	11	90	Frévent	8	....	.....	...	...	...	...	...	...	dr d.*	...	...	...	...		
Aubigny	19	660	🚂	..	jeudi	1er jeudi	1er j.	1er j.	1er j.	B	1er j.	1er j.	1er j.	1er j.	1er j.	14	1er j.		
Auxy-le-Château	27	2862	🚂	..	sam.	3e sam.	24	3e s.	ma. Qua.	3e s.	3e s.	1er s.	3e s.	3e s.	29	3e s.	3e s.		
Frévent	13	4310	🚂	..	vend.	1er vend.	1er v.	1er v.	1er v.	1er v.	1er v.	1er v.	1er v.	1er v.	1er v.	3*	1er v.	F 8 septembre.	
Avesnes-le-Comte	20	1555	Tincques	10	merc.	dr merc.	dr me	dr me	...	2*	dr me	dr me	dr me	dr me	25*	dr me	dr me		
Heuchin	11	676	Berguenéuse	1	mardi	.....	...	...	...	C	...	...	...	...	...	...	29		
Pernes	13	1020	🚂	1	lundi	3e merc.	3e me	3e me	3e me	9*	3e me	3e me	3e me	3e me	19	3e me	3e me		

LOCALITÉS et dist. de l'arrondiss.	k.	Popul.	GARES et distances	k.	Marchés.	Janvier.	Fév.	Mars.	Avril.	Mai.	Juin.	Juill.	Août.	Sept.	Oct.	Nov.	Déc.	FOIRES MOBILES et observations.	HOTELS & CAFÉS recommandés.
CLERMONT-FERRAND		[illegible]	🚂	..	me., s.	.....	...	...	ma. St	9*	24	...	16*	...	...	11*	1er ma	A) vend. a. Cend.	
Gerzat	4	2230	🚂	1	....	dr ma	...	s.a.Pâq.	...	...	...	...	...	27*	...	...	...		
Montferrand	2	...	Clermont	1	vend.	vend. p. 6	A	v. 25	...	...	...	...	...	...	...	...	1er v.		
Aubière	4	3350	—	4	....	.....	...	...	...	...	...	...	...	l.p.1er d.	...	...	...		
Billom	26	4380	🚂	..	lundi	1er lundi	1er l.	1er l.	1er l.	1er l.	1er l.	1er l.	1er l.	1er l.*	1er l.	1er l.	20		
Mauzun	35	235	Billom	9	....	.....	...	...	me p.Pâq	31	...	...	...	20*	...	...	...		
Bourg-Lastic	51	1800	🚂	..	mardi	20	15	20	20	20	20	20	20	20	20	20	9-20		
Lastic	62	536	Bourg-Lastic	9	....	.....	...	...	...	2	...	15*	...	...	10	...	...		
Messeix	56	1954	—	8	....	14 cm	14	14	11	14	14	14	14	14	14	14	14		
Herment	52	524	La Miouse	26	lundi	17	l. Gras	18	Ram.	...	...	19	3*	1er j.	...	...	22		
Sauvagnat	45	660	—	21	....	.....	...	...	l. Qua.	15	...	...	12	...	...	...	...		
Pont du Château	14	3180	🚂	1	jeudi	1er j. en	1er j.	1er j.	1er j.	1er j.	1er j.	1er j.	1er j.	1er j.	1er j.	1er j.	1er j.		

LOCALITÉS et dist. de l'arrondiss.	k.	Popul.	GARES et distances	k.	Marchés.	Janvier.	Fév.	Mars.	Avril.	Mai.	Juin.	Juill.	Août.	Sept.	Oct.	Nov.	Déc.	FOIRES MOBILES et observations.	HOTELS & CAFÉS recommandés.
Cournon	10	2268	Sarliève	2	vend.	.....	...	...	...	...	...	...	...	22*	...	...	...	A) lendemain Asc.	
Rochefort-Montagne	29	1520	La Miouse	10	merc.	1er mardi	1er ma	1er ma	1er ma	1er ma	1er ma	1er ma	1er ma	1er ma	1er ma	2	1er ma	B) 9*, à Chignat.	
Gelles	31	2040	—	6	....	.....	l. a. Gr.	...	10, 21	3	8	...	18	14-29*	--	9	20	C) mardi a. 24.*	
Laqueuille	38	1105	🚂	3	....	.....	...	...	25*	...	...	23	...	18	18	...	...	D) mardi Passion.	
Mont-Dore-les-Bains	48	1800	Laqueuille	16	vend.	.....	...	...	...	14	...	...	...	15*	...	...	...	E) mercredi p. 14.*	
Murat-le-Quaire	46	472	—	8	....	.....	...	...	...	12	24*	...	...	24	22	...	...	F) 3e mercredi Pâq.	
Olby	24	950	La Miouse	9	mardi	.....	...	...	21*	...	...	...	...	...	28	...	...		
Orcival	28	615	—	10	....	23	...	l. a. Mi-C.	me. Pâq.	A	j. p. Pen.	...	11	9*	...	...	l. a. 1er v.		
St-Amant-Tallende	18	1520	Martres de Veyres	8	sam.	.....	1er s.	s. p. 15	1er s.	2*	1er s.	1er s.	1er s.	2e s.	1er s.	5	22		
Olloix	27	550	—	17	....	.....	...	...	27	...	...	...	...	27	...	...	...		
St-Saudoux	24	1000	—	8	....	.....	25	...	...	...	...	...	...	20	...	...	...		
St-Saturnin	20	1226	—	10	vend.	.....	...	...	l. p. 20	...	...	...	...	...	13	...	...		
Saulzet-le-Froid	34	703	Clermont	34	....	.....	...	...	...	14	...	...	...	14*	...	...	...		
St-Dier d'Auvergne	42	1507	Courpière	11	jeudi	dr jeudi	...	j. Pass.	...	4	2e j.	...	...	2e j.	...	1er j.	...		
St-Jean des Ollières	15	1800	Billom	18	sam.	mardi p. 6	...	...	...	...	25*	...	...	2	...	...	...		
Tours	30	1975	Giroux	5	vend.	.....	...	21	...	6	11	11	10*	...	13	...	...		
Vertaizon	20	1970	🚂	..	vend.	.....	...	...	...	d. p. 25*	...	...	...	B	...	...	...		
Beauregard-l'Évêque	22	1336	Vertaizon	3	....	.....	...	...	ma. Pâq.	...	...	...	21*	...	...	...	...		
Veyre-Monton	15	1835	Martres de Veyres	2	....	.....	25	...	...	...	...	...	...	...	...	20	...		
Authezat	20	590	Coudes	3	....	.....	...	...	...	...	...	...	...	20	...	...	...		
Le Crest	15	844	Cendres	6	....	.....	...	...	...	...	...	...	...	14*	...	...	...		
Martres de Veyres	15	1692	🚂	..	vend.	.....	...	...	...	45	...	l. p. 7*	...	...	...	25	...		
Plauzat	23	1355	Martres de Veyres	9	jeudi	.....	...	...	5	...	30*	...	...	...	6	...	5		
La Sauvetat	20	816	—	7	....	.....	...	...	28	...	...	...	...	...	25	...	...		
Vic-le-Comte	22	2718	🚂	..	jeudi	.....	1er j. Car.	...	23	...	25	...	...	29*	...	j. p. 1er	26		
Manglieu	32	1280	Vic-le-Comte	16	....	.....	...	...	25	...	...	...	...	...	28	...	...		
Mirefleurs	15	1172	Martres de Veyres	2	....	18	...	...	...	1er	...	...	...	...	23	...	...		
Ambert		8230	🚂	..	jeudi	.....	...	c. e. 31	23	Asc.*	F.-Dieu	...	...	10*	1er	...	1er		
Job	10	2670	Ambert	10	....	.....	...	3e l. Ca.	l. Pâq.	...	...	...	...	l. p. 1er d	...	4	...		
Marsac	9	2943	—	9	....	3	1er s. Ca.	...	...	3e ma	C	...	29	...	...	11	...		
Valcivières	11	1686	—	11	....	.....	...	...	l. Pâq.	...	...	...	l. p. 10*	...	...	...	...		
Arlanc	16	3760	—	17	lundi	.....	...	l. Mi-C.	l. Qua.	...	l. p. F.-D.*	...	...	...	...	l. p. 1er	l. p. 25		
Doré-l'Église	20	2031	—	20	....	.....	...	D	...	...	...	...	...	...	2e ma	...	...		
St-Alyre-ès-Montagne	29	1070	—	29	....	.....	...	...	...	ma. Rog.	...	2e ma	...	1er ma	...	1er ma	...		
Cunlhat	28	3030	Giroux	10	merc.	.....	...	...	me. a. 23	...	...	me. p. 29	...	E	...	me. p. 11	...		
Brousse	36	1645	Issoire	26	....	.....	...	...	F	...	23*	...	28	21*	31	...	...		
La Chapelle-Agnon	19	2500	Ambert	19	....	.....	l. p. 3	...	j. p. Pâq.	...	...	l. p. 22*	...	l. p. 27	...	...	...		
Olliergues	23	2000	🚂	..	sam.	.....	...	31	...	5	...	...	...	s. a. 29*	...	25	...		
Brugeron	37	1115	Olliergues	11	....	.....	...	...	...	4	l. p. 24*	...	...	20	27	...	...		
Marat	16	2500	—	6	....	.....	...	...	...	...	...	...	...	...	...	...	...		
St-Pierre-la-Bourlhonne	25	866	Vertolaye	6	....	.....	...	...	...	10	...	...	18*	...	...	...	...		
Vertolaye	11	860	🚂	..	....	.....	1er l.	...	l. Qua.	...	...	l. p. 4*	...	...	l. p. 5	...	...		

PUY-DE-DOME : Ambert, Issoire, Riom.

LOCALITÉS et dist. de l'arrondiss.	K.	Popul.	GARES et distances	K.	Marchés	Janvier	Fév.	Mars	Avril	Mai	Juin	Juill.	Août	Sept.	Oct.	Nov.	Déc.	FOIRES MOBILES et observations	HOTELS & CAFÉS recommandés
St-Amand-Roche-Savine	12	1690	Ambert	12	mardi	25		4	4	2	A	29	26	25	25	25		A) j. p. Pent. et 23*.	
Bertignat	12	2000	Vertolaye	6	lundi		me. Gras	l. Pal.		8		l. p. 22*		11				B) l. a. 8 et l. Mi-C.	
St-Anthème	28	3070	Ambert	23	merc.		Cendres	l. St.	29	30	30		1r	14*	4	9	j. a. Noël	C) 7 et mardi Pent.	
Grandrif	16	1342	—	16								17	l. p. 15*						
St-Germain-l'Herm	30	1795	—	30	vend.	1r veud.	1r v.	1r v.	23	1r v.	11	26*	20	27	18	1r v.	1r v.		
Condat-lez-Montboissier	18	1110	—	18									1r s.	1r s.					
Echandelys	26	1115	—	26								10	10*	10					
Fournols	18	1612	—	18						9	9	5	5	5	5				
St-Bonnet-le-Chastel	22	1400	—	22					s. a. Paq.				24*		28				
Viverols	21	1092	St-Bonnet-le-Chât.	21	mardi	mardi p. 6		Mi-Ca.	ss. Paq.	G	23*	23	ma. a. 15	1r, 20	dr ma	23*	24		
Issoire		6320	🚂		sam.	1r s., 20*		1r s.	l. qua.	1r s.	2e s.	1r s.	10	s. a. S.*	1r s.	1r s.	1r s.		
Coudes	11	1278	🚂						12					l. p. 1r*					
St-Babel	9	1336	Issoire	9				20		20*						20			
Vodable	11	452	—	11															
Ardes	26	1835	Breuil	15	lundi	lundi p. 6	l. a. 22				*25*				18				
Anzat-le-Luguet	41	1392	—	31	merc.				28	17			18	29	28		13		
Dauzat-s.-Vodable	36	405	Issoire	16					24						12				
Besse-en-Chandesse	32	1900	Coudes	32	lundi		l. a. d. C.	B		6, 22	l. a. 22*		l. p. 25	22	13 8	13	l. p. 10		
Chambon	32	1978	—	30					l. Pq.						10				
Compains	35	920	Issoire	35	jeudi					2, 25	16-25	22*	7, 22	1r, 14	6, 10				
Eglise-Neuve-d'Entraigues	50	2231	—	50	merc.			j. a. Mi-C.	j. a. Ram.	18		12		23					
Espinchal	44	485	—	44						22, 28				20	20	9*, 25			
Murol	28	688	Coudes	22	merc.	1r merc.	1r me	1r me	1r me	27*	1r me	1r me	1r me	1r me	1r me	1r me	1r me		
St-Diéry	21	751	—	19						l. p. 23*					17		s. p. 16		
Champeix	12	1500	—	9	mardi	12		3		15				3*		13			
Neschers	11	943	—	5			12							21					
St-Nectaire	26	1240	—	21					28		8*			12			1r		
Saurier	18	530	Issoire	18				15			20		18*				10		
Jumeaux	16	1250	Saut du Loup	4	merc.	2e merc.	2e me	2e me	2e me	2e me	2e me	2e me	2e me	2e me	2e me	2e me	2e me		
Brassac-les-Mines	17	2345	🚂		dim.				1r		28*					21			
Lamontgie	11	1180	Saut du Loup	1		15	3	12	12	2, 23	22	22*	26	22	23	7	22		
St-Martin-d'Ollières	27	708	Brassac	16	dim.	15 cm	15	15	15	15	15	15	15*	15	15	15	15		
La Tour d'Auvergne	60	2215	Laqueuille	17	mardi	25		5e v. Car		C	11*	27	20*		7		6		
Picherande	50	1250	—	30					15	11						3			
St-Genès-Champespe	51	846	Issoire	51	jeudi		j. a. j. gr	j. a. Mi-C.	23				1r*		18	4			
St-Germain-Lembron	10	2135	Breuil	3	jeudi		2e j.		j. St		1r	1r j.*		25		3e j.	26		
Sauxillanges	13	1910	Issoire	13	mardi	mardi p. 6	1r l. Car		20	28	30		1r*	18	dr ma		3		
S-Etienne-s.-Usson	16	1002	—	16					l. Paq.*			15	dr l.						
St-Rémy-de-Chargnat	8	700	—	8						2e v.					*9	11			
Parentignat	4	471	Issoire	4					25										
Verret-Lavarenne	21	2205		21		1r l. cm	1r l.	1r l.	1r l.	1r l.	1r l.	1r l.	1r l.	1r l.	1r l.	1r l.	1r l.	A) mardi p. 16*.	
Les Pradeaux	7	620	—	7			18				18							B) 2e ma. Carême.	
Taures	65	2648	Laqueuille	13	jeudi		1r s. Car		1r j.	13		1r*		1r j.			13	C) me. a. Mi-Car.	
Larrodde	76	1220	Port-Dieu	6		17*	17	17	17	17	17	17	17	17	17	17	17	D) merc. Pent.	
St-Sauve	58	2425	Laqueuille	4		12	26		12		26*			12	26			E) merc. p. 27.	
Riom	11	[illegible]	🚂		sam.			Cendres	3e s.		l. p. 11*		4e s.		19		3e s.	☞ d. p. 11 juin.	
Châtel-Guyon	5	1600	Riom	6								l. p. 25*							
Le Cheix-s.-Morge	6	472	Pontmort	3					1r				A					F) veille Cendres.	
St-Bonnet-près-Riom	4	1435	— et Riom	5						17				l. p. 14*		17		G) ma. a. Mi-Car.	
Châteaugay	7	1180	Gerzat	6								l. p. 22*						H) mardi a. 24*.	
Mozac	2	1116	Riom	2						1r				10*					
Volvic	6	3700	🚂		vend.				25			l. p. 12*		10, 21					
Aigueperse	16	2490	🚂		mardi	2e mardi	B			11		1r ma	l. p. 26*		2e ma		1r	Grand commerce de pommes de terre et noix.	
Artonne	14	1050	Aigueperse	5	jeudi					*28	28*			21			2e j.		
Aubiat	10	1108	—	6										l. p. 8*					
Effiat	22	1387	—	6				C						1r l.*					
Thuret	15	1350	—	8	jeudi					13*				15					
Combronde	11	2030	— et Riom	11	lundi	dr l. cm	dr l.	dr l.	dr l.	dr l.*	dr l.	dr l.	dr l.	dr l.	dr l.	dr l.	dr l.	☞ 5 juin. — Marché aux veaux tous les lundis.	
St-Myon	12	740	Aigueperse	6							☞ 1r								
Ennezat	9	1800	Chappes	3	vend.					s. p. 12				29*					
Martres-s.-Morge	11	781	Pontmort	5								1r j.*			1r j.				
Manzat	29	2075	Vauriat	14	jeudi	4	10	26	20	11	4	23	l. p. 25*	23	12	l. p. 9	5	Marché aux veaux ch. jeudi.	
Charbonnières-les-Vieilles	20	2326	Riom	27	dim.	22		15		6	l. p. 29*		13		30				
Menat	36	1883	St-Eloi-les-Mines	11	merc.	28		2e j.			l. 28		22*		20	29			
Blot-l'Eglise	30	1184	Riom	30	dim.	merc. p. 6		j. a. Ram.		12		17	17	29*		13			
Pouzol	28	728	St-Eloi-les-Mines	17					1r		24*			1r			26		
St-Pardoux	23	1020	Riom	24		2e me. p. 6				D				10	l. p. 9*	E			
Servant	41	1737	St-Eloi-les-Mines	14		2				16				16					
Montaigut-en-Combraille	50	1856	—	3	mardi	2e mardi	F	G	ma. Pâq	ma. Pen	H			s. a. a. 8			1r ma	Grand com. moutons et porcs ch. mardi.	
Lapeyrouse	59	1080	🚂	2		jeudi p. 1r				2e j.			26*				11		
St-Eloy-les-Mines	47	3115	🚂		sam.	3e sam.		dr s.			l. p. 24*			s. p. 20		dr s.*	s. a. 25		
Pionsat	56	2280	St-Eloi-les-Mines	18	vend.	4*			sa. St.	8				1r*				Marché aux bestiaux ch. vend.	
St-Maurice-près-Pionsat	67	1885	Auzances	12	merc.	15				15				l. p. 22*			15		
Pontaumur	41	1423	Pontgibaud	20	merc.	1r me. cm	1r me	1r me	1r me	1r me	1r me	1r me	1r me	1r me	1r me	1r me	1r me		
Combraille	50	657	—	10				26		22				1r*		25			
Condat	55	1350	—	5		1r	14					3		19					
Giat	63	1978	Eygurande	25	mardi	7, 29	16	12	15	12, 25	8, 30	26*	22	16	2, 26	15	13		
Miremont	51	1285	Pontgibaud	18		13					6		16*				4		
Montel de Gelat	55	1438	Auzance	22	lundi	8	3	2e j. Car	ae. Pâq	18	ma. Pen	17	26	22*	18	18	21		
St-Avit	59	800	Pontgibaud	31		ma. p. 13	28		28				13		3		18		
Pontgibaud	22	1165	🚂	1	jeudi	3e jeudi	3e j.	3e j.	3e j.	3e j.	3e j.	3e j.	3e j.	3e j.	3e j.	3e j.	24*		

PUY-DE-DOME : Riom, Thiers. — BASSES-PYRÉNÉES : Pau, Bayonne, Mauléon, Oloron, Orthez.

LOCALITÉS ET DIST. DE L'ARRONDISS.	k.	Popul.	GARES ET DISTANCES.	k.	Marchés.	FOIRES Janvier.	Fév.	Mars.	Avril.	Mai.	Juin.	Juill.	Août.	Sept.	Oct.	Nov.	Déc.	FOIRES MOBILES et OBSERVATIONS.	HOTELS & CAFÉS RECOMMANDÉS.
Bromont-Lamothe	28	1850	Pontgibaud	8			8		7	11		s. p. 4*		14				A) merc. Pâques.	
Chapdes-Beaufort	23	2011	Vauriat	8			22			4	28		1er	l. p. 14*			13	B) l. p. 1er dim.*.	
La Goutelle	28	1035	Pontgibaud	6		25			16				l. p. 3*		10			C) veille Ram.	
St-Ours	19	1910	🚂 Vauriat	2					16						25			D) lundi p. 29*.	
Randan	26	1772	Aigueperse *	14	vend.	3e vend.		1er v.	A		1er	3e v.	30*	27		21	l. a. 25	E) l. Rog. et Pent.	
S.-Gervais d'Auvergne	40	2390	St-Eloi-les-Mines	19	lundi	20	2e l.	l. Ram.	2e l.	14	20*	2e l.	29	2e l.	2e l.	3	3e l.	F 19 juin.	
Biollet	53	1065	Auzance	30					27				5		9*	29	22	F) 2e sam. p. Qua.	
Charensat	63	1860	—	16		15			18			1er*		30			10		
St-Priest des Champs	48	1920	St-Eloi-les-Mines	26		26		15			8				B		15		
Thiers	..	16m.	🚂	..	l. d.		2e j. Car		j. p. Pâq.	j. a. Rog	j. a. Tri.	d' j.		14*	29		j. a. 25		
Escoutoux	8	1932	Thiers	8					d' l.							20			
Châteldon	20	1933	Ris-Châteldon	5	sam.	22	1er s. Car		2	6	9	1er*	10	6	5	25	26		
Lachaux	30	1160	Ris	13		15		C		18	18	18		10		28			
Puy-Guillaume	15	1880	🚂	..	vend.	12	15	12	15	15	14*	15	12	16	15	16	15		
Ris	20	1375	🚂	3		2	3	15	23		23*		1er	21		11	10		
Courpière	16	3975	🚂	..	mardi	3e ma. cm	3e ma	3e ma	3e ma	3e ma	3e ma	3e ma	3e ma	3e ma	3e ma	3e ma	3e ma		
Augerolles	23	2541	Courpière	9					l. Saint	l. Rog.			l. p. 5*			l. p. 9			
Olmet	32	1150	—	10				l. Pas.			10		D						
Sermentizon	16	1584	—	6			1er me		2. Pâq.*								12		
Vollore-Montagne	27	933	—	27					l. Pâq.		ma. p. 21		16*		14				
Vollore-Ville	15	2570	—	8	lundi	15	15		1er		1er	15		21	16	30			
Lezoux	16	3532	🚂	1	sam.	1er sam.	3e s.	2e s.	2e s.	3e s.	4e s.		1er s.	1er s.*	1er s.	1er s.	1er s.		
Maringues	21	3838	🚂	..	lundi*	lundi p. 6	1er l. Car	Ram.*	l. Quas.	E	25*	d' l.		1er l.	1er l.	2	l. a. 25		
Limons	24	840	Puy-Guillaume	4					F					11*		16			
Luzillat	26	1668	Maringues	5				La Pâq.								29			
S.-Rémy-s.-Durolle	7	3360	🚂	4	lundi		1er l.			25	21		25		1er*		1er l.		
Arconsat	16	1224	Chabreloche	2					20		15				15*				
Celles	10	3161	St-Remy-s.-Durolle	4	dim.	13	2e v. Car	6	v. Saint										
Chabreloche	24	936	🚂	..	merc.						l. p. 24*					14			
St-Victor	12	1317	St-Remy-s.-Durolle	6					l. Pâq.			F 21			20				
PAU	..	31m	🚂	..	lundi		1er l. Car			l. Pent.*						11*		A) 1er et 3e merc.	
Garlin	33	1317	Aix-s.-l'Adour	17	merc.					A								B) jeudi Fête-Dieu.	
Lembeye	30	1184	Maubourguet	16	jeudi	1er jeudi		25		Asc.*								C) 3e ma. Carême.	
Lescar	7	1793	🚂	..	jeudi		1er j.				B			j. p. 15*			1er j.		
Morlaas	16	1560	🚂	..	vend.						11*								
Arrien	20	240	Morlaas	11											7				
Nay	18	3275	Carraze-Nay	1	mardi		C						d' ma		2e ma		16*		
Bruges	28	1575	Coarraze-Nay	10	jeudi										20			A) merc. Pâques.	
Pontacq	26	2620	Ossun	9	lundi	3e lundi								3e l.				B) merc. entre le 24 et 29*.	
Soumoulou	15	533	🚂	..	vend.				3e me								16*		
Thèze	24	520	Pau	24	vend.			8						8*					
Bayonne	..	27m	🚂	..	l. j.				1er				15*						
Anglet	4	4125	Bayonne	[illegible]															
Biarritz-les-Bains	7	8550	🚂	..	quot.						2e s.				2e s.				
La Bastide-Clairence	25	1473	Urt	10										2e l.*					
Urt	17	1720	🚂	..	vend.								v. p. 15*			v. p. 11			
Bidache	32	2600	Peyrehorade	[illegible]	sam.				20							30*			
Bardos	26	1736	—	15	lundi														
Espelette	21	1590	Cambo	7	merc.	d' merc.													
Hasparren	23	5715	—	23	mardi				A										
St-Jean de Luz	20	4450	🚂	..	ma. v.						v. p. 24*								
Ciboure	20	2425	St-Jean de Luz	1															
Urrugne	25	3715	—	4	merc.														
Ustaritz	13	2456	🚂	2							29*								
St-Pée-sur-Nivelle	20	2405	Ustaritz	8	vend.														
Mauléon	..	2320	🚂	..	mardi									6*					
Barcus	13	1787	Mauléon	13					d' j.							d' j.			
Hélette	18	1050	Urt	25	sam.								16*			25			
Irissarry	16	1254	St-Palais	22	sam.											15*			
Ostabat-Asme	27	430	—	12	merc.		Cendres				11								
St-Etienne de Baigorry	18	2391	🚂	..	merc.														
Aldudes	45	1161	St-Etienne	16	mardi			25						8*					
St-Jean-Pied de Port	40	1358	St-Palais	30	lundi				m. Pâq.	l. a. Pent.*	F 24						6	F 24 juin.	
Lecumberry	42	510	—	30			l. Gras												
St-Jean-le-Vieux	36	946	—	26			3		25		F 24					1er d.		F 24 juin.	
Saint-Palais	20	1810	🚂	..	vend.				j. p. Pâq.								20*		Et des AMBASSADEURS ET DE FRANCE RÉUNIS.
Garris	21	836	St-Palais	2	vend.								1er*			2e me			
Tardets	13	1050	Mauléon	13	lundi					l. Pent.						1er l.			
Oloron	..	9125	🚂	..	ma. v.					1er				9*					
Bedous	21	1136	Accous	3	jeudi				1er					29*					
Osse	26	658	—	20	jeudi				1er					30					
Aramits	14	1113	—	14	lundi			20							20*				
Arudy	14	2030	🚂	..	mardi			23*								16			
Laruns	32	2429	🚂	..	sam.										4*				
Béost	32	865	Laruns	2										29*					
Lasseube	12	2470	Oloron	12	merc.		Cendres							2					
Monein	20	4860	Artix	9	lundi				15*						3e l.				
Orthez	..	6765	🚂	..	mardi			1er ma			1er ma				1er ma				
Arthez	15	1376	Lacq	7	sam.		1er	15						1er*					

PYRÉNÉES (B.) : Orthez. — PYRÉNÉES (H.) : Tarbes, Argelès, Bagnères de Bigorre. — PYRÉNÉES (O.) : Perpignan, Prades.

LOCALITÉS et dist. de l'arrondiss.	K.	Popul.	GARES et distances.	K.	Marchés.	Janvier.	Fév.	Mars.	Avril.	Mai.	Juin.	Juill.	Août.	Sept.	Oct.	Nov.	Déc.	FOIRES MOBILES et OBSERVATIONS.	HOTELS & CAFÉS RECOMMANDÉS.
Artix	20	742	(gare)		merc.				1er me						dr me			F St-Pierre, 29 juin.	
Arzacq	39	1230	Lacq	28	sam.			12							12*				
Lagor	17	1052	—	5	sam.		2e j.								dr j.				
Navarrenx	22	1400	Orthez	22	merc.			d. Fass.									8*		
Salies de Béarn	16	1990	Puyoô	6	jeudi		a.-1. j.								dr j.				
Bastide-Villefranche	27	714	(gare)	3	lundi									dr l.*					
Bellocq	13	1103	Puyoô	1			j. gras.												
Sauveterre	20	1526	Autevielle	4	sam.			dr s.					dr s.	3e s.					
TARBES		26111	(gare)		jeudi			4e l. car.		8*						10*		A) mardi Pâques.	
Castelnau-Rivière-Basse	32	1200	(gare)	2	l. p. 15		3		1er s.		17		25*			8		B) merc. Pent.	
Madiran	34	1111	Caussade	5	merc.	1er lundi	1er l.	1er l.	1er l.	1er l.	1er l.	1er l.	1er l.	9*	1er l.	1er l.	1er l.	C) j. a. Toussaint.	
Galan	34	1220	Lannemezan	11	jeudi		mi-car.			dr j.			j. a. 24*				j. p. 25	D) 1er ma. Carême.	
Maubourguet	27	2613	(gare)		mardi									30*				E) mardi p. 29*.	
Ossun	11	2450	(gare)		lundi													F) mardi du 14.	
Rabastens	18	1292	(gare)		lundi	22			l. Qua.		l. Trin.	l. p. 26*		22				G) 1er ma. Carême.	
St-Sever de Rustan	23	581	Villecomtal	7	vend.				1er v.					1er v.					
Tournay	18	1320	(gare)		mardi				A	4				11*		30			
Trie	30	1678	Miélan	15	mardi	dr mardi				22	30*		17		29		11		
Vic en Bigorre	16	3760	(gare)		sam.									28*					
Argelès		1815	(gare)		mardi				ma. Sam.	3e ma				3e ma					
Arrens	12	714	Argelès	12										3e l.					
Lourdes	12	6500	(gare)		j. p. 15				28						18*		1er		
Gazost	10	492	Lugagnan	7					28						13		1er		
Luz-St-Sauveur	20	1538	Pierrefitte	12	l. p. 15						8		14*	30					
Gavarnie	38	306	—	32								22*							
St-Pé	22	2350	(gare)																
Bagnères de Big.		9500	(gare)		sam.					13			25*			9*			
Arreau	36	1190	(gare)		jeudi	1er jeudi	j. gras.	j. a. Ram.		j. a. Asc.	11		1er j.	9*	C		j. a. 25		
Ancizan	40	637	Arreau	5												25			
Guchen	46	440	—	30			3*			8	l. p. 23*								
Sarrancolin	36	777	(gare)		mardi	ma. p. 15	D		ma. Qua.	ma. p. 15	E			F		ma. p. 1er	1er ma		
Campan	6	3120	Bagnères de Bigor.	6	lundi									28	29				
Beaudéan	3	771	—	3	lundi									23*					
Castelnau-Magnoac	50	1691	(gare)		sam.			12		6		27*		19			12		
Monléon	47	1475	—	20	merc.		G		ma. Pent.					ma. p. 8		ma. p. 25			
Hèches	34	1275	—	3	vend.	dr sam. car.	dr s.	dr s.	dr s.	dr s.	dr s.*	dr s.	dr s.	dr s.	dr s.	dr s.	dr s.		
Lannemezan	26	2380	(gare)		merc.		ma. p. 24	14	A	m. p. 3	B	29		21		C		A) 3e merc. p. Pâq.	
Mauléon-Barousse	48	665	Saléchan	5	sam.		dr s.			dr s.					dr s.		dr s.	B) merc. a. 24*.	
St-Laurent de Neste	31	1550	(gare)			1er sam. car.	1er s.	1er s.	1er s.	1er s.	1er s.	1er s.	1er s.*	1er s.	1er s.	1er s.	1er s.	C) merc. p. 11 et 25.	
Vielle-Aure	36	316	Lannemezan	28	sam.	6							24*						
Guchan	40	380	—	27						26				29*					
PERPIGNAN		33111	(gare)		jeudi	17*				13*								A) 2e mardi Carê.	
Elne	13	3210	(gare)								1er					11*		B) 1er mardi Carê.	
La Tour de France	24	1311	Rivesaltes	20					l. Pâq.*					10					
Estagel	22	2980	—	15	mardi	5					5*					22			
Millas	16	2284	(gare)																
Néfiach	19	1097	Millas	2										1er j.*					
St-Féliu d'Avall	14	1322	(gare)											27					
Pézilla	11	1802	Millas	7									17*						
Rivesaltes	9	6280	(gare)		lundi								29						
Baixas	12	2380	Rivesaltes	5													20*		
St-Laurent-de-la-Salanque	12	5182	Salces	9															
Salces	19	2100	(gare)										*10	1er s.					
St-Paul de Fenouillet	40	2217	Rivesaltes	35	sam.					l. Pent.*	*29			15		20			
Caudiès de Fenouillet	49	1104	Perpignan	49		13				j. a. Pent.			18			1er			
Maury	33	1837	Rivesaltes	25	merc.									1er ma		4			
Thuir	13	2750	Soler	6			Ma. Gras			1er ma					15*				
Céret		3785	Perpignan	30	lundi				1er s.						28				
Le Boulou	9	1500	Argelès-s.-Mer	15															
Argelès-sur-Mer	26	3305	(gare)			1er								1er					
Banyuls-sur-Mer	36	4550	(gare)																
Collioure	37	3690	(gare)																
Port-Vendres	41	3018	(gare)																
Arles-sur-Tech	42	2200	Perpignan	42	jeudi														
Amélie-les-Bains	5	1500	—	39						10*							10*		
Prats de Mollo	36	2475	—	60					27										
St-Laurent de Cerdans	39	2192	—	60				A								14*			
Prades		3860	(gare)		jeudi		B			j. a. Pent.	1er ma		*10		2e l.				
Catllar	3	616	Prades	3		2e mardi								1er ma			20		CAFÉ & Hôt BONNET
Molitg	7	460	—	7															
Mosset	12	973	—	12										22*					
Vernet-les-Bains	12	1000	—	12						8*					4				
Villefranche de Conflent	5	648	—	5											25				
Mont-Louis	36	890	—	36	lundi				ma. Qua.						19				
Fontpédrouse	25	634	—	25								3		29*	11*				

PYRÉNÉES-ORIENTALES : Prades. — RHONE : Lyon.

LOCALITÉS et dist. du l'arrondiss.	K.	Popul.	GARES et distances	K.	Marchés	Janvier.	Fév.	Mars.	Avril.	Mai.	Juin.	Juill.	Août.	Sept.	Oct.	Nov.	Déc.	FOIRES MOBILES et OBSERVATIONS.	HOTELS & CAFÉS RECOMMANDÉS.
Fourmiguères	41	785	Prades	41								11		10				A) mardi p. 1er dim.*	
Olette	16	1020	—	16						20						3			
Sahorre	11	637	—	11									25			13			
Serdinya	10	600	—	10											7				
Saillagouse	47	378	—	47	mardi										A				
Bourg-Madame	56	356	—	56	jeudi										d.p.11*				
Sournia	25	725	—	25	jeudi			s.a.Pas							16*				
Trévillach	17	241	Ille-s.-Tet	30							2e ma								
Le Vivier	25	335	Prades	25											24				
Vinça	10	1792			lundi		1er ma		1er ma							30			
Boule-Ternère	17	749												2e mar					
Finestret	14	180	Vinça	4											17				
Ille-s.-Tet	20	3397			sam.			sa.Pas.					24				5		
LYON		1102			A					Pent.	24*	11	F 10					F ouverture des vagues : 10 août. A) marchés quotidiens, mardis, vendredis, bestiaux.	
L'Arbresle	26	3650			ma., v.	22											P, 26		
Bessenay	30	2200			jeudi				j. Pq.*	12				1er ma			22		
Bully	20	1634	L'Abresle	4	merc.	7													
Lentilly	19	1568			jeudi	2				d' j.			11*		9				
St-Bel-les-Mines	24	1334			sam.		1er s.Car.	3e s.Car.	s.Ram.	s.Quas.	s.Pen.					d' s.			
St-Julien-sur-Bibost	31	750	Bessenay	6		2	3						28*						
Sarcey	26	931	St-Romain	2	sam.	d' sam.					24*		1er t.						
Savigny	26	1512	L'Arbresle	5	mardi		2					2e ma		10*		12			
Condrieu	41	2187			me., v.	10	14		v. S.Sal	10	11	18	25*	25	29		6		
Ampuis	39	1825			vend.	23											13		
Longes	33	704	Condrieu	9					30										
Ste-Colombe	33	956			quot.					l.Sain.		*6					20		
Givors	22	11 m			me., v.	7-29			10						13				
Échallas	27	865	St-Romain	3										18					
Grigny	18	2160			L. j.	22											16		
Millery	16	1281	Latour	2	vend.						30*				30		18		
St-Andéol-le-Château	19	630	St-Romain	4		25			l.Pâq.	l. Rg.			17*			2	27		
Limonest	12	900														23			
Chasselay	17	1208	St-Germain	3	jeudi												28		
Les Chères	20	600				2e sam.													
Écully	4	3380			ma., v.														
Marcilly d'Azergues	11	457				22													
Mornant	25	2170			vend.	18											24	A) merc. Pâques. B) l. Pâq.* et 20. C) mardi a. Pent.	
Orliénas	18	342															29		
Riverie	32	400	Couzon	12	mardi	20			23	l. Pen.*									
Rontalon	23	705	Tassin	11					l.S.Sa.						18		4		
St-Laurent d'Agny	27	1010				4			1er				3*					F 10 août.	
St-Maurice-sur-Dargoire	28	1288	Rive de Gier	8					27			22	27	F22					
Taluyers	18	706	Givors	4															
Neuville-sur-Saône	17	3250			vend.	d' vend.		v.s.25		1er	v.a.21*			1er v.	1er v.	12	v.p.S	D) mardi Quas. E) lun. p. 1er dim. F) 2e merc. Carême. G) 2e merc. a. 25. H) merc. Quatre-Temps.	
Caluire	3	9740						22					10*			12	22		
Couzon	12	1241				8								15					
St-Genis-Laval	7	3822	Oullins	3	vend.	25			A				26			25	17		
Brignais	12	2250	—	8	vend.	2			1er	25	6		1er ma	9*			21		
Chaponost	7	1848	—	6	sam.	17							12						
Charly	13	884	Vernaison	2															
Irigny	9	1365															10		
La Mulatière	1	5313	Oullins	1	mardi		j. gras			2		26*					6		
Oullins	4	7200			jeudi	4													
Pierre-Bénite	5	2492	Oullins	2	mardi											11*	4		
Ste-Foy-lez-Lyon	6	3130	—	1	vend.												26		
Soucieux	20	1743	—	13	mardi	21				12				1er l.*		18			
Vernaison	16	1203					3												
Vourles	12	875	Vernaison	4		15									9				
Brullioles	29	1787	Ste-Foy-l'Arg.	4	lundi	13	l. gras		l.Sain.	1er l.	11		1er	20*		1er l.	6	F 10 août	
St-Laurent-de-Chamousset	41	1605	Souzieux	5	merc.					sa.Pâ.									
Brussieux	39	728	—	2									16*						
Chambost	45	1500	Ste-Foy-l'Arg.	15	merc.	2	j. gras		B					16		25			
Les Halles-Fenil	43	392	—	5		1er lundi									28				
Haute-Rivoire	55	1675	St-Genis	5		30		1er j.	25	C		21*			19		13		
Longessaigne	47	950	Pontcharrat	18						16*				4					
Montrottier	40	1890	—	11	mardi		8		D		16*		E			2	26		
St-Clément-les-Places	51	891	Ste-Foy-l'Arg.	8			2e l.							me.a.8*		F23			
Ste-Foy-l'Argentière	47	1150			jeudi	3e jeudi								20					
Villechenève	50	1308	Pontcharrat	12	merc.	20	F	me.Pas.		2		1er me	14*	7			G		
St-Symphorien-sur-Coise	49	2060	Vericelles	10	merc.			H			H		F22	11			H		
L'Aubépin la Rajasse	45	2100	—	11		2	2e ma		l.Quas.	d' ma				14		26*			
Meys	52	1192					2e j.							3e j.		15			
St-Martin-en-Haut	30	2700	Ste-Foy-l'Arg.	11	lundi	1er lundi	1er l.	1er l.	1er l.	1er l.	1er l.	1er l.	1er l.	1er l.	1er l.*	1er l.	9	F 11 novembre.	
Vaugneray	18	2030			mardi	12		18					10		1er ma		2		
Brindas	15	1268	Vaugneray	3	jeudi				23				20*				d' me		
Courzieux	31	1695					3		l. Paq.*					22			15		
Craponne	12	1880			dim.														
Messimy	19	1342			lundi												10		

RHONE : Lyon, Villefranche. — HAUTE-SAONE : Vesoul.

LOCALITÉS et dist. de l'arrondiss.	k.	Popul.	GARES et distances.	k.	Marchés.	Janvier.	Fév.	Mars.	Avril.	Mai.	Juin.	Juill.	Août.	Sept.	Oct.	Nov.	Déc.	FOIRES MOBILES et OBSERVATIONS.	HOTELS & CAFÉS RECOMMANDÉS.
Pollionay	16	793	Charbonnière	7	....	22	...	...	...	6*	...	...	...	2e l.	...	2	...	A) lundi p. 1er dim.*	
Tassin-la-Demi-Lune	6	3600	....	..	....	1er merc.	...	...	...	...	...	...	...	...	...	...	...	B) mardi a. Pent.	
Thurins	22	1930	Vaugneray	10	jeudi	....	1er	...	...	20	...	...	A	...	...	8	...	C) mardi a. 15*.	
Yzeron	28	743	—	8	mardi	....	5	26	...	9*	...	...	29	...	15	30	...	D) veille Ascens.	
Villeurbanne	4	15m	....	..	quot.	....	15	...	...	...	...	...	...	...	...	15*	...	E) veille Fête-Dieu.	
Vaulx en Velin	7	1260	Décine	3	....	15	...	...	l. Saint.	...	...	...	...	15*	...	...	...	F) 15 et mardi Pent.	
Vénissieux	8	3850	....	..	jeudi	22	s. gras.	...	...	...	8*	...	...	...	...	...	17		
Villefranche	..	12m	....	..	lundi	1er lundi	...	1er ma	1er l.	5	10	1er l.	...	8*	1er l.	s.a.11	...		
Lacenas	5	502	Villefranche	5	....	....	...	...	...	...	24*	...	...	...	...	...	...		
St-Cyr-le-Chatoux	15	184	—	15	....	....	...	...	...	1er d.	4.a.24*	...	...	...	...	...	...		
Vaux-Rhône	16	2650	St-Georges	..	jeudi	....	3e	...	...	...	...	...	...	...	...	12	...		
Amplepuis	46	7283	....	..	mardi	22	Mi-gras	s.a.Mi-C	sa.Pâq.	B	...	...	C	...	...	2	1er ma		
Cublize	41	1075	Amplepuis	7	sam.	....	j. gras.	...	s.p.Pâq.	...	11	...	16*	...	...	12	21		
St-Vincent de Rhins	36	1978	—	15	mardi	....	...	dr ma	...	dr ma	...	6e ..*	...	dr ma	dr ma	...	26	f* 19 juillet.	
Anse	6	1970	....	..	vend.	1er vend.	1er v.	1er v.	1er v.	...	...	...	1er v.	...	...	1er v.	1er v.		
Chazay d'Azergues	13	980	....	..	jeudi	1er	...	...	...	...	...	...	...	...	...	...	1er j.		
Lozanne	17	650	....	..	....	15	...	...	...	...	...	...	...	...	...	...	...		
Beaujeu	26	3427	....	..	merc.	....	Cendres	me.M-C.	...	D	E	...	...	...	dr me	...	me.a.N		
Fleurie	27	2020	Romanèche	4	sam.	1er sam.	...	...	...	...	...	...	...	...	...	1er s.	...		
Jullié	32	884	Pontanevaux	10	....	10	3	10	25	12	10	26*	18	6	17	9	16		
Julliénas	33	1200	—	6	lundi	....	...	...	...	...	...	...	...	...	...	...	31		
Marchampt	26	985	Durette	6	....	....	...	...	l. Pâq.	...	24*	...	...	4	...	...	...		
Vauxrenard	28	910	Romanèche	8	dim.	....	25	...	...	1	...	...	20*	...	...	5	...		
Villé-Morgan	22	2240	Belleville	7	jeudi	....	...	...	...	...	...	...	...	...	...	11*	...		
Belleville-s-Saône	11	3150	....	..	mardi	9	...	2e ma	...	F	...	...	...	...	20*	...	1er		
Charentay	12	888	Belleville	6	dim.	....	...	...	...	...	...	...	...	...	...	l.a.11*	...		
Odenas	17	770	Cercié	5	vend.	....	...	...	...	...	...	...	...	...	...	...	...		
St-Etienne-la-Varenne	11	725	St-Georges R.	8	....	....	...	...	...	...	...	...	...	...	...	...	27*		
St-Georges de Reneins	8	2870	....	..	sam.	....	...	...	*23	...	...	...	...	...	...	...	...		
St-Jean d'Ardières	15	1214	Belleville	2	....	....	...	...	23	...	*24	...	...	...	...	...	...		
St-Lager	11	900	Cercié	1	jeudi	....	...	...	...	1er	28	...	...	...	...	...	...		
Bois d'Oingt	14	1063	....	..	mardi	1er ma car.	1er ma	1er ma	1er ma	1er ma	1er ma	1er ma	1er ma	1er ma	1er ma	1er ma	1er ma		
Chamelet	25	840	....	..	sam.	....	...	...	...	...	...	...	...	...	...	...	20		
Châtillon d'Azergues	11	1115	Lozanne	4	sam.	....	5	...	...	...	...	...	...	...	...	2	15		
Chessy-les-Mines	11	904	—	6	merc.	25	...	...	...	...	...	...	...	...	...	...	4		
St-Just d'Avray	35	1142	Amplepuis	11	vend.	....	...	j.a.Pass	...	...	4*	...	...	...	13	...	...		
St-Vérand	17	1181	Lozanne	13	....	....	16	...	...	16	...	...	16*	...	...	16	...		
La Mure	28	1230	....	..	sam.	12	5	5	25	...	...	22*	...	...	...	23	ma.a.25		
Chambost-Allières	21	886	Chamelet	6	....	4	22	s. Rac.	...	12	...	...	1er*	...	9	15	12		
Chenelette	26	673	Beaujeu	16	....	16	16	21	17	16	...	16, 29	14*	21	4, 27	11, 25	16	A) mardi Pentec.	
Claveizolles	32	1030	—	18	....	....	...	...	...	20	...	...	10	...	...	...	...	B) merc. Pâques.	
Grandris	27	2212	Amplepuis	20	jeudi	....	...	...	...	...	6*	...	...	...	...	...	...	C) merc. Pentec.	
Poule	42	1784	Beaujeu	15	sam.	dr jeudi car.	dr j.	dr j	dr j.	dr j.	dr j.	dr j.	dr j.	dr j.*	dr j.	dr j.	dr j.	D) lendem. Ascens.	
Ranchal	32	1200	Cours	13	....	....	...	l.a.Pas.	20*	A	dr s.	...	dr s.	...	dr s.	...	...		
St-Bonnet-le-Troncy	38	1208	Amplepuis	18	sam.	....	...	2e ma	...	2e ma	...	...	...	...	2e ma	...	...		
St-Nizier d'Azergues	32	1505	La Mure	5	....	....	...	20	20	20	20*	...	...	...	20	22	...		
Monsol	36	1150	Beaujeu	11	sam.	....	1. 2	...	...	2e ma	...	...	2e ma	...	...	...	...		
Aigueperse	40	868	Clairmain	10	....	16	...	1er	24	17	11*	23	...	2	9	28	...		
Cenves	36	1060	Pontanevaux	14	....	....	...	...	13	C	12, 30	...	...	...	...	...	...		
Ouroux	45	991	Beaujeu	17	....	17	...	22	29	26	20	...	25*	...	...	7	...		
Propières	43	1200	—	17	mardi	....	...	...	l. Pâq.	l. Pente.	...	...	...	8*	...	...	...		
St-Bonnet-des-Bruyères	41	1140	—	22	....	....	21	...	20*	...	...	...	20*	...	20	...	...		
St-Christophe-la-Montagne	40	800	—	19	....	20	...	5	...	2*	...	*25	...	...	...	13	...		
St-Igny de Vers	50	1750	—	28	mardi	....	15	...	...	1er l.	26*	...	...	15	...	1er l.	...		
St-Clément de Vers	42	500	—	25	....	....	s. gras	19	s. Quas.	12	...	...	...	7*	31	23	...		
Tarare	32	14m	....	..	l. et j.	....	...	...	1er j.	...	26*	...	...	...	...	...	...		
Ancy	33	885	St-Romain	5	....	....	...	...	...	25*	...	...	...	12	...	...	1er		
Joux	39	1183	Tarare	5	....	....	5	...	25	j. Fête.	...	...	...	9*	18	...	15		
Pontcharra	26	1804	....	..	sam.	17	...	22	...	6	...	26*	31	10	22	...	17		
St-Apollinaire	27	425	Tarare	13	....	....	...	...	l.p.23	...	...	l.p.23*	...	...	...	...	...	....	Hl Godard.
St-Clément-s.-Val	32	1010	—	5	....	....	l. gras	...	...	l.p.Pen.	...	...	16	...	...	23*	...		
St-Forgeux	29	2105	Pontcharra	2	sam.	....	3*	...	1er l.	...	...	...	1er l.*	...	...	...	1er l.		
St-Romain de Popey	37	1592	....	..	....	1er	*28	...	l. Pâq.	dr ma	...	...	...	...	...	...	...		
Les Sauvages	42	743	Tarare	8	....	....	...	...	15	15	30*	...	6	3	...	...	...		
Valsonne	22	1300	—	9	merc.	....	...	26	...	D	...	...	...	...	1er*	...	9		
Thizy	52	1580	St-Victor	7	merc.	1er merc. car.	1er me	1er me	1er me	1er me	1er me	1er me	1er me	1er me	1er me	1er me	1er me		
Bourg de Thizy	40	3890	Thizy	1	....	....	...	...	l. Pâq.	...	l.p.29*	...	...	...	...	...	...		
Cours	46	6930	....	..	lundi	1er l. car.	1er l.	1er l.	1er l.	1er l.	1er l.	1er l.	1er l.	1er l.	1er l.	1er l.	1er l.		
Mardore	51	1695	La Platière	3	....	....	...	...	...	6	25	...	...	11*	...	...	...		
St-Jean-la-Bussière	55	1610	Amplepuis	4	....	....	...	...	3e j.	...	j.a.24*	...	20	...	3e j.	...	...		
VESOUL	..	9160	....	..	jeudi	2e jeudi	2e j.	2e j.	2e j.	2e j.	2e j.	2e j.	2e j.	2e j.	2e j.	25*	2e j.	Foire tous les jeudis en Carême.	
Amance	24	900	Port d'Atelier	5	sam.	13	7	7	7	2	10	15	11*	15	15	13	22	A) 1er et 3e mercredi.	
Faverney	19	1460	....	..	vend.	1er merc.	1er me	A	1er me	1er me	1er me	1er me	1er me	1er me	1er me	A	...		
St-Remy	28	736	Port d'Atelier	12	....	....	27	...	24	...	11	24	...	29*	f* 1er	6	...		
Combeaufontaine	26	688	....	..	vend.	20	3	5	15	25*	...	13	18	19	...	3	...		
Arbecey	25	700	Combeaufontaine	5	....	....	20	...	1er	...	1er*	...	...	1er	...	...	...		
Blonde-Fontaine	45	860	—	6	....	....	15	...	...	14	...	11	...	...	18*	...	...		
Jussey	36	2045	....	..	mardi	dr ma. car.	dr ma	dr ma	dr ma	dr ma	dr ma	dr ma	dr ma	dr ma	dr ma	dr ma	dr ma		

HAUTE-SAONE : Vesoul, Gray, Lure.

LOCALITÉS et dist. de l'arrondiss.	k.	Popul.	GARES et distances	k.	Marchés	Janvier	Fév.	Mars	Avril	Mai	Juin	Juill.	Août	Sept.	Oct.	Nov.	Déc.	FOIRES MOBILES et observations	HOTELS & CAFÉS recommandés
Corre	19	655	Jussey	11	vend.	...	1er v.	...	...	1er v.	...	...	4e v.	...	...	...	...	A) veille Quasim. B) mardi p. 14*.	
Jonvelle	45	615	—	13	sam.	22	...	...	1 Quas.	...	30	...	...	14*	...	18	...		
Ormoy	40	1000	—	10	merc.	...	20	...	...	15*	...	...	...	...	...	3	...		
Passavant	44	1872	—	22	mardi	2e mardi en	2e ma	2e ma	2e ma	2e ma	2e ma	2e ma	2e ma	2e ma	2e ma	2e ma	2e ma		
Raincourt	35	515	—	4	mardi	d'mardi en	d'ma	d'ma	d'ma	d'ma	d'ma	d'ma	d'ma	d'ma	d'ma	d'ma	d'ma		
Montbozon	24	800	(gare)		lundi	1er lundi en	1er L.	1er L.	1er L.	1er L.	1er L.	1er L.	1er L.	1er L.	1er L.	1er L.	1er L.		
Authoison	16	435	Loulans	8	...	...	2e ma	2e ma	...	...	2e ma	...	...	2e ma	...	...	...		
Dampierre-s.-Linotte	17	900	(gare)		...	...	...	3	23	30	...	12	...	1er	...	...	27		
Thiénans	24	148	Montbozon		lundi	1er lundi en	1er L.	1er L.	1er L.	1er L.	1er L.	1er L.	1er L.	1er L.	1er L.	1er L.	1er L.		
Noroy-le-Bourg	13	1010	Vallerois	8	...	2e lundi	2e L.	1er	2e ma	6	2e L.	2e L.	2e L.	18*	2e L.	2e L.	2e L.		
Esprels	21	791	—	4	...	...	d'me	d'me	d'me	d'me	...	...	...	...	...	...	...		
Montjustin	19	283	Genevreuille	4	...	24	24	...	A	24	30	...	24*	...	...	...	...		
Port-sur-Saône	13	1800	(gare)		me.. s.	30	28	26*	21*	13	18	13	4	4	1er*	5	12		
Breurey-les-Faverney	18	980	Faverney	2	...	24	...	12	...	5	20*	...	27	...	20	...	...		
Rioz	23	1025	Montcey	8	sam.	2e merc. en	2e me	2e me	2e me	2e me	2e me	2e me	2e me	2e me	2e me	2e me	2e me		
Boulot	36	298	Devecey	8	...	...	5	...	5	...	5*	...	5	...	5	...	5		
Boult	31	698	—	7	jeudi	...	20	25	...	25	...	...	25*	25	25	...	...		
Cromary	32	249	Montcey	4	...	25	...	...	...	15*	...	...	11	...	15	...	...		
Voray-s.-l'Ognon	35	480	Devecey	2	...	...	17	27	27	...	1er	...	16*	15	...	...	...		
Scey-sur-Saône	20	1325	Port-s.-Saône	8	lundi	...	15	...	18	...	18*	...	...	18	...	18	18		
Grandvelle	19	402	Noidans	9	...	4	2*	2	2	2	2	2	2	2	2	2	2		
Mailley-Chazelot	13	721	Vesoul	13	...	...	7	5	7	7	5	...	...	5	...	...	...		
Noidans-le-Ferroux	20	680	(gare)		mardi	...	[illegible]	25	25	15	15*	7	6	24	11	3	...		
Traves	20	515	Noidans	5	...	...	...	23	12	17	...	...	30*	...	...	13	...		
Vitrey-s.-Mance	42	966	(gare)		...	...	...	4	...	20	...	...	...	1er*	...	20	...		
Chauvirey-le-Châtel	11	405	Vitrey	5	...	...	...	19	17	...	6	...	24*	...	5	...	6		
Cintrey	36	310	—	12	...	...	1er	...	20	...	...	...	...	10*	...	...	...		
Montigny-lez-Cherlieu	38	633	—	5	...	...	...	2e ma	...	...	...	...	...	...	...	7	...		
Morey	38	704	—	17	sam.	...	2e me	...	...	s. p. 4	...	me. p. 8	...	11	...	s. p. 11	...		
Gray		7006	(gare)		merc.	2e merc.	[illegible]	2e me	2e me	2e me	1er me	2e me	2e me	2e me	2e me	2e me	2e me		
Apremont	7	613	Champvans	3	...	...	10	...	...	...	10*	...	...	19	...	19	...		
Arc	1	2740	Gray	1	ma., j.	...	...	...	...	...	...	...	...	...	...	...	...		
Velesmes	9	581	—	9	...	...	...	...	16	...	...	...	10*	...	...	...	...		
Autrey	9	1015	—	9	...	...	...	20	...	...	20	...	...	7*	...	...	21		
Champlitte	20	2530	(gare)		merc.	1er merc. en	1er me	1er me	1er me	1er me	1er me	1er me	1er me	1er me	1er me	1er me	1er me		
Fouvent-le-Haut	21	409	Champlitte	15	...	...	...	...	10	...	2	...	...	6	...	5	...		
Dampierre-sur-Salon	15	1068	Autet	2	vend.	...	...	8	...	12	15	...	1er*	...	1er	...	6		
Lavoncourt	25	385	—	13	sam.	...	14	...	7	...	7	...	7	...	7	...	7		
Ray-s.-Saône	28	500	Vellexon	2	...	...	23	23	...	23	...	...	23*	...	...	23	...		

LOCALITÉS et dist. de l'arrondiss.	k.	Popul.	GARES et distances	k.	Marchés	Janvier	Fév.	Mars	Avril	Mai	Juin	Juill.	Août	Sept.	Oct.	Nov.	Déc.	FOIRES MOBILES et observations	HOTELS & CAFÉS recommandés
Vaite	20	326	Autet	7	...	...	12	...	...	26	...	...	...	17*	...	20	...	A) sam. plus près du 1er et du 15.	
Vauconcourt	32	512	Vellexon	13	...	...	...	11	...	22	...	...	28*	...	...	15	...		
Fresne-St-Mamès	30	515	(gare)		jeudi	2	...	6	...	18	5	...	16*	16	18	...	...		
Beaujeu	13	900	Vereux	5	...	...	...	1er	...	16	...	...	17*	...	25	...	29		
Frétigney	34	662	Noidans	11	...	15	15	20	20	20	20	15*	20	20	20	20	13		
Seveux	22	730	(gare)		...	15	...	...	10	...	...	...	10*	...	15	...	...		
Soing	38	600	Fresne	5	...	5	...	5	...	5	...	5*	...	5	...	5	...		
Vellexon	26	1023	(gare)		sam.	...	18	14	30	...	1er*	30	...	20	...	...	20		
Gy	19	2030	(gare)		[illegible]	27	27	27	27	27	27	27	27	27	27	27	27		
Bucey-lez-Gy	22	1205	(gare)		...	...	1er	...	1er	...	1er	...	1er	...	1er*	...	1er		
La Chapelle-St-Quillain	18	330	Gy	8	...	...	1er l. car.	...	...	31	...	...	14*	...	1er	...	...		
Choye	14	700	—	5	...	...	12	24	...	...	1*	...	...	21	...	...	...		
Etrelles	25	195	Bucey-lez-Gy	5	...	...	...	9	...	9	...	9	...	9*	...	...	...		
Fresne-le-Château	28	712	—	6	...	...	...	8	...	6	...	10	28	...	...	...	...		
Oiselay	30	610	—	9	...	...	25	23	23	...	l. Trin.	...	26*	23	...	...	9		
Vantoux	25	395	—	1	...	...	...	22	...	...	...	...	22	...	...	...	...		
Marnay	28	1000	(gare)		vend.	...	22	...	6	...	11	16	...	3	...	...	1er		
Avrigney	28	603	Marnay	6	...	...	12	3	20	...	...	...	...	15*	...	20	...		
Chambornay	21	172	Emagny	5	...	...	...	14	...	14	14	14*	...	11	14	...	...		
Cugney	15	300	Valay	10	...	...	...	...	...	25	...	...	...	...	...	...	...		
Pin-l'Emagny	27	501	Emagny	1	jeudi	18	14	14	18	11	15*	11	18	12	18	18	12		
Pesmes	20	1297	Montagney	8	j. d.	...	3	20	...	1	20	...	23*	20	...	23	...		
Montagney	8	527	(gare)		...	...	...	15	...	...	...	...	...	...	20	...	...		
Valay	12	1006	(gare)		lundi	10	...	10	26	...	6*	...	26	...	29	...	...		
Lure		4470	(gare)		mardi	2e et 3e ma. en	»	»	»	»	»	»	»	»	»	»	»		
Moffans	9	792	Lure	8	...	3e jeudi en	3e j.	3e j.	3e j.	3e j.	3e j.	3e j.	3e j.	3e j.	3e j.	3e j.	3e j.		
Mollans	12	616	Genevreuille	3	...	d' jeudi	d'j.	d'j.	d'j.	...	...	...	d'j.	d'j.	...	...	...		
Champagney	16	4315	(gare)		jeudi	d' jeudi en	d'j.	d'j.	d'j.	d'j.	d'j.*	d'j.	d'j.	d'j.	d'j.	d'j.	d'j.		
Clairegoutte	12	500	Ronchamp	5	...	...	...	1er j.	1er j.	...	...	...	...	1er j.	...	1er j.	...		
Plancher-Bas	24	2350	Champagney	3	...	...	1er j.	...	...	1er j.	...	...	1er j.	...	...	1er j.	...		
Plancher-les-Mines	27	2410	—	9	sam.	...	...	...	...	...	...	...	...	...	...	...	...		
Ronchamp	12	3415	(gare)		lundi	3e lundi en	3e l.	3e l.	3e l.	3e l.	3e l.*	3e l.	3e l.	3e l.	3e l.	3e l.	3e l.		
Faucogney	22	1221	Luxeuil	16	jeudi	1er et 3e j. en	»	»	»	»	»	»	»	»	»	»	»		
Corravillers	30	710	Rupt	7	...	2e jeudi en	2e j.	2e j.	2e j.	2e j.	2e j.	2e j.	2e j.*	2e j.	2e j.	2e j.	2e j.		
Raddon-et-Chapendu	23	1145	Luxeuil	8	...	...	...	1er me	1er me	1er me	1er me	...	1er me	l. p. 8*	...	...	...		
St-Bresson	22	1614	—	16	...	...	...	2e ma	...	2e ma	...	2e ma	...	2e ma	...	...	...		
Héricourt	27	3750	(gare)		jeudi	d' jeudi en	d'j.	d'j.	d'j.	d'j.	d'j.*	d'j.	d'j.	d'j.	d'j.	d'j.	d'j.		
Luxeuil	18	4965	(gare)		sam.	1er et 3e s. en	»	»	»	»	»	»	»	»	»	»	»		
Baudoncourt	18	821	Luxeuil	6	...	2e merc. en	2e me	2e me	2e me	2e me	2e me	2e me	2e me	2e me	2e me	2e me	2e me		
Breuche-lez-Luxeuil	21	1178	—	4	...	...	2e l.	2e l.	2e l.	2e l.	2e l.	2e l.	2e l.	2e l.	...	...	...		
Citers	12	801	(gare)		sam.	A	A	A	A	A	A	A	A	A	A	A	A		
Melisey	10	1985	Lure	10	merc.	2e et 4e me. en	»	»	»	»	»	»	»	»	»	»	»		

HAUTE-SAONE : Lure. — SAONE-ET-LOIRE : Mâcon, Autun.

LOCALITÉS et dist. de l'arrondiss.	K.	Popul.	GARES et distances	K.	Marchés.	FOIRES Janvier.	Fév.	Mars	Avril	Mai.	Juin.	Juill.	Août	Sept.	Oct.	Nov.	Déc.	FOIRES MOBILES et OBSERVATIONS.	HOTELS & CAFÉS RECOMMANDÉS.
Belonchamp	13	370	—	13	merc.	2e et dr me. cm	»	»	»	»	»	»	»	»	»	»	»		
Fresse	17	2508	—	17		dr l. cm	dr l.	dr l.	dr l.	dr l.	dr l.*	dr l.	dr l.	dr l.	dr l.	dr l.	dr l.		
Servance	22	2000	—	22		3e l. cm	3e l.	3e l.	3e l.	3e l.	3e l.*	3e l.	3e l.	3e l.	3e l.	3e l.	3e l.		
Ternuay	16	1160	Ronchamp	15		2e v. cm	2e v.	2e v.	2e v.	2e v.	2e v.	2e v.	2e v.*	2e v.	2e v.	2e v.	2e v.		
St-Loup-s.-Semouse	31	3272			lundi	1er et 3e l. cm	»	»	»	»	»	»	»	»*	»	»	»		
Ailleviller	35	2869			jeudi		1er j.	4e j.	1er j.	4e j.				4e j.*	4e j.				
Corbenay	16	820			merc.	2e ma. cm	2e ma	2e ma	2e ma	2e ma	2e ma	2e ma	2e ma	2e ma	2e ma	2e ma	2e ma		
Fontaine-lez-Luxeuil	23	1578			vend.	dr l. cm	dr l.	dr l.	dr l.	dr l.	dr l.	dr l.	dr l.	dr l.	dr l.	dr l.	dr l.		
Fougerolles	27	5805			merc.	4e me. cm	4e me	4e me	4e me	4e me	4e me	4e me	4e me	4e me	4e me	4e me	4e me		
Saulx	22	800	Creveney	2	vend.	2e me. cm	2e me	2e me	2e me	2e me	2e me	2e me	2e me	2e me	2e me	2e me	2e me		
Vauvillers	40	1185	Demangevelle	6	jeudi	2e j. cm	2e j.	2e j.	2e j.	2e j.	2e j.	2e j.	2e j.*	2e j.	2e j.	2e j.	2e j.		
Villersexel	18	1152	Vallerois	14	merc.	1er et 3e me. cm	»	»	»	»	»	»	»	»	»	»	»		
Grange-le-Bourg	21	875	Héricourt	17	lundi	2e l. cm	2e l.	2e l.	2e l.	2e l.	2e l.*	2e l.	2e l.*	2e l.	2e l.	2e l.	2e l.		
Courchaton	23	717	Isle-s.-Doubs	10			1er me	1er me	4e me				1er me	1er me	1er me				
Mâcon		20133			sam.	3e sam.	j. gras	3e s.	3e s.	20	3e s.	3e s.	16*	29	3e s.	2	3e s.	Fe dim. Quasimodo.	
St-Sorlin	10	1258			jeudi					2	26		26			29			
Senozan	11	188				17		19		12	29		16*						
Sologny	11	851	Croix-Blanche	1						6									
Prissé	8	1550			merc.						F6				29		26		
Guinchay-la-Chap.	11	1932	Pontanevaux	3	mardi		1er ma		1er ma s.a Ram.		1er ma						1er ma		
Crêches	8	1203			jeudi														
Leynes	11	800	Crêches	5	dim.	7		26			1er					15			
Romanèche-la-S.	16	2530			lundi	15			l. Pâq.		F29					10	17		
St-Amour	12	800	Crêches	3													14		
Cluny	24	4385			sam.	dr sam.	dr s.	dr s.	dr s.*	dr s.	dr s.	dr s.	dr s.*	dr s.	20	12*	dr s.	Fe Pâques et 1er dimanche de septembre.	
Bergesserin	27	508	Ste-Cécile	8			15								8				
Buffières	31	875	Chapelle-M.	6		6		10		3				19			13		
Curtil-s.-Buffières	23	295		3				25					25*						
Donzy-le-National	36	760	Cluny	10					2							19			
Igé	15	1165	St-Sorlin	8	dim.				4				F21		24				
St-André-le-Désert	16	954	Cluny	15				16							2	F30			
Salornay-s.-Guye	36	1042	—	11	vend.	3	7	5	19	27	22	19*	8	4	3, 28	14	7		
La Vineuse	30	761	—	8									16*						
Lugny en Mâconnais	23	1180	Fleurville	7	ma., v.		2	12	23	l. Pente			29		F9		6		
Azé	17	1268	St-Sorlin	12	dim.			4		15			1er l.			15			
Cruzille	26	529	Fleurville	12					l. Pâq.		16*								
Montbellet	26	1195	Pont de Vaux	8		lundi p. 1er	14			23*	11*								
La Chapelle	11	1940			mardi													A) lundi Trinité*.	
St-Maurice de Satonnay	14	470	Fleurville	11							A			F22	10				
Matour	39	2171	Clermain	12	jeudi	2e j. cm	2e j.	2e j.	2e j.	2e j.	2e j.	2e j.	2e j.	2e j.	2e j.	2e j.	2e j.	F 24 juin.	
la Chapelle-du-Mont-de-F.	30	829	Chapelle-Mont.						14							14			
Dompierre-les-Ormes	36	1189	Trivy	3		18	9	6	B	10	8*	3, 30	21	12	15	21	11, 31	B) 2, mardi p. 26.	
Montmelard	44	1088		9	dim.		16		28				24*					C) veille Pass. et 28.	
St-Gengoux	46	1900			mardi	ma. p. 6	Prats		C	ma. p. 11	8*	B		ma. p. 8		ma. p. 1er	1er ma	D) lundi p. 24 juin*.	
Cormatin	37	904	Cluny	13	jeudi		17	17	15		16		16*		26	22	22		
St-Ythaire	41	690	—	20			10							21*					
Tournus	30	5255			sam.	1er s.	1er s.	1er s.	1er s.	1er s.	1er s.	1er s.*	1er s.	24	1er s.	1er s.	1er s.		
Brancion	32	506	Tournus	13			22		6	15	6, 30*			6		25			
Ratenelle	33	704								15			F15			15			
Romenay	32	3585			vend.	1er v., 24*	1er v.	1er v.	1er v.	1er v.	1er v.	1er v.	1er v.	1er v.	1er v.	1er v.	1er v.		
Uchizy	22	1330					9	25*		18						18		F 1er dimanche août.	
Tramayes	26	2191	St-Cécile	11	vend.	2	18	15	5	25*	23	15	7	3	13	8, 26	15		
Clermain	27	403						17					17*						
Pierreclos	12	1189	St-Sorlin	5	lundi			1er l.		2e l.				2e l.		l. p. 15			
St-Léger-s.-la-Bussière	29	690	Clermain	8			12, 20	31	6	14	7*				3	5	28		
Autun		15133			vend.	14, 28	13	1er, 22	15	7, 26	21	11, 31		1er, 27	20	12, 28	19, 30		
Antully	13	1538	Marmagne	12				25				12*	24						
Curgy	7	1296	Dracy	6						2					l. p. 2*				
Auxy	8	1408	Autun	8					1er		F29		14						
Dracy-St-Loup	9	822						13											
St-Pantaléon	1	1305	Autun	1								F27				2			
Couches-les-Mines	25	2820	S.-Léger-Sully	3	me., s.	16	15	9	23	23	23		26		1er*	10	3		
Essertenne	29	582	St-Bérain	6				14		14									
St-Emiland	16	918	S.-Léger-Sully	13			26		9	18	D	17		4					
S.-Pierre de Varenne	25	976	St-Bérain	9		21		11			F29		12*						
St-Sernin du Plain	30	2024	Paris-l'Hôpital	4	jeudi												21	F 1er dimanche mai.	
Le Creusot	30	[illegible]			quot.	23	22	18	19	30	18	22	7*	16	25	16	11		
Epinac	19	1200			me., s.	3	2, 24	10	11	2	3	9*	2, 28	11	25	25	17	F 29 juin.	
Saisy	24	1118	Epinac	7					17					19*			26		
Sully	16	1240		8			23						16*						
Issy-l'Evêque	45	1986	Luzy	11	sam.	20		21		3	7	21		7*		7			
Grury	50	1320	Bourbon-Lancy	16				10					26		30*				
Lucenay-l'Evêque	16	1140	Autun	16	ma., d.	4	5	5	4	4	5			10	9	24			
Anost	24	3762	—	24	jeudi	8	4	20	30						2*		1er		
Chissey en Morvan	21	1340	Cordesse	12	jeudi	23		17		15				15	28*	16			
Cussy en Morvan	22	2474	Autun	22	lundi	19	24	11			13*			15	15	20	16		
Igornay	14	1205	Cordesse	2					5	31			23*		5		4		
Roussillon	18	1300	Autun	18			27		7				14*				27		
Mesvres	18	1293			jeudi	12	10			5			16*	20		20	1, 26		
La Tagnière	23	902	Etang-s.-Arroux	11		9				9	1er		25*			5			

SAONE-ET-LOIRE : Autun, Chalon-sur-Saône, Charolles.

LOCALITÉS et dist. de l'arrondiss.	K.	Popul.	GARES et distances	K.	Marchés	Janvier.	Fév.	Mars.	Avril.	Mai.	Juin.	Juill.	Août.	Sept.	Oct.	Nov.	Déc.	FOIRES MOBILES et OBSERVATIONS.	HOTELS & CAFÉS RECOMMANDÉS.
Saint Julien	28	347		2				2		1er			10	23				A) mardi St et d' merc.	
Laizy	11	1106				5													
Montcenis	27	1390	Le Creusot	5	merc.	2e merc.	1er me	1er me	A	3e me	2e me	2e me	11*	2e me	11	3, 30	21	B) veille 1er merc.	
Blanzy	10	1330			jeudi	d. 29		6	10	3	29	26*	27		13	11	6		
Marmagne	21	1362								4*			19				8		
St-Benin-s.-Sanvignes	42	1090	Montceau-les-Mines	7		20			30										
St-Symphorien	27	1343	Broye	4			21						22*					F 22 août.	
S-Léger-s.-Beuvray	19	1821	Etang-s.-Arroux	16	jeudi	2. 21	17	25		B					29		10		
Etang-s.-Arroux	17	1865				7	2. 19	8	1.J'Aû	10		7	20	20*	19	6	10		
La Gde-Verrière	14	1091	Autun	11	sam.	10	10	11	25*							7			
St-Didier-s.-Arroux	21	1090				19			21	F23									
St-Prix-s.-Beuvray	21	1120	Etang-s.-Arroux	15		26									23		23		
Chalon-s.-Saône		23111			vend.		11. 27	30	26	22	25*		5	12	30		5		
Champforgueil	4	575	Chalon	4													8		
Epervans	7	748				15			8					15*					
St-Jean des Vignes	1	1010	Chalon	1						6*	F21						2		
St-Marcel	3	1754	—	3	vend.	F 16 janv.	1er	12		18*				3		18	30*		
Varennes-le-Grand	8	1215						24					1er l.*			20			
Buxy	16	2051	Chalon	16	L. J.	20		1er	4	2		4	24*		18	17	11		
Ecuisses	35	1080	St-Julien	1					1er					18		20			
Germagny	25	310	Genouilly	3							1er			1er					
Marcilly-lez-Buxy	20	1023	St-Julien	10				3	27		11*		4		9		3		
Messey-s.-Grosne	19	1027	St-Boil	5					l.p.25*					9					
St-Boil	24	800			sam.				10										
Villeneuve en Montagne	23	392	St-Julien	7				21		21			6*						
Chagny	17	4310			jeudi		j. a. 2		15		12	15*	30		15		24		
Demigny	17	1683	Chagny	7	vend.	1er lundi				l. Pent.			1er l.		l.p.18*				
Fontaines-lès-Chalon	12	1170				12					1er l.*					2			
Remigny	20	580	Chagny	2								22*							
Rully	17	1691	—	3					L. Qua.		5		l.p.15*						
St-Léger-s.-Dheune	21	2150			ma., v.				9					9*		7	13		
Givry	9	2780	Chalon	9	lundi		l. p. 2	16		l.p.23*				1er l.		10	26		
St-Bérain-s.-Dheune	21	1333			merc.			24								5			
St-Désert	14	1078	Chalon	14	merc.		15			l. Pent.						12			
Touches	12	1203	Fontaines	6	me., s.	9							21						
Montceau-les-Mines	62	16111			quot.	10	7	30	29	16	2		20*	23	29		2	....	Ht du Commerce.
St-Vallier	65	4550	Montceau-les-Mines	4	dim.	31		2	24	23		27		13		8	24		
Mont-St-Vincent	43	680		13		2	9	15	20	28		29*		7		20			
Genouilly	29	704	Montchanin-les-M.	16	lundi		18		6			1er*	18		22		19		
Gourdon	47	938	Montceau-les-Mines	9				27					17		8*				
Montchanin-les-Mines	39	4885			me., d.			26			24*			23			5		
Le Puley	32	180					23						23		31		29		
St-Eusèbe des Bois	34	1150	Montchanin-les-Min.	6		26		9	17	17	27		20*		16	9	16		
St-Micaud	35	551	—	12				28											
St Romain-s.-Gourdon	31	571	—	8			F28	13											
St-Germain-du-Plain	15	1690				2e jeudi			2e j.		2e j.	F31	1er j.			j.p.11			
Baudrières	18	1480					16							3e me		26			
Lessard en Bresse	20	700	St-Etienne en Bresse	6	mardi		25		23				16*		18				
Ouroux-s.-Saône	12	1934				2e lundi	6	11	30	31*			13			8	12		
St Christophe en Bresse	13	1020	Ouroux	4					2			F25			25				
Tronchy	22	447	St-Etienne en Bresse	3							24*								
St-Martin-en-Bresse	18	2003	Verdun-s.-Doubs	12	merc.	20		23*			7					F11	1er		
Damerey	13	745	—	17					26								15		
St-Didier en Bresse	22	486	—	8						l.p.23*							28		
St-Maurice en Rivière	15	880		7				19						F22					
Villegaudin	22	312	—	13						15					15				
Sennecey-le-Grand	17	2615			ma., v.	25	15	8	8	8	9	8	28	16	8	8*	18		
Laives	20	1104	Sennecey	3					sa.r.Fl.							12			
Lalheue	20	680		8								l.p.22*							
Verdun-s.-Doubs	22	1880			j., d.	7	28	22	11	10	22	28	23		28*	20	18		
Allerey	19	995	Verdun-s.-Doubs	4			8												
Gergy	14	1780				30			1er l.					22*		15			
Navilly	30	892			dim.		17	17		17	17*	17			17	17	27		
St-Loup de la Salle	24	990	Gergy	10				28					12				12		
La Villeneuve	33	373	Navilly	3											12				
Charolles		3360			merc.	2e me. cm	2e me	2e me	2e me	2e me	2e me*	2e me	2e me*	2e me	2e me	2e me	2e me	1er merc. cm marché aux bestiaux.	
Ozolles	11	1090	Charolles	11		26				2		1er		29*			6		
St-Julien de Civry	10	1800	—	10				24		28			l.p.28*		21				
Vendenesse-lès-Charolles	5	1535						2							2				
Viry	6	705	Vendenesse	3											18				
Bourbon-Lancy	52	3800		3	sam.	25	25	30	20	1er, d's.	20*	28		16	8-26	24	22		
Cronat-s.-Loire	67	1580			jeudi	19			16		12		23*			28			
Gilly-s.-Loire	41	1057							17		13								
Vitry-s.-Loire	63	930							6				16*						
Chauffailles	32	4165			vend.	1er jeudi cm	1er j.	1er j.	1er j.	1er j.	1er j.	1er j.*	1er j.	1er j.	1er j.	1er j.	1er j.		
Châteauneuf-s.-S.	29	356		1					L. Pâq*	23*			22			6			
La Clayette	19	1798			L., v.	1er ma. cm	1er ma	1er ma	1er ma	1er ma	1er ma*	1er ma	1er ma	1er ma	1er ma	1er ma	1er ma	....	Ht de la Poste et du Dauphin.
Bois-Ste-Marie	17	420	—	17		10	10		1, 30	31			3	8*		25			
Colombier en Brionnais	11	722	—	11				23		23*						17			
Gibles	19	1350	—	19		21	19											F 6 septembre.	
Digoin	24	4630			ma., v.	7	s. gras	27	19	12	10	22*	28	30	22	29	14		
St-Agnan-s.-Loire	34	1372							25				F15		20				
Gueugnon	28	3147	Digoin	12	jeudi	20		3	16	15	18		17*	26		20	20		

SAONE-ET-LOIRE : Charolles, Louhans.

LOCALITÉS et dist. de l'arrondiss.	k.	Popul.	GARES et distances.	k.	Marchés.	Janvier.	Fév.	Mars.	Avril.	Mai.	Juin.	Juill.	Août.	Sept.	Oct.	Nov.	Déc.	FOIRES MOBILES et OBSERVATIONS.	HOTELS & CAFÉS RECOMMANDÉS.
Neuvy-Gd-Champ	39	1495	St-Aguan	12			7		1				2*		5				
La Guiche	22	936	St-Bonnet-B.	17		21		1er	1er	1er		26*	d' l.		11	7	27		
Chevagny	21	283	Montceau-les-Mines	25					23*										
Joncy-s.-Guye	31	1110	St-Gengoux	10	merc.	11	12	23	12	25		6	10*	12	7	23	26		
Marizy	18	1092	Ciry-le-Noble	11			24		27				5*			25			
Pouilloux	25	1134	—	5					8						26				
St-Marcellin de Cray	28	587	Cluny	20		24		11	3	7	14		12					F 2 juin.	
St-Martin de Salencey	28	460	St-Bonnet-B.	14									d' l.*			F 11			
Marcigny-s.-Loire.	28	2803			lundi	2e lundi cm	2e l.	2e l.	2e l.	2e l.	2e l.*	2e l.	2e l.*	2e l.	2e l.	2e l.	2e l.		
Anzy-le-Duc	23	1020	Marcigny	6				3								4			
Bourg-le-Comte	35	493	—	6			3	20		20	20			29*		12			
Céron	37	939	—	9			27		17								22		
Chambilly	28	883	—	3				1er											
Chenay-le-Châtel	36	1223	Lapacaudière	9				13		13			3*		8				
Melay-sur-Loire	38	1989	Iguerande	5	jeudi				28	28		21	16*		28				
Montceaux-l'Étoile	26	552				12		8	30	18	28*			13	5		9		
Palinges	17	2281			sam.	27			5	24		5			4*	3	31		
Martigny-le-Comte	15	1688	Génelard	10				9		4*				18		9			
Paray-le-Monial	13	3080			mardi	22	3e ma	3e ma	3e ma	3e ma	3e ma	25*	3e ma	18	3e ma	7	3e ma		
St-Yan	26	1049	Paray-le-Monial	4				14		22*		30		21		15			
St-Bonnet de Joux	11	1602	St-Bonnet-B.	8	d., v.	16	5	7	13	19	30	24	19*	25	16	16	10		
Baubery	11	1105	—	3		22		29					31				23		
Sivignon	20	620	Trivy	3		20			s.S.r				16*				15		
Verosvres	17	1175	Dreux-Verosvres	1		12	22	18	25	16	13	6*	11	27	27	10	18		
Semur en Brionnais	32	1460	Marcigny	4			4e ma	4e ma				4e ma				4e ma			
Fleury-la-Montagne	38	1254		4															
Iguerande	39	1809							2				20*	l.p.4*		2			
Ligny en Brionnais	30	1207	Iguerande	12							5*								
Oyé	16	950	Marcigny	12				4e me	1e me	1e me	4e me		1e me		1e me				
St-Christophe en Brionnais	22	1211	—	11	jeudi	3e jeudi cm	3e j.	3e j.	3e j.	3e j.	3e j.*	3e j.	3e j.	3e j.	3e j.	3e j.	3e j.	F 25 juillet.	
St-Julien de Jonzy	30	830	Iguerande	7				17		3					25*				
Toulon-s.-Arroux	32	2087	Génelard	18	vend.	17	27	25	28	27	23*	20	21	15	15	14	12		
Ciry-le-Noble	23	1680						4	22						1er*	27			
Génelard	18	1726			jeudi	5		13		17				20		18			
Perrecy-les-Forges	21	2905	Génelard	5		8	4	23		5	4*	13	26* 3	4	10	3	4		
Sanvignes	28	2960	Montceau-les-Mines	6			23		7	14*			23		3		28		
Louhans		1330			lundi	1er lundi	1er l.	1er l.	1er l.	1er l.	11*	1er l.	31	1er l.	1er l.	1er l.	1er l.		
Branges	4	2309					14			14		22*		23					
Château-Renaud	1	1543	Louhans	1			10				11		11*						
St-Usage	6	2320	Louhans	6				3, 15	13	20*									
Sornay	3	1601	Branges	2								10*							
Beaurepaire	14	836		3	merc.		12		10	17	19		16*	8		10	12		
Le Fay	10	1283	Ratte	5				27	22*			29							
Montcony	10	690	Louhans	10					7	10*					21				
Sagy	8	2467	—	8				3		8			1er d.*	30					
Saillenard	13	1400	Beaurepaire	6				17		27		17		1er*		17			
Savigny en Revermont	17	2132	—	2	sam.	14			26		14*			28		24			
Cuiseaux	20	1500				2e jeudi	2e j.	2e j.	2e j.	2e j.	14	2e j.	11*	2e j.	25*	2e j.	2e j.		
Dommartin-l.-Cuis.	17	1258					2				6		25*				22		
Flacey en Bresse	15	1080	Beaufort	5	mardi				2e ma				2e ma			2e ma			
Varennes-St-Sauveur	18	2125	Dommartin	5	jeudi			3e j.	3e j.		3e j.			3e j.		3e j.	29		
Cuisery	20	1786			mardi	1er et 3e mardis	A	A	1er ma	1er ma	1er ma	1er ma	1er ma	1er ma	A	A	A	A) 1er et 3e mardi.	
Loisy	19	1090	Cuisery	4					14	12	18*		18				9		
Ormes	25	804	Simandre	3				20		16*					27				
Rancy	12	800	Cuisery	10					11				30*						
Simandre	21	1790			merc.	20	20	27	21	20	22*	20	20	20	20	20	20		
Montpont	9	2706	Ste-Croix	8	jeudi			11		30			20*				3e j.		
Sainte Croix	7	1304						24		4*				14		24		F 3 mai.	
Montret	11	1016			mardi	25		8*		1er me					4e me				
St-Etienne en Bresse	17	1145				17				6				8*					
St-Vincent en Bresse	13	928	Montret	4	sam.			d' j.				F 19							
Simard	11	1580	—	8			2*		18		30*						27		
Pierre de Bresse	31	2000			lundi	17	15	2e l.	20	31*		4		4*	9	15	2e l.		
Bellevesvre	30	700	Pierre de Bresse	10	vend.	18	1er s Car	1er l.Car			30		l.p.15*		1	6			
La Chapelle-St-Sauveur	26	1734	—	1	jeudi		10			12			10*			24			
Dampierre-en-Bresse	23	638	Mervans	1							d.p.24*								
Frontenaud	31	630	Navilly	3			5		5		5					5			
Lays-s.-le-Doubs	42	463	Pierre de Bresse	5				19			20		16*	22					
Mouthier en Bresse	30	1760	Neublans	8					25		16			2					
S.-Germain du Bois	15	2735			sam.	1er merc.	s.s.p.12	14	1er me		Trin.*	2e s.	26	18	19	d' me	15	= 31 juillet.	
Bouhans	21	490	St-Germain du Bois	11				21	27				25*						
Devrouze	17	805	—	8					27			5*							
Diconne	20	760	—	10				18			15*								
Frangy	13	1641	—	13	merc.		20	8	25						10*				
Mervans	20	1893			vend.	10		1er		1er*	8		1er*	2	2	11	8		
Sens	17	804	Louhans	17				23			7		6						
Serrigny en Bresse	26	850	Mervans	6				30					13*						
Tharey	18	1035	Montret	7					10	22*							21		

SARTHE : Le Mans, la Flèche, Mamers, Saint-Calais.

Localités et dist. du chef-lieu d'arrondiss.	k.	Popul.	Gares et distances	k.	Marchés	Janvier	Fév.	Mars	Avril	Mai	Juin	Juill.	Août	Sept.	Oct.	Nov.	Déc.	Hôtels & cafés recommandés
LE MANS		5630			vend.	v. p. 1er, der v.	3e v.	j. Mi-Car	4e v.	m. a. Pâq.*	3e v.	3e v.	4e v.	...		3e, A	2e v.	
La Bazoge	11	1700	Milesse	2	sam.		s. Sept.				3e s.		s. p. 15*			3e s.		
Parigné-l'Évêque	13	3100			jeudi					2e j.						3e j.		
Savigné-l'Évêque	11	2380	Guierche	10	j., d.													
Yvré-l'Évêque	7	2208																
Ballon	20	1731	Montbizot	5	merc.				B							der me		
Courcemont	27	1360	Bonnétable	6											C	D		
Montbizot	19	1003			dim.													
St-Jean-d'Assé	18	1722	Montbizot	6	dim.						*24							
Conlie	21	1675			jeudi		j. gras									3e j.	j. p. 10	
Fresnay	21	3330			mardi	1er mardi		E		2e ma	3e ma				1er ma	der ma		
Laigné-en-Belin	15	1298					F									s. p. 11		
Loué	30	1551			mardi						G			der ma				
Coulans	15	1527					H								der me			
St-Denis-d'Orques	37	1900			lundi			3e Mi-Car						der l.*				
Vallon-s.-Gée	22	1198	Loué	7	jeudi		l. gras		l. Quas.	l. p. Asc.	I				l. p. 9	l. p. 25		
Montfort-s.-Huis.	19	921			sam.			s. p. Mi-C.	s. a. Cendr.	s. ... 8	s. a. 12							
Le Breil	23	1702	Connerré	8	lundi		1er l.								der l.			
Connerré	21	2330			me.*	der merc.				J					der me			
Pont-de-Gennes	20	871														K	me. a. 25	
Torcé	23	1274	Bonnétable	5	dim.													
Sillé-le-Guillaume	38	3280			merc.	merc. du 6	1er me	L	M	1er me			1er me		3e me		3e me	
Roëssé-Vassé	41	1879					N									1er s.		
La Suze	19	2333			dim.		O		P		2e j.	4e j.			1er j.		1er j.	
La Flèche		9830			merc.	1er et der me	3e me		Q	R		S	4e me	1er me	der me		2e me	
Bazouges-s.-le-Loir	8	1575			dim.													
Chapelle-d'Aligné	14	1000	Crosmières	7							21*							
Brûlon	28	1615			sam.				sa. a. Pâq.					T			U	
Avessé	30	800			sam.				sa. Pâq.					s. in 4			s. du 14	
Poillé	32	900			dim.													
Le Lude	20	3800			jeudi	2e jeudi	2e j.	2e j.	2e j.	2e j.	2e j.	2e j.	2e j.	j. p. 8*	2e j.	2e j.	2e j.	
Luché-Pringé	16	2272			dim.						s. a. 24			s. a. 15		s. a. 11		
Malicorne	16	1317			lundi				sa. Pâq.				V					
Bousse	9	775	Vilaines	3						X								
Mézeray	16	1780			jeudi					1er j.						Y		
Noyen-s.-Sarthe	23	2500			sam.			s. a. Ram.			Z		1er s.		3e s.			
Mayet	32	3385			lundi	3e lundi			2e l.	der l.				2e l.		2e l.	2e l.	
Aubigné	31	2215																
Verneil-le-Chétif	36	904	Mayet	4				1er l.							1er l.			

Foires mobiles et observations.

A) 3e vend. p. 1er.
B) lundi Quasim.
C) samedi a. 2e mardi et 15 jours après.
D) sam. a. 2e mardi.
E) 3e me. Carême.
F) sam. a. Cendres.
G) lundi p. Fête-D.*
H) 2e merc. Carême.
I) lundi près 29*.
J) veille Ascens.*.
K) veille du 1er j.
L) 1er merc. Carême.
M) 1er merc. p. Pâq.
N) sam. a. Cendres.
O) jeudi a. Cendres.
P) jeudi p. Quasim.
Q) 1er et 2e merc.
R) merc. a. Pentec.
S) 1er et der merc.
T) sam. a. 1er lundi.
U) sam. a. 3e lundi.
V) lundi p. 1er dim.
X) 4e dim. p. Pâq.
Y) 2e lundi p. 1er.
Z) sam. p. octave Fête-D.

Localités et dist. du chef-lieu d'arrondiss.	k.	Popul.	Gares et distances	k.	Marchés	Janvier	Fév.	Mars	Avril	Mai	Juin	Juill.	Août	Sept.	Oct.	Nov.	Déc.	Hôtels & cafés recommandés
Pontvallain	25	1793	Mazet	6	vend.			1er l.	der s.						1er s.			
Cérans-Foulletourte	19	2299	La Suze	9	mardi		1er ma		1er ma		2e ma			3e me			2e ma	
Fontaine-St-Martin	20	710	Mézeray	12			der l.						A			der l.		
Mansigné	21	2161	Mayet	11	lundi		3e l.								3e l.			
St-Jean-de-la-Motte	11	1583	Laroché	6	dim.						*24							
Yvré-le-Pôlin	23	1252	Écommoy	10	jeudi											2e j.		
Sablé	27	6189			l. et v.		1er Mi-Car		me. Pâq.		3e l.			1er l.*		1er l.	3e l.	
Auvers-le-Hamon	32	1758	Sablé	8	dim.													
Parcé	23	2026	Avoise	5	dim.													
Précigné	24	2625		3	dim.				ma. 8e			1er me						
Solesmes	24	869	Sablé	3	jeudi													
Mamers		6180			lundi			5e Mi-Car	v. Sam.	1er l.			1er l.	B *27			1er l.	
St-Cosme	12	1392	Moncé	5	sam.									8*	*1er			
St-Remy-du-Plain	10	740			dim.													
Beaumont-s.-Sarthe	25	1918			mardi	3e mardi		4e ma		C					1er ma		D	
Ségrie	36	1230			lundi			2e Mi-Car							2e l.			
Bonnétable	26	4180			mardi		1er ma	E		F	1er ma			1er ma	2e ma	G	2e ma	
Nogent-le-Bernard	17	1806	Bonnétable	8	dim.													
La Ferté-Bernard	38	2780			lundi		2e l.	2e l.		2e l.	2e l.		3e l.	3e l.		22*		
Fresnay-s.-Sarthe	28	3000			sam.	2e sam.	4e s.	s. Ram.		s. Pen.		2e s.	4e s.	4e s.	4e s.	4e s.		
St-Georges-le-Gaultier	11	1325	Fresnay-s.-S.	13	mardi	3e mardi			3e ma.*					2e ma		1er ma		
La Fresnaye	15	1230	Alençon	13	mardi	1er mardi			H			1er			der ma			
Marolles-les-Braults	13	2250			dim.			J		K			L			3e s.		
René	13	987	Vivoin	9	jeudi		j. gras											
Montmirail	16	780	La Ferté-Bernard	16	mardi													
Courgenard	30	717	—	9									der d.*					
Fyé	27	1108	La Hutte	4	dim.													
Gesnes-le-Gandelin	29	1125		11	dim.													
Tuffé	33	1670			jeudi													
St-Calais		3625			jeudi	3e jeudi		M		2e j.	2e j.			N		O		
Bouloire	16	2121			mardi		2e ma		P	der ma		1er ma		Q		3e ma	der ma	
Coudrecieux	13	1478			sam.						1er s.				a.-3e s.			
St-Michel-de-Chavaignes	18	1275			sam.									R				
Thorigné	28	1590			jeudi		j. gras						1. der j.					
La Chartre-s.-le-Loir	30	1608			jeudi	1er jeudi ca	1er j.	1er j.	1er j.	1er j.	1er j.	1er j.*	1er j.	1er j.	1er j.	1er j.	1er j.	
Château-du-Loir	11	3621			sam.			2e s.		s. a. Asc.	3e s.		1er s.			3e s.	1er s.	Ht du Chateau.
Le Grand-Lucé	25	2692			merc.													
Vibraye	16	2920	La Ferté-Bernard	17	vend.		der v.	der v.	der v.		der v.	der v.	der v.	der v.		der v.	der v.	
Dollon	20	2003	Thorigné	4	merc.							2e me			1er me		2e me	

Foires mobiles et observations.

A) lundi p. der dim.*
B) 2e et 4e lundi.
C) mardi a. Pentec.
D) 1er et 3e mardi.
E) 3e mardi Carê.
F) mardi Trinité.
G) 2e et 4e mardi.
H) mardi du dim. p. 23.
I) mardi p. der dim.
J) samedi p. Mi-Car.
K) sam. p. 1er lundi.
L) sam. p. 1er lundi.
M) jeudi Mi-Car.
N) ma. et j. p. 1er dim.*
O) jeudi p. 8.
P) mardi Quas.
Q) mardi près 21*.
R) mardi p. der dimanche*.

SAVOIE : Chambéry, Albertville, Moutiers, Saint-Jean de Maurienne.

LOCALITÉS et dist. de l'arrondiss.	K.	Popul.	GARES et distances	K.	Marchés	Janvier	Fév.	Mars	Avril	Mai	Juin	Juill.	Août	Sept.	Oct.	Nov.	Déc.	Hôtels & cafés recommandés
CHAMBÉRY		20 m			sam.				F Pâq.				F13					
Les Déserts	11	1328	Chambéry	11										30*				
Puygros	10	788	—	10								d' l.*		15				
Jacob-Bellecombe	8	350	—	3	sam.		23		A				16*			16		
Aix-les-Bains	14	5061			lundi	2				8	6*			14				
Brison-St-Innocent	21	902	Aix-les-Bains	8									16*					
Grésy-s.-Aix	13	1148						20			23*							
Le Viviers	10	535											1er l.*					
Albens	25	1639			vend.									12		v. p. 1er		
La Biolle	22	1354	Albens	4				8*										
St-Germain d'Alb.	25	680	—	7								F31						
Saint Girod	28	527	—	3					l.Pâq.*									
Chamoux	34	1297	Chamousset	3	lundi				18							18		
Coize-St-Jean	24	1300	St-Pierre d'Albigny	5							14*		B					
Le Châtelard	35	905	Aix-les-Bains	28	l. p. 15					l.p.1er*	2e l.	d. l.				C		
Ecole	10	876	St-Pierre d'Albigny	17					2e ma					7*				
Lescheraine	32	690	Grésy	21	v. (D)							22*		25	6			
Motte en Bauges	39	611		25										1er*				
Le Noyer	22	674	Chambéry	22								1er l.*		3				
Les Echelles	22	765	St-Béron	8	mardi	17			ma.Pâq.	ma.Pen.*								
Entremont	22	1572	Chambéry	22							15*							
St-Pierre d'Entremont	25	888	—	25					2e l.	v.Asc.	F29	2		1er l.*	2e l.			
Montmélian	14	1275			lundi				d' l.	E	1er l.			F		25	G	
St-Pierre de Soucy	20	847	Montmélian	6							30*							
Villard d'Héry	23	310	—	9							18		1er l.*					
La Motte Servolex	5	3000	Chambéry	5														
Le Bourget du Lac	10	1351	Viviers	1									l.p.29*					
Cognin	2	1183	Chambéry	2	sam.													
Pont de Beauvoisin	31	1610			lundi					l.Pent.*						s. 11		
Ayn	24	629	Lépin	5									H					
La Bridoire	34	815	St-Béron	2										1er ma				
La Rochette	30	1280	Pontcharra	10	merc.					ch. me.	ch. me.				27	1	ch. l.	
La Chapelle-Blanche	25	518	Ste-Hélène	6				1er l.										
Détrier	27	230	Pontcharra	8											6	3		
Presle	30	926	—	11					20			20*						
La Trinité	36	690	Chamousset	10							l.Trin.*							
Ruffieux	32	987	Culoz	6					23*							8		
Chanaz	19	700	Chindrieux	6				15										
Chindrieux	29	1221		2						20				21*				

Foires mobiles et observations.

A) mardi Quasim.
B) 1er et 3e lundi.
C) 1er et 3e l. p. 11.
D) marchés au bétail les vend. du 1er mars au 1er juil.
E) Tous les lundis.
F) 0, 2e et 3e lundi suivant.
G) Tous les lundis.
H) 2e et 4e mardi.
I) ch. merc. p. 11.

LOCALITÉS	K.	Popul.	GARES	K.	Marchés	Janvier	Fév.	Mars	Avril	Mai	Juin	Juill.	Août	Sept.	Oct.	Nov.	Déc.	Hôtels & cafés recommandés
Serrières	35	1600	Châtillon	10								20		1er				
St-Genix	46	1858			1er m.	d' me. et 3e me.	d' me 3e me	d' me 3e me	d' me 3e me	d' me A	d' me 3e me	d' me 3e me	d' me 3e me	d' me 3e me	d' me 3e me	d' me 1e me	d' me 3e me	Hl Labully.
Novalaise	18	1134	Gué	8														
Ste-Marie d'Alvey	19	240	Aoste	8							1er j.							
St-Pierre d'Albigny	29	3004			merc.			d' me		d' me	F29					B		
La Thuile	15	793	Chignin	12								2e l.						
St-Jean de la Porte	24	1059	St-Pierre	1							24*	8						
Yenne	28	2720	Brens	5	ma. s.	1er ma.	1er ma	1er ma	1er ma	1er ma	1er ma	22*	1er ma	s.a. p. 8	1er ma	25	1er ma	
Jongieux	29	402	—	12						26								
Lucey	34	421	Culoz	15									9*					
La Balme	32	541	Brens	2										l.p.22*				
St-Jean de Chevelu	22	800	Vérignier	9				16			*24					16		
Albertville		5130			jeudi			j. Ram.		1er, 3e j.	2e j.		1er j.	27*			1er j.	
Beaufort	19	2892	Albertville	19	lundi					25*	2e l.			3, 25	2e l.	2		
Grésy-s.-Isère	15	1420			lundi				24*					16	1er			
Ugines	9	2691	Marthod	5	lundi					l. Roga.	C		11, 25			D		
Flumet	22	900	—	17	lundi					l.p. Asc.		d' v.			5	l.p. 1er		
Moutiers		2320	—	27	mardi	lundi p. 6	1er l. (s.	l. Fas.	ma.Pâq	E	25			F	G	1er l.	1er l.	
St-Martin de Bel	48	1491	—	45	vend.						8		12*			F11		
Naves	42	587	—	30										7*				
Aime	13	1015	—	40							1er ma			l.p.29*	l.p.18			
Bourg-St-Maurice	27	2500	—	54	jeudi						s.a.21		9	H		s.p.1er		
Ste-Foy	38	1074	—	65	sam.						I							
Séez	30	1487	—	57							J							
Val de Tignes	58	277	—	85										12*				
Bozel	13	1218	—	37	sam.						11				12			
St-Jean de Maurienne		3160			vend.			K		d' v.	21*		27		30			
Albiez-le-Vieux	17	829	St-Jean de Maur.	17										16				
St-Jean d'Arves	16	1189	—	16							10			16*, 25				
Fontcouverte	6	1267	—	6										4				
Aiguebelle	33	1060			mardi		j. gra.		d' v.		6		j.p.15*			11		
Argentine	23	1728	Aiguebelle	5						1er l.					3			
Epierre	23	680								d' l.					15*			
St-Alban d'Hurtière	26	1200	Epierre	4							F22			16		2		
La Chambre	10	620			jeudi					22				22*				
Montaimont	17	1241	La Chambre	4										6*, 20				
St-Colomban	19	1301	—	12						2e l.				18				
Lanslebourg	53	1031	Modane	23					ma.Pâq						1er	11	1er	
Bessans	65	1905	—	33										v.a.4e l.	v.a.3e l.			
Modane	31	2600			jeudi						4, 18				4, 18			
St-Michel de Maurienne	13	7050			vend.					18				27*				
Valloires	23	1312	S. Michel de M.	12										14				Hl Rt Ollier Pascal

Foires mobiles et observations.

A) 4e me. p. Pâques.
B) 1er et 3e ma. p. 1er.
C) lundi Trinité.
D) 1er et 3e j. p. 1er.
E) lundi Pent. et lundi p. Fête-D.
F) 12 et lundi p. 19.
G) l. avant 25.
H) 9* et v. p. 29.
I) trois 1ers vend.
J) trois 1ers vend.
K) vend. a. Ram.

St-Jean de Maurienne : * 24 juin.
St-Jean d'Arves : * 24 juin.

HAUTE-SAVOIE : Annecy, Bonneville, Saint-Julien, Thonon.

LOCALITÉS et dist. de l'arrondt	K.	Popul.	GARES et distances	K.	Marchés.	FOIRES Janvier.	Fév.	Mars.	Avril.	Mai.	Juin.	Juill.	Août.	Sept.	Oct.	Nov.	Déc.	FOIRES MOBILES et OBSERVATIONS.	HOTELS & CAFÉS RECOMMANDÉS.
ANNECY		11 m			mardi	1er mardi				A		1e, 3e l.*					3	A) 4e mardi p. Pâq.	
La Balme de Sillingy	11	892	Annecy	11	mardi			3e l.						3e l.		l. p. 1er*		B) merc. p. Ascens.	
Chavanod	7	788	Lovagny	2									16*					C) merc. Trinité.	
Menthon-S.-Bernard	8	735	Annecy	8												9		D) mardi p. 29*.	
Poisy	6	770	—	6								d' l.						E) merc. Trinité.	
Sallenoves	18	405	—	18					1er		30*							F) veille Ascension.	
Alby-s.-Chéran	13	1228	Albens	8	lundi		1er	l. Saint		12			6*			11		G) veille Fête-Dieu.	
Balmont	4	240	Annecy	3							1er l.*							H) l. p. 11 et 15 jours	
Cusy	18	1187	Grésy-s.-Aix	9	vend.	1er vend.	1er v.	1er v.	1er v.	1er v.	1er v.	20*	13	1er v.	1er v.	1er v.	1er v.	après.	Hl Rl Brunier.
Gruffy	15	900	Albens	11									2	7*					
St-Félix	18	927	—	8				1er			28		29*				13		
Faverges	25	3040	Annecy	25	merc.					B	C			D	B				
Doussard	18	1182	—	19					1er, 3e me					d' l.					
Rumilly Albanais	18	4000			jeudi	1er jeudi	1er j.	1er j.	d' l.	F	G	1er j.	24*	1er j.	1er j.	23	1er j.		
Syon	24	315	Rumilly	4				15	j. Saint										
Thusy	20	1010	Marcellaz	7	jeudi														
Thônes	19	2801	Annecy	19	sam.					1er l.	1er l.		l. p. 15*	23		11			
La Clusaz	31	1054	—	31						31*	1er			11*					
Grand-Bornand	31	1966	—	31	merc.					1er, 4e me			12	21		7			
Thorens	19	2550	Groisy	7	merc.					d' l.					l. p. 8*				
Groisy	14	1614											26*						
Bonneville		2389	la Roche-s.-Foron	8	ma., v.			14	2e l.	2e ma		2e ma		2e me		11*			
Contamine	8	815	—	9											d' l.*				
Marignier	8	1898	—	15						1er me					1er me				
Le Petit-Bernard	12	1610	—	11											1er				
Chamonix	57	2141	—	65	jeudi				2e ma	15	15*			30	25				
Les Houches	59	1081	—	58							16*			12					
Servoz	50	520	Annecy	85						23*				21*					
Vallorsine	75	620	la Roche-s.-Foron	21										19					
Cluses	14	1917	—		lundi		3e l.	l. p. 25		l. Pm.		1er l.*		15	29		1er l.		
La-Roche-s.-Foron	8	3180			jeudi						3e j.				2e, 4e j.		14		
St-Pierre de Rumilly	4	1131	la Roche-s.-Foron	4									23*						
St-Gervais-les-Bains	40	1915	—	47	jeudi				7		10	16		14*	4				
Passy	36	1880	—	44					20					24					
St-Jeoire	16	1731	Annemasse	18	vend.	5			1er		6*			2	17				
Sallanches	30	2085	la Roche-s.-Foron	38	sam.	3e sam.	3e s.	1er s.	3e s.	1er s.	3e s.	3e s.	1er s.	3e s.	d' s.	3e s.	s. a. 25		
Megève	46	1841	—	54	vend.				1er v.	d' l.	25	1er v.	16*	6	1er s.				
St-Roch	32	1398	—	40	sam.	1er vend.		2*		1er s.			1er s.*			1er s.			
Samoëns	20	2543	—	28	merc.		sa. dr 4		av. de 4		me. dr 21			29*	19		l. a. 21		

LOCALITÉS	K.	Popul.	GARES	K.	Marchés.	Janvier.	Fév.	Mars.	Avril.	Mai.	Juin.	Juill.	Août.	Sept.	Oct.	Nov.	Déc.	FOIRES MOBILES et OBSERVATIONS.	HOTELS & CAFÉS
Morillon	23	640	Annemasse	40						2e l.					2e l.			A) merc. Passion.	
Sixt	37	1221	La Roche-s.-Foron	45										16*				B) 7* et 4e lundi.	
Taninges	19	2351	Annemasse	20	jeudi	7		6	28		2	20*	14, 25		1er j.	3			
Les Gets	27	1155	La Roche-s.-Foron	34				24		24				9*	24				
Mieussy	19	2098	—	27						20			20*		1er l.				
St-Julien		1490			vend.						1er l.			1er l.*					
Savigny	17	694	Valléry	6				24*											
Valléry	10	682								2			13*						
Viry	5	1720					14				24*		16*						
Vulbens	14	800	Valléry	3				16			7		21*			27			
Annemasse	16	1921																	
Bonne	25	858	Annemasse	8										4			7		
Gaillard	19	1189				15	15	21	21	15	11	11	29	29*	15	8	8		
Cruseilles	16	1945	Groisy	11	vend.	1er merc.	1er me	A						1er me		1er me			
Allonzier	19	705	—	7										2e l.*					
Andilly	11	609	St-Julien	11									21*						
Cercier	20	705	Groisy	12					15*				27						
Vovray	21	450	St-Julien	21						12*					12				
Frangy	22	1401	Seyssel	11	merc.					3					18*				
Chaumont	18	672	—	18			6				22	B		2			13		
Chilly	23	1360	—	18			1er					10*							
Clarafond	20	571	Bellegarde	10					18				18*						
Contamin.-s-Marlioz	18	435	—	10					18				18						
Eloise	25	468		5				26			2*		13						
Marlioz	14	610	Valléry	10		17*				6, 20			1, 15			15			
Vanzy	28	537	Bellegarde	10										9*		1er me			
Reignier	18	1831								10			10*						
Fillinges	28	1600	Annemasse	11									11*	9					
Seyssel	35	1520			lundi			25					16*		4	11*			
Challonges	31	808	Pyrimont	3							28*		27		28				
Clermont	31	475	Seyssel	7					ma. Pâq.	ma. Pe.*									
Desingy	23	1309	—	8				11					10*				1er l.		
Thonon		5430			merc.				1er me			1er me		1er me					
Allinges	5	1695	Mésinges	2						28*			17						
Draillant	10	681	Perrignier	2							1, 15*				28				
Lullin	18	1140	Thonon	18						2e me				29*		l. p. 1er			
Marin	5	781	—	5										9*					
Sciez	10	1783	Perrignier	4	vend					21			23*						
Vailly	15	1240	Thonon	15										20*					
Abondance	30	1462	Evian-l-Bains	28	merc.				1er ma.	27	6	24*			4	4			
Bernex	22	1080	—	9					11					30*					
La Chap. d'Abond.	27	628	Thonon	27						16*				19	29				

HAUTE-SAVOIE : Thonon. — SEINE : Paris, Saint-Denis, Sceaux.

LOCALITÉS et dist. du chef-lieu d'arrondiss.	K.	Popul.	GARES et distances.	K.	Marchés.	Janvier.	Fév.	Mars.	Avril.	Mai.	Juin.	Juill.	Août.	Sept.	Oct.	Nov.	Déc.	FOIRES MOBILES et observations.	HOTELS & CAFÉS recommandés.
Châtel	40	500	Monthey	15							1, 15*			17				A) l. gras et 15 jours après. B) 1er et 3e l. p. 11. C) merc. Pâques.	
Chevenoz	18	777	Ev.-les-Bains							8			8*						
Le Biot	22	719	Thonon	21				15	10		8, 22*				21	21			
La Baume	18	685	—	18						15*									
Morzine	33	1588	—	33											1er*	8	28		
St-Jean d'Aulps	32	1720	—	26					a.p.Pâq.		*24		29*						
Seytroux	25	651	—	25					30*						30				
Vacheresse	14	980	Ev.-les-Bains	12					20						12				
Montriond	31	719	Thonon	31			A								8				
Boëge	28	1390	Bons-S.Didier	7	mardi			20		10			22*	23	29				
Habère-Lullin	20	500		4					C					16					
Douvaine	18	1292	—	8	mardi			28					1er l.*		1er ma				
Ballaison	18	772	—	4			1er l.							3e l.					
Bons	16	1288	🚂	1				1er l.	1er l.	1, 15		7	9*			B	13		
Massongy	13	750	Bons-S.-Didier	8							25*			25					
Evian-les-Bains	19	3145	🚂		lundi	2				2e l.	1er, 3e l.				1er, 3e l.	1er, 3e l.			
Féternes	18	1547	Ev.-les-Bains	8									16*						
Larringes	10	676	—	6										26					
Lugrin	15	1802		6					C						3e me				
St-Paul	15	1370	—	6			8				*29	26*							
Thollon	23	898	—	10										28					
PARIS		2 m. ½	🚂		quot.				A								B	A) Sem.-Ste : foire aux jamb., bds Beaumarchais et Richard Lenoir. — Pâques : foire au pain d'épices à la barr. du Trône et stat. foraines à la suite tout autour de Paris, en suiv. les gds bds excentriques. (V. banlieue ci-dessous). B) 20e, gr. boulev. C) Pentecôte, pèlerinage, rosière.	
La Villette-Paris			🚂 bestiaux		l., v.														
Charenton	2	12 m	🚂		me., s.							2e d.							
Bry-s-Marne	10	1055	Nogent	2			11						d.p.23*						
Champigny	12	3080	🚂						Pâq. l.	10						2			
Créteil	6	3434	Maisons-Alf.	2								*1er							
Joinville-le-Pont	5	3400	🚂		d., j.						*19								
Maisons-Alfort	5	9175	🚂		ma., v.							2e d.							
Nogent-s-Marne	6	9199	🚂		ma., s.					Fêt.*				3					
St-Maur des Fossés	8	15 m	🚂		quot.							3e, 4e d.*							
St-Maurice	7	3375	Char.-le-Pont	2										dr d.*					
Courbevoie	3	15 m	🚂		ma., v.					1er d.*			1er d.						
Asnières	2	15 m	🚂		j., d.					1er d.*				17					
Colombes	5	9880	🚂									4*							
Gennevilliers	5	3255	Asnières	1								22*							
Nanterre	8	4950	🚂		j., d.					C									
La Chapelle			🚂		mardi													Mercredi, fourrages	
Puteaux	3	15 m	🚂		j., d.								d.p.25						
Suresnes	4	7012	🚂		me., s.						21*		*15					A) 2e, 3e et 4e dim.* B) 1er et 2e dim.*	
Neuilly-s.-Seine	1	23 m	🚂		ma., d.						21*								
Boulogne-s.-Seine	2	26 m	🚂	1	d., ma., v.							A							
Clichy	1	25 m	🚂		ma., j., s., d.						d.p.8*	B							
Levallois-Perret	1	39 m	🚂										B						
Pantin	2	18 m	🚂		ma., j., d.								2e d.*						
Bagnolet	3	3840	Ceinture	2										1er d.*					
Bondy	6	2285	🚂						Pâq.*										
Le Bourget	6	1760	🚂		sam.*							2e d.*							
Les Lilas	10	5890	Ménilmontant	2						dr d.									
Noisy-le-Sec	6	4825	🚂		me., s.					Trinité									
Prés-St-Gervais	1	5100	Ceinture	1							10*		1er d.*						
Romainville	3	1865		4									1er d.*						
Saint-Denis	6	44 m	🚂		ma., v., d.		24			dr d.	11*				9*				
Aubervilliers	4	22 m	🚂		ma., j., s.							14*		1er d.					
Drancy	4	600	Le Bourget	2							Sts-B.*								
Epinay-s.-Seine	5	2310	🚂								8*								
Ile-St-Denis	1	1730	St-Denis	2	me., s.						21*		1er d.						
St-Ouen	3	18 m	🚂		me., d.								24*						
Stains	9	1872	🚂	1									d.p.16*						
Sceaux	8	2780	🚂		lundi						*21		15					March. cap. aux bestiaux.	
Antony et Berny	11	1625	🚂							2e d.*			2e d.*						
Bagneux	3	1510	Arcueil	1											17*				
Bourg-la-Reine	8	2715	🚂								d.p.24								
Châtenay	12	1115	Sceaux	2									1er d.*						
Châtill.-s-Bagneux	1	2235	Arcueil	2						1er d.*									
Clamart	6	4100	🚂								*29	d.p.7*							
Fonten.-aux-Roses	6	2850	🚂																
Issy	2	11 m	🚂		ma., v.								1er d.*						
Malakoff	3	7750	🚂		l., me., s.					*1er d.									
Montrouge	1	11 m	Ceinture	1	j., d.								1er d.*						
Le Plessis-Piquet	5	350	Sceaux, Clam.	3								d.p.22*	d.p.25*						
Vanves	2	3845	🚂		j., d.										1er d.*				
Villejuif	3	2680	Arcueil	2							*15								
Arcueil-Cachan	3	3985	🚂		j., d.										2e d.*				
Choisy-le-Roi	8	6980	🚂		jeudi								d.p.25*						
Gentilly	1	13 m	Ceinture	1	sam.					2e d.*									
Ivry-s.-Seine	1	19 m	🚂							1er d.*									
Thiais	9	2125	Choisy	1										1er					
Vitry-s.-Seine	6	5280	🚂	1						d.p.12*									
Vincennes	2	21 m	🚂		ma., v.						25		15*						

SEINE-ÈT-MARNE : Melun, Coulommiers, Fontainebleau, Meaux, Provins.

LOCALITÉS et dist. de l'arrondiss.	k.	Popul.	GARES et distances		Marchés	Janvier.	Fév.	Mars.	Avril.	Mai.	Juin.	Juill.	Août.	Sept.	Oct.	Nov.	Déc.	FOIRES MOBILES et OBSERVATIONS.	HOTELS & CAFÉS RECOMMANDÉS.
Fontenay-s.-Bois	5	1370			me., d.								1er d.*					A) 1er dim. p. 14.	
Montreuil-s.-Bois	3	18 m	Ceinture	2	j., d.						d.p.23*			3e d.*					
Rosny-s.-Bois	6	2400			merc.							A							
St-Mandé	2	9400			j., d.						d.p.29*								
Villemomble	12	2035											d.p.25*						
MELUN		13 m			s., m.				14		21*		1er 2e d.*			11*		A) lundi p. 1er dim. B) mardi Quasim. C) mardi de la 3e semaine.	
Brie-Comte-Robert	18	2600			lundi							2e l.			1er l.*				
Grisy-Suines	10	1000	Br. Comte-R.	5							2e d.*								
Chatelet en Brie	11	908	Melun	11	mardi														
Blandy	10	690		10										21*					
Valence en Brie	20	580	Montereau	9								18			1er*				
Mormant	20	1423			jeudi														
La Chap.-Gauthier	17	730	Mormant	8	mardi											l.p.11*			
Guignes-Rabutin	16	988	Verneuil	2	vend.					12									
Tournan	26	1880			lundi					l. Pent.*									
Chaumes	20	1892	Verneuil	2	mardi										19*				
Ozouer-la-Ferrière	27	724												9*					
Coulommiers		6230			merc.*	1er merc.	1er me	1er me	1er me	A	1er me	1er me	1er me	1er me	10*	1er me	1er me		
La Ferté-Gaucher	18	2392			jeudi*	dr jeudi	dr j.	dr j.	dr j.	1re, 4e j.	dr j.	dr j.	dr j.	dr j.	18	dr j.	dr j.		
Amilly	11	880	Coulommiers	11	vend.										16				
Choisy en Brie	12	1091	St-Siméon	6	sam.		2										8		
Jouy-s.-Morin	16	1934	Coulommiers	16															
St-Barthélemy	22	430	La F.-Gauch.	6									24*						
Rebais	12	1240	St-Siméon	6	mardi				B	l. Pent.*		22*		sa.p.14		C			
Doué	11	875	Coulommiers	11												23			
St-Cyr-s.-Morin	13	1280	La F.-Gauch.	9	jeudi														
St-Ouen-s.-Morin	16	250	—	10									24*						
Villeneuve-s.-Bellot	20	848	Coulommiers	20	vend.		24			3e v.	19			21*			21		
Rozoy en Brie	19	1570		11	sam.						24*					11			
Faremoutiers	9	880		1	lundi				l. Saint										
Fontenay-Trésigny	23	1360	Marles	3	merc.														
Mortcerf	15	1105			vend.														
Touquin	12	700	Faremoutiers	7											14				
Villeneuve-le-Comte	20	871												11*					
Fontainebleau		14 m			l., v.						l. Trin.*					26*			
Avon	1	2480	Fontainebl.	1															
Le Chap.-la-Reine	14	861	Fontainebl.	14	mardi													A) mardi Pentec.*. B) 4e mardi Carême. C) 3e mardi Carême. D) 11, loue domest. E) 1er dim. Carême. F) 1er, dimanche p. 7.	
Château-Landon	30	2864	Souppes	5	jeudi		l. a. 11		l. Pass.		l. p. 3*			j.a.21*			l. s. 21		
[illegible]	40	1430			mardi		24									30*			
Branles	36	700	Souppes	10		dim. p. 6				3			31*						
Souppes	28	3803			lundi														
Lorrez-le-Bocage	23	884	Moret	14	merc.														
Egreville	35	1695	Souppes	11	lundi	25			l. Saint			1er l.	l.p.17*			12	l. a. 25		
Flagy	24	400	Montereau	8						l. Pent.*									
Thoury-Férottes	26	585		10							29*								
Voulx	30	1200		13	jeudi								j. p. 15						
Montereau	23	7708			merc.				18*					dr me					
Moret	11	1975			ma., v.				v. Saint					l. p. 8			6		
Nemours	20	4490			sam.	20				2e s.	24*			3e s.		1er s.	3e s.		
Meaux		12 m			sam.	6				15						12*			
Claye-Souilly	16	1300	Mitry-Claye	5	merc.														
Mitry-Mory	22	1845													18				
Crécy en Brie	14	910	Esbly	11	jeudi									29					
Quincy-Ségy	7	1524	—	7						l. Pent.*									
Dammartin	19	1720			jeudi					l. Pent.*							6		
La Ferté-s.-Jouarre	20	4800			lundi						21*				23		6		
Jouarre	20	2392	La Ferté-s.-Jouarr	3	vend.			Mi Car.		A									
Nanteuil-s.-Marne	29	364			merc.										28*	30			
Saacy-s.-Marne	27	1240	Nanteuil-s.-Marne	1	sam.			B											
Lagny-s.-Marne	20	4860			merc.							1er d.*				30			
Chelles	20	2900			jeudi						F 8					4			
Lizy-s.-Ourcq	16	1523	Trilport	10	vend.				--						6				
Crouy-s.-Ourcq	25	1245	Meaux	25	mardi						11			21*					
Provins		8740			sam.	1er sam.	2	C	1er s.	1er s.	24*	1er s.	1er s.	11	1er s.	D	1er s.		
Bray-s.-Seine	19	1600	Chalmaison	7	vend.		14			14				11*					
Everly	14	434	—	1						3e d.*									
Donnemarie en Montois	18	1020			lundi		E								1er d.*				
Montigny-Lencoup	24	1060	Châtenay	4	jeudi														
Nangis	22	2800			merc.		Cendr.*					1er me			1er me				
Jouy-le-Châtel	18	1408	Nangis	18	mardi								F	24					
Villiers-St-Georges	14	958		13	merc.							2e me.*							
Beton-Bazoches	16	640	La Ferté-s.-Jouarr	11	lundi						25*								

SEINE-ET-OISE : Versailles, Corbeil, Étampes, Mantes, Pontoise, Rambouillet.

Localités et dist. de l'arrondiss.	K.	Popul.	Gares et distances	K.	Marchés	Foires: Janvier.	Fév.	Mars.	Avril.	Mai.	Juin.	Juill.	Août.	Sept.	Oct.	Nov.	Déc.	Foires mobiles et observations.	Hôtels & cafés recommandés.
VERSAILLES		50 m								1er			25*		9			A) 2e dim. Fête-D.*	
St-Cyr-l'École	5	3340			jeudi													B) D. octave F.-D.	
Trappes	16	1092							1er d.*					4e d.*				C) dim. a. Mi-Car.*	
Jouy en Josas	7	1315			me., s.								d. p. 15						
Argenteuil	20	12 m			vend.						Γ24								
Bezons	18	1992	Courbevoie	4	dim.								30*						
Houilles	16	1760			sam.														
Sannois	21	3372			d., j.														
Marly-le-Roi	9	1680									A								
Bougival	7	2085	Chatou	4	dim.							1er d.*							
Rueil	13	9820			sam.						B								
Meulan	32	2562			lundi					Ascens.				27					
Maule	27	1805	Épône	7	sam.					3e d.*					3e d.*				
Palaiseau	15	2120			mardi		3				Γ24					25			
Bièvres	9	1057															6		
Châteaufort	16	630	Gif	4											28*				
Orsay	15	1568						C											
Poissy	20	5404			me., d.														
Conflans Ste-Honor.	22	2092			mardi														
Triel	28	2530			dim.														
St-Germain-en-Laye	12	14 m			ma., d.					d. p. 25*									
Chambourcy	19	730	St-Germain en Laye	3															
Chatou	11	3980			merc.								⚑15						
Maisons-Laffitte	22	4408																	
Le Vésinet	15	4900			dim.														
Sèvres	8	1330			sam.						d. p. 24*								
Chaville	6	2565			jeudi								⚑15						
Meudon	10	7670										d. p. 14*							
St Cloud	8	5422			ma., d.									⚑7					
Ville-d'Avray	6	1660			ma., v.						⚑15								
Corbeil		7620			ma., v.					d. a. Asc.				6					
Ballancourt	14	1358		1	jeudi														
Essonnes	2	5880			sam.								⚑6						
Mennecy	7	1508			mardi									⚑29	9*				
Arpajon	19	2874			me., v.				[illegible]	1er			24			⚑21			Hᵗ du Lion d'Arg.
Montlhéry	17	2350	St-Michel	2	l., j.									⚑29					
St-Germ.-lez-Arpaj.	21	601	Arpajon	2	me., v.													Marchés aux bestiaux.	
Brunoy	12	2240			d.-me.					Pentec.*									
Sucy en Brie	22	1271		1	sam.									14					
Villen.-St-Georges	18	4310			sam.				⚑23									A) merc. saint.	
Longjumeau	21	2590			merc.				A		21*			29			21	B) 1er dim. et 29*.	
Savigny-s.-Orge	13	1102			sam.											10*		C) 15 et dim. p. 29.	
Étampes		8480				1er sam.	1er s.	1er s.	1er s.	1er s.	1er s.	1er s.	1er s.	B	1er s.	C	1er s.	D) mardi a. 24*.	
La Ferté-Alais	16	895			sam.			j. 14										E) merc. p. 22*.	
Cerny	15	848											16*					F) mardi p. 11*.	
Méréville	16	1530	Monnerville	16	mardi			11		9	D			15			21	G) dim. p. 27*.	
Angerville	20	1585			vend.				4 d.			2e d.*				4			
Milly	16	2282	Maisse	6	jeudi	j. p. 22				l. p. 3					28*				
Maisse	19	995			lundi						9			1. 5. 8*		24			
Mantes		6170			merc.							E					1er me		
Bonnières	13	1001			lundi														
Gommecourt	15	134	Bonnières	6	dim.							16	30*		25				
Houdan	28	2050			me., d.		Cendres					26		21*					
Dammartin en S.	15	641	Bréval	8	jeudi							10*				11			
Septeuil	11	928	Mantes	11	mardi									2e ma					
Magny en Vexin	22	2040			sam.		2			1er	24*			29					
La Roche-Guyon	16	602	Gasny	2	mardi											F			
Pontoise		7289			sam.					4				Γ8		11*			
St-Ouen l'Aumône	1	2259									d. p. 24								
Sarcelles	27	2200			ma., s.						⚑20*							⚑ dim. p. 20 juin.	
Villiers-le-Bel	28	2618			dim.						4								
Gonesse	32	2983			lundi		2					16	16					Γ Pentecôte.	
L'Isle-Adam	18	3339			vend.														
Beaumont-s.-Oise	20	2865			jeudi	j. p. 15		j. p. Mi-C.									1er j.		
Luzarches	32	1339			vend.									28*	28				
Louvres	35	1005														25			
Marines	11	1331			merc.						j. p. 21*				1er me				
Sagy	12	526	Les Mureaux	8									G						
Seraincourt	18	520	Meulan	6															
Montmorency	21	1900			me., d.							Γ23							
Bessancourt	10	1005									24*								
Deuil	21	2496			lundi														
Enghien-les-Bains	20	2500			sam.						24*								
St-Leu-Taverny	18	395			sam.														
Le Raincy	14	5392			dim.						19*								
Gagny	24	3000			me., s.									2e d.*					
Livry	12	3050	Sevran	1															
Montfermeil	36	1232	Le Raincy	4										4e d.*					
Neuilly-s.-Marne	16	6190	Nog.-s.-Marne	5															
Vaujours	45	2095	Sevran-Livry	2	dim.														
Rambouillet		5630			sam.				L. Qua*					2e l.					

SEINE-ET-OISE : Rambouillet. — SEINE-INFÉRIEURE : Rouen, Dieppe, le Havre.

LOCALITÉS et dist. de l'arrondiss.	k.	Popul.	GARES et distances	k.	Marchés	Janvier.	Fév.	Mars.	Avril.	Mai.	Juin.	Juill.	Août.	Sept.	Oct.	Nov.	Déc.	FOIRES MOBILES et OBSERVATIONS.	HOTELS & CAFÉS RECOMMANDÉS.
						FOIRES													
Chevreuse	19	1835	St-Rémy	2	sam.				d^e s.					14		12			
Jouars-Pontchartr.	20	1341	Villiers-Neauphle	2	jeudi														
Dourdan	22	3195	—		sam.	3e lundi	23 l. D. 2	3e l.	3e l.	3e l.	3e l.	3e l.	3e l.	s.p.20*	3e l.	3e l.	3e l.		
Ablis	14	880	—	5															
St-Arnoult	14	1280	Dourdan	8	mardi														
St-Chéron	28	1480	—		jeudi														
Limours	21	1182	—		jeudi				d^e j.					1er j.					
Montfort-l'Amaury	19	1490	—		jeudi								d.p.16*						
Galluis	20	1405	Montfort-l'Amaury	1	vend.														
Garancières	26	750	—	1	sam.														
Les Mesnuls	16	588	La Verrière	14							d.p.25*								
Neauphle-le-Chât.	23	1250	—	2	lundi				l. Pâq.	l. Pent.			d.p.15*			2	1er l.		
ROUEN		114 m	—		ma., v.		20*			A	20	F 11	9*		23*			A) veille Ascension.	
Boos	10	690	Rouen	10					1er me.					1er me.				B) Trinité*, fête.	
Le Mesnil-Raoul	15	454	Fleury	6	dim.						24*							C) mardi Pâques*.	
Buchy	27	795	—	3	lundi				l. Pâq.	l. Pent.		1er l.*		1er l.			1er l.	D) mardi p. F.-D.	
Blainville	18	680	Morgny	5	jeudi			j. Mi-C.						29*				E) mardi a. 10*.	
Ste-Croix-s.-Buchy	27	880	Montérollier	6										14*					
Clères	22	788	—		mardi										1er ma.				
Cailly	20	435	Longuerue	4	sam.				s. Saint	1er s.					29*				
Fontaine-le-Bourg	17	1330	Monville	7	dim.														
Monville	16	2374	—		lundi				1er l.										
Darnétal	1	6600	—		dim.														
Bois-Guillaume	4	5100	Rouen	4							B								
Ry	20	492	Morgny	10	sam.	1er sam.	1er s.	1er s.	1er s.	1er s.	1er s.	1er s.	1er s.	1er, d^e s*		1er s.	1er s.		
Duclair	25	1941	Barentin	12	mardi				C	D					E				
Elbeuf	22	22 m	—		sam.			l. Pass.						1er*					
Caudebec-lez-Elbeuf	20	11 m	—		sam.													F 20 juin.	
St-Pierre-d'Elbeuf	21	1000	—																
Grand-Couronne	12	1501	—																
La Bouille	18	564	La Londe	4							2	22*							H^l St-Pierre, dit R^t de la Terrasse.
Oissel	12	4058	—		dim.									10*					
Le Petit-Quevilly	1	70 m	Rouen	4															
Sotteville-lez-Rouen	2	13 m	—		dim.				Pâques.				d.p.15*						
Maromme	6	3390	—		dim.														
Canteleu	7	3780	Maromme	7															
Déville-lez-Rouen	4	5316	Maromme	1														A) 2e me. et 2e l. suiv.	
Le Houlme	9	2083	Malaunay	3														B) lund. Cendres.	
Mont-St-Aignan	2	3420	Rouen	2														C) lund. Ascens.	
N.-D. de Bondeville	9	2740	—	6														D) 2e merc. Carême.	
Pavilly	22	2536	—		jeudi					l. Pent*				26	27	27			
Barentin	18	4250	—		sam.			12							6*				
Butot	24	286	St-Ouen	8												2			
Croix-Mare	30	601	Motteville	1				1er			30*								
Limésy	23	1172	Saussay	3								24*							
Dieppe		21 m	—		sam.							22*	16*				1er*		
Bacqueville	18	2300	Longueville	10	me.*		Cendres			2e me.		2e ma.				12*			
Luneray	18	1769	—	18	sam.					j*							1er		
Bellencombre	29	781	Auffay	12	lundi				1er l.						1er l.				
Bosc-le-Hard	36	702	—		merc.						21*					1er me.			
Les Grandes-Ventes	29	1710	St-Vaast	6	dim.			25		1er*							8		
Envermeu	16	1325	—		sam.							3e s.				1er s.			
Douvrend	18	650	Envermeu	5								25*							
St-Nicolas-d'Aliermont	13	2305	Dampierre	3	dim.					2e l.							6*		
Eu	31	5010	—		sam.	A	A	A	A	A	A	A	15*	A	A	A	A		
Le Tréport	28	4516	—		ma., s.							16*							
Longueville	17	508	—		j. d.	1er jeudi	1er j.	1er j.	1er j.	1er j.	1er j.	1er j.	1er j.	1er j.	1er j.	16*	1er j.		
Lintot	15	235	Longueville	3	jeudi	2e jeudi	2e j.	2e j.	l. Pâq.*	2e j.	2e j.	2e j.	2e j.	2e j.	2e j.	2e j.	2e j.		
Offranville	7	1695	—												24				
Arques	6	950	—		lundi						11*		22						
Bourg-Dun	18	865	St-Aubin	11											16				
Varengeville	9	1065	—	7								2^e d.*							
Tôtes	28	808	St-Victor-l'Abbaye	5	lundi				l. Pâq.*			1er l.				8			
Anglesqueville-s.-Saâne	28	342	—	3	vend.											9*			
Auffay	28	1315	—		vend.				v. Saint							20			
St-Victor-l'Abbaye	32	585	—		dim.							21*			20				
Le Havre		112 m	—		vend.	1er, 3^e vend.	1er, 3^e v.	1er, 3^e v.	1er, 3^e v.	1er, 3^e v.	1er, 3^e v.*	1er, 3^e v.	1er, 3^e v.	29*	1er, 3^e v.	1er, 3e v.	1er, 3e v.		
Graville	5	6075	Le Havre	4															
Sanvic	2	5800	—	2															
Bolbec	28	12 m	—	3	lundi		j. gras.		l. Pâq.	l. Pent.					1er*	2	28		
Criquetot-l'Esneval	26	1391	St-Romain	13	vend.		B	l. Ram.		15			1er*						
Angerville-l'Orcher	20	498	—	5	dim.		2							8*					
Étretat	28	2130	Ifs	15	ma., j.					C									
Gonneville	22	848	St-Romain	18	merc.		D		l. Pâq*		d^e me				18				
Fécamp	40	13 m	—		sam.	1er et d^e s.	d^e s.	25	d^e s.	d^e s.	s. Frin*	d^e s.	d^e s.	4e s.	d^e s.	d^e s.	d^e s.		
Les Loges	32	1489	Ifs	9	dim.			3e l.							2e l.				
Yport	40	1670	Fécamp	8	merc.														
Goderville	29	1345	Grainville	3	mardi	1er ma. et 15	1er ma	Mi-Car.	1er ma	1er	1er ma	22*	1er ma	1er ma	4	1er ma	1er ma		

SEINE-INFÉRIEURE : Neufchâtel, Yvetot. — DEUX-SÈVRES : Niort.

LOCALITÉS ET DIST. DU CH.-L. D'ARROND.	k.	Popul.	GARES ET DISTANCES	k.	Marchés	Janvier.	Fév.	Mars.	Avril.	Mai.	Juin.	Juill.	Août.	Sept.	Oct.	Nov.	Déc.	FOIRES MOBILES et OBSERVATIONS.	HOTELS & CAFÉS RECOMMANDÉS.
Réuarville	40	381	Grainville	8	lundi											26*		A) veille Rameaux.	
Bréauté	29	1290	Beuzeville	3					23*						16			B) Jeud. Ascension.	
Lillebonne	35	6800			merc.			4e me		2e me				3e me	8			C) lundi p. 1er dim.	
Montivilliers	12	5200			jeudi*				l. Qua.					14*				D) merc. a. Septua.	
Harfleur	10	2315			mardi							5*				12			
Octeville	8	2050	Montivilliers	6			21 (ar.										1er l.		
Rolleville	16	550		6							L. p. 3								
St-Rom. de Colbosc	20	1780		4	sam.	23	*29		A		17		28*		25				
Neufchâtel		3780			sam.*	3e sam.	3e s.	3e s.	3e s.	3e s.	3e s.	6*, 3e s.	3e s.	3e s.	3e s.	13	3e s.		
Argueil	25	424	Forges	9	merc.	2e merc.	2e me	2e me	2e me	de me	2e me	2e me	2e me	de me	2e me	2e me	2e me		
Aumale	25	2300			sam.							4	10*			11			
Blangy-s.-Bresle	28	1695			vend.	3e me. ca	3e me	3e me	3e me	3e ma	3e me	3e me	3e me	3e me	3e me	3e me	3e me		
Foucarmont	18	738	Neufchâtel	18	mardi	1er mardi	1er ma	1er ma	1er ma	1er ma	2e ma	1er ma	1er ma	1er ma	2e ma	3e ma	1er ma		
Forges-les-Eaux	16	1785			jeudi	2e et de j.	»	»	»	2e j.	»	»	»	2e j.	»	»	»		
Beaubec-la-Rosière	12	630	Serqueux	2									10*, 26						
Gaillefontaine	16	1610		3	lundi	2e lundi	2e l.	2e l.	25	2e l.	2e l.	25	2e l.	2e l.	18*	2e l.	2e l.		
Gournay en Bray	36	3822			mardi				l.a. Pâq.	l.a. Pen.				14*					
Londinières	15	1115	Bures	9	jeudi	3e jeudi	3e j.	3e j.	3e j.	3e j.	28*	3e j.	3e j.	3e j.	de j.	3e j.	3e j.		
St-Saëns	14	2302	Montérolier-Buchy	10	jeudi	1er jeudi	1er j.	1er j.	1er j.	8	1er j.	1er j.	1er j.	1er j.	1er j.	21*	1er j.		
Yvetot		8010			mardi	15	de me	de me	de me	1er*	de me	de me	1er*	de me	18	de me	de me		
Cany-Barville	25	1835			lundi	1er lundi	l. gras	1er l.	l. Qua.	1er l.	11*	1er l.	1er l.	1er l.	de ma	1er l.	1er l.		
Grainville-la-Teinturière	18	1192	Cany en Caux	6			3			B		25*							
Vittefleur	30	815	—	1											2e s.*				
Caudebec en Caux	11	2320	Yvetot	13	sam.*			s. Mi-c.				s.a.22*		s.a.21					
Guerbaville	16	1382	La Mailleraye	2	vend.					12									
Doudeville	13	2075			sam.	2e s., 28	2e s.	2e s.	2e s.	2e s.	l. Trin.	2e s.	2e s.	2e s.	C	2e s.	2e s.		
St-Laurent en Caux	20	936	Doudeville	8	dim.				23		19		15*		20				
Fauville	14	1400	Alvimare	4	vend.	1er vend.	1er v.	26	1er v.	1er v.	25*	1er v.	7	18	1er v.	1er v.	22		
Bennetot	18	280	—	6												30			
Yébleron	18	1448	Foucart	6	dim.					2e j.									
Fontaine-le-Dun	24	448	Doudeville	12	jeudi			23			29*			14		25			
St-Pierre le-Vieux	28	520	St-Val. en C.	12	lundi					6*									
Ourville	18	1108	Cany en Caux	7	mardi			s.a.Pas*						4e me		3e ma			
Hautot-l'Auray	18	745	St-Vaast	3										9*					
Héricourt en Caux	10	982	Doudeville	7	dim.			15								11			
St-Valery en Caux	30	1103			mardi				l. Pâq.	l. Pent*					1er ma				
Blosseville	32	654	St-Val. en C.	5			13										9		
Veules en Caux	30	1028	—	7	sam.											1er s.	9		
Valmont	24	860	Granville	11	merc.	2e merc.	D	2e me	2e me	2e me	2e me	2e me	2e me	2e me	7*	2e me	2e me		
Angerville-le-Martel	27	1203	Fécamp	11	dim.									4e l.*				A) jeudi p. 26*.	
Sassetot-le-Mauconduit	27	1470	Cany en Caux	10	dim.									A					
Yerville	12	1545	Saussay	3	ma..d				s.a.Pâq*							6			
Baons-le-Comte	3	400	Yvetot	3											1er l.*				
Ouville-l'Abbaye	12	620	Saussay	10			24							29*		18			
NIORT		23[illegible]			jeudi	18	6	de j.		7*	A	2e j.	1er j.	2e j.	6*	B		A) jeudi octave. Fête-Dieu.	
Échiré	8	1780			lundi													B) 1er jeudi et 30*.	
Coulon	11	1782			merc.	16	13	27	24	C	3e l.		3e l.	6	17	16	21	C) 15 et veille Ste-Macrine*.	
Magné	7	1157	Niort	7	merc.	28			28			d.p.8*		8			20	D) veille Rameaux et de samedi.	
Beauvoir-s.-Niort	16	580			sam.	4e sam. car.	4e s.	4e s.	4e s.	1er s.	4e s.	4e s.	4e s.	4e s.	4e s.	4e s.	4e s.	E) 2e sam. et 1er lundi Carême.	
La Charrière	19	580	Beauvoir	3								3e j.							
La Foye-Monjault	18	1005	—	4	vend.		2e v.			1. Pen			de v.		25*				
Marigny	17	1102					2e l.						l.p.29*						
Champdeniers	20	1380			sam.	15	l. gr.	s.a.Mi-c	D	28		1er s.	22	s.p.8*	2e s.	s.p.11	19		
Coulonges	20	2230			mardi	1er, 3e ma. car.	1er, 3e ma	1er, 3e ma	1er, 3e ma	1er, 3e ma	1er, 3e ma	1er, 3e ma	1er, 3e ma	1er, 3e ma	1er, 3e ma	1er, 3e ma	1er, 3e ma		
Ardin	20	1837	Coulonges	3			2e l.			12*						9			
Béceleuf	20	1002	—	8			2e l. C.		l. p.21		l.a.24*			l.a.22	l. p.18				
La Chapelle-Thireuil	32	982	St-Laurs	4					l. Pâq.*										
Fenioux	33	1617	Coulonges	13	lundi	1er		1er l.	4e l.				1er l.*	2e l.		1er l.			
St-Laurs	25	1215			vend.				2e v.				l.p.13*						
St-Pompain	18	1120						13	2e v.	1er*									
Villiers en Plaine	11	1264	St Pompain	5						L. Pen*				1er l.*	29				
Frontenay-Rohan-Rohan	10	2000			dim.	29	1er ma	3e l.	sa. Pâq.	29	29*	29	29	29*	29	29	29		
Arçay	22	988	Épannes	5		4e mardi		1er ma		4e ma		4e ma		1er ma		4e ma			
Sansais	11	901	—	4			18		de d.				15*						
Le Vanneau	16	1085	—	8	sam.		3e me		Pâq.*		3e me		3e me		3e me		3e me		
Mauzé	22	1602			jeudi	1er merc. car	1er me	1er me	1er me	1er me	1er me	1er me	1er me	1er me	1er me	1er me	1er me		
St-Hilaire-la-Palud	22	2040	Mauzé	9	merc.	2e me. car	2e me	2e me	2e me	2e me	2e me	2e me	2e me	2e me	2e me	2e me	2e me		
St-Georges de Rex	18	497	Épannes	5			1er ma	25*	F23										
Usseau s.-Mignon	22	1733	Mauzé	7	mardi		2e s.												
Prahecq	12	1080			lundi	22	20	l.p.Mi-c	26	26	20	22*	6	14	18	25	21		
Brûlain	21	908	Prahecq	9	dim.	20								1er v.					
Fors	12	750				2e mardi		2e ma						9*	15				
St-Maixent	23	5500			sam.*	2e sam.	E	13	1er s.	1er*	2e s.	2e s.	2e s.	2e s.	28*	2e s.	6		
Augé	29	1595	St-Maixent	8		19	9	13	18		20*	25							
Azay-le-Brûlé	20	1840	—	3									24*		18				
Breloux	14	2305	La Crèche	1	mardi														
Cherveux	13	1700			vend.	17	22		sa. Pâq.	sa. Pen.	29*		1er*	29		s.a.30			
Chavagné	12	1032	La Crèche	3		6		1er	15	1. Pen			l.p.15*		1. 25				

DEUX-SÈVRES : Bressuire, Melle, Parthenay. — SOMME : Amiens.

LOCALITÉS et dist. de l'arrondiss.	k.	Popul.	GARES et distances	k.	Marchés	Janvier.	Fév.	Mars.	Avril.	Mai.	Juin.	Juill.	Août.	Sept.	Oct.	Nov.	Déc.	FOIRES MOBILES et OBSERVATIONS.	HOTELS & CAFÉS RECOMMANDÉS.
Ste-Néomaye	16	800	La Crèche	3	....	13	21	....	21	....	11	....	....	21*	....	13	....	A) 1er vend. et 25.	
Bressuire	.	4200	🚂	.	jeudi	2e, 4e jeudi	2e, 4e j.	2e, 4e j.	2e, 4e j.	2e, 4e j.	2e, 4e j.	26*	27	2e, 4e j.	2e, 4e j.	2e, 4e j.	2e, 4e j.	B) 1er v., 11 et 22.	
Argenton-Château	18	1785	Voultegon	7	mardi	3e ma. *co*	3e ma	3e ma	3e ma	3e ma	3e ma	3e ma	3e ma	3e ma	3e ma	3e ma	3e ma	C) merc. a. 24*.	
Argenton-l'Église	35	984	Brion	7	dim.	....	1e ma	2e s.	1e ma	de ma	...	...	s.p.15*	...	...	2e ma	...	D) jeudi p. Fête-D.	
Bouillé-Lauret	36	1200	....	9	dim.	....	...	...	...	...	...	...	...	...	...	...	...		
Cersay	28	805	Thouars	16	dim.	....	1er j.	1er s.	1er j.	...	...	...	...	1er j.*	...	...	...		
Genneton	27	748	Voultegon	20	....	....	...	...	...	Ascen.*	...	...	...	3e d.	...	...	...		
Cerizay	11	1984	🚂	.	lundi	1er l. *co*	1er l.	1er l.	1er l.	1er l.	1er l.	1er l.	1er l.	1er l.	1er l.	1er l.	1er l.		
Bretignolle	9	785	Cerizay	7	....	1er l. *co*	1er l.	1er l.	1er l.	1er l.	1er l.	1er l.	1er l.	1er l.	1er l.	1er l.	1er l.		
Courlay	11	2540	🚂	.	mardi	....	...	...	...	...	...	...	...	...	...	...	...		
La Forêt-s-Sèvre	15	928	Cerizay	6	vend.	....	...	...	23	9*	...	...	...	...	...	...	6		
Châtillon-s.-Sèvre	22	1105	🚂	2	vend.	1er, 3e v. *co*	1er, 3e v.	1er, 3e v.	1er, 3e v.	1er, 3e v.	1er, 3e v.*	1er, 3e v.	1er, 3e v.	1er, 3e v.	1er, 3e v.	1er, 3e v.	1er, 3e v.		
Les Aubiers	17	2720	Nueil-les-Aubiers	1	lundi	de lundi	de l.	de l.	de l.	de l.	de l.	de l.	de l.	de l.*	...	3e, de l.	de l.		
Nueil-s.-les-Aubiers	16	2230	🚂	.	vend.	2e l. *co*	2e l.	2e l.	2e l.	2e l.	2e l.	2e l.	2e l.*	2e l.	2e l.	2e l.	2e l.		
St-Jouin-s-Châtillon	23	1062	Châtill.-s-Sèvre	8	vend.	3e v. *co*	3e v.	3e v.	3e v.	3e v.	3e v.*	3e v.	3e v.	3e v.	3e v.	3e v.	3e v.		
St-Varent	23	1900	🚂	.	....	....	2	25*	...	...	18	...	...	18	...	...	8		
Thouars	29	4972	🚂	.	vend.	7	1er v.	1er l.	15	1er v.	8, 24	22*	3e v.	9, 20	18	30	3e v.		
Oyron	41	880	Pas de Jeu	4	....	....	15	...	l.Pâq	9*	...	2e l.	...	...	1	8	...		
St-Mart. de Sanzais	41	1162	Brion	4	dim.	....	de me	...	...	...	...	...	...	...	...	B	...		
Melle	..	2740	🚂	.	vend.	1er vend., 12	A	ss Fis.	A	1er v.	28*	1er v.	1, 31	1er v.	1er v.	8	1er v.		
Mazières-s-Béronne	6	600	🚂	.	....	....	...	...	5	5	...	...	...	...	...	...	6		
St-Romans-l-Melle	5	800	Mazières-s-Béronne	15	....	....	l.gras	..Mi-C.	l.Pâq	v.a.Pe.	23*	...	14	29	...	12	26		
Brioux	11	1308	🚂	.	jeudi	2e jeudi	2e j.	2e j.	2e j.	2e j.	2e j.	1	10*	2e j.	28	2e j.	2e j.		
Chizé	23	690	Beauvoir	11	merc.	3e merc.	3	3e me	3e me	1er*	3e me	3e me	3e me	3e me	11*	3e me	10		
Secondigné	10	1015	Brioux	8	....	....	...	...	...	...	1er d.*	...	...	...	...	...	...		
Celles	8	1616	🚂	.	merc.	1er me. *co*	1er me	1er me	1er me	1er me	1er me	1er me	1er me	1er me	1er me	1er me	1er me		
Beaussais	9	760	Celles	6	....	....	...	...	...	...	1er l.*	...	...	11	...	...	...		
Mougon	13	1482	🚂	3	merc.	....	...	l. Ras.	...	...	24*	...	20	...	...	...	...		
Chef-Boutonne	16	2505	🚂	.	sam.	2e sam.	2e s.	2e s.	23	2e s.	26*	2e s.	2e s.	2e s.	31	2e s.	24		
Couture d'Argenson	31	744	Loubillé	6	merc.	7 *co*	7	7	7	7	7	7	7	7	7	7	7		
Tillou	10	734	Paizay-Naudin	5	....	5	...	...	...	...	...	...	...	...	9*	11	...		
Lezay	12	2610	Melle	12	mardi	20	1er l.Car.	l.p.Mi-C	30	...	8	8	...	1, 29*	30	30	21		
Chenay	13	1084	Villedieu	13	....	....	...	1er me	...	...	...	...	22*	14	...	...	...		
St-Coutant	11	830	Melle	11	....	....	...	...	1er me	...	C	...	...	m.s.a 21	...	...	...		
Sepvret	10	1122	—	10	....	....	...	...	...	de ma	...	...	...	7*	...	...	...		
La Mothe-St-Héraye	18	2375	🚂	.	jeudi	9	1er j.	j.a.Mi-C	j. Ram.	9	9	9	9	9	9	9	9		
Pamproux	22	2178	🚂	.	lundi	....	Cendres	...	26	...	...	...	...	22	...	18	...		
Sauzé-Vaussais	22	1790	Civray	9	jeudi	1er jeudi	8	1er j.	1er j.	1er j.	D	1er j.	30*	1er j.	1er j.	19	1er j.		
Melleran	17	1185	Ch.-Boutonne	6	....	....	...	3e me	...	3e me	...	...	...	2e me	...	...	...		
Parthenay	..	6630	🚂	.	merc.	3e lundi	l.gras.	l.Pass.	l.Pâq	l.Rog	30*	...	1er l.	A	de l.	4e l.	l.a.25	A) 1er et de lundi.	
Airvault	21	2070	🚂	.	jeudi	....	21	...	...	...	1er	...	...	9*	21	...	1er s.	B) mardi a. 24*.	
St-Jouin de Marne	33	1273	🚂	.	sam.	.	...	10	...	21	...	...	...	l.p.29*	...	...	...	C) mardi p. 11*.	
Mazières en Gâtine	15	1940	🚂	.	mardi	2	...	...	...	...	...	...	...	...	...	...	...		
St-Pardoux	10	2250	🚂	1	....	....	...	...	...	...	...	...	...	...	...	...	...		
Vernoux	18	1842	Mazières	4	vend.	....	...	...	...	...	...	...	...	...	...	...	...		
Ménigoute	28	1010	St-Maixent	17	vend.	....	...	...	16	...	21*	...	30	...	...	7	...		
Vasles	20	2045	La F. en Parthen.	11	dim.	....	13	de ma	...	15	B	...	13*	c.a.21	...	28	...		
Moncoutant	32	2850	🚂	.	vend.	2e lundi	2e l.	2e l.	2e l.	2e l.	2e l.	2e l.	2e l.	2e l.	2e l.	25	2e l.		
L'Absie	27	1532	Breuil-Barret	8	dim.	20	l.gras.	20	Saint.	20	20	20	20	20	20	20	20	....	Ht du CHÊNE VERT.
Chapelle St-Laurent	23	2190	🚂	.	lundi*	1er lundi	4e l.	v.a.Ra.	s.a.Pâq	l.Pen	4e l.	1er ma	4e l.	9	4e l.	2	4e l.		
Moutiers-s-Chantemerle	36	1295	Moncoutant	5	....	1er sam.	...	1er s.	...	4e s.	...	...	25*	4e s.	1er s.	4e s.	1er s.		
St-Loup	19	1500	🚂	.	sam.	13	...	...	...	...	11*	...	25*	...	...	25	...		
Secondigny	14	2508	Parthenay	14	vend.	2e mardi	2e ma	2e ma	2e ma	15	2e ma	2e ma	2e ma	29*	2e ma	2e ma	2e ma		
Allonnes	13	2000	—	13	....	....	...	...	...	...	...	...	...	...	...	...	...		
Azay-s.-Thouet	8	1473	—	8	dim.	....	...	...	...	1er ma	...	2e ma	...	...	...	C	...		
Thénezay	22	2378	La F. en Parthen.	7	vend.	23	...	1er v.	25	en Pet.	...	2e v.	de v.	29	...	...	v.p.25		
La Ferrière en Parthenay	11	908	🚂	1	....	....	...	...	a.l.Pâq.	...	a.Tri*	...	1er ma	...	...	...	...		
AMIENS	..	80 m	🚂	.	sam.*	de sam.	de s.	de s.	de s.	de s.	24*	de s.	de s.	de s.	de s.	de s.	de s.	A) mardi p. 2e mercredi.	
Boves	9	1881	🚂	.	....	....	...	...	...	...	...	...	...	...	...	...	...		
St-Sauflieu	13	1015	Prouzel	4	....	3e mardi *co*	3e ma	3e ma	3e ma	3e ma	3e ma	3e ma	3e ma	3e ma	3e ma	3e ma	3e ma		
Conty	20	1100	🚂	.	vend.	3e vend.	1e v.	3e v.	1e v.	3e v.	3e v.	3e v.	3e v.	3e v.	1e v.	3e v.	1e v.		
Oresmaux	15	1242	Ailly	7	....	....	...	...	l.Pâq	l.Pen	...	...	...	3e l.	...	2	...		
Corbie	16	4340	🚂	.	vend.	1er lundi	1er l.	1er l.	l.Pâq	l.Pen	1er l.	1er l.	1er l.	21*	1er l.	l.p.25	1er l.		
Villers-Bretonneux	16	5012	🚂	.	jeudi	2e j. *co*	2e j.	2e j.	2e j.	2e j.	2e j.	2e j.	2e j.	2e j.	2e j.	2e j.	2e j.		
Hornoy	32	934	Poix	11	jeudi	4e j. *co*	4e j.	4e j.	4e j.	1e j.	4e j.	4e j.	1e j.	4e j.	4e j.	4e j.	4e j.		
Beaucamps-le-Vieux	12	1810	Vieux-Rouen	5	dim.	2e ma *co*	2e ma	2e ma	2e ma	2e ma	2e ma.*	2e ma	2e ma	2e ma	2e ma	2e ma	2e ma		
Lionner	36	481	Poix	8	merc.	1er lundi	1er l.	1er l.	1er l.	1er l.	1er l.	1er l.	1er l.	16*	1er l.	1er l.	1er l.		
Molliens-Vidame	21	685	🚂	.	lundi	3e lundi	3e l.	3e l.	3e l.	3e l.	3e l.	3e l.	3e l.	3e l.	28*	3e l.	3e l.		
Airaines	28	2080	🚂	.	vend.	2e vend.	2e v.	2e v.	v. Sam.	16*	2e v.	2e v.	2e v.	2e v.	1er*	23	2e v.		
Quevauvillers	18	1032	Namps	2	mardi	de mardi	de ma	de ma	de ma	de ma	de ma	de ma	de ma	de ma	25*	de ma	de ma		
Oisemont	44	1170	🚂	.	sam.	de sam.	de s.	de s.	de s.	de s.	de s.	2e l.	de s.	de s.	A	de s.	3e ma		
Senarpont	48	867	🚂	.	mardi	....	...	...	...	2e j.	...	...	...	25*	...	...	...		
Picquigny	13	1274	🚂	.	vend.	2e l. *co*	2e l.	2e l.	2e l.	2e l.	2e l.	2e l.	2e l.	2e l.	2e l.	2e l.	2e l.		
Flixecourt	22	2005	🚂	.	lundi	....	...	...	23*	...	...	...	...	...	18*	...	...		
Vignacourt	17	3117	🚂	.	lundi	....	...	...	...	...	...	...	...	25*	...	...	...		
Poix	28	1340	🚂	.	merc.	2e mardi	2e ma	2e ma	2e ma	de me	2e ma	2e ma	2e ma	21*	2e ma	2e ma	2e ma		
Lignières-Châtelain	36	382	Fouilloy	6	vend.	4e v. *co*	4e v.	4e v.	1e v.	4e v.	4e v.*	4e v.	4e v.	4e v.	4e v.	4e v.	4e v.		
Contay	19	585	Héricourt	10	....	3e ma *co*	3e ma	3e ma	3e ma	3e ma	3e ma	3e ma	3e ma	3e ma	3e ma	3e ma	3e ma		

SOMME : Abbeville, Doullens, Montdidier, Péronne. — TARN : Albi.

LOCALITÉS et dist. de l'arrondiss.	k.	Popul.	GARES et distances	k.	Marchés	Janvier	Fév.	Mars	Avril	Mai	Juin	Juill.	Août	Sept.	Oct.	Nov.	Déc.	FOIRES MOBILES et OBSERVATIONS	HOTELS & CAFÉS RECOMMANDÉS
Abbeville		20 m			jeudi	d° merc.	d° me	d° me	d° me	d° me	d° me	22*	d° me	d° me	d° me	d° me	d° me	A) les 2 dim. p. 29*. B) 2° et d° ma. ca. C) mardi p. 11. D) mardi a. 23*. E) jeudi du ou p. 24*.	
Ailly-le-Haut-Clocher	21	1068	L.-Corps-Saints	10	sam.														
Pont-Remy	9	1900			sam.														
St Riquier	9	1278			2°, 4° ma				d° ma					8	d° ma				
Ault	35	1188	Eu	8	1°, 3° s.								3° s.						
Escarbotin-Friville	24	1350	Woincourt	1	2°, 4° s.											4° s.			
Fressenneville	20	1685		1	1°, 3° ma					1° ma									
Mers-les-Bains	36	860	Tréport	1	jeudi					1									
Tully	24	533	Woincourt	2										23*					
Woincourt	24	984				1° l. ca	1° l.	1° l.	1° l.	1° l.	1° l.	1° l.	1° l.	1° l.	1° l.	1° l.	1° l.		
Crécy en Ponthieu	20	2470	Rue	16	lundi	1°, 3° l.	1°, 3° l.	1°, 3° l.	1°, 3° l.	1°, 3° l.	1°, 3° l.	1°, 3° l.	25*	1°, 3° l.	1°, 3° l.	1°, 3° l.	1°, 3° l.		
Le Boisle	23	692	Auxi-le-Chât.	10															
Gamaches	26	2100			sam.	1° me ca	1° me	1° me	1° me	1° me	1° me	1° me d.p. 22*	1° me	1° me	1° me	1° me	1° me		
Dargnies	27	1285	Woincourt	2	dim.														
Hallencourt	17	1938	Allery	4	lundi			15											
Longpré-les-Corps-Saints	18	1800			mardi						4° l.*					9			
Moyenneville	8	975																	
Feuquières	19	1789			2° l.														
Quesnoy-le-Montant	12	710									2° l.		A						
Nouvion en Ponth.	12	842	Noyelles	7	mardi	1° et 3° mardi	»	»	»	»	»	»	»	»	»	»	»		
Rue	25	2890			sam.	2° et 4° s.	2°, 4° s.	2°, d° s.	2°, d° s.	1°*	2°, d° s.	2°, 4° s.	2°, d° s.	1°	1°	2°, d° s.	2°, 4° s.		
Nampont-St-Martin	29	665	Conchil	6				a. Ram.				18*			9	25			
St-Valery-s.-Somme	20	3500			B	1°, 3° l.	1°, 3° l.	1°, 3° l.	1°, 3° l.	1°, 3° l.	1°, 3° l.	1°, 3° l.	1°, 3° l.	1°, 3° l.	1°, 3° l.	12*	1°, 3° l.		
Cayeux-s.-Mer	32	3300			1°, 3° s.														
Lanchères	28	1050	St-Valery	7	j., s.							d° ma				d° ma			
Doullens		4150			lundi	1°, 3° jeudi	1°, 3° j.	1°, 3° j.	1°, 3° j.	1°, 3° j.	1°, 3° j.	1°, 3° j.	1°, 3° j.	1°, 3° j.	1°, 3° j.	C	1°, 3° j.		
Beauquesne	10	2292				1° lundi	1° l.	1° l.	1° l.	1° l.	l.p. 21*	1° l.	1° l.	25*	l.p. 1° l.	1° l.	1° l.		
Beauval	6	3200			4° merc.	4° merc.	4° me	4° me	4° me	[illegible]	4° me	4° me	4° me	4° me	4° me	1° me	4° me		
Acheux	18	680			vend.														
Mailly-Maillet	25	1000		6	merc.	1° mar. ca	1° ma	1° ma	1° ma	1° ma	1° ma	1° ma	1° ma	1° ma	1° ma	1° ma	1° ma		
Bernaville	10	935	Candas	6		2° merc.	2° me	2° me	2° me s.a. Qm.	2° me	me. Fr.*	2° me	2° me	2° me	2° me	2° me	2° me		
Beauvoir-Rivière	18	300	Auxi-le-Chât.	5	mardi										28*				
Domart	22	1191	St-Léger	4		1° et 2° ma.	»	»	D	»	»	»	»	»	»	11	1° ma		
Ribeaucourt	21	300	—	8								26*							
Montdidier		4500			sam.	2° sam.	2° s.	2° s.	2° s.	2° s.	2° s.	2° s.	2° s.	a.s.p. 8*	2° s.	2° s.	2° s.		
Guerbigny	10	605	Laboissière	5	1° l.*										28				
Rollot	9	980	Montdidier	9	jeudi	1° jeudi	1° j.	1° j.	1° j.	1° j.	1° j.	1° j.	1° j.	1° j.	E	1° j.	1° j.		
Ailly-s.-Noye	22	1265			jeudi	3° jeudi	3° j.	3° j.	3° j.	3° j.	3° j.	3° j.	3° j.	3° j.	12*	3° j.	3° j.		
Moreuil	16	3338			mardi	1° ma ca	1° ma	1° ma	1° ma	1° ma	1° ma	1° ma	1° ma	1° ma	1° ma*	1° ma	1° ma		
Arvillers	13	1305	Rosières en Santerre	11	merc.	2° merc. ca	2° me	2° me	2° me	2° me	2° me	2° me	2° me	2° me	2° me	2° me	2° me	A) 3° l. de Carême.	
Hangest en Santerre	14	1500	Hargicourt	6	jeudi	2° jeudi ca	2° j.	2° j.	2° j.	2° j.	2° j.	2° j.	2° j.*	2° j.	2° j.	2° j.	2° j.		
Rosières en Santerre	24	2450			L. m. j.	25				1. Fev.*				25					
Harbonnières	27	1605	Guillaucourt	2	jeudi					1°		22*			9				
Méharicourt	20	1495	Rosières en Santerre	3	sam.														
Roye	18	3915			l. v.	d° merc.	d° me	d° me	Quas.*	d° me	d° me	d° me	d° me	d° me 1° N.*	d° me	d° me	d° me		
Beuvraignes	16	1200			jeudi														
Péronne		4800			quot.	2° lundi	2° l.	2° l.	2° l.	2° l.	2° l.	2° l.	2° l.	29*	2° l.	2° l. 12*	2° l.		
Cléry-s.-Somme	5	910																	
Albert	23	5822			sam.	2° merc.	26	2° me	2° me	2° me	25*	2° me	2° me	2° me	28	2° me	2° me		
Miraumont	20	1021			1° j.	4° jeudi	4° j.	1° j.	4° j.	1° j.	1° j.*	1° j.	1° j.	1° j.	1° j.	1° j.	4° j.		
Bray-s.-Somme	16	1318	Albert	9	jeudi	1° merc.	1° me	1° me	1° me	1° me	1° me d.p. 24*	1° me	1° me	1° me	18*	1° me	1° me		
Fins	11	356	Péronne	11															
Chaulnes	18	1300			jeudi	15 ca	15	15	15 v. Sa.	15	15	15*	15	15	15 l.p. 18*	15	15		
Lihons	19	1022	Chaulnes	2	vend.														
Combles	12	1600	Péronne	12	vend.	d° mardi ca	d° ma	d° ma	d° ma	d° ma	d° ma	d° ma	d° ma	d° ma	d° ma	d° ma	d° ma		
Ham	25	2815			mardi	2° mardi	2° ma	2° ma	2° ma	16	2° ma	2° ma	2° ma	9*	2° ma	2° ma	2° ma		
Athies	11	1110			jeudi								20*						
Esmery-Hallon	28	1120	Ham	5										22*					
Offoy	20	551		7		20 ca	20	20	20	20	20	20	20*	20	20	20	20		
St-Sulpice	21	724		1	mardi	2° ma.* ca	2° ma	2° ma	2° ma	2° ma	2° ma	2° ma	2° ma	2° ma	2° ma	2° ma	2° ma	* 19 janvier.	
Nesle	22	2512			vend.	1° vend.	1° v.	A	1° v.	1° v.	1° v.	1° v.	1° v.*	1° v.*	1° v.	1° v.	1° v.		
Roisel	12	1733				28 ca	28	28	28	28	28*	28	28	28	28	28	28		
Hendicourt	17	1531				18 ca	18	18	18	18	18	18	18	18	18*	18	18		
ALBI		22 m			sam.	1° s., 17	1° s.	A	s. p. 15	13*	16	22*	1° s.	5*	18	23	21	A) 1° merc. Carême.	
Arthès	5	945	Albi	3		6										2			
Castelnau de Lévis	7	1030		7						6*									
Marssac	9	710			dim.		26		9		8*			3		15			
Villeneuve-s.-Vère	15	710	Donnazac	7			25	v. Pâs.			1°*			1°*			1°		
Alban	28	938	Albi	28	3° l.	4 ca	4	4	4	4	4	4	4	4	4	4	4*		
Paulin	30	2520	—	30		14		11			11			17*	14				
Teillet	23	1180		23		20	22		l. Qua.	24			24*			5			
Monestiés	23	1500				3	3.27	21	23	18	6.30	26*	28	27	9.29	20	9		
Blaye	14	1645	Carmaux	4				16					19*						
Carmaux	15	8900			vend.	1° vend., 21	1° v.	1° v.	1° v.	1° v.	1° v.	1° v.	1° v.	1° v.	1° v.	1° v.	4, 18	Foires import. pour bestiaux.	
Montirat	30	1708	Monestiés	12		5	5			5	5*						5		
Le Ségur	30	751	Carmaux	12		1°													
Pampelonne	30	2035	—	14		6	6	6	6	4	6	6	6	22*	6	6	13		
Mirandol	30	2550	—	15		10	10	1°	10	10	22*	10	10	10	23	10	10		

TARN : Albi, Castres, Gaillac.

LOCALITÉS et dist. de l'arrondiss.	K.	Popul.	GARES et distances	K.	Marchés	Janvier	Fév.	Mars	Avril	Mai	Juin	Juill.	Août	Sept.	Oct.	Nov.	Déc.	FOIRES MOBILES et observations	HÔTELS & CAFÉS recommandés
Bourgnounac	36	2507	Carmaux	15	....	15	15	15	j.a.Cas.	22	15	15	15	3*, 15	25	15	15	A) merc. Passion.	
Mouzieys	25	901	—	15	1er ch. m.	19	...	12	28	ma. Pen.	...	...	16*	...	...	...	...	B) merc. a. 24*.	
Ste-Gemme	23	1244	—	6	....	...	...	...	...	16*	...	...	...	...	...	...	26	(*) s. p. 1er et 15 cru.	
Rialmont	18	3023	Laboutarié	5	merc.	...	12	A	...	1er	B	...	11	me. p. 14	...	11	me. a. 25		
Dénat	12	825	Mousquette	3	....	15	...	13	...	15	...	...	17*	24	...	...	...		
Lombers	17	1507	Laboutarié	3	....	...	3	8	24	...	11*	...	...	14	...	...	...		
Terre-Clapier	16	540	Mousquette	12	....	...	...	15	10	9*	4	...	...	...	...	...	...		
Valdériès	13	1004	Carmaux	9	....	25	Ma. gr.	25	25	27	...	...	1er	l. p. 8*	14	13	27		
Sérénac	16	700	Albi	16	....	...	...	...	l. Pâq.	1er	...	...	...	...	28	...	...		
Valence	28	1800	—	22	....	2, 22	...	30	14	12	25*	...	...	16	16	5	5		
La Capelle-Pinet	36	365	Carmaux	20	....	...	Cendres	...	s.a.P.a.	...	...	24*	...	...	...	...	6		
Trébas	10	573	Albi	40	....	...	28	...	15	...	11*	...	...	...	22	...	22		
Villefranche	18	1560	—	17	....	7	7	19	j. Pâq.	ma. Pen.	...	29*	18	10, 26	24	30	17		
Ambialet	15	2800	—	15	....	...	...	...	...	7	7*	...	...	...	...	...	28		
St-Juéry	5	1862	—	5	dim.	...	19	...	...	16	...	...	16*	...	...	16	...		
Castres		2716			sam.	C	1er j. car.	C	C	C	C	C	28*	C	C	8	6		
Saïx	8	1305	Castres	6	....	...	...	...	2 quas.	...	...	...	7	...	...	...	...		
Anglès	23	2313	Mazamet	16	dim.	...	4	...	15	13	30	...	25*	...	...	20	...		
Lamontélarié	32	712	—	23	....	...	...	...	...	27	...	...	18	...	...	...	...		
Brassac	20	2160	Castres	22	vend.	10	8	15	23	17	16*	12	8	30	27	...	1er		
Cambounès	18	1430	Labruguière	13	....	20	...	...	...	...	25*	...	...	...	...	...	...		
Castelnau-de-Brassac	21	1120	Castres	22	....	...	...	...	...	1er	...	...	...	...	...	...	13		
Dourgne	17	1845	Soual	8	....	1er jeudi	1er j. car.	1er j.	1er j.	1er j.	1er j.	1er j.	5*	1er j.	1er j.	1er j.	1er j.		
Arfons	25	1080	—	17	....	...	...	...	...	...	...	...	13*	...	30	...	...		
Les Cammazes	28	724	Revel (H.-G.)	16	....	...	...	...	...	...	...	dr j.*	...	...	...	...	...		
Sorèze	28	2340	—	6	....	...	...	...	25	...	...	...	...	...	1*	...	...		
Soual	12	1250		1	....	17	17	17	28	21	11	26*	21	14	11	17	17		
Verdalle	13	1135	Soual	4	lundi	1er lundi	1er l.	1er l.	l. Saint	1er l.	23*	1er l.	1er l.	1er l.	1er l.	11	1er l.		
Labruguière	9	3468			vend.	9	...	...	j.p.Pâq.	30	...	14	...	1er	...	20	...		
Escoussens	14	840	Labruguière	7	....	13	...	...	s.a.Ren.	...	...	...	8*	...	18	...	...		
Valdurenque	7	496	Castres	7	....	...	18	...	...	19	...	...	l.p.12*	...	...	...	...		
Viviers-les-Montag.	10	1115	Soual	5	....	...	...	...	30	...	...	...	11*	...	...	...	...		
Lacaune	40	3750	Castres	40	dim.	21	21	21	21	21	21	21	21	21*	21	21	21		
Espérausses	25	988	—	25	....	...	...	6	...	9*	...	...	...	5	...	15	...		
Viane	35	2075	—	35	....	...	5	...	10	...	6	...	...	20*	29	...	17		
Lautrec	14	3024			vend.	22	...	v.s.Sara	...	...	30*	...	...	6	28	...	v. a. 25		
Montdragon	26	680	Laboutarié	4	....	7	19	22	...	10	24*	26	31	...	4	19	...		
Mazamet	18	[illegible]			mar.*	1er mardi	24	1er ma	1er ma	15*	1er ma	1er ma	1er ma	10	1er ma	11	1er ma		
Aiguefonde	17	1630	St-Albi	4	....	...	...	...	...	1er*	...	...	...	...	...	2	...		

LOCALITÉS et dist. de l'arrondiss.	K.	Popul.	GARES et distances	K.	Marchés	Janvier	Fév.	Mars	Avril	Mai	Juin	Juill.	Août	Sept.	Oct.	Nov.	Déc.	FOIRES MOBILES et observations	HÔTELS & CAFÉS recommandés
Boissezon d'Augmontel	12	2835	Castres	13	....	...	...	...	...	8*	...	...	...	...	...	25	...	A) merc. p. Mi-Car.	
Pont de l'Arn	20	1821	Mazamet	3	....	...	...	...	...	10	...	...	...	14*	...	...	...	B) mardi Pâques*.	
Le Rialet	28	370	—	13	....	...	...	...	...	5	...	...	24*	...	...	...	...	(*) lendemain Cendres.	
Montredon-Labessonié	13	4715	Castres	15	....	8	14	12	...	6	14*	...	1er	...	8	26	...		
Montcouyoul	20	484	Lautrec	16	....	...	...	...	7	7	7	...	...	7*	...	2	...		
Murat	65	2700	Estrechaux	28	....	...	...	...	...	8	11	22*	29	18	...	...	...		
Cabannes-et-Barre	53	1532	—	33	....	...	...	...	...	...	...	3*	...	25	...	...	...		
Roquecourbe	9	2010	Castres	9	....	...	...	1er	...	4	...	...	...	...	l. p. 5*	...	15		
Burlats	8	1889	—	8	....	...	...	4	...	28	...	22*	...	7	...	...	...		
Lacrouzette	15	1220	—	16	....	...	15	...	...	12	...	...	16*	...	...	19	...		
St-Amans-Soult	27	2470			lundi	1er lundi	...	...	...	...	1er*	...	...	6	...	...	...		
Labastide-Rouairoux	40	2816			....	2e lundi	...	...	1er	...	25*	...	...	20	...	...	8		
Rouayroux	35	1130	St-Am.-Soult	9	....	...	...	...	5	...	...	...	5*	...	...	...	...		
St-Amans-Valtoret	27	1675		1	....	...	...	...	n.a. Pâq.	...	...	...	...	...	18	...	...		
Vabre	25	2030	Castres	26	....	15	26	...	ma. St	25	20	25	14*	16	20	28	...		
Ferrières	25	786	—	26	....	...	...	...	12	...	...	...	...	...	...	12	...		
Lacaze	31	2008	—	33	....	...	10	10	...	20	...	...	20*	...	...	...	...		
Le Masnau	38	1300	—	39	....	...	...	...	...	14	24*	...	...	20	...	3	...		
St-Pierre de Trévisy	23	1400	Lautrec	19	....	30	25	30	30	30	*29	2, 30	30*	25	22	25	20		
Vielmur	13	1189			mardi	20	21	21	25	20	...	20	16*	...	...	21	20		
Guitalens	18	572	Soual	14	....	...	l. gras	...	...	...	...	...	...	1er l.*	...	...	...		
Sémalens	12	1755			....	10	...	...	10*	...	...	...	...	20	...	...	...		
Gaillac		8320			vend.	vend. p. 6	2e v.	A	...	1er	30*	...	11	30	...	7	12		
La Bastide de Lévis	10	850	Marssac	2	....	...	17	...	27	27	...	...	...	...	l. p. 8*	...	26		
Brens	1	1262	Gaillac	1	....	...	...	...	...	...	...	...	...	l. p. 6*	...	...	...		
Lagrave	9	700	Marssac	4	....	...	10	...	...	20*	...	...	...	...	10	...	...		
Montans	5	1368	Gaillac	5	....	...	...	...	...	25	...	...	...	...	...	2	...		
Cadalen	10	1805	—	10	mardi	...	...	...	...	8	...	...	16*	...	...	30	...		
Florentin	12	563	Marssac	3	....	...	...	...	...	...	2*	...	...	...	28	...	...		
Labessière	16	890	Gaillac	10	....	...	24	...	...	...	25*	...	...	21	...	...	...		
Lasgraisses	18	574	Laboutarié	9	....	lundi p. 8	...	...	25	...	11	...	30*	...	...	...	...		
Castelnau-de-Montmiral	10	2330	Cahuzac	8	....	26	5	15	l. Quas.	20	9	10	1er*	14*	15	23	28		
Cahuzac	11	1548			....	20	10	...	l. Pâq.	...	...	...	16*	20	...	13	...		
Campagnac	17	283	Vindrac	7	....	...	...	27	...	...	...	...	...	...	...	27	...		
Larroque	24	660	Bruniquel	8	....	...	...	...	18	18	18*	...	...	...	...	18	...		
Puycelsi	23	1742	—	11	....	15	...	...	...	...	...	...	...	...	...	...	12		
Cordes	24	2210	Vindrac	5	sam.	2e sam.	1er s.	...	j.p.Pâq.	20	...	dr s.	25*	...	1er v.	25	24		
Les Cabannes	25	621	—	3	....	...	12	12	12	8	...	...	...	...	25	...	...		
Noailles	20	460	Gaillac	20	....	7	...	...	...	15*	...	...	...	10	...	...	10		
St-Martin-Laguépie	30	1180		1	....	...	7	...	B	...	...	...	...	...	...	...	8		
Tonnac	29	332	Vindrac	4	....	...	17	...	30	17	...	...	...	...	...	17	...		
Lisle d'Albi	9	4500			mardi	22	C	...	l. Pâq.	10	11	...	28*	...	20	30	26		

TARN : Lavaur. — TARN-ET-GARONNE : Montauban, Castelsarrasin, Moissac.

LOCALITÉS et dist. du ch.-l. d'arrondiss.	k.	Popul.	GARES et distances.	k.	Marchés.	Janvier.	Fév.	Mars.	Avril.	Mai.	Juin.	Juill.	Août.	Sept.	Oct.	Nov.	Déc.	FOIRES MOBILES et OBSERVATIONS.	HOTELS & CAFÉS RECOMMANDÉS.
Parizot du Tarn	13	940	Lisle d'Albi	8					me. St							11*		A) merc. Passion.	
Rabastens	17	5100	(gare)		sam.	4e sam.	3	4e s.	25	4e s.	7	25*	4e s.	4e s.	4e s.	4	24*		
Salvagnac	19	1806	Rabastens	13	merc.	17	Ma.Gras		sa.Pâq.	22			24*		28	L.p.11			
St-Urcisse	28	610	—	20						3*									
Vaour	25	565	Penne du Tarn	7		16	3	3	3	3	3,17		17*	17	3	2	11		
Milhars	24	692	Lexos	2		5	5	5	22						5*		5		
Penne du Tarn	32	1730	(gare)		dim.				6	6	6*								
St-Michel de Vax	30	284	Penne du Tarn	10			s. m. 4												
Lavaur		6940	(gare)		sam.		27			6	s.a.24*			9	d'e s.		18		
Giroussens	10	1712	St-Sulp.-la-Pointe	3					L.Pâq.*								13		
St-Sulpice-la-Pointe	14	2290	(gare)		jeudi			21		L. Pent.				21*			21		
Cuq-Toulza	18	1122	St-P.-Cap-d-Joux	15											28*				
Montgey	28	563	Revel	8											1e ma				
Graulhet	19	6950	Laboutarié	13	jeudi		22			3	j.a.24*		6			21*			
Briatexte	13	1461	Lavaur	13	lundi				s.a.Pâq.		1er l.		24*		1er l.		9		
Puybegon	17	847	Lisle d'Albi	13							18					L.p.1er			
Puylaurens	25	5000	Soual	10	merc.		Cendres	A		25			26*		21		13*		
St-Paul-Cap-de-Joux	15	1216	(gare)	1	mardi	25				2e ma			2e ma			2e ma			
Fiac	7	1630	(gare)			15								L.p.18*					
MONTAUBAN		30 111	(gare)		sam.	1er sam.	1er s.	19*	1er s.	1er s.	1er s.	26*	1er s.	1er s.	13*	1er s.	1er s.	A) jeudi Cendres. B) mardi a. Ascens.	
Caussade	22	4160	(gare)		lundi	1er lundi cm	1er l.	1er l.	1er l.	1er l.	1er l.	1er l.	1er l.	1er l.	1er l.	1er l.	1er l.		
Lavaurette	35	550	Caussade	13		d' sam.		d'e s.						s.p.18*		d'e s.			
Mirabel	18	1360	—	18			22		1er ma		11		23*		1er ma		1er ma		
Sept-Fonds	29	1672	(gare)												20*				
Caylus	13	4630	St-Antonin	11	mardi	1er mardi cm	1er ma	1er ma	1er ma	1er ma	1er ma	1er ma	1er ma	1er ma	1er ma	1er ma	1er ma		
La Capelle-Livron	48	532		16			25			30*			22				30		
St-Projet	50	1230		20			22		22		22*		22		22		22		
Espinas	52	688	—	8		24		24		24		21		24		24			
La Française	16	3315	Montauban	15	mardi	3e merc.			3e me		3e me			29*	17	3e me	3e me		
Molières	22	2376	Montpezat	12	vend.	1er vend.	1er v.	1er v.	1er v.	1er v.	1er*	1er v.	1er v.	1er v.	6*	1er v.	1er v.		
Vazerac	26	1410	Montauban	25		1er mardi				1er ma			l.p.28*			1er ma			
Montclar	21	1875	Négrepelisse	12	jeudi	20	A		i.p.Pâq.	13	16		16*			2			
Bramiquel	30	1500	(gare)				14		1er	1er	25*		11*			11	28		
Montpezat	34	2726	(gare)		jeudi	3e jeudi cm	3e j.	3e j.	3e j.	3e j.	3e j.	3e j.	3e l.	3e l.	3e l.	3e l.	3e l.		
Puy-Laroque	36	1915	Borredon	9	merc.	2e merc. cm	2e me	2e me	2e me	2e me	2e me	2e me	2e me	2e me	2e me	2e me	3e me		
Négrepelisse	11	2740	(gare)		mardi	2e mardi cm	2e ma	2e ma	2e ma	2e ma	2e ma	2e ma	2e ma	2e ma	2e ma	2e ma	2e ma		
Cazals	35	454	(gare)			10	10	10	12	12	12					18*		A) veille Fête-Dieu. B) veille Rameaux.	
Montricoux	24	1225	(gare)			2e v.	2e v.	2e v.	30*	2e v.	2e v.	2e v.	2e v.	2e v.	2e v.	2e v.	2e v.		
St-Antonin	42	4680	(gare)		sam.		20	20	20	20	10,30	29	29	29*	16	29	29		
Castanet	65	922	Monteils	8			26		26		26*		26				24		
Féneyrols	48	655	(gare)					15			16*			16			16		
Laguépie	75	1172	(gare)		merc.	14	j. gras	14	14	14	A	14	6*	14	16	14	22		
Parisot	32	1540	Lexos	16		9 cm	9	9	9	9	9	9	9	9	9	9,25*	9		
Varen	66	1800	—	2		17		12	me.Pâq.	24					4*		1er		
Verfeil	42	1012	—	7		7	12	7	13	4,27	26*	20	20	10	18	26	7		
Villebrumier	17	615	(gare)	1					20				20*			20			
Reyniès	12	780	Montauban	12				20			2*						16		
Castelsarrasin		7650	(gare)		jeudi*	1er j.	1er j.	1er j.	28	1er j.	1er j.	1er j.	30*	1er j.	1er j.	4	1er j.		
Bastide du Temple	9	620	Castelsarras.	9			L. Sept.								17				
Beaumont-de-Lomagne	23	4372	(gare)	1	sam.	1er s. cm	1er s.	1er s.	1er s.	1er s.	1er s.	1er s.	1er s.	1er s.	1er s.	1er s.	1er s.		
Escazeaux	27	560	Beaumont	3		18	1er j.								21*				
Faudoas	34	672	Maubec	7						1er ma				1er ma					
Larrazet	15	775	Castelsarras.	15		4	26	3e me	L. Pâq.	3e me	20*	3e me	3e me	8	3e me	15	3e me		
Sérignac	17	1085	Beaumont	6		25				L.Pent.*					1er me*				
Grisolles	28	2130	(gare)		merc.		22				1er*			22					
Bastide-St-Pierre	20	1128	(gare)													ma.a.11			
Lavit	20	1620	Castelsarras.	20	vend.	1er v. cm	1er v.	1er v.	1er v.	1er v.	1er v.	1er v.	1er v.	1er v.	1er v.	1er v.	1er v.		
Montech	14	2724	Montbartier	5	mardi					2			1er*		14		12		
Escatalens	8	1085	Lab.-Ker.-d'Alaspl.	6			L. Sexag.								10		26*		
Finhan	17	1410	Montbartier	55		25			L. Pâq.*					17					
Montbartier	22	621	(gare)				2e l.												
Montbeton	16	810	Montauban	5			Ma.Gras							1er ma					
St-Porquier	7	1174	Castelsarras.	7		7				25				9*					
La Ville-Dieu du Temple	9	898	(gare)							15			l.a.15*			15			
St-Nicolas de la G.	11	2815	Moissac	7	lundi	2e l. cm	2e l.	2e l.	2e l.	2e l.	2e l.	2e l.	2e l.	2e l.	2e l.	2e l.	2e l.		
Caumont	10	640	Castelsarras.	10		7													
Garganvillar	9	752	—	9				1er me						2e me					
Verdun-s.-Garonne	28	3450	Dieupentale	3	vend.			1er	v. St		11*		28		1er v.	25*			
Aucamville	35	980	—	10		5	5			12				6*			1er		
Bouillac	30	1245	—	13			12			20			16*			11	8		
Bourret	14	826	Montbartier	11					25				10			19			
Comberouger	30	445	Dieupentale	17		30							26*				26		
Mas-Grenier	23	1280	—	10		17				3	23*		20			29			
St-Sardos	20	888		15		1er	L. gras												
Moissac		9260	(gare)		sam.	2e s.	2e s.	2e s.	L. St	2e s.	25*	2e s.	2e s.	1er*	2e s.	12	2e s.		
Montesquieu	12	1042	Moissac	12			1er v.							L.p.23*		L. p. 25			
St-Paul d'Espis	13	1083	—	13		26			L. St	25*				9					
Auvillars	20	1600	Valence d'Ag.	6	merc.											25			

TARN-ET-GARONNE : Moissac. — Territoire de BELFORT. — VAR : Draguignan.

LOCALITÉS ET DIST. DE L'ARRONDISS.	k.	Popul.	GARES ET DISTANCES	k.	Marchés	Janvier.	Fév.	Mars.	Avril.	Mai.	Juin.	Juill.	Août.	Sept.	Oct.	Nov.	Déc.	FOIRES MOBILES et OBSERVATIONS.	HOTELS & CAFÉS RECOMMANDÉS.
Dunes	30	1215	La Magistère	7	....	1r et 3e j.	3	1er,3e j.	1er,3e j.	1er,3e j.	1er,3e j.	1er,3e j.	14*	1er,3e j.	1er,3e j.	1er,3e j.	1er,3e j.	A) veille Rameaux. B) veille Pentecôte. C) 1er jeudi et 29.	
Bourg de Visa	24	860	Moissac	24	sam.	2	2,26	20	...	15	23*	18	6	8,26	17	18	10		
Miramont	19	680	—	19	....	8,22	12	5,26	17, 27	18	15	20	11*	12, 25	9	9	6,28		
St-Nazaire	19	753	—	19	....	....	...	1er	...	...	1er*	...	...	...	...	...	1er		
Touffailles	24	942	—	24	....	13	...	...	...	13	...	...	...	20*	...	20	...		
Lauzerte	24	2680	—	24	lundi	1r et 3e l.	1er,3e l.	1er,3e l.	me. St	1er,3e l.	1er,3e l.	1er,3e l.	26*	1er,3e l.	31	1er,3e l.	22		
Cazes-Mondenard	22	2420	—	22	....	28	28	...	...	...	1er	...	16	l. p. 8*	21	...	28		
Montaigu d. Quercy	40	3025	Penne	20	jeudi	5,24	1er j. Ca.	j. Mi-C.	l. St	9,26	20	24	10*	C	25	15	1.20		
Lacour	29	551	Moissac	20	....	....	4	...	...	...	17*	...	...	...	...	...	15		
Roquecor	31	1007	Port de Penne	15	vend.	29	25	8	l.e. Pâq.	ve. Pent.	...	1er*	2,28	22	16	12	20		
St-Amans de Pellagal	30	370	—	12	....	9	l. gras	...	12	...	...	...	...	11*	...	6	...		
St-Beauzeil	35	320	—	10	....	14	...	...	...	...	...	...	...	...	...	...	...		
Valence d'Agen	17	3558	🚂		mardi	....	22	...	...	6	...	...	16*	...	29	...	...		
Castelsagrat	18	1150	Moissac	18	....	18	9	10	A	B	20*	...	4	15	15	5,22	9		
La Magistère	23	1670	🚂		dim.	2e j. cm	2e j.	2e j.	2e j.	2e j.	2e j.	2e j.	2e j.	2e j.	2e j.	3e j.	2e j.		
Montjoy	21	571	Valence d'Agen	12	....	....	3	...	...	...	...	...	...	...	...	...	28		
BELFORT	..	22 m	🚂		L.-s.	1er l. cm	1er l.	1er l.	1er l.	1er l.	1er l.	1er l.*	1er l.	1er l.	1er l.	1er l.	1er l.	* 14 juillet. A) ma. a. Passion. B) mardi a. 28*.	
Châtenois	10	1130	Meroux	5	lundi	....	...	...	...	...	...	...	...	...	...	...	...		
Valdoie	4	1375	Belfort	4	jeudi	....	...	...	...	...	...	...	...	...	...	...	...		
Delle	22	2166	🚂		merc.	2e l. cm	2e l.	2e l.	2e l.	2e l.	2e l.	2e l.	2e l.*	2e l.	2e l.	2e l.	2e l.		
Beaucourt	23	4414	🚂		jeudi	3e l. cm	3e l.	3e l.	3e l.	3e l.	3e l.*	3e l.	3e l.	3e l.	3e l.	3e l.	3e l.		
Grandvillars	16	2180	🚂		sam.	....	3e ma	3e ma	3e ma	3e ma	...	...	...	3e ma	...	3e ma	...		
Morvillars	15	686	🚂		mardi	....	...	A	...	...	...	...	...	...	B	...	...		
Rechesy	30	1235	Delle	11	mardi	....	...	...	...	...	...	...	...	...	...	...	...		
Fousseniagne	14	553	Petite-Croix	3	jeudi	....	...	...	...	...	...	...	...	...	...	...	...		
Giromagny	13	3353	🚂		sam.	2e ma. cm	2e ma	2e ma	2e ma	2e ma	2e ma	2e ma	2e ma*	2e ma	2e ma	3e ma	2e ma		
Riervescemont	18	200	Bas-Evette	13	sam.	2e ma. cm	2e ma	2e ma	2e ma	2e ma	2e ma	2e ma	2e ma	2e ma	2e ma	2e ma	2e ma		
Rougemont-le-Château	16	2236	Belfort	16	merc.	....	...	...	...	...	...	...	...	...	...	...	...		
DRAGUIGNAN	..	10 m	🚂		sam.	....	10	...	...	A	...	3e s.	...	1er*	...	2e s.	13	A) veille Pent.*.	
Ampus	11	1066	Draguignan	14	....	....	...	...	...	...	...	...	...	l.p.21*	...	...	...		
Flayosc	7	2800	🚂		dim.	....	...	2e l.	...	1er l.	...	...	10*	...	1er l.	...	...		
Trans	5	1388	🚂		....	....	...	...	...	...	...	...	...	...	...	2e l.	...		
Aups	27	2400	Salernes	7	sam.	15	2	25	16	12	20	31	14*	8	l. p. 9	17	8,21		

LOCALITÉS ET DIST. DE L'ARRONDISS.	k.	Popul.	GARES ET DISTANCES	k.	Marchés	Janvier.	Fév.	Mars.	Avril.	Mai.	Juin.	Juill.	Août.	Sept.	Oct.	Nov.	Déc.	FOIRES MOBILES et OBSERVATIONS.	HOTELS & CAFÉS RECOMMANDÉS.
Aiguines	43	726	Draguignan	43	....	....	...	...	...	...	1er*	...	...	...	...	10	...	A) lundi a. j. gras. B) 1er et dr vendredi. C) veille 2e dim. D) 4e l. p. Pâques. E) 3e l. p. Pâques. F) 3e l. p. Fête-Dieu.	
Baudinard	14	310	Salernes	14	....	....	...	...	...	...	...	...	...	27	...	...	...		
Les Salles	17	485	Draguignan	17	....	....	...	...	...	25*	...	...	...	...	...	...	...		
Vérignon	26	86	—	26	....	....	...	...	...	...	...	1er l.*	...	...	...	...	...		
Callas	16	1815	🚂	2	dim.	....	...	10	...	1er l.	...	...	10*	...	...	...	...		
Bargemon	21	1680	Callas	6	dim.	....	l. p. 2	...	l. Qua.	...	...	...	...	...	l.p.18*	...	l.a.24		
Châteaudouble	13	830	—	8	....	....	...	...	...	...	...	25	...	...	...	...	...		
Claviers	18	772	—	6	....	....	...	...	...	...	5*	...	...	...	...	...	31		
Figanières	11	1000	—	4	....	....	3	...	...	l.p.11	...	...	16*	...	...	25	...		
Montferrat	14	645	—	14	....	....	...	...	...	...	...	...	...	...	1er l.*	...	...		
Comps du Var	32	930	🚂		mardi	....	...	...	25	23	24*	...	...	7	15	...	...		
Bargème	20	336	Comps du Var	6	....	....	...	...	...	...	...	...	10*	...	...	...	...		
Broves	32	288		8	....	....	...	...	...	...	...	...	4e j.	...	...	...	...		
Roque-Esclapon	14	220		11	....	....	...	...	...	...	5	...	21*	...	...	...	...		
Trigance	10	495	—	10	....	....	...	...	...	8*	...	...	...	...	...	...	...		
Fayence	33	1756	🚂		lundi	....	A	...	...	1er	...	...	...	7*	...	l.p.11*	...		
Callian	33	1410	Fayence	6	....	....	...	B	...	15*	...	...	...	...	...	...	...		
Montauroux	38	1403	—	7	....	lundi a. 17	...	...	...	...	...	...	24*	...	...	...	...		
Mons	50	898	—	14	....	....	...	...	2e l.	...	...	...	14*	...	2e l.	...	...		
St-Paul	35	159		6	....	25	...	...	...	...	*29	...	...	...	...	...	...		
Seillans	31	1675	—	7	dim.	....	...	1er	...	C	...	...	...	21*	...	25	...		
Fréjus	28	3110	🚂		lundi	....	...	...	...	D	...	...	...	...	6	...	15		
Bagnols	31	922	Fréjus	17	....	....	...	...	...	...	...	...	...	3*	10	...	...		
Le Muy	14	2695	🚂		....	7	...	...	E	...	...	...	...	...	...	...	...		
Roquebrune	22	2000	🚂		....	....	...	...	15	...	8*	...	...	...	...	...	...		
St-Raphaël	33	3250	🚂		quot.	20*	...	...	...	...	...	...	1er l.*	...	...	...	...		
Grimaud	10	1175	Cogolin	5	....	....	2	...	...	Asc.	...	...	15*	29	...	...	...		
Cogolin	14	2068	🚂		....	....	...	...	...	...	...	...	8	...	...	1er l.	...		
La Garde-Freinet	36	2514	Cogolin	12	....	....	...	...	...	...	15*	...	...	...	...	23	...		
Plan de la Tour	30	1360	Ste-Maxime	11	....	....	...	...	...	11	...	...	1er	...	...	...	...		
Ste-Maxime	37	1051	🚂		....	....	...	...	28*	...	...	...	...	...	...	*27	...		
Lorgues	13	4170	Vidauban	9	lundi	....	...	3e v.	...	...	F	...	7	18	28*	...	4.28		
Les Arcs	10	2830	🚂		mar.*	20	...	...	...	...	Trin.*	...	29	...	...	...	...		
Taradeau	14	491	Les Arcs	5	....	....	...	...	...	...	...	...	16*	...	...	...	...		
Thoronet	28	800	Le Luc	9	....	....	...	...	...	...	...	...	...	l. p. 8*	...	...	...		
Le Luc	27	3115	🚂	2	dim.	15	...	...	...	...	...	...	...	l. p. 1er*	18	...	8		
Le Cannet du Luc	28	1090	🚂	1	....	....	...	...	...	...	...	...	...	...	4	...	...		
Maillons du Luc	32	560	Gonfaron	6	....	....	...	...	...	...	...	26*	...	...	3e l.	...	...		
Vidauban	17	2948	🚂		....	....	...	...	...	...	...	...	7	...	8*	...	...		
St-Tropez	58	3550	🚂		....	....	...	...	...	...	...	...	26*	...	...	...	...		
Ramatuelle	61	782	St-Tropez	7	....	....	...	...	...	...	...	...	...	...	...	30	...		
Salernes	23	3290	🚂		dim.	lundi p. 6	l. p. 6	...	Saint	l.p.16*	...	...	...	...	...	25	...		

VAR : Brignoles, Toulon. — VAUCLUSE : Avignon, Apt.

LOCALITÉS et dist. de l'arrondiss.	K.	Popul.	GARES et distances	K.	Marchés	FOIRES Janvier	Fév.	Mars	Avril	Mai	Juin	Juill.	Août	Sept.	Oct.	Nov.	Déc.	FOIRES MOBILES et OBSERVATIONS	HOTELS & CAFÉS RECOMMANDÉS
Villecroze	22	1030	Salernes	4			28	Passion j. a. Bar.			18*		8			13		A) mardi a. Pent.	
Brignoles		5080	🚂			31				A			21*			11*		B) 4e l. p. Pâques.	
Tourves	11	2012	🚂										6	21*		19		C) dim. p. Quasim.	
Le Val	5	1420	Brignoles	5										11*				D) lundi p. 3e dim.	
Vins	8	380	—	8		26		1er j.											
Barjols	21	2651	🚂		jeudi	lundi p. 17				B	27		dr j.	29*	dr j.	30			
Bras	11	1243	St-Maximin	8										1er ma					
Brue-Auriac	26	488	Barjols	10									1er*						
Varages	26	1205	🚂		mardi						3*								
Besse-sur-Issole	15	1350	🚂											21*					
Cabasse	11	1256	Besse s. Issole	10					sa. Bar.				21*						
Flassans	14	1140	—	6						12*			20						
Gonfaron	23	2176	🚂																
Pignans	21	2115	🚂			17*								l. p. 8*	13				
Cotignac	19	2610	Entrecasteaux	10			2	19			9		15*	8		11			
Carcès	17	2075	Brignoles	17			11								15*				
Correns	15	900	—	15						3									
Entrecasteaux	24	1580	🚂						25		1er*		6			1			
Montfort	12	892	Brignoles	12			3							1er*					
Rians	43	2385	🚂		vend.		3			3	21		10*	19	18				
Ginasservis	15	700	Rians	11										l. p. 14*			12		
St-Julien-le-Montagnier	42	1100	—	19			Cendres		v. St		l. Tri.		l. p. 28*						
La Verdière	30	1200	Varages	9	merc.			19						8*					
Vinon	32	1175	Rians	22		15				8			25*		5				
Roquebrussanne	13	950	Brignoles	13										l. p. 8*					
Forcalqueiret	12	738	🚂	1									29*						
Garéoult	14	698	🚂	4										25*					
Méounes	29	745	Solliès-Pont	13										1er l.*					
St-Maximin	19	3070	🚂		lundi			2e l.	C			22*	16		11		13		
Pourrières	32	1382	Trets	7										1er l.	5				
St-Zacharie	32	1706	Auriol	9							6*								
Tavernes	27	1046	Barjols	5															
Artignosc	5	335	Salernes	18										D					
Montmeyan	37	560	Barjols	15											2*				
Régusse	42	631	Sillans	15	1er d.	1er dim. car.	1er d.	1er d.	1er d.	1er d.	1er d.	1er d.	1er d.	1er d.	1er d.	1er d.	1er d.		
Sillans	27	280	🚂								11*								
Toulon		78 m	🚂		quot.														
La Garde	8	2800	🚂											1er*					
La Valette	3	2185	La Pauline	4												l. p. 25			
Le Beausset	17	2016	Bandol	10						l. Rog.*									
La Cadière	23	1720	St-Cyr du Var	5												30			
Le Castellet	19	1385	Bandol	12		2													
St-Cyr du Var	26	1584	🚂							Ascens.	Γ16								
Signes	35	1518	Bandol	25												25			
Collobrières	40	2180	Cuers	22												1er*			
Bormes	30	2230	Hyères	18				19											
Cuers	21	3510	🚂	1	quot.	1er		1er	25*				1er*		28				
Carnoules	33	1618	🚂												1er l.				
Pierrefeu	25	1867	Cuers	5											1er j.				
Puget-Ville	20	2015	🚂										22*		21				
Hyères	17	14 m	🚂							1er*			15, 24		28		4, 28		
La Crau d'Hyères	13	2892	🚂							8			26						
Ollioules	7	3185	🚂	3	jeudi						Trin.*		10						
Bandol	17	1780	🚂																
St Nazaire du Var	13	2341	🚂	2								28*							
La Seyne	7	12 m	🚂									Γ5							
Six-Fours	11	2800	St-Naz. du Var	3	dim.														
Solliès-Pont	14	2852	🚂		quot.		5							16*		24			
Belgentier	21	885	Solliès	8									17*						
La Farlède	12	970	🚂								24*								
AVIGNON		41 m	🚂		me., s.				l. Pâq.*	Γ20						30*			
Bédarrides	15	2492	🚂		mardi													Quot. pendant la saison des vers à soie.	
Courthezon	18	3200	🚂																
Sorgues-s.-l'Ouvèze	10	4000	🚂		dim.	1er dim. car.	1er d.	1er d.	1er d.	1er d.	1er d.	1er d.	1er d.	1er d.	1er d.	1er d.	1er d.		
Vedènes	7	1700	Sorg.-s.-l'Ouvèze	1								24*							
Cavaillon	23	8903	🚂		l. (A)					1er		2e l.		1er l.		13		A) du 15 juin au 15 juillet, marché quotidien.	
Caumont	13	1574	Gadagne	4									22	3e d.					
Maubec	32	598	🚂	4			2						10*						
Robions	30	1636	🚂	1			1er s. fév.							8*	28	1er			
L'Isle-s.-Sorgues	22	6200	🚂		jeudi			10		12			27*				8		
Cabrières	35	632	Maubec	3		22													
Lagnes	28	1000	L'Isle-s.-Sorgues	6										14*					
St-Saturnin-lez-Avignon	10	1400	🚂		mardi				ma. Pâq.							3			
Thor	17	3125	🚂		dim.	1er dim.	1er d.	s. a. Ram.	1er d.	1er d.	1er d.	1er d.	1er d.	1er d.	31*	1er d.	1er d.		
Apt		5750	🚂		sam.	2*						s. p. 25*	dr s.	dr s.			13		
Rustrel	9	680	Apt	9												10			
St-Martin de Castillon	11	1132	🚂	11		11										2	2	Γ 11 novembre.	
St-Saturnin-lez-Apt	8	2085	🚂	8			9			5*					9	Γ29	9		

VAUCLUSE : Apt, Carpentras, Orange. — VENDÉE : la Roche-sur-Yon.

LOCALITÉS et dist. de l'arrondiss.	K.	Pop.	GARES et distances.	K.	Marchés.	Janvier.	Fév.	Mars.	Avril.	Mai.	Juin.	Juill.	Août.	Sept.	Oct.	Nov.	Déc.	FOIRES MOBILES et observations.	HOTELS & CAFÉS recommandés.
Viens	20	891	Apt	20										1er l.*		23	5	A) Octav. Fête-D.	
Villards	6	770	—	6		13*								1er l.				B) jeudi a. Ram.*.	
Bonnieux	12	2180																	
Lacoste	14	483	Bonnieux	4		28								24			29		
Ménerbes	18	1420	Goult	4				2e d. Pâq.					25*		18		16		
Oppède	20	1183	Maubec	4		6					29*		10		9	22			
Cadenet	23	2560			lundi	3e lundi					2e l.		21*	21			8		
Cucuron	26	1524	Cadenet	7	mardi	mardi p. 23				l. p. 21*				l. p. 8*			me. p. 13		
Lauris	23	1520					2*										3		
Lourmarin et Puyvert	19	1072	Cadenet	4		4								l. p. 22*		30			
Villelaure	30	1200														2e me			
Gordes	28	2015	Maubec	8	mardi		3	25				14*	20		11		18		
Les Beaumettes	17	121	Goult	2		15									6				
Goult	14	1295		1		20			l. Pâq.				15*	20			1er		
Lioux	14	300	St-Saturnin-d'Avignon	10												l. p. 18*			
Roussillon	11	1294	Le Chêne	6		lundi p. 6				A				l. p. 29*		l. p. 11			
Pertuis	32	3613			vend.	6							15*			1er			
Ansouis	28	825	Villelaure	5		20										3e me			
Bastide des Jourdans	18	708	Pertuis	17												2e l.			
Beaumont de Pertuis	31	733	Mirabeau	8								25		l. p. 14*			1er l.		
La Tour d'Aigues	40	2250	Pertuis	6	merc.					3e me				dr l.			me. a. 25		
Carpentras		9780			vend.							28		21*		27*			
Mazan	6	2733	Carpentras	6	quot.								l. p. 24*				28		
Monteux	5	3710			merc.								*23						
Sarrians	8	2483	Carpentras	8	quot.														
Mormoiron	12	1922			jeudi								10*						
Bédoin	14	2373	Mormoiron	10			l. Sept.	B						15					
Malemort	12	1086		9										13					
Pernes	6	4100			me. d.														
Sault	38	2472			merc.			l. Pâq.		12	25		16*			25			
St-Christol	35	501	Sault	12					15					15*					
St-Trinit	19	250	—	5											29*				
Orange		10m			jeudi		1		27	dr j.		1er j.	21*				21		
Caderousse	6	3105	Orange	6										dr s.					
Camaret	6	2054	—	6												25			
Jonquières	8	2150	Courthezon	3															
Beaumes de Venise	20	1158	Carpentras	8															
Sablet	17	1120	Orange	17													8, 27		
Bollène	21	5635		3	lundi*		2. 20	25	20		21*	1er l.	15	8		11	8, 21		
Mondragon et Derboux	15	2514						10							B			A) mardi p. 1er*.	
La Palud	18	2200						5								6		B) mardi p. 1er.	
Ste-Cécile	15	1982	Orange	15	dim.	23		8		3		14	16	16		22*		C) lundi p. 1er dim.	
Malaucène	34	2560	Carpentras	17	jeudi	lundi p. 20	l. p. 3	l. p. 19	2e l.	l. p. 3	2e l.	2e l.	29	29	2e l.	l. p. 11	l. p. 21	D) lundi p. 1er dim.	
Brantes	36	320	Orange	36												15*	28		
Entrechaux	28	923	Carpentras	22		17										25			
Savoillans	52	227		51											12*				
Vaison et St-Marcellin	27	2985	—	23	mardi		15			l. Pent.*			8	8		30			
Cairanne	14	948	Orange	14													27		
Puyméras	33	686	—	33						1er*							28		
Rasteau	15	800	—	15												19			
Villedieu	26	825	—	25													13		
Valréas	35	4810	Pierrelatte	26	sam.	17	24	21	25	13	24*	12	4, 26	29*		13	4, 21		
Grillon	35	1288	—	28			14		l. Saint					21*		2			
Visan	25	1941	Orange	25		22		19		D			16*			25			
LA ROCHE-SUR-YON		12m			sam.	2e lundi	2e l.	2e l.	2e l.	2e l.	1er*	2e l.	2e l.	2e l.	2e l.	2e l.	2e l.		
Bourg-s.-la-Roche	2	2620	La R.-s.-Yon	2															
Chaillé-les-Ormeaux	13	1450	Nesmy	4	dim.	dr mardi		2e v.		dr ma		dr ma				dr ma			
La Chaize-le-Vicomte	11	2583			sam.	3e mardi *em*	3e ma	3e ma	3e ma	3e ma	3e ma*	3e ma	3e ma	3e ma	3e ma	3e ma	3e ma		
Mouilleron-le-Captif	6	1100	La R.-s.-Yon	6								24	24*	24					
Nesmy	10	1472			mardi														
St-Florent des Bois	12	1885	Nesmy	8	vend.	dr sam.	dr s.	dr ma	dr s.					dr ma			dr s.		
Thorigny	18	1470	Bournezeau	8	merc.	1er lundi	1er l.	1er l.	1er l.										
Venansault	8	1880	La R.-s.-Yon	8				3	7	5*									
Chantonnay	32	3712			jeudi	3e jeudi *em*	3e j.	3e j.	3e j.	3e j.	3e j.*	3e j.	3e j.	3e j.	3e j.*	3e j.	3e j.		
Bournezeau	20	2240			mardi	1er mardi *em*	1er ma	1er ma	1er ma	1er ma	1er ma	1er ma	1er ma	1er ma	1er ma	1er ma	1er ma		
Le Puybelliard	36	513	Chantonnay	3	lundi			l. a. Mi-C.	l. Pâq.	l. Pent.							26*		
Les Essarts	20	3330	Chaize-le-Vicomte	13	vend.	3e merc. *em*	3e me	3e me	3e me	3e me	3e me*	3e me	3e me	3e me	3e me	3e me	3e me		
Dompierre-s.-Yon	8	1612	Belleville	7		1er sam.	2	25*									1er s.		
La Ferrière	10	2185	La R.-s.-Yon	10		4e sam.	4e s.	4e s.		2e s.							4e s.		
Ste-Cécile	26	1800	Chantonnay	8	vend.											*22			
Ste-Florence	27	1670	—	14	mardi	2e merc. *em*	2e me	2e me	2e me	2e me	2e me	2e me	2e me*	2e me	2e me	2e me	2e me		
St Martin des Noyers	22	2135	Chaize-le-Vicomte	8	lundi	dr mardi	dr ma	dr ma	dr ma							dr ma	dr ma		
Les Herbiers	30	3610		3	jeudi	dr merc. *em*	dr me	dr me	dr me	dr me	dr me*	dr me	dr me	4e me*	dr me	dr me	dr me	1er 11 novembre.	
Les Epesses	48	1905	Les Herbiers	6	vend.					1er v.	14, 24*								
Mouchamps	32	3000			sam.											25			
Mareuil	23	1900			jeudi	dr jeudi	dr j.	dr j.	dr j.	dr j.	dr j.	dr j.	dr j.	dr j.	dr j.	21*	dr j.		
Les Moutiers-s.-le-Lay	28	1082	Luçon	11	mardi	dr mardi	21*			dr ma						dr ma	dr ma		
La Bruffière	18	2900	Boussay	4		dr lundi	14*	dr l.	dr l.	dr l.							dr l.		

VENDÉE : La Roche-sur-Yon, Fontenay-le-Comte, les Sables d'Olonne.

Localités et dist. de l'arrondiss.	k.	Popul.	Gares et distances	k.	Marchés	Janvier.	Fév.	Mars.	Avril.	Mai.	Juin.	Juill.	Août.	Sept.	Oct.	Nov.	Déc.	Foires mobiles et observations.	Hôtels & cafés recommandés.
Montaigu	37	1811			jeudi	3e et 4e l. cm	»	»	»	»	»	»	»	»	»	»	»	A) mardi p. 25*.	
Cugand	48	2045			jeudi														
St-Georges de Montaigu	37	2335	Montaigu	4					22*										
St-Hilaire de Loulay	40	2218	—	2		F 14		2e j.	3e l.										
Mortagne-s.-Sèvre	56	2160		2	mardi	2e mardi	2e ma	2e ma	le s. Pâq.	2e ma	2e ma	2e ma	A	2e ma	2e ma	2e ma	2e ma		
La Gaubretière	18	2173	Evrunes	13	lundi														
Les Landes-Genusson	40	1470	Torfou	9	merc.														
St-Laurent-s.-Sèvre	60	2840	Mort.-s-Sèvre	7	jeudi														
Tiffauges	32	1180	La Colonne	3	jeudi	1er lundi cm	1er l.	1er l.	1er l.	1er l.	1er l.	1er l.*	F 10 1er l.	1er l.	1er l.	1er l.	1er l.		
La Verrie	14	2232	Cholet	14															
Le Poiré-sur-Vie	12	4050	Belleville	7	jeudi	3e jeudi cm	3e j.	3e j.	3e j.	3e j.	3e j.*	3e j.	3e j.	3e j.	3e j.	3e j.*	3e j.		
Aizenay	16	3040			lundi	1er lundi cm	1er l.	1er l.	1er l.	1er l.	1er l.	1er l.	1er l.	1er l.	1er l.*	1er l.	1er l.		
Belleville-s.-Vie	13	1068			sam.	1er sam. cm	1er s.	1er s.	1er s.	1er s.	1er s.	1er s.	1er s.	1er s.*	1er s.	1er s.	1er s.		
Les Lucs-Boulogne	20	2580	Belleville	8		4e mardi	4e ma	4e ma									4e ma		
St-Den.-la-Chevasse	20	1800	—	7	mardi	3e mardi	3e ma	3e ma	3e ma						F 9	3e ma	3e ma		
Rocheservière	32	2035	Montaigu	16	jeudi	2e mardi	2e ma	2e ma	2e ma	2e ma	2e ma	2e ma	2e ma	20*	2e ma	2e ma	2e ma		
L'Herbergement	27	800			merc.	1er merc. cm	1er me	1er me	1er me	1er me	1er me	1er me	1er me	1er me	1er me	1er me	1er me		
St-Philbert de Bouaine	36	2168	L'Herbergem	10	lundi	d. l. cm	d. l.	d. l.	d. l.	d. l.	d. l.	d. l.	d. l.	d. l.*	d. l.	d. l.	d. l.		
St-Fulgent	31	2066	Montaigu	20	mardi	2e mardi cm	2e ma	2e ma	2e ma	2e ma	2e ma	2e ma	2e ma	2e ma	2e ma	2e ma	2e ma		
Les Brouzils	30	2430	L'Herbergem	4	mardi	4e mardi	4e ma	4e ma								4e ma	4e ma		
Chavagnes-en-Paillers	28	3085	—	11	sam.	17													
La Copechagnière	24	490	—	10	sam.														
Fontenay-le-Comte		10m				4e sam.	4e s.	25		4e s.	21*	4e s.	2*	4e s.	18* 11*	4e s.	s. a. 25		
Le Langon	13	1330			lundi	3e lundi	3e l.	3e l.	4e l.	3e l.	3e l.	3e l.	3e l.	3e l.	3e l.	1er j.	3e l.		
Pissotte	1	900	Fontenay le Comte	4					3e me	d. l.						4e l.			
Le Poiré-s.-Velluire	11	1225	Velluire	1	jeudi		3e j.		3e j.		3e j.						3e j.		
Chaillé-les-Marais	22	2370	Naillers	9	jeudi		3*		3e l.		1er l.			1er l.		1er l.			
Chaigné-les-Marais	31	1822	Luçon	11	merc.														
Le Gué de Velluire	14	1010			dim.	1er jeudi		1er l.	d. j.					2e j.	d. j.				
L'Ile-d'Elle	33	7011			merc.	3e lundi									3e l.				
St-Radégonde-des-Noyers	28	1115	Marans	13	lundi														
La Châtaigneraie	22	1980			sam.	4e lundi cm	4e l.	4e l.	4e l.	4e l.	4e l.*	4e l.	4e l.	4e l.	4e l.	4e l.	4e l.		
Bazoges en Pareds	24	2000	Chavagné	9			1er l.	1er l.	1er l.							1er l.	1er l.		
Breuil-Barret	27	1125			mardi	1er lundi cm	1er l.	1er l.	1er l.	1er l.	1er l.	1er l.	1er l.	1er l.*	1er l.	1er l.	1er l.		
La Chap.-aux-Lys	26	680	Breuil-Barret	3	vend.	2e merc. cm	2e me	2e me	2e me	2e me	2e me	2e me	2e me*	2e me	2e me	2e me	2e me		
Loge-Fougereuse	21	631	—	3										1er me	1er me				
Mouilleron en Pareds	20	1720	Chavagné	9	vend.	1er lundi	1er l.	1er l.	4e me	1er l.	1er l.	1er l.	1er l.	3e me	1er l.	1er l.	1er l.		
St-Hilaire de Voust	22	1200			dim.	F 14			2e l.					2e l.					
St-Pierre du Chemin	28	2054	Breuil-Barret	6	jeudi	3e merc. cm	3e me	3e me	3e me	3e me	3e me*	3e me	3e me	3e me	3e me	3e me	3e me	F 29 juin.	
Thouarsais	20	1270	Chavagné	15					l. Pâq	l. Pen				8*					
Vouvant	14	1312	Faymoreau	2	jeudi	2e j. cm	2e j.	2e j.	2e j.	2e j.	2e j.	2e j.	2e j.*	2e j.	2e j.	2e j.	2e j.	A) sam. p. 2e merc.	
L'Hermenault	11	965	Fontenay-l-Comte	11	merc.			1er j.	3e l.					1er j.		1er j.			
Bourneau	8	980	—	8												2e l.			
Nalliers	17	2140			jeudi	1er jeudi	1er j.		1er j.		1er j.*			1er j.		4e j.			
Petosse	9	530	Langon	7	vend.		1er		3e j.						3e j.				
St Cyr des Gâts	14	1018	Nalliers	15					1er ma							1er ma			
St-Laurent-la-Salle	16	800	— et Fontenay	16					3e ma				3e ma						
Luçon	28	6310			sam.	2e sam.	2e s.	2e s.	2e s.	23*	2e s.	2e s.	16*	2e s.	2e s.	2e s.	2e s.		
Aiguillon-s.-Mer	40	1723	Luçon	20	vend.														
Grues	42	1230	L. Bretonnière	11	mardi		1er ma		1er ma		1er ma		1er ma		1er ma		1er ma		
St-Gemme-la-Plaine	25	1430	Luçon	5		1er merc.		1er me		1er	22*			18		25			
St-Michel en l'Herm	40	2500	L. Bretonnière	15	jeudi				21		17			29*	d. j.				
Maillezais	12	1315	Fontenay-l-Comte	12	merc.	1er l. cm	1er l.	1er l.	1er l.	1er l.	1er l.	1er l.	1er l.	1er l.	1er l.*	1er l.	1er l.		
Benet	20	2580		1	lundi	4e lundi	4e l.	4e l.	4e l.	4e l.	24*	4e l.	4e l.	20*	4e l.	15	4e l.		
Damvix	26	1468	Benet	11	sam.	2e j. cm	2e j.	2e j.	2e j.	2e j.	2e j.	2e j.	2e j.*	2e j.	2e j.	2e j.	2e j.		
Doix	10	1330	Velluire	8	vend.		3e me		3e me	3e me		3e me	3e me	3e me	3e me	3e me			
Maillé	16	1425	Fontaines	8	lundi				3e me						1er me				
Vix	13	2700			dim.			3e l.		d. me							8		
Pouzauges	36	3100			jeudi	1er, 3e j. cm	1er, 3e j.	1er, 3e j.	1er, 3e j.	1er, 3e j.	1er, 3e j. F 29	1er, 3e j.	1er, 3e j.	1er, 3e j.	1er, 3e j.	1er, 3e j.	1er, 3e j.		
Le Boupère	30	2895	Pouzauges	10	jeudi														
La Flocellière	34	1922	—	9	mardi														
Montournais	44	2336	—	8	mardi		2e ma	2e ma	2e ma	2e ma				2e ma			2e ma		
Mouscreigne	36	970	Chevagné	3		d. vend.	d. v.	d. v.	d. v.	d. v.				d. v.	d. v.	d. v.	d. v.		
St-Michel-Mont-Malchus	45	1368	Pouzauges	11		3e l. cm	3e l.	3e l.	3e l.	3e l.	3e l.	3e l.	3e l.	3e l.*	3e l.	3e l.	3e l.	F 29 septembre.	
Ste-Hermine	22	1870	Luçon	15	vend.	1er v. cm	1er v.	1er v.	1er v.	1er v.	1er v.	1er v.	1er v.	1er v.	1er v.	1er v.	1er v.		
La Caillère	20	684	Chevagné	18	lundi	2e mardi	2e ma	2e ma	2e ma	2e ma				2e ma	2e ma	2e ma	2e ma		
La Chapelle-Thémer	23	872	Nalliers	12					4e ma						1er l.				
La Jaudonnière	25	838	Chantonnay	10		4e j. cm	4e j.	4e j.	4e j.	4e j.	4e j.	4e j.	4e j.*	4e j.	4e j.	4e j.	4e j.		
Thiré	21	845	Nalliers	10				3e ma						20*					
St-Hilaire-des-Loges	11	2520			lundi	3e v. cm	3e v.	3e v.	3e v.	3e v.	3e v.*	3e v.	3e v.	3e v.	3e v.	3e v.	3e v.	F 14 janvier.	
Faymoreau	10	521			jeudi				1er v.					1er l.					
Foussais	13	1440	Faymoreau	5	dim.	2e merc.		2e me		2e me			4e me	4e me		2e me			
Nieul-s.-l'Autise	12	1170				1er mardi	4e ma		4e ma	4e ma	4e ma		4e ma			4e ma	4e ma		
Oulmes	13	705			dim.	4e merc.	2e s. far		2e j.	4e me			4e me	4e me		4e me			
Puy de Serre	16	616					2e ma		2e ma					2e ma		2e ma			
St-Michel-le-Clouq.	6	1216	Fontenay-le-Comte	6										1er l.					
Les Sables d'Olonne		11m			sam.	A	A	A	A	A	A	A	A	A	A	A	7	F 26 juillet.	
Olonne	1	2830																	
Vairé	12	1088	Olonne	6		15	2e ma	2e ma	15					d. ma			15		
Beauvoir-s.-Mer	60	2380		4	jeudi			1er j.	2e j.	1er j.	1er j.	1er j.	d. j.		1er j.	1er j.			
Bouin	54	2755	Beauvoir	10	dim.			2e l.		2e l.		2e l.		1er l.*					

VENDÉE : Sables d'Olonne. — VIENNE : Poitiers.

LOCALITÉS et dist. de l'arrondiss.	K.	Popul.	GARES et distances	K.	Marchés	Janvier.	Fév.	Mars.	Avril.	Mai.	Juin.	Juil.	Août.	Sept.	Oct.	Nov.	Déc.	FOIRES MOBILES et OBSERVATIONS.	HOTELS & CAFÉS RECOMMANDÉS.
St-Gervais	53	1900	Beauvoir	4	lundi	3e lundi	3e l.	3e l.	...	...	11*	...	...	...	3e l.	...	...	A) 3e l. et l. Pent.	
Challans	48	3145	🚂		mardi	2e mardi	2e ma	2e ma	2e ma	2e ma*	2e ma	2e ma	2e ma	2e l.*	2e ma	2e ma	2e ma		
Bois de Céné	51	1840	🚂		lundi	....	l.gras.	...	l.Pâq	A	...	...	20*	...	...	...	l.p.25		
Froidfond	50	925	Garnache	6	....	19	...	20*	...	...	...	...	...	...	...	...	2e s.		
La Garnache	49	3289	🚂		lundi	15	3	25	3e l.	3e l.	3e l.	3e l.	16*	3e l.	3e l.	13	3e l.		
Sallertaine	48	2428	Challans	7	....	....	...	...	...	dr l.	...	20*	...	...	20	...	...		
La Mothe-Achard	17	930	🚂		vend.	1er j. ca	1er j.	1er j.	1er j.	1er j.	1er j.	1er j	1er j.	1er j.	1er j.*	1er j.	1er j.		
Beaulieu-s-la-Roche	23	1445	La M.-Achard	7	....	18	3e s.	15	27	18	20	...	16*	21	16	11	26		
Chapelle-Achard	16	781	—	2	....	2e merc.	2e me	2e me	2e me	...	...	...	...	2e me	...	2e me	...		
Nieul-le-Dolent	25	1230	Nesmy	8	merc.	23	3e l.	23	23	23	23	23	23	23	23	23	23		
Ste-Flaive	16	1476	Clouzeaux	5	mardi	....	...	...	...	...	...	...	...	...	...	...	...		
St-Julien des Landes	19	1050	La M.-Achard	7	....	....	...	4e ma	4e ma	...	...	...	┌25	...	...	4e ma	4e ma		
Moutiers les Mauxfaits	27	925	Ch.-St-Père	8	vend.	dr lundi	dr l.	dr l.	dr l.	dr l.	3e l.*	3e l.	dr l.	dr l.	dr l.	dr l.	dr l.		
Angles	32	1500	—	17	dim.	....	v.a.dr l.	v.a.dr l.	...	v.a.dr l.	...	1er*	...	v.a.dr l.	v.a.dr l.	...	...		
Champ-St-Père	36	1780	🚂		jeudi	3e j. ca	3e j.	3e j.	3e j.	3e j.	3e j.*	3e j.	3e j.	3e j.	3e j.	3e j.	3e j.		
Curzon	40	935	Ch.-St-Père	9	merc.	....	...	...	...	...	...	...	...	...	...	1er ma	...		
St-Cyr-en-Talmondais	35	612	—	8	....	....	1er j.	2e j.	13	...	5*	...	10	...	5	...	...	┌ 16 juin.	
La Tranche	32	1380	—	21	merc.	....	...	...	...	...	...	...	...	...	...	...	...		
Noirmoutier	66	5900	Bourgneuf	40	d.J.s.v.	....	...	19*	...	...	...	...	20	...	...	...	...		
Barbâtre	67	1822	Challans	27	dim.	....	...	...	l.Pâq	l.Pen	...	...	...	8*	...	...	...		
Palluau	40	500	Aizenay	10	merc.	2e jeudi	2e j.	2e j.	2e j.	2e j.	2e j.	2e j.	3e l.*	2e j.	2e j.	2e j.	2e j.		
Apremont	33	1380	St-Maixent	5	sam.	2e sam.	16	3e s.	19	16	...	19*	...	...	...	13	2e s.		
Falleron	46	1100	Garnache	10	jeudi	1er mardi	...	...	...	...	...	...	...	...	...	...	...		
Grand'Landes	44	658	Aizenay	6	....	....	...	...	...	...	...	...	10*	...	...	...	...		
St-Christophe du Ligneron	50	1950	Challans	9	vend.	4e sam.	4e s.	4e s.	4e s.	...	...	┌25	...	...	...	1er s.	1er s.*		
St-Etienne du Bois	43	2473	Aizenay	12	dim.	4e lundi	4e l.	4e l.	...	...	...	...	...	...	...	...	4e l.*	┌ 26 décembre.	
St-Paul-Mont-Pénit	40	710	—	9	....	1er sam.	1er s.	1er s.	...	...	┌29	...	...	...	...	...	...		
St-Gilles-s.-Vie	28	1732	🚂		d..j.	....	...	...	16	...	20	...	21*	23	...	...	...		
Coëx	26	1540	🚂		vend.	23	3e l.	...	...	1er ma	...	...	...	...	...	...	22		
Commequiers	30	1730	🚂		vend.	20	20	...	...	...	...	...	...	...	...	...	...		
Croix de Vie	32	1815	🚂		vend.	....	...	...	...	...	...	...	...	...	...	...	...		
L'Aiguillon-s.-Vie	22	850	Coëx	10	....	3e jeudi	...	3e j.	3e j.	...	...	...	...	...	...	3e j.	...		
Riez	34	840	🚂		....	....	...	l.Pas.	...	l.Pent*	...	...	...	...	1er l.	...	1er l.		
St Hilaire de Riez	33	2575	🚂		....	┌14	...	19	...	3e me	...	...	...	16*	...	...	...		
St-Jean de Monts	48	3970	Challans	16	sam.	....	...	20	20	3e me	┌24	...	...	20	3e me*	20	...		
N.-Dame de Monts	53	1214	—	21	dim.	....	...	...	l.Pâq.*	...	...	...	...	...	...	...	...		
Le Perrier	48	1980	—	10	lundi	....	...	...	...	...	...	...	...	...	...	...	...		
Soullans	36	2000	🚂		vend.	dr me ca	dr me	dr me	dr me	dr me	dr me*	dr me	dr me	dr me*	dr me	dr me	dr me		
Talmont	13	1043	Les Sab. d'Olonne	13	mardi	20 ca	20	20	20	20	20	20*	20	20	20	20	20		
Avrillé	28	1123	Ch.-St-Père	12	jeudi	2e jeudi	2e j.	2e j.	2e j.	14	30*	...	4	2e j.	...	8	...	A) lundi p. 1er dim.*	
Le Bernard	28	1010	—	18	....	....	...	...	...	A	...	...	...	...	...	...	...		
Jard	21	1200	Les Sab. d'Olonne	21	dim.	....	...	...	...	...	...	...	...	...	...	...	...		
Longeville	28	1775	—	28	....	....	...	...	10	10	10	...	23*	12	...	...	...		
St-Hil. de Talmont	11	2735	Les Sab. d'Olonne	11	dim.	┌14	...	...	...	...	...	...	...	15	...	15	15		
POITIERS	.	37 m	🚂	.	sam.	5	...	l.Mi-Car	...	16*	2e s.	...	2e s.	...	18*	...	...	A) mardi p. 16*. B) lend. Ascension. C) lend. Fête-Dieu. D) 2e dim. p. 24.	
Migné	7	2880	🚂	2	sam.	....	...	...	...	...	...	...	...	...	...	...	...		
Biard	2	782	Poitiers	2	....	....	...	...	25	...	...	...	...	...	25	...	...		
Croutelle	6	242	—	6	....	....	23	23	...	22	...	...	21*	...	...	...	1er		
Ligugé	8	1310	🚂		....	21	...	21	...	...	...	21*	...	21	...	10	...		
Lusignan	24	2212	🚂		merc.	1er merc.	». 22	1er me	1er me	l.a.Pen.	». 30	...	1er*	1er me	13	1er me	». 22		
Celle l'Evescault	23	780	Lusignan	7	merc.	....	...	...	...	...	...	...	...	...	...	...	...		
Cloué	22	500	—	3	....	....	...	...	...	...	dr d.	...	...	dr d.	...	...	...		
Coulombiers	16	736	🚂		....	....	...	v.a.Mi-C	28	...	...	...	...	18*	...	...	...		
Curzay	24	875	Lusignan	9	....	....	...	...	a.l.Pâq.	A	...	...	...	...	...	...	...		
Jazeneuil	28	1170	—	6	....	....	...	...	2e ma	B	11*	...	20	3e ma	...	15	...		
Rouillé	34	2715	🚂		vend.	1er merc.	...	2e v.	2e v.	...	...	...	...	11*	...	...	2e me		
St-Sauvant	36	2790	Rouillé	7	sam.	1er sam., 22	s. p. 15	1er s.	s. p. 15	1er s.	C	1er s.	16*	s. p. 15	24	s. p. 15	1er s.		
Sanxay	28	1546	Lusignan	15	sam.	....	s. a. 25	...	23	s.a.Asc.	8*	...	10	21	dr s.	30	s. a. 25		
Mirebeau	28	2210	🚂		merc.*	1er merc.	1er me	j.p.Mi-C	...	1er me	1er me	22*	25	3e me	3e me	30	...		
Champigny-le-Sec	21	1180	Mirebeau	9	....	....	...	...	l. Pâq.	l.Pen.*	...	...	...	8*	...	...	26		
Vouzailles	24	885	Ayron	5	....	....	...	...	a.a.Pâq*	...	...	...	...	...	...	...	...		
Neuville	16	3876	🚂		dim.	....	...	...	v. Saint	...	24*	...	16*	...	...	...	...		
Avanton	11	794	🚂		....	....	...	...	...	13	...	...	26	...	...	18	...		
Chéneché	19	300	Ville Mal-Sommée	5	....	22	...	...	...	...	...	...	...	...	...	...	20		
Cissé	23	1096	Neuville	4	....	....	...	...	...	...	D	...	...	...	...	...	...		
Marigny-Brizay	20	1031	La Tricherie	5	....	....	10	10	...	...	...	...	...	...	10	10	10		
Vendeuvre	20	2580	Noiron	4	....	....	...	...	a.a.Pâq.	...	s.a.24*	...	...	...	...	25	...		
St-Georges-lès-Baillargeaux	10	1397	Clan	2	dim.	....	...	...	23*	...	...	...	28	...	...	...	...		
Chasseneuil	8	1535	🚂		....	....	...	...	...	...	...	...	...	9*	...	...	...		
Dissay-s.-Vienne	11	1280	🚂		dim.	....	...	...	...	...	29*	...	...	...	...	...	...		
Jaunay	11	2200	🚂		dim.	....	Cendres	...	l.Pâq.*	...	2	...	...	...	...	2	...		
Montamisé	8	1111	Chasseneuil	6	....	....	...	...	5	21*	...	...	...	...	...	...	...		
St-Cyr	19	640	La Tricherie	.	....	....	...	...	...	19	┌18	...	10	...	...	...	...		
St-Julien-Lars	12	1090	🚂		vend.	....	...	...	...	...	1er*	...	...	12	...	...	...		
Bonnes	22	1364	Chauvigny	6	dim.	....	...	20	...	l.Pen.*	...	...	...	...	...	...	...		
La Chapelle-Molière	20	630	Dissay	12	....	....	...	...	...	...	...	...	...	7*	...	...	...		
Jardres	18	557	🚂		....	....	...	...	...	...	18*	...	...	...	...	12	...		
Lavoux	15	824	St-Jul.-Lars	5	....	....	...	...	28	...	...	...	...	...	...	...	...		

VIENNE : Poitiers, Châtellerault, Civray, Loudun.

LOCALITÉS et dist. de l'arrondiss.	K.	Popul.	GARES et distances	K.	Marchés	Janvier.	Fév.	Mars.	Avril.	Mai.	Juin.	Juill.	Août.	Sept.	Oct.	Nov.	Déc.	FOIRES MOBILES et observations.	HOTELS & CAFÉS recommandés.
Sayvres	13	175	St-Jul.-Lars	4						5*								A) 2e lundi p. 24*.	
Terré	22	718		6							A			17				B) lend. Ascens.*	
Ville-Dieu du Clain	14	346	Nieul-l'Esp.	6	dim.		27		27					18		11*		C) merc. a. Mi-Car.	
Aslonnes	16	820	Iteuil	4			3			10*				6				D) jeudi Fête-D.*	
Nieul-l'Espoir	14	752	🚂	2		2	18		17		13	13*	29		6	22		E) 2e merc. Carême.	
Nouaillé	10	830	🚂	2					a.a.Pâq*					7				F) lundi saint et dr lundi.	
Smarve	8	821	Ligugé	2						B							26	G) 1er dim. à Masseuil*.	
Vernon	20	915	Fleuré	5										3					
Vivonne	19	2480	🚂		sam.	3e sam.	3e s.	3e s.	Saint	3e s.	3e s.	3e s.	3e s.	29*	dr l.	3e s.	3e s.		
Château-Larcher	22	700	Vivonne	6					25		25*			14					
Iteuil	12	1131	🚂				1er		14				1er l.*				12		
Marçay	16	1032	Vivonne	5				C											
Marnay	22	1005	—	10							16			1er*		30			
Vouillé	17	1890	Villiers	4	jeudi	1er jeudi				1er j.						2*			
Ayron	25	1080	🚂								D			12		9			
Benassay	21	1383	Ayron	13	dim.			E	j. Pâq.					4e j.					
Chiré en Montreuil	20	915	Villiers	6							21*								
Latillé	24	1398	Ayron	4	lundi	dr lundi	dr l.	l.a.M-C	F	dr l.	l.a.24*		l.a.24*	l.a.21	dr l.		1er l.		
Lavausseau	21	985	Coulombiers	13					15	2									
Quinçay	8	1149	Poitiers	8										G					
Châtellerault		[illegible]	🚂		jeudi	1er jeudi	1er j.	1er j.	1er j.	1er j.	1er j.	1er j.	l.p.16*	1er j.	1er j.	1er j.	1er j.		
Naintré	10	2340	Les Barres						21					1er d.		21			
Dangé	7	1803	Scorbé-Clairv.	5							29*								
Thuré	11	780	🚂		dim.	2e merc. cut	2e me	2e me	2e me	2e me	2e me	2e me	2e me	2e me	2e me	2e me	2e me		
Ingrandes	7	2201	🚂			dr lundi cut	dr l.	dr l.	dr l.	dr l.	dr l.*	dr l.	dr l.	dr l.	dr l.	dr l.	dr l.		
Les Ormes s.-Vienne	18	1280	🚂		merc.	3e merc. cut	3e me	3e me	3e me	3e me	3e me	3e me*	3e me	3e me	3e me	3e me	3e me		
Oyré	9	785	Ingrandes	5				12						12*			12		
Port de Piles	22	430	🚂		dim.			1er me	1er me					1er me	1er me	1er me			
Leigné-s-Usseau	12	386	Châtellerault	12			dr s.		dr s.		dr s.		dr s.		dr s.		dr s.		
Monthoiron	17	285	Dangé	10		28		10								11*, 28			
St-Christophe	26	190	Châtellerault	20					13*			*25							
St-Gervais-les-3-Clo.	15	1484	Lencloître	12	dim.	22 cut	22	22	22	22	22*	22	22	22	22	22	22	* 19 juin.	
Sérigny	17	892	Savigny	7				25*							20				
Lencloître	17	2105	🚂		lundi	1er lundi cut	1er l.	1er l.	1er l.	1er l.	1er l.	1er l.*	1er l.	1er l.	1er l.	1er l.	1er l.		
Scorbé-Clairvault	10	1670	🚂		dim.	15	15	13	13	15	15	15	14*	15	15	15	13		
Pleumartin	20	1386	Châtellerault	20		17	26	17	26*					17	26	17	26		
Chenevelles	18	800		18	dim.		12			13				14*					
Coussay-les-Bois	16	1112		16				27		27			27	27					
Lésigny	18	820	Gr. Pressigny	16		22 cut	22	22	22	22	22	22*	22	22	22	22	22		

LOCALITÉS et dist. de l'arrondiss.	K.	Popul.	GARES et distances	K.	Marchés	Janvier.	Fév.	Mars.	Avril.	Mai.	Juin.	Juill.	Août.	Sept.	Oct.	Nov.	Déc.	FOIRES MOBILES et observations.	HOTELS & CAFÉS recommandés.
La Roche-Posay	20	1402	**Châtellerault**	20	vend.	9	9	9	10	10	10	10	10*	10	10	9	9	A) 7* et ma. du 21.	
Vicq	27	1515	—	27		6	13		17		27		30*		17			B) l. a. 21 et me. p. 25.	
Vouneuil-s.-Vienne	12	1590	Les Barres	7				12*		2e l.				2e l.	2e l.		2e l.	C) Veille Rameaux	
Archigny	20	1765	—	15	dim.		28	30	30	30	20*			30	30	30		D) mardi a. Mi-C.	
Beaumont	14	1570	La Tricherie	1	dim.		27		27				27*		27			E) veille Quasim.	
Bonneuil-Matours	16	1428	Les Barres	10		24	24	24	a.a.Pâq.	24	24*	24	24*	24	24	24	24	F) mercredi p. 16.	
Montoiron	12	570	Châtellerault	12			8		8						8*		15		
Civray		2500	🚂		mardi	1er ma., 17	1er ma	2e a.a.Ca.	1er ma	l. a. Pen.	30*	1er ma	1er ma	1er ma	2	13	1er ma		
Blanzay	7	1680	Epanvilliers	3	dim.														
Lisant	8	888	Civray	8		22		13	13	6*			13	13	13	25			
St-Saviol	6	605	🚂												A	6, 25			
Availles-Limousine	30	2244	🚂		merc.	1er merc.	», 18	», 18	», 18	», 9	», 9*	1er me	1er me	1er me	1er me	», 25	1er me		
Mauprévoir	26	1300	🚂			16	16	16	16	16	16*	16	16	16	16	16	16		
Pressac	24	1215	Charroux	11			26	26	26										
St-Martin-Lars	20	1180	—	10					l. Pâq.		1er*		17			23			
Charroux	11	2488	🚂		vend.	1er sam.	1er s.	1er	1er	3	14	11	10*	14	17	1er s.	1er s.		
Chatain	21	936	Charroux	9		1er lundi	1er l.	1er l.	1er l.	1er l.	l. Pent.	1er l.	1er l.	1er l.	6*	5, 20	1er l.		
Joussé	17	495	—	12		2e lundi	2e l.	2e l.	2e l.	2e l.	», 24	2e l.	», 29	2e l.	2e l.	2e l.	2e l.		
St-Romain	12	1170	—	9			*28						21*						
Couhé	20	1862	🚂		jeudi	10	ea. gr.	2e me	me. St	1er	ma.a.15	2e me	2e me	2e me	l.a.18*	l. a. 11	B		
Chaunay	13	2080	Epanvilliers	6	lundi	21			j. Pâq.*								s. a. 26		
Payré	31	1582	Anché-Voulon	4										7*					
Romagné	16	1700	Epanvilliers	6	dim.			C					11*				d. p. 21		
Voulon	28	265	🚂						ma. Pâq.	l. Pen.*				6					
Gençay	27	1309	Fleuré	13	jeudi	dr jeudi	dr j.	2e j.	dr j.	2e j.	2e j.	dr j.	dr j.	dr j.	dr j.	dr j.	dr j.		
Champagné-St-Hilaire	20	1692	Couhé	7		1er lundi	1er l.	1er l.	1er l.	1er l.	», 19*	1er l.	1er l.	1er l.	1er l.	1er l.	1er l.		
Château-Garnier	18	1270	—	15		22	22	22	22	22	29*	22	1er, 22	22	22	22	22		
St-Maurice	29	1245	Fleuré	16					10					21*					
St Secondin	26	1080	—	22							3*			3					
Sommières	16	1235	Couhé	11			dr l.	dr l.	dr l.	dr l.				8*		dr l.			
Usson du Poitou	29	2470	Poitiers	24	dim.		1er l.	1er l.	1er l.	1er l.						18			
Loudun		4535	🚂		mardi	3e mardi	3e ma	D	ma.a.14	ma.p. 8	ma.p.11	ma.p.11	ma.p.25	14*	3e ma	ma.p.15	3e ma		
Moncontour	16	882	🚂		dim.	22				2	29*		24	22		23			
Angliers	8	650	Loudun	8			2	25						8*			8		
St-Jean de Sauves	16	1495	🚂		dim.						*24								
Monts-sur-Guesne	15	908	🚂		sam.	25		2e l.Ca.	E	dr s.	dr s.		s.p.23*		s. p. 4	1er s.	1er s.		
Le Bouchet	8	404	M.-s-Guesne	7							3*								
Trois-Moutiers	9	1206	🚂		dim.		1er		22	1er			10*		1er				
Bournand	6	870	Tr.-Moutiers	6					E										
Curçay	12	373	Pas de Jeu	5					1er	20	21*					9			
La Motte-Bourbon	19	270	🚂		vend.														
St-Léger de Montbrillais	15	800	🚂		dim.					l. Pen.				25*					

VIÈNNE : Montmorillon. — HAUTE-VIENNE : Limoges, Bellac.

LOCALITÉS et dist. de l'arrondiss.	k.	Popul.	GARES et distances	k.	Marchés	Janvier.	Fév.	Mars.	Avril.	Mai.	Juin.	Juill.	Août.	Sept.	Oct.	Nov.	Déc.	FOIRES MOBILES et observations.	HOTELS & CAFÉS recommandés.
Montmorillon	..	3135	🚂		....	25	25	25	25	25	25	25	27*	25	25	25	25		
Latus	12	2300	🚂		....	11 cm	11	11	11	11	11	11	11	11	11	11	11		
Moulisme	11	699	Montmorillon	11	....	....	21	21	21	21*	...	...	...	...	...	...	...		
Chauvigny	24	2230	🚂		sam.	2e s. cm	2e s.	2e s.	2e s.	2e s.	2e s.	2e s.	2e s.	2e s.	2e s.	3e s.	2e s.		
La Chapelle-Viviers	26	595	Chauvigny	12	....	....	...	...	...	21	...	...	...	21*	...	...	...	☞ 1er juillet.	
St-Martial	24	449	—	1	sam.	2e s. cm	2e s.	2e s.	2e s.	2e s.	2e s.	2e s.*	2e s.	2e s.	2e s.	2e s.	2e s.		
Leignes	12	871	—	12	....	....	...	...	...	19*	...	...	...	19	...	...	...	☞ 11 novembre.	
St-Martin-la-Rivière	20	1196	🚂		....	....	...	...	...	6	...	...	...	...	...	6	...		
Ste-Radegonde en Gâtine	24	286	Chauvigny	8	....	....	...	...	...	12	4*	5	...	5	...	...	...		
L'Isle-Jourdain	32	1186	🚂		merc.	19-20 cm	19-20	12-23*	19-20	19-20	19-20	19-20	19-20	19-20	19-20	19-20	19-20		
Adriers	24	1880	L'Isle-Jourd.	6	dim.	8	3	3	8	3	3	...	...	...	3	3	3		
Luchapt	33	1001	—	10	....	7	7	7	7	...	...	...	...	...	...	...	7		
Quéaux	24	1780	🚂		....	13	...	...	...	1re*	...	...	18	...	...	11	...		
Le Vigeant	36	1090	L'Isle-Jourd.		....	....	...	...	...	...	...	14*	...	7	7	7	...		
Lussac-l.-Châteaux	11	1838	🚂		....	15 cm	15	15	15	15	15	15	15*	15	15	15	15		
Morthemer	22	360	Lhommaizé	2	....	....	...	...	...	l. Pent.*	...	...	...	...	...	...	1er		
Persac	18	1850	🚂		....	7	7	7	7	7	7	7	7	9*	7	7	7		
Verrières	23	1020	Lhommaizé	5	lundi	23 cm	23	23	23*	23	23	23	23	23	23	23	23		
St-Savin	17	1735	🚂		vend.	1er vend.	1er v.	1er v.	1er v.	1er v.	1er v.	1er v.	23*	1er v.	1er v.	1er v.	1er v.		
Angles-s.-Anglin	32	1782	Tournon	8	lundi	1er l. cm	1er l.	1er l.	1er l.	1er l.	1er l.	1er l.*	1er l.	1er l.	1er l.	1er l.	1er l.		
Antigny	11	1068	Montmorillon	14	....	....	...	23	...	...	...	...	...	23*	...	...	...		
Bethines	17	1168	St-Savin	9	....	....	1er ma	...	1er ma	...	1er ma	...	...	1er ma	...	1er ma	...		
St-Pierre de Maillé	32	1090	—	16	....	....	17	...	28	...	*29	...	...	27	...	...	...		
La Trimouille	11	1815	🚂		dim.	8 cm	8	8	8	8	8	8	8	8*	8	8	8		
Brigueil-le-Chantre	20	1600	Latus	13	....	17	17	17	...	...	...	...	...	...	17	17	17		
LIMOGES	..	78 m	🚂		jeudi	2e jeudi	d' j.	j.a.Ram.	1e.4e j.	22	16	2e j.	d' j.	d' j.	l. p. 13	18	2e j., 28		
Couzeix	6	1926	🚂		....	1er jeudi	1er j.	...	...	...	...	...	...	1er j.	1er j.	...	...		
Isle	4	2116	Limoges	3	....	....	...	6	...	...	...	...	...	...	6*	...	...		
Le Palais	7	3476	—	7	....	....	...	...	...	...	...	...	...	...	...	...	...		
St-Just	13	1404	St-Priest	4	....	13	13	13	...	...	...	...	...	...	13	13	13		
Solignac	13	1090	Limoges	13	dim.	7	1er j.	1er j.	1er j.	1er j.	1er j.	1er j.	1er j.	1er j.	1er j.	1er j.	1er j.		
Aixe-s.-Vienne	12	3751	🚂		v. d.	5, 2e me.	3, 2e j.	2e j.	2e j.	2e j.	2e j.	2e me	3e, 2e j.	2e j.	2e j.	3, 2e j.	2e j.		
St-Martin-le-Vieux	20	882	Aixe-s-Vienne	8	....	18 cm	18	18	18	18	18	18	18	18	18	18*	18		
Séreilhac	20	2200	—	7	....	1re me. cm	1re me	1re me	1re me	1re me	1re me	1re me	1re me	1re me	1re me	1re me	1re me		
Verneuil-s.-Vienne	11	2175	🚂		....	1re me. cm	1re me	1re mr	1re me	1re me	1re me	1re me	1re me	1re me	1re me	1re me	1re me		
Ambazac	20	3630	🚂		jeudi	1er j et 21 cm	1er j. 21	1er j. 21	1er j. 21	1er j. 21	1er j. 21	1er j. 21	1er j. 21	1er j. 21	1er j. 21	1er j. 21	1er j. 21		
Les Billanges	33	1092	La Jonchère	6	....	....	2e j.	...	2e j.	...	2e j.	...	2e j.	...	2e j.	...	2e j.	A) merc. Pâq. et 25.	
Bonnat	14	1047	Bouzeix	7	....	13	13	13	13	13	13	...	...	...	...	13	13	B) veille Ascens.	
St-Priest-Taurion	11	1435	🚂		....	15 cm	15	15	15	15	15	15	15*	15	15	15	15	C) veille Fête-Dieu.	
Châteaun.-la-Forêt	10	1040	🚂		dim.	10 cm	10	10	10	10	10	10	10*	10	10	10	10	D) 3e jeudi, le 15, lorsque le 3e j. tombe le 16 ; en sept. et nov. le 17, lorsque le 3e jeu. tombe le 18.	
La Croisille	11	2270	Châteauneuf	18	merc.	15 cm	18	18	18	18	18	18	18	18	18*	18	13		
Linards	31	2096	—	8	....	1er sam.	1er s.	1er s.	1er s.	1er s.	8*	1er s.	1er s.	1er s.	1er s.	1er s.	1er s.		
Masléon	29	560	St-Denis	3	....	3e j. cm	3e j.	3e j.	3e j.	3e j.	3e j.	3e j.	3e j.	3e j.	3e j.	3e j.	3e j.		
Neuvic	36	1897	🚂	5	....	3e ma. cm	3e ma	3e ma	3e ma	3e ma	3e ma	3e ma	3e ma	3e ma	3e ma	3e ma	3e ma		
Sussac	44	1128	Château.-Bujal.	15	....	23 cm	23	23	23*	23	23	23	23	23	23	23	23		
Eymoutiers	46	4330	🚂		sam.	1er jeudi	1er j.	1er, 3e j.	1er j.	1er j.	1er j.	1er j.	1er j.	1er j.	1er j.*	1er j.	1er j.		
Bujaleuf	33	2428	🚂	6	....	d'l. cm	d'l.	d'l.	d'l.	d'l.	d'l.	d'l.	d'l.	d'l.	d'l.	d'l.	d'l.		
Domps	48	600	Eymoutiers	13	....	8 cm	8	8	8	8	8	8	8	8*	8	8	8		
Nedde	56	1985	—	10	....	25	23	25	A	25	25	25	25*	25	25	10	25		
Peyrat-le-Château	56	2626	—	10	....	3e l. cm	3e l.	3e l.	3e l.	3e l.	3e l.*	3e l.	3e l.	3e l.	3e j.	3e l.	3e l.		
Rempnat	62	920	Lacelle	9	....	19	...	12	l. Pâq.	B	C	...	...	12	...	24*	...		
Laurière	38	1538	St-Sulp.-Laur.	4	sam.	29	29	29	16	16	20	29	29	20*	29	29	20		
Bersac	35	1603	🚂		....	14 cm	14	14	14	14	11	11*	14	14	14	14	14		
La Jonchère	28	1310	🚂		dim.	18	18	18	18	18	18	18	18	18	16	16*	18		
St-Sulpice-Laurière	37	1188	🚂		jeudi	5, *19.	5	5	5	3	5*	5	5	5	5	5	5		
Nieul	11	1063	🚂		dim.	10 cm	10	10	10	10	10	10	10*	10	10	10	10		
Peyrilhac	21	1800	🚂	3	....	24 cm	24	24	24	24	24*	24	24	24	24	24	24		
St-Jouvent	16	1332	La Boisserie	2	....	2	2	2	...	...	...	...	...	...	...	...	2		
Pierre-Buffière	20	985	🚂		vend.	D	D	D	D	D	D	D	D	D	D	D	D		
Eyjeaux	16	1686	Limoges	16	....	....	...	...	ma. St	...	...	...	...	...	...	...	...		
St-Bonnet-la-Riv.	28	1415	Châteauneuf	10	....	d' samedi	...	...	...	d' s.	...	...	d' s.	...	...	3e s.	...		
St-Hilaire-Bonneval	18	901	Pierre-Buffièr.	4	....	*14	9	9	9	...	...	...	...	9*	...	9	9		
St-Jean-Ligoure	21	1070	Nexon	11	....	....	...	...	l. Quas.	...	1re	...	30*	...	26	...	14		
St-Paul d'Eyjeaux	20	1583	Limoges	20	....	25 cm	25	25	25	23	25*	25	25	25	25	25	23	☞ 29 juin.	
St-Léonard	22	6040	🚂		dim.	1er l., 22*	1er l.	1er l.	1er l.	1er l.	1er l.	1er l.	1er l.	1er l.	1er l.	1er l.	1er l.	☞ 6 novembre.	
La Geneytouse	19	1083	St-Léonard	9	....	2e merc.	2e me	2e me	...	3e me	...	...	...	2e me	...	2e me	2e me		
St-Denis des Murs	28	1865	🚂		....	3e s. cm	3e s.	3e s.	3e s.	3e s.	3e s.	3e s.	3e s.	3e s.	3e s*	3e s.	3e s.		
Sauviat	30	1750	St-Léonard	13	dim.	2e lundi	2e l.	2e l.	2e l.	2e l.	2e l.	2e l.	2e l.*	2e l.	2e l.	2e l.	11		
Bellac	..	4820	🚂		jeudi	1er	1er	11*	1er	1er	1er	1er	1er	l. p. 8*	1er	1er	1er		
Blond	9	2385	🚂	5	....	25 cm	25	25	25	23	25	26	25*	25	25	23	25		
St-Bonnet de Bellac	10	1620	Bellac	10	....	23 cm	23	23	23*	23	23	23	23	23*	23	23	23		
Bessines	32	2780	🚂		jeudi	11 cm, 26*	11, 26	11	11	11	11	11	11*	11	11	11, 26	11, 26		
Morterolles	30	680	Bessines	3	....	....	...	...	...	...	...	...	...	...	...	...	24		
Razès	29	1510	Bersac	9	vend.	23	23	23	23	20*	23	23	23	23	23	23	23		
St-Pardoux-Rancon	25	1206	Chât.-Ponsac	10	....	6 cm	6	6	6	6	6	6	6	6	6*	6	6	☞ 9 octobre.	
Château-Ponsac	21	4018	🚂		mardi	3 cm, 15	3*, 15	3*, 15	3	3	3	3	3	3	3	3	3, 15		
Rancon	12	1915	Chât.-Ponsac	7	dim.	18 cm	18	18	18	18	18	18	18	18	18*	18	18		
St-Sornin-Leulac	23	1230	—	8	....	20 cm	20	20	20	20	20	20	20*	20	20	20	20		

HAUTE-VIENNE : Bellac, Rochechouart, Saint-Yrieix. — VOSGES : Épinal, Mirecourt.

LOCALITÉS et dist. de l'arrondiss.	k.	Popul.	GARES et distances	k.	Marchés.	Janvier.	Fév.	Mars.	Avril.	Mai.	Juin.	Juill.	Août.	Sept.	Oct.	Nov.	Déc.	FOIRES MOBILES et observations.	HOTELS & CAFÉS recommandés.
Le Dorat	11	2918	🚂	..	jeudi	13 cm	13	13	13	13	13*	13	13	13	13	13	13	A) 1er, 2e et 3e l. et 22	
Darnac	16	1475	Le Dorat	11	....	21	21	21	21	21	21	21	21	21*	21	11	21	B) 28 ou 29, suivant portée.	
Tersannes	22	486	—	10	jeudi	13 cm	13	13	13	13	13	13	13	13	13	13	13		
Magnac-Laval	16	[illegible]	—	7	v. d.	tous les lundis	t. l. l.	A	22	22	22	22*	22	22	22	22	3e, 4e l.	C) veille Sexagés.	
Dompierre	24	1145	—	15	....	9 cm	9	9	9	9	9	9	9	9*	9	9	9	D) mardi Ram. et 3e l. Pâques.	
St-Léger-Magnazeix	27	1870	—	16	....	16 cm	16	16	16	16	16*	16	16	16	16	16	16		
Mézières	12	1500	Bellac	12	....	10 cm	10	10	10	10	10	10	10*	10	10	10	10	E) jeudi p. Pent.	
Bussière-Boffy	22	1190	—	22	....	14 cm	14	14	14	14	14	14*	14	14	14	14	14		
Bussière-Poitevine	20	2375	Le Dorat	15	dim.	5 cm	5	5	5	5	5*	5	5	5	5	5	5		
Mortrol-Sénart	13	974	Blond B[illegible]	11	....	...	...	...	...	...	...	...	1er d.	...	...	...	...		
Mortemart	13	82.	Bellac	13	....	17* cm	17*	17*	17*	17*	17*	17*	17*	17*	17*	17*	17*		
Nouic	16	1510	—	26	....	31	28	31	30	31	30*	31	31	30	31	30	31		
Nantiat	17	1580	🚂	..	vend.	4 cm	4	4	4	4*	4	4	4	4	4	4	4		
Cieux	16	1910	Vaubry	7	....	28	28	28	28	28	28*	28	28	28	29	29	22		
Compreignac	29	2250	Nantiat	12	....	8, 25	8	8	8	8	8	8	8	8*	8	8	26		
Roussac	13	965	Chât.-Ponsac	10	....	25 cm	25	25	25	25	25	25	25*	25	25	25	25		
St-Sulp.-l.-Feuilles	30	2069	La Souterraine	11	lundi	21 cm	21	21	21	21	21	21	21	21*	21	21	21	* 19 janvier.	
Arnac-la-Poste	31	2082	....	10	vend.	7	7	7	7	7	7	7	7	9*	7	7	7		
Les Chézeaux	10	686	Forge-Vieille	13	....	....	2	...	...	1er	19	...	...	7	25	...	26		
Cromac	36	972	La Souterraine	20	....	14	...	14	...	11	...	...	14*	14*	14	...	...		
Lussac les Églises	31	1759	Le Dorat	19	....	6	6	6	6	6	6	6*	6	6	6	6	10		
Mailhac	38	715	La Souterraine	16	....	....	...	...	...	28	...	...	28*	...	...	...	...		
Rochechouart	..	4333	🚂	..	jeudi	26 cm	26	26	26	26	26	26*	26	26	26	26	26		
La Salle-la-Vauguyon	17	734	Rochechouart	17	....	6 cm	6	6	6	6	6	6	6	6	6	6	6		
Vayres	8	2175	Saillat	11	....	29	B	29	29	29	29	29	29	29*	29	29	29		
Oradour-s.-Vayres	11	3166	🚂	..	mardi	8 cm	8	8	8	8	8	8	8	3*	8	8, 25*	8		
Champagnac	17	1800	🚂	..	dim.	15 cm	15	15	15	15	15	15	15*	15	15	15	15		
Cussac	15	2086	Oradour-s-Vayres	4	....	24	24	24	24	24	25*	24	24	24	24	24	24		
St-Junien	12	8100	🚂	..	sam.	10, 20 cm	10, 20	10, 20	10, 20	10, 20	10, 20	10, 20	15, 23*	10, 20	10, 20	10, 20	10, 20		
Oradour s.-Glane	25	1948	St-Victurnien	7	2. av. 15	8, 15	15	15	15	15	15	15	15*	15	15	15	15		
St-Laurent-s-Gorre	18	2830	🚂	5	lundi	23	23	23	17	17	23	23	23*	23	23	23	23	* 10 août.	
Cognac	16	1937	St-Victurnien	8	....	1er ma. cm	1er ma	1er ma	1er ma	1er ma	1er ma	1er ma	1er ma	1er ma*	1er ma	1er ma	1er ma	* 21 septembre.	
St-Mathieu	11	2309	Oradour-s-Vayres	10	dre ma.	13	13	13	13	13	13	13	11*	13	13	13	13		
La Chap.-Montbrandeix	23	603	Chalus	11	....	1er samedi.	...	1er s.	...	...	...	...	...	...	...	1er s.	...		
Dournazac	27	2403	—	7	....	1er j. cm	1er j.	1er j.	1er j.	1er j.	1er j.	1er j.	1er j.	1er j.	1er j.*	1er j.	1er j.		
Maisonnais	23	1783	Oradour-s-Vayres	16	....	9 cm	9	9	9	9	9	9	9	9*	9	9	9		
Marval	28	1800	Chalus	19	dim.	1er ma. cm	1er ma	1er ma	1er ma	1er ma	1er ma	1er ma	1er ma	1er ma	1er ma	1er ma	1er ma		
Pensol	30	685	—	15	....	3e ma. cm	3e ma	3e ma	3e ma	3e ma	3e ma	3e ma	3e ma	3e ma	3e ma	3e ma	3e ma		
St-Yrieix	..	7860	🚂	..	sam.	13	C	3e j. Car.	D	E	26	26*	26	22	2e s.	6, 22	10, 23		
Le Chalard	8	580	Lafarge	6	....	6	...	6	...	...	...	6*	...	...	...	...	...	A) 15 et jeudi Gras.	
Coussac-Bonneval	11	3590	🚂	..	jeudi	18 cm	18	18	18	18	18	18	18	18	18*	18	18	B) merc. Pâques.	
Ladignac	12	2995	Lafarge	7	dim.	15 cm	A	15	15	15	15	15	15*	15	15	15	15	C) merc. Pent.	
Chalus	28	2700	🚂	..	vend.	1er vend.	1er v.	2	» 23*	1er v.	1er v.	1er v.	1er v.	» 30*	...	1er v.	1er v.	D) jeudi a. 2e dim.	
Bussière-Galand	21	2090	🚂	..	....	14	17	14	...	...	...	...	...	...	17	17	17		
Les Cars	25	818	Chalus	8	jeudi	17	21	17	30	...	...	...	...	4*	4	...	1er		
Flavignac	32	1630	Nexon	9	....	d. merc.	d. me	d. me	d. me	d. me	d. me	d. me	14*	d. me	d. me	d. me	d. me		
Nexon	20	3150	🚂	..	....	10, 25	14	10	11	16	14*	16	1er	1, 18	15	16	16		
La Meize	12	1480	🚂	..	dim.	10	10	10	10	10	...	...	10*	10	10	10	9		
Rilhac-Lastours	21	831	Nexon	6	....	27	14	...	...	...	...	...	...	11*	14	14	14		
La Roche-l'Abeille	11	1350	La Meize	4	....	24	24	24	24	...	...	...	...	24	24	24	19		
St-Priest-Ligoure	19	1785	Nexon	10	....	2 cm	2	2	2	2	2	2	2	2	2	2	2		
St-Germain-les-Belles	32	2280	🚂	3	1. j.	2, 8	1er ma	1er ma	23*	1er ma	1er ma	1er ma	1er ma	1er ma*	1er ma	1er ma	1er ma	* 31 juillet.	
Château-Chervix	18	1802	St-Germain	9	....	7	7	7	7	...	...	...	28*	...	...	...	7		
Glanges	32	1100	Pierre-Buf.	4	....	....	9	...	9	9	...	...	9	9*	...	9	...		
Magnac-Bourg	29	1134	St-Germain	5	mardi	9	3	25	23	14	22	22*	22	25	22	11	22		
Meuzac	26	1485	St-Germain	6	....	27	27	27	27	24	22*	...	28	...	27	27	23		
La Porcherie	38	1430	Châteauneuf	28	....	30	28	30	30	C	23	30	25*	30	30	30	30		
Vicq	24	2140	Nexon	12	....	14	14	14	14	D	...	...	...	...	14*	14	14		
ÉPINAL	..	[illegible]	🚂	..	sam.	1er, 3e me. cm	»	»	»	»	»*	»	»	»*	»	»	»	A) mardi p. 11*.	
Arches	11	1202	🚂	..	vend.	....	3e j.	3e j.	3e j.	3e j.	...	...	3e j.*	3e j.	...	3e j.	...	B) mardi du 18.	
Archettes	10	555	Arches	..	....	....	...	2e v.	...	...	2e v.*	...	2e v.	...	...	2e v.	...		
Bains-en-Vosges	34	2880	🚂	1	vend.	3e v. cm	3e v.	3e v.	3e v.	3e v.	3e v.	3e v.	3e v.	3e v.	3e v.	3e v.	3e v.		
Gruey-lès-Surance	36	1399	Bains-en-Vosges	13	....	....	...	...	...	...	...	...	...	...	...	...	...		
Fontenoy-le-Chât.	35	2225	—	8	mardi	....	1er ma	1er ma	1er ma	1er ma	...	...	...	1er ma	1er ma	1er ma	1er ma		
Harsault	28	980	—	8	....	....	...	1er l.	...	1er l.	...	...	...	1er l.*	...	1er l.	...		
Bruyères	28	2030	🚂	..	merc.	2e, 4e me. cm	»	»	»	»	»	»	»	»	»	»	»		
Docelles	16	1080	🚂	..	....	4e l. cm	4e l.	4e l.	4e l.	4e l.	4e l.*	4e l.	4e l.	4e l.	4e l.	4e l.	4e l.		
Girecourt	15	405	Bruyères	12	....	4e me cm	4e me	4e me	4e me	4e me	4e me	4e me	4e me	4e me	4e me	4e me	4e me		
Châtel-s.-Moselle	17	1260	🚂	..	sam.	....	s. t. p. S.	...	...	sa. Pent	...	...	A	...	ma p 19	...	...		
Damas-aux-Bois	20	802	Rehaincourt	4	....	....	[illegible]	...	...	...	sa. p. 8*	...	...	2e ma	...	...	6		
Thaon	9	3200	🚂	..	jeudi	....	...	...	...	...	...	...	...	...	...	...	...		
Rambervillers	29	5700	🚂	..	jeudi	2e, 4e j. cm	2e, 4e j	2e, 4e j	2e, 4e j	2e, 4e j	2e, 4e j	2e, 4e j	2e, 4e j	2e, 4e j	2e, 4e j	2e, 4e j	2e, 4e j		
Xertigny	17	3725	🚂	3	jeudi	2e, 4e j. cm	2e, 4e j	2e, 4e j	2e, 4e j	2e, 4e j	2e, 4e j	2e, 4e j	2e, 4e j	2e, 4e j	2e, 4e j	2e, 4e j	2e, 4e j		
Le Clerjus	30	2200	Bains-en-Vosges	4	....	....	4e l.	4e l.	4e l.	4e l.	l. a. 24*	4e l.	4e l.	l. a. 22*	...	...	...		
Hadol	12	2537	Dounoux	4	....	....	...	1er l.	1er l.	1er l.	1er l.	...	1er l.	1er l.*	...	...	...		
Uriménil	16	1400	—	4	....	....	...	1er ma	...	...	...	...	...	1er ma	...	...	...		
Uzemain-la-Rue	17	1620	Xertigny	6	....	....	2e ma	2e ma	...	ma Pent	...	...	...	2e ma	...	B	...		
Mirecourt	..	5434	🚂	..	v., s.	2e l. cm	2e l.	2e l.	2e l.	2e l.	2e l.	2e l.	2e l.*	2e l.	2e l.	2e l.	2e l.		

VOSGES : Mirecourt, Neufchâteau, Remiremont, Saint-Dié. — YONNE : Auxerre.

LOCALITÉS et dist. de l'arrondiss.	k.	Popul.	GARES et distances.	k.	Marchés.	Janvier.	Fév.	Mars.	Avril.	Mai.	Juin.	Juill.	Août.	Sept.	Oct.	Nov.	Déc.	FOIRES MOBILES et observations.	HOTELS & CAFÉS recommandés.
Charmes	18	3351			vend.		1re ma		La Pâq		11*		26	de l.			1er	A) mardi p. 2e dim.	
Darney	32	1608			vend.	1er vend.	1er	1er v.	1er	1er v.	1er	1er v.	1er	1er v.	1er	1er v.	1er	B) lundi p. 2e dim.	
Escles	24	1238	Lerrain	3		4e lundi.							4e l.					C) mardi a. 24*.	
Lerrain	20	1193					3e l.							1re ma				D) merc. Passion.	
Dompaire	13	1288			vend.	1er lundi.		1re ma		1er l.*			3e l.						
Harol	22	1200					4e l.							3e l.					
Ville-s.-Illon	18	912		3			3	l. Pas.		25*					9				
Monthureux-s-Saône	40	1320		2	jeudi	de jeudi.		19	23	Pent.	24*		1, 28	29		1er	25		
Vittel	21	1335					20			11					17*		7		
Beaujulien	15	485	Remoncourt	6					3					A					
Remoncourt	13	952						3e l. Car		3e l.		3e l.		29*					
Neufchâteau		4370			sam.	30	de s.		l. Saint		1er s.	28*		30	de s.		1er		
Attignéville	14	325	Châtenois	10			8			16			30*			20			
Grand	22	1195		3	jeudi		24			6*		18		12		5			
Liffol-le-Grand	10	1638				20			20			26*			20				
Pompierre	11	433		3		21			11			21			18*				
Bulgnéville	21	1050	Aulnois	8	merc.		11		me. Qua			12		11	27		6		
St-Ouen-lez-Parey	24	1005	Rozières	12	vend.														
Vrécourt	22	724	—	7	mardi	22		1re ma	30			22*			10		2e ma		
Châtenois	15	1305			mardi	20	14		l. Pâq.	23			2*	15		10	21		
Aouze	16	470	Châtenois	10			13							11*					
Dommartin-s-Vraine	22	365	Gironcourt	6			2		23		6*				4				
Houécourt	26	600	—	2		15				1er*		20			26				
Vicherey	25	480		15		7		3e l. ar		6		15*		20		12			
Coussey	7	830		2			15			2		15		19*					
Autreville	20	312	Harmonville	4			3			9*				7		3			
Domremy-la-Pucelle	11	293		2										B					
La Marche	40	1674			vend.		13		23		C		4		19		20		
Châtillon-s.-Saône	38	500	Bourbonne-les-B.	10			23				10		27			10			
Damblain	32	772			sam.	21		D			me. a. 24		me. a. 23		me. a. 8	me. a. 25			
Isches	15	705	Lamarche	6			9	30		15*		21		17		26			
Martigny-les-Bains	38	1226				1er mardi.			1re ma			1re ma			1re ma				
Les Thons	49	500	Monthureux-s-Saône	9			16			18		5		5*					
Remiremont		8800			mardi	1er, 3e mardi	1er, 3e ma	1er, 3e ma	1er, 3e ma	1er, 3e ma	1er, 3e ma	1er, 3e ma	1er, 3e ma	1er, 3e ma	1er, 3e ma	1er, 3e ma	1er, 3e ma		
Eloyes	10	1332											16*						
Pouxeux	13	1700				3e l.	3e l.	3e l.	3e l.	3e l.	3e l.*	3e l.	3e l.	3e l.	3e l.	3e l.	3e l.		
Raon-aux-Bois	9	1563	Arches	7		2e lundi	2e l.	2e l.	2e l.	2e l.		2e l.	2e l.	2e l.	2e l.	2e l.			
Tendon	24	1043	Docelles	7			2e j.	2e j.	2e j.	2e j.	2e j.	2e j.	2e j.*	2e j.	2e j.	2e j.			
Le Tholy	17	1800						3e l.	3e l.	3e l.	3e l.*		3e l.	3e l.	3e l.		3e l.		
Plombières	14	1968			vend.			3e j.	3e j.	3e j.	3e j.			3e v.	3e j.				
Bellefontaine	14	1805	Plombières	7			4e v.	4e v.			2e l.		4e v.	4e v.					
Ruaux	17	1072	—	5				2e s.		2e s.	25*			2e s.					
Le Val d'Ajol	16	7590			lundi	3e lundi	3e l.	3e l.	3e l.	3e l.	3e l.	3e l.	16*	3e l.	3e l.	3e l.	3e l.		
Saulxures	21	3460			lundi	3e lundi		3e l.		3e l.		3e l.		3e l.		3e l.			
La Bresse	33	4480	Cornimont	8	merc.														
Cornimont	26	4692			vend.			1er j.	1er j.	1er j.	1er j.		1er j.		1er j.	1er j.			
Vagney	12	3259			vend.	1er l. cm	1er l.	1er l.	1er l.	1er l.	1er l.	1er l.	1er l.	1er l.	1er l.	1er l.	1er l.		
Le Thillot	22	2965			sam.	2e et 4e l. cm	2e, 4e l.	2e, 4e l.	2e, 4e l.	2e, 4e l.	2e, 4e l.	2e, 4e l.	2e, 4e l.	2e, 4e l.	2e, 4e l.	2e, 4e l.	2e, 4e l.		
Bussang	32	2500		4	sam.														
Rupt-s.-Moselle	12	4265						3e me.		3e me.			3e me.		3e me.				
St-Maur.-s.-Moselle	29	2389				1er jeudi		1er j.		1er j.		1er j.		1er j.		1er j.			
St-Dié		17 m.			ma., v.	2e et 4e ma. cm	2e, 4e ma	2e, 4e ma	2e, 4e ma	2e, 4e ma	2e, 4e ma	2e, 4e ma	2e, 4e ma	»*	2e, 4e ma	2e, 4e ma	2e, 4e ma	F 22 septembre.	
Laveline	12	2215			jeudi	1er jeudi cm	1er j.	1er j.	1er j.	1er j.	1er j.	1er j.	1er j.	1er j.	1er j.	1er j.	1er j.		
Brouvelieures	22	496	Bruyères	4			2e l.		2e l.		2e l.		2e l.		2e l.		2e l.		
Corcieux	19	1588		3	lundi	2e et de l. cm	2e, de l.	2e, de l.	2e, de l.	2e, de l.	2e, de l.	2e, de l.	2e, de l.	2e, de l.	2e, de l.	2e, de l.	2e, de l.		
Granges	29	3005			mardi			3e ma.			3e ma.		3e ma.			3e ma.			
Rehaupal	30	505	Lepanges	9				1er j.	1er j.		1er j.			1er j.	1er j.	1er j.			
Fraize	16	2505			vend.	2e vend.		2e v.		2e v.		2e v.							
Anould	11	3140																	
Plainfaing	16	4800	Fraize	2									*25						
Gérardmer	29	8775			jeudi	de j. cm	de j.	de j.	de j.	de j.	de j.*	de j.	de j.	de j.	de j.	de j.	de j.		
Provenchères	18	920	St-Dié	13	lundi	1er et 3e l. cm	1er, 3e l.	1er, 3e l.	1er, 3e l.	1er, 3e l.	1er, 3e l.	1er, 3e l.	1er, 3e l.	1er, 3e l.	1er, 3e l.	1er, 3e l.	1er, 3e l.		
Raon-l'Étape	16	3990		1	sam.	1er et 3e l.	1er, 3e l.	1er, 3e l.	1er, 3e l.	1er, 3e l.	1er, 3e l.	1er, 3e l.	1er, 3e l.	1er, 3e l.	»*	1er, 3e l.	1er, 3e l.	F 18 octobre.	
Étival	11	2372			vend.														
La Neuveville	17	3895			merc.	1er, 3e me. cm	1er, 3e me.	1er, 3e me.	1er, 3e me.	1er, 3e me.	1er, 3e me.	1er, 3e me.	1er, 3e me.	1er, 3e me.	1er, 3e me.	1er, 3e me.	1er, 3e me.		
Senones	20	3080			lundi	2e et 4e l. cm	2e, 4e l.	2e, 4e l.	2e, 4e l.	2e, 4e l.	2e, 4e l.	2e, 4e l.	2e, 4e l.	2e, 4e l.	2e, 4e l.	2e, 4e l.	2e, 4e l.		
Moussey	28	2076	Senones	5		d. p. 16 cm	d. p. 16.	d. p. 16	d. p. 16	d. p. 16	»*	d. p. 16	d. p. 16	d. p. 16	d. p. 16	d. p. 16	d. p. 16		
Moyenmoutier	17	3499			jeudi														
AUXERRE		17 m.			l., v.	1er lundi	l. a. 2	l. Gras.	1er l.	l. a. Pen.	1er l.	22*	1er l.	l. a. 8*	1er l.	11*	1er l.		
St-Bris	8	1616		3	dim.	7											1er		
Appoigny	8	1530	Chemilly	3	dim.	20				10	16*		30		15				
Chablis	22	2392			ma., v.		1er l. Car.		l. Saint	1er*					31		31		
Coulanges-la-Vin.	12	1303	Vincelles	3	dim.	21					11		A						
Val de Mercy	18	440	—	4				1er d.											
Vincelles	14	850											l. p. 16*						
Vincelottes	14	458	Vincelles	1					Pâq.*										
Coulanges-s-Yonne	33	913		3	dim.	17			25		10			7*		9			
Andryes	40	1060								8				21*					

YONNE : Auxerre, Avallon, Joigny.

LOCALITÉS et dist. de l'arrondiss.	K.	Popul.	GARES et distances	K.	Marchés	Janvier	Fév.	Mars	Avril	Mai	Juin	Juill.	Août	Sept.	Oct.	Nov.	Déc.	FOIRES MOBILES et OBSERVATIONS	HOTELS & CAFÉS RECOMMANDÉS
Etais-le-Sauvais	30	1611	Clamecy	16		28	22				29*				17			A) l. Pâques et 23.	
Mailly-le-Château	27	950	Mailly-la-Ville	3	dim.			4		4		4	4, 30*		4		4	B) mardi a. 24.	
Trucy-s.-Yonne	24	385	—	3				17						17*				C) merc. a. 8*.	
Courson	22	1378	Coulanges s.-Yonne	11	jeudi		22		3	6	28		16*	25		4	30		
Druyes	32	1000	🚂		dim.		1	4							9*				
Ouaine	24	1036	Leugny	7	dim.	14		15		28*					10	30			
Sementron	26	306	Lain-Thury	5			3		23						15*				
Ligny-le-Châtel	21	1370	🚂		sam.			19	27		11	9*	20		25	24	21		
Maligny	20	1108	St-Florentin	16	dim.	22							23*			30			
St-Florentin	32	2680	🚂		lundi	2e lundi	2e l.	2e l.	2e l.	2e l.	2e l.	2e l.	2e l.	2e l.	29*	27	2e l.		
St-Sauveur	39	1814	🚂		jeudi	30*		Mi-C.		9	22			1er*	31		6		
Lainsecq	39	815	St-Sauveur	9		20	18	19	15	25		5*		6	25	13	19		
Moutiers	40	1026	—	2					23*										
Perreuse	44	275	—	16						3			24*			25			
Sainpuits	44	885	Lain-Thury	12				1er			27		15*						
Saints en Puisaye	33	1305	St-Sauveur	5			23			1er		17		20*					
Sougères	36	1276	Thury	7		25			1er		8*		20			18			
Thury	35	1008	🚂	3				8			15			26*					
Treigny	45	2360	St-Sauveur	10	dim.	2	9				6	18			27				
Seignelay	13	1330	Chemilly	3	jeudi		25		J. Qua	17		2	16*		19		j.a.25		
Cheny	20	1129	Laroche	2	vend.														
Mont-St-Sulpice	26	1200	Brienon	4	dim.														
Toucy	23	3270	🚂		sam.*	1er sam.	1er s.	1er s.	s. Sam.	1er s.	1er 4e s.*	1er s.	1er s.	1er s.	1er s.	1er s.	1er s.	Foires et marchés très importants.	
Diges	18	1726	🚂	2	jeudi										24*				
Egleny	17	389	Toucy	13	jeudi			2e j.							2e j.				
Leugny	20	705	🚂		mardi		15	25			19		25*		21		28		
Pourrain	13	1509	🚂	2	merc.		1				2*					3			
Vermenton	21	2256	🚂		ma., v.		ma. s. 2	ma. 31	30	v. a. Pen		8	10	v. a. 8*	31	23	24		
Arcy-sur-Cure	32	1390	🚂		dim.											14*			
Cravant	19	1260	🚂		ma., v.		ma. a. 2	10			B			C	26		16		
Mailly-la-Ville	26	1015	🚂		sam.	16			20		17			10*					
Avallon		6340	🚂		ma.-s.	1er s.	j. gras	j. Pas.		2	23*		1er s.	1er s.	29	18	17		
Magny	7	1180	Maison-Dieu	6				18					24*			22			
Guillon	16	875	🚂		vend.	21			25		30			27			6		
Cussy-les-Forges	16	612	St-André	3		26			22		4			1er l.		10			
Montréal	12	530	Maison-Dieu	5	vend.	13		21		3	12			6	3*		1er		
L'Isle-s.-Serein	14	972	🚂		jeudi	6	l. Gras	23	A	l. Pen.	27		24*		9	j. a. 11	9		
Joux-la-Ville	16	1095	Mailly-la-Ville	5				1er			25			l. p. 8*			3		
Quarré-les-Tombes	18	2140	Sincey	15	merc.	7	9	4	24		l. Frin.*	3	13	7	5, 25	26			

LOCALITÉS et dist. de l'arrondiss.	K.	Popul.	GARES et distances	K.	Marchés	Janvier	Fév.	Mars	Avril	Mai	Juin	Juill.	Août	Sept.	Oct.	Nov.	Déc.	FOIRES MOBILES et OBSERVATIONS	HOTELS & CAFÉS RECOMMANDÉS
Chastellux	14	582	Avallon	14			15		26		2*	17		27		29	29	A) lend. Ascension.	
St-Germain des Champs	11	1285	—	11				10		36		31	23	29*			15	B) lundi plus près du 9.	
St-Léger-Vauban	22	1300	Sincey	8					9	6	5		6*	5					
Vézelay	10	972	Sermizelles	11	ma., v.	25	24	14	15	15	16*	23	18	14	18	15	13	C) mardi a. 11.	
Châtel-Censoir	28	1238	🚂		jeudi			22		9		26	25*		20		6	D) 2 et vend. suiv.	
Domecy-s.-Cure	16	870	Sermizelles	12				30					30*					E) lundi p. 2.	
Foissy	16	445	—	12				1er		31				22*			1er		
St-Père	12	1000	—	10				31						1er*					
Joigny		6475	🚂		sam.	2	2e s.		l. Pâq.	2e l.	2e s.	2e s.	10*	14	1er	2e s.			
Aillant-s.-Tholon	21	1450	Joigny	21	mardi	3e mardi			ma. St	3e ma		1er ma		1er ma		C			
Chassy	15	918	—	11						A									
Fleury d'Aillant	17	1255	Chemilly	10	sam.						25*						1er		
Guerchy	13	870	Joigny	13	jeudi		4							22*					
Neuilly	10	810	—	10	vend.	15				6			10*			D			
Les Ormes	21	545	—	21				31						9*					
Villiers-St-Benoit	29	1000	🚂		merc.	12			12			11*			12				
Bléneau	38	2114	🚂		mardi	23		17		6		10			18*				
Champcevrais	47	980	Bléneau	5							5*				23				
Champignelles	37	1105	—	15	jeudi	22			l. St			29		23*		30			
Rogny	30	1605	—	8	merc.				15		20*		22		dr me.				
St-Privé	43	1152	🚂						21*							6			
Villeneuve-les-Genêts	43	635	Villiers-St-Benoit	12					5						5*				
Tannerre	48	909	—	8			10												
Brienon	16	2830	🚂		vend.	dr vend.	dr v.	dr v	v. St	dr v.	dr v.	dr v.	dr v.	dr v.	dr v.	25*	dr v.		
Bussy en Othe	11	1150	La Roche	7	dim.		6				8			8*	28				
Chailley	32	1022	Brienon	15	dim.					l. Pent*									
Cerisiers	25	1394	Theil. Cerisiers	6	jeudi		dr j.			3e j.					3e j.		1er j.		
Arces	23	985	Brienon	12	dim.		14			8*						12			
Charny	27	1600	🚂		sam.	sam. p. 25	s. gras.	s. p. 3	s. St	s. p. 3	dr s.				28*				
Chevillon	19	555	Charny	8					13										
La Ferté-Loupière	28	1300	—	2	dim.	8	1er v. Car.			9			30*	4e l.		25			
Grand Champ	32	992	🚂		lundi		l. gras.		l. Qua.	B					B*		B		
Perreux	31	840	Charny	6				16	16	16	16		16*	16		16			
Prunoy	23	610	—	4					l. Qes.		11*		12		3, 18		28		
St-Martin s.-Ouanne	33	774	🚂						27					27		11			
Villefranche	21	922	Douchy	6					29					26					
St-Fargeau	52	2550	🚂		vend.		j. gras.		ma. Pâ.		1er	25		21*		j. p. 1er	21		
Lavau	55	1381	St-Fargeau	8	dim.		20		25		20*				11				
Mézilles	39	1475	—	10											20				
St-Julien du Sault	10	1970	🚂		dim.		Cendres		1er d.	ma. Pent			25*		19		26		
La Celle-St-Cyr	10	1250	Cézy	5							l. p. 16					E			
Cudot	32	705	St-Jul. d. Sault	12	merc.						1er me.			1er me.					

YONNE : Joigny, Sens, Tonnerre.

LOCALITÉS et dist. de l'arrondiss.	k.	Popul.	GARES et distances.	k.	Marchés.	Janvier.	Fév.	Mars.	Avril.	Mai.	Juin.	Juill.	Août.	Sept.	Oct.	Nov.	Déc.	FOIRES MOBILES et OBSERVATIONS	CAFÉS & HOTELS RECOMMANDÉS.
Précy-sur-Vrin	12	835	Cézy	8	merc.		20								30*			A) 1er l. Carême.	
St-Martin d'Ordon	20	500	St-Julien du Sault	10	....			1er			25*			21			21	B) chaq. mardi p. 2.	
Sépeaux	15	768	Cézy	10	....		A		26			l. p. 4*				11⚑		C) 1er l. Carême.	
Villeneuve-s-Yonne	17	5000	....		ma., v.	23			v. St		1er v.		16*			2	1er v.		
Armeau	11	815	Villeneuve	5	jeudi							25*						⚑ 11 novembre.	
Dixmont	16	1640	—	10	dim.		20				20*						8		
Piffonds	23	960	Vernoy	4					ma p.10					ma.p.7*					
Sens		14m	....		lundi	2e lundi.	1er l.	1er l.	30					1, 21*		3e l.			
Egriselle-le-Bocage	15	1235	....	3	merc.			2e me.		18*		2e me			3e me		2e me		
Véron	8	1195	....	1	dim.			1er d.											
Chéroy	24	740	Savigny	13	mardi	16	B	1er ma		ma.p.4*					ma.p.19		ma p.12		
Domats	20	930	—	5	dim.				dr s.					dr s.					
St-Valérien	16	1058	Subligny	8	jeudi				1er j.		1er j.*			1er j.			1er j.		
Pont-sur-Yonne	12	1765	....		dim.		28						16*			20			
Villen.-la-Guyard	24	1730	....		lundi				l. Pâq.	l. Pent.			25*						
Sergines	19	1085	Pont s. Yonne	4	mardi			1er		25*				1er ma		3			
St-Maur-aux-Riches-Hommes	27	911	Villen. l'Archevêque	14	....			23						⚑22					
Vinneuf	24	1334	Champigny	4	merc.				24				28*						
Villen. l'Archevêque	24	1810	....		sam.	dr sam.					25*			dr s.			1er		
Thorigny-s.-Oreuse	15	748	Sens	15	dim.					1er d.*				1er d.					
Tonnerre		5095	....		sam.*	dr sam. cm	dr s.	dr s.	dr s.	dr s.	dr s.	dr s.	dr s.	dr s*	dr s.	dr s.	dr s.		
Ancy-le-Franc	18	1420	....		merc.	29		8		3	30*			9*	30		13		
Ravières	28	1485	....		mardi		3	ma.Mi-C.		ma.Pen.		6	16*	12	28		ma.a.21		
Cruzy-le-Châtel	20	840	Tanlay	13	mardi					1er*							1er		
Artonnay	24	588	Tonnerre	24	vend.				l. Pâq.	23				19			29		
Mélisey	12	530	Tanlay	9	....		ma.p.15				ma.p.7*								
Sennevoy-le-Bas	28	281	....		....					12				17					
Tanlay	10	550	....		dim.					9			28				31		
Flogny	14	505	....		mardi														
Neuvy-Sautour	28	1334	St-Florentin	10	merc.		Cendres		ma. St.	1er	2		24*	29		2			
Noyers	21	1510	....		lundi	17	C		l. St	7	6	8	1er	21*			6		

PARIS

TYPOGRAPHIE DE E. PLON, NOURRIT ET Cie

Rue Garancière, 8.

PARIS. — TYP. DE E. PLON, NOURRIT ET Cie, RUE GARANCIÈRE, 8.

www.ingramcontent.com/pod-product-compliance
Lightning Source LLC
LaVergne TN
LVHW050831200726
843507LV00001B/263
9782329769783